Bilens Elektriska & Elektroniska System

A Tranter

(3361-256/3049-6X4)

Haynes instruktionsbok för förståelse och felsökning av bilars elektriska och elektroniska system

En bok i **Haynes serie Gör-det-själv-handböcker**

ISBN **978 0 85733 754 2**

British Library Cataloguing in Publication Data
En katalogpost för denna bok finns tillgänglig från British Library

Haynes Group Limited
Haynes North America, Inc

www.haynes.com

Ansvarsfriskrivning

Det finns risker i samband med fordonsreparationer. Förmågan att utföra reparationer beror på individuell skicklighet, erfarenhet och lämpliga verktyg. Enskilda personer bör handla med vederbörlig omsorg samt inse och ta på sig risken som utförandet av bilreparationer medför.

Syftet med den här handboken är att tillhandahålla omfattande, användbar och lättillgänglig information om fordonsreparationer för att hjälpa dig få ut mesta möjliga av ditt fordon. Den här handboken kan dock inte ersätta en professionell certifierad tekniker eller mekaniker. Det finns risker i samband med fordonsreparationer.

Den här reparationshandboken är framtagen av en tredje part och är inte kopplad till någon enskild fordonstillverkare. Om det finns några tveksamheter eller avvikelser mellan den här handboken och ägarhandboken eller fabriksservicehandboken, se fabriksservicehandboken eller ta hjälp av en professionell certifierad tekniker eller mekaniker.

Även om vi har utarbetat denna handbok med stor omsorg och alla ansträngningar har gjorts för att se till att informationen i denna handbok är korrekt, kan varken utgivaren eller författaren ta ansvar för förlust, materiella skador eller personskador som orsakats av eventuell felaktig eller utelämnad information.

Innehåll

Med tack till
de ingenjörer som generöst delade med sig av tid och kunskaper vid tillkomsten av denna bok. Tack även till de nedan angivna företagen för deras tillstånd att återge viss teknisk information.

AC Delco Ltd, Audioline Ltd, Austin Rover Group Ltd, Robert Bosch Ltd, Automobiles Peugeot, British Standards Institution, Champion Sparking Plug Co Ltd, Citroën Cars Ltd, Colbourne Garages (VW-Audi), Ducellier Ltd, EDA Sparkrite Ltd, Ford Motor Co Ltd, FKI Crypton Ltd, Fulmen (UK) Ltd, Gunson Ltd, Honda (UK) Ltd, Lucas Electrical Ltd, Lumenition Ltd, NGK Spark Plugs Ltd, Rists Ltd, St. James Garages Ltd, Vauxhall Motors Ltd, Volvo BV.

Högt värderad var hjälpen som lämnades av bibliotekarien på Merton College och det tålamod och uthållighet som visades av Rose Finch som skrev ut manuskriptet till denna bok.

Förord

Denna bok har skrivits för de som vill förstå den moderna bilens elektriska och elektroniska utrustning.

Inga tidigare elektriska förkunskaper behövs. Relevanta grunder inom detta område lämnas i första kapitlet.

Förklaringarna utgår från grundprinciperna, som är nödvändiga att känna till. Med en klar bild av dessa elektriska och elektroniska principer kan läsaren gå till kapitlen om dagens avancerade utrustning.

Specifika detaljer på speciella fordon visas endast som illustration och exempel.

Samtidigt som dagens teknik förhoppningsvis är väl förklarad, beskrivs även tidigare utrustning som finns i miljoner fordon som fortfarande är i trafik.

En mycket snabb utveckling inom bränsleinsprutning, avgasrening, motor- och karosselektronik, broms och anti-sladdsystem har medfört denna fullständigt omarbetade upplaga av författarens mycket populära tidigare bok om bilens elektriska system.

Vid tillkomsten av denna bok hade författaren de som arbetar med bilelektronik, seriösa entusiaster samt ingenjörsstuderande i åtanke

A. Tranter

Guildford 1990

Att arbeta på din bil kan vara farligt. Den här sidan visar potentiella risker och faror och har som mål att göra dig uppmärksam på och medveten om vikten av säkerhet i ditt arbete.

Allmänna faror

Skållning

• Ta aldrig av kylarens eller expansionskärlets lock när motorn är het.
• Motorolja, automatväxellådsolja och styrservovätska kan också vara farligt varma om motorn just varit igång.

Brännskador

• Var försiktig så att du inte bränner dig på avgassystem och motor. Bromsskivor och -trummor kan också vara heta efter körning.

Lyftning av fordon

• Vid arbete nära eller under ett lyft fordon, använd alltid extra stöd i form av pallbockar eller använd ramper. ***Arbeta aldrig under en bil som endast stöds av en domkraft.***
• När muttrar eller skruvar med högt åtdragningsmoment skall lossas eller dras, bör man lossa dem något innan bilen lyfts och göra den slutliga åtdragningen när bilens hjul åter står på marken.

Brand och brännskador

• Bränsle är mycket brandfarligt och bränsleångor är explosiva.
• Spill inte bränsle på en het motor.
• Rök inte och använd inte öppen låga i närheten av en bil under arbete. Undvik också gnistbildning (elektrisk eller från verktyg).
• Bensinångor är tyngre än luft och man bör därför inte arbeta med bränslesystemet med fordonet över en smörjgrop.
• En vanlig brandorsak är kortslutning i eller överbelastning av det elektriska systemet. Var försiktig vid reparationer eller ändringar.
• Ha alltid en brandsläckare till hands, av den typ som är lämplig för bränder i bränsle- och elsystem.

Elektriska stötar

• Högspänningen i tändsystemet kan vara farlig, i synnerhet för personer med hjärtbesvär eller pacemaker. Arbeta inte med eller i närheten av tändsystemet när motorn går, eller när tändningen är på.

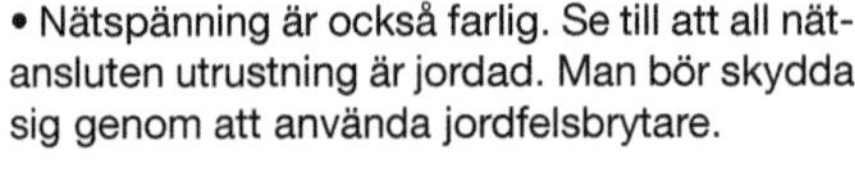

• Nätspänning är också farlig. Se till att all nätansluten utrustning är jordad. Man bör skydda sig genom att använda jordfelsbrytare.

Giftiga gaser och ångor

• Avgaser är giftiga. De innehåller koloxid vilket kan vara ytterst farligt vid inandning. Låt aldrig motorn vara igång i ett trångt utrymme, t ex i ett garage, med stängda dörrar.
• Även bensin och vissa lösnings- och rengöringsmedel avger giftiga ångor.

Giftiga och irriterande ämnen

• Undvik hudkontakt med batterisyra, bränsle, smörjmedel och vätskor, speciellt frostskyddsvätska och bromsvätska. Sug aldrig upp dem med munnen. Om någon av dessa ämnen sväljs eller kommer in i ögonen, kontakta läkare.
• Långvarig kontakt med använd motorolja kan orsaka hudcancer. Bär alltid handskar eller använd en skyddande kräm. Byt oljeindränkta kläder och förvara inte oljiga trasor i fickorna.
• Luftkonditioneringens kylmedel omvandlas till giftig gas om den exponeras för öppen låga (inklusive cigaretter). Det kan också orsaka brännskador vid hudkontakt.

Asbest

• Asbestdamm kan ge upphov till cancer vid inandning, eller om man sväljer det. Asbest kan finnas i packningar och i kopplings- och bromsbelägg. Vid hantering av sådana detaljer är det säkrast att alltid behandla dem som om de innehöll asbest.

Speciella faror

Flourvätesyra

• Denna extremt frätande syra bildas när vissa typer av syntetiskt gummi i t ex O-ringar, tätningar och bränsleslangar utsätts för temperaturer över 400 °C. Gummit omvandlas till en sotig eller kladdig substans som innehåller syran. *När syran väl bildats är den farlig i flera år. Om den kommer i kontakt med huden kan det vara tvunget att amputera den utsatta kroppsdelen.*
• Vid arbete med ett fordon, eller delar från ett fordon, som varit utsatt för brand, bär alltid skyddshandskar och kassera dem på ett säkert sätt efteråt.

Batteriet

• Batterier innehåller svavelsyra som angriper kläder, ögon och hud. Var försiktig vid påfyllning eller transport av batteriet.
• Den vätgas som batteriet avger är mycket explosiv. Se till att inte orsaka gnistor eller använda öppen låga i närheten av batteriet. Var försiktig vid anslutning av batteriladdare eller startkablar.

Airbag/krockkudde

• Airbags kan orsaka skada om de utlöses av misstag. Var försiktig vid demontering av ratt och/eller instrumentbräda. Det kan finnas särskilda föreskrifter för förvaring av airbags.

Dieselinsprutning

• Insprutningspumpar för dieselmotorer arbetar med mycket högt tryck. Var försiktig vid arbeten på insprutningsmunstycken och bränsleledningar.

Varning: Exponera aldrig händer eller annan del av kroppen för insprutarstråle; bränslet kan tränga igenom huden med ödesdigra följder

Kom ihåg...

ATT

• Använda skyddsglasögon vid arbete med borrmaskiner, slipmaskiner etc, samt vid arbete under bilen.

• Använda handskar eller skyddskräm för att skydda händerna.

• Om du arbetar ensam med bilen, se till att någon regelbundet kontrollerar att allt står väl till.

• Se till att inte löst sittande kläder eller långt hår kommer i vägen för rörliga delar.

• Ta av ringar, armbandsur etc innan du börjar arbeta på ett fordon - speciellt med elsystemet.

• Försäkra dig om att lyftanordningar och domkraft klarar av den tyngd de utsätts för.

ATT INTE

• Ensam försöka lyfta för tunga delar - ta hjälp av någon.

• Ha för bråttom eller ta osäkra genvägar.

• Använda dåliga verktyg eller verktyg som inte passar. De kan slinta och orsaka skador.

• Låta verktyg och delar ligga så att någon riskerar att snava över dem. Torka upp olje- och bränslespill omgående.

• Låta barn eller husdjur leka nära en bil under arbetets gång.

Kapitel 1
Elektriska och elektroniska grunder

Innehåll

1 Inledning

1 Besitter läsaren goda kunskaper inom elområdet, kan följande kapitel hoppas över. Om dessa kunskaper saknas eller är rostiga kommer studiet av detta kapitel emellertid att vara väl investerad tid.

2 För att läsa och förstå tillverkarnas instruktionsböcker är inte endast kunskaper om de elektriska grunderna viktiga utan också kunskaper om den terminologi som används. Detta är den mentala verktygslåda, som är minst lika viktig som de övriga arbetsverktygen.

2 Atomen – elektricitetens källa

1 All materia består av atomer. Dessa består i sin tur av protoner, elektroner och neutroner. Atomens centrum (kärnan) består av protoner och neutroner. Runt kärnan cirklar elektroner på vissa bestämda avstånd och grupperas in i olika omloppsbanor (kallas skal), varje bana på ett specifikt avstånd. **Fig. 1.1**. visar två enkla atomer som kommer att förekomma även senare i boken.

2 Protonen är bärare av positiv elektrisk laddning, elektronen bär negativ laddning och neutronen saknar elektrisk laddning. I normala fall är atomen elektriskt neutral. Detta beroende på att antalet protoner (positiva) i kärnan uppvägs av antalet elektroner (negativa) som cirklar i sina omloppsbanor. I tabellen nedan kan man se att antalet protoner är lika stort som antalet elektroner inom samma ämne.

Atom	Protoner	Neutroner	Elektroner
Väte	1	0	1
Syre	8	8	8
Koppar	29	34	29
Kisel	14	14	14

Neutroner och protoner attraheras mycket starkt till varandra i atomkärnan och om de åtskiljs frigörs stora mängder energi. Detta fenomen utnyttjas i kärnreaktorer och atombomber.

3 Beroende på den relativt sett stora massa som finns i kärnan kan denna anses som fixerad på sin plats i fasta material. Elektronerna däremot är mindre låsta och kan under vissa omständigheter lämna sin atom. Detta är elektricitetens grundläggande kännetecken.

4 Atomen är otroligt liten, det krävs miljontals för att täcka bredden av ett hårstrå. Trots detta är de inre avstånden i atomen kanske ännu mera slående. För att få en uppfattning om detta kan man säga att om atomkärnan var stor som ett äpple skulle hela atomen vara stor som en konserthall med elektroner som flugor surrande omkring!

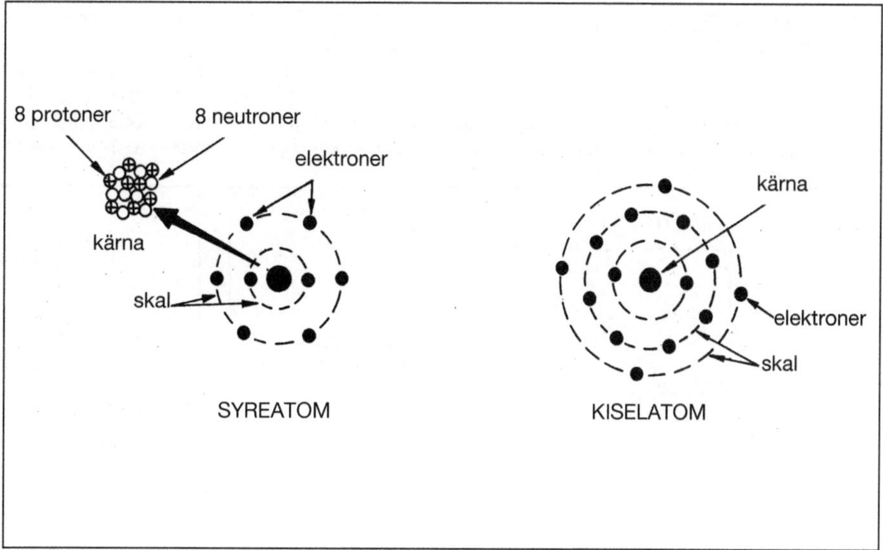

Fig. 1.1 En enkel atommodell

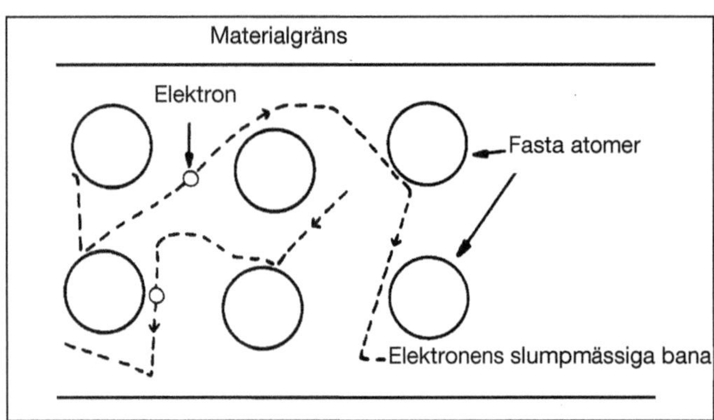

Fig. 1.2 Rörelse hos fri elektron

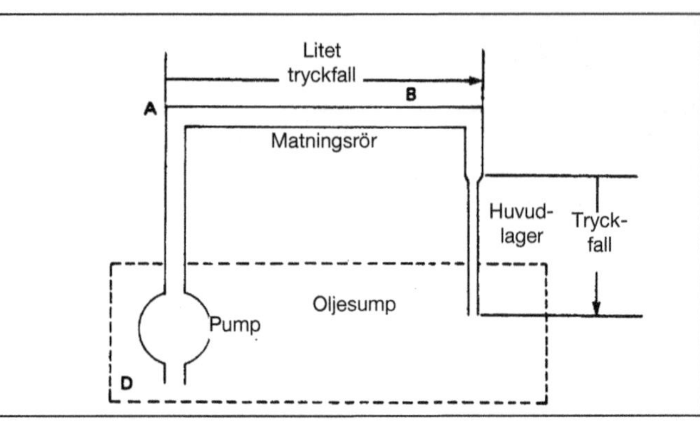

Fig. 1.3 Oljepump och matning

3 Fria elektroner (ledning)

1 I praktiken är atomen en komplicerad partikel. De yttre elektronerna är ibland mycket löst knutna till kärnan på samma sätt som en avlägsen planet dras till solen. Kollisioner kan inträffa som får vissa elektroner att lämna sin normala bana och börja driva i materialets gallerverk. **(Fig. 1.2)**. Dessa kallas **fria elektroner**. Vissa material innehåller rikligt med fria elektroner och andra innehåller få eller inga. Material med många fria elektroner är **ledare** och de med ett fåtal sådana elektroner är **isolatorer**.

2 Föreställ dig en koppartråd som en mängd tunga kopparatomer med en svärm av elektroner i utrymmet mellan dem. Dessa elektroner är så små att det finns gott om utrymme för dem att röra sig i alla riktningar. Men i det stora hela rör de sig inte så långt i någon speciell riktning, de rör sig slumpmässigt.

4 Elektronflöde = ström

1 Om en cell eller ett batteri (ett batteri är egentligen flera sammankopplade celler) ansluts till ändarna av koppartråden kommer de fria elektronerna att strömma längs tråden, alla i samma riktning. Detta liknar en pump som startar och sänder en ström av vätska igenom rören dit den är ansluten.

2 Det är viktigt att förstå att ett batteri inte skapar elektricitet, lika lite som en pump skapar vätskan den pumpar. Batteriet och pumpen inverkar snarast bara genom att sätta något i rörelse som redan finns.

3 För att driva liknelsen längre kan vi säga att det inte är pumpen som flyttar vätskan, utan tryckskillnaden som pumpen skapar som orsakar rörelsen. Detta är en värdefull idé eftersom vi utan att definiera vilken metod som används kan fastställa att det endast är tryckskillnaden som åstadkommer vätskeflödet. Detta överensstämmer även med det elektriska flödet. Vilken utrustning som helst (t.ex. batteri, dynamo, generator) som åstadkommer en **potentialskillnad** i en elektrisk krets kan ge upphov till elektrisk ström.

4 På samma sätt som en pump orsakar ett visst tryck, åstadkommer ett batteri eller en dynamo en elektromotorisk kraft **(emk)** som mäts i **VOLT.**

5 Tanken att det var elektronströmmen som var grunden till elektriciteten kom långt efter det var fastlagt att strömmen flödade från den positiva polen genom kretsen och tillbaka till den negativa polen. Egentligen rör sig faktiskt elektronerna i den motsatta riktningen och därför måste försiktighet iakttas angående vilken konvention som följs. Konventionell strömriktning (+ till –) används alltid, om inte annat anges.

5 Den kompletta kretsen

1 En krets är som namnet anger, en komplett obruten bana där ström kan flyta.

2 Batteriet eller generatorn som pumpar elektroner runt kretsen är på många sätt lik oljepumpen i en bil. Oljan flödar kontinuerligt runt i oljesystemet och används i första hand för att smörja lagren.

3 Det kan vara bra att jämföra det elektriska systemet och oljesystemet i **Fig. 1.3 och 1.4a**.

4 Oljepumpen orsakar en tryckskillnad mellan punkterna A och D och detta åstadkommer ett oljeflöde genom matningsröret B till huvudlagret där ett stort tryckfall uppstår. Detta beror på sammandragningen mellan axeltappen och lagringen och det mesta av pumpens energi förbrukas för att övervinna detta motstånd och skapa oljeflödet. Önskvärt vore att ingen energi försvann i matningsröret.

5 I motsvarande elektriska krets producerar

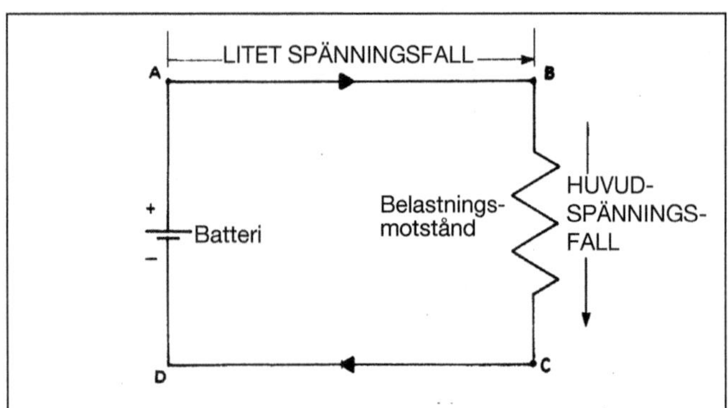

Fig. 1.4a Batteri och belastning

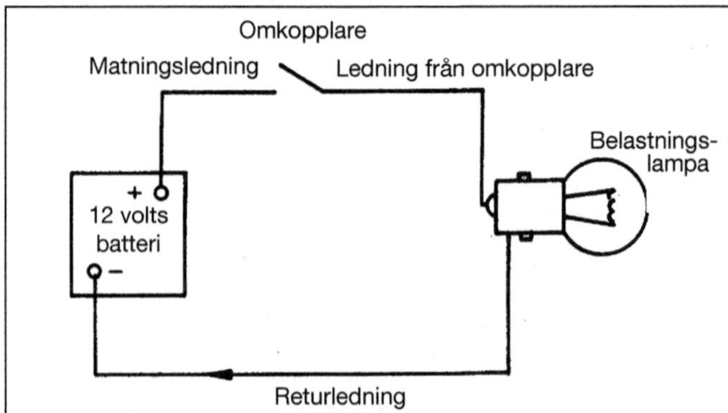

Fig. 1.4b Enkel krets med isolerad returledning

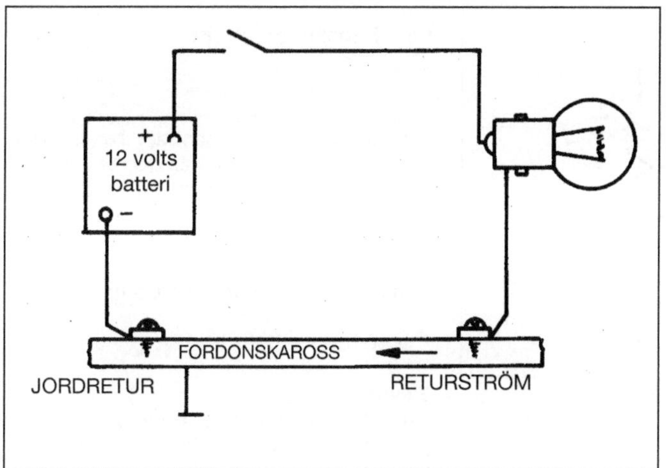

Fig. 1.4c Användning av karossen som jordretur

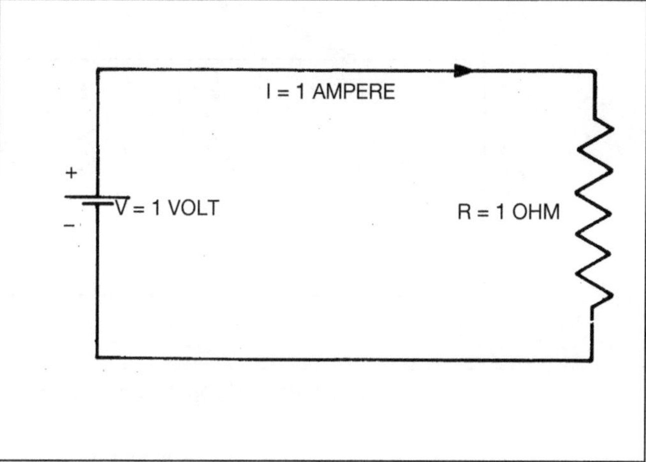

Fig. 1.5 Förhållandet mellan volt, ampere och ohm

batteriet potentialskillnaden (ps) mellan punkterna A och D vilket gör att strömmen flyter genom tråden B till belastningsmotståndet där ett stort spänningsfall uppstår. Detta beror på att motståndet är tillverkat av tråd med högt motstånd och batteriets energi används till att åstadkomma strömflödet. Önskvärt är att ingen energi försvinner i anslutningstrådarna, men i praktiken sker alltid en liten förlust i dessa.

6 Grundläggande enheter

1 Antalet elektroner som sätts i rörelse av batteriet är astronomiskt stort. Ett bekvämt sätt att ange elektronmängden (utan att ange antalet elektroner) är enheten **COULOMB.**

2 Vi är egentligen inte så intresserade av mängden elektricitet utan snarast bara av hur snabbt flödet är i kretsen. Antalet coulombs som flyter förbi en punkt per sekund är **hastigheten** och 1 coulomb per sekund kallas en **AMPERE.**

	Vätskesystem enheter	**Elsystem enheter**
Mängd	liter	coulomb
Tryck och tryckfall	bar	volt
Strömnings-hastighet	liter per sekund	coulomb per sekund eller ampere

7 Ohms lag

1 Det är i belastningsmotståndet som elektriciteten utför det önskade arbetet. Till exempel, ett elektriskt värmeelement består av en spiralvriden tråd med mycket större motstånd än anslutningstrådarna.

2 Det välkända fenomenet består i att värme alstras, ett resultat som vi skall studera senare. På samma sätt är glödlampan i huvudstrålkastaren ett belastningsmotstånd, där så mycket värme genereras i glödtråden att ljus skapas. Resistans mäts i enheten **OHM**. Denna benämning kommer efter den tyska uppfinnaren Georg Simon Ohm.

Det är enkelt att förstå enheten 1 ohm, för vid detta motstånd orsakar spänningen 1 volt att strömmen 1 ampere flyter i kretsen **(Fig. 1.5)**.

Georg Ohm är berömd för sin slutsats att strömmen ökar i direkt proportion till spänningen över kretsen.

eller V = **I** x R
d.v.s.
Spänningen = strömmen x resistansen

I dag är detta elementärt, men 1826 när Ohm berättade om sin upptäckt kostade det honom hans arbete, eftersom det inte passade in i dåtidens teorier.

Exempel

3 Glödlampan i en huvudstrålkastare som arbetar vid 12 volts batterispänning drar en ström på 3 ampere. Vad är glödtrådens resistans ?

V = **I** x R
eller 12 = 3 x R
så R = 4 ohm

4 Det lönar sig att lära in de riktiga förkortningarna för de elektriska storheterna som skrivs så här:

12 volt	som	12 V
3 ampere	som	3 A
4 ohm	som	4 W

8 Serie- och parallellkretsar

1 Det är sällsynt att kretsar består av endast ett belastningsmotstånd, oftast förekommer två eller flera resistorer. Är de anslutna ände till ände som i **Fig. 1.6** sägs det att de är **seriekopplade**, är de kopplade som i **Fig. 1.7** kallas det för **parallellkoppling.**

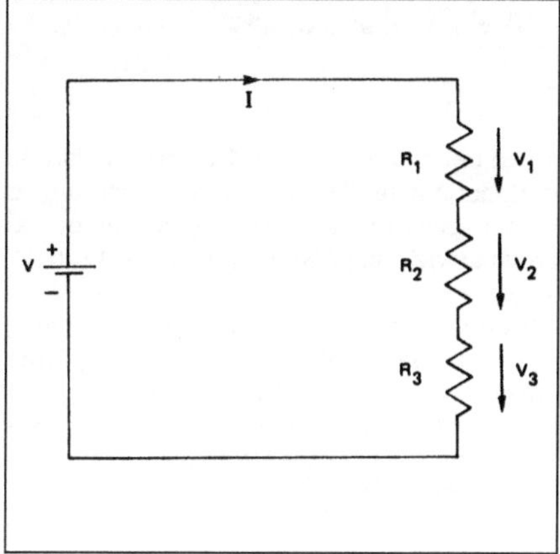

Fig. 1.6 Spänningsfall

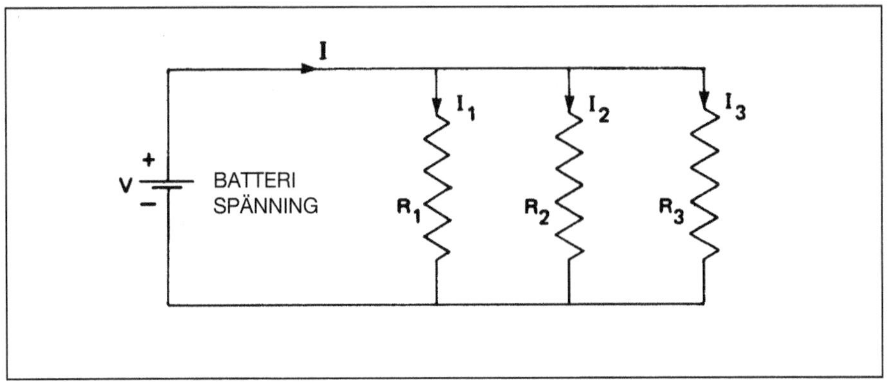

Fig. 1.7 Parallellkopplade resistorer

9 Serieanslutning

1 Om vi skriver om Ohms lag för Fig. 1.6 blir det

$V = \mathbf{I} \times (R_1 + R_2 + R_3)$

Observera: Resistansen adderas och spänningsfallen V_1, + V_2, + V_3 blir alltid den totala matningsspänningen V, en sak att tänka på vid felsökning.

2 Exempel
För att ta ett praktiskt exempel förutsätter vi R_1 = 3W, R_2 = 4W, och R_3 = 5W.
Vilken ström kommer att tas från batteriet om V = 12 volt?

$12 = \mathbf{I} \times (3 + 4 + 5)$
eller $12 = \mathbf{I} \times 12$
så $\mathbf{I} = 1$ ampere

3 I verkligheten kan batteriets inre resistans vara betydande (speciellt om det börjar bli utslitet) och det kan finnas oönskad resistans i kablar och anslutningar. Dessa oönskade resistanser måste i vissa fall inbegripas i beräkningarna. Se kommande exempel.

10 Parallellanslutning

1 Vid betraktande av **Fig. 1.7** står det klart att batteriet måste försörja alla tre grenarna med ström och att den totala strömmen är summan av grenströmmarna som är $\mathbf{I} = \mathbf{I}_1 + \mathbf{I}_2 + \mathbf{I}_3$
2 Varje gren har full matningsspänning ansluten, så i detta fall kan de separata strömmarna beräknas och adderas.
3 Observera att detta är det vanligaste kopplingssättet i bilens elektriska system. – R_1 kan vara belysningsbelastningen, R_2 signalhornet, R_3 tändningen och strömkravet på batteriet kommer att vara summan av de separata strömmarna.

4 Exempel
Vi utgår återigen ifrån att matningsspänningen är 12 volt och att belastningsmotstånden är R_1 = 6 W, R_2 = 3 W, och R_3 = 4 W, som i **Fig. 1.8.**

$\mathbf{I}_1 = V/R_1 = 12/6 = 2$ A

$\mathbf{I}_2 = V/R_2 = 12/3 = 4$ A

$\mathbf{I}_3 = V/R_3 = 12/4 = 3$ A

Det totala strömuttaget från batteriet kommer således att vara **I** = 9A.

Genom att använda Ohms lag kan vi bestämma vilken resistans R_T som kan ersätta de tre grenarnas parallella resistans, på följande sätt:

$V = \mathbf{I} \times R_T$

$12 = 9 \times R_T$

$R_T = 12/9 = 1\ 1/3$ W

5 I realiteten är alla belastningar i bilen parallellanslutna till batteriet.
T.ex: främre och bakre lamporna drar 5A respektive 0.5A och tändspolen 1.5A, om de samtidigt är påkopplade kommer det totala strömuttaget att bli:
$\mathbf{I} = 5 + 0.5 + 1.5 = 7$ A

11 Energi och effekt

1 Energi (eller arbete som det ibland kallas) mäts i **JOULE**. 1 Joule är den energi som utvecklas då spänningen 1 volt driver strömmen 1 ampere genom en belastning under 1 sekund.

joule = volt x ampere x sekunder

eller med symboler J = VIt

Exempel
Om ett 12 volts batteri levererar 3 ampere genom strålkastarglödlampan under 20 minuter, hur mycket energi förbrukas då?

Energi = V x **I** x t

= 12 x 3 x 20 x 60

= 43 200 joule

Enheten Joule används inte så mycket i vanligt elektriskt arbete, men det kan vara av intresse att lägga märke till att det är samma enhet som används när mekaniskt arbete anges enligt SI-systemet.

2 Effekt är nära kopplat till begreppet energi, för det är helt enkelt mängden använd energi. Enheten för effekt är **WATT.**

Watt = joule per sekund d.v.s. joule/sekund

Om vi tänker på att joule = volt x ampere x sekunder får vi följande samband

watt = joule/sekunder = volt x ampere

så watt = volt x ampere för en direkt strömkrets

I vårt exempel levererade batteriet 3A vid 12V, detta ger effekten W = V x **I** = 12 x 3 = 36 watt

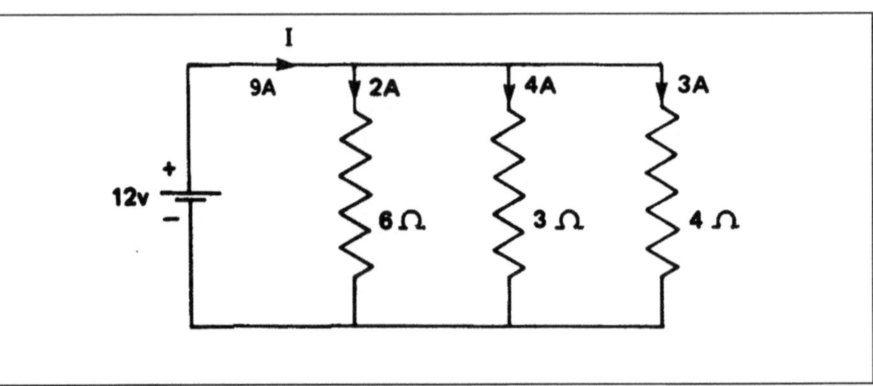

Fig. 1.8 Exempel på strömflöde i parallellkopplade resistorer

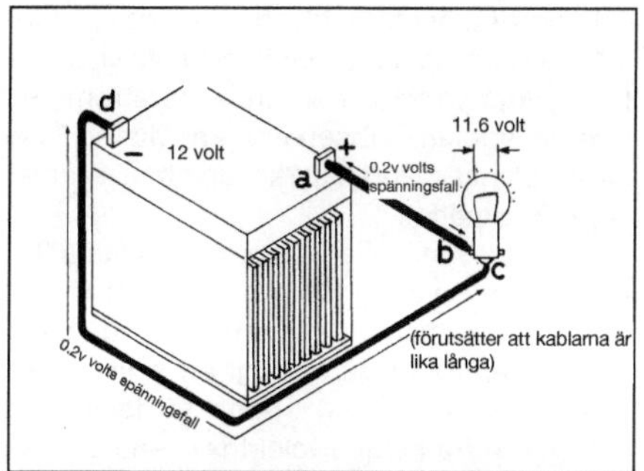

Fig. 1.9 Spänningsfall i anslutningskablar

12 Spänningsfall över ledningar

1 Vid undersökning av ledningsdragningen i en bil kommer vi att upptäcka att ledningarna är av olika tjocklek och att de sällan består av endast en metalltråd utan oftast av många sammanvridna trådar.

Konstruktören väljer kabel så att strömmen som leds från strömförsörjningen till belastningen skall ge så lite effektförlust som möjligt i kabeln som leder den.

Det är viktigt att minnas att även om ledningarna är tillverkade av koppar, som är en god ledare, förekommer ändå en liten resistans där värmeförluster och spänningsfall sker. Detta innebär mindre effekt till belastningen och ineffektivitet.

Batteriet som vi i **Fig. 1.9** ser anslutet till en glödlampa har en spänning på 12 volt och helst skulle denna spänning också finnas över lampan. Men ledningstrådarna till och från belastningen har vardera en resistans som ger upphov till ett spänningsfall på 0,2 volt vilket lämnar kvar spänningen 11,6 volt till lampans glödtråd.

2 Resultatet blir i detta fall sämre belysning genom effektförlust i ledningarna. Bättre resultat skulle erhållas om grövre kabel användes, men kabelns grovlek begränsas av att koppar är en dyr metall och att kabeln i så fall skulle bli för styv.

13 Ampere- och voltmätare

1 För att kunna använda mätinstrument behöver vi inte veta så mycket om hur de fungerar internt, det räcker med några enkla grundregler. Amperemätaren mäter strömmen som flyter **genom** en krets och kopplas därför så att strömmen även flyter genom instrumentet, d.v.s. i **serie** med belastningen så som visas i **Fig. 1.10**.

2 Instrumenttillverkaren strävar efter att hålla instrumentets resistans så låg som möjligt. Om instrumentet av misstag kopplas **över** belastningen i stället för i **serie** med denna, kommer resultatet att bli katastrofalt. På grund av amperemätarens låga resistans kommer en mycket stor ström att flyta genom och förstöra instrumentet och kanske även smälta isoleringen på anslutningstrådarna.

3 Voltmätaren är dock inte så känslig. Den tillverkas med så stort inre motstånd som möjligt och förstörs p.g.a detta inte så lätt.

Voltmätaren mäter det elektriska trycket och skall kopplas **över** (parallellt med) delar av kretsen. Som exempel, i **Fig. 1.9**, om det kopplas mellan a och d mäter instrumentet batterispänningen, mellan b och c mäts lampspänningen, och mellan d och c eller a och b mäts spänningsfallet i ledningen.

4 I bland finns en omställare för att ställa in olika mätområden för instrumentet. Mätområdet skall väljas så att visaren hamnar relativt högt upp på skalan för att undvika avläsningsfel som annars kan inträffa när utslaget är litet.

5 Mätinstrument skall aldrig anses som helt rättvisande. Mycket billiga instrument kan ofta vara en dålig investering med avseende på bristande tillförlitlighet.

6 Fleranvändningsinstrument (multimetrar) är användbara i utrustningen men stor försiktighet måste iakttagas. Kontrollera att korrekt mätområde är valt och tag bort mätsladdarna om området skall bytas. Anledningen är att vid vridning av områdesväljaren kan områden för strömmätning passeras (ampere) innan korrekt område nås. Om då instrumentet är anslutet till en spänningskälla, kan detta bli ett mycket dyrbart misstag.

7 De flesta mätinstrumenten baseras på en rörlig spole och dessa reagerar endast på likström (dc).

Instrument med rörlig spole kan förses med likriktare (oftast av bryggtyp) för att mäta växelström eller växelspänning.

14 Elektromagneter

1 Effekten som genereras i en permanentmagnetdynamo och övrig utrustning av samma typ, begränsas av det relativt svaga magnetfältet runt en permanentmagnet. Lösningen på detta problem är att använda en elektromagnet som består av en järnkärna med spole.

2 Elektrisk likström som passerar spolen kommer att inducera ett magnetfält i järnkärnan som till stor del överensstämmer med fältet runt en permanentmagnet med följande skillnader:

(a) *styrkan hos magnetfältet kan kontrolleras (inom vissa gränser) genom att strömmen genom spolen varieras.*

(b) *magnetfältet försvinner när strömmen stängs av.*

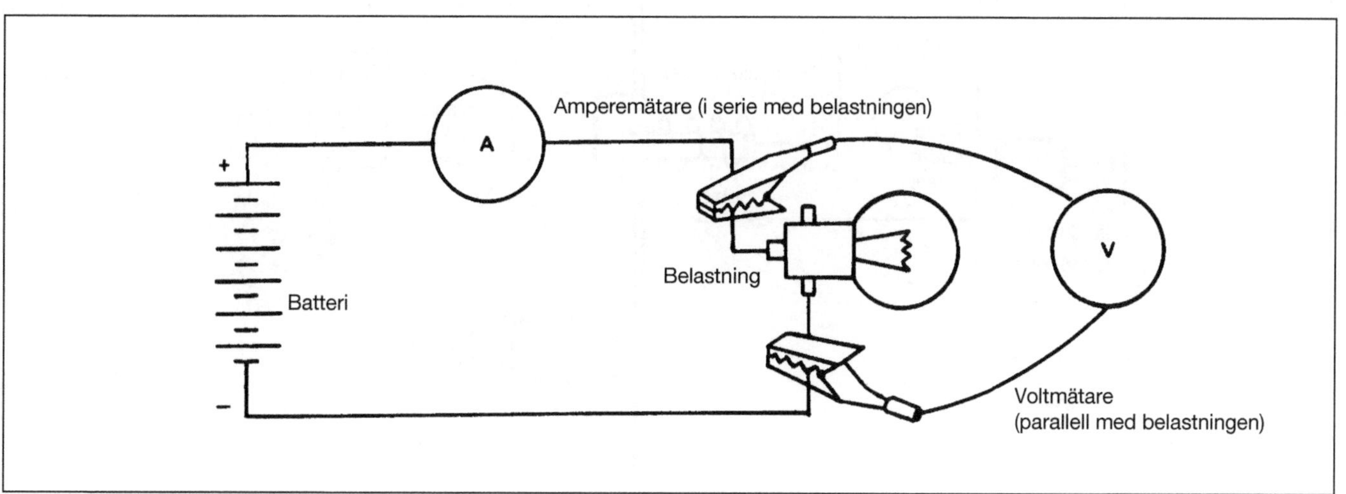

Fig. 1.10 Anslutning av amperemätare och voltmätare

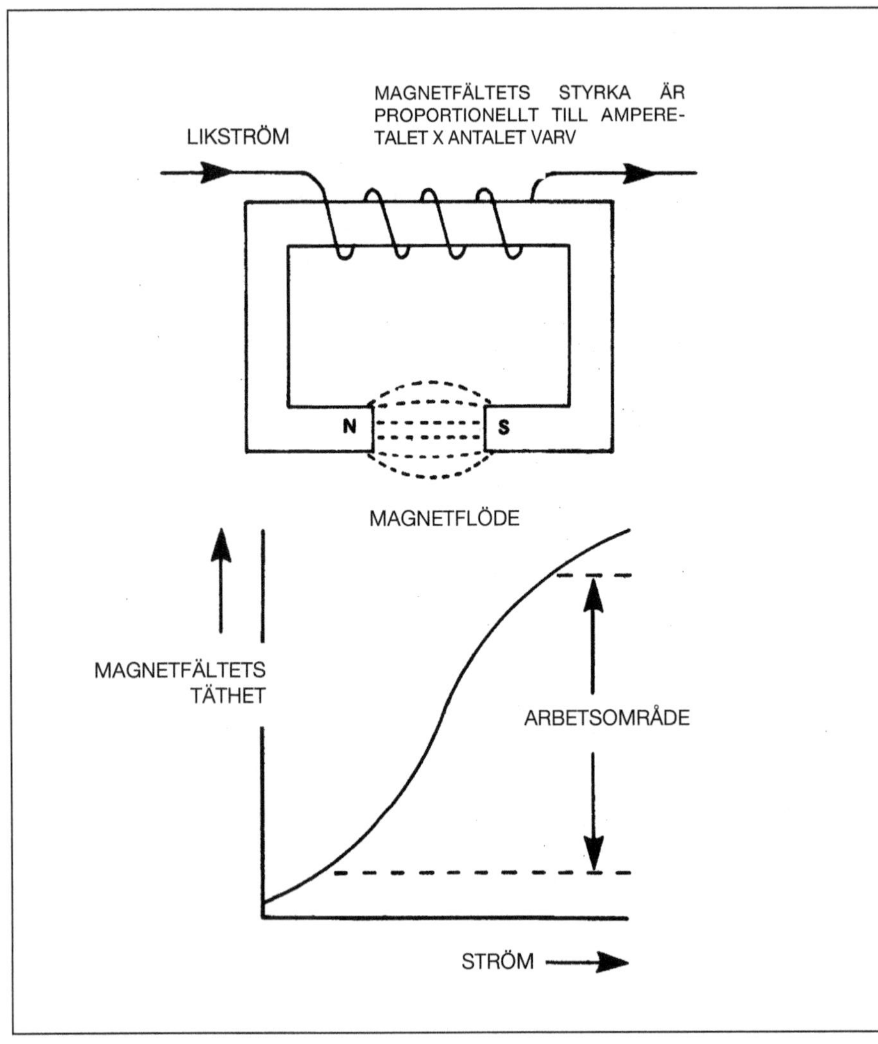

Fig 1.11 Elektromagnet

3 Elektromagnetens utformning visas i **Fig. 1.11**, tillsammans med en kurva som visar hur fältstyrkan varierar beroende på strömmen genom spolen. Observera att vid en viss ström planar magnetstyrkekurvan ut – järnet sägs vara mättat.

4 Elektromagneter används på många sätt i elektrisk utrustning för bilar. I stället för att använda permanentmagneter i en dynamo eller generator är det möjligt att använda en elektromagnet, med den fördelen att mängden framställd elektrisk energi kan varieras genom att reglera strömmen genom elektromagnetens lindningar. Elektromagneter som producerar magnetflöde kallas, i motor- och generatortermer, fältpoler och spolarna kallas fältlindningar.

15 Elektromagnetiska reläer och spolar

1 Ett relä används för att koppla till och från stora strömmar med hjälp av en mindre styrström **(Fig. 1.12)**. Startmotorn är ett typiskt exempel, där stiger strömmen till flera hundra ampere. I detta fall måste de tjocka kablar som används för att leda strömmen från batteriet vara så korta som möjligt för att undvika spänningsförluster och de kan ändå inte enkelt ledas till en brytare på instrumentbrädan p.g.a på kablarnas styvhet och grovlek. Reläet eliminerar detta problem eftersom det är placerat nära batteriet och startmotorn och bara en tunn kontrollkabel behöver ledas till instrumentbrädan.

2 Välkänt är att magnetpoler utövar en dragkraft på järn och stål i dess närhet. Denna effekt används i reläet där ett band av järn

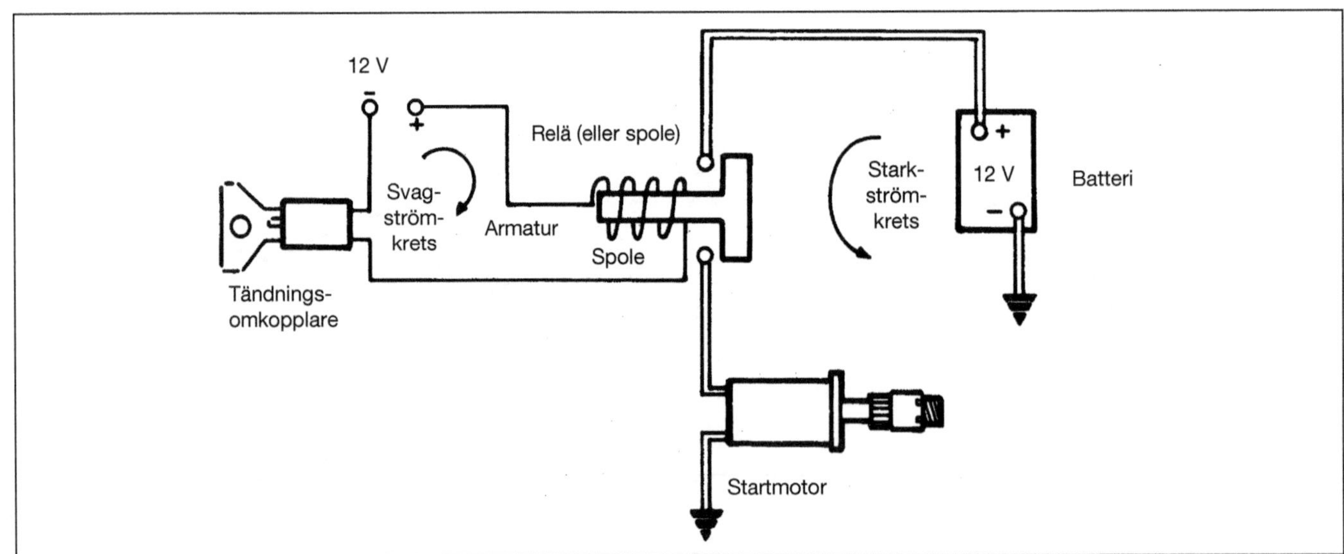

Fig. 1 12 Reläets princip

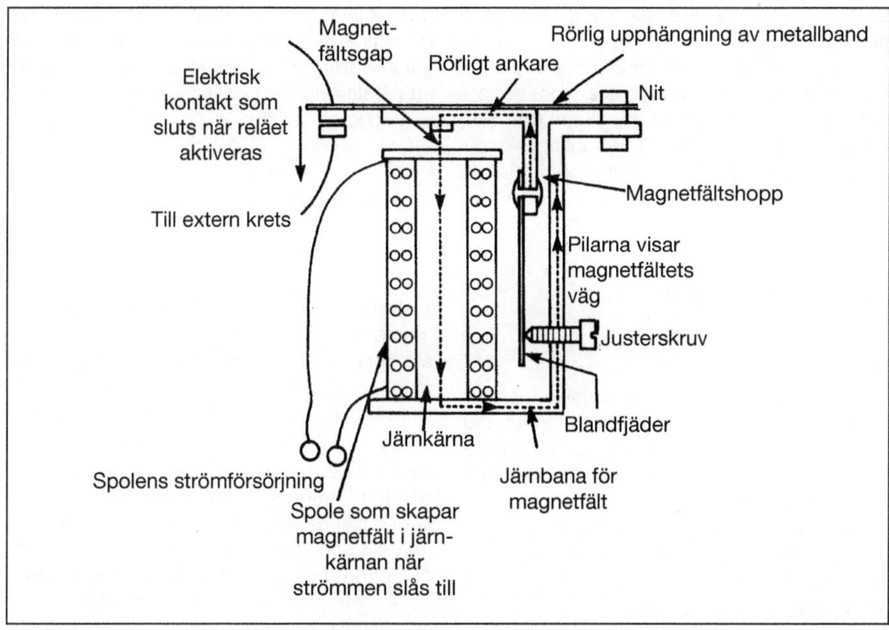

Fig. 1.13 Magnetiskt relä

dras av det magnetfält som skapas när strömmen slås till. Rörelsen hos järnbandet eller **reläankaret** kan användas för att öppna eller sluta elektriska kontakter. Detta kan användas som strömbrytare i ett stort antal tillämpningar av vilka några kommer att beskrivas senare i boken.

3 Ett enkelt relä visas i **Fig. 1.13** där ankaret hålls i ett läge med hjälp av bandfjädern tills dess att strömmen slås till. När magnetfältet som skapas av spolen i järnkärnan attraherar ankaret, sluts kontakterna. När strömmen slås ifrån, försvinner magnetfältet och ankaret går tillbaka till viloläget och öppnar kontakterna. Denna typ av relä används på många sätt inom motorbranchen.

4 En annan typ av aktiveringsdon är spolen, ofta använd i startmotorer. Denna bygger på principen att en järnkärna attraheras mot mitten på en spole där ström flyter **(Fig. 1.14)**. Dragkraften på järnankaret kan bli så stor att rörelsen är tillräckligt kraftfull för att koppla in startmotorns pinjongdrev mot svänghjulet och samtidigt sluta kretsen för den stora startströmmen.

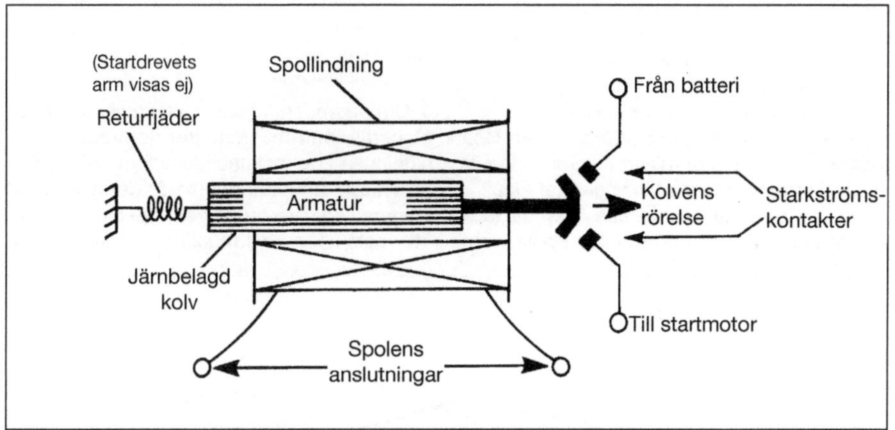

Fig. 1.14 Schematisk skiss av startspole

16 Magnetisk fältstyrka

1 Magnetfältet i en järnkrets beror på flera faktorer som tillverkaren måste tänka över:

(a) antalet ledningsvarv på spolen
(b) strömstyrkan (ampere)
(c) detaljer hos järnstommen

2 Magnetfält koncentreras lättare i järn än i luft, så om ett starkt magnetfält önskas är en järnbana med stor genomskärning nödvändig tillsammans med en spole som tillverkats för att göra produkten ampere x varv så stor som möjligt **(Fig. 1.15)**.

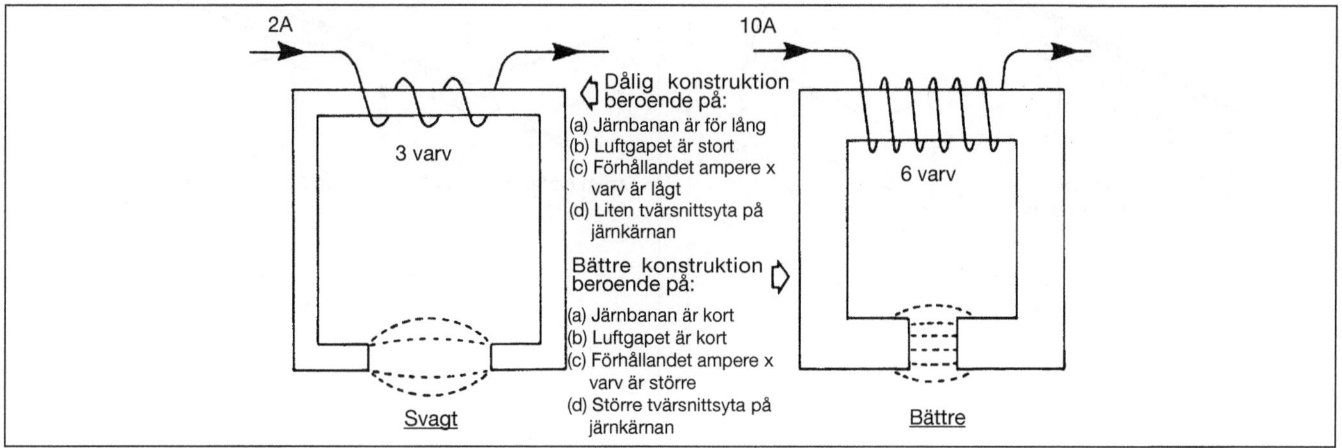

Fig. 1.15 Faktorer som påverkar spolar med järnkärna

17 Motorer och generatorer

1 Miljoner motorer, dynamos och generatorer används i motorfordon och dessa representerar troligtvis den största användningen av elektriska maskiner inom alla branscher och industrier. Det är tack vare konstruktörerna som relativt sett få fel inträffar, för dessa maskiner utsätts för stora belastningar i en påfrestande miljö där stora temperaturvariationer förekommer; damm, fukt och, om det är en generator, varvtalsvariationer från några hundra varv till flera tusen per minut med stora accelerationskrafter.

2 Motorer och generatorer (här avses dynamos och alternatorer) är egentligen inte olika saker utan beror på energiflödet i enheten. I en likströmsmotor tillförs elektrisk energi och mekanisk energi kommer ut via axeln. Denna motor kan sammankopplas med en annan motor som driver runt dess axel och då kommer vi att få ut elektrisk energi via anslutningarna. Likströmsmotorn och likströmsgeneratorn är i grunden samma sorts enheter. På liknande sätt förhåller det sig med alternatorn som kan drivas med en anpassad växelström och då fungerar som en motor. Sambandet mellan likströmsmotorn (dc-motorn) och generatorn är speciellt viktigt här.

3 De flesta elektriska visarinstrument bygger i grunden på en specialiserad form av likströmsmotor som arbetar inom ett begränsat vinkelområde på endast 90° till 120°. Konstruktörerna använder samma typ av beräkningar när de utvecklar både instrument och dc-motorer.

4 Uppbyggnaden och detaljerna i generatorer, alternatorer och motorer kommer att behandlas i de kommande kapitlen. Här behandlar vi endast de två viktigaste principerna för motorer och generatorer för att underlätta förståelsen för deras funktion, vilket ger den nödvändiga grundkunskapen.

18 Generatorregeln

1 Om en ledare rör sig vinkelrätt mot ett magnetfält, kan vi finna att en spänning alstras i den så länge som ledaren är i rörelse **(Fig. 1.16)**. Spänningen som uppstår beror på följande faktorer:

(a) längden på ledningen i magnetfältet
(b) hastigheten hos ledningen i rät vinkel till magnetfältet
(c) styrkan hos magnetfältet

Förhållandet mellan dessa faktorer och spänningen är:

E = B***l*** V volt

där: B = styrkan i magnetfältet i enheten weber per kvadratmeter (eller Tesla)
l = ledningens längd (meter)
V = ledningens vinkelräta hastighet mot magnetfältet (meter per sekund)

Inga beräkningar behöver utföras för att läsa vidare, det enda som måste kommas ihåg är vilka faktorer som styr spänningens styrka.

2 När en generator tillverkas, formas ledningstråden till en rektangulär spole som roteras inuti ett magnetfält. Resten är detaljer. På denna grundregel baseras funktionen hos generatorer och alternatorer. Detta kommer att påtalas vid flera ställen i denna bok och är värt att komma ihåg.

19 Motorregeln

1 Detta är motsatsen till funktionen i generatorn. En ledare som matas med elektrisk ström och befinner sig i ett magnetfält, kommer att utsättas för en kraft vinkelrät till både strömmen och fältriktningen.

2 Fig. 1.17 visar en ledare med elektrisk ström. Ledaren är placerad i ett magnetfält där fältriktningen i luften går från N till S. Ledaren kommer att skapa ett eget magnetfält runt sig som samverkar med motorfältet och åstadkommer en ökande kraft med riktning nedåt. Värdet på denna kraft beror på:

(a) styrkan hos magnetfältet, B weber per kvadratmeter (Tesla)
(b) strömflödet i tråden, ***I*** *ampere*
(c) längden på ledningstråden i magnetfältet, ***l*** *meter*

Kraften är:

F = B***Il*** Newton

3 Om nu tråden böjs till rektangulär form och placeras inuti magnetfältet kommer strömriktningen i de motstående sidorna på spolen att vara motriktade och så är det även med krafterna som verkar på dem. Nu återstår bara att fästa den rektangulära spolen på en

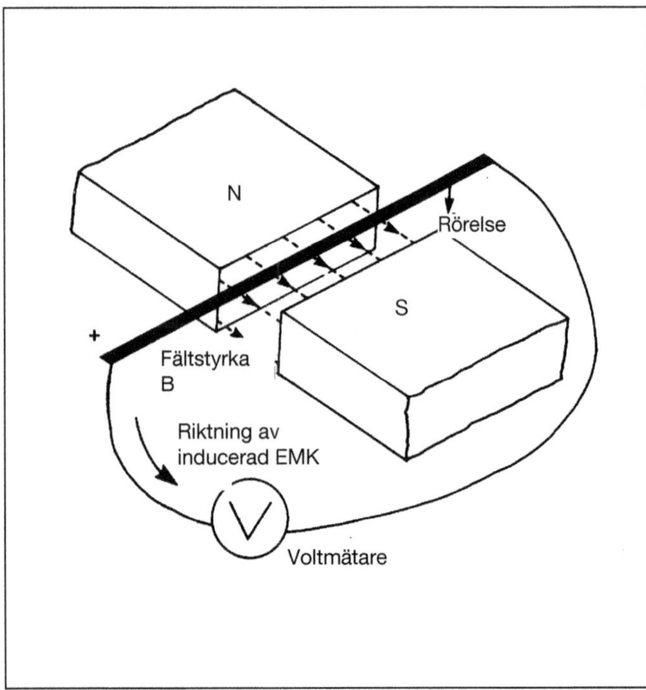

Fig. 1.16 Inducerad EMK i rörlig ledare

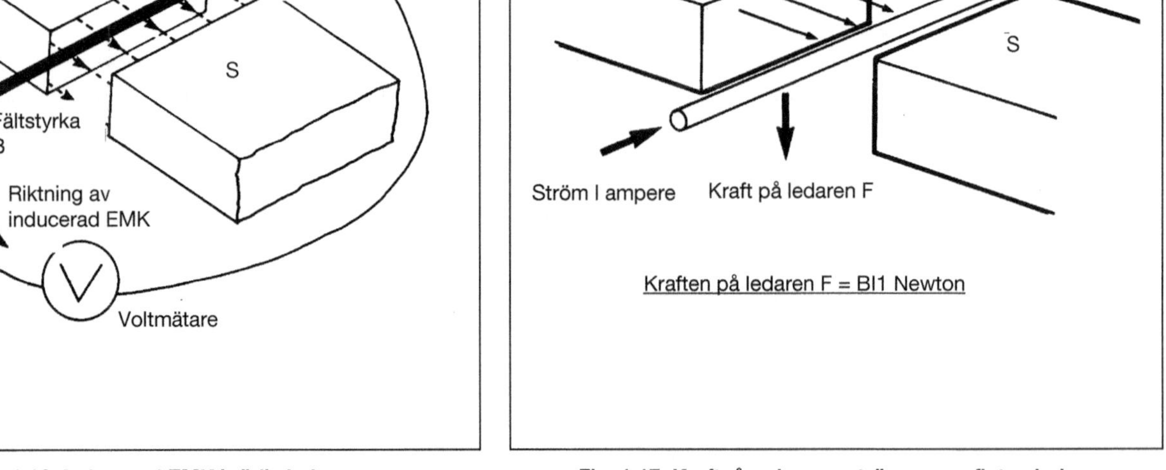

Fig. 1.17 Kraftpåverkan av strömgenomfluten ledare

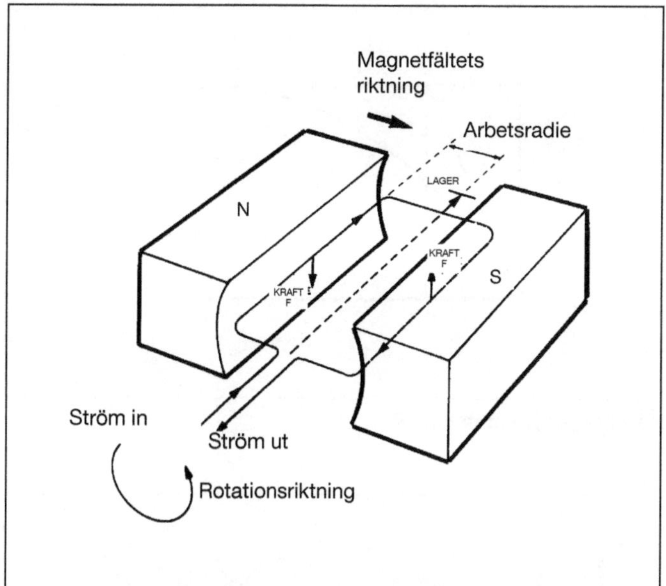

Fig. 1.18 Enkel elektrisk motor

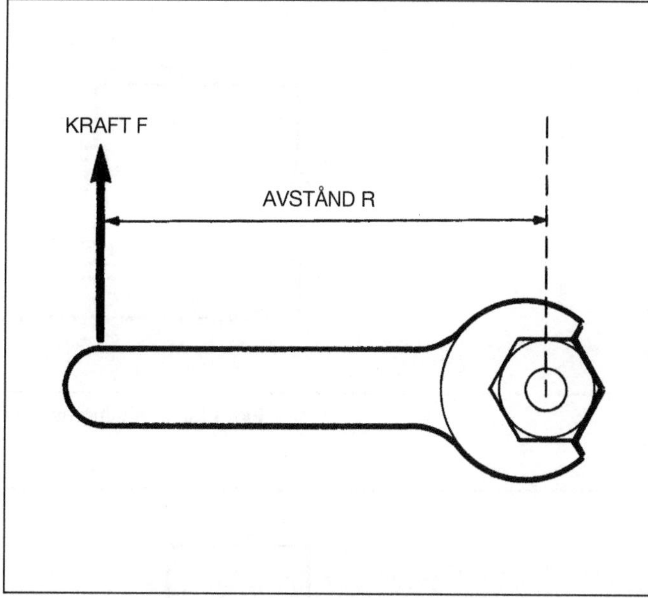

Fig. 1.19 Beskrivning av vridmoment

lagring för att det skall bli en enkel motor. De två krafterna kommer nämligen att skapa en rotation, **Fig. 1.18**.

Förståelsen av principen för motorer kommer att vara speciellt användbar i kapitlet om startmotorer, där ämnet kommer att utvecklas ytterligare.

4 Vridmoment är ett viktigt begrepp inom motorkunskap. I **Fig. 1.19** tillförs en mutter vridmoment via en nyckel och detta är ett mått på vridkapaciteten. Det är helt enkelt kraften multiplicerat med avståndet, under förutsättning att kraften är vinkelrät till mutterns centrum.

5 Om vi igen tittar på den enkla motorn i Fig. 1.18, är spolradien R, och det finns två sidor som vardera ger kraften F, så:

Motorvridmoment = 2 x F x R Newtonmeter

20 Resistans

1 En ledningstråds resistans beror på tre faktorer:

(a) längden L (meter)
(b) genomskärningsarean A (kvadratmeter)
*(c) resistiviteten **Q** (ohmmeter)*

R = $_Q$L/A ohm

21 Resistansens temperaturberoende

1 Hos de flesta metaller ökar resistansen vid ökad temperatur men hos halvledare minskar resistansen vid ökning av temperaturen.

Temperaturkoefficienten är ändringen av resistans i ohm per grad Celsius.

22 Kapacitans

1 Kondensatorn består av två stora ytor av ledande material, åtskilda med en tunn isolator. Vanligtvis består ytorna (eller plattorna) av två långa rektangulära aluminiumfolier åtskilda av ett något större stycke impregnerat papper. Detta rullas sedan ihop till en rulle där de två folierna förses med varsin ledningstråd. Slutligen kapslas det hela in med någon form av plastmaterial.

2 Kondensatorer är komponenter som kan lagra elektrisk laddning q, vilken ökar med spänningen mellan plattorna.

Förhållandet är faktiskt q/v = C

Kapacitansen mäts i enheten farad, i praktiken brukar mindre enheter användas t.ex. mikrofarad (µF) och pikofarad (pF). I formeln ovan är q laddningen på plattorna i coulomb.

En mikrofarad är en miljondel av en farad och en pikofarad är en miljondel av en mikrofarad. Se kapitel 6 för mer detaljer och tillämpningar för kondensatorer.

23 Induktorer

1 När en ström flyter genom en spole skapas ett magnetfält. Om strömmen ändras, t.ex. minskas, kommer det kollapsande magnetfältet att skära ledningstrådarna och den magnetiska kraften inducerar en spänning i ledningarna som strävar att bromsa strömändringen (Lenz lag).

Det är nivån på förändringen som bestämmer den inducerade spänningen, tillsammans med en faktor som kallas induktans L.

Inducerad spänning =
nivå på strömförändring x L

L anges i enheten Henry.

Om strömmen genom en spole plötsligt bryts så induceras en spänningsspik som kan skada andra komponenter.

Induktorn beter sig ungefär som ett svänghjul, vilket också motsätter sig ändringar i hastigheten.

24 CR laddning och urladdning

1 Om en kondensator C ansluts till en matningsspänning V via en resistor R **(Fig. 1.20)** kommer spänningsökningen V_o över kondensatorn att följa en kurva.

Tiden som krävs för spänningen att öka till 63% av matningsspänningen kallas för kretsens **tidskonstant** och är det samma som CR-sekunder.

2 På samma sätt är det med tiden (CR-sekunder) när en kondensator laddas ur via en resistor till 37% av ursprungsspänningen. **(Fig. 1.21)**.

CR uppladdning och urladdning används mycket i elektroniska tidskretsar.

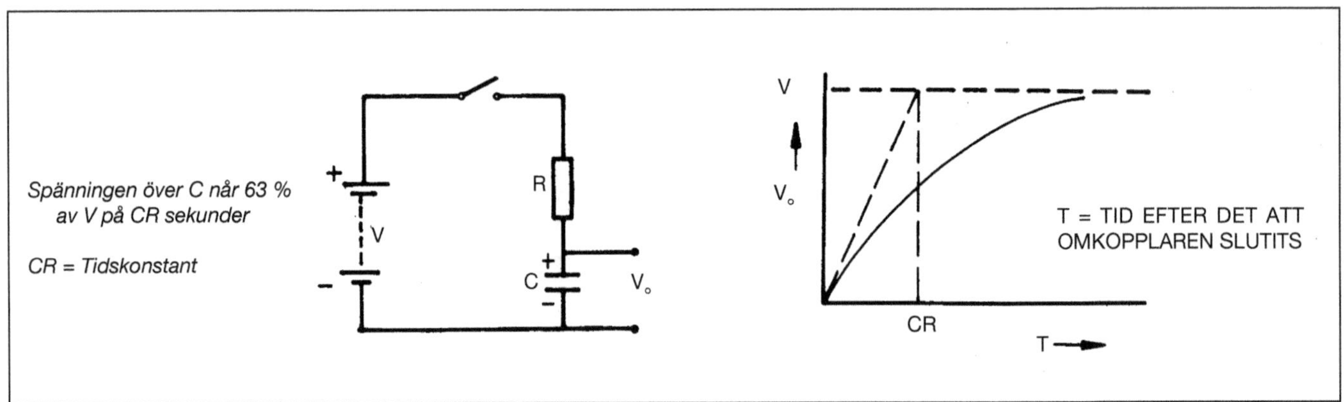

Fig. 1.20 Laddning av kondensator C genom motstånd R

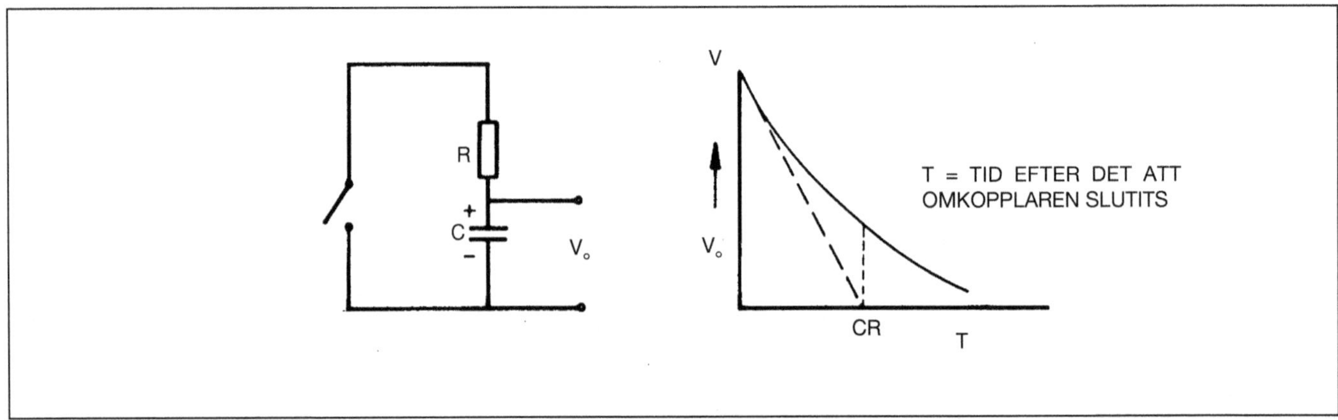

Fig. 1.21 Tid för urladdning av CR-krets

25 PN-diod

1 Om en kiselkristall innehåller orenheter, är s.k. dopad, på så sätt att den ena delen är av p-typ och den andra av n-typ, kommer det vid gränsytan att bildas en p-n övergång. Med p-n typer menas kisel med orenheter tillförda och detta får till följd att ena delen innehåller ett överskott av elektroner och den andra ett underskott (kallas även hål).

2 Effekten vid gränsövergången blir att det skapas en potentialbarriär **(Fig. 1.22)**. Tillförd ström kan flyta i en riktning men inte i den andra. Med andra ord kan sägas att p-n övergången är en likriktare eller diod **(Fig. 1.23)**.

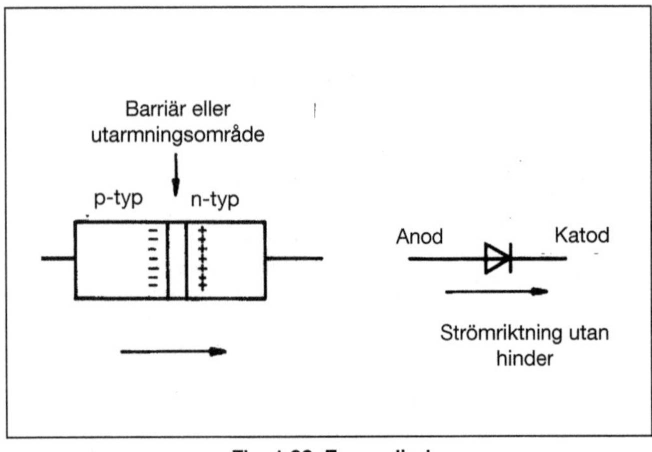

Fig. 1.22 En pn-diod

Strömmen flyter lätt om polariteten är + till p-skikt

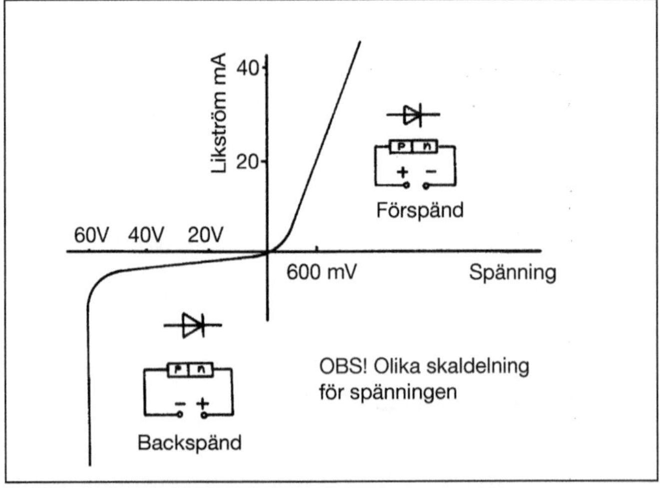

Fig. 1.23 Likriktningsfunktion hos diod

26 Transistor

1 Transistorn består av flera lager dopat kisel med sammansättning p-n-p eller n-p-n material, ungefär som två dioder vända baksida mot baksida.

Om en liten ström kan fås att flyta mellan mittenlagret och ett av de yttre lagren kommer en mycket större ström att kunna flyta rakt igenom mellan de yttersta lagren.

Fig. 1.24 visar funktionen. Ström in vid basen I_b kommer att tillåta ett strömflöde mellan kollektorn och emittern. Strömflödet från kollektorn är mycket större än flödet vid basen och kontrolleras av detta. Till- och frånslag av I_b kopplar till- och från huvudflödet vid kollektorn. Hanterad på detta sätt fungerar transistorn som en **strömbrytare.**

2 Men om basströmmen I_b varieras på samma sätt som en sinusvåg varierar, kommer även kollektorströmmen att variera med samma vågutseende men med en kurva som är 50 gånger större (typiskt). Använd på detta sätt är transistorn en **strömförstärkare.**

3 För att uppnå spänningsförstärkning kan ett belastningsmotstånd R_L sättas in i kollektorkretsen. Strömförändringar genom R_L skapar spänningsvariationer över motståndet **(Fig. 1.25)**. Bias (tröskelspänning) uppnås via motstånden R_1 och R_2 för att undvika behovet av ett tröskelspänningsbatteri. R_3 kompenserar för temperatureffekter; när temperaturen ökar kommer även emitterströmmen att öka, men det extra spänningsfall som uppstår när strömmen passerar R_3 medför att basen får en ändring i tröskelspänningen som strävar efter att minska emitterströmmen. Kondensator C_3 leder förbi ev. växelströmmar till jord för att förhindra att dessa återmatas till basen.

4 Transistorn kan kopplas på tre olika sätt. Dessa kopplingssätt benämns efter vilken anslutning som är gemensam för både inmatning och utmatning. De är gemensam emitter (GE), gemensam bas (GB) och gemensam kollektor (GK). Deras karakteristiska kopplingar visas i **Fig. 1.26**.

27 Fälteffekttransistor (FET)

1 Den bipolära transistorn, som vi nyss beskrivit, är i huvudsak strömstyrd till skillnad från fälteffekttransistorn (FET) som har en mycket hög ingångsresistans och styrs via en spänning.

2 JFET-transistorn (junction field-effect transistor) visas i **Fig. 1.27**. Ett skikt av p-typ (gate) ligger på två sidor om ett n-typs kiselsubstrat, där det skapas en kanal. Ström kommer att flyta från ena sidan av n-kislet till den andra, egentligen från source till drain, och kontrolleras av spänningen som finns mellan gate och source. Strömmen, source-drain, kan brytas med hjälp av gaten och den fälteffekt den skapar. P-kanalskretsar fungerar på samma sätt med den skillnaden att polariteten på matningen skall skiftas.

3 En ännu högre ingångsresistans (större än 10^{12} ohm) har uppnåtts i utvecklingsarbetet med FET-transistorn, metalloxid fälteffekttransistorn (MOS), där gaten är elektriskt isolerad från n- eller p-kanalen.

28 Kraft MOS-enheter

1 Kraft MOS FET-transistorer ersätter i allt högre grad de bipolära transistorerna i fordonstillämpningar. Denna teknologi används även i integrerade kretsar (IC) och förutsägs av ingenjörerna hos Nippondenso uppgå till nära hälften av krafttransistormarknaden under 1990-talet

Eftersom kraft MOS FET är spänningsstyrd minskar värmeutvecklingen till en tiondel av den värme som uppstår i vanliga bipolära transistorer. Detta kan medföra att kraftsteget kan integreras med den elektroniska styrenheten (ECU), vilket medför många fördelar som bl.a. mindre storlek.

29 Intelligent kraft

1 En utvecklingsväg inom MOS-tekniken är kretslösningar för intelligent kraft inom fordonsteknologin. Detta är ett gränssnitt mellan styrelektroniken och utrustningen som skall aktiveras.

För närvarande används elektromekanisk utrustning som arbetar genom att reläer styr de spolar eller motorer som skall aktiveras. Jämfört med krav som ställs på halvledare, har reläer låg tillförlitlighet och kan inte lämna information om sin status eller om belastningen.

2 Det som önskas av en krets för fordonstillämpningar är följande: låg resistans mellan drain och source R_{DS}, MOS-baserad och kompatibel med andra logikkretsar, fullt

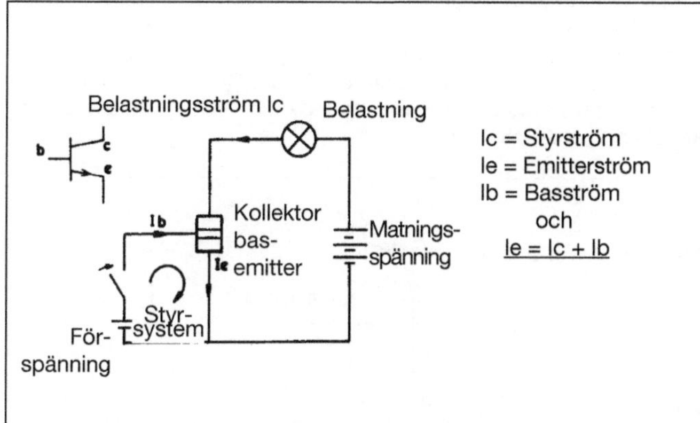

Fig. 1.24 Transistorfunktion

En förspänning på ca 650 mV måste läggas på kiseltransistorn mellan bas-emitteranslutningarna för att tillåta ström att flyta in i basen. Basströmmen är normalt bara 1/50 av kollektorströmmen. Transistorn kan ses som en strömbrytare – det är det vanligaste användningsområdet inom fordonselektroniken. Om Ib varieras istället för att kopplas från och till, kommer även kollektorströmmen Ic att variera men ungefär 50 gånger så mycket. Transistorn fungerar som en strömförstärkare.

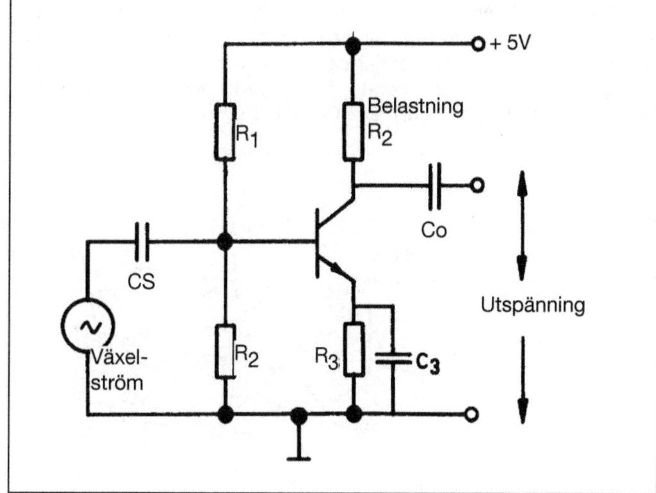

Fig. 1.25 Enstegs gemensam emitterförstärkare

Co och Cs blockerar likström (dc)
R_1 och R_2 åstadkommer förspänningen
R_3 sköter temperaturkompensation

	METOD	STRÖMVINST	SPÄNNINGSVINST	MOTSTÅND IN
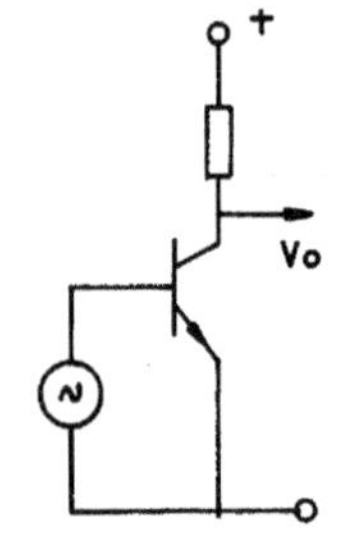	GEMENSAM EMITTER	STOR 50–500	HÖG	MEDEL ca 2k Ω
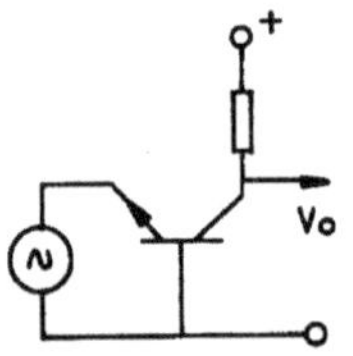	GEMENSAM BAS	MINDRE ÄN 1,0 CA 0,99	HÖG	LÅG ca 50 Ω
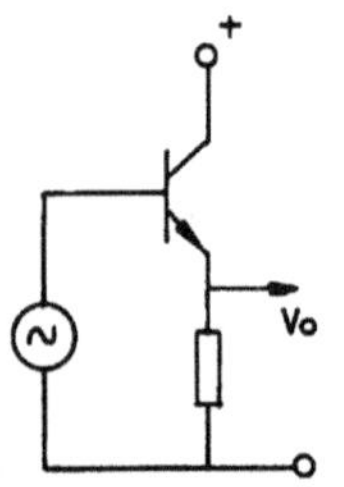	GEMENSAM KOLLEKTOR	STOR	MINDRE ÄN 1,0	MYCKET HÖG ca 1M Ω

Fig. 1.26 Grundkopplingar för transistorer

Anordningar för förspänning visas ej

skyddad mot överbelastning och med möjlighet att lämna statusinformation. Slutligen skall brytaren monteras i den positiva matningen och inte i returledningen.

3 En lösning på vad som börjar bli känt som PIC (Power Integrated Circuit - integrerad krets för krafttillämpningar), är PROFET. En Zenerdiod skyddar mot de överspänningar som uppstår när induktiva laster stängs av. Temperaturen övervakas med en integrerad temperaturgivare som omedelbart stänger av kretsen när temperaturen når 150°C. Kortslutningsskydd ingår genom att bevaka utgångsspänningen. Vid kortslutning skall inte kretsen omedelbart stängas av eftersom det är vanligt att t.ex. motorer kräver en väldigt hög startström. Det som inträffar är att en strömbegränsning som tillåter 25 amperes utström träder i kraft. Om inte strömmen efter 40 mikrosekunder har sjunkit, stängs kretsen av.

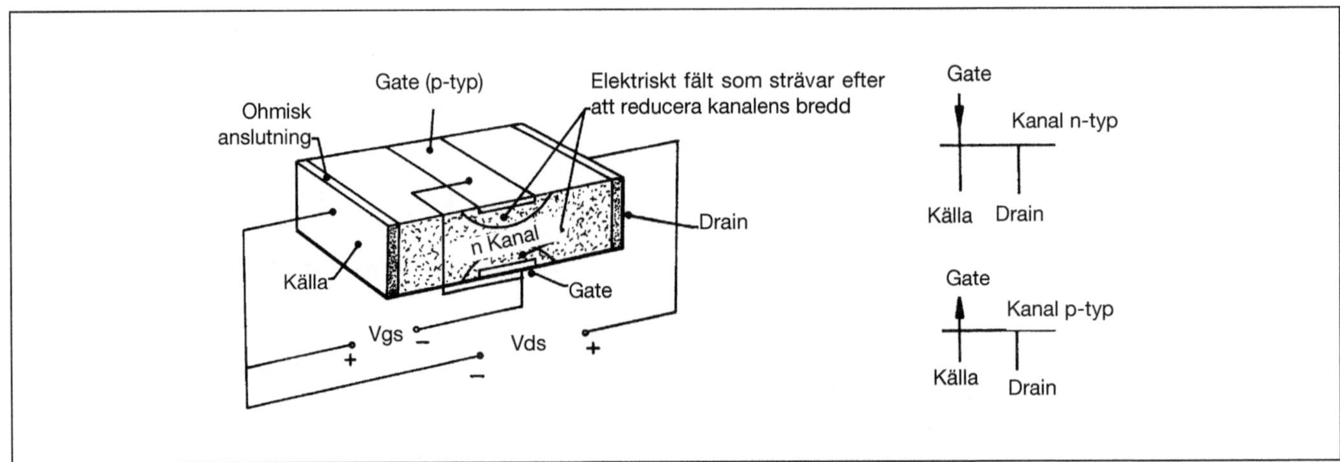

Fig. 1.27 Junction Fälteffekttransistor (JFET)

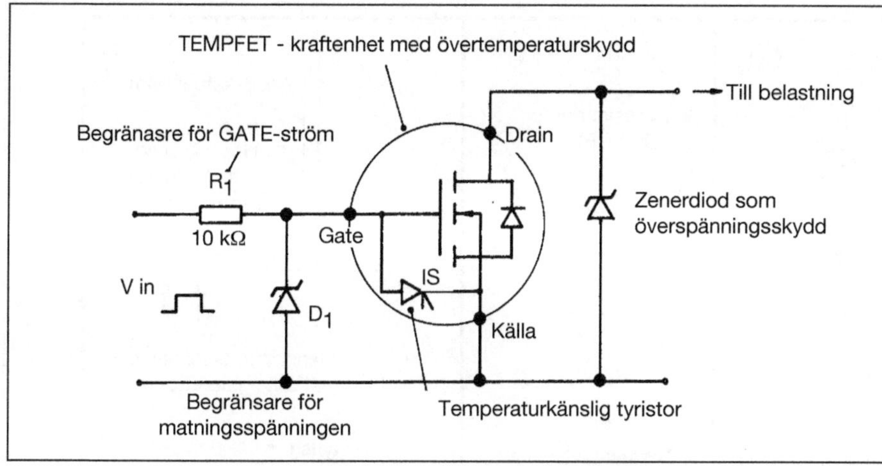

Fig. 1.28 Intelligent kraftenhet – TEMPFET

Ytterligare finesser ingår; övervakning av öppen krets (avbrott), avstängning vid för låg spänning och kompatibilitet med tillhörande logikkretsar.

Det är inte alltid alla dessa finesser behövs och då finns en enklare krets med övertemperaturskydd – TEMPFET.

4 TEMPFET-kretsen är uppbyggd med MOS-teknik och innehåller två chips. Det ena är en konventionell p- eller n-kanals MOS-transistor och det andra är en temperaturkänslig MOS-tyristor.

Tyristorn är endast i termisk kontakt med transistorn och är så tillverkat att dess aktiveringstemperatur är något under transistorns maximala temperatur **(Fig. 1.28)**.

När temperaturen blir för hög, aktiveras tyristorn och kortsluter transistorns gate till jord. Detta laddar ur MOS-transistorns ingångskapacitans och stänger av komponenten.

30 Zenerdiod

1 Zenerdioden används som spänningsbegränsare i t.ex. spänningsstabilisatorer eller för att kapa spänningsspikar.

Under sin tröskelspänning blockerar zenerdioden all ström (nästan) men när tröskelspänningen nått en viss nivå börjar den leda i backriktningen, spänningen över zenerdioden hålls i det närmaste konstant **(Fig. 1.29)**.

31 Tyristor

1 Detta är en fyralagers pnpn-enhet som används för snabba strömomkopplingar. På samma sätt som en mekanisk omkopplare är den antingen fullt tillslagen eller helt avslagen, men den har inte några rörliga delar utan aktiveras med en svag ström in på gate-anslutningen.

2 När gate-strömmen aktiverar tyristorn, flödar huvudströmmen från anoden till katoden och från denna punkt spelar inte strömmen vid gaten någon roll längre. Tyristorn stängs av endast genom att anod-katodspänningen minskas till nära noll. Detta gör att tyristorn passar perfekt till kondensatorurladdningständning (CDI), se kapitel 6, och även i andra fordonstillämpningar.

3 Med hänvisning till **Fig. 1.30**, om anoden är positiv i förhållande till katoden så kommer en kort ingångspuls på styret (gate) att aktivera tyristorn på några få mikrosekunder. Därefter kommer den att ha ett konstant spänningsfall på ca. 1 volt, oberoende av hur stor ström som flyter från anod till katod.

För en tyristor som skall styra strömmen 10 A, behövs en styrpuls av 60 mA vid 3 volt. Tyristorn kallas även styrd kisellikriktare (SCR).

32 Analoga och digitala signaler

1 Analoga värden är alltid närvarande omkring oss. Ett vanligt exempel är nålutslaget på ett visarinstrument, som kan anta alla möjliga värden på sin skala. Beräkningar i fordonselektroniken kan ske med analoga värden men dessa metoder har blivit utkonkurrerade av digitala metoder.

2 Digitala värden anges i siffror och dessutom

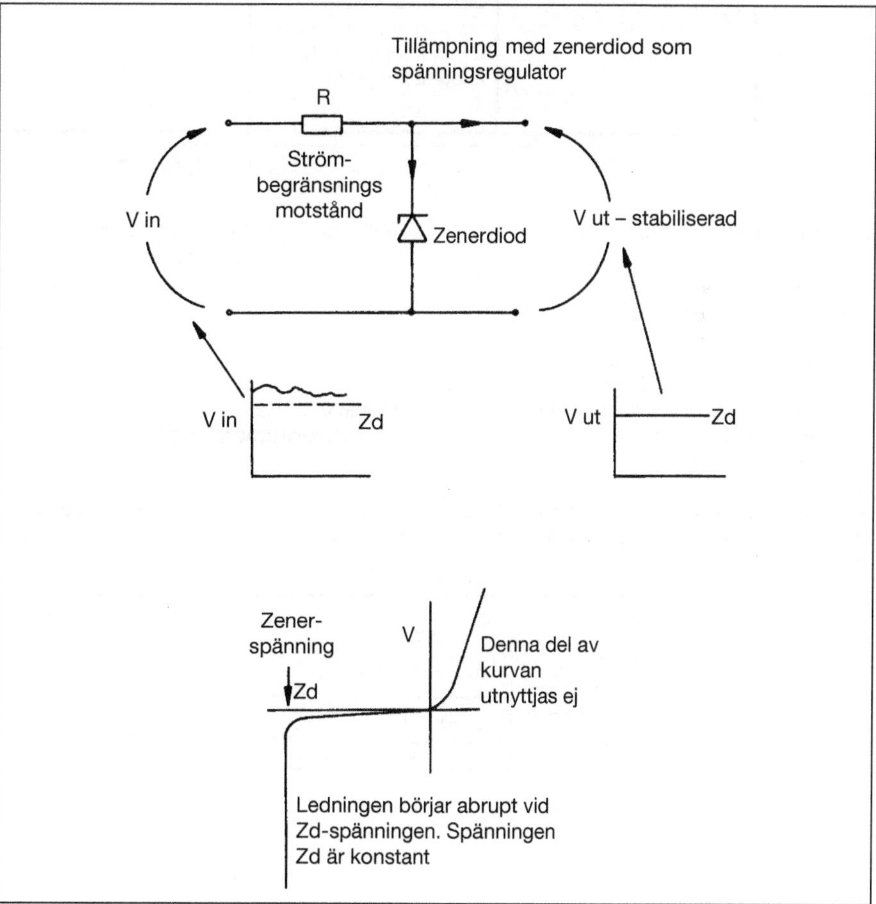

Fig. 1.29 Zenerdioden – karakteristika och ett användningsområde

Zenerdioden leder ström i backriktningen

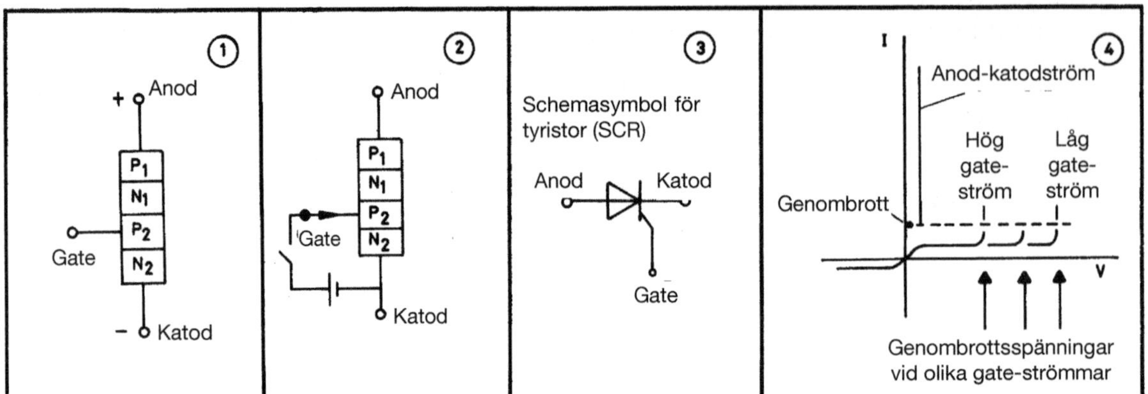

1 + Anod P1 N1 P2 N2 Gate – Katod

1. Tyristorn är en elektrisk strömbrytare och består av 4 lager p- och n-dopat kisel. Som här visas är gränsytorna P_1 N_1 och P_2 N_2 framspända och skulle separat tillåta strömflöde, men gränsytan N_1 P_2 är backspänd och blockerar därför strömflödet mellan anod och katod.

2 Anod P1 N1 P2 N2 Gate Katod

2. Om nu en strömpuls sänds till gaten (styret) sker ett avalanchegenombrott av barriären N_1 P_2, så att ström börjar flyta igenom tyristorn mellan anod och katod. Tyristorn är en mycket effektiv omkopplare med snabb funktion och utan kontakter som kan bli utslitna. Endast 60mA gateström behövs för att koppla på 10A anod-katodström.

3 Schemasymbol för tyristor (SCR) Anod Katod Gate

3. Det är besvärligt att rita 4 lager, så denna symbol används istället för att ange en tyristor. Tyristorn kallas ibland för kontrollerad kisellikriktare (SCR)

4 I Anod-katodström Hög gateström Låg gateström Genombrott V Genombrottsspänningar vid olika gate-strömmar

4. När tyristorn väl aktiverats (tänts), har inte längre gaten (styret) något inflytande på anod-katodströmmen. Vid en låg gateström krävs att spänningen över anod-katod är hög för att genombrott ska ske. Ju högre anodkatodspänning, desto mindre gateström krävs för att genombrott (strömflöde) ska ske. På diagrammet är V anod-katodspänning och I är anod-katodströmmen.

Fig. 1.30 Tyristorn

används bara två siffror, 0 och 1 i beräkningarna.

Alla värden i den decimala skalan (med basen 10) kan omvandlas till binär form (med basen 2) och även i motsatt riktning

Ett flertal exempel på situationer där värden måste omvandlas från decimal till binär form finns i denna bok, speciellt inom tändning och bränsleförsörjning. När temperaturer mäts med en temperaturberoende resistor kommer svaret att vara i analog form. Innan detta värde kan behandlas av en dator måste det omvandlas till ett digitalt värde **(Fig. 1.31)**.

3 Principen för A/D-omvandling är att omvandla den analoga spänningen till en rampvågform. Efterhand som spänningen ökar, ökar även antalet pulser per tidsenhet. Dessa pulser räknas och utgör det digitala värdet på spänningen.

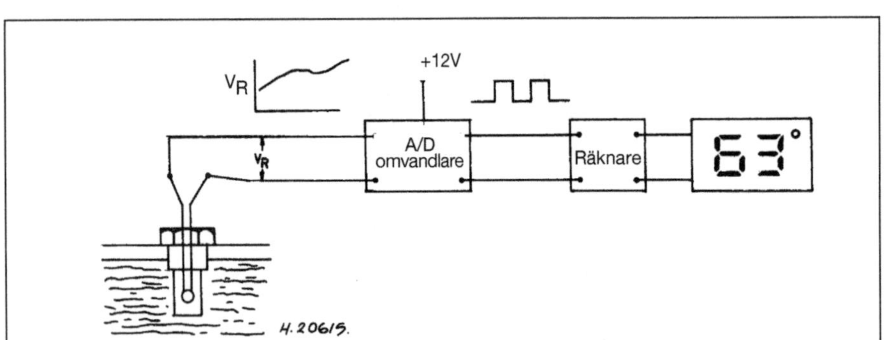

Fig. 1.31 Omvandling från analog till digital form

33 Givare och aktiveringsenheter

1 Mätning av värden som t.ex. hastighet, temperatur, tryck och luftflöde sker med olika GIVARE.

När givaren har lämnat mätvärdet till behandling, är ofta det önskade resultatet någon form av rörelse. Dessa rörelser sker med hjälp av **aktiveringsenheter.**

Givare och aktiveringsenheter kommer att beskrivas efter hand som de dyker upp.

34 Lästips

1 I detta kapitel har det bara varit möjligt att ge en enkel genomgång av de grundläggande elektriska principerna.

För de som önskar djupare kunskaper om detta ämne finns det många bra böcker att tillgå. Boken **'Electronic Systems'** av M. W. Brimicombe, utgiven av Nelson, rekommenderas och är inriktad mot praktiska tillämpningar.

Kapitel 2
Instrument och indikatorer

Innehåll

1 Instrumentpanel

1 På instrumentpanelen visas fortlöpande information om fordonets kondition. En snabb utveckling inom mätnings- och visningsteknologi har medfört att instrumentpanelen nu oftast är helt elektronisk med lättlästa instrument som visar information som tidigare inte funnits tillgänglig.

2 Det grundläggande behovet för föraren är dock fortfarande att få information om följande:

(a) fordonets hastighet och färdsträcka
(b) bränslemängd i tanken - och att få varning med minst en varningslampa när nivån blir för låg
(c) motortemperatur
(d) oljetryck
(e) hel/halvljus
(f) handbroms åtdragen/släppt
(g) tändning till/från
(h) indikering för körriktningsvisare och varningsblinkers
(i) laddningslampa för generatorn

3 Ytterligare information om t.ex: motorns varvtal, bromsslitage, bromsvätskenivå, glödlampsfel, låga nivåer för kylvätska och spolarvätska, låg oljenivå, lufttemperatur, bakre vindrutedefroster av/på kan också lämnas av instrument på instrumentbrädan

En **färddator** kan lämna information om följande:

(a) bränsleförbrukning för tillfället
(b) medelhastighet
(c) uppskattad ankomsttid
(d) förbrukad bränslemängd
(e) bränslekostnad per kilometer

2 Analoga instrument

1 Elektroniska displayer finns inte tillgängliga i alla nya bilar, fortfarande används traditionella analoga instrument (visarinstrument) i stor utsträckning.

De analoga instrumenten delas in i följande grupper:

(a) *Vridjärnsinstrument* – använda under många år och nu mindre populära Visaren rör sig snabbt.
(b) Bimetallinstrument – långsamma visarutslag, behöver stabiliserad matningsspänning
(c) Vridspoleinstrument – omedelbar reaktion. Används som batterispänningsmätare.
Dyrare än bimetallinstrument.

3 Vridjärnsinstrument

1 Dessa instrument bygger på två magnetspolars relativa inverkan på en upphängd järnarmatur där visaren är fäst **(Fig. 2.1)**.

Både kontrollspolen och avböjningsspolen attraherar magneten när de genomflyts av ström och vridningen av magneten med dess visare är ett mått på mängden bränsle i tanken.

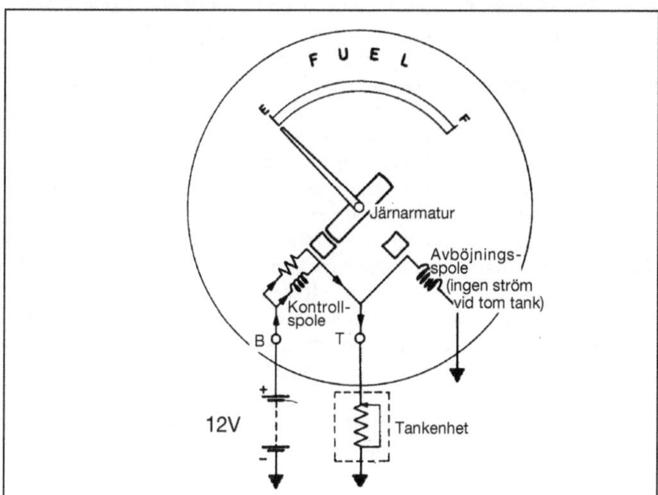

Fig. 2.1a Vridjärnsbränslemätare – tom

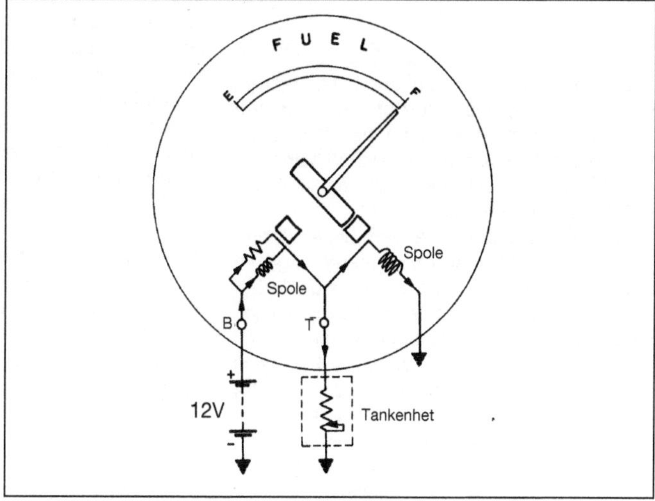

Fig. 2.1b Vridjärnsbränslemätare – full

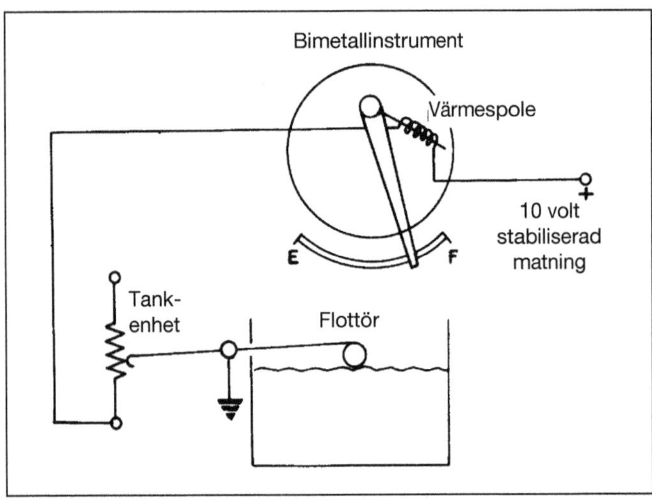

Fig. 2.2 Bimetallbränslemätare

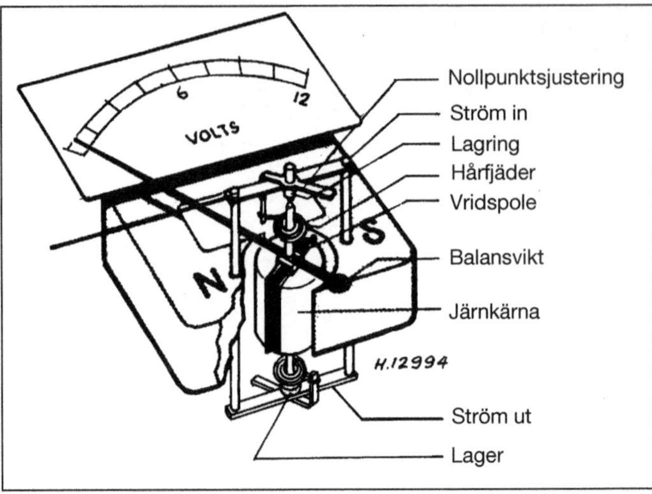

Fig. 2.3 Vridspoleinstrument

Den variabla resistansen i nivåmätaren är låg när tanken är tom och hög när tanken är full. När bränslenivån ökar, ökar även resistansen för ström som skall passera nivåmätaren. I stället passerar strömmen genom avböjningsspolen som drar till sig magneten och dess visare.

2 Det finns två nackdelar med detta system

(a) systemet är odämpat och gör snabba utslag, vilket får till följd att även vågor och andra rörelser i bränslet får visaren att ge utslag.

(b) svårigheter att med god noggrannhet mäta tankinnehållet när den nästan är tom. Det är oftast då hög noggrannhet behövs.

3 Till fördelarna hör att instrumentet är billigt och att det är oberoende av matningsspänningen.

4 Bimetallinstrument

1 Dessa instrument används till många mätutrustningar inom fordonstekniken. Vid mätning av bränsletankens innehåll används instrumentet tillsammans med ett variabelt motstånd som påverkas av en flottör i bränsletanken **(Fig. 2.2)**.

2 Instrumentet består av ett bimetallband som är U-format, med en värmelindning runt ena skänkeln. Efterhand som bandet böjer sig, beroende på skillnaden i längdexpansion av de två ingående metallerna, kommer en visare att röra sig över skalan för att visa bränslemängden. U-formen kompenserar för skillnader i omgivningstemperaturen och medför en korrekt nollställning av visaren.

3 Ibland är flottören så anordnad att dess vikt, och därmed dess nedsjunkning, varierar beroende på bränslemängden.

4 När bränslemängden är liten kommer flottören att kunna sjunka mindre och är mest känslig för förändringar. Detta kan åtgärdas genom att ändra motståndslindningen i denna ände av skjutmotståndet för att ge önskad skala på mätinstrumentet.

5 Beroende på att temperaturen ändras relativt långsamt, reagerar instrumentet långsamt och är inte känsligt för tillfälliga nivåförändringar vid inbromsningar och gaspådrag.

5 Vridspoleinstrument

1 Vridspoleinstrumentet arbetar enligt samma princip som en elmotor, men med den skillnaden att armaturens rotation är begränsad (ca. 90°) och att denna arbetar mot en spiralfjäder **(Fig. 2.3)**.

Den rektangulära spolen är lindad på en aluminiumstomme och placerad i ett starkt magnetfält från en permanentmagnet. För att koncentrera magnetfältet används en inre järnkärna. Spolen rör sig i mellanrummet mellan järnkärnan och permanentmagneten. Aluminiumstommen dämpar instrumentet genom de strömmar som skapas i denna vid snabba rörelseändringar. Dessa strömmar skapar en kraftförlust som tas från spolens rörelseenergi varvid spolen snabbt bromsas in.

2 På axelns ändar finns spolformade hårfjädrar som strävar efter att hålla emot instrumentspolens vridning. När vridmomentet från den strömgenomflutna spolen är lika stort som fjäderns mothållande kraft, kommer visaren att stanna och på en skala visa hur stor ström som flyter genom lindningen. Hårfjädrarna är lindade i motsatt riktning så att förändringar beroende på temperaturändringar upphävs. Fjädrarna leder även strömmen till vridspolen.

3 Denna instrumenttyp mäter endast likström men kan användas för växelströmsmätning om en likriktare kopplas in. Med ett högohmigt seriemotstånd fungerar instrumentet som voltmätare och ansluts ett lågohmigt parallellmotstånd till instrumentet, fungerar det som amperemätare. Beroende på instrumentets inneboende noggrannhet, låga strömförbrukning och mångsidighet brukar det allmänt användas i analoga mätinstrument.

4 Vridspoleinstrument kan göras så känsliga att 50 mikroampere ger fullt skalutslag. Denna typ av känsliga precisionsinstrument används inte inom biltekniken, vanligtvis används istället instrument med mindre strömkänslighet och större robusthet.

6 Instrumentspänningsstabilisator (IVS)

1 Detta är ytterligare ett exempel på användning av ett bimetallband. I stället för att flytta en visare, använder stabilisatorn ett uppvärmt bimetallband för att öppna kontakter som bryter matningen till sin egen värmare och till de övriga belastningar som är kopplade till den.

2 När bandet svalnar, sluts kontakterna på nytt och cykeln upprepas på nytt i relativt långsam takt, beroende på batterispänningen eller spänningen från generatorn. De flesta stabilisatorer lämnar en medelspänning på 10 volt och eftersom den är framtagen för spänningsförsörjning till långsamma instrument, har inte tillslag och frånslagsfrekvensen någon betydelse **(Fig. 2.4)**.

3 Om stabilisatorn slutar fungera korrekt kan detta ge upphov till felaktiga värden på instrumenten. Följ noggrant tillverkarens monteringsanvisningar eftersom placeringen är viktig för funktionen

4 För att kontrollera stabilisatorn ansluts en likspänningsmätare mellan anslutning I och jord. Spänningen skall nu pulsera med ett medelvärde på 10 volt (OBS! Vissa stabilisatorer arbetar med 7 volt).

7 Temperaturgivare och indikatorer

1 Tidigare mättes temperatur i fordon med hjälp av en flytande kapsel ansluten med ett tunt rör till en Bourdon-mätare, monterad på instrumentbrädan. Dessa var svåra att montera och har nu ersatts med antingen en termistorgivare (halvledare) eller en termisk givare (bimetall).

2 Termiska temperaturmätare **(Fig. 2.5)** använder sig av bimetall både i givaren och i instrumentet. Givaren är uppbyggd som en spänningsstabilisator där kontakterna sluts och öppnas med en frekvens som är beroende på temperaturen. Vid högre temperaturer är spänningen mellan kontakterna lägre, vilket medför att de sluts under en kortare tid, vilket i sin tur innebär att en lägre medelström kommer att flyta genom instrumentet.

Den största strömmen kommer att flyta vid låg temperatur så därför ligger instrumentets nollpunkt vid skalans varma ände. Kontaktens slutningar och brytningar kommer inte att märkas på instrumentet, eftersom den långsamma temperaturspridningen i bimetallen förhindrar snabba omslag.

Denna typ av instrument börjar nu bli föråldrade men finns fortfarande i bruk i äldre fordon.

3 Termistor (halvledar) enheter baseras på resistorer tillverkade av halvledarmaterial som uppvisar en tydlig negativ temperaturkoefficient. Detta skiljer sig från de flesta metaller genom att resistansen sjunker vid stigande temperatur.

4 Givaren är monterad i en mässingskapsel som en halvledarkula i nära kontakt med en mässingskylare som avleder värmen från indikatorströmmen. Temperaturen på vätskan som omger kapseln bestämmer termistorns resistans - vid hög temperatur är resistansen låg, ström- och skalutslag blir därför högt.

5 I **Fig. 2.6** visas att dessa givare kan användas med endera vridjärnsinstrument eller bimetallinstrument. Om bimetallinstrument används behövs även en stabiliseringsenhet.

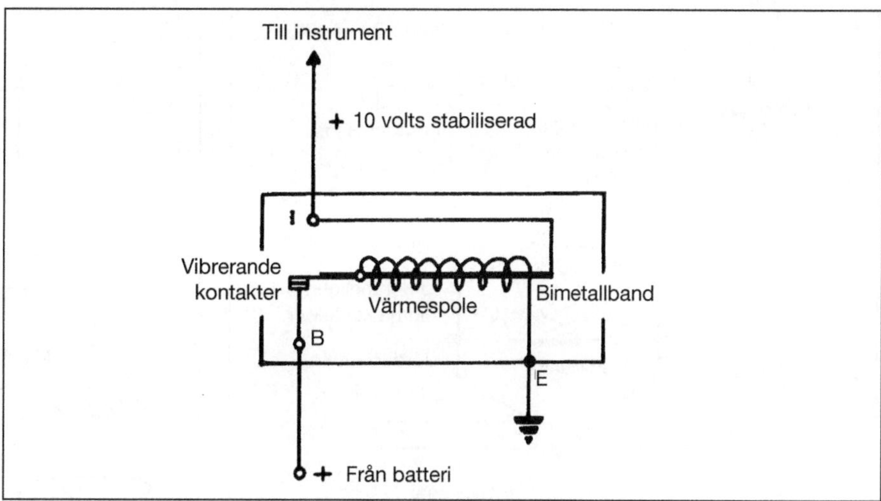

Fig. 2.4 Bimetallstabilisator

8 Tryckindikatorer

1 Instrumentbrädesvisare för oljetryck monteras endast i lyx- och sportbilar eller också säljs de om extrautrustning. De flesta vanligare bilmodeller har endast en varningslampa som lyser eller blinkar om oljetrycket blir för lågt.

2 En oljetrycksgivare som används allmänt är uppbygd av ett membran och en fjäder som visas i **Fig. 2.7**. Oljetrycksgivaren är inskruvad i en av motorns oljekanaler. Vid lågt oljetryck är kontakterna slutna men de öppnar när oljetrycket blir högre än fjädertrycket. En lågeffektslampa på instrumentbrädet varnar föraren när trycket blir för lågt.

3 En liknande membranstyrd enhet är piezogivaren **(Fig. 2.8)**. En piezokristall av halvledarmaterial i form av ett tunt block har egenskapen att vid tryck mellan två motsatta sidor ändra resistans mellan de två andra ytorna. Piezokristallen är kopplad i serie med en fast resistor och en stabiliserad likströmskälla. När oljetrycket påverkar membranet och på så sätt även piezokristallen, kommer resistansändringen i kristallen att medföra skillnader i spänningsfall över det fasta

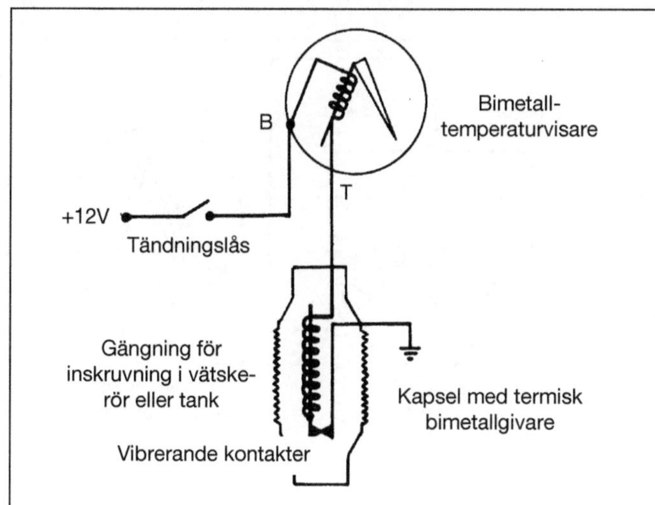

Fig. 2.5 Termisk temperaturmätningsenhet

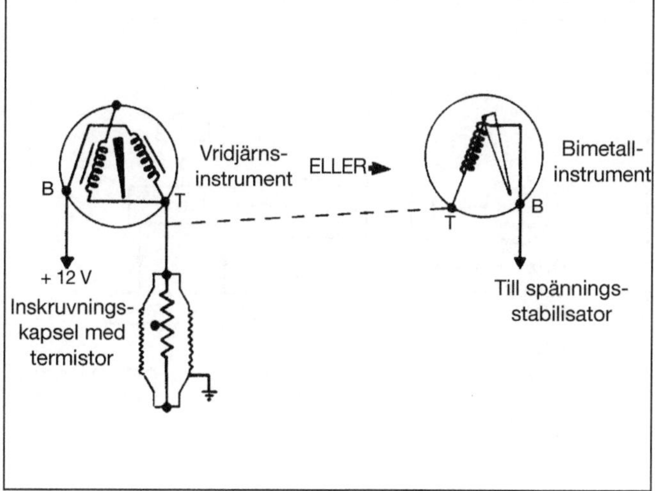

Fig. 2.6 Termistor (halvledar) givare använd med vridjärns- eller bimetallinstrument

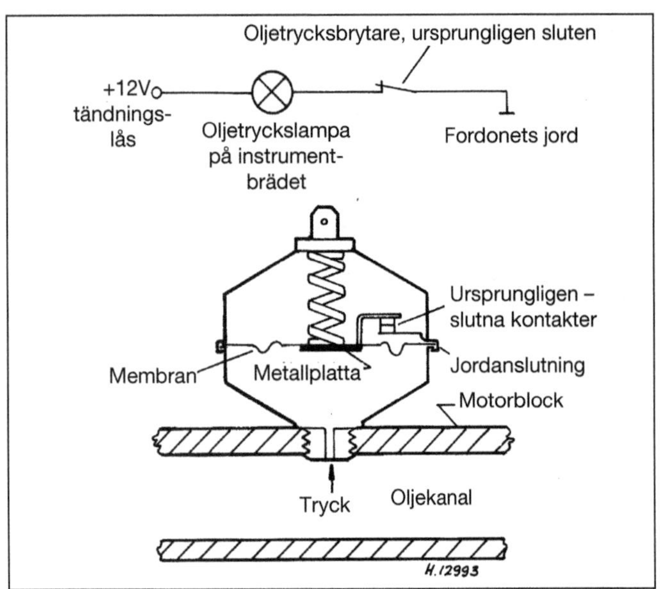

Fig. 2.7 Oljetrycksbrytare

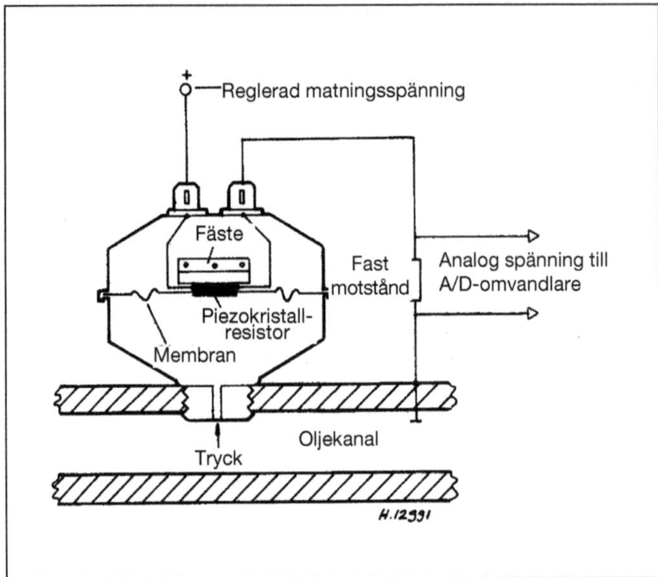

Fig. 2.8 Oljetrycksgivare

motståndet. Dessa förändringar är proportionerliga till oljetrycket. Den i **Fig. 2.9** visade kretsen är vanlig som en del av elektroniska instrumentbrädesvisare. Utspänningen omvandlas först till en digital kod som sänds till en dator. Datorn söker i en tabell i sitt fasta minne (ROM) vilket tryck som motsvarar det mottagna värdet. Datorn som har identifierat oljetryckskoden lämnar en drivsignal till instrumentet på instrumentbrädan. Observera att i bilden finns en enhet som benämns multiplexor (MUX).

Detta är en omkopplare som släpper fram en signal i taget från olika givare till datorn, till exempel släpps under en viss tid signalen från oljetrycksgivaren fram för att datorn skall bearbeta denna. På samma sätt kopplas de andra givarna in i tur och ordning för att signalbearbetas. Alternativet till detta skulle vara att förse varje givare med egen processor.

Utmatningen är de signaler som indikerar 'oljevarning' och/eller 'oljetrycksvarning' och dessa signaler sänds från datorn via en demultiplexor (DEMUX) till teckenvisarna. Denna enhet är elektroniskt synkroniserad med multiplexorn.

4 Ett analogt system som använder sig av en termisk tryckgivare och ett bimetallinstrument visas i **Fig. 2.10**. Vid tryck rör sig membranet och påverkar kraften mellan bimetallvibratorns kontakter.

Vibratorn arbetar enligt samma principer som spänningsstabilisatorn (IVS Fig. 2.4), strömmen genom värmarspolen medför att bimetallen böjer sig och öppnar kontakterna varpå strömmen bryts. När bandet svalnar sluts kontakterna igen.

Frekvensen för öppning/slutning beror på oljetrycket på membranet som pressar mot den undre kontakten. På instrumentet visas medelvärdet av strömmen och skalan kan vara kalibrerad i tryckenheter.

9 Hastighetsmätare

Analoga hastighetsmätare

1 Det första instrumentet för bilar var hastighetsmätaren, baserad på centrifugalregulatorprincipen och monterades första gången 1899. Ett antal olika lösningar för hastighetsmätning följde, men under många

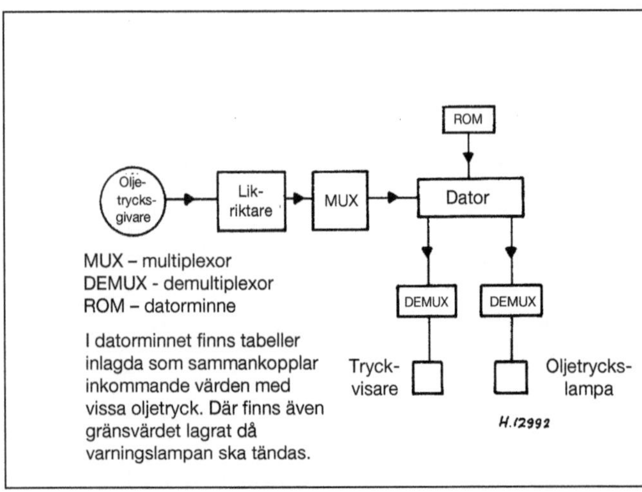

Fig. 2.9 Elektronisk oljetrycksmätning

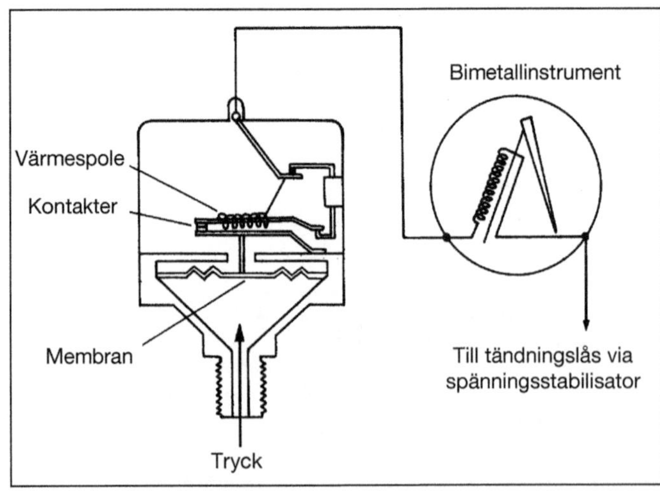

Fig. 2.10 Termisk tryckgivare och instrument

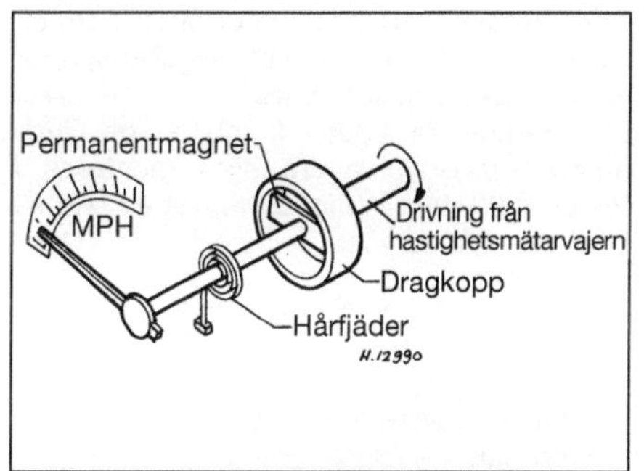

Fig. 2.11 Magnetinduktions-hastighetsmätare

år och fram till idag används den klassiska funktionen med magnetisk induktion från en dragkopp **(Fig. 2.11)**. Dragkoppen är en tunn pressad skål av aluminium som roterar i ett magnetfält från en permanent-magnet. Vid rotationen induceras strömmar i aluminiumet som skapar lokala magnetfält i metallen. Dessa får magneten att rotera efter dragkoppen.

2 Axeln på hastighetsmätaren driver även en trippmätare och en mätare för total körsträcka. Dessa fungerar efter principen hos en vanlig cyklometer. Med tanke på problemen med att dra hastighetsmätarvajern till instrumentbrädan, använder sig ingenjörerna i allt större utsträckning av bekvämare lösningar.

Digitala hastighetsmätare

3 Hastighetsindikering sker med hjälp av en givare monterad på transmissionen. Givaren kan vara av Hall-element eller fotocellstyp **(Fig. 2.12)**. Pulsfrekvensen är proportionell till fordonets hastighet och efter att signalen passerat en pulsformare (en Schmittrigger, se kapitel 6, Fig. 6.71), kommer de numera fyrkantiga pulserna till en multiplexor.

Multiplexorn fungerar på det sätt som beskrivs i avsnitt 8, paragraf 3. Multiplexorn vidarekopplar pulserna till en räknare som räknar pulserna under en viss tidsperiod. Tidsperioden för pulsräkningen bestäms av mikroprocessorn. Under räkningstiden är antalet pulser som mottas proportionerliga till fordonets hastighet. Efter varje uppräkningscykel nollställs räknarkretsen för att vara beredd på nästa hastighetsmätning. Mikroprocessorn som är beräkningsenheten, sänder ut signaler via en demultiplexor till teckenvisaren. Teckenvisaren visar siffror från 0 till 9 genom att för varje siffra använda sju upplysta segment. För att aktivera rätt segment behövs en digital avkodare.

10 Varvräknare

1 Varvräknaren mäter motorhastigheten. Nu monteras den som standardinstrument i mellanprisbilar, men tidigare hörde den till de mer lyx- eller sportbetonade fordonen.

2 I princip fungerar varvräknaren som en hastighetsmätare, på så sätt att pulser räknas under en viss tidsperiod och sedan visas på en siffervisare eller ett visarinstrument. Tändsystemet kan användas för att lämna information om motorvarvtalet, genom att det tar spänningspulserna på spolens negativa anslutning (till brytare eller triggeranslutningen) och sända dessa till en pulsformare (Schmittrigger). Efter detta är kretsen den samma som i **Fig. 2.12** för digitala system. För analoga system omvandlas pulserna till likström som matas till ett vridspoleinstrument som är graderat i varv/min.

11 Mätning av kylvätsketemperatur (digital)

1 I avsnitt 7 beskrivs hur bimetall och termistorenheter kan användas för att lämna ett analogt utslag på ett instrument. Elektroniska visarsystem kräver att en mikroprocessor används och att termistorn lämnar en signal som är lämpad för detta.

2 Termistorn är kapslad i en inskruvningsbar enhet och monteras i motorblocket nära termostaten. Där kommer den att vara omgiven av kylvätska, vars temperatur bestämmer termistorns resistans. Resistensen är låg vid hög temperatur.

3 Termistorn kopplas i serie med ett fast motstånd och spänningsmatningen. Spänningen tas från det fasta motståndet och omvandlas till pulser i en A till D omvandlare **(Fig. 2.13)**. En multiplexor släpper fram signalen till mikroprocessorn som i sitt minne har en tabell över vilka inkommande koder som motsvarar en viss temperatur. Mikroprocessorn använder denna information för att aktivera siffervisaren. Är temperaturen över ett visst värde, aktiveras en varningslampa.

12 Mätning av bränslenivå (digital)

1 En flottörpåverkad potentiometer sänder sitt analoga värde via en multiplexor till en likriktare som skapar pulser av detta. Dessa pulser lämnas sedan till mikroprocessorn som söker i sin tabell i minnet (ROM) efter vilken mängd bränsle som motsvaras av den lämnade koden. När bränslemängden understiger ett lägsta värde, aktiveras en varningslampa.

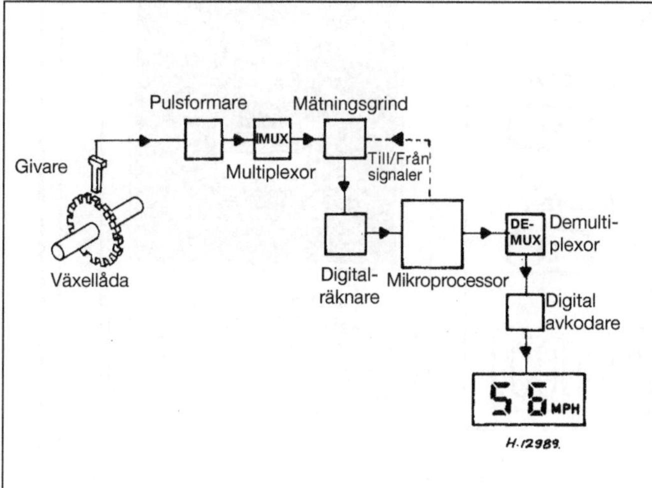

Fig. 2.12 Digitala hastighetsmätare – funktionsprincip

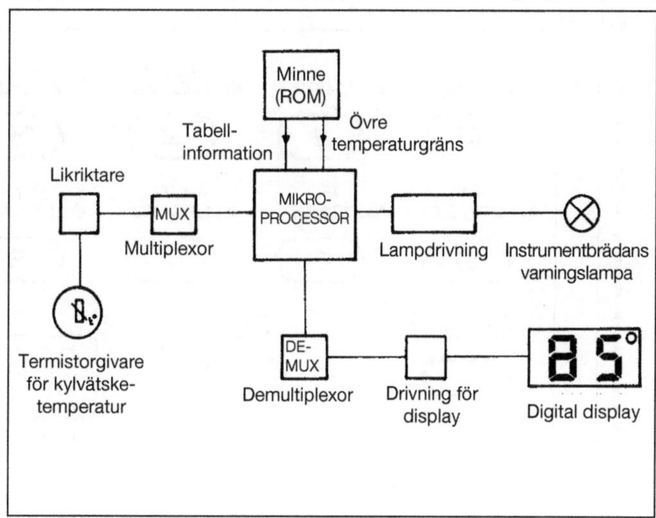

Fig. 2.13 Visare för kylvätsketemperatur och varningskrets

2 För att hantera plötsliga bränslevågor i tanken lagrar processorn mätvärden under några sekunder och beräknar medelvärdet av dessa mätningar för att uppskatta bränslemängden.

13 Färddatorer

1 Färddatorer har under en tid funnits tillgängliga som extratillbehör, men eftersom priserna sjunker på mikroprocessorer börjar de nu monteras som standardutrustning **(Fig. 2.14)**.

2 Med hjälp av de principer som visats i detta kapitel, brukar de tillgängliga systemen visa följande information:

- Datum och tid
- Nivå på bränsleförbrukningen
- Medelvärde på bränsleförbrukningen
- Bränslekostnad per kilometer
- Beräknad framkomsttid
- Tillgänglig körsträcka innan bränslet tar slut
- Förbrukad bränslemängd
- Yttertemperatur
- Körsträcka

3 Vissa av dessa beräkningar kräver att föraren matar in uppgifter. När erforderliga data om färden väl har givits till systemet, kan datorn med en knapptryckning lämna ovanstående information. Med en inbyggd kvartsklocka sker beräkningarna med stor precision. De flesta värden mäts med givare som tidigare beskrivits, ett undantag är bränsleflödet. Mätning av detta kan ske med ett roterande skovelhjul i bränsleledningen. När hjulet roterar bryter det en stråle mellan en ljusutsändande diod (lysdiod, LED) och en fototransistor. Därvid skapas ett pulståg av fyrkantspulser vars frekvens är ett mått på bränsleflödet.

14 Fordonskonditionsövervakning (VCM)

1 Syftet med instrumenten på instrumentbrädan är att övervaka och varna föraren om onormala förhållanden uppstår. Ur denna synvinkel är inte VCM något nytt utan snarare en utökning av grundfunktionerna. När nu serviceintervallerna är upp till 20 000 km för vissa fordon är risken stor för trasiga glödlampor, låg oljenivå eller bromsvätska och liknande fel och därför kan denna information behövas.

2 Visare eller varningslampor sitter normalt tillsammans för att vara lätt överskådliga för föraren på en separat panel.
Ett exempel är Lucas kombinerade färddator/fordonsövervakare som monteras i Rover 800 Vitesse **(Fig. 2.14)**. På en bild av bilen visar glödlampor:

- Dörrar eller bagagelucka öppen
- Hel och halvljus
- Sidobelysning
- Körriktningsvisare
- Bromsljus
- Bakre dimljus
- Bakre nummerplåtsbelysning

Glödlamporna lyser om kretsen fungerar normalt. Är kretsen felaktig kommer motsvarande glödlampa att vara släckt och en extralampa eller summer varnar föraren för felet.

3 Tillgänglig indikeringsteknologi kan använda lampor med glödtråd, vakuumfluoreserande displayer (VFD), flytande kristalldisplayer (LCD), lysdioder (LED), DC elektroluminans (DCEL).

Indikatorstilen kan vara alfanumerisk, punktmatris, streckvisare eller med hjälp av symboler. Detta kommer att behandlas senare. De flesta system använder en mikroprocessor för att hantera flera kanaler till

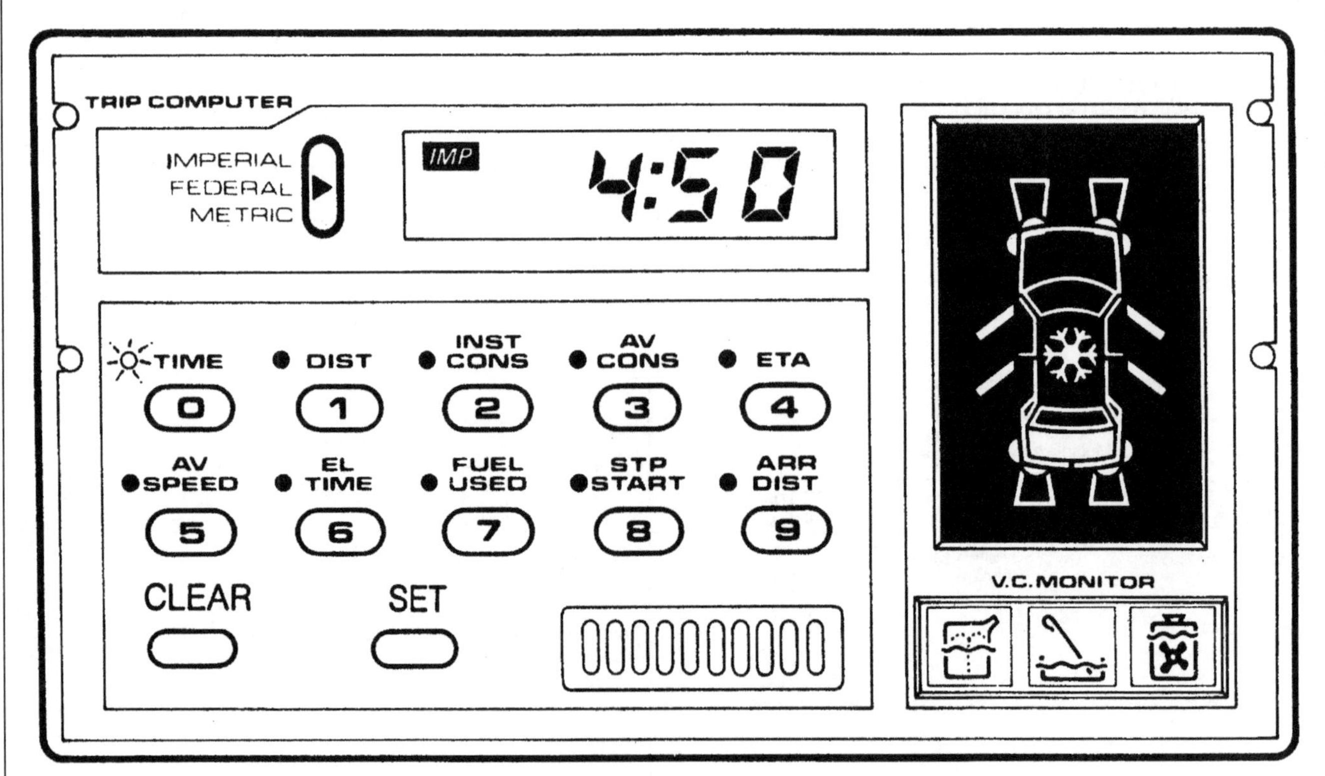

Fig. 2.14 Kombinerad färddator och fordonsövervakningsdisplay

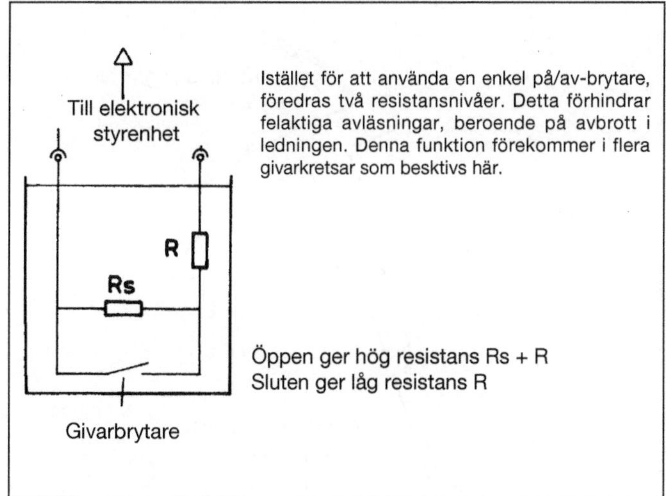

Fig. 2.15 Givarbrytare

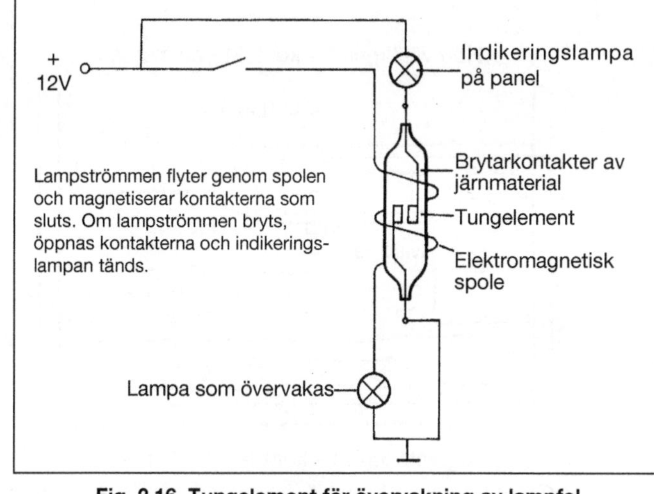

Fig. 2.16 Tungelement för övervakning av lampfel

givare. Vissa enstaka kanaler kan använda en integrerad krets.

4 I alla fordon övervakas laddning, bränslenivå, belysning, blinkers, oljetryck och kylvätsketemperatur. Extra övervakning kan i ett mellanprissystem innefatta:

Defekta lysen
Vätskenivåer t.ex. bromsvätska, motorolja, spolarvätska, kylvätska
Bromsklosslitage

15 VCM-funktion

1 De flesta givare för övervakning är brytare som indikerar när ett gränsvärde har överskridits. Om en brytare öppnar som en del av funktionen, är effekten den samma som ett avbrott i kretsen. För att eliminera detta är ett motstånd monterat över strömbrytaren. På detta sätt kommer en resistiv krets alltid att finnas **(Fig. 2.15)**. Tungelement med spolar och tungelement med magneter och flottörer används för att mäta låga vätskenivåer. Varmtrådsgivare används för oljenivåövervakning.

2 När tändningen kopplas på kommer alla varningslampor att vara tända under 5 sekunder som en funktionskontroll. Efter denna tid kommer lamporna att slockna om inte ett mätvärde är felaktigt. Om ett kretsfel föreligger, kommer övervakningselektroniken att tända och släcka indikatorn för denna krets under en 40 sekunders cykel som repeteras efter en paus.

Belysningsfel

3 För att kontrollera att det finns ström till belysningen används ett tungelement. **Fig. 2.16** visar ett tungelement med omgivande spole. När belysningsströmmen flyter genom spolen, skapas ett magnetfält som sluter kontakterna och tänder övervakningslampan. En variant av detta är där två spolar används runt tungelemetet. Två identiska lampor (t.ex. sidobelysning) är kopplade till varsin av dessa spolar. Spolarna är lindade i varsin riktning, vilket får till följd att magnetfälten tar ut varandra och tungelementet förblir öppet. Om en lampa går sönder och dess ström bryts, kommer den andra spolens magnetfält att sluta kontakterna och varningslampan tänds.

Bromsklosslitage

4 För mätning av bromsklosslitage finns flera kretsvarianter varav en typ visas i **Fig. 2.17**. För att mäta slutet av klossens användbara tid har en trådslinga lagts in i denna, på ett sådant djup att när klosstjockleken är nere vid

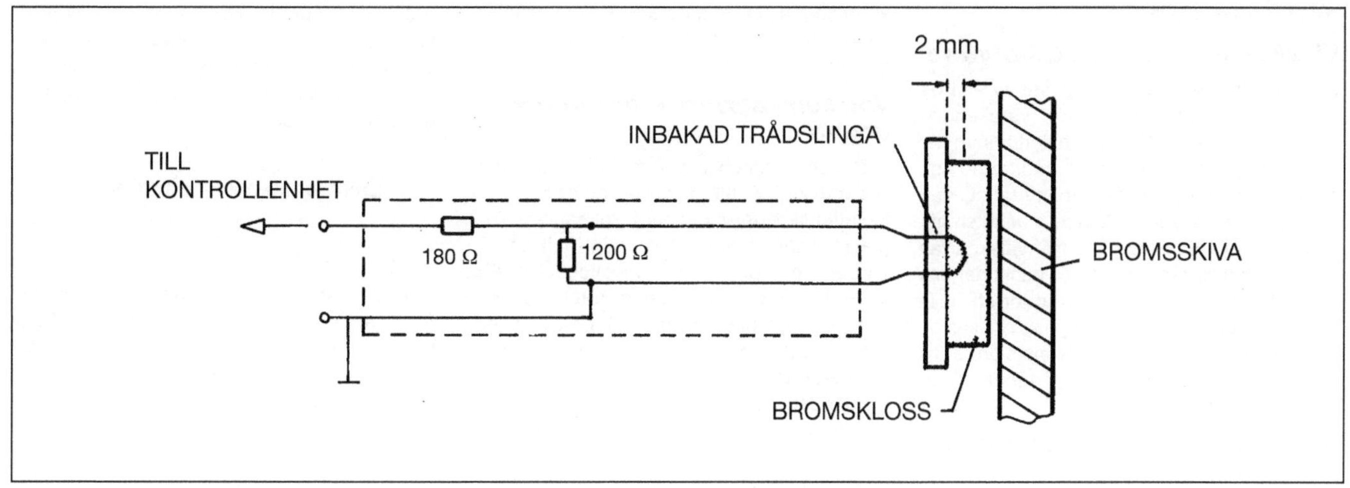

Fig. 2.17 Givare för bromsklossslitage

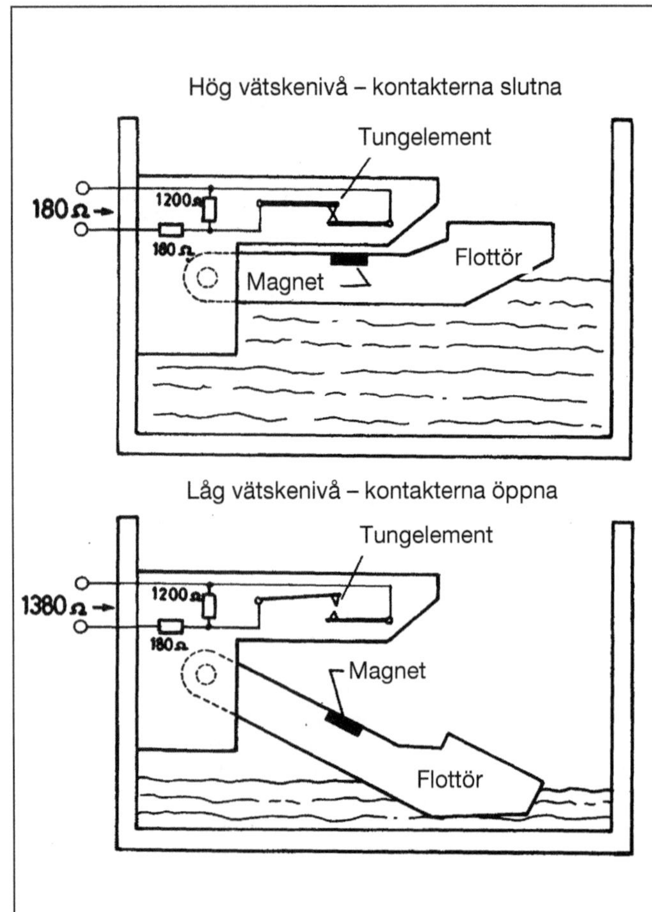

Fig. 2.18 Vätskenivågivare

Fig. 2.19 Varmtråds dopprör

2 mm kommer den att jordas och slutligen skäras bort av bromsskivan. När detta inträffar, kopplas 1200 ohm resistorn i serie med 180 ohm resistorn i ledningen som går till varningskretsen. Resistansökningen från 180 till 1380 ohm signalerar till kontrollenheten att koppla på varningslampan

Vätskenivågivare - flottörbrytare

5 Flottörbrytare är den billigaste av alla de olika givare som finns för vätskenivå-övervakning. **Fig. 2.18** visar en flottör som har en liten permanentmagnet monterad på armen. Ett tungelement monterat i den överliggande konsolen, sluts av magneten när den kommer tillräckligt nära. När vätskenivån och flottören sjunker uppnås en punkt där inte magnetkraften är tillräckligt stor för att hålla kontakterna slutna. När de öppnar, skickas en spänningssignal av det ökade motståndet till övervakningskretsen som tänder en varningslampa.

Vätskenivågivare - växelströms impedanstyp

6 En isolerad plugg med två metallband som sticker ner i vätskan skruvas in i kylvätskebehållaren. Metallbanden matas med en högfrekvent ström med låg spänning. Ledningsförmågan i vätskan är hög, men efterhand som vätskan sjunker och inte längre täcker metallbanden kommer ledningsförmågan att minska. Ökningen av växelspänningen registreras av den elektroniska övervakningskretsen som aktiverar varningslampan.

Vätskenivågivare - varmtråds dopprör

7 Doppröret innehåller en motståndstråd med resistansen 7 till 8 ohm, placerad i en isolationskropp under motoroljenivån. Yttre markeringar på röret visar 'min' och 'max' - värden som på en normal oljesticka **(Fig. 2.19)**. Två ledare på toppen av röret ansluts till övervakningsenheten som mäter resistansen i motståndstråden. Denna varierar med temperaturen. När tändningen kopplas på, sänder den elektroniska övervakningsenheten en ström på 0,25 ampere genom tråden under t.ex. 2 sekunder. Om resistorn är under oljenivån, kommer värmen att ledas i väg av oljan men om oljenivån är lägre än 3 mm under 'min'-markeringen kommer tråden att nå en högre temperatur under strömmatningen. Resistansen ökar med anledning av den positiva temperaturkoefficienten hos tråden. Övervakningskretsen jämför värdet hos en oljeomgiven tråd med värdet hos en tråd utan olja. När skillnaden uppnår ett visst gränsvärde, tänder övervakningskretsen en varningslampa. Tillförlitligheten hos denna givare är beroende av god kontakt vid anslutningarna. Vid felsökning, kontrollera att anslutningarna är rena.

16 Elektronisk visarteknologi

1 Trots att de analoga instrumenten fortfarande håller sin plats, har nu de fasta teckenvisarinstrumenten blivit etablerade. Fördelarna är: inga rörliga delar, snabb funktion, god läsbarhet, större placeringsfrihet och slutligen frihet att välja typ av teckenvisare. Fyra sorters teckenvisare är i allmänt bruk, i bland i kombinationer. Deras grundläggande data beskrivs översiktligt enligt följande:

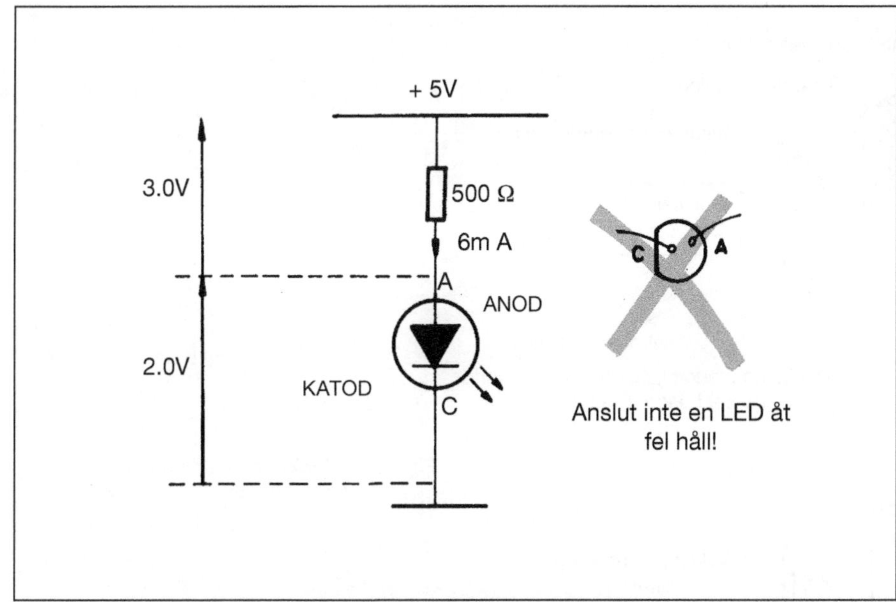

Fig. 2.20 LED och typisk koppling

LED - ljusutsändande diod

2 En framvägsförspänd diod typ p-n kommer att sända ut ljus när den leder ström. Färgen på ljuset beror på proportionerna av fosfor och arsenik i halvledarsubstratet **(Fig. 2.20)**. Färgen kan vara röd, gul och grön, men den maximala optiska effekten nås med rött ljus. Ett strömbegränsningsmotstånd måste användas för att begränsa strömmen genom dioden till mellan 2 mA och 25 mA. Spänningsfallet över en röd diod är 2,0 V. Lysdioden har lång livslängd, är tålig och förbrukar låg effekt. Staplar byggs upp av flera lysdioder och de kan även användas till alfanumeriska teckenvisare **(Fig. 2.21 och 2.22)**. (Alfanumerisk innebär att de visar bokstäver och siffror.)

LCD - flytande kristalldisplayer

3 Dessa utsänder inget eget ljus utan använder sig av reflexer. I mörka omgivningar måste de förses med bakgrundsbelysning för att tecknen skall synas. Låg kostnad och låg effektförbrukning tillsammans med god skärpa och möjlighet att ändra färger med olika filter, har gjort dessa enheter populära bland tekniker. Flytande kristaller med slumpmässigt placerade grupper av cigarrformade molekyler är placerade mellan två glasplattor med ett mellanrum på 10 mikrometer. Dessa plattor är förseglade runt om. På insidorna av glaset är pålagt en tunn, genomskinlig och elektriskt ledande film, tillsammans med två polariserande filter med 90° förskjutning mellan vridningsaxlarna **(Fig. 2.23)**. När ingen spänning är påkopplad, får inkommande ljus (1) sin horisontala ljuskomponent borttagen av filtret (2), vrids sedan 90° av kristallerna (3) och kan därefter passera till den undre glasplattan där det reflekteras tillbaka (4) som en ljus bild identisk med bakgrunden. Om nu en 5 volts spänning läggs till de ledande filmerna, kommer det elektriska fältet som påverkar kristallerna att förhindra den normala polarisationsvridningen på 90°. Ljuset kan inte nå reflektorn beroende på det horisontala polarisationsfiltret och en svart bild framträder. LCD-segment med individuell styrspänning kan användas för att forma bokstäver och tecken eller som delar i stapelvisning. Temperaturområdet för säker funktion hos enheterna är -30°C till +85°C med ett strömkrav på 8 mikroampere / segment.

Vakuumfluorecerande display (VFD)

4 Detta är en aktiv teckenvisarenhet (dvs. den utsänder själv ljus) och baseras på samma princip som triodröret. Segment som ingår i siffror eller bokstäver är bestrukna med ett ämne som fluorescerar (lyser) när det träffas av elektroner. Detta är i stort på samma sätt som ett TV-bildrör fungerar, men där lyser enstaka punkter när de träffas av elektroner. Elektroner lämnas av en varm glödtråd och omger denna som ett elektronmoln. När ett segment görs positivt i förhållande till glödtråden, flödar elektroner över gapet och när de träffar segmentet (anoden) exiteras atomerna i pulvret och avlämnar ljus.

Placerad mellan glödtråden och segmentanoderna är ett kontrollnät, som hålls på en sådan potential (spänning) att inga emitterade (utsända) elektroner kan nå segmenten innan en signal på 5 volt läggs till ett av segmenten. Elektroner passerar då nätet och träffar segmentanoden vilket får den att lysa. Variation av nätspänningen kontrollerar ljusstyrkan **(Fig. 2.24)**. Den vanliga färgen är gröngul men genom att ändra den kemiska sammansättningen i det fluorescerande pulvret kan andra färger uppnås, varav den ljusblå är attraktiv och iögonfallande på instrumentpanelen.

DC elektroluminans (DCEL)

5 Detta är en variant av den flytande kristalldisplayen, där de flytande kristallerna bytts ut mot en blandning med zinksulfid.

Ljuset som utsänds kan användas till teckenvisare eller som bakgrundsbelysning för en annan display. Strömförbrukningen är försumbar och enheten reagerar mycket snabbt. Displayen finns tillgänglig i flera olika färger.

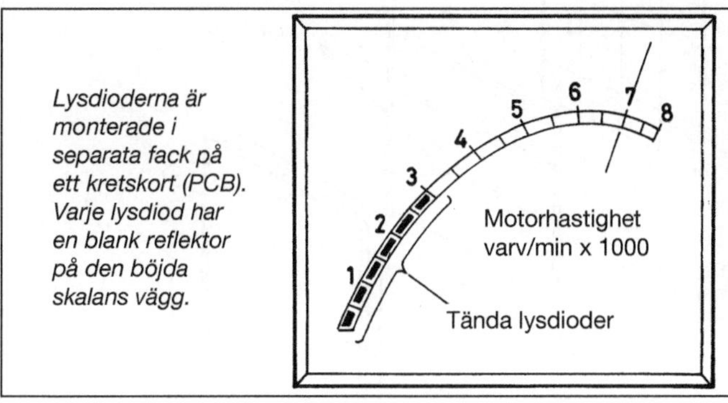

Fig. 2.21 LED-matris som varvräknare

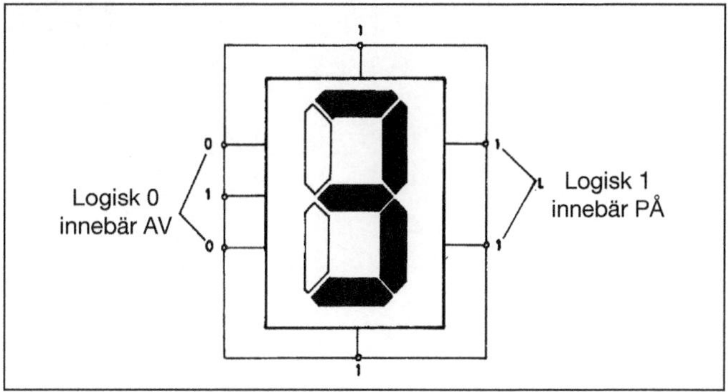

Fig. 2.22 Siffervisare med 7 lysdioder

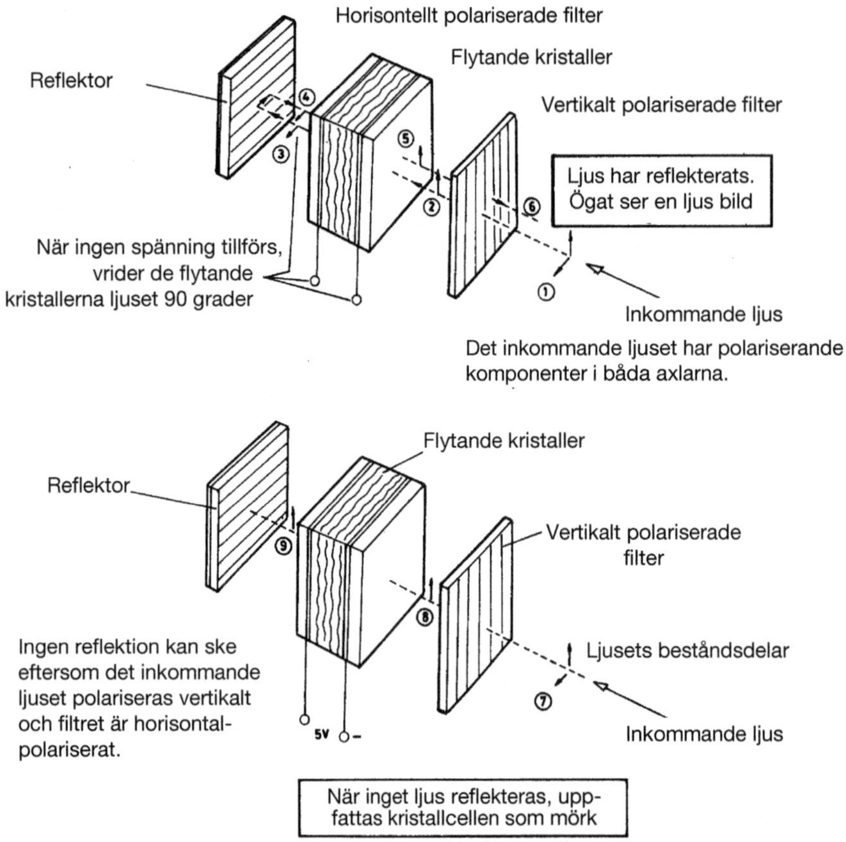

Horisontellt polariserade filter
Flytande kristaller
Reflektor
Vertikalt polariserade filter
Ljus har reflekterats. Ögat ser en ljus bild
När ingen spänning tillförs, vrider de flytande kristallerna ljuset 90 grader
Inkommande ljus
Det inkommande ljuset har polariserande komponenter i båda axlarna.

Flytande kristaller
Reflektor
Vertikalt polariserade filter
Ljusets beståndsdelar
Ingen reflektion kan ske eftersom det inkommande ljuset polariseras vertikalt och filtret är horisontal-polariserat.
Inkommande ljus
5V
När inget ljus reflekteras, uppfattas kristallcellen som mörk

Fig. 2. 23 Funktion hos flytande kristalldisplay

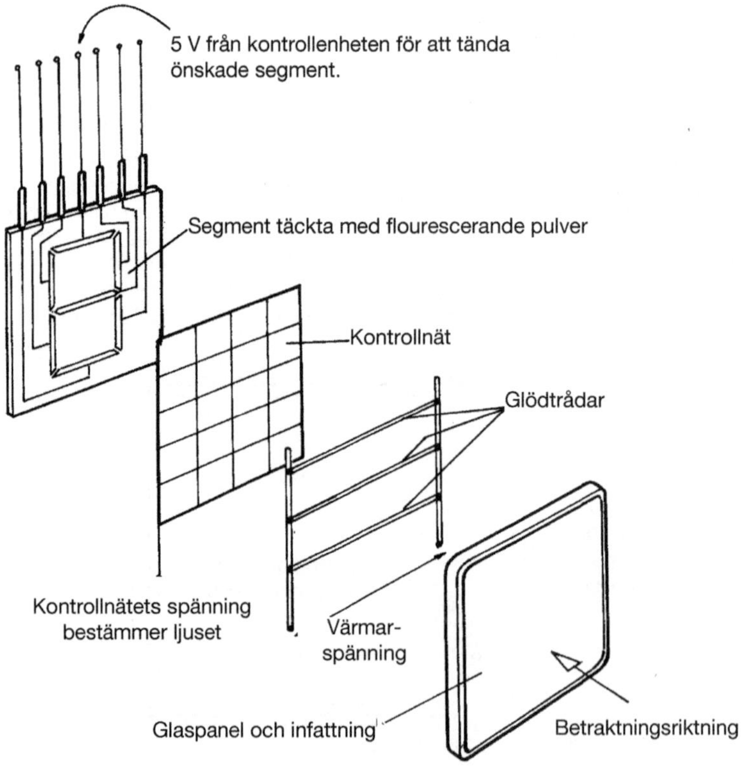

5 V från kontrollenheten för att tända önskade segment.
Segment täckta med flourescerande pulver
Kontrollnät
Glödtrådar
Kontrollnätets spänning bestämmer ljuset
Värmar-spänning
Glaspanel och infattning
Betraktningsriktning

Fig. 2.24 Vakuumfluorescerande display (VFD)

Kapitel 3
Laddningssystem

Innehåll

DEL A: VÄXELSTRÖMSGENERATOR

1 Introduktion till växelströmsgenerator

Behovet av elektrisk kraft för tändning, start, signalering, belysning och andra funktioner kräver en generator. Batteriet är en begränsad lagringsplats för energi till dessa användningsområden och tappar snabbt effekt vid belastning, så någon form av uppladdningssystem krävs i fordonet **(Fig. 3.1)**.

Hela fordonets strömbehov, inklusive batteriladdning, tillgodoses av en generator som drivs av motorn via en rem.

Eftersom stora variationer sker av motorvarvtalet, behövs någon form av regulator för att utspänningen skall hålla sig så konstant som möjligt över hela varvtalsområdet.

Batteriladdning kräver likström och därför behövs antingen en likströmsgenerator (föråldrad) eller en växelströmsgenerator som förses med likriktare.

2 Växelströmsgeneratorns fördelar

1 Uppskattningsvis tillbringar stadsbussarna 40% av sin drifttid stillastående och motsvarande förhållande av dåligt utnyttjande kan även passa in på bilen.

2 Likströmsgeneratorn laddar inte batteriet vid tomgångskörning, så nutidens trafikstockningar tillsammans med det ökande kravet på elektriska tillbehör har inneburit att denna typ av generator nådde sin gräns under 1960-talet. Andra svårigheter med likströmsgeneratorn är t.ex. problemet med att ta ut den elektriska energin via kolborstar och kommutator samt begränsningar i rotorns hastighet. Huvudströmmen producerades i rotorn och fältlindningarna var fasta.

3 Motsatsen till detta inträffar i växelströmsgeneratorn. Huvudströmsspolarna är stationära och fältlindningarna roterar **(Fig. 3.2)**. Fältlindningarna är lätta och kan fås att rotera mycket snabbare än i en likströmsgenerator. Med hjälp av en lämplig remskiva kan rotationen göras tillräcklig för att generatorn skall ladda batteriet även vid tomgångsvarvtal. I **Fig. 3.3** visas en jämförelse av utmatningen från en likströms- och växelströmsgenerator med ungefär likadan uteffekt.

4 Slutligen, växelströmgeneratorn är lättare, mindre underhållskrävande, behöver ingen laddningsfrånslagningskrets och har längre livslängd än likströmsgeneratorn. De elektroniska regulatorerna kontrollerar utmatningen mer exakt än tidigare likströmsregulatorer, vilket medför att underhållsfria batterier kan användas.

3 Växelströmgeneratorns funktionsprinciper

1 När en elektrisk ledare och ett magnetfält rör sig i förhållande till varandra, genereras en spänning (mer korrekt elektromotorisk spänning - ems). Storleken på denna spänning beror på följande faktorer:

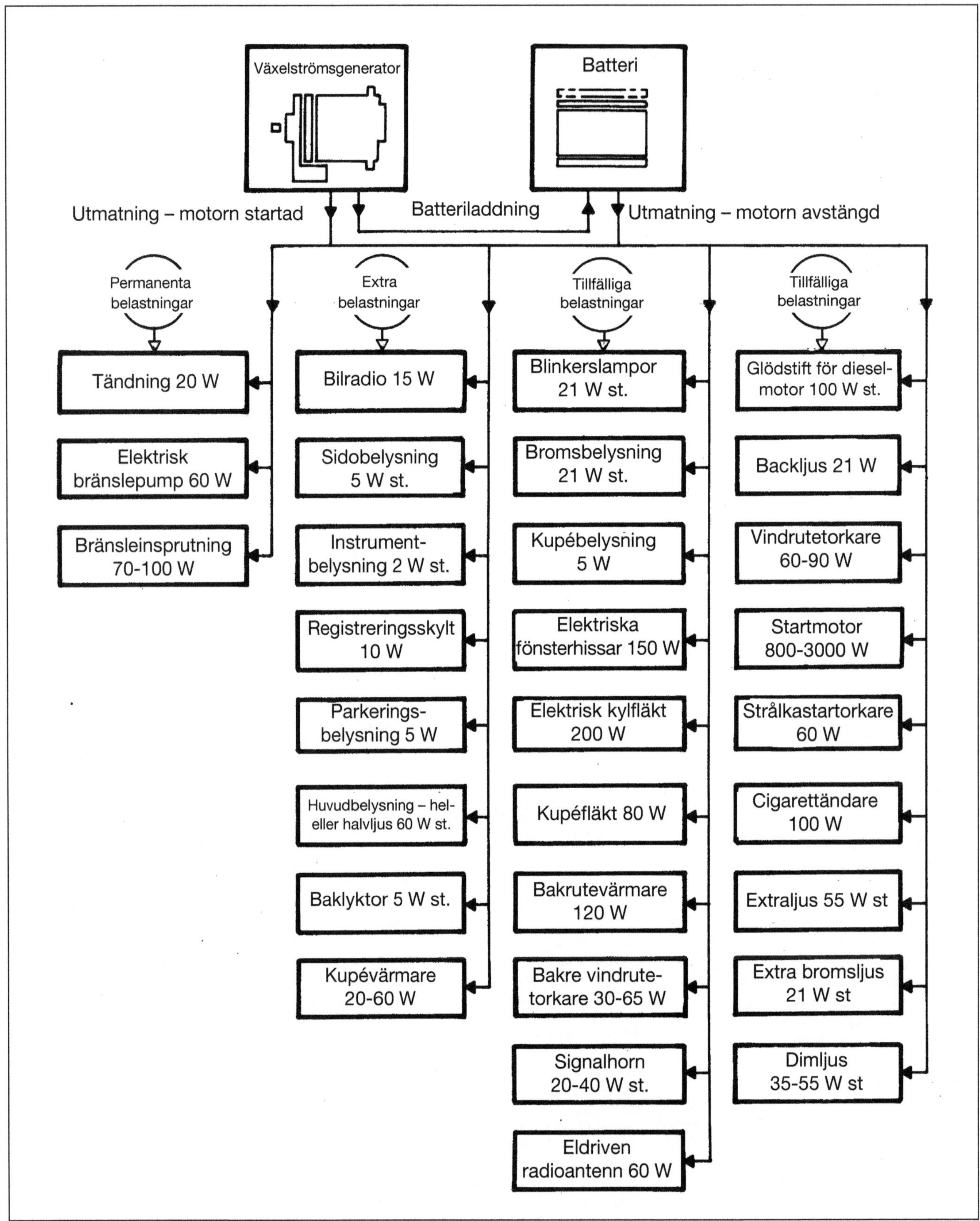

Fig. 3.1 Typisk elektrisk belastning i personbil från senare delen av 1980-talet

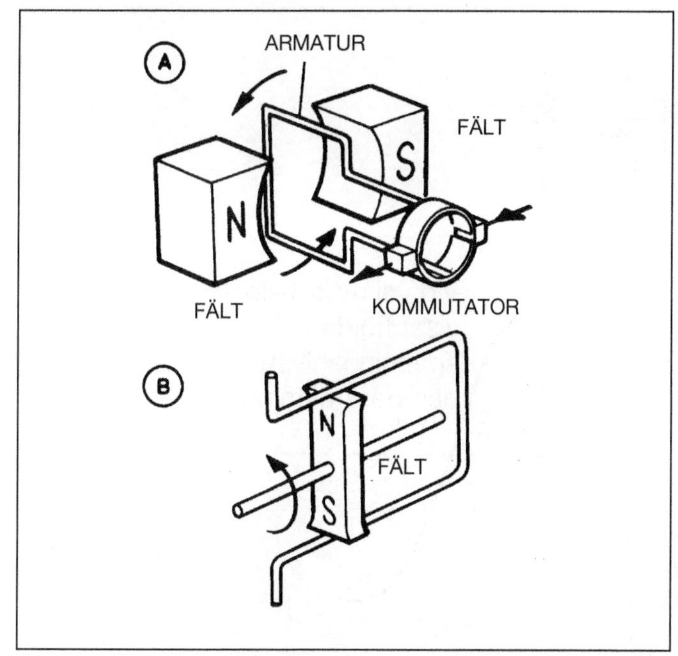

Fig. 3.2 Generatorns grunder

A Likströmsgenerator (stationärt fält)
B Växelströmsgenerator (roterande fält)

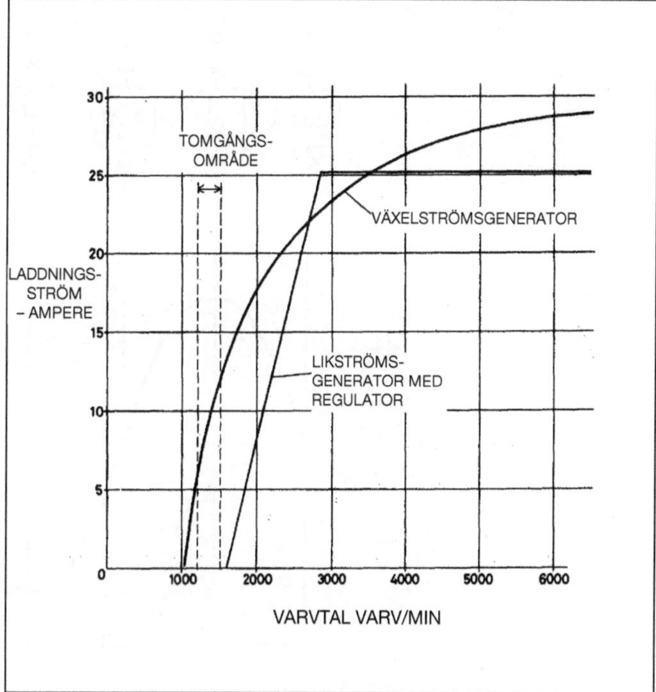

Fig. 3.3 Jämförelse av utmatning från lik- och växelströmsgenerator

(a) hastigheten (V) hos ledaren i förhållande till magnetfältet
(b) längden på ledaren (l) som skär magnetfältet
(c) magnetfältets styrka (B) så att genererad spänning E = Bl V volt

Denna princip, upptäckt av Michael Faraday år 1834, ligger till grund för funktionen hos både växel- och likströmsgeneratorn.

2 För att öka längden på ledaren, används spolar. En grupp spolar kallas för lindningar. Den magnetiska flödestätheten ökas med hjälp av en järnram där magnetlindningarna placeras. Denna ram tillverkas av tunna laminat och byggs till önskad tjocklek. Detta förhindrar att ström genereras i järnet vilket skulle medföra onödig uppvärmning och effektförlust.

3 Den enkla spolen i **Fig. 3.2B** skärs av magnetfältet från den roterande magnetens nord- och sydpol. Spänningen eller den elektromotoriska spänningen som genereras i spolen kommer att växla riktning när magnetpolerna passerar tätt förbi i sin cykliska rotation: N - S - N - S o.s.v. Om då spolen är inkopplad till en yttre sluten krets, kommer strömmen som flyter att växla riktning med samma hastighet eller frekvens som polerna roterar. Därav namnet växelström.

4 Antalet varv per sekund hos magneten överensstämmer också med antalet upprepningar, eller cykler, per sekund hos strömvågen som flyter fram och tillbaka genom spolen.

5 Detta antal definierades ursprungligen till cykler per sekund, men kallas nu för Hertz (Hz). Om magneten roterar 50 varv per sekund genereras en spännings- eller strömfrekvens på 50 Hertz. En grafisk bild på hur den elektriska vågen förändras i tiden visas i **Fig. 3.4** och är känd under beteckningen sinusvåg

4 Generering av enfas och trefas

1 En växelströmsgenerator som använder ett enkelt par spolar producerar en ensam sinusvåg. Vid små effektkrav är detta en tillräcklig lösning och t.ex. cyklar och äldre typer av motorcykelgeneratorer genererar en enfasutmatning som bara behöver två anslutningsledningar. När det gäller bilar, har endast några få små europeiska modeller använt denna typ av generator.

2 Om det istället för två spolar som är monterade 180° isär placeras flera spolar runt hela järnramen, så kommer magneten att kunna inducera mera ström i ledningarna. Vanligen används tre par spolar till den stationära lindningen (därav namnet stator), men för att få ut energin krävs ett speciellt anslutningsförfarande.

3 Om en magnet sveper över de tre spolparen, kommer varje par att producera en inducerad sinusspänning i sekvens. Eftersom ett komplett varv är 360°, kommer varje sinusspänning att vara förskjuten 120° i förhållande till de andra två (**Fig. 3.5**). I varje spole kommer lika stor spänning att genereras av det roterande magnetfältet, men det finns en tidsskillnad som hänger samman med hur lång tid det tar för magneten att förflytta sig från ett spolpar till det andra, från 1 till 2, 2 till 3, 3 till 1 o.s.v.

4 Genom att koppla ihop spolarna till antingen en stjärna eller en deltakonfiguration, behöver man inte använda sex trådar för anslutningen. I **Fig. 3.6** visas dessa kopplingar, varav stjärnkopplingen är vanligast i bilgeneratorerna.

5 I stjärnkopplingen genereras högre spänning mellan varje utledning än vad som sker i en enkelspole. Men beroende på tidsskillnaden mellan paren, kommer inte spänningen att vara dubbelt så stor. Spänningen mellan linjerna (så kallas anslutningsledningarna) är 1,732 x spolspänningen. I deltakopplingen kommer spänningen att vara den normala spolspänningen, men den genererade strömmen adderas och blir 1,732 x spolströmmen. Vid stora strömbehov används således statorlindningarna i deltakoppling.

5 Likriktning - omvandling av växelström till likström

1 Bilbatteriet fungerar som en lagringsenhet för elektrisk energi och är en likströmsutrustning. Strömmen som tas ut är likström på samma sätt som den ström som laddar batteriet.

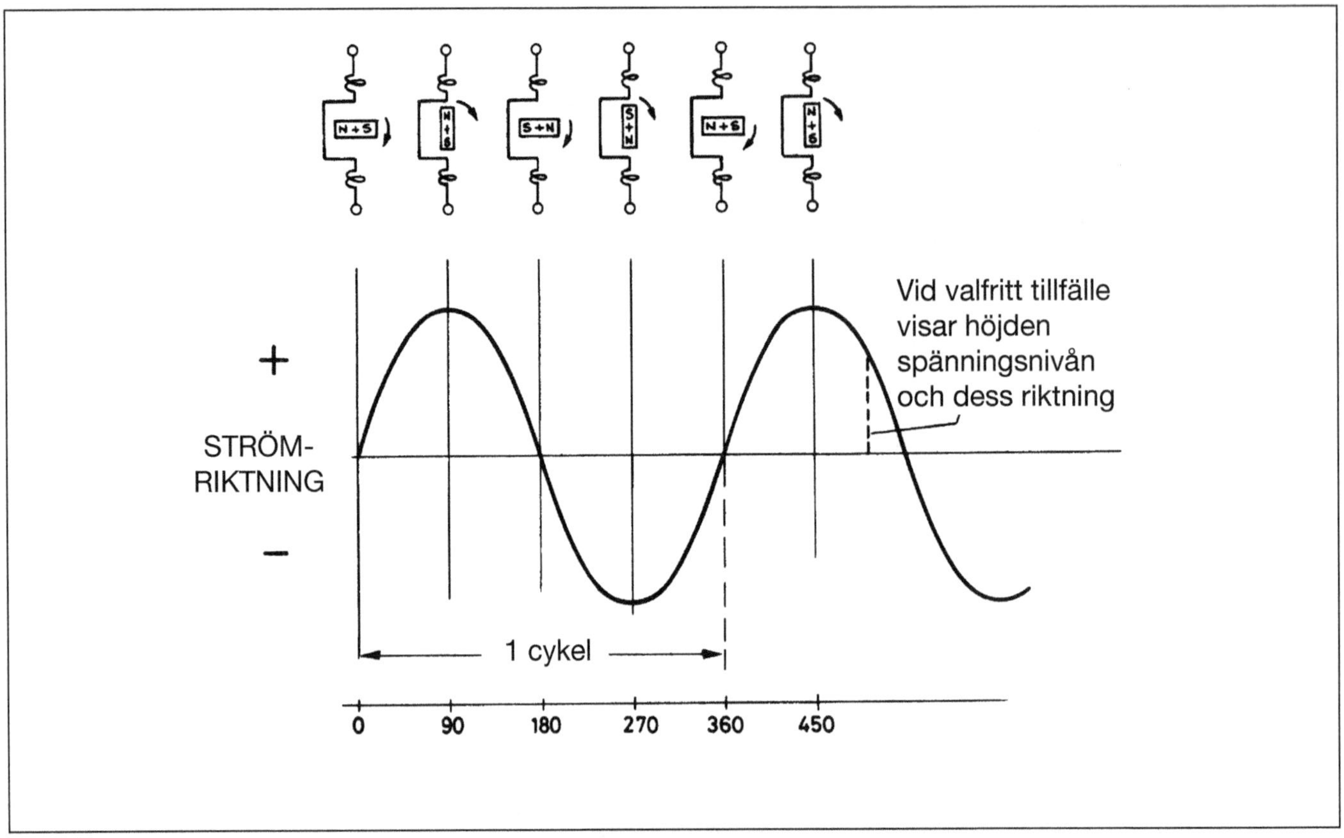

N+S
S+N
Vid valfritt tillfälle visar höjden spänningsnivån och dess riktning
+
STRÖM-
RIKTNING
–
1 cykel
0
90
180
270
360
450

Fig. 3.4 Spänningskurva för växelströmsgenerator

1
1'
2
2'
3
3'
N
S
1-1'
2-2'
3-3'
0
90°
180°
270°
360
Magnetens vridningsvinkel
120°
120°

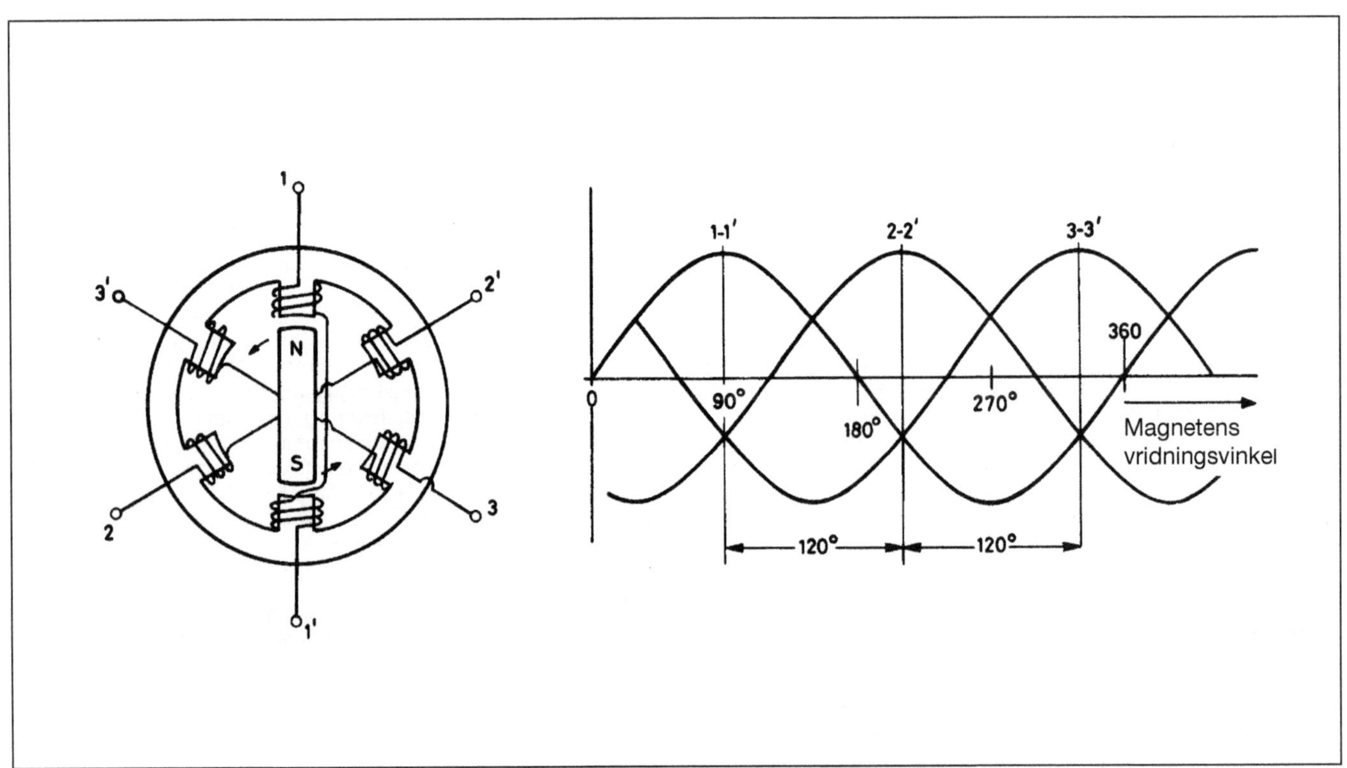

Fig. 3.5 Trefasgenerator och dess vågform

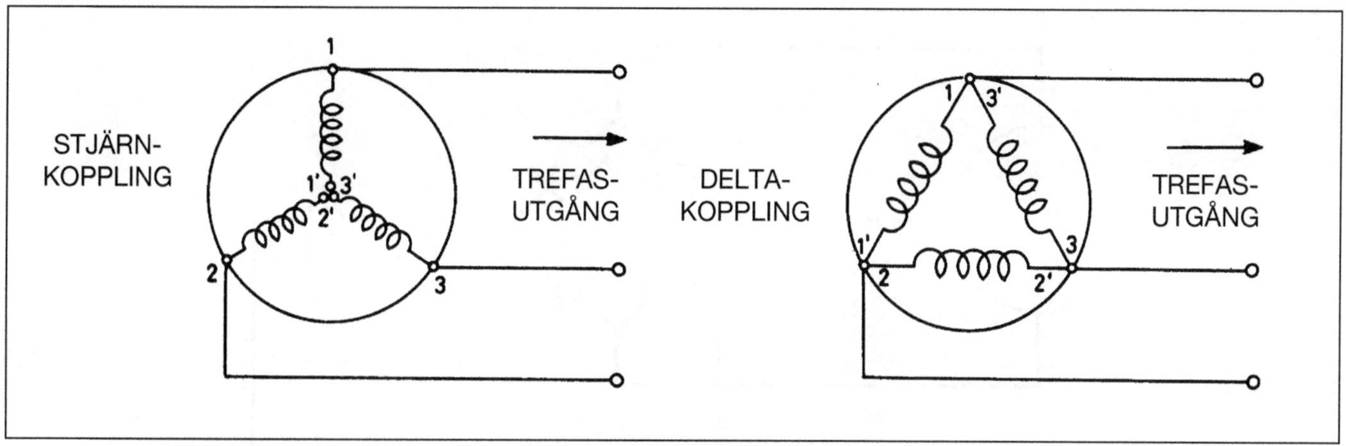

Fig. 3.6 Stjärn- och deltakopplingar

2 Innan strömmen från generatorn används i fordonet, är det nödvändigt att omvandla den till någon form av likström. I **Fig. 3.4** visar sinusvågen hur växelströmmen flödar fram och tillbaka i en krets. Om den undre halvan av sinusvågen kunde tas bort, skulle strömmen komma i pulser men alltid i samma riktning. För batteriladdning spelar det ingen roll om strömmen pulserar och en amperemätare kommer att visa medelströmmen.

3 En utrustning som tillåter strömflöde i bara en riktning kallas för en likriktare. Moderna likriktare tillverkas vanligtvis av halvledarmaterial och är mycket effektiva. **Fig. 3.7** visar en enkel krets bestående av en generator som via en likriktare kopplats till en resistiv belastning. Likriktaren stoppar den undre halvan av strömvågen men släpper fram strömpulser från den övre halvan av vågen i samma riktning. Likström har skapats. Av självklara orsaker kallas detta halvvågslikriktning och är ineffektiv eftersom den undre halvan av strömvågen inte används.

4 En bättre metod är att använda helvågslikriktning. Som hörs på namnet används hela strömvågen för att alstra likström. För att göra denna omvandling används fyra likriktare som framgår i **Fig. 3.8**. Växelströmsgeneratorn genererar en spänning som byter polaritet på samma sätt som ett batteri som snabbt byter sina ledningstrådar.

5 Strömmen flyter igenom en likriktare i pilens riktning men inte tvärt emot. Om + ve ledaren från generatorn leds runt kretsen, kommer ström att flyta genom batteriet och två likriktare. När polariteten kastas om, flyter strömmen genom det motsatta likriktarparet, men alltid i samma riktning genom batteriet. På detta sätt har hela växelströmsvågen passerat genom batteriet. **Fig. 3.9** visar vågformerna för både halv- och helvågslikriktare. Utseendet på en typ av helvågslikriktare visas i **Fig. 3.10**. De individuella likriktarelementen kallas ofta för dioder eller likriktardioder.

6 Trefaslikriktning följer de riktlinjer som tidigare visats med helvågslikriktaren (kallas likriktarbrygga). **Fig. 3.11** visar en trefasgenerator ansluten till en trefas helvågslikriktare. Det som inträffar när den negativa halvcykeln reverseras är att det skapas en spänning eller ström som har ett högre medelvärde och mindre rippel än vid halvvågslikriktning. I realiteten kommer det att finnas sex halvvågor per 360° varv som visas i **Fig. 3.12** och medelströmmen eller spänningen är inte mycket lägre än topp-värdet. Observera att detta inte är ett schema över en komplett laddningskrets eftersom även en reglerkrets behövs.

7 Trefasgeneratorn tillverkas med detta antal faser med anledning av den högre effektivitet som uppstår när hela statorn är fylld med lindningar och lämnar hög uteffekt. Varje lindning genererar en enkel sinusvåg, d.v.s. en enkelfasutmatning.

8 Vissa tillverkare i Frankrike använder enfas växelströmsgeneratorer i fordon där effektförbrukningen inte är så stor att trefasgeneratorn behövs. Enfasgeneratorn är billigare att tillverka och likriktarstapeln är av enkelfas helvågstyp. Styrningen blir densamma på så sätt att generatorns utspänning (eller batterispänningen) bestämmer strömmatningen till den roterande fältlindningen vilket kommer att förklaras i följande avsnitt.

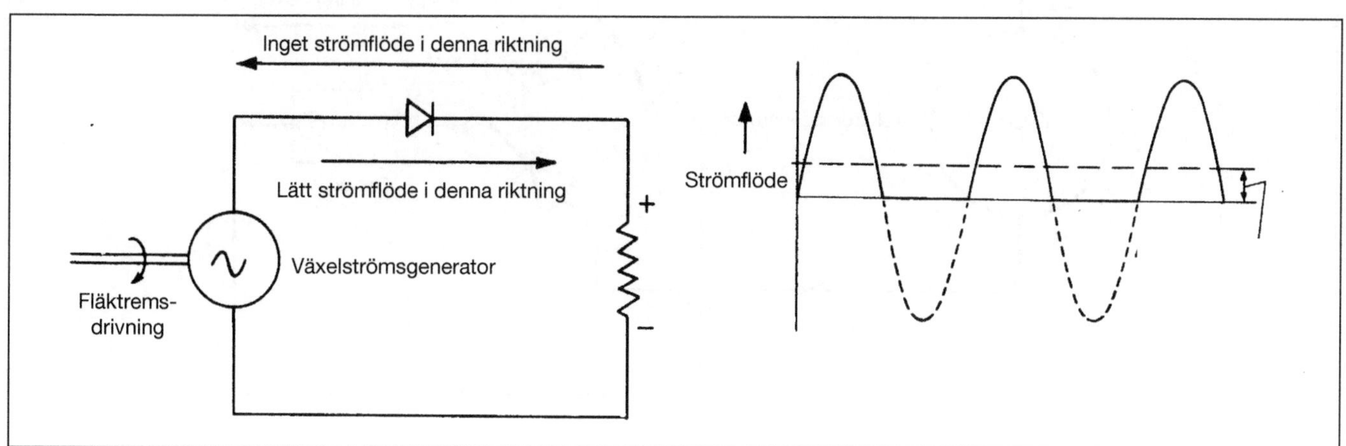

Fig. 3.7 Halvvågslikriktning

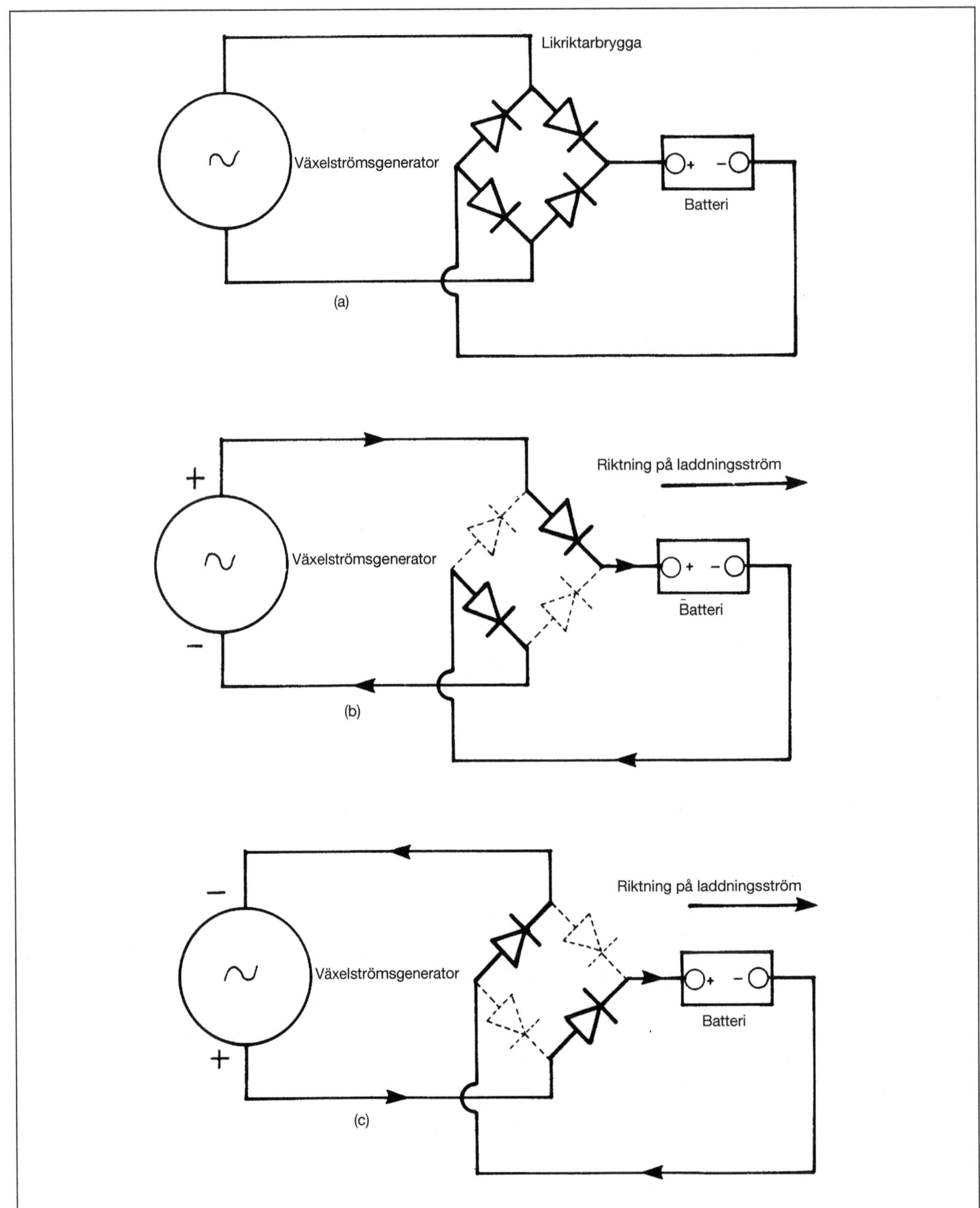

Fig. 3.8 Helvågslikriktarens funktion

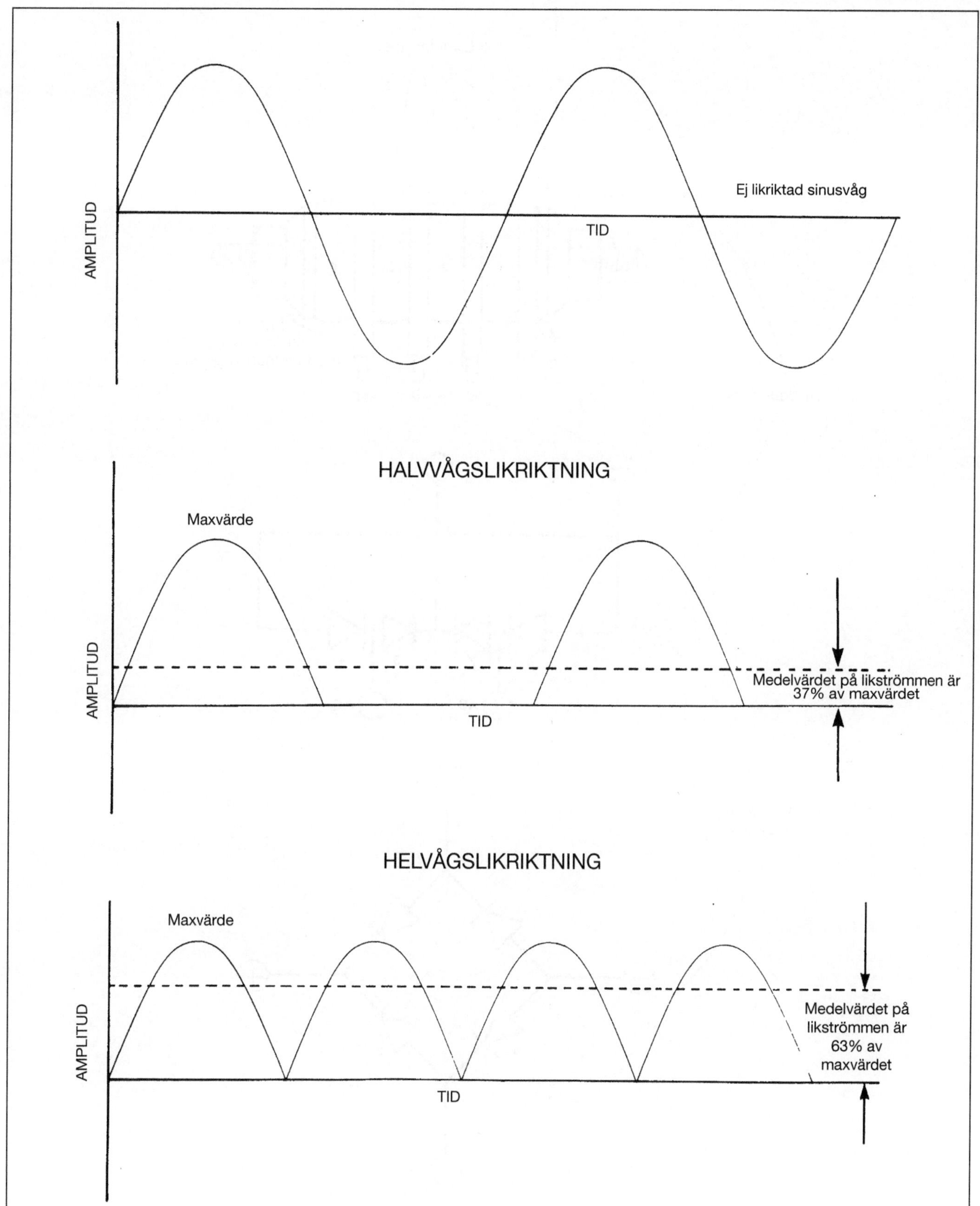

Fig. 3.9 Vågform hos växelström och likriktad växelström

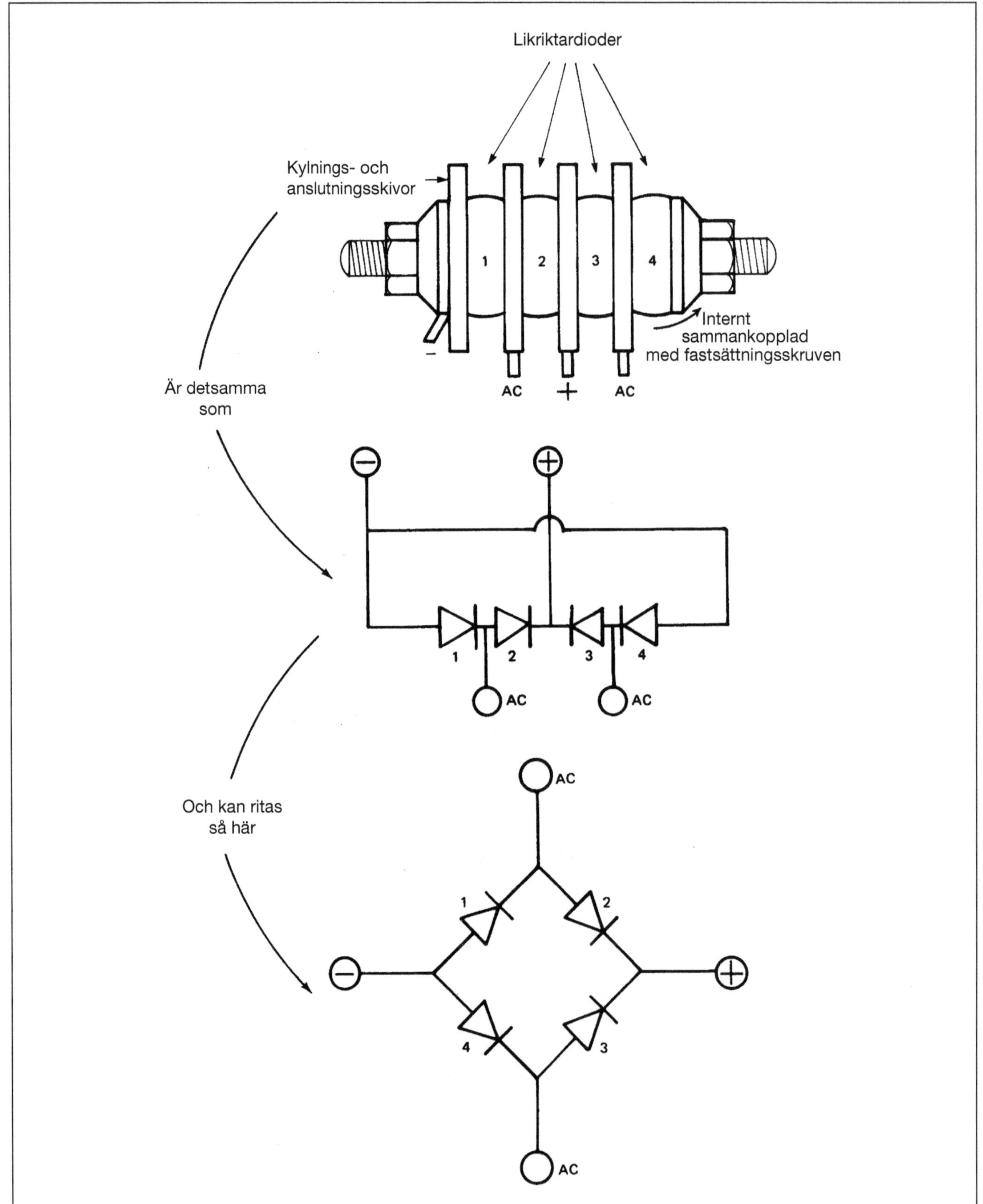

Fig. 3.10 Utformning av helvågslikriktaren

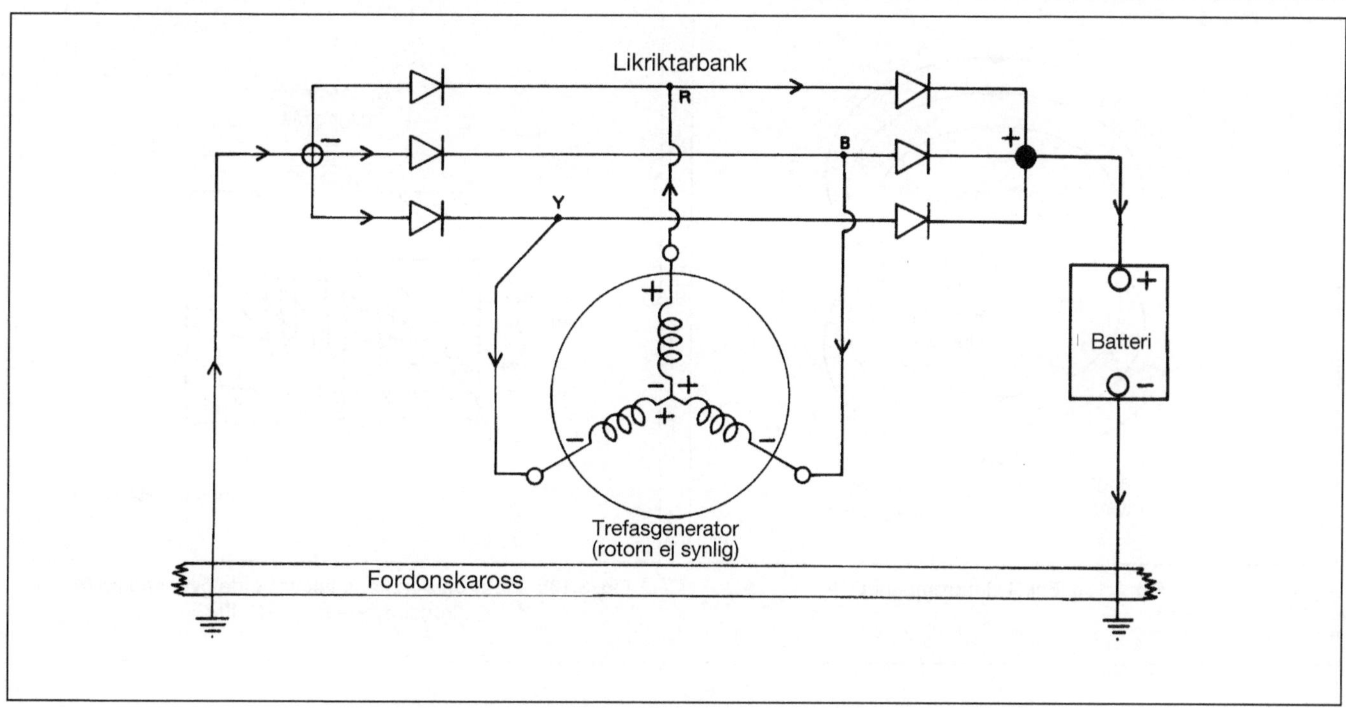

Fig. 3.11 Likriktning av trefas. Strömflödet sker med maximal spänning i R-fasen

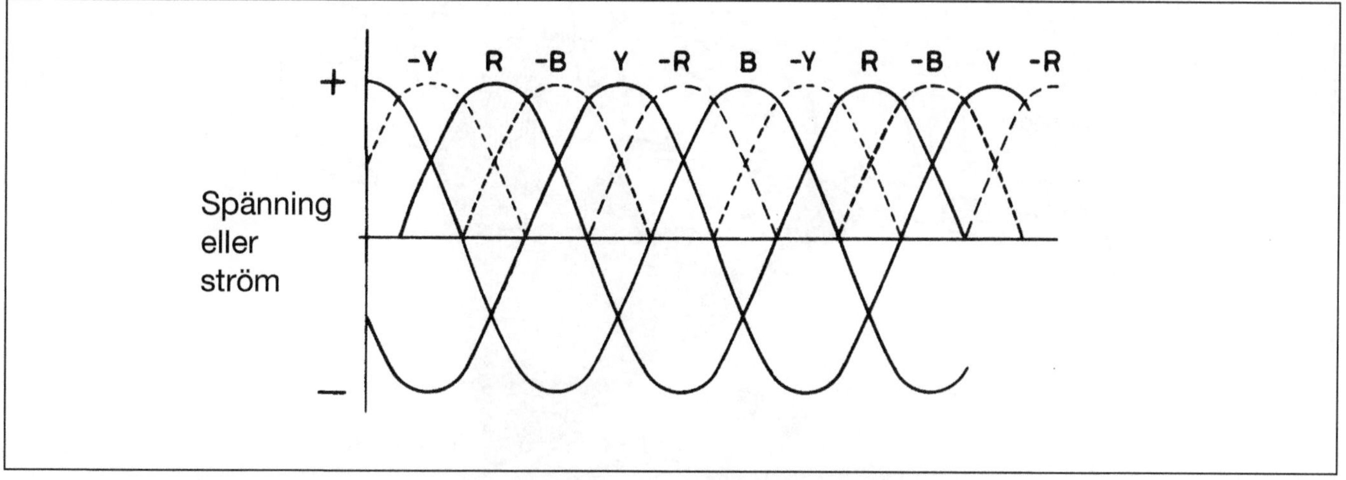

Fig. 3.12 Vågformer från trefas-helvågslikriktaren

6 Fältmagnetisering

1 Magnetisering är en term som används av elektroingenjörer när de menar försörjningen från ett magnetfält. Den enkla magnet som omtalats tidigare i kapitlet producerar växelström och spänning i den stationära (stator) lindningen på generatorn. Ett problem med permanentmagneter är att de oftast är allt annat än permanenta när de utsätts för vibrationer och värme.

2 Det är vanligt att rotorn tillverkas som en elektromagnet, dvs. med en mjuk stål- eller järnkärna där en spole lindats på och inducerar magnetism då den genomflyts av likström. Magnetismen varierar beroende på strömstyrkan och med detta kommer fördelen att kunna kontrollera magnetfältet som bestämmer spänningen som alstras i statorlindningen.

3 Om rotorspolen lindades på en järnkärna som visas i **Fig. 3.13a**, kommer en magnetisk nord- (N) och sydpol (S) att skapas. Beroende på den långa luftvägen mellan polerna kommer magnetfältlinjerna att bli svaga. Tänk nu att järnändarna sträcks ut för att bilda två ringar vända mot varandra med ett litet luftgap emellan **(Fig. 3.13b)**. Slutligen formas ändarna för att passa mellan varandra utan att de stöter ihop, som klor, kommer det där fältlinjerna passerar mellan N till S att finnas ett betydligt läckage utåt. Det är detta läckage som, när det skär de omgivande statorlindningarna, genererar den elektriska energin som krävs. **(Fig. 3.14)**.

4 Observera att rotorn måste förses med likström via borstar och släpringar för att skapa de fasta nord- och sydpolerna. Två metoder används för att strömförsörja rotorn; självmagnetisering och batterimagnetisering.

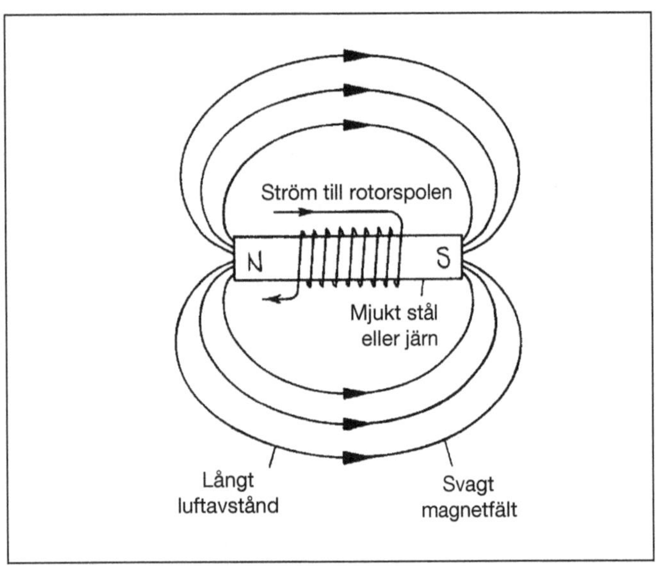

Fig. 3.13a Enkel elektromagnet

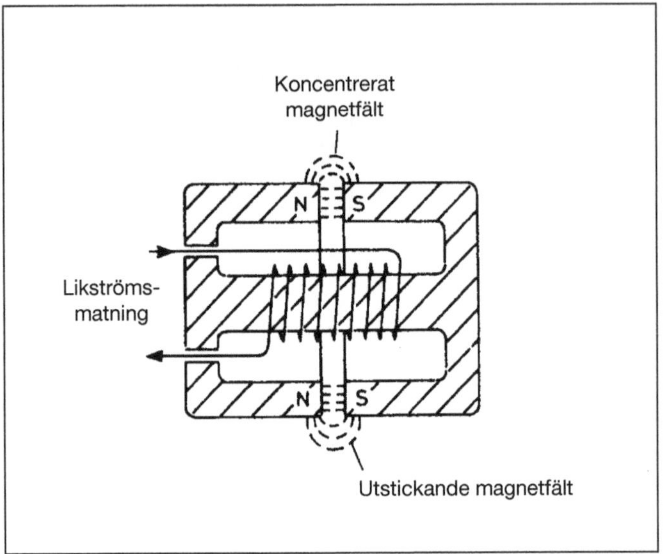

Fig. 3.13b Elektromagnetens ändar böjda över spolen för att koncentrera magnetfältet

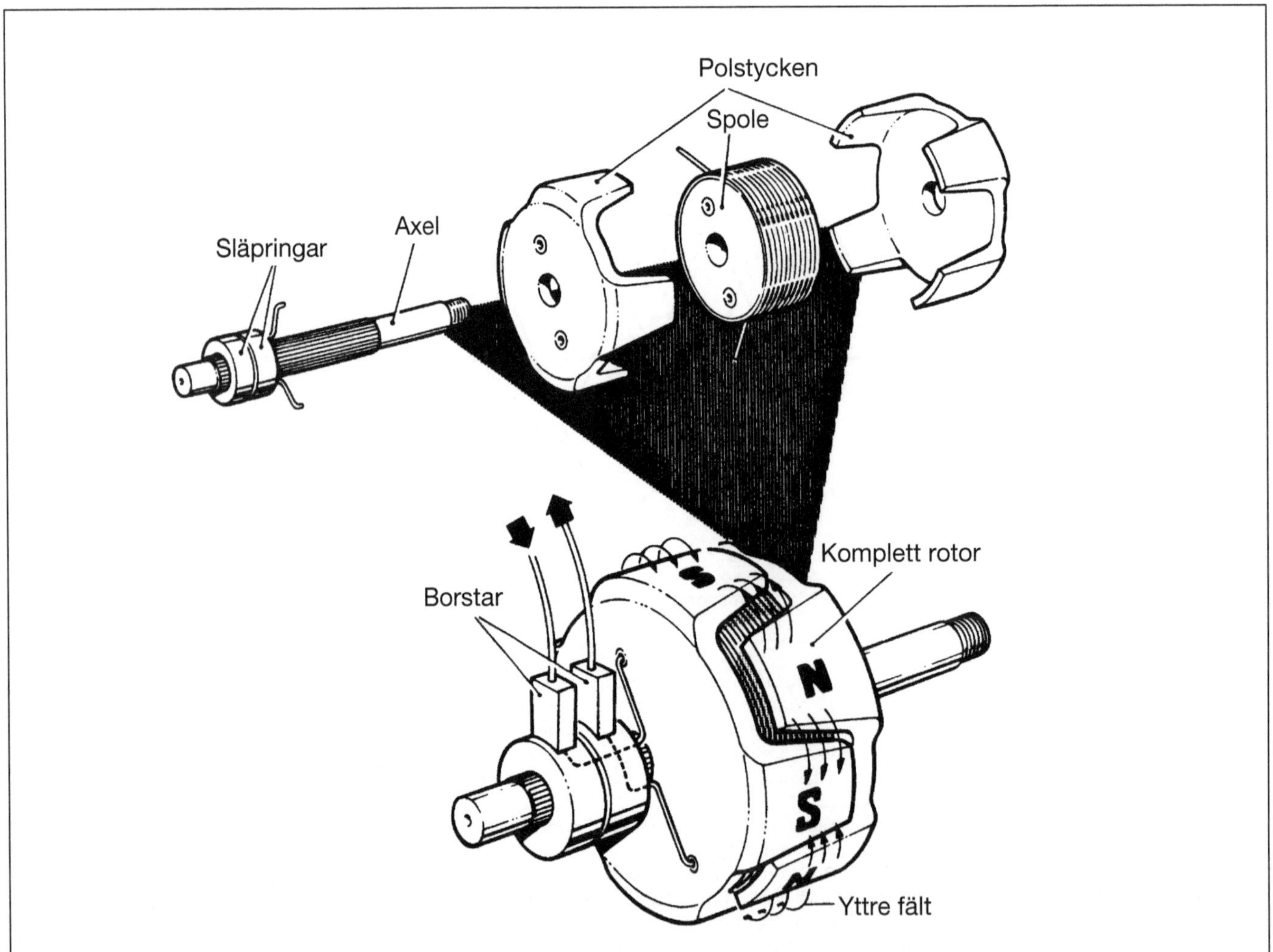

Fig. 3.14 Växelströmsgeneratorns rotor med klopoler

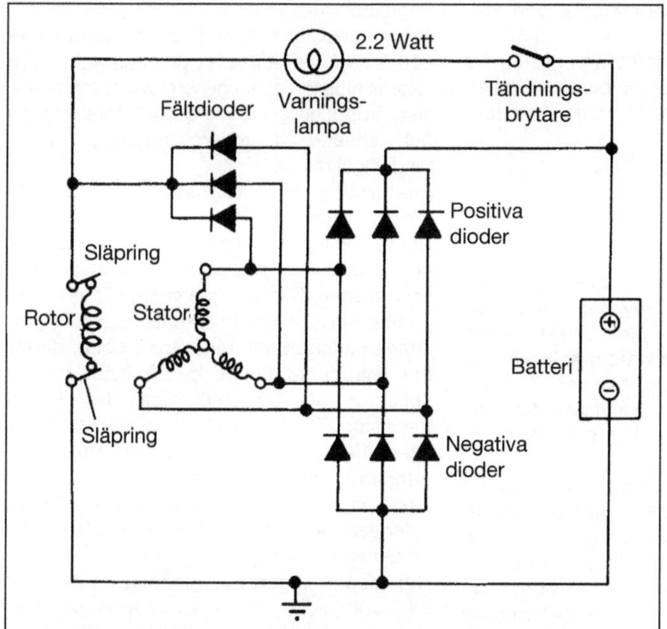

Fig. 3.15 Självmagnetiserad växelströmsgenerator

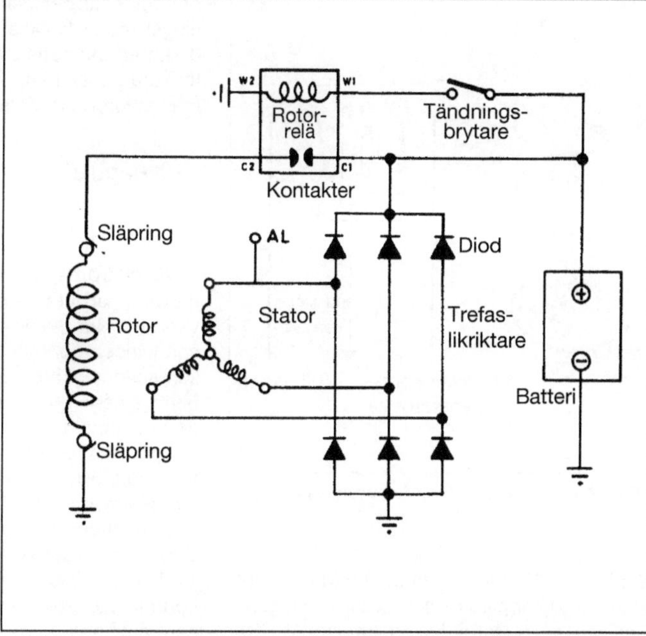

Fig. 3.16 Batterimagnetiserad växelströmsgenerator

7 Självmagnetisering

1 En viss kvarvarande magnetism kommer att finnas i rotorn, men inte tillräckligt för att garantera att generatorn kommer att börja alstra ström när rotorn börjar snurra. Den 2,2 watts laddningslampa som är kopplad från batteriet till rotorn via tändningsbrytaren ser till att tillräcklig ström passerar till rotorn för att magnetfältet skall räcka till för att generatorn skall kunna arbeta.

2 Glödlampan fungerar som varningslampa när inte generatorn fungerar. När tändningen slås till kommer den att lysa men när motorn driver generatorn kommer fältdioderna att försörja rotorn med ström och lampan slocknar eftersom det inte finns någon spänningsskillnad över den. Av detta följer även att rotorn förses med en spänning som är ungefär lika stor som batterispänningen.

3 I praktiken är glödlampan försedd med en parallellkopplad resistor, på så sätt kommer ström fram till rotorn även om glödlampan är trasig. **Fig. 3.15** visar grundkopplingen för en självmagnetiserande växelströmsgenerator. Denna skiljer sig från den batterimagnetiserade genom att den använder sig av nio dioder.

4 I drift förses rotorn med all ström för magnetiseringen från statorn - därav namnet 'självmagnetiserande'. Batteriet används bara för att starta strömgenereringen.

8 Batterimagnetisering

1 I denna metod strömförsörjs rotorn från fordonets batteri med hjälp av släpringar och borstar. En enhet måste finnas som kopplar bort batteriet från rotorn, när generatorn stannar, annars kommer batteriet att laddas ur, och detta sker med en frånslagningskrets eller ett fältisoleringsrelä.

2 Fig. 3.16 visar en förenklad grundkoppling på en batterimagnetiseringsgenerator kopplad till ett batteri. När tändningsbrytaren sluts, flödar batteriström genom reläspolen vilket drar ner ankaret och sluter reläkontakterna **(Fig. 3.17)**. När kontakterna sluts, kopplas batteriströmmen direkt till rotorns fältlindningar. Likströmsflödet skapar magnetfältet som krävs för att generera växelström i statorlindningarna.

3 Anslutning AL används för att styra en laddningslampa på instrumentbrädan. Lampan kommer att lysa när motorn står stilla med tändningen tillkopplad men kommer att slockna när generatorn börjar ladda. Vid batterimagnetiserade generatorer är det nödvändigt att använda någon termisk (eller liknande) kontrollutrustning i anslutning till varningslampan. Som ett exempel visas Lucas-systemet i nästa avsnitt.

9 Styrning av varningslampa

1 Lucas 3AW varningslampsstyrning har tre anslutningar:

AL	-	till generatorns AL-anslutning
E	-	ansluten till en bra jordpunkt på fordonet
WL	-	ansluten till varnings-glödlampan och genom tändningsbrytaren till batteriet

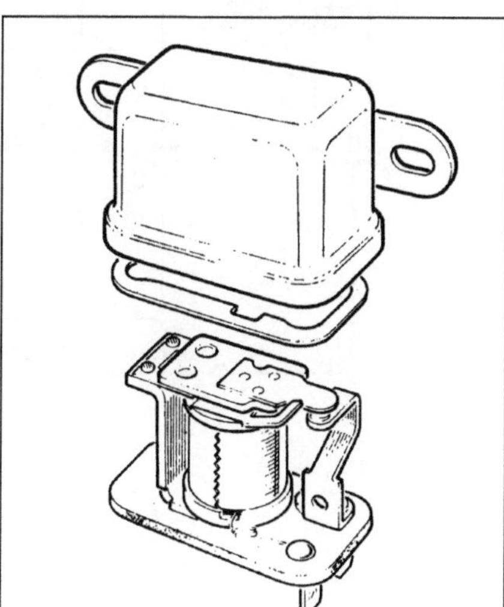

Fig. 3.17 Fältisoleringsrelä 6RA

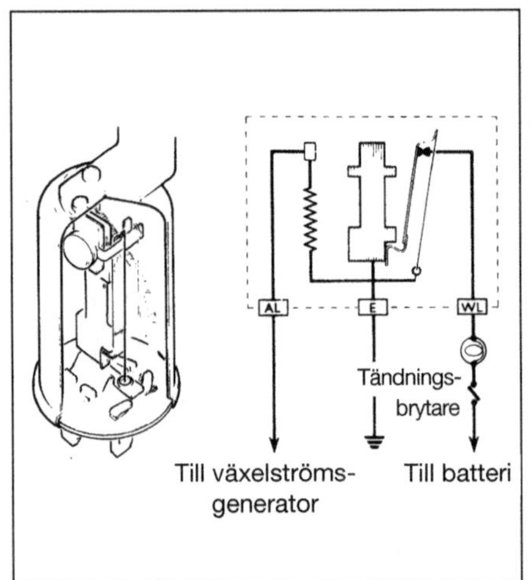

Fig. 3.18 3 AW kontroll för varningslampa

2 Fig. 3.18 visar en tunn, utsträckt motståndstråd kopplad mellan jordanslutningen E och via en resistor till anslutning AL. När motorn står stilla är kontakterna slutna beroende på motståndstrådens längd. Därför kommer varningslampan att lysa när tändningen kopplas till. När generatorn börjar lämna ström genom anslutning AL, kommer tråden att värmas upp och då av värmen att förlängas. Fjäderfunktionen i jordanslutningsbandet snäpper isär kontakterna och varningslampan slocknar.

3 Batterimagnetiseringsmetoden är numera föråldrad, men behandlas här beroende på att många fordon fortfarande har detta system.

10 Regulator

1 Växelströmsgeneratorn, som drivs av motorn, arbetar med mycket varierande varvtal. När varvtalet ökar, ökar också spänningen och när generatorn är obelastad kan spänningen bli upp till 140 volt. Tydligen behövs någon form av spänningskontroll och denna finns tillgänglig med den moderna elektroniska regulatorn.

2 Regulatorn upprätthåller en konstant medelström i rotorfältlindningen genom att koppla till och från strömmen genom denna. Genom detta åstadkoms en utspänning på ca. 14,2 volt. Tidiga regulatorer var av vibrerande kontakttyp, med liknande funktion som de som används med likströmsgeneratorer. Nu används regulatorer uppbyggda med halvledarteknik. Vibrerande kontaktregulatorer beskrivs senare i detta kapitel.

3 Halvledarregulatorns funktionsprinciper kan beskrivas med hjälp av en förenklad bild av Boschs regulator EE14V3 (Fig. 3.19), som under en tid väl har bevisat sin tillförlitlighet. Regulatorn använder ett kraftsteg bestående av två transistorer T2 och T3 som är kopplade i ett Darlingtonpar för att driva ström genom rotorns fältlindningar i generatorn. Denna transistorkoppling ger en hög effektförstärkning och används i generatorstyrning och i tändningskretsar.

Effektsteget styrs av transistor T1 och de tillhörande komponenterna.

När utmatningen från generatorn är under den önskade spänningen på 14.2 volt, leder inte zenerdioden ZD och ingen ström går till basen på transistor T1. Därför kommer resistor R_6 att lämna basström till transistor T2 som därför blir tillkopplad (d.v.s. ström flyter mellan kollektor och emitter). Om den första transistorn T2 i Darlingtonparet är på kommer även effekttransistorn T3 att vara tillkopplad eftersom emitterströmmen i T2 lämnar basström till T3 genom direktkoppling. Ström flyter genom rotorns fältlindningar och medför att generatorns utspänning ökar.

När utspänningen från generatorn ökar till 14,2 voltsnivån, ökar även spänningen över spänningsdelarkopplingen $R_1R_2R_3$. När spänningen vid kopplingen mellan R_2R_3 når genombrottsspänningen för zenerdioden ZD börjar denna leda och lämna ström till basen på transistor T1. Detta medför ett spänningsfall över R_6 som är tillräckligt stort för att stänga av transistor T2.

När detta sker stängs samtidigt transistor T3

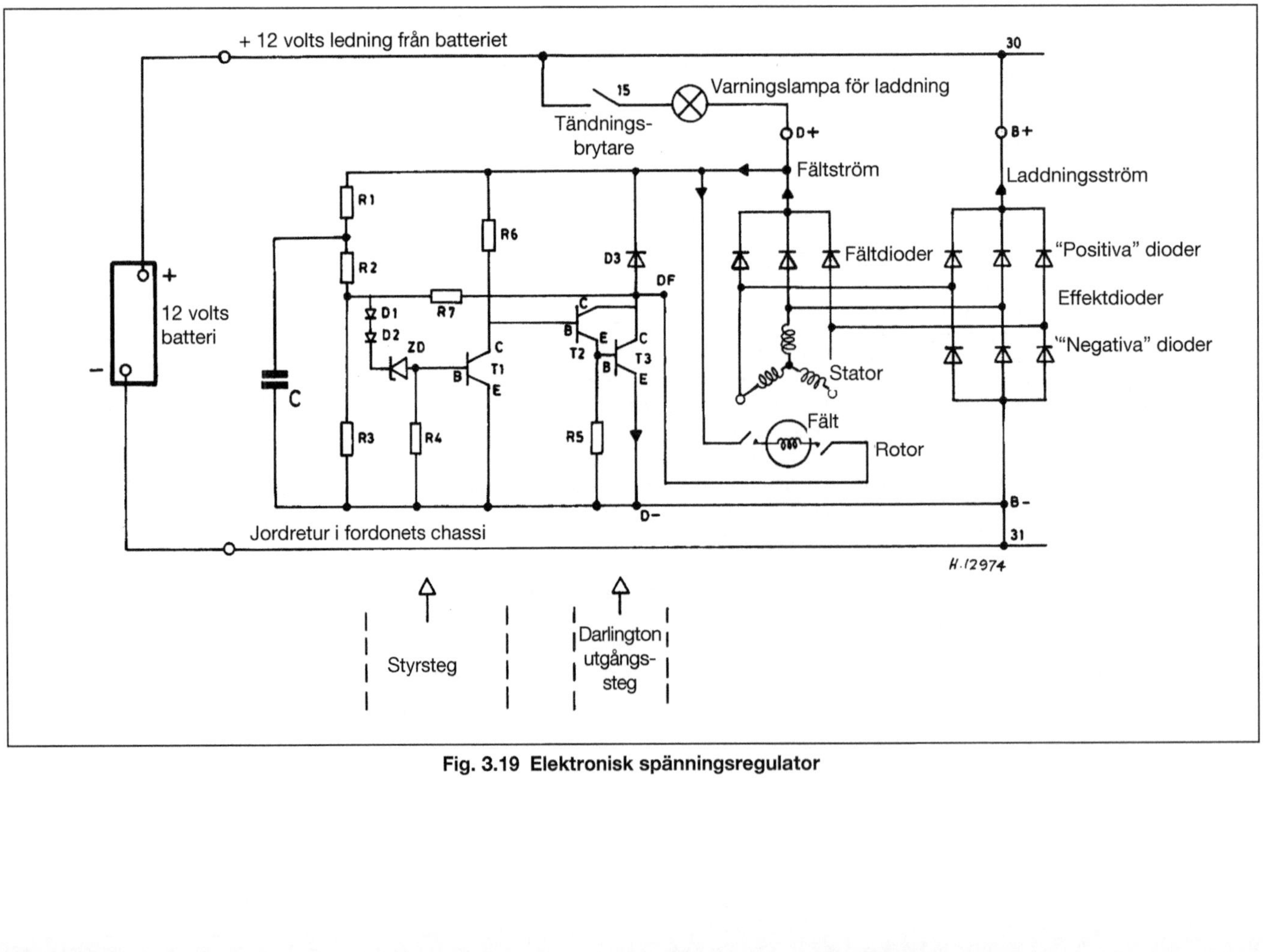

Fig. 3.19 Elektronisk spänningsregulator

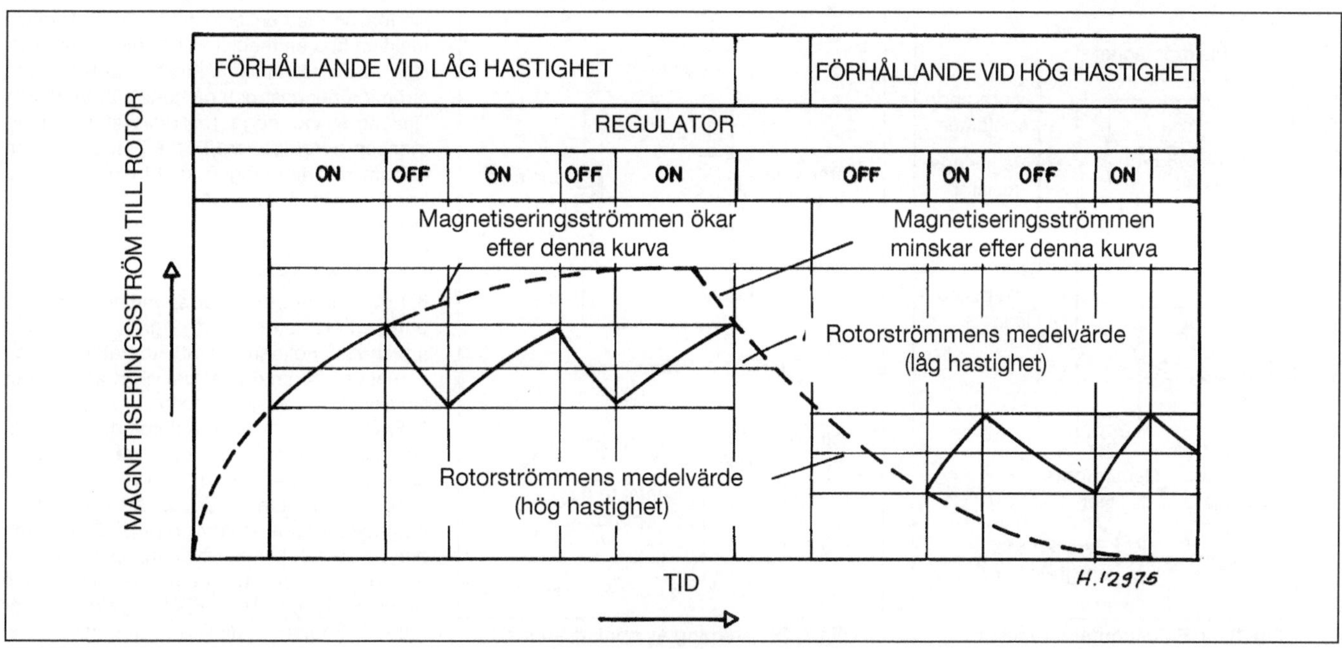

Fig. 3 20 Omkoppling av rotorström

av och då stängs även rotorströmmen av vilket leder till att utspänningen från generatorn faller.

Generatorspänningen faller till dess att zenerdioden (ZD) åter slutar leda och stänger av transistor T1 och på nytt tillåts basström till transistor T2 som kopplar till rotorströmmen. Utspänningen från generatorn kommer på detta sätt att pendla runt medelvärdet 14,2 volt och på detta sätt regleras spänningen.

Kretsdetaljer

4 När transistor T3 bryter strömmen genom rotorn, bildas en hög inducerad spänning över rotorn beroende på dess induktans (se Lenz Lag - kapitel 1, avsnitt 23). D3 är en skyddsdiod (ibland kallad frihjulsdiod) och denna kommer att ta upp överspänningen genom att (närmast) fungera som en kortslutning över rotorn. När transistor T3 börjar leda igen kommer inte rotorströmmen att öka omedelbart utan exponentiellt som visas i **Fig. 3.20** och detta beror också på rotorinduktansen. Ökningen och minskningen av rotorströmmen kommer att jämnas ut till den behövda reglerade spänningen. Lägg märke till att medelströmmen genom rotorn kommer att vara lägre vid höga varvtal beroende på att statorlindningarna kommer att skäras med en högre hastighet av rotorfältet. R_1 och C bildar ett filter som jämnar ut variationerna i matningsspänningen. Spänningsfallet över dioderna D1 och D2 när de leder, beror på temperaturen. Dioderna fungerar som temperaturkompensatorer så att utspänningen blir temperaturstabiliserad. Under vintertid medför de att utspänningen ökar något för att kompensera högre effektförbrukning genom större belysningsanvändning och andra belastningar **(Fig. 3.21)**. R_7 fungerar som en återkopplingsresistor som hämtar upp spänningsvariationer vid kollektorn på transistor T3 och leder dessa tillbaka till ingångssteget. Resultatet blir snabbare och mer exakta till- och frånslag.

5 I hybridregulatorer ingår komponenter som resistorer och kondensatorer tillsammans med transistorer och integrerade kretsar i filmteknik på keramiska substrat. Fördelarna med detta är att storleken ytterligare krymper och antalet komponenter och anslutningar minskar **(Fig. 3.22)**. Operationsprinciperna förblir dock de samma och trenden är att hybridregulatorerna kommer att bli standard.

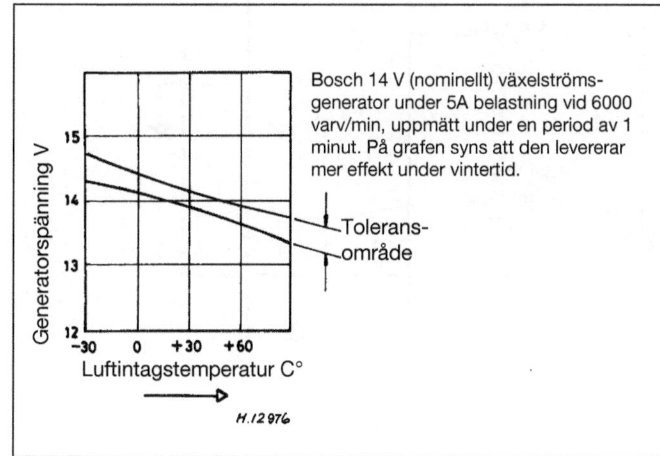

Fig. 3.21 Regulatorns karakteristik

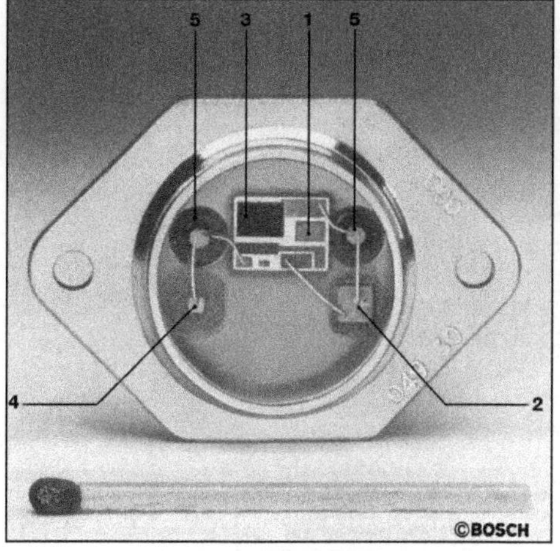

1 *Integrerade kretsens styrstag*
2 *Effektstag*
3 *Serieresistor*
4 *Skyddsdiod*
5 *Anslutningsledningar*

Fig. 3.22 Hybridregulator för växelströmsgenerator

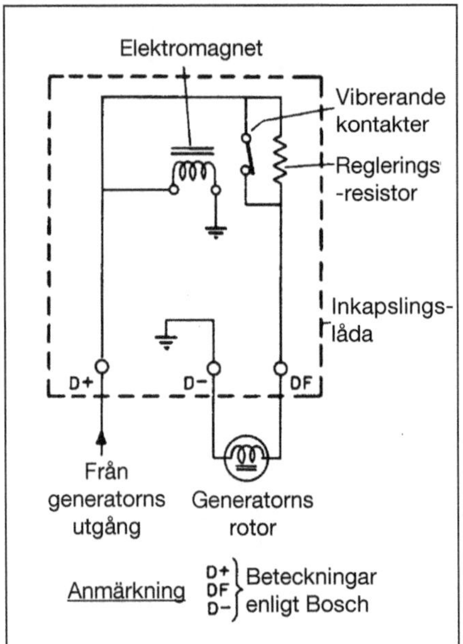

Fig. 3.23 Enkelkontaktsregulator

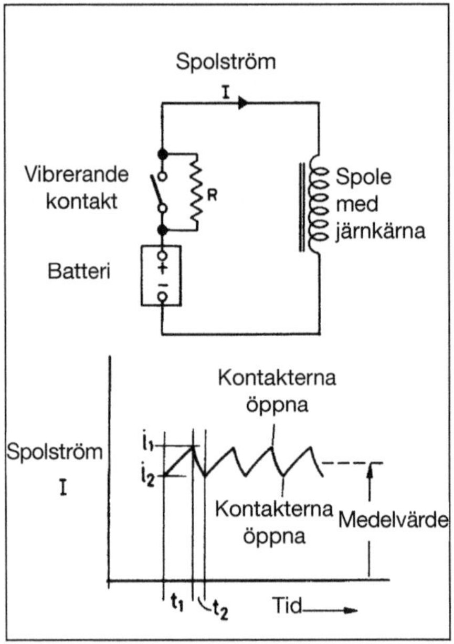

Fig. 3.24 Styrning av spolström med vibrerande kontakt

11 Vibrerande kontaktregulator

1 Trots att den blivit undanträngd av elektroniska regulatorer är den vibrerande kontaktregulatorn värd att studera, eftersom många fordon fortfarande har den. De finns i två typer: enkelkontakt- och dubbelkontakt-regulator.

2 I den första typen är rotorlindningen direkt ansluten till generatorns utmatning via ett kontaktpar. När kontakterna öppnar reduceras rotorströmmen genom ett seriemotstånd (och då även generator-spänningen), tills den undre gränsen nås och kontakterna åter sluts av fjädertrycket och kortsluter resistorn **(Fig. 3.23)**.

3 Vilken av metoderna som än används, är självinduktansen i rotorlindningen en viktig faktor. Induktans är en egenskap hos spolar som medför att strömmen genom dem inte kan ändras omedelbart, utan ökar och minskar med en hastighet som är bestämd av kretsparametrarna. Spolar som är lindade på järnkärna har mycket högre induktans än luftlindade spolar och induktans definieras som nivån på magnetfältet som produceras vid strömmen en ampere genom spolen. Desto större induktans, desto långsammare strömförändring.

4 Fig. 3.24 visar en spole med järnkärna, ansluten via ett kontaktpar till batteriet. Kontakterna är anpassade för att öppna när strömmen når värdet i_1 och slutas när strömmen minskar till i_2. Lägg märke till att när kontakterna öppnar, minskar strömmen beroende på att resistor R kommer i serie med spolen. Den viktiga faktorn är tids-fördröjningen för strömminskningen, t_1 och för strömökningen, t_2. Om kontakterna kan aktiveras med hög hastighet kommer ström-flödet att variera inom ett litet område och överensstämma väl med ett stadigt medel-värde.

5 Dubbelkontaktregulatorn har flera fördelar i jämförelse med enkelkontakttypen. För bästa funktion hos en regulator, bör resistorn ha ett litet värde så att kontakterna hanterar små strömförändringar och på detta sätt får längre livslängd. Vid höga rotorvarvtal bör resi-stensen däremot vara hög så att strömmen genom rotorlindningen snabbt minskar när kontakterna öppnar. Att tillmötesgå båda kraven är svårt, så därför infördes ytterligare en kontakt som jordar rotorn vid generatorns övre spänningsgräns.

6 I och med detta faller spänningen snabbt och en resistor med lägre värde kan användas. Följden blir att kontakterna kan hantera en högre rotorström vilket är önskvärt vid tillverkning av generatorer.

7 Fig. 3.25 visar en regulator med dubbla kontakter. Vid låg hastighet fungerar den som enkelkontaktsregulatorn. Vid hög hastighet kopplas kontakterna om så att den rörliga mittenkontakten ansluter mot jordkontakten och på så sätt kortsluter rotorn. Detta medför ett snabbt fall av magnetiseringen och generatorspänningen. Fjädertrycket återför därefter kontakten till D-anslutningen, d.v.s. utgången från generatorn och spänningen ökar igen.

8 När kontakterna öppnar, genereras en induktiv spänning i rotorlindningen. I enkel-kontaktregulatorn används en diod för att absorbera transienterna. Dubbelkontakt-regulatorerna kan ha en resistor inkopplad över rotorlindningen. I båda fallen är syftet att eliminera kontaktgnistor, vilket förlänger livslängden på kontakterna.

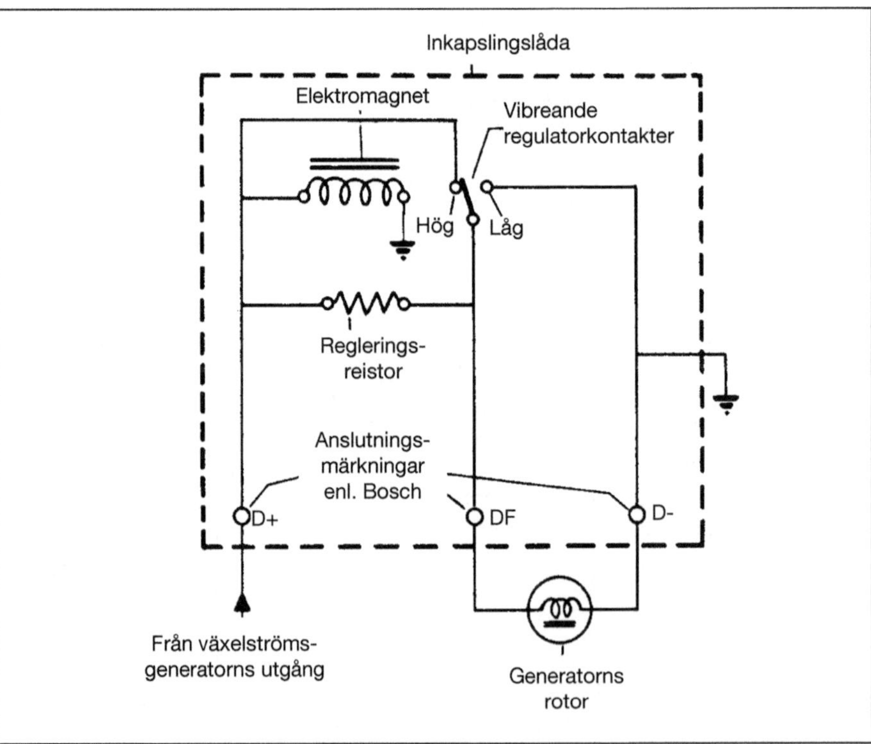

Fig. 3.25 Dubbelkontaktsregulator, schematisk

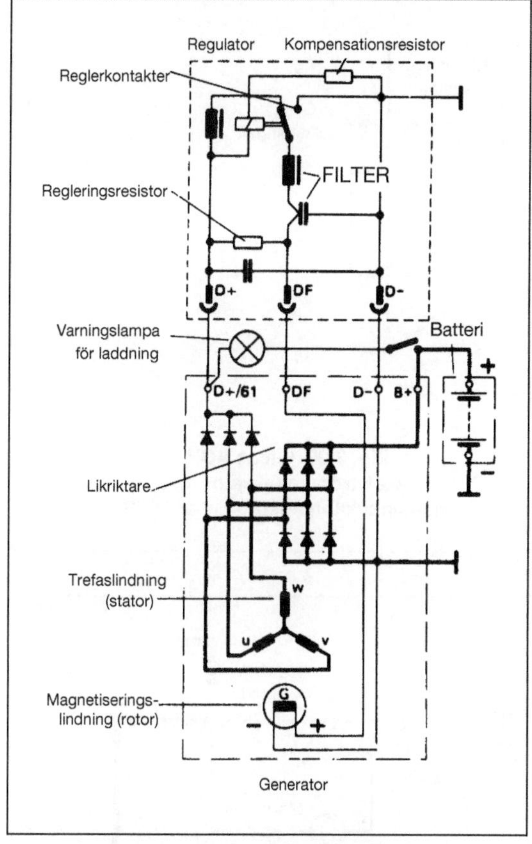

Fig. 3.26 Dubbelkontaktsregulator med temperaturkompensering

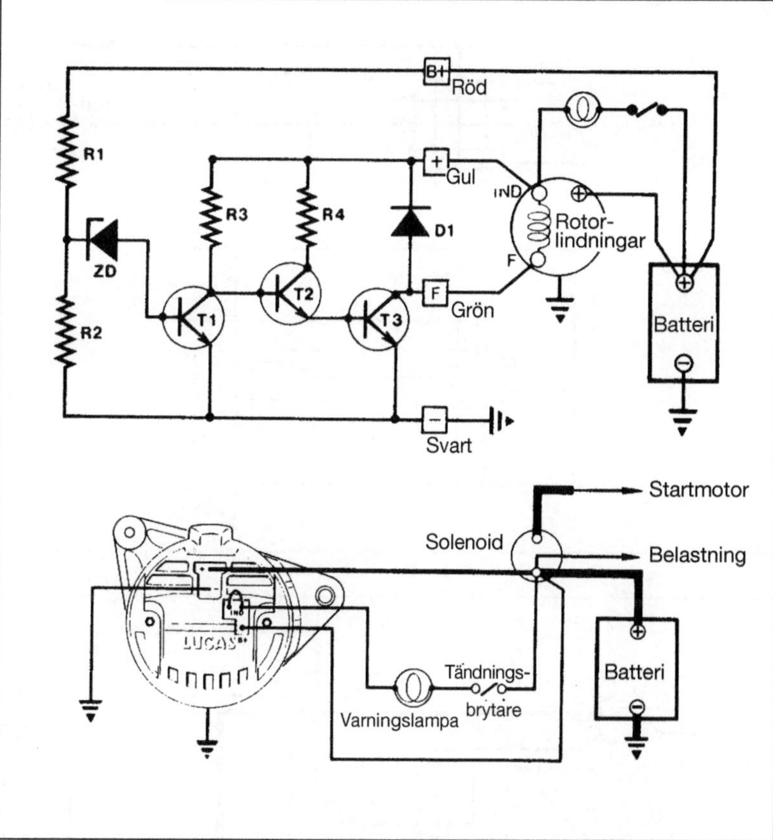

Fig. 3.27 Batteriavkänningsanslutningar - Lucas system

12 Temperaturkompensation

1 Spänningsregulatorspolen har en avledningsspole med många varv tunn koppartråd. Resistansen i koppartråd ökar med temperaturen med ett förhållande som är 0,004 ohm per ohm av resistansen per grad Celsius (en ökning med 0,4% för varje grads temperaturhöjning). Detta innebär att den tillförda spänningen (generatorns laddningsspänning), måste vara högre för att aktivera de vibrerande kontakterna. En följd av detta är att batteriet blir överladdat.

2 För att minska denna effekt används två metoder **(se Fig. 3.26)**:

(a) Ett undertryckningsmotstånd är kopplat i serie med avledningsspolen. Detta motstånd ändrar inte resistans med temperaturen och har mycket högre resistans än avledningsspolen och på detta sätt undertrycks effekterna av resistansändringen.

(b) Fjädern som håller kontakterna stängda är tillverkad av bimetall. När temperaturen ökar, böjer sig fjädern och minskar på kontakttrycket. Detta kompenserar för den strömminskning som beror på resistansökning.

13 Avkänning av regulatorspänning

1 Vanligtvis är generator och regulator placerade på ett visst avstånd från batteriet. Beroende på de elektriska belastningarna i fordonet kan spänningen vid generatorn skilja sig från batterispänningen p.g.a spänningsfallen i ledningarna.

2 Spänningen vid batterianslutningen kan avkännas med en separat ledning direkt från batteriets + eller spolanslutning till generatorns regulator. Detta är **batteriavkänning** och kopplingen skall ske till anslutning B+ på regulatorn **(Fig. 3.27)**.

Syftet med denna avkänning är att justera generatorspänningen för att kompensera för spänningsfallet vid batteriet när det belastas.

3 Ett alternativ är **maskinavkänning,** då regulatorns B+ anslutning kopplas internt till + anslutningen. Denna ledning går till zenerdioden och på det sättet kontrollerar diodens tillslag och reglering. Huvuddelen av de nu använda generatorerna använder maskinavkänning. Vid maskinavkänning regleras utspänningen från generatorn till sitt grundvärde oberoende av batteriets belastning. **Fig. 3.28** visar en Lucas ACR växelströmsgenerator med maskinavkänningsreglering.

Återkopplingskomponenterna R_5, R_3, C_1 och C_2, orsakar snabba till- och frånslag av effekttransistorn T3 i Darlingtonkopplingen. Av värmeskäl är det viktigt att transistor T3 inte kvarstannar i tillståndet med hög effektförlust (när transistorn leder i tillståndet mellan till- och frånläge).

4 Fig. 3.28 och **3.30** visar en överspänningsdiod som begränsar generatorns utspänning om ett avbrott i ledningen till batteriet inträffar när motorn arbetar. Normalt absorberar batteriet uppkomna spänningstoppar som kan genereras i fordonet, huvudsakligen från tändningen. Om batteriet av någon anledning blir bortkopplat, kan spänningstoppar förstöra transistorer i regulatorn och överspänningsdioden fungerar som en skyddskrets. Förutom dessa toppar kommer utspänningen från generatorn att öka markant vid bortkopplat batteri om inte denna diod används.

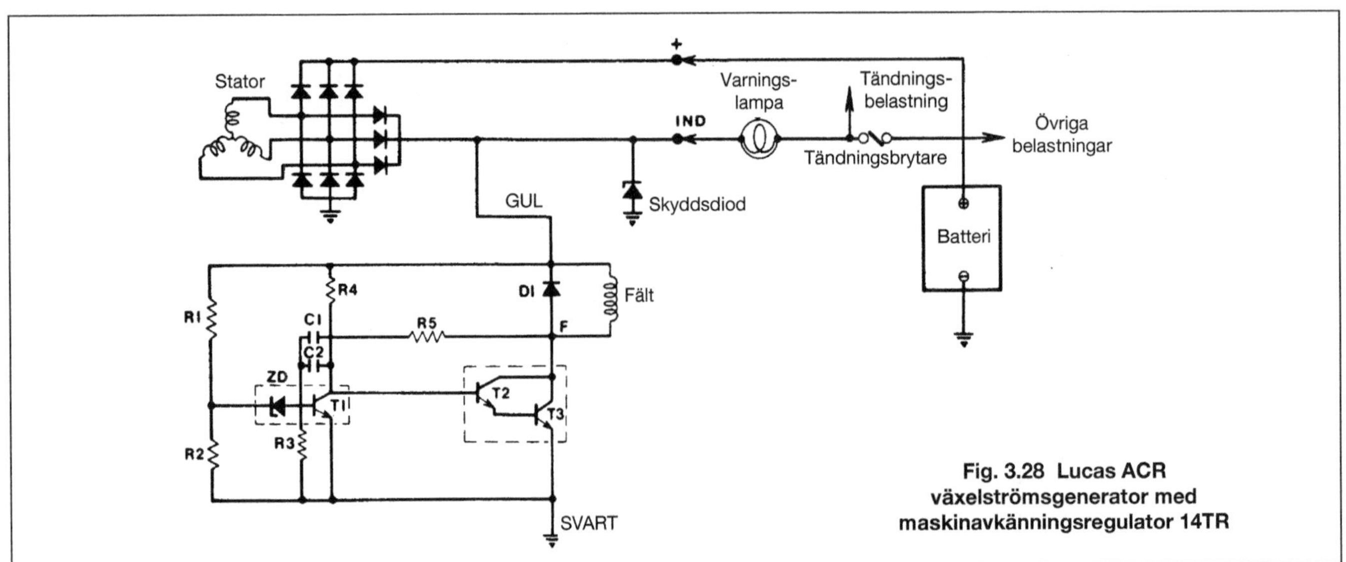

Fig. 3.28 Lucas ACR växelströmsgenerator med maskinavkänningsregulator 14TR

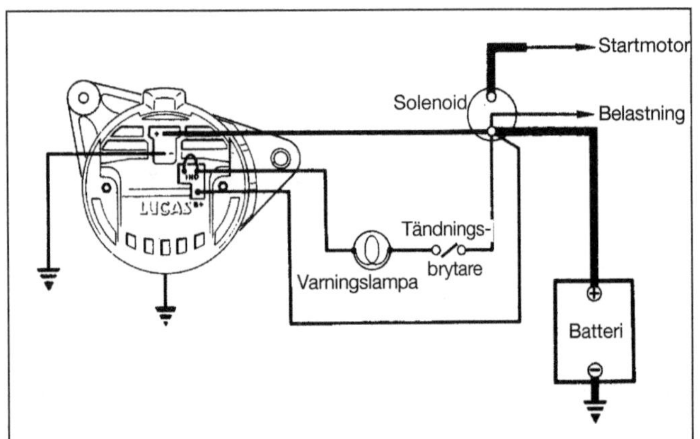

Fig. 3.29a ACR standardkontaktering - batteriavkänning

Fig. 3. 29b ACR standardkontaktering - maskinavkänning

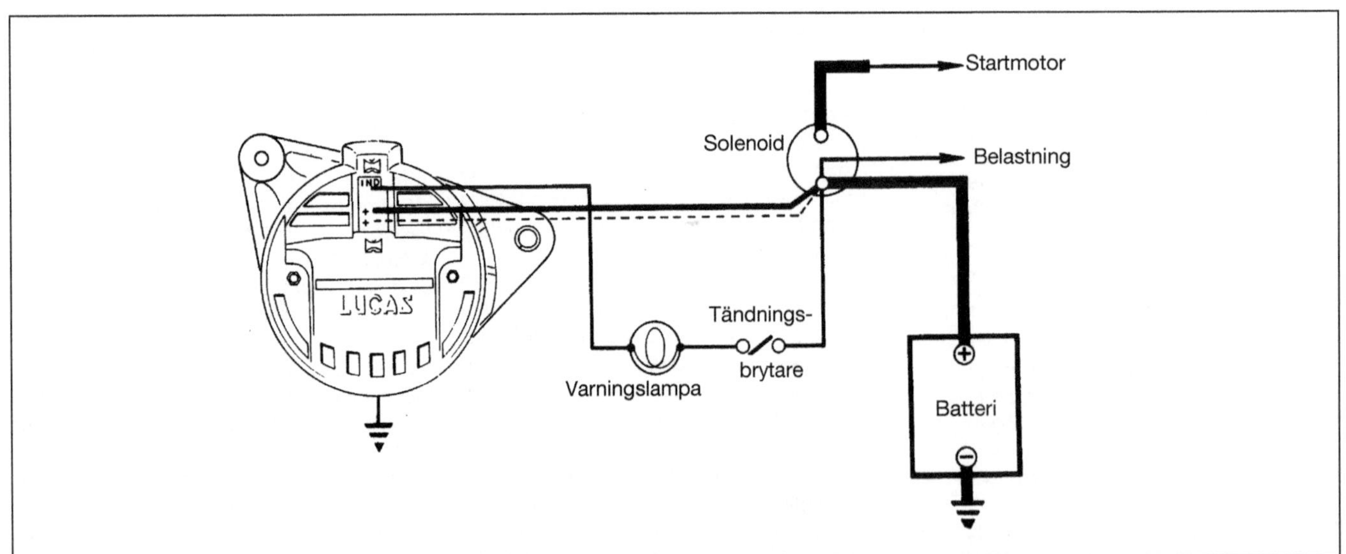

Fig. 3.29c ACR och A115/133 europeisk kontaktering - maskinavkänning

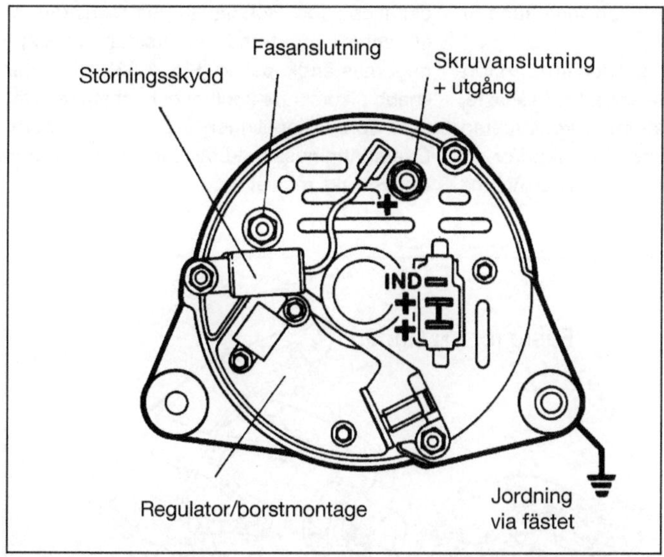

Fig. 3. 29d Typiska anslutningar för växelströmsgenerator (A127)

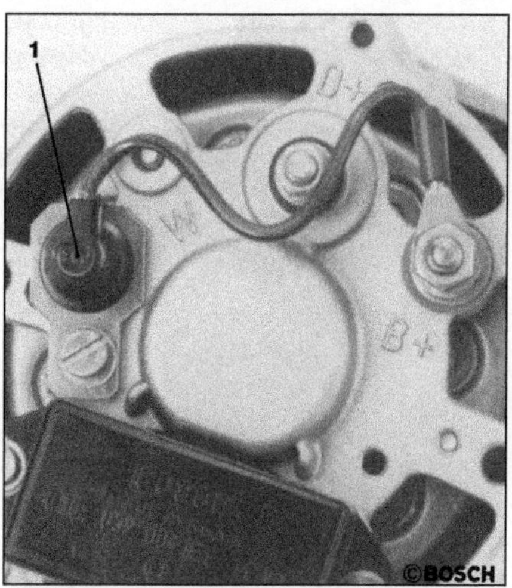

Fig. 3.30 Märkning av skruvanslutningar på Bosch

1 Skyddsdiod

14 Terminering

1 Anslutningarna varierar och några kopplingar på system från Lucas visas i **Fig. 3.29**.

(a) ACR system med batteriavkänning
(b) ACR system med maskinavkänning
(c) ACR och A115/133 europeisk terminering (maskinavkänning)
(d) A127 växelströmsgenerator

I **Fig. 3.29c** och **3.29d** används en dubbel + Lucar-kontakt för att skapa ett bra grepp på fästet. Är generatorn avsedd för mer än 35 A utström, används två huvudledningar.

Växelströmsgeneratorerna A127 från Lucas med maskinavkänningsregulatorer har till huvuddelen Lucar-kontakter (den europeiska anslutningen) och skruvanslutning för huvudutmatningen. Tillgänglig är också en fasanslutning som lämnar 7 till 8 volt (märkt med W på Lucas och Bosch system), denna kan användas för att styra choke eller varvtalsmätning.

2 Boschmaskinerna har skruvanslutningar och ibland stickkontakter och anslutningar vilka är märkta B +, D +, DF och D-, stansat på ändkåpan **(Fig. 3.30)**. Lägg märke till överspänningsdioden (Bosch beteckning - enkelvägs genombrottsdiod).

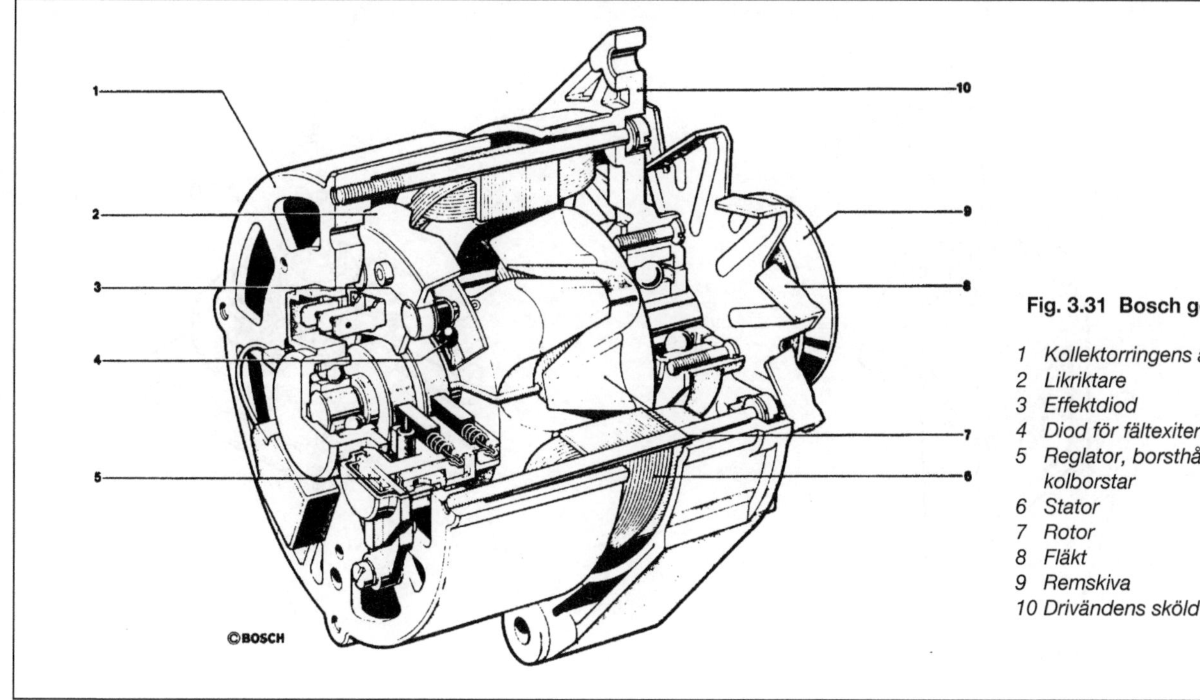

Fig. 3.31 Bosch generator

1 Kollektorringens ändsköld
2 Likriktare
3 Effektdiod
4 Diod för fältexitering
5 Reglator, borsthållare och kolborstar
6 Stator
7 Rotor
8 Fläkt
9 Remskiva
10 Drivändens sköld

15 Växelströmsgeneratorns konstruktion

1 Detaljerna varierar ganska mycket, men de Bosch- och Lucas-montage som visas i **Fig. 3.31**, **3.32** och **3.33**, kan man säga är typexempel.

Lucas ACR-serie har producerats i stort antal och ersatts med A-serien. Den senaste, A127-växeströmsgeneratorn, är konstruerad för låga underhållskrav och låg vikt. För att uppnå höga strömnivåer är statorlindningarna deltakopplade. Borstlådan och regulatorn är en enhet, monterad på utsidan av släpringarnas ändkapsling **(Fig. 3.33)**, vilket ger snabb åtkomst för kontroll och utbyte utan att ta bort kapslingen på generatorn. Överspänningsskydd är inmonterat i den elektroniska regulatorn.

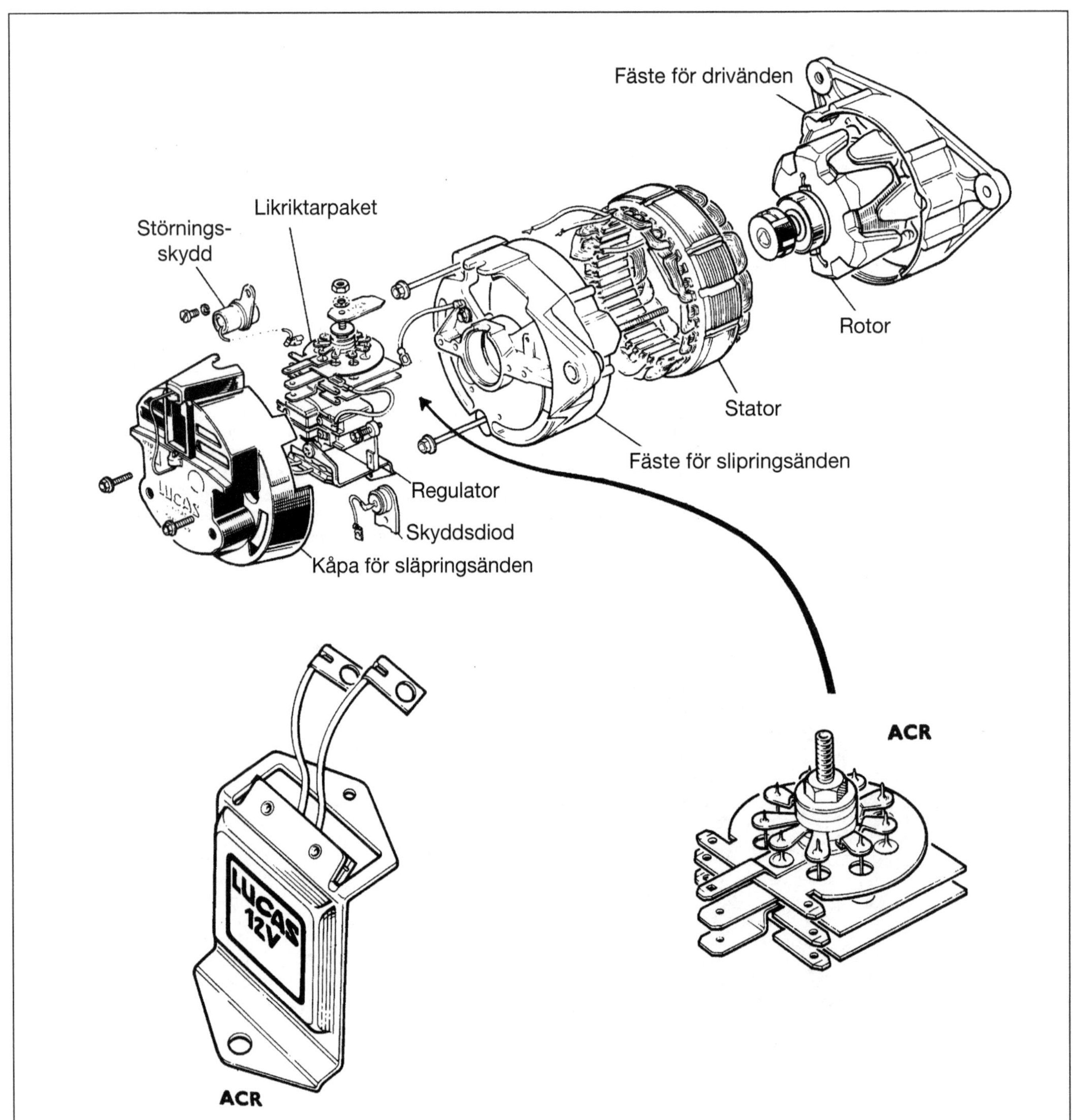

Fig. 3.32 ACR-serien, generatorer från Lucas

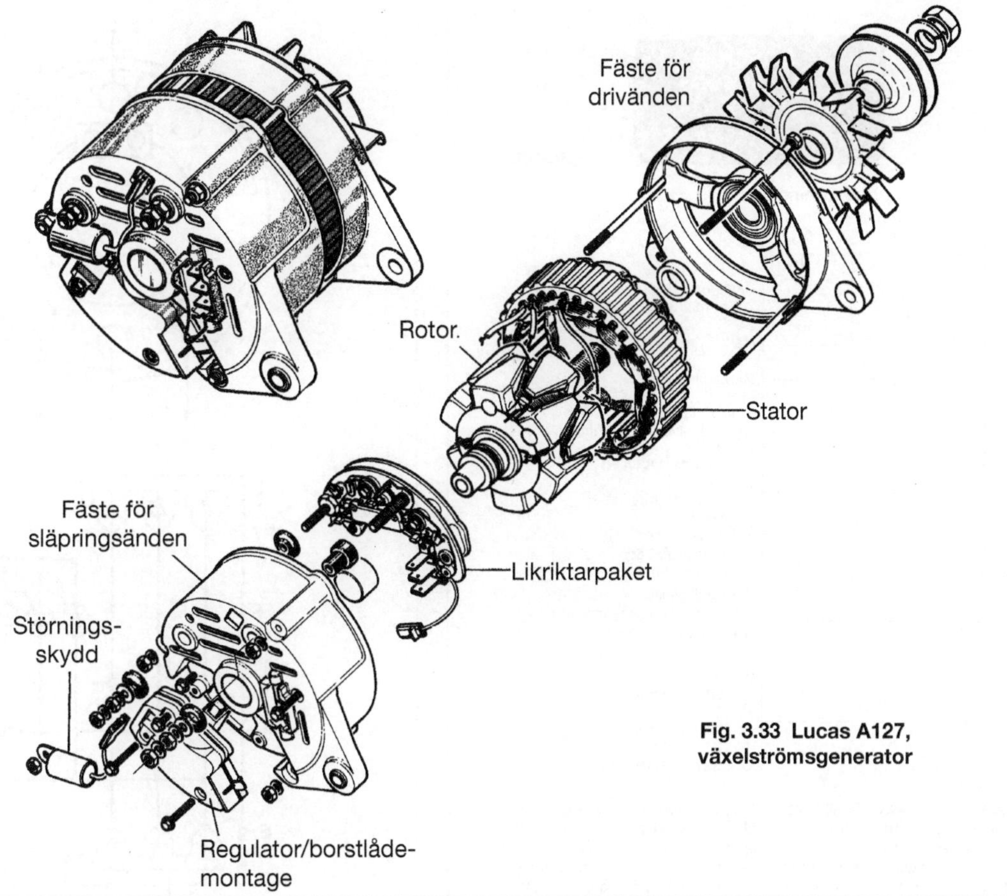

Fäste för drivänden

Rotor

Stator

Fäste för släpringsänden

Likriktarpaket

Störnings-skydd

Regulator/borstlåde-montage

Fig. 3.33 Lucas A127, växelströmsgenerator

16 Uteffekt

1 Växelströmsgeneratorer tillverkas i olika typer för att täcka alla tillämpningar från 28 A full belastning (Lucas 15ACR) upp till 65 A (Lucas 24ACR). A-serien sträcker sig från 28 A till 75 A , och den senaste generatorn, A127, från 35 A till 70 A. Laddning börjar vid ca. 1000 varv/min och kurvan planar ut som visas i **Fig. 3.34**. Bosch använder en kod på namnplåten som tillsammans med det tiosiffriga artikelnumret innehåller bl.a. information om storlek, spänning, maximal ström och varvtalsgränser som visas i **Fig. 3.35**.

17 Värmeutveckling

1 Generatorn arbetar under påfrestande förhållanden och en fara är temperaturen. Närheten till motorn och avgassystemet är en faktor tillsammans med omgivningstemperaturen. Konstruktionerna är grundade på en omgivningstemperatur som ej överstiger 70° till 80°C. Vid användning i bilar förser en fläkt

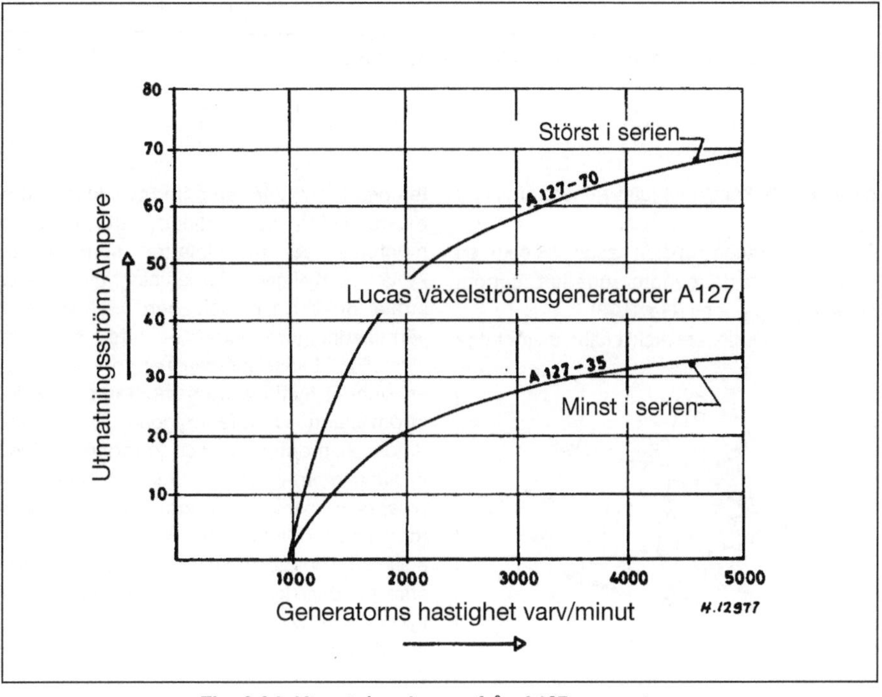

Fig. 3.34 Utmatningskurvor från A127 generatorn

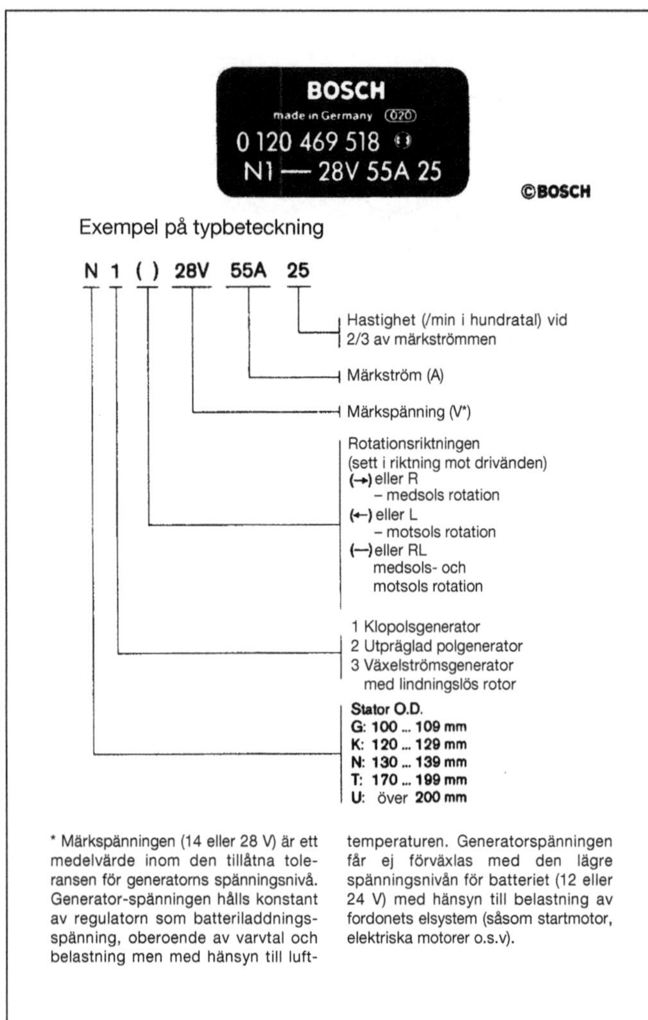

Fig. 3.35 Kodning på generatorplåt från Bosch

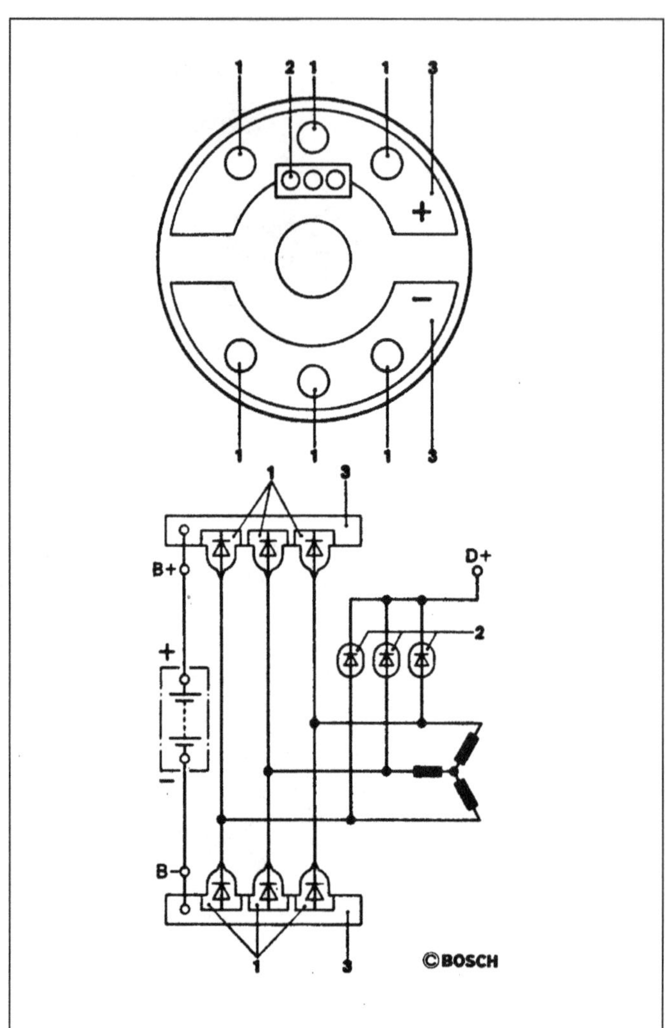

Fig. 3.37 Dubbel kylfläns för generatordioder

1 Effektdioder 2 Fältexiteringsdioder 3 Kylfläns

monterad bakom drivhjulet generatorn med kylning.

Genom centrifugalfunktion kastar fläkten ut en luftström och därigenom sugs luft igenom generatorkapslingen **(Fig. 3.36)**.

2 Halvledardioder är särskilt känsliga för höga temperaturer. Värmen som utvecklas i dem måste ledas bort genom att dioderna monteras på metallplattor som kallas kylflänsar. Kylflänsen har en stor yta som kan stråla ut värmen och den har en god värmeledningsförmåga – ofta används aluminium. I växelströmsgeneratorer används en dubbel kylfläns som monterats på likströmssidan av trefasbryggan. Tre effektdioder är monterade med katodänden mot kylflänsen som är ansluten till batteriets pluspol och tre effektdioder är monterade med anodändarna mot kylflänsen som är ansluten till batteriets minuspol. Fältdioderna, som behöver kylas mindre, har varsin liten kylfläns. Ett möjligt montage visas i **Fig. 3.37**, jämförelse kan göras med kretsschemat i **Fig. 3.15**.

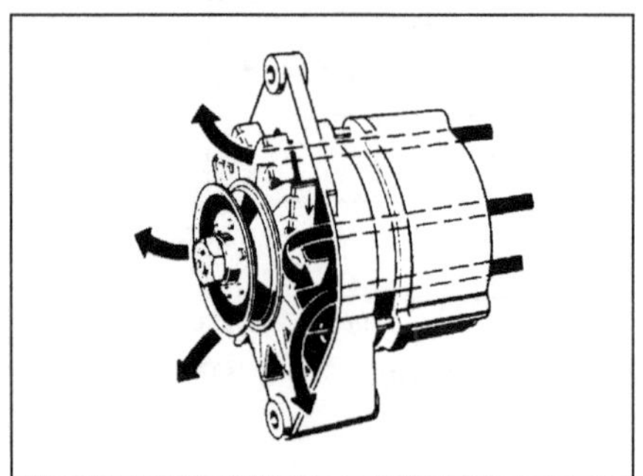

Fig. 3.36 Kylfläkt till växelströmsgenerator

18 Generatorproblem

1 Vanliga problem med växelströmsgeneratorer är:

Trasig laddningslampa. Generatorn kanske inte börjar ladda.

Rotorns släpringsborstar. Kan kärva i hållarna beroende på smuts eller koldamm. Borstarna kan vara utslitna. Släpringarna kan vara oljiga eller smutsiga.

Diodfel. Felet kan ha uppstått tack vare korroderade eller lösa batterianslutningar eller bristande jordning. Även en mycket kortvarig felpolarisering av batteriet förstör dioderna.

Fig. 3.38 Drivremmens spänning måste vara korrekt

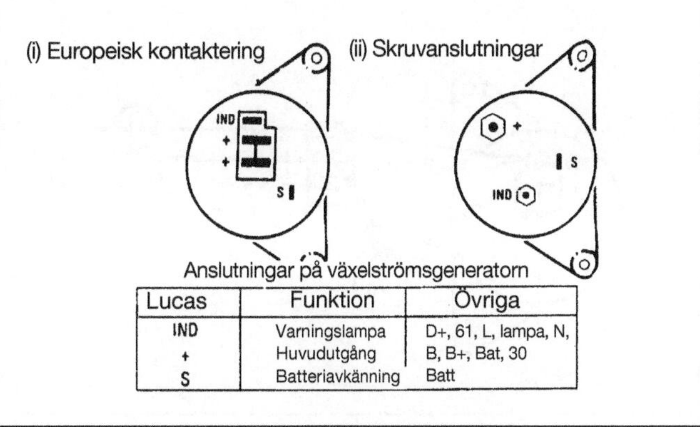

Lucas	Funktion	Övriga
IND	Varningslampa	D+, 61, L, lampa, N,
+	Huvudutgång	B, B+, Bat, 30
S	Batteriavkänning	Batt

Fig. 3.39 Generatorkontaktering

Om batteriet eller generatorn blivit bortkopplad med motorn startad har troligtvis dioderna skadats. Igångknuffning av fordonet med felaktiga anslutningar förstör sannolikt dioderna. Vid elsvetsningsarbeten på fordonet skall alltid generatorn kopplas bort först, annars kan dioderna skadas.

Fel på lagringen. Beror vanligtvis på att fläktremmen är för hårt spänd. Kan även bero på att sand eller smuts trängt in i lagren.

Fläktremmar. Kontrollera att remmen inte slirar vid belastning - detta brukar ge sig till känna genom ett högt gnissel. Ett sådant gnissel kan även komma om remmen är utsliten och får kontakt med botten på remskivan istället för att greppa på skivans sidor.

2 När nu de vanligaste problemen visats är det logiskt att fortsätta med hur en kontroll av laddningssystemet utförs.
Beskrivningarna för detta passar alla generatorer. Eftersom många äldre system fortfarande är i drift finns även kommentarer för äldre batterimagnetiserade system med i beskrivningen.

19 Kontroll av generator

1 Växelströmsgeneratorerna behöver endast lite underhåll, men periodiska kontroller av borstlängden och släpringarnas renhet rekommenderas. Felaktigheter i systemet kan uppstå i följande delar:

(a) *Felaktigt batteri*
(b) *Avbrott i ledningar eller dålig kontakt vid anslutningar eller kontakter.*
(c) *Slak drivrem till generatorn*
(d) *Fel i generatorlindningarna eller likriktaren*
(e) *Regulatorfel*
(f) *Fel i tillhörande enheter t.ex. fältrelä, varningsglödlampan för laddning, varningslampans styrenhet*

2 Innan systemet granskas i detalj är det befogat med en visuell inspektion av följande detaljer: remspänning **(Fig. 3.38)**, tecken på korrosion på anslutningarna, onormal gasutveckling från någon battericell vid laddning o.s.v. Vid logisk felsökning skall inget anses vara självklart.

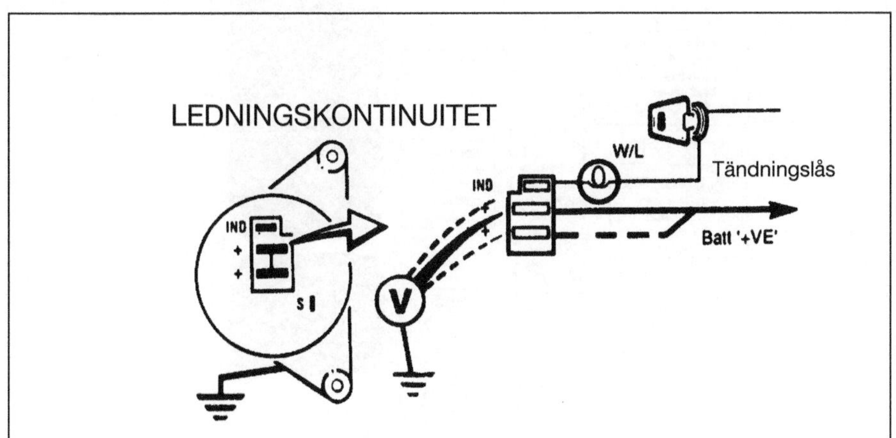

Fig. 3.40 Kontroll av ledningar

3 Testutrustningen behöver inte vara så omfattande men följande behövs:

(a) *Vridspoleinstrument för likspänning, mätområde 0-20 V (eller 40 V vid arbete med 24 Voltssystem)*
(b) *Vridspoleinstrument amperemätare för likström, mätområde 10-0-100 A*
(c) *Hydrometer*
(d) *Resistansmätare med låga och höga mätområden*
(e) *Hårdurladdningsmätare för batteriet*

4 När motorn är startad, tänk på att hålla undan händer och kläder från rörliga delar. Termostatstyrda fläktar kan starta även om tändningen är avstängd - koppla bort den om möjligt. Slå av tändningen innan några kablar i fordonet kopplas loss eller ansluts. Tag bort batteriets jordkabel innan huvudkablar till generatorn tas bort eller ansluts.
5 Kontrollerna visas med Euro-anslutningar och ekvivalenserna visas i **Fig. 3.39**.

Kontrollprocedur

Kontrollscheman visas med tillstånd av Lucas Automotive Ltd.
Batteristatus. Kontrollera batteriets laddning genom att koppla på helljuset med motorn avstängd. Batterispänningen skall vara 12 volt eller mer. Om den är lägre, ladda batteriet.

Kabelkontroll. Kontrollera att kablarna till generatorn är hela. Tag loss kontakter eller skruva loss anslutningarna. Kontrollera att batterispänningen kommer fram i de tre ledningarna med tändningen på men motorn **avstängd. (Fig. 3.40)**. Om ingen spänning finns vid anslutning IND, kan varningslampan vara trasig.

Generatorns utmatning. Ett enkelt prov på om generatorn laddar är följande: anslut en 0 till 20 volts spänningsmätare över batteriet. Koppla på alla belastningar, t.ex. bakrutedefroster, helljus o.s.v. (ej vindrutetorkare eftersom torra vindrutor blir repade) under 3 till 5 minuter. Kör därefter motorn med

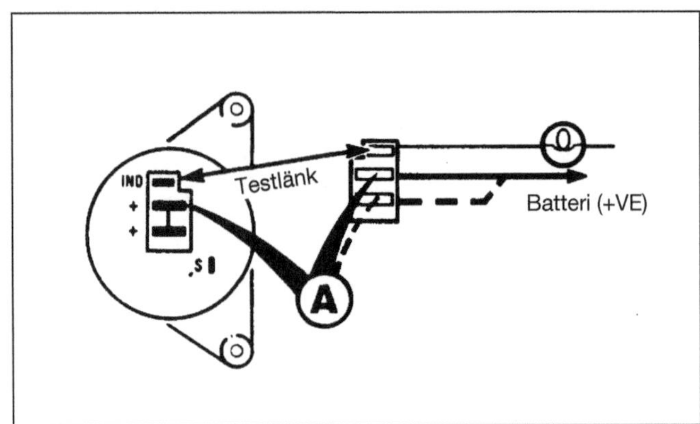

Fig. 3.41 Kontroll vid full belastning

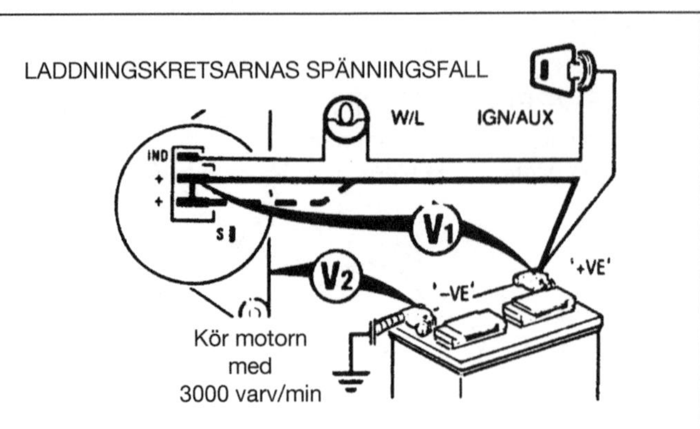

Fig. 3.42 Kontroll av spänningsfall

medelvarvtal (ca. 3 000 varv/min). Stäng av belastningarna och motorn. Batterispänningen skall nå 13,5 V när motorn varit igång några få minuter. Om inte denna spänning uppnås och batteriet är friskt kan generatorfel misstänkas. Ett alternativt prov är att mäta den maximala utströmmen från generatorn. Koppla först bort batteriet, anslut därefter en amperemätare till plusledningen, kontrollera att god kontakt uppnås. Dålig kontakt kan leda till att generatordioderna går sönder. En testledning med en stiftkontakt i ena änden och en hylskontakt i andra används för att koppla till IND-anslutningen **(Fig. 3.41)**. Koppla in batteriet och koppla på belastningar som förut för att delvis ladda ur batteriet. Starta och kör motorn med ca. 3 000 varv/min. Mätvärdet på amperemätaren skall ligga nära generatorns maximala utström. Efter kontrollen skall anslutningarna återställas. Kom ihåg att koppla bort batteriet först. Om det avlästa strömvärdet är markant lägre än det förväntade, byt ut generatorn.

Spänningsfall i kretsen. Vanligtvis beror spänningsfallsproblem på smutsiga eller korroderade anslutningar. Koppla voltmätarens negativa anslutningsledning till batteriets pluspol och den andra ledningen till generatorns plusanslutning, kör motorn vid laddningsvarvtal med alla fordonets belastningar påkopplade (utom vindrutetorkarna). Spänningsfallet skall ej överstiga 0,5 volt – om så är fallet, leta efter dåliga anslutningar. Kontrollera på samma sätt spänningsfallet mellan batteriets minuspol och generatorkåpan – även denna gång skall spänningsfallet inte överstiga 0,5 volt. Leta efter dåliga anslutningar vid batteriet, vid jord till kaross anslutningen och vid motor till kaross anslutningen **(Fig. 3.42)**.

Regulatorkontroll. Kör motorn med 3 000 varv/min under 3 till 5 minuter och mät batterispänningen under denna period.

Spänningen skall öka till mellan 13,6 - 14,4V med en Lucas-regulator och ligga kvar på detta värde. Om spänningen är hög, låg eller kontinuerligt varierande, byt regulator. Arbetsspänningsområdet är typiskt för många tillverkare och fordon. För noggrannare uppgifter, se fordonstillverkarens uppgifter.

Kontroll med oscilloskop. För de som har tillgång till ett oscilloskop, kan vågformen på den positiva laddningsledaren vara mycket avslöjande. **Fig. 3.43** visar vågformer vid korrekt respektive felaktig funktion.

20 Service av generator

1 Fem delar kan krångla i en generator:

(a) Effekt- och fältdiodpaket
(b) Rotorlindningen
(c) Statorlindningen
(d) Lagringar
(e) Borstar

2 Innan arbetet påbörjas är det lämpligt att jämföra arbetsinsatsen med kostnaden för en utbytesenhet. Betänk även garantin som följer med enheten.

3 Dioderna kan kontrolleras genom att de först löds loss från statorlindningen. Tänk på att avleda värmen som kommer från lödkolven genom att hålla med en flat tång om diodens anslutningstrådar (eller kylfläns).

Kontrollera varje diod genom att leda 12 volts likström genom en 12 v 5 W glödlampa och till dioden. Glödlampan skall lysa när spänningen är kopplad på ett sätt och vara släckt när spänningspolerna byts. Om lampan lyser oberoende av hur spänningen kopplas, är dioden kortsluten.

4 Statorlindningarna har tre anslutningstrådar oavsett om de är stjärn- eller deltakopplade. Resistansen mellan valfria ledarpar skall vara lika stor med en avvikelse på högst 0,1 ohm **(Fig. 3.44)**. Isolationsmotståndet mellan

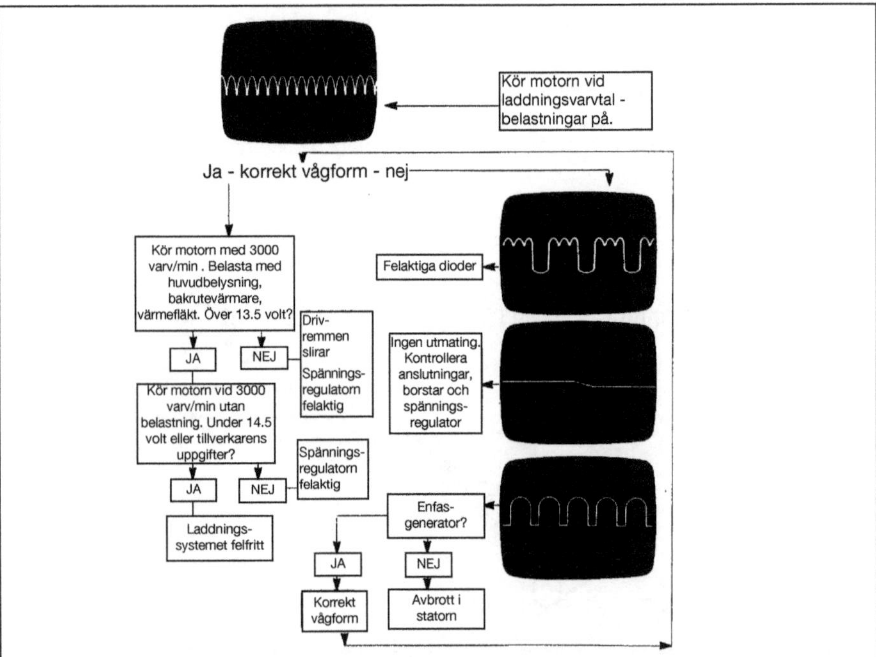

Fig. 3.43 Kontroll av generator med hjälp av vågformer

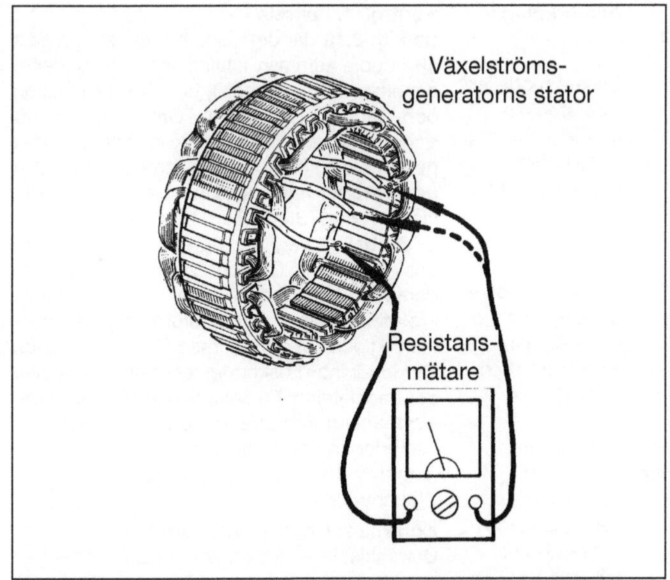

Fig. 3.44 Kontroll av resistens i statorn. Skall vara identisk mellan ledarna - kan variera ca 0,1 ohm.

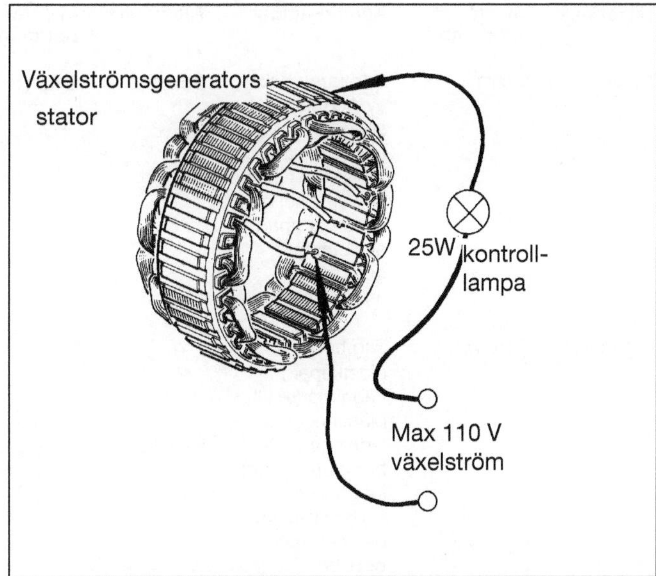

Fig. 3.45 Stator till ram - isolationskontroll

lindningarna och statorns järnram skall vara stor (högre än 1 megaohm). Om motståndsmätare inte finns tillgänglig, använd en 25 watts lampa och en växelspänningskälla på inte mer än 110 volt - lampan skall inte lysa eller glöda. Om den lyser eller glöder finns det en kortslutning mellan statorlindningen och jord **(Fig. 3.45)**.

5 Rotorlindningarna kan motståndsmätas över släpringarna. Beroende på tillverkare skall resistansen ligga mellan 3 och 4 ohm. Om resistansen är mycket hög finns ett avbrott i lindningen **(Fig. 3.46)**. Isoleringen kan mätas, med motståndsmätaren på höga området, mellan en släpring och järnramen. Alternativt kan kontrollen genomföras med en spänningskälla på högst 110 volt i serie med en 25 watts provlampa **(Fig. 3.47)**. Provlampan skall vara av typen 110 volt. Om sådan inte finns glöder en vanlig 230 volts hushållslampa tillräckligt bra med 110 volts matning.

6 Borstarna skall bytas ut när de slitits ned till förslitningsgränsen (se tabell). De vanligast förekommande generatorerna är Lucas A, AC och ACR; Ducellier; Bosch; Paris-Rhône; Femsa; Hitachi; AC Delco; Marelli; Denso; Delco Remy och Mitsubishi. Att montera nya borstar är vanligtvis ganska lätt, men generatorer från Denso, AC Delco, Delco Remy och Mitsubishi behöver plockas isär fullständigt och det kan vara bättre att byta utrustningen eller överväga att få arbetet gjort av en verkstad. När borstarna lokaliserats, kontrollera längden. Kontrollera därefter släpringarna. Normalt blir inte dessa slitna men det är bra att rengöra dem med denaturerad sprit. Om de är repiga är det lämpligt att byta generatorn eftersom borstarna snabbt kommer att slitas ner. Varje tillverkare har olika monteringsförfarande för borstarna. På vissa generatortyper krävs att ledningarna till borstarna löds loss och återlödes på de nya.

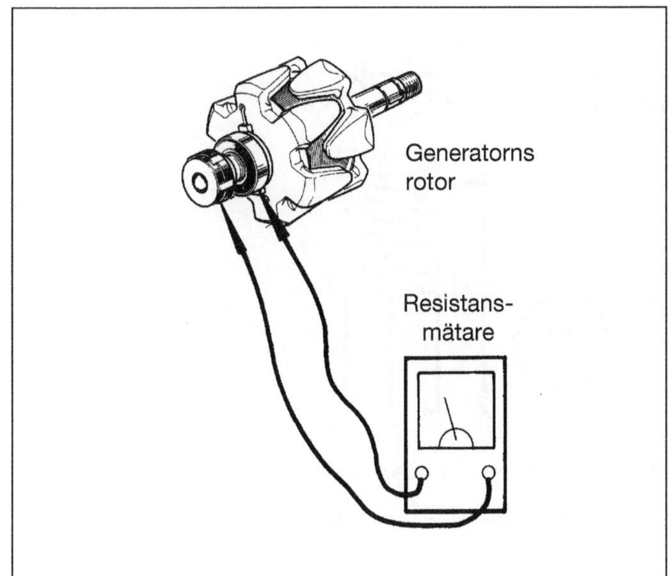

Fig. 3.46 Kontroll av rotorlindningens resistans

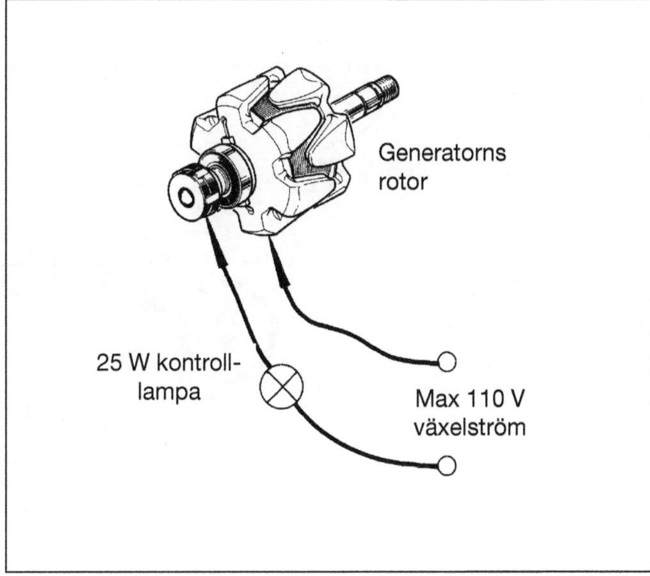

Fig. 3.47 Rotor till ram - isolationskontroll

Tillverkare	Minsta borstlängd	Anmärkningar
Lucas	5 mm	Borstarna hålls av AC10,11 spad-anslutningar. Använd en liten skruvmejsel och tryck ner spad-anslutningen och därefter tryck ut.
Lucas ACR	5 mm	Tag bort plastkåpan. Lägg märke till placeringen av ledningarna till borstarna.Tappa inte bort blad-fjädern bakom den centrala borsten.
Ducellier	8 mm	Svårt att rengöra släpringarna - försök inte. Borstarna är olika - kontrol-lera att de blir korrekt placerade.
Paris-Rhône	8 mm	Tunn hylsa behövs till borst-hållarskruvarna.
Femsa	7 mm	Borsthållar-boxen är en separat enhet bakom generatorn.

Tillverkare	Minsta borstlängd	Anmärkningar
Bosch	2 mm	Senare modeller - borstboxen och regulatorn är en enhet. Skruvarna kan sitta hårt - slint inte. Lyft ut enheten för-siktigt. Lödkolv behövs för att lossa de gamla ledningarna och fästa de nya.
Hitachi	Borstarna har markering för slitgräns	Borsthållar-kåpan och hållaren är separata. Drag tillbaka borst-hållaren för-siktigt. Koppla inte bort ledningen markerad med N.

Batterimagnetiserade generatorer (Lucas system 10/11)

Vissa kontroller är i grunden de samma som för generatorer av ACR-typ, nämligen: batteristatus, drivremsspänning och kabel-kontroll. Eftersom system 10AC och 11AC får fältet uppbyggt av batteriet tillkommer dock kontroll av fältreläet och varningslamps-styrningen.

Kontroll 1: Fältrelä

Se **Fig. 3.16** där det visas hur reläet är avsett att koppla samman fältlindningen till batteriet genom anslutningarna C_1 och C_2 på kontakten och tändningsbrytaren. Om felet är att generatorn inte laddar, kontrollera reläet genom att ansluta en amperemätare i generatorns huvudledning på det sätt som visas i **Fig. 3.48**. Tag först av batteriets jordkabel. Avlägsna kabelkontakterna från anslutningarna C_1 och C_2 och koppla ihop dem med kabelskor eller en kort ledning med krokodilklämmor. Återanslut batteriets jord-ledning och kör motorn med 1 500 varv/minut. Om laddning nu sker, ligger felet i reläet eller dess anslutning. En spänningsmätare kopplad över anslutningarna W_1 och W_2 skall visa batterispänning. Om inte, skall jordanslut-ningen vid W_2 och matningsspänningen vid W_1 kontrolleras.

Kontroll 2: Kontroll av fältkretsen

Det enklaste sättet att kontrollera fältet är att dra ut kontakterna ur 4TR-regulatorn och koppla ihop ledningarna till F och - med en amperemätare, som visas i **Fig. 3.49**. Med tändningen påkopplad skall mätaren visa på cirka 3 ampere. Om ingen ström finns har ett avbrott inträffat i kretsen.

Kontroll 3: Kontroll av maximal utmatning

Avlägsna kontakterna från regulator 4TR, F och - kopplas ihop som i **Fig. 3.50**. Amperemätaren ansluts i huvudutmatnings-ledningen och motorn körs med 3 000 varv/min. Utströmmen skall vara:

Generator	Mätvärde
10AC	35 A
11AC	45 A
11AC (uppdaterad version)	60 A
11AC (24 volt)	23 A

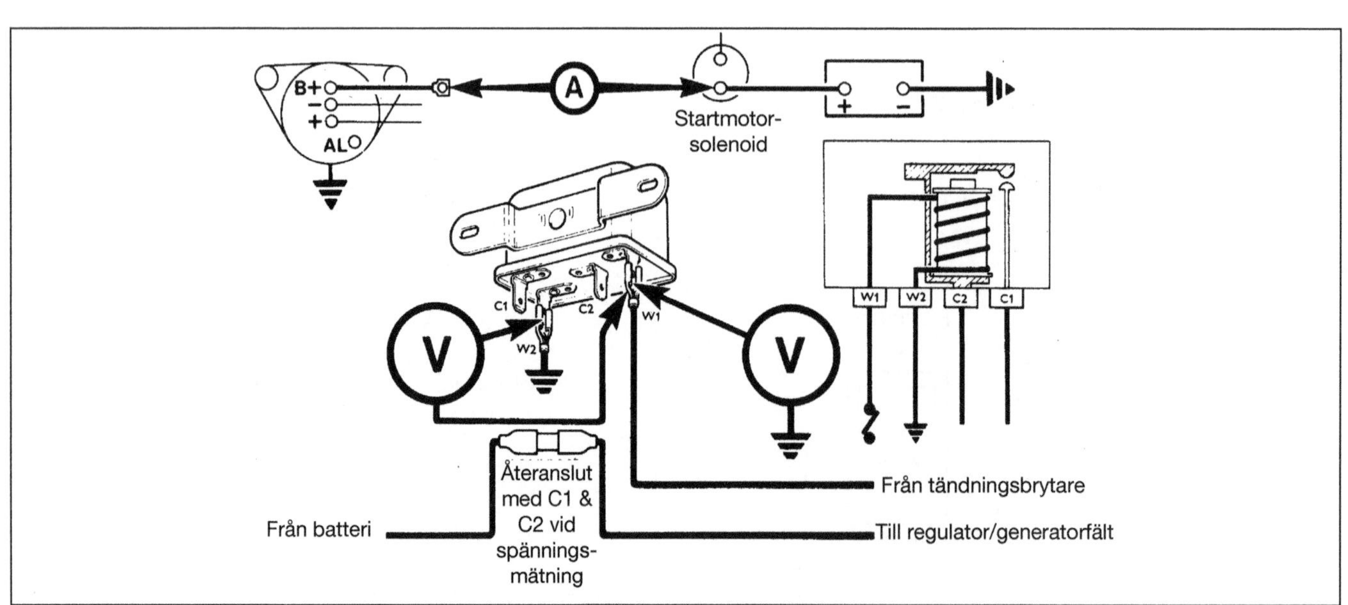

Fig. 3.48 Kontroll av fältrelä

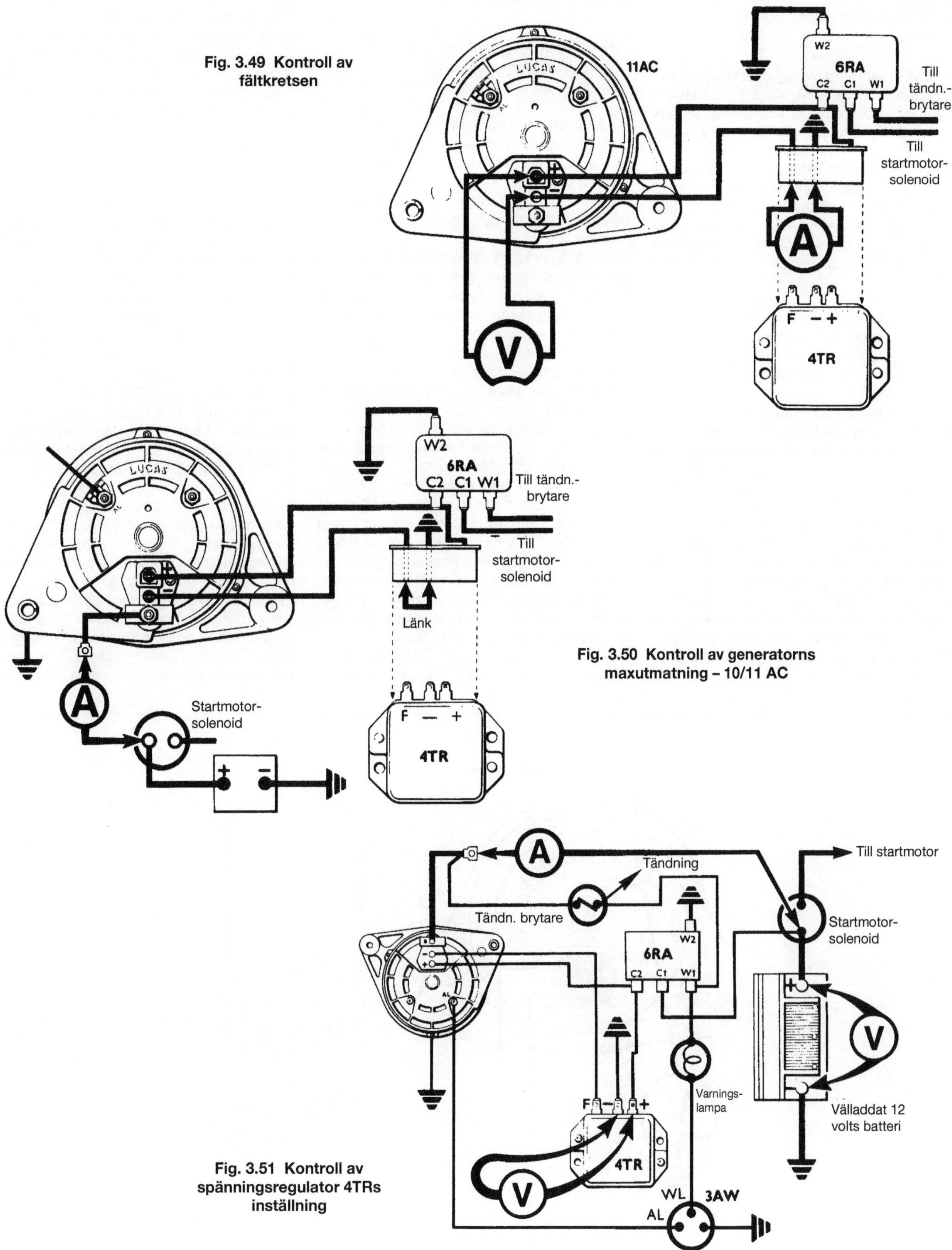

Fig. 3.49 Kontroll av fältkretsen

Fig. 3.50 Kontroll av generatorns maxutmatning - 10/11 AC

Fig. 3.51 Kontroll av spänningsregulator 4TRs inställning

Nollavläsning eller små värden är indikationer på felaktig stator eller problem med likriktardioderna.

Kontroll 4: Mätning av regulatorinställning
Regulator 4TR är kontrollerad med laddat batteri och vid normal arbetstemperatur. Det är nödvändigt att kontrollera att regulatorn verkligen reglerar spänningen genom att köra motorn tills dess att laddningsnivån sjunkit till under 10 ampere och inte varierar med motorvarvtalet. Belasta kretsen med sidobelysningen och kör motorn med varvtalet 3000 varv/min. Anslutningar gjorda enligt **Fig. 3.51**. Den avlästa spänningen skall vara inom:

10/11 AC Växelströmsgeneratorer Spänningsregleringsinställning

12 volts system	13,9 till 14,3 volt
24 volts system	27,9 till 28,3 volt

Kontroll 5: Varningslampsstyrning 3AW
Om inte varningslampan fungerar när generatorn laddar normalt ska man först av allt kontrollera om glödlampan är hel. Om lampan är felfri, kontrollera spänningen mot jord vid AL-anslutningen. Denna skall vara mellan 6 och 8 volt i ett 12 volts system och mellan 14 och 15 volt i ett 24 volts system vid motorvarvtalet 1 500 varv/min. Avvikelser från dessa värden tyder på en felaktig likriktardiod. Kontrollera därefter 3AW-enheten genom att ta bort E och WL-anslutningarna och koppla ihop dem **(Fig. 3.52)**. Om varningslampan därefter lyser när tändningen är påslagen så är 3AW-enheten felaktig.

DEL B: LIKSTROMSGENERATOR

21 Introduktion till likströmsgeneratorn

1 Likströmsgeneratorn har varit i drift i fordon under många år men har nu av flera tekniska skäl ersatts av växelströmsgeneratorer. Det finns dock många fordon som fortfarande är utrustade med likströmsgeneratorer och därför är det viktigt att förstå hur dessa fungerar.

2 Det är intressant att veta att i ledaren på generatorarmaturen induceras en växelspänning när den roterar under magnetpolerna. Men kommutatorn fungerar som en typ av likriktare eftersom de yttre ledningarna ansluts till den motsatta spolledaren när spänningen byter polaritet.

3 Vid närmare granskning av denna process **(Fig. 3.53)** visas en enstaka lindning. Armaturen roterar mellan magnetpolerna N och S. Det förenklar om magnetfältlinjer mellan nord- och sydpol tänks in i modellen. När armaturspolen vrids som i bilden, passerar 'a'-sidan ner genom magnetlinjerna (eller fältet), medan 'b'-sidan rör sig uppåt genom fältet. De inducerade spänningarna kommer att adderas och komma ut genom de två kommutatorsegmenten som roterar med armaturen. Lägg märke till att strömmen flyter ut genom kolborsten B_1, runt den yttre kretsen och tillbaka genom kolborste B_2.

4 När armaturen rört sig genom 90° så att sidorna 'a' och 'b' är i högsta respektive lägsta läget, d.v.s. halvvägs mellan polerna, kommer borstarna snart att anslutas till nästa kommutatorsegment. När 'b'-sidan börjar röra sig nedåt under nordpolen, kommer den inducerade spänningen att vara i motsatt riktning mot vad den var vid sydpolen. På samma sätt har spänningen i 'a'-sidan ändrats. Eftersom anslutningarna till borstarna också ändrats, kommer utspänningen att vara en sinusvåg men med den negativa vågdelen över strecket som visas i **Fig. 3.53**. På så sätt kommer spänningen och strömmen till den yttre kretsen inte att växla polaritet, utan att visa sig i form av likströmspulser som kan användas vid batteriladdning.

5 En verklig likströmsgenerator använder sig av ett antal spolar som är kopplade till en kommutator med samma antal segment. På detta sätt utnyttjas magnetfältet mer effektivt och utmatningen kommer att förbättras. Dessutom är vågformen på utspänningen jämnare, vilket visas i **Fig. 3.54**.

6 En påtaglig förbättring sker genom att spolarna bäddas in i urtag i en laminerad järnkärnearmatur som är monterad på en stålaxel **(Fig. 3.55)**. Förbättringen i den elektriska utmatningen kommer från det mycket starkare magnetfält som bildas genom järnarmaturen och det minskade luftgapet.

7 Järnkärnan är uppbyggd av tunna järnlaminat som är isolerade från varandra. Om kärnan var solid skulle den kunna beskrivas som ett oändligt antal ledare som var kortslutna med varandra. Rotationen i magnetfältet skulle inducera spänning och ström i kärnan och resultatet blev starka cirkulerande strömmar som dels skulle värma

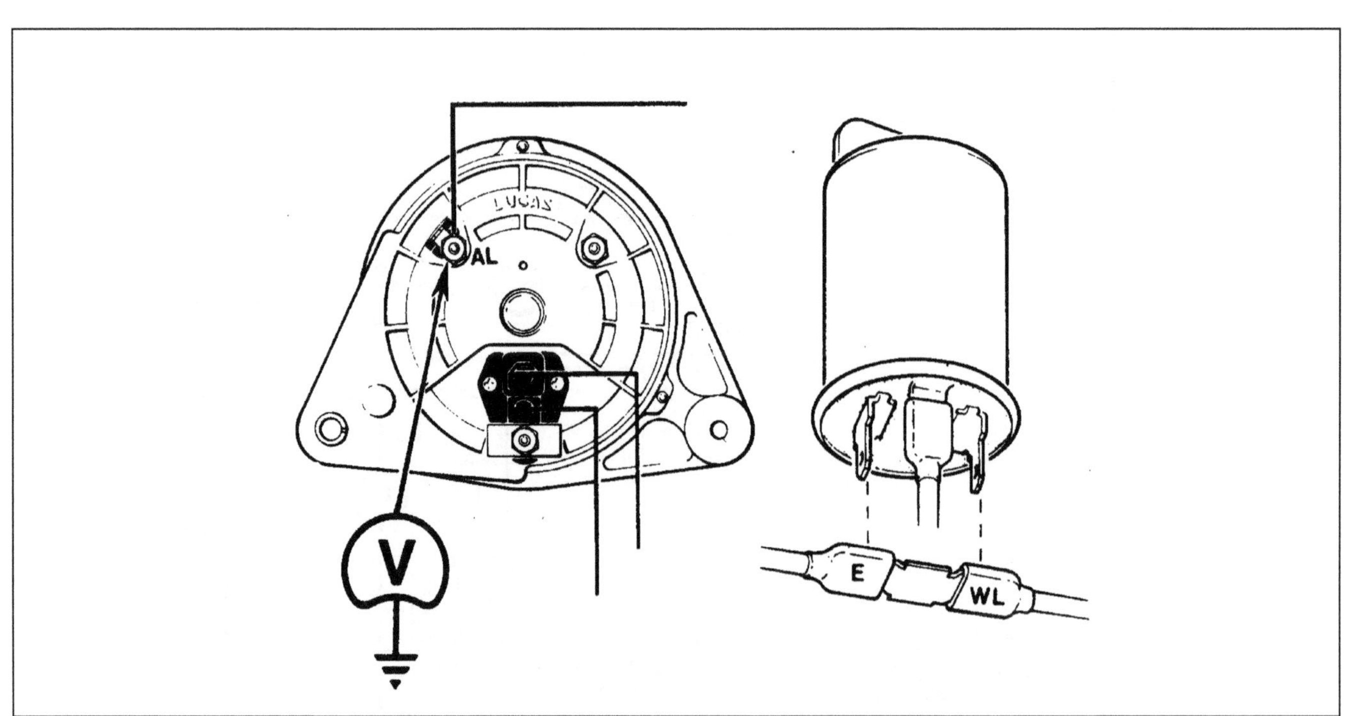

Fig. 3.52 Kontroll av styrning 3AW, för varningslampa

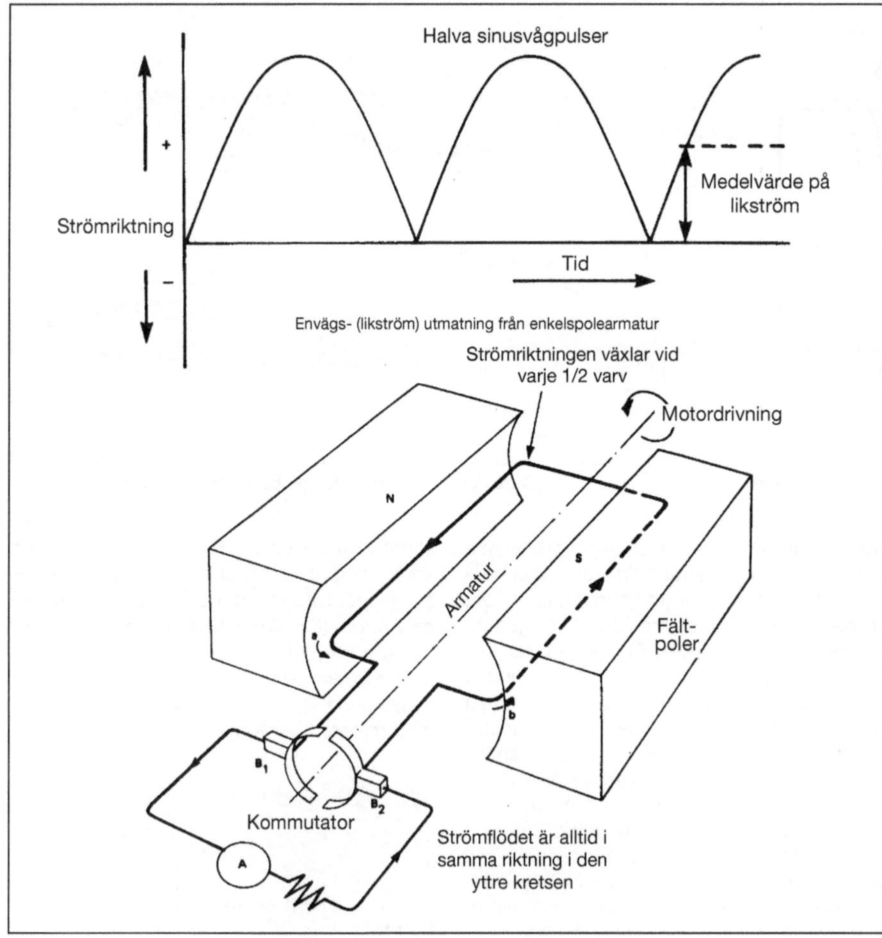

Fig. 3.53 Likriktning med enkel kommutator

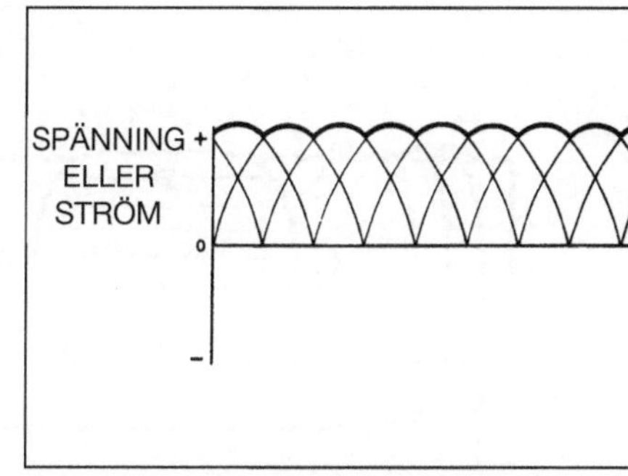

Fig. 3.54 Utmatning från kommutator med flera spolar

Fig. 3.55 Typisk likströmsarmatur och kommutator

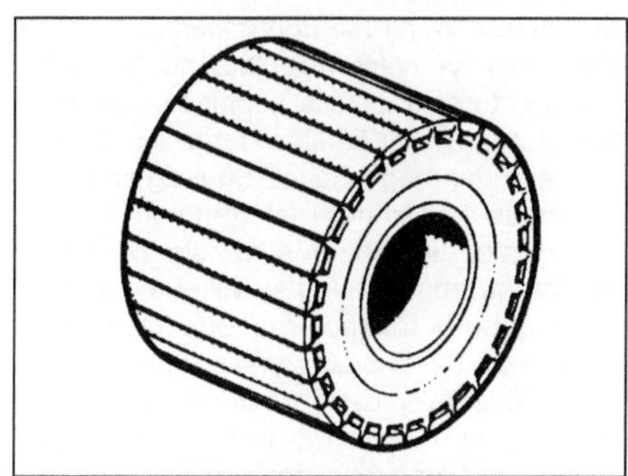

Fig. 3.56 Praktisk kommutator med flera segment

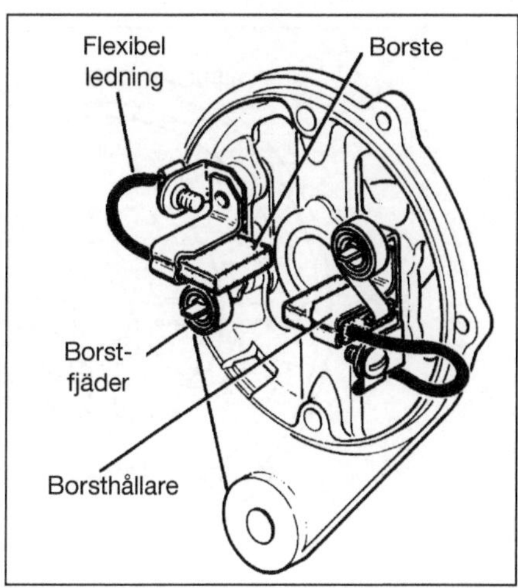

Fig. 3.57 Borstmontage

upp järnet och dels ödsla med den inmatade energin.

8 Den verkliga kommutatorn **(Fig. 3.56)** består av ett antal kopparsegment som arrangerats i cylinderform och noggrant bearbetats för att skapa god kontakt med kolborstarna. Varje kopparsegment är isolerat från de andra med hjälp av material som mikanit, stennit eller fenolharts. Eftersom kopparn slits ner snabbare än isoleringsmaterialet, är det nödvändigt att skära ner isoleringen under kopparnivån vid tillverkningen. Detta kan också vara nödvändigt som en serviceåtgärd (se avsnitt 32 i detta kapitel).

9 Kommutatormontaget pressas på armaturaxeln och armaturledningarna löds vid segmentanslutningarna. Borstarna samlar upp generatorströmmen och monteras i borstboxar. Borstarnas kontakt med kommutatorn säkerställs av spiralfjädrar **(Fig. 3.57)**.

10 Permanentmagneter används inte i fordonsgeneratorer, utan istället brukas elektromagneter. En spole av ledningstråd som lindats på en järnkärna och genomflyts av ström, kommer att skapa ett magnetfält som liknar det från permanentmagneten. Fördelen är att styrkan i magnetfältet kan styras med hjälp av strömstyrkan genom spolen. Elektromagneter används i likströmsgeneratorer och strömmatningen till dessa tas från generatorn själv.

11 **Fig. 3.58** visar schematiskt hur polerna arrangerats. Spolarna är egentligen platta och placerade runt polskorna som visas i **Fig. 3.59**. Polskorna är stadigt fastskruvade i järnmagnetringen (yttre ramen) på generatorn.

12 Fältspolarna består av två seriekopplade spolar. Varje spole består av flera hundra varv isolerad koppartråd som fabrikslindats på en rektangulär form. Slutligen isoleras spolarna med bomullstejp.

13 I **Fig. 3.60** visas magnetring, polskor och armaturram. Detta visar även de magnetiska flödeslinjerna. Armaturens ledare är placerade i spåren. Lägg märke till att magnetringen är en del av magnetfältets bana. Eftersom luftgapen skall hållas så korta som möjligt för hög flödestäthet, måste polskorna vara noggrant och stadigt placerade och av samma anledning måste spelet i armaturens lager vara så litet som möjligt. **Fig. 3.61** visar placeringen och typerna av lager som ofta används i likströmsgeneratorer. Vissa av

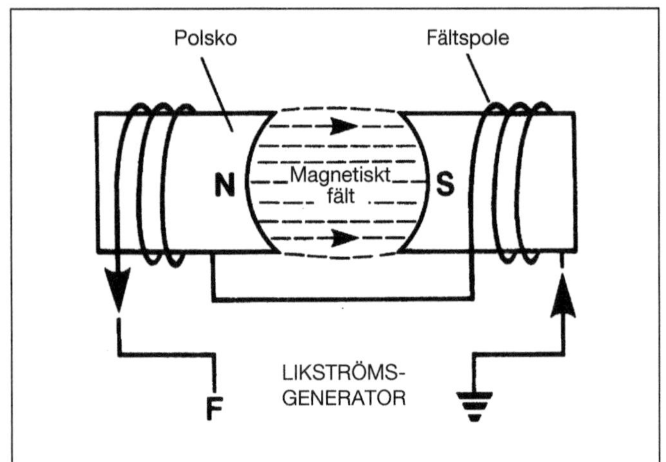

Fig. 3.58 Schematisk skiss av elektromagnetiska poler

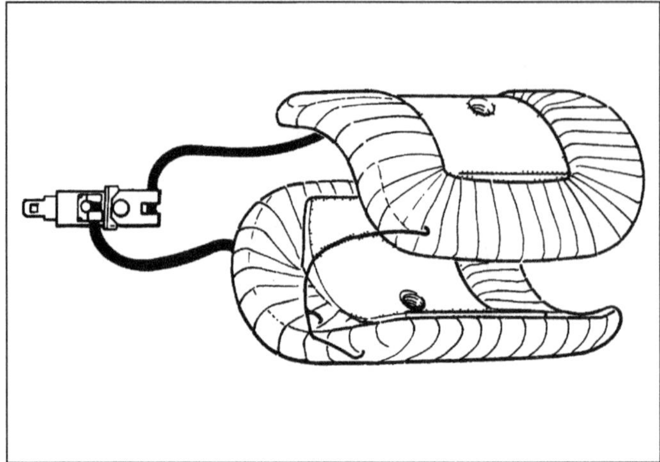
Fig. 3.59 Verklig placering av polskor och spolar

tillverkarna använder kullager i båda axeländarna.

14 Armaturen och fältspolarna är parallellkopplade (eller shuntade) och därför kallas denna koppling för parallell likströmsgenerator. Det mjuka järnet i magnetbanan bibehåller alltid lite magnetism även när generatorn är avstängd. Funktionen hos likströmsgeneratorn bygger på denna kvarvarande magnetism.

15 I stället för att rita upp generatorn i detalj visas med symboler i **Fig. 3.62** hur fältspolen och armaturen är parallellkopplade. När armaturen roterar, skär ledarna det svaga, i järnet kvarvarande, magnetfältet. En svag spänning genereras (benämnes elektromotorisk spänning - ems) i armaturen som i sin tur orsakar en liten strömutmatning av vilket en liten del flyter genom fältspolarna och tillbaka till armaturen. Detta ökar styrkan i magnetfältet och då ökar även den i armaturen genererade spänningen (ems). På detta sätt bygger generatorn upp sin arbetsspänning.

16 Det kan synas som om detta skulle kunna fortgå i evighet eller tills dess att fältspolarna brinner upp. Det finns dock en begränsande faktor; järnets magnetmättning. Järn kan bara innehålla en viss mängd magnetiskt flöde, oavsett hur stor strömmen blir genom elektromagnetens spole. **Fig. 3.63** visar vad som händer med den elektromotoriska spänningen när fältströmmen ökar. (Kom ihåg att den elektromotoriska spänningen varierar direkt med det magnetiska flödet). Utspänningen från en likströmsgenerator är alldeles för hög för batteriladdning, om den inte regleras. Generatorn måste alltid drivas i korrekt riktning om den skall kunna börja generera ström. Om den drivs åt fel håll, kommer den initialt genererade strömmen att eliminera den kvarvarande magnetismen.

17 Som synes är det viktigt att generatorns polarisation är korrekt. Vid byte av generator skall följande åtgärd utföras för att säkerställa att den kvarvarande magnetismen är korrekt polariserad: Koppla generatorns fältanslutning F till batteriets pluspol under några sekunder med ledningarna till F och D borttagna.

18 Generatorn behöver ventilation eftersom värme bildas i den. Det vanliga ventilationssättet är att ändplattorna är uppslitsade och att en fläkt är monterad på drivhjulet. Fläkten är av centrifugaltyp och drar luft genom generatorn **(Fig. 3.64)**. Vissa speciella typer av generatorer, inom t.ex. jordbruk där dammnivåerna kan vara höga, är totalt inkapslade. I dessa generatorer är uteffekten reducerad för att förhindra överhettning.

22 Batteriladdning

1 Det är viktigt att inse att generatorn och batteriet har sina elektriska poler emot varandra **(Fig. 3.65)**. För att kunna tvinga in ström i batteriet, måste generatorspänningen vara högre än batterispänningen. Detta borde vara enkelt att åstadkomma, om det inte vore för det faktum att batterispänningen inte är konstant utan varierar från ungefär 12 volt vid urladdat batteri till nära 16 volt vid fullt laddat.

2 Om generatorn reglerades för att lämna konstant spänning, skulle strömflödet in i ett

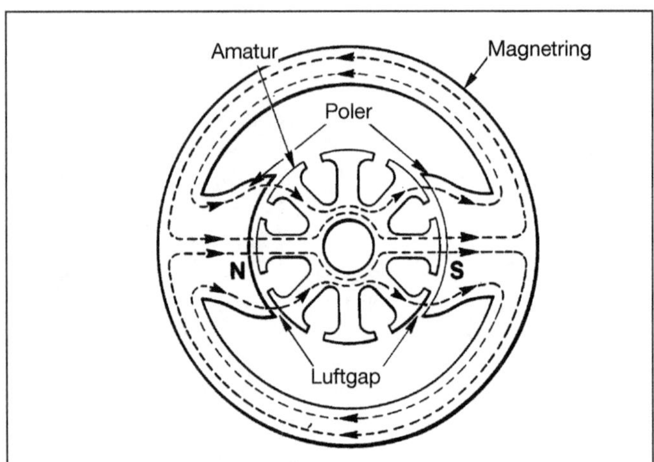

Fig. 3.60 Magnetringens funktion i magnetkretsen

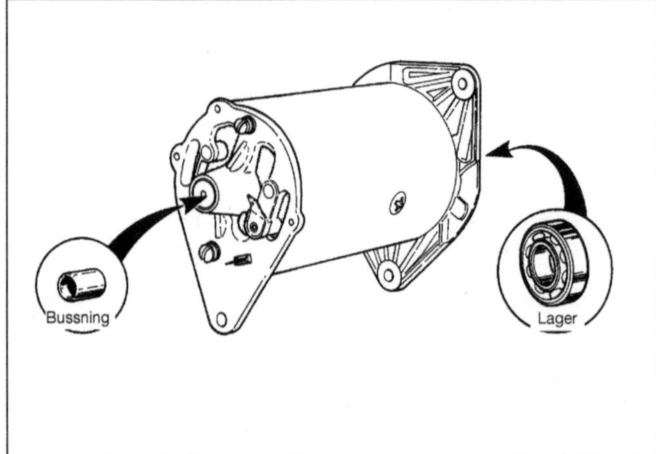

Fig. 3.61 Lagringar i likströmsgeneratorn

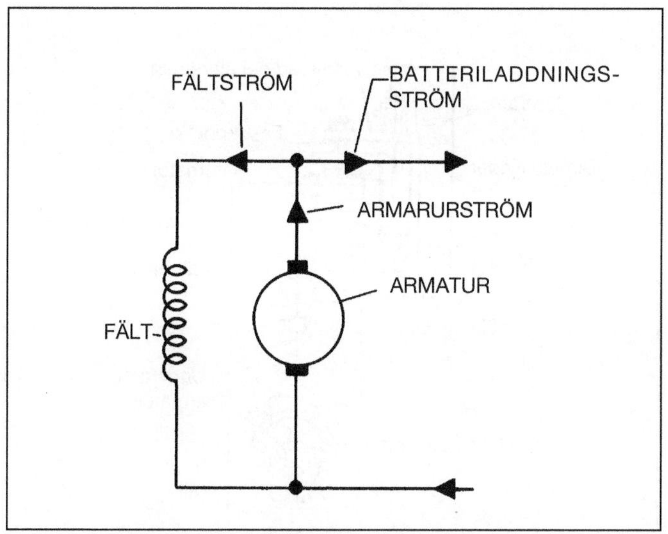

Fig. 3.62 Avledningslikströmsgenerator

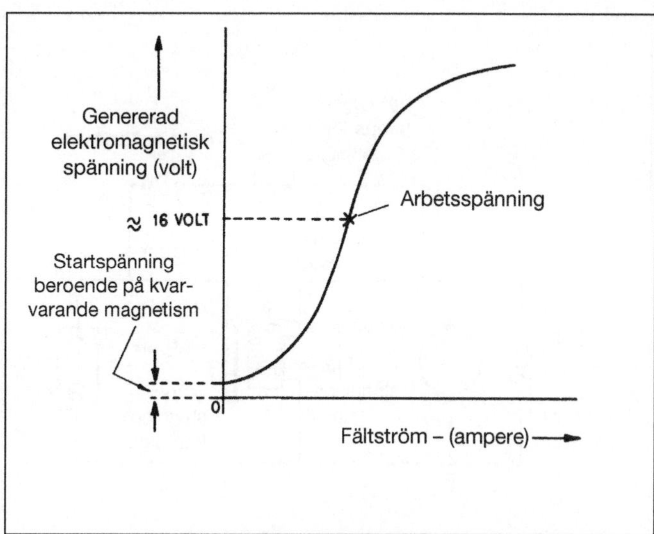

Fig. 3.63 Karakteristik hos avledningsgeneratorn

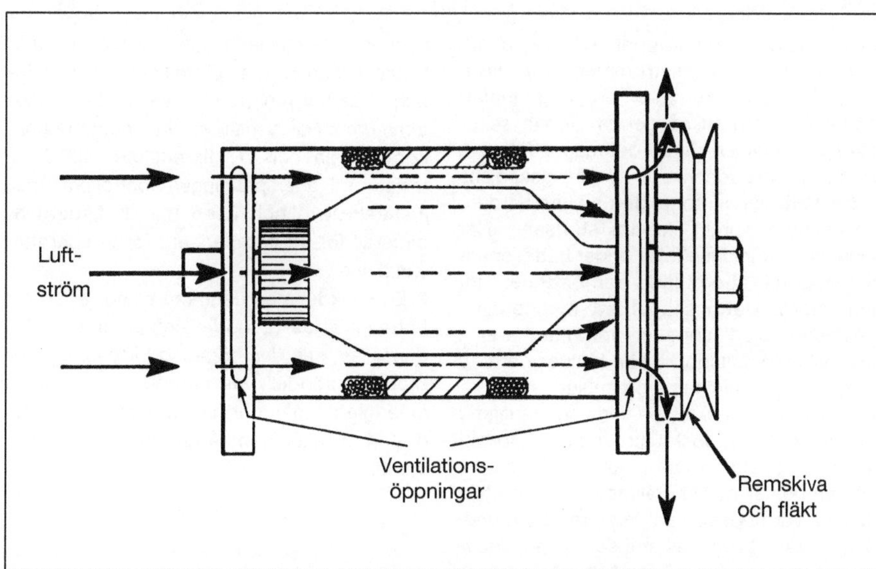

Fig. 3.64 Luftkyld likströmsgenerator

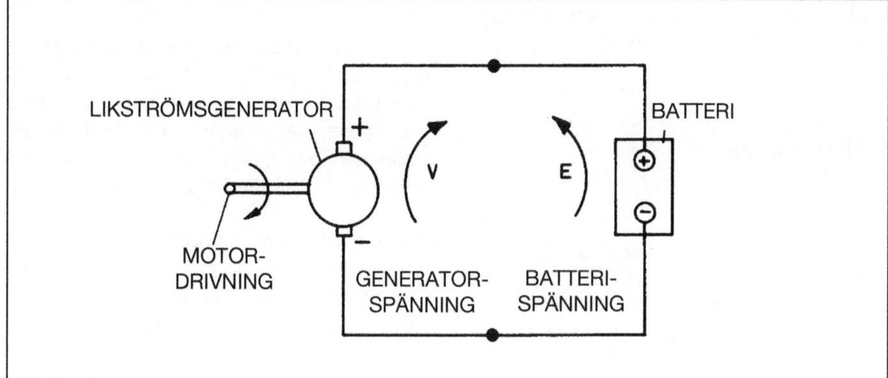

Fig. 3.65 Generator som laddar batteri

urladdat batteri kunna bränna sönder armaturen. Av denna anledning förses regulatorn som används till generatorn med kompensering för att tåla de belastningar som kommer från batteriet och de olika tillbehören på fordonet.

3 Det kan vara intressant att tänka på vad som skulle hända om batterispänningen vore högre än generatorspänningen. Ström skulle flyta till generatorn som om den inte var spärrad, skulle börja fungera som en motor. Tydligen behövs en enhet som kan koppla ifrån generatorn från batteriet - denna enhet är frånslagningskretsen.

23 Frånslagningskrets

1 Syftet med frånslagningskretsen är att ansluta generatorn till batteriet när generatorspänningen överstiger batterispänningen på ca. 13 volt och att koppla ifrån i motsatt fall. Frånslagningskretsen är ett elektromagnetiskt relä med en spole kopplad över generatorns utmatningsanslutning och jord. Spolen är så beräknad att den skapar ett tillräckligt starkt magnetfält i reläets magnetbana för att dra ner en upphängd platta (ankaret) när matningsspänningen till spolen når aktiveringsnivån **(Fig. 3.66)**. Lägg märke till att laddningslampan kommer att lysa när motorn står still och tändningen är påkopplad. Efterhand som motorn varvar upp, kommer den genererade spänningen att öka till ungefär batterispänningsnivån och varningslampan slocknar. Frånslagningskretsen sluter kontakterna som ansluter generatorn till batteriet men kortsluter också varningslampan.

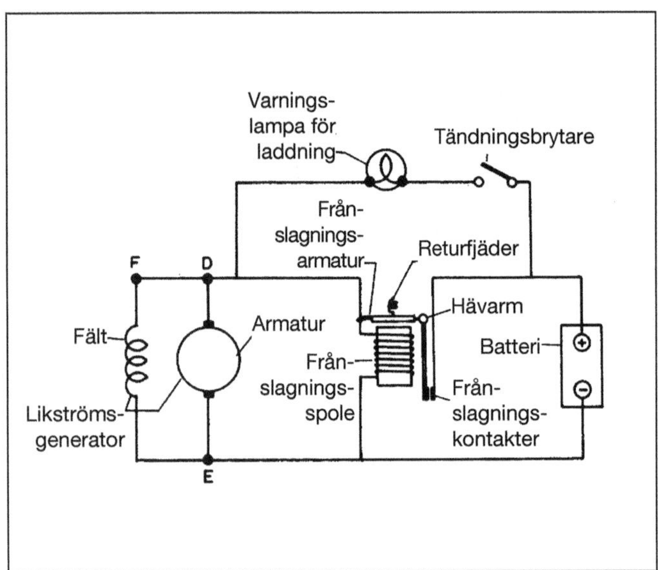

Fig. 3. 66 Enkel frånslagningskrets

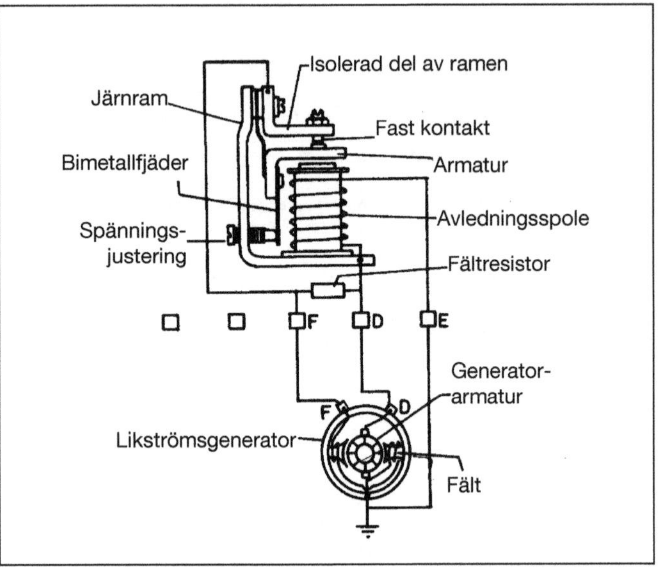

Fig. 3.68. Spänningsregulator

2 När motorvarvtalet sjunker, minskar även generatorns utspänning till den nivå där magnetkraften på frånslagningskretsens ankare blir för svag att hålla ihop kontakterna som bryts av fjädertrycket. På detta sätt fungerar frånslagningskretsen som ett relä eller en elektromagnetisk brytare.

3 I **Fig. 3.67** som visar en riktig frånslagningskrets, har spolen två lindningar. Huvudavledningsspolen består av flera hundra varv med emaljerad koppartråd och det är denna spole som sköter kontaktslutningar och brytningar. I serie med kontakterna finns en andra spole av grov koppartråd, eller band, som leder laddningsströmmen. När kontakterna sluts, kommer en hög initialladdningsström att gå genom denna sekundärspole. Följden blir att det magnetfält som alstras i denna adderas till avledningsspolens magnetfält, varvid kontakterna sluts hårdare tillsammans utan kontaktstudsar. När generatorspänningen faller under batterispänningen börjar ström flöda från batteriet mot generatorn. Detta skapar ett magnetfält i sekundärspolen som är motriktat det i huvudavledningsspolen och hjälper därmed till att öppna kontakterna ordentligt.

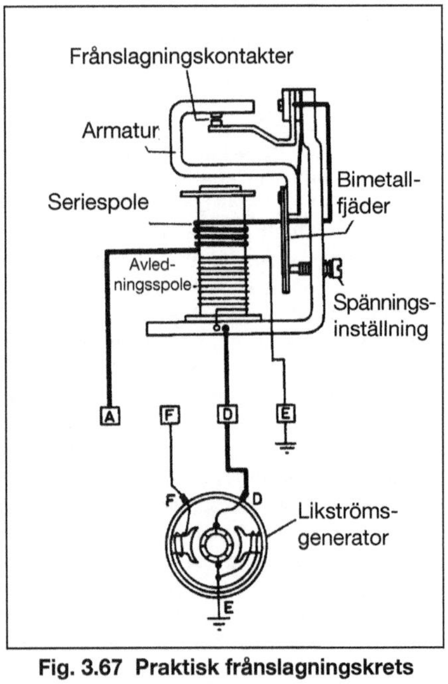

Fig. 3.67 Praktisk frånslagningskrets

4 På frånslagningskretsen finns en bladfjäder med justerskruv. Justerskruven är till för att ställa in tillslagsspänningen för kretsen. Fjädern består av bimetallmaterial som böjer sig vid värmepåverkan. När temperaturen ökar stiger även resistansen i huvudavledningsspolen och därför behövs en högre spänning för att aktivera reläet. Som kompensation kommer bimetallfjädern att böja sig från justerskruven, vilket medför att fjäderspänningen minskar och att lägre spänning behövs för aktivering.

24 Regulator

1 Om generatorspänningen ökar för mycket för batteriladdning, öppnar regulatorn anslutningen mellan fältlindningen och armaturen och kopplar in en resistor. Detta minskar strömmen till fältspolen och reducerar spänningen från generatorn.

2 **Fig. 3.68** visar regulatorn som har ett relä liknande frånslagningskretsens. Magnetiseringsspolen (avledningsspolen) är ansluten mellan D och E. Kontakterna är normalt slutna och visas här monterade ovanför den rörliga armaturen. När armaturen dras nedåt öppnas kontakterna och D blir ansluten till E via resistorn. Fjäderspänningen kontrolleras med justerskruven och även här är fjädern av bimetall för att kompensera för temperaturvariationer.

3 En nackdel med denna regulator är att om batteriet är dåligt laddat och polspänningen därför låg, kan den höga laddningsströmmen bränna sönder armaturen. Av denna anledning ingår normalt kompensation för detta i utrustningen så att inte detta fel kan inträffa.

25 Kompenserad regulator

1 **Fig. 3.69** visar en ytterligare spole på regulatorkärnan. Denna består av några få varv med grov tråd eller ledarband. Denna seriespole genomflyts av belastningsströmmen och skapar ett magnetfält som adderas till magnetfältet från avledningsspolen.

2 När en hög belastningsström flyter, adderas magnetfältet från de två spolarna och ger tillsammans större dragkraft på armaturen än vad som åstadkoms av endast avledningsspolen. Regulatorkontakterna öppnar vid en mycket lägre spänning och på detta sätt kontrolleras generatorn med en variabel spänning, styrt av strömflödet till batteriet.

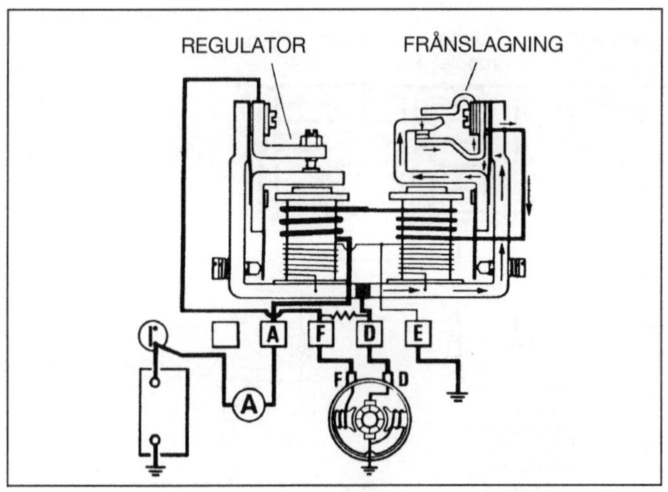

Fig. 3.69 Kompenserad spänningskontroll

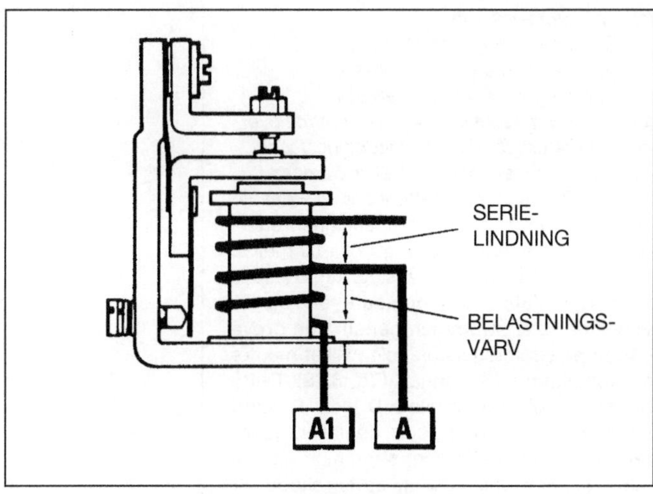

FIG. 3.70 Belastningsvarv

26 Belastningskompensation

1 Grundtanken bakom regulatorn har utökats (se avsnitt 25 ovan) genom att flera serievarv lagts till. Genom dessa flyter ström till olika fordonsbelastningar, t.ex. huvudbelysningen. Med ett dåligt laddat batteri sjunker batterispänningen när belastningarna kopplas på. Om belastningsströmmen kan fås att flyta genom en laddningsspole, så att generatorspänningen sänks, uppnås ett förbättrat skydd **(Fig. 3.70)**.

2 Antalet varv på kompensations- och belastningsspolarna är beräknade för att passa generatorn och fordonets belastningar. Därför kan inte regulatorlådor bytas utan att man kontrollerar tillverkarens rekommendationer.

27 Komplett kompenserad spänningsregulator

1 Den kompenserade spänningskontrollådan visas i **Fig. 3.71**. Från anslutning D på generatorn flyter strömmen till avstängningsenhetens ram. När den passerat avstängningspunkterna går den genom seriespolarna på båda stommarna och matas ut i anslutning A för batteriladdning och anslutning A1 för belysning och belastningar som kopplas in med tändningsbrytaren. Kretsen sluts via karossen tillbaka till generatorns jordborste.

2 Denna typ av generatorreglering har använts flitigt under några år. Tyvärr kvarstår en nackdel; generatorn arbetar inte med full kapacitet under hela batteriladdningstiden. Önskvärt vore att laddningen sker med maximal effekt tills dess att batteriladdningen nästan är färdig för att säkerställa snabbast möjliga batteriåterhämtning. Därefter minskar effekten gradvis tills den når underhållsladdning. Detta kan uppnås med endast små förändringar i ström-spänningsregulatorn (se avsnitt 28).

28 Ström-spänningsregulator

1 Diagrammet i **Fig. 3.72** visar att en kompenserad spänningsregulator börjar ladda ett urladdat batteri med hög effekt, men minskar snabbt till underhållsladdning. Under tiden som detta sker, ökar batterispänningen långsamt. Ström-spänningsregulatorn säkerställer att batteriet laddas med jämn nivå av strömregulatorn tills dess att batterispänningen når ett tröskelvärde då spänningsregulatorn tar över. När detta sker sjunker nivån till underhållsladdning. Enheten består av tre delar:

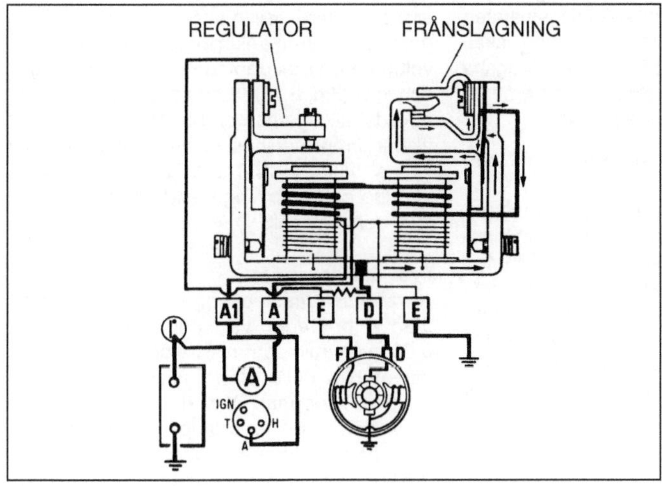

Fig. 3.71 Den kompletta regulatorn

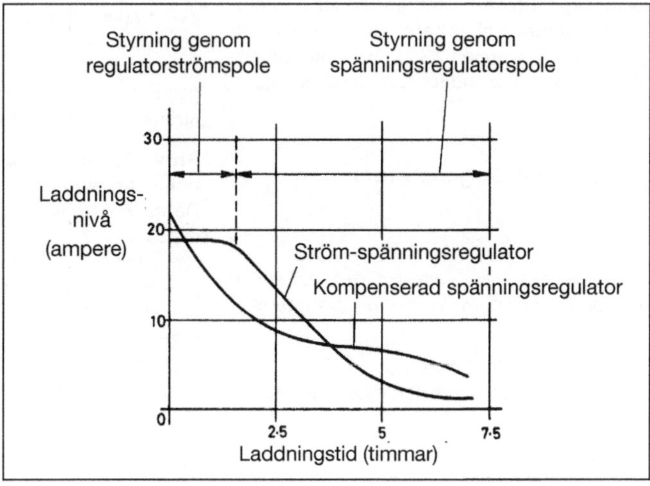

Fig. 3.72 Jämförelse av regulatorprestanda

(a) Frånslagningskrets
(b) Strömregulator, som tillåter full generatorutmatning tills dess att spänningen når ett tröskelvärde
(c) Spänningsregulator, som tar kontroll över generatorn för den sista laddningsfasen när strömmen faller till 1 eller 2 ampere

2 Om vi förutsätter att batteriet är urladdat vid starten, kommer generatorspänningen efterhand som den varvas upp att öka till mellan 12,75 och 13,25 volt då frånslagningskretsens kontakter sluts. Vid ytterligare ökning av varvtalet, ökar strömmen genom den grova tråden på strömregulatorspolen vilket medför att kontakterna (3) öppnar **(Fig. 3.73)**. Detta bryter kopplingen mellan D och F samt kopplar in resistor R och då faller generatorspänningen eftersom strömmen genom fältlindningen minskar. I detta skede är kontakterna till spänningsregulatorspolen slutna. Strömmen till batteriet minskar och tillåter kontakterna (3) att slutas igen.

3 Denna process upprepas med en hastighet av mellan 60 och 100 gånger per sekund. På detta sätt begränsas strömmatningen från generatorn till dennas maximala nivå. Vid ungefär en tredjedel av full laddning uppnår batteriet den spänning som gör att spänningsregulatorns armatur dras in och börjar vibrera. Från denna punkt är det **spänningen** i systemet som regleras, inte strömmen. Strömregulatorkontakterna fortsätter att vara slutna under resten av laddningscykeln eftersom spolströmmen är för svag för att aktivera strömregulatorn.

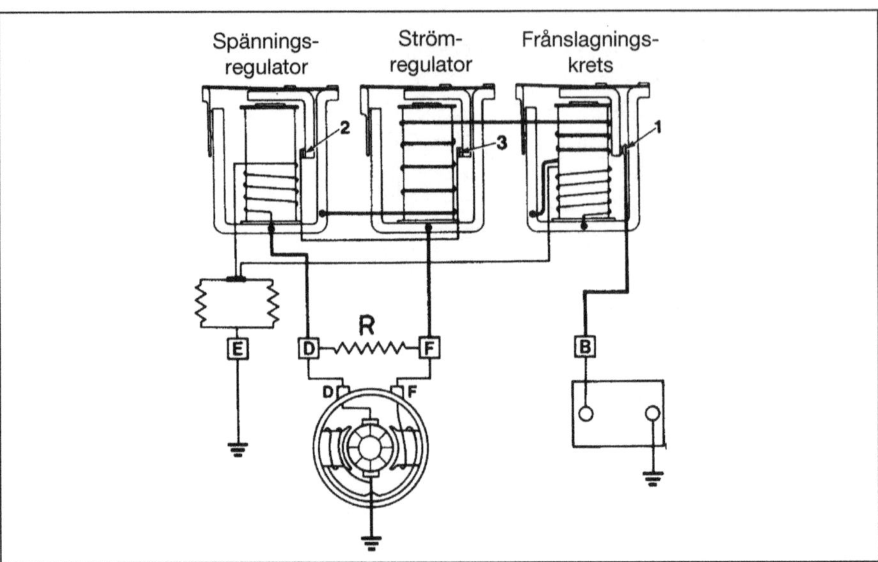

Fig. 3.73 Ström-spänningsregulator

29 Kompensationsspole

Vissa ström-spänningsregulatorer har några extra varv med grov ledning lindad över spänningsregulatorspolen för att den skall hjälpa till med extra magnetdragkraft till avledningsspolen. Effekten blir att kontakterna öppnar snabbare och även att vibrationsfrekvensen ökar. Av denna anledning kallas den ibland för en frekvensspole.

30 Kontroll av generatorsystem

Om ett fel existerar i systemet lönar det sig att följa en logisk kontrollprocedur, om inte felet är självklart.

Prov 1: Kontrollera batteriet

Använd en hydrometer och djupurladdningskontroll.

Prov 2: Kontrollera remspänningen

Med likströmsgeneratorer skall remmen röra sig ca. 8 - 16 mm vid lagom fingertryck på mitten av längsta fria delen. Observera att om remmen ligger på botten av remskivans V, skall remmen bytas och kanske också remskivan.

Prov 3: Sök efter brutna förbindelser

Sök även efter korroderade anslutningar mellan kontakter och säkringshållare.

Prov 4: Armaturkontroll

Avlägsna generatorns anslutningstråd D från regulatorn och varva upp motorn till 1 500 varv/min **(Fig. 3.74)**. Spänningen mellan D-ledaren och jord skall vara mellan 1,5 och 3 V, beroende på fältets kvarvarande magnetism. Om mätvärdet är noll eller mycket lägre än 1,5 volt, så är antingen ledningen eller generatorarmaturkretsen defekt.

Prov 5: Kontroll av generatorns fältkrets

Tag bort ledarna D och F vid generatorn. Anslut en amperemätare mellan anslutningarna D och F på generatorn och en spänningsmätare mellan anslutning D och jord. Varva upp motorn tills spänningsmätaren visar 12 volt. Vid denna spänning skall fältströmmen vara 2 till 2,5 ampere. Avlägsna generatorn för fältlindningsreparation om inte strömmen ligger inom dessa gränser.

Prov 6: Inställning av spänning vid nollbelastning

Detta kontrollerar regulatorns spänningsinställning. För en kompenserad spänningsregulator som till exempel Lucas RB106, tag loss A- och A1-ledarna och koppla ihop dem. Om det är frågan om en ström-spänningsregulator, tag bort de båda B-ledarna och koppla ihop dem **(Fig. 3.75)**. Mät spänningen mellan anslutning D och jord när motorn går med 3 000 varv/min. För Lucas regulatorer är spänningsgränserna:

Kompenserad spänningsregulator	RB106, RB108	16 till 16,5
VStröm-spänningsregulator	RB340	14,5 till 15,5 V

Regulatorn skall justeras om spänningen ligger utanför dessa gränser. De flesta tillverkares regulatorer har likartade arbetsspänningar och tillverkarens informationsblad skall konsulteras.

Prov 7: Kontroll av lådans jordning

Underliga saker inträffar om regulatorlådans jordning är felaktig. T.ex. kan regulatorn börja arbeta vid fel spänning eller så kan den inte reglera. Koppla ihop ledarna A, A1 eller B som på samma sätt som i Prov 6 och anslut en ledare från lådans jordanslutning till en jordpunkt på motorn **(Fig. 3.76)**. Om lådan nu reglerar korrekt, sök efter en korroderad jordanslutning. Om ingen förbättring inträffar, byt ut regulatorlådan.

Prov 8: Tillslagsspänning

Lådan är ansluten som i Prov 6, men med en amperemätare mellan anslutningarna A eller B och de sammankopplade ledarna. En voltmätare är inkopplad mellan anslutning D och jord **(Fig. 3.77)**. Starta motorn, koppla på huvudstrålkastarna och öka långsamt motorvarvet. Frånslagningskretsens kontakter skall slutas, vilket indikeras av amperemätarens ändring och spänningen skall hamna mellan 12,7 och 13,3 volt.

Prov 9: Backström

Använd samma koppling som i Prov 8, men utan voltmätaren. Varva upp motorn till ca. 3 000 varv/min och minska därefter långsamt varvet tills dess att frånslagningskretsens kontakter öppnar. Vid denna punkt skall backströmmen vara 5 ampere och minska till noll när kontakterna öppnar. Om backström förekommer ner till tomgång eller stillastående så kärvar kontakterna och regulatorn skall servas eller bytas ut.

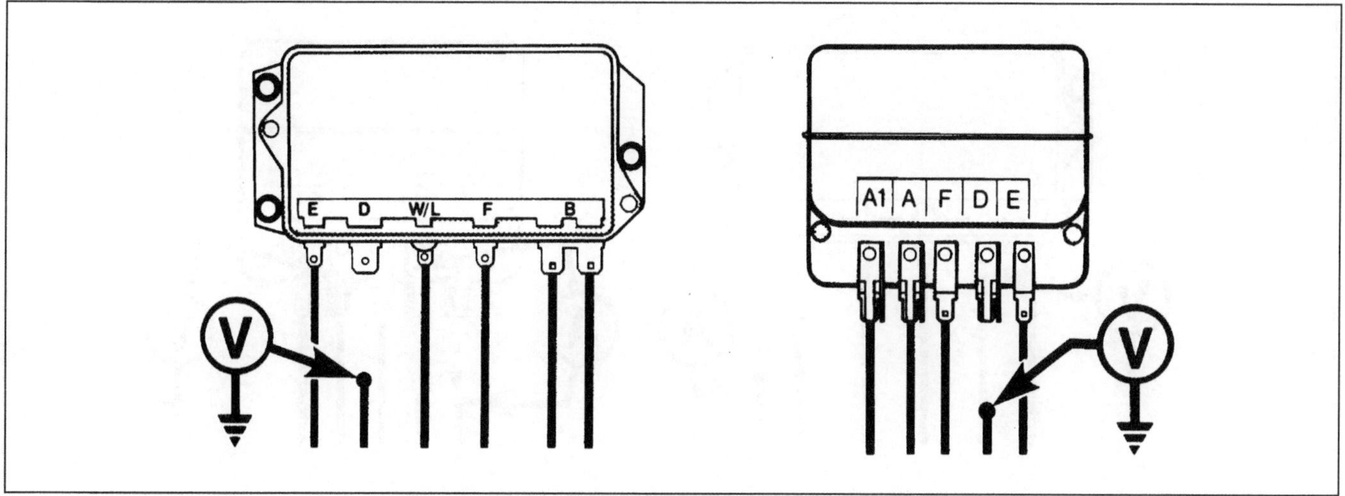

Fig. 3.74 Kontroll av armatur och huvudledning – prov 4

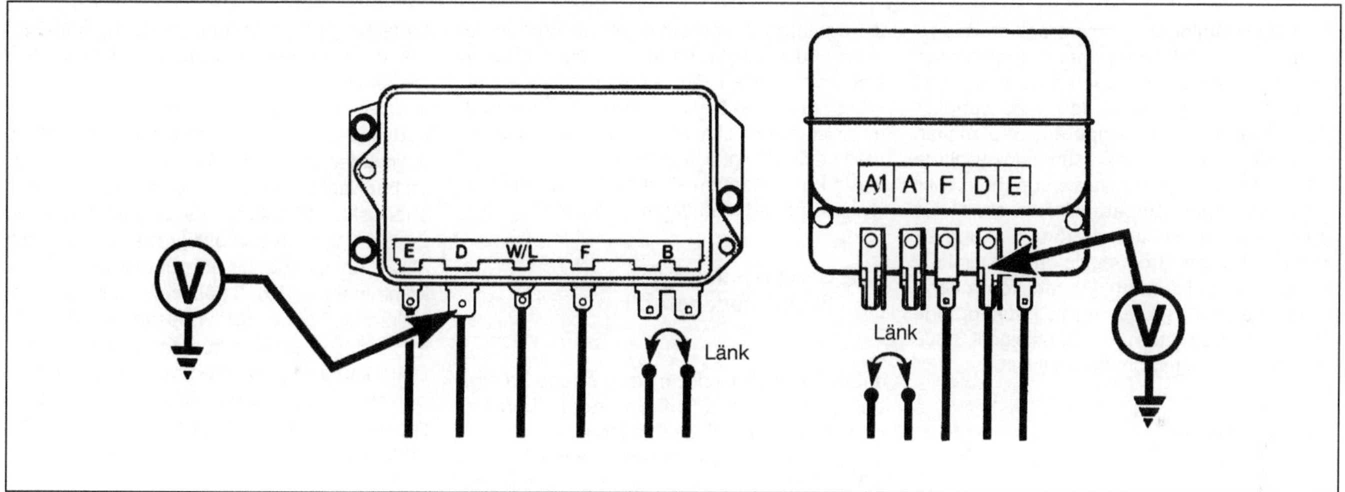

Fig. 3.75 Spänningsinställning vid nollbelastning – prov 6

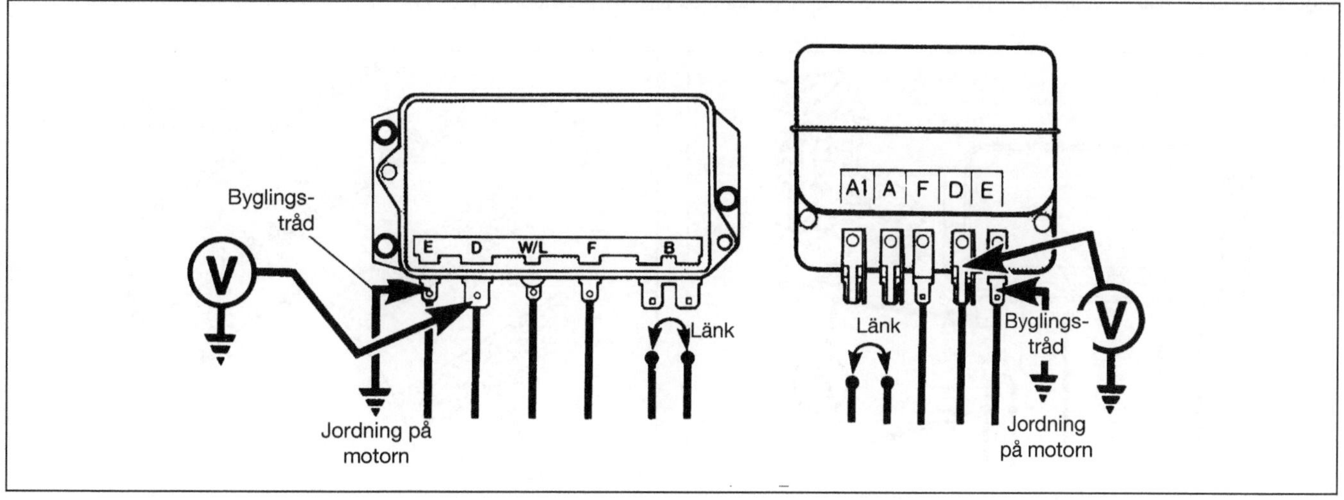

Fig. 3.76 Kontroll av lådans jordning – prov 7

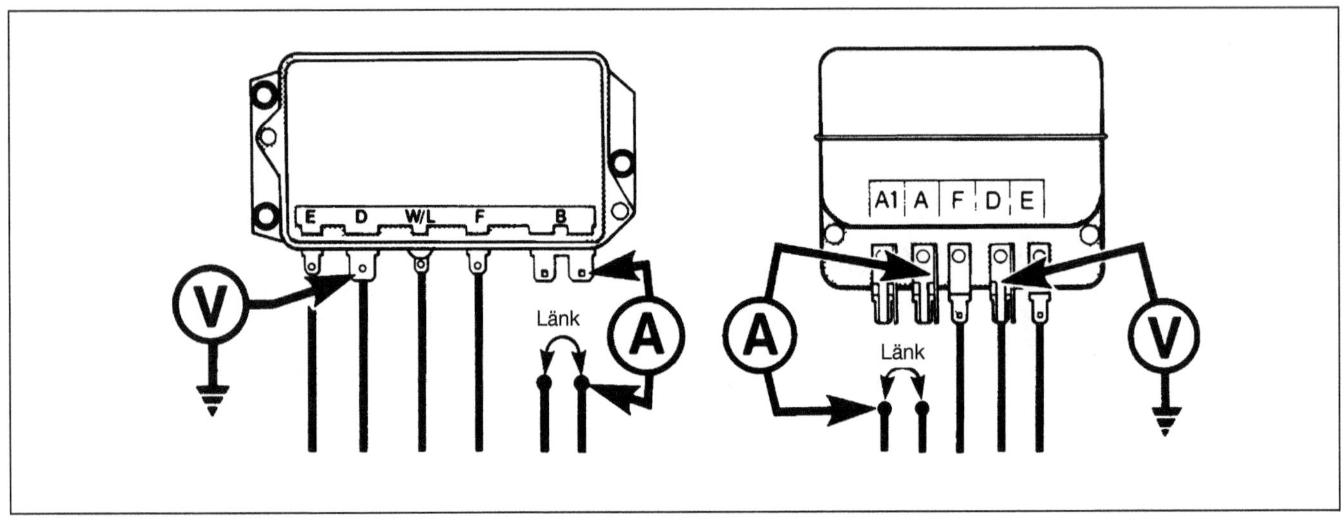

Fig. 3.77 Tillslagsspänning - prov 8

Prov 10: Inställning av strömregulatorn
Endast för ström-spänningsregulatorer. Kortslut spänningsregulatoranslutningarna genom att koppla ihop dem med lämpligt clips. Koppla in en amperemätare mellan anslutning B och de sammankopplade ledarna **(Fig. 3.78)** och varva upp motorn till 3 000 varv/min. Amperemätaren skall visa generatorns maximala utström, omkring 22 ampere. Återställ strömregulatorns justerskruv om det är nödvändigt. För att kontrollera, lämna spänningskontakterna hopkopplade och varva upp motorn från tomgång till 3 000 varv/min och mät strömnivån på nytt.

31 Kontakter

1 Kontaktrengöring behöver göras ibland och det är viktigt att använda olika metoder för regulator- och frånslagningskontakterna.

2 Regulatorns kontakter är tillverkade av volfram och skall rengöras antingen med en karborundumsten eller ett kiselkarbidpapper. Frånslagningskretsens kontakter är tillverkade av silver och mycket mjuka. De skall rengöras med ett finkornigt sandpapper.

3 Allt kontaktdamm skall avlägsnas med en tygtrasa fuktad med denaturerad sprit.

32 Servicepunkter på likströmsgenerator

1 Efter en driftperiod, medför slitage i rörliga och glidande delar att generatorn behöver demonteras för rutingenomgång.

2 Kommutatorn kan bli repad och sliten och vilka åtgärder som behövs beror på förslitningsgraden. Ibland behöver den bara rengöras med bensin och gapen mellan segmenten skrapas ur. Kommutatorn kan behöva rengöras med finkornigt sandpapper, men om den är sönderbränd av ljusbågar måste armaturen monteras i en svarv och slipas ren.

3 Efter den senaste åtgärden är det nödvändigt att skära bort isoleringen mellan segmenten till ett djup av 1 mm. Ofta används ett bågfilsblad där tandbredden minskats med en slipskiva **(Fig. 3.79)**. Var noggrann med att avslutningsvis ta bort alla grader. FKI Crypton säljer en utrustning för underskärning av kommutatorer **(Fig. 3.80)**, som är ett värdefullt hjälpmedel för en större bilelektrisk verkstad.

4 Borstarna sprider koldamm omkring sig. Detta kan avlägsnas med bensin och en liten borste. Det bör vara tämligen onödigt att påpeka att det är olämpligt att röka under detta arbete, som skall utföras i välventilerade utrymmen. Kontrollera längden på borstarna och byt dem om det behövs. Om nya borstar monteras, slipa in dem genom att lägga ett finkornigt sandpapper halvvägs runt kommutatorn och vrid den fram och tillbaka

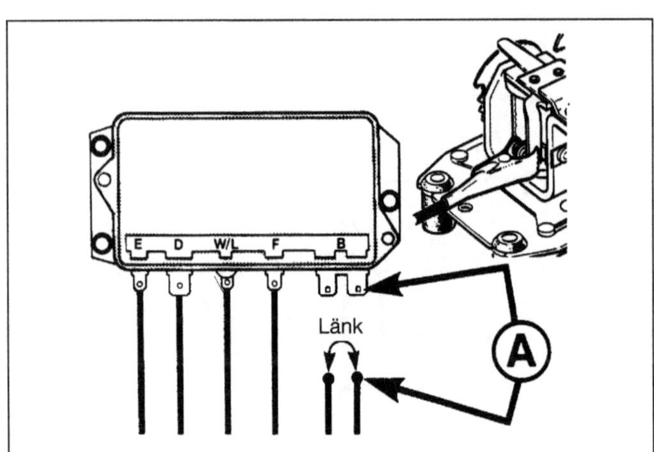

Fig. 3.78 Inställning av strömregulator - prov 10

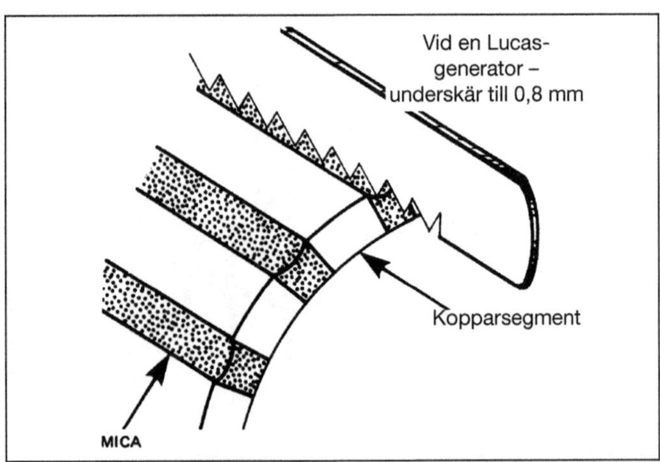

Fig. 3.79 Underskärning av kommutator

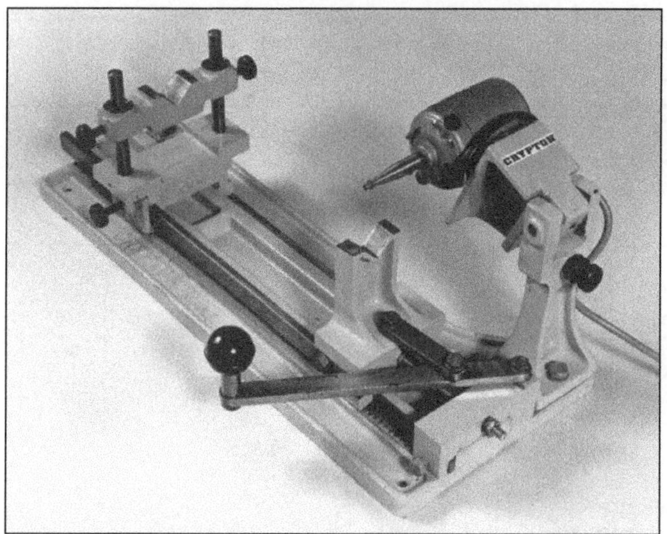

Fig. 3.80 FKI Crypton, maskin för kommutatorunderskärning

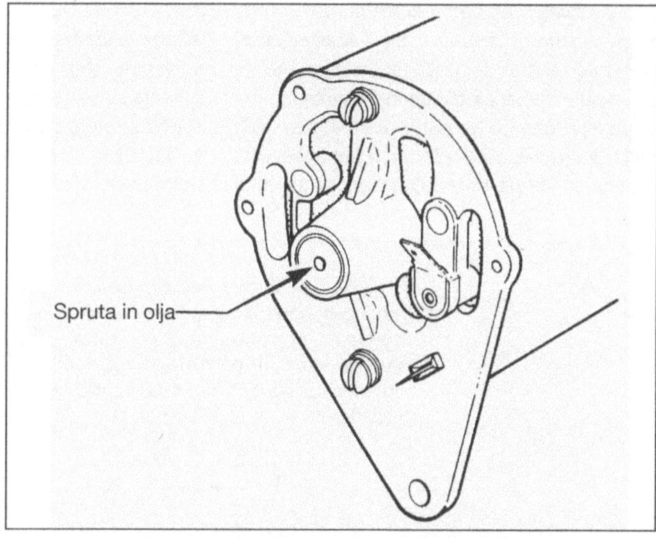

Fig. 3.81 Inoljning av bronsbussning i generator

några gånger. Denna slipar till borsten så att bättre anliggning erhålls. Kontrollera slutligen om borsten kan röra sig i borsthållaren.

5 Slitna lagringar ger ett mullrande ljud. Om de är mycket slitna kan de få armaturen att rubba polskorna. Detta kan ses som ljusa områden vid en inspektion.

6 Borttagning av bronsbussningen vid kommutatoränden kan göras genom att den knackas ut med hjälp av ett lämpligt dorn. Om den sitter fast kan den skäras upp i längdled och knackas ut med dornet. Utbytesbussningen skall ligga i olja under flera timmar (den tillverkas av porös fosforbrons) och därefter försiktigt knackas på plats med ett mjukt dorn, företrädesvis av trä. Den kan också pressas på plats om den skyddas noggrant mot skador. Livslängden på bussningen ökar anmärkningsvärt om den oljas in regelbundet efter varje 10 000 km **(Fig. 3.81)**.

7 Lagret på drivä.nden håller längre än bussningen i andra änden. Om det behöver bytas, avlägsna fläkten/remskivan med antingen en avdragare eller genom att bända ut den. Tag dock först bort axelmutter med bricka.

8 Armaturaxeln kan försiktigt knackas ut ur lagringen med ett mjukt dorn mot axeländen. Axeländens gängor måste skyddas genom att ändmuttern skruvas på. Om denna metod misslyckas kan det bli nödvändigt att pressa ut axeln. När lagret monterats, förslut med fett med hög smältpunkt.

9 Om lödtenn kastats omkring i generatorn kan det tyda på armaturfel. Det är värt besväret att löda om anslutningarna till segmenten. Till detta behövs en lödkolv med hög effekt och hartsflussmedel, inte syrahaltigt flussmedel. Syraflussmedel skall inte användas till elektriska lödningar över huvudtaget.

10 Fel i en fältspole visar sig ofta i brännmärken på tejpisoleringen och kanske genom resistans skillnader mellan spolarna. Ibland beror felet på kortslutning av spolen mot metallramen. Detta kan kontrolleras med en motståndsmätare. Det är möjligt att linda om en fältspole genom att räkna varven när den lindas upp och återlinda den som en kopia. Isolering med tejp måste göras noggrant, så att den inte blir för tjock, men lämnar god isolering.

11 Polskorna skruvas fast mycket hårt i magnetringen. Ofta behövs en slagskruvmejsel för att lossa dem. Var noggrann med att skruva fast dem mycket hårt. En polsko som lossnar förstör generatorn. Det finns en polskruvmaskin att köpa **(Fig. 3.82)**. När generatorn är hopsatt kan man köra den som en motor för att kontrollera att allt är i sin ordning. Detta görs genom att man kopplar ihop fält- och generatoranslutningarna.

33 Ombyggnad från likströmsgenerator till växelströmsgenerator

1 Likströmsgeneratorn är beräknad för att försörja fordonets orginalutrustning. Därför uppstår efterhand som extrautrustning kopplas in, behovet av att byta till en växelströmsgenerator.

2 Det är enklare att koppla in en växelströmsgenerator med en integrerad elektronisk regulator, för då behöver endast två ledningar användas. Generatorfästet och justeranordningen för drivremmen kan behöva bytas eller modifieras. Äldre fordon som kommit ut i senare modeller kan vara försedda med växelströmsgeneratorer som original och då kan monteringsmaterial finnas tillgängligt.

3 **Fig. 3.83** visar ändringarna i kopplingen. Likströmgeneratorns kontrollåda kan lämnas kvar, för bekvämligheten att använda speciella kabelskor. I det visade exemplet, är två B-anslutningar internt sammankopplade och fortfarande anslutna till batteriet via den spänningsförande anslutningen på startmotorsolenoiden till den spänningsförande anslutningen på tändningsomkopplaren.

4 Laddningslampan kopplas bort från regulatorlådan (anslutning WL i detta exempel) och kopplas till ledningen som lossats från anslutning F på regulatorlådan. Denna fältkabel kan nu anslutas till anslutning IND på växelströmsgeneratorn. Alternativt kan en ny kabel användas.

5 På samma sätt kopplas D-kabeln bort från både likströmsgeneratorn och regulatorns

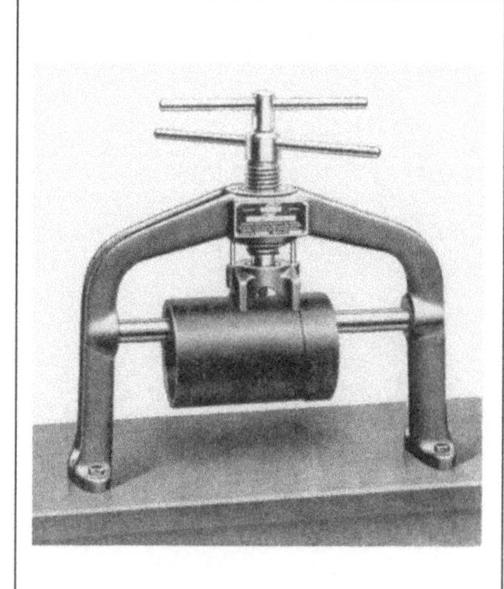

Fig. 3.82 FKI Crypton, polskruvmaskin

D-anslutning. Det bästa är att tillverka en ny kabel som kopplas till växelströmsgeneratorns + utgång och till batteriet eller till solenoidens spänningsförande anslutning.

6 Växelströmsgeneratorer kan köpas från olika tillverkare och ibland kan det även vara möjligt att köpa en konverteringssats med instruktioner, kabelsats och kontakter. Det rekommenderas att eventuella kabelsammankopplingar löds för att undvika problem med korroderade krympanslutningar.

7 Belastningen på generatorn ökar ju fler strömförbrukare som kopplas in och med detta även den kraft som krävs för att driva runt generatorn via remskivan. Därmed är det viktigt att drivremmen är korrekt spänd. Om den är för slak kommer den att slira och om den är för hårt spänd kommer generatorns lagringar att slitas i onödan.

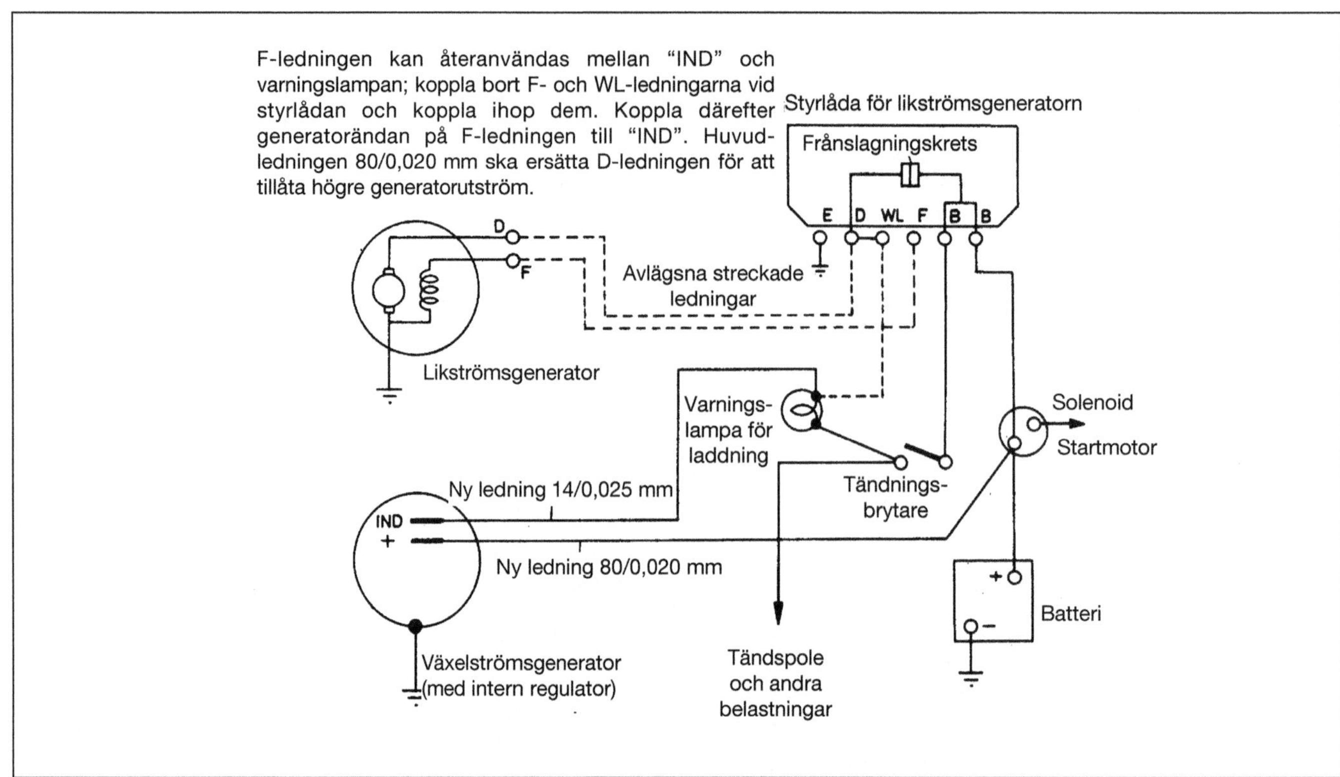

Fig. 3.83 Byte från likströmsgenerator till växelströmsgenerator

Kapitel 4
Startmotor

Innehåll

1 Inledning

1 Tidiga bilmotorer förlitade sig på mänsklig kraft för att vrida runt motorn tills den tände. Varje motor hade en medbringare på vevaxeln där en startvev kunde sättas, men snart blev behovet av en startmotor stort. Motorerna blev starkare och svårare att dra runt för hand och många skador uppstod på grund av backslag. Det var nödvändigt att ställa tillbaka tändningen manuellt, vanligtvis med en hävarm nära ratten, innan vevstarten utfördes - om detta glömdes bort kunde ett backslag uppstå. Bilar från Cadillac försågs med startmotorer under 1912, men det dröjde många år innan alla fordon hade denna utrustning.

2 Startmotorn omvandlar den i batteriet lagrade energin till det mekaniska arbete som krävs för att dra runt motorn tills dess att den startar. Vid denna tidpunkt kopplas startmotorn mekaniskt bort från motorn. Startmotorer för personbilar har vanligtvis en uteffekt från 2 kilowatt och uppåt. De måste ha tillräcklig kraft i axeln för driva en motor under kalla förhållanden när oljan är trög och tjockflytande. I värsta fall kan strömkravet vara så högt som 450 ampere. Av denna anledning är det viktigt att startmotorkretsen har så låg resistans som möjligt, högst 1 milliohm, vilket medför tjocka kablar, rena anslutningar och ett batteri med låg inre resistans. För att starta en kolvmotor skall startmotorn kunna dra runt den med 100 varv/min och med ännu högre varvtal om det är en roterande motor. De specificerade hastigheterna är till för att ge tillräcklig inluftström för att skapa korrekt förhållande på förbränningens luft / bränsleblandning.

2 Startmotor - grunder

1 Den elektriska motorns principer beskrivs i kapitel 1. Motorn har ett huvudmagnetfält som samverkar med det lokala fältet runt armaturens magnetspolar och åstadkommer en kraft på armaturspolarna. Den enkla motor som visas i **Fig. 4.1** visar magnetfältet från N till S, en armaturslinga och en kommutator som säkerställer att armaturströmmen kopplas om så att den alltid går i samma riktning när den passerar under en magnetpol. För att åstadkomma detta, är kommutatorn en uppdelad ring och strömmen matas in via två koppar/kolblock som kallas borstar och som är i glidkontakt med hjälp av ett svagt fjädertryck.

2 Den verkliga armaturen består av en serie med spolar som är inkopplade till en flersegmentskommutator vilken ger ett praktiskt taget likformigt vridmoment under hela rotationen. Armaturspolarna är placerade i spår i järnramen som används för att leda huvudmagnetfältets flöde **(Fig. 4.2)**. Magnetfält passerar lätt genom järn men har det svårare i luft så därför hålls luftgapen till ett minimum. Armaturramen är tillverkad av

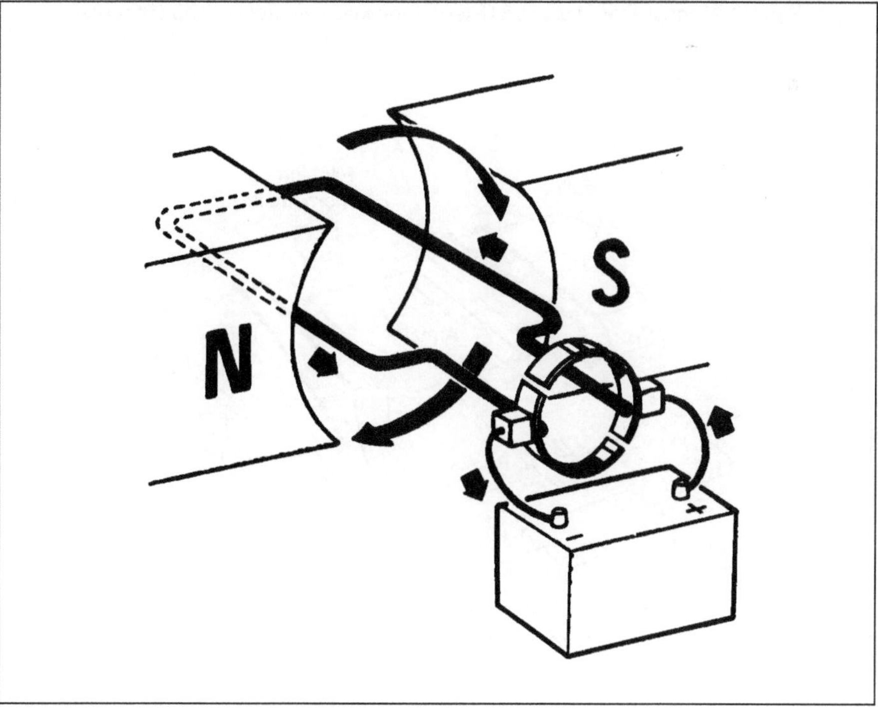

Fig. 4.1 En enkel likströmsmotor

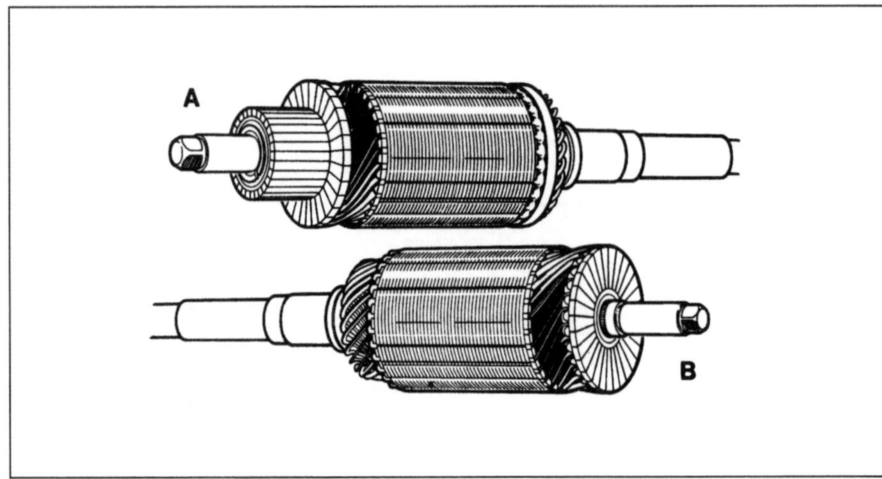

Fig. 4.2 Vanliga armaturer

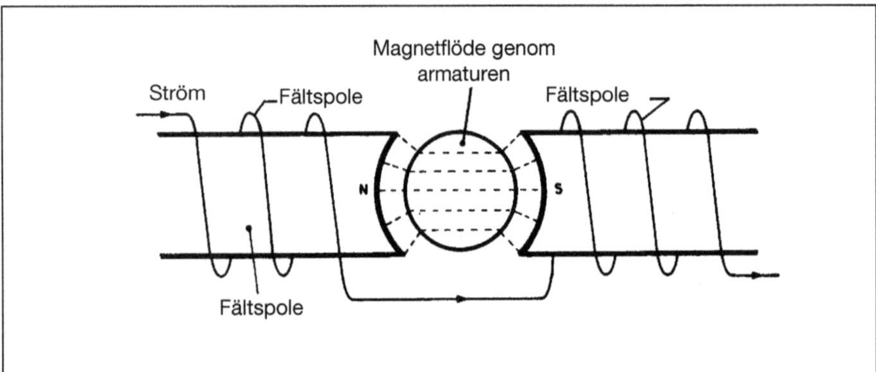

Fig. 4.3 Magnetflödet beror på fältströmmen och antalet varv på fältspolen

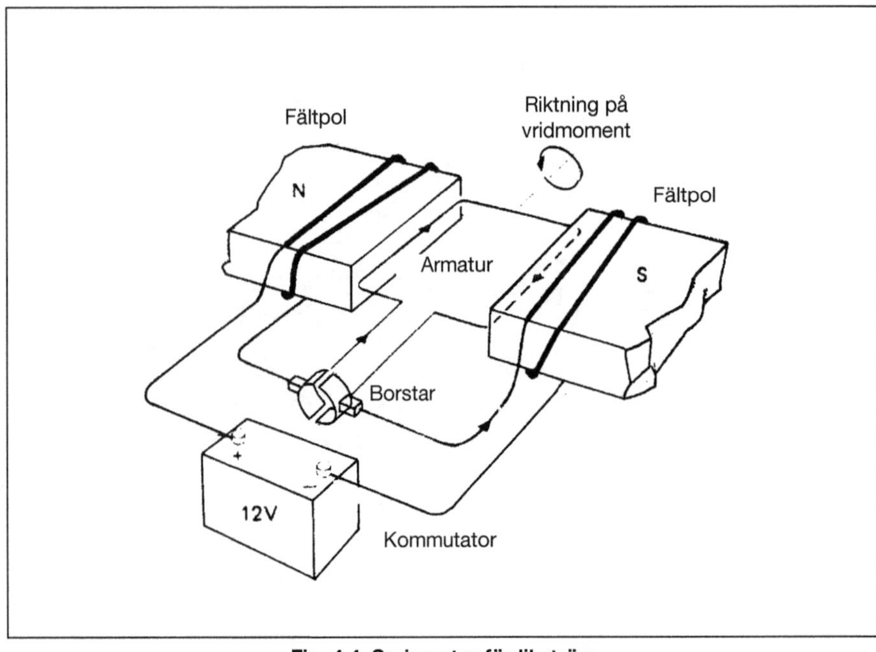

Fig. 4.4 Seriemotor för likström

metallaminat som är isolerade från varandra för att förhindra att inducerade virvelströmmar bildas och de värmeförluster som sker genom dessa.

3 Huvudmagnetfältet skapas av antingen permanentmagneter eller elektromagneter som formats genom att man lindar magnetiseringsspolar runt fältpolerna **(Fig. 4.3)**. Permanentmagneter används i vissa nya startmotorkonstruktioner och har fördelar som lägre vikt och enklare uppbyggnad i förhållande till startmotorer med elektromagneter.

Viktigt att komma ihåg för elektromagnetiska fältpoler:

(a) *Kraften på armaturens ledare (och därmed vridmomentet) beror på magnetfältets styrka, symbol B*

(b) *Huvudmagnetfältets styrka beror på produkten av:*

Antal ledningsvarv på fältspolen (N) x Strömflödet i ledningen (I)

Denna faktor kallas för Amperevarv.

Av detta följer att en viss magnetfältstyrka kan skapas på två sätt: antingen många varv ledning och liten ström eller få varv och hög ström. Startmotorn använder vanligtvis det senare sättet och fältspolarna är seriekopplade med armaturen (d.v.s. en seriemotor) **(Fig. 4.4)**.

4 Slutligen, kraften på armaturledarna (och därmed motorvridmomentet) är beroende på

Magnetfältets styrka x Ström genom armaturen

3 Hastighet och vridmoment

1 När armaturen på den elektriska motorn roterar och dess ledare skär genom magnetfältet, genereras en spänning i dem (eller motriktad elektromotorisk spänning). Denna effekt beror inte på att motorn drivs av batteriet, den motriktade spänningen uppstår även om motorn drivs mekaniskt.

2 Den motriktade spänningen är alltid i motsatt riktning mot matningsspänningen, i det här fallet från batteriet. Värdet på motspänningen beror på armaturens varvtal. På detta sätt kommer, enkelt uttryckt, en elektrisk motor som kopplas till, att varva upp tills dess att den motriktade elektromotoriska spänningen är lika stor som matningsspänningen, förutom visst spänningsfall i fältet, armaturen och borstarna **(Fig. 4.5)**.

3 Vridmomentet är beroende av två faktorer; magnetisk fältstyrka och armaturström. Seriemotorn är idealisk för att skapa stort startmoment av två orsaker:

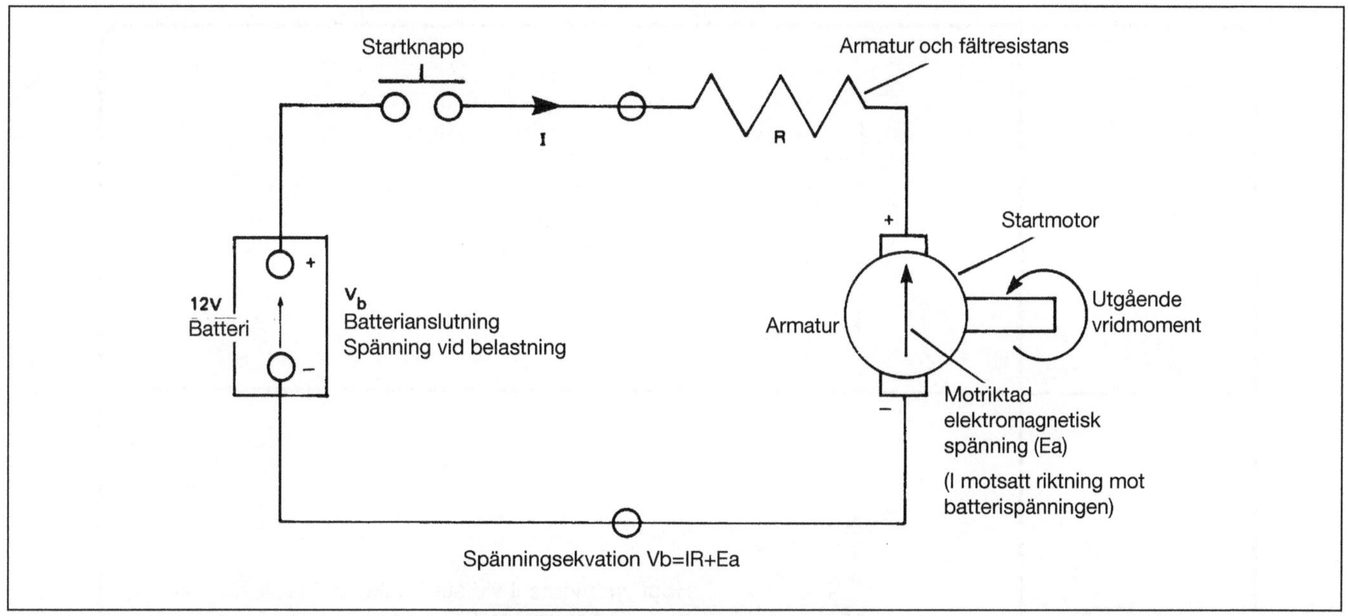

Fig. 4.5 Startmotorns tillstånd vid belastning

(a) Motorn står stilla när startnyckeln vrids om. Därför finns ingen motriktad spänning som begränsar strömmen utan bara ett litet spänningsfall över det inre motståndet, vilket medför att startströmmen omedelbart blir mycket hög.

(b) Denna höga ström flyter genom fältspolarna som är i serie med armaturen, och därmed blir magnetflödet också stort.

Av dessa anledningar används den serielindade likströmsmotorn till startmotorer och arbetsfordon, t.ex. gaffeltruckar, där behov av dess utomordentliga startförmåga föreligger.

4 En annan av seriemotorns karakteristika, är att den snabbt kommer upp till höga varvtal om den är obelastad. Låt inte startmotorn vara i gång under längre tid med lätt belastning – armaturen kan bli skadad av centrifugalkrafter.

4 Kraftomvandling

När tändningsnyckeln vrids om sker en tvåstegs kraftomvandling. Först sker ett kraftflöde från batteriet till startmotorn som får motorarmaturen att rotera, därefter kommer ett kraftflöde från armaturen till motorn genom ett pinjongdrev på armaturaxeln som griper tag i svänghjulets kuggkrans **(Fig. 4.6 och 4.7)**.

5 Motorklassificering

1 Elektriska motorer klassificeras efter den metod som används för att skapa det magnetiska fältet **(Fig. 4.8)**. Av dessa är troligtvis seriefältmotorn (kallas seriemotor) den vanligaste, men ny utveckling har skapat en lätt permanentmagnetmotor. Blandmotorer används vid tyngre belastningar. Avledningsfältmotorn är mycket sällsynt i startmotorer för bilar och behandlas inte i denna bok.

2 Seriemotorn har fältlindningarna och armaturen kopplade i serie. Detta är den motor som vanligen används i personbilar. Enligt beskrivningen i avdelning 3 ger

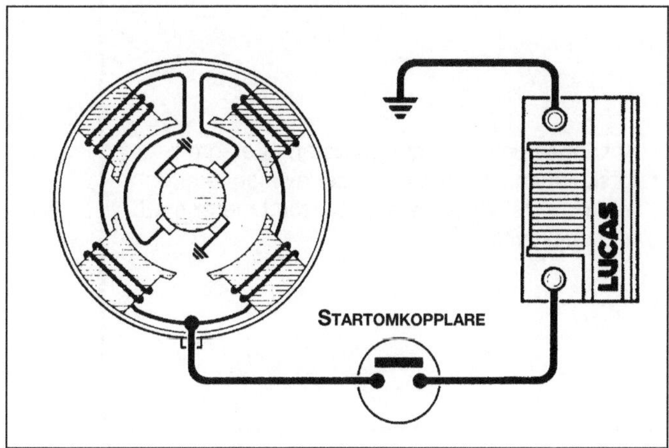

Fig. 4.6 Startmotorkretsen

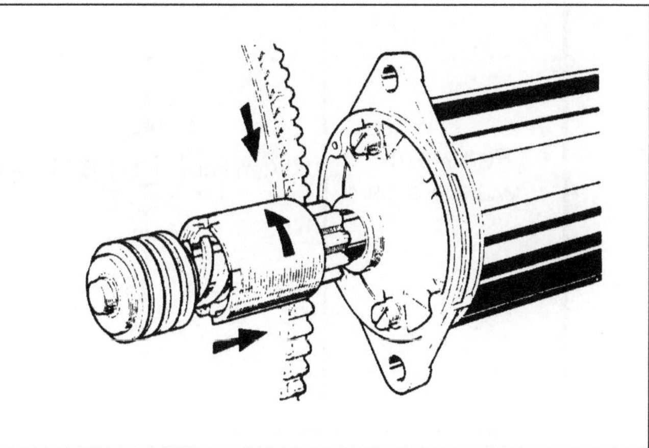

Fig. 4.7 Enkel drivning

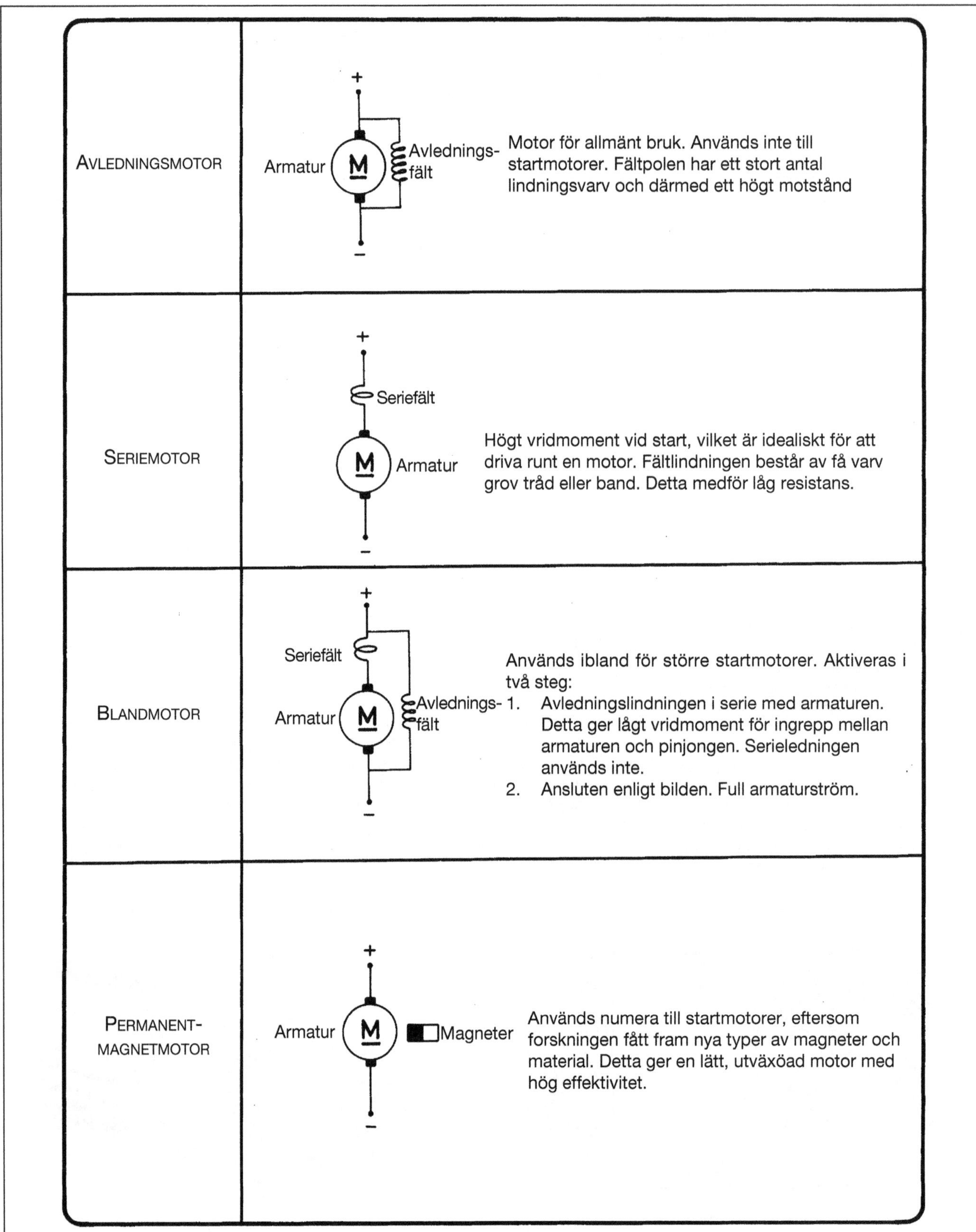

Fig. 4.8 Klassning av likströmsmotorer

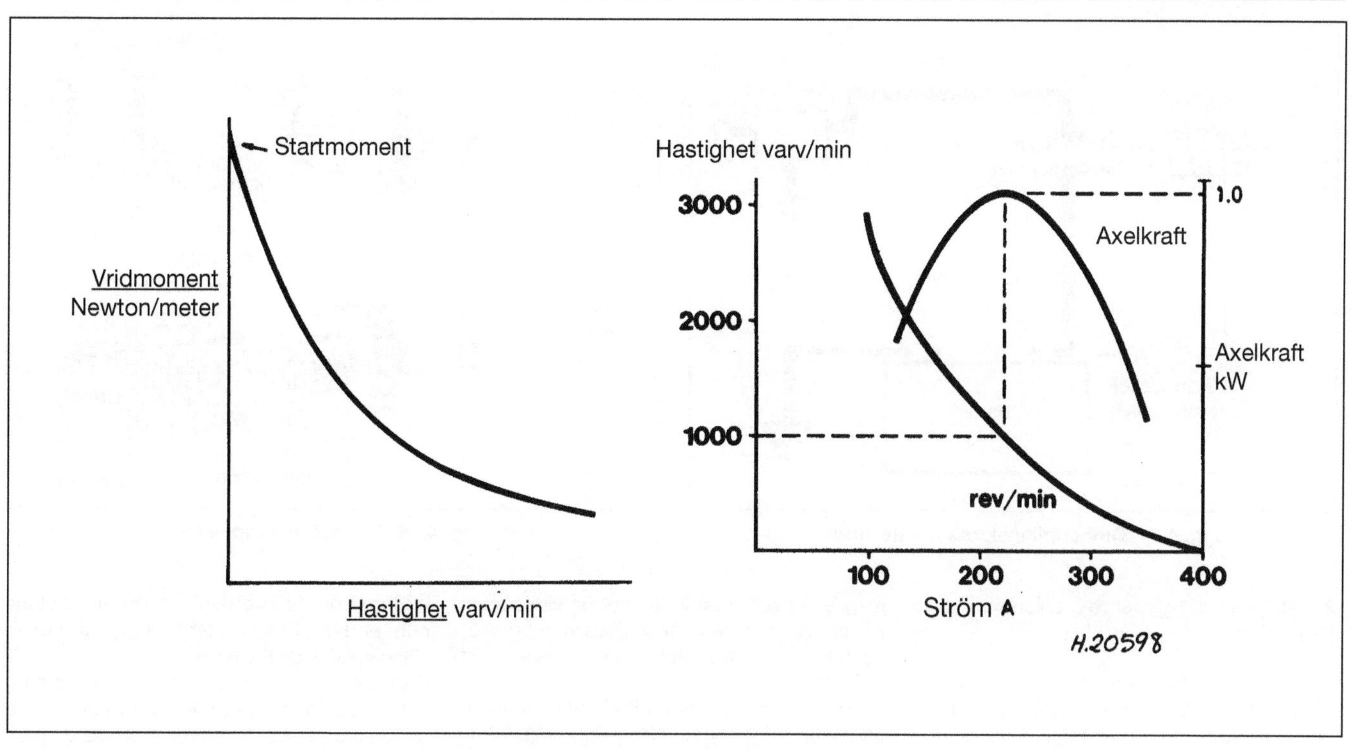

Fig. 4.9 Karakteristik för likströms seriemotorer

seriemotorn ett stort startvridmoment som faller snabbt när hastigheten ökar. Dessa karakteristika är de bästa för att övervinna motorns startmotstånd eller tröghet **(Fig. 4.9)**.

3 Permanentmagnetmotorer har små dimensioner och är konstruktionsmässigt enkla. Eftersom det inte finns någon fältlindning så uppstår bara spänningsfall i armaturen. För att få ut maximal kraft ur denna sorts motor, kan den vara försedd med växeldrev mellan armaturen och drivaxeln.

4 Blandmotorer används där större kraft är nödvändig. Denna motor har både en avlednings- och en serielindning som arbetar i två steg:

(a) I det första steget; vid tillslag ansluts avledningsfältet i serie med armaturen och fungerar som en spänningsfalls-resistor. Genom detta begränsas strömmen och armaturens ingreppsmoment blir lågt.

(b) I det andra steget ansluts avledningsfältlindningen parallellt med armaturen som nu har seriefältlindningen i serie med sig.

När motorn startar och pinjongen kastas ur sitt ingrepp i svänghjulskransen, kopplas strömmen bort från startmotorn och den börjar fungera som en generator som lämnar energi till avledningsfältlindningarna. Den genererade energin medför att armaturen bromsas in mycket snabbt – en form av elektromagnetisk broms.

Fig. 4.10 Kraftförstärkning genom växling

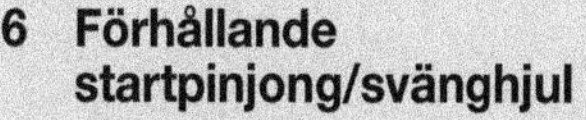

6 Förhållande startpinjong/svänghjul

1 Fig. 4.9 visar prestanda hos en typisk startmotor. I bilden syns även att högsta effekten levereras från axeln vid varvtalet 1000 varv/min. Med tanke på att motorn skall drivas runt med varvtalet 100 varv/min, blir förhållandet mellan svänghjuls- och startpinjongdreven:

$$\frac{\text{Antal svänghjulskuggar}}{\text{Antal startpinjongskuggar}} = \frac{1000}{100}$$

eller 10 : 1

Om vi säger att startmotorpinjongen har 9 kuggar, skall således svänghjulsdrevet i detta exempel ha 90 kuggar. Nedväxling är också en metod för att öka vridmomentet, och det är nödvändigt för att kunna använda en fysiskt liten elektrisk motor för att dra runt motorn. **Fig. 4.10** illustrerar ett fall med en startmotor med vridmomentet 3 Nm (newtonmeter). Om växlingsförhållandet är 10:1, kommer kraften på vevaxeln att öka med detta värde. Detta blir det samma som 30 Nm, eller annorlunda uttryckt: kraften 30 newton på radien 1 meter. Vinsten i kraft betalas med en minskning i vevaxelns hastighet, som blir 10 gånger långsammare än startmotorhastigheten.

7 Startmotorsolenoid

1 Startmotorn drar en mycket stor ström. Av den anledningen är det nödvändigt att använda tjocka ledningar från batteriet och att dra dessa kortast möjliga väg. Därför aktiveras strömmen från avstånd med hjälp av en solenoid (eller magnetomkopplare) som är en slags elektromagnet. Solenoidspolen **(Fig. 4.11)** styrs av en låg ström som enkelt hanteras av startnyckelomkopplaren. Magnetfältet drar in järnkolven till centrum på spolen och vid den rörelsen sluts starkströmskontakterna i startmotorbrytaren.

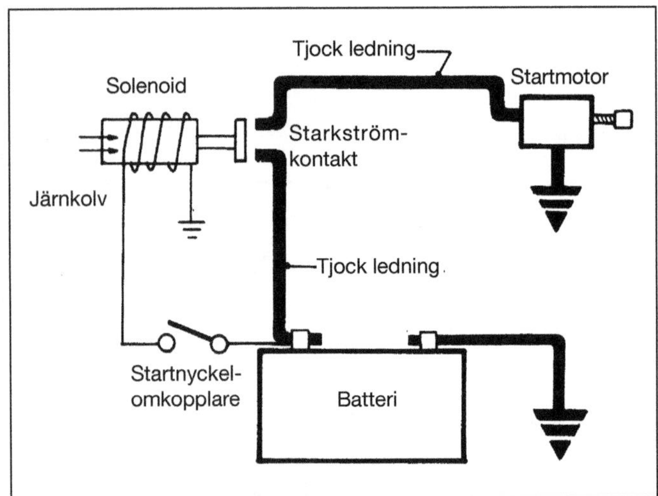

Fig. 4.11 Omkopplingskrets för startmotor

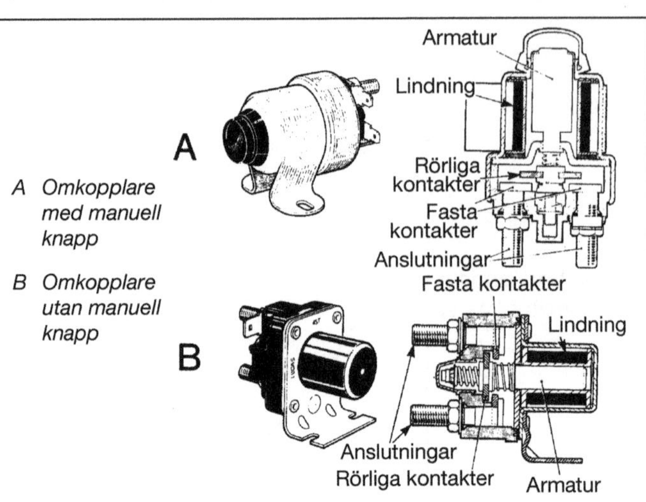

Fig. 4.12 Solenoidomkopplare

2 Det finns två typer av solenoidbrytare **(Fig. 4.12)**:

(a) *Den fristående solenoiden som kan ha en tryckknapp för manuell aktivering. Denna solenoid används med tröghetsdrivna mekanismer.*

(b) *Den integrerade solenoiden som monteras på startmotorkroppen. Solenoidens uppgift är att först ansluta pinjongdrevet till svänghjulsdrevet och därefter koppla in startströmmen. Detta är den förinkopplade startmotorn **(Fig. 4.13)**.*

8 Solenoidens funktion

1 Solenoiden har två parallellkopplade lindningar **(Fig. 4.14)**. När startnyckeln vrids om skapar den grova lindningen ett starkt magnetfält som drar in järnkolven till centrum på spolen. När detta sker sluts starkströmskontakterna som ansluter startmotorn direkt till batteriet.

2 När kontakterna sluts, kortsluts samtidigt dragspolen. Den andra lindningen fungerar nu som en hållspole med tillräcklig dragkraft för att hålla kontakterna slutna.

3 När föraren släpper startnyckeln från startläget, försvinner spänningen till hållspolen och järnkolven kommer med hjälp av fjädertryck att återgå till ursprungsläget varvid kontakterna bryts och strömmen till startmotorn upphör. Dessutom, när järnkolven fjädrar ut dras startpinjongdrevet bort från svänghjulskransen.

4 En enklare solenoid används också. Den har endast en spole som kopplas in över batteriet via startnyckeln. Automatväxlade bilar förses med en brytare för att förhindra att startmotorn körs när växel är ilagd. Anordningen består av en avstängningsbrytare som är kopplad i startmotorkretsen och endast tillåter startförsök när växelväljaren är i läge P eller N.

5 En speciell variation av solenoid lämnar initialt en liten ström till startmotorn när pinjongkuggarna kommer i kontakt med kuggkransen, omedelbart före ingreppet. Endast en av fyra fältlindningar aktiveras. Denna metod kallas för kraftindexering och förhindrar den kraftiga mekaniska skakning som inträffar om full kraft läggs på omedelbart.

9 Tröghetsaktiverad startmotor

1 Den tröghetsaktiverade startmotorn (eller Bendix) skapar ingrepp med svänghjulskransen genom att pinjongdrevet kastas längs

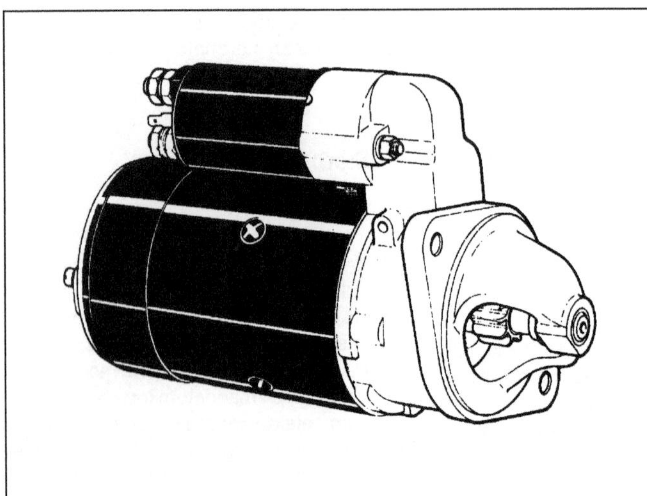

Fig. 4.13 Solenoid monterad på vanlig förinkopplad startmotor

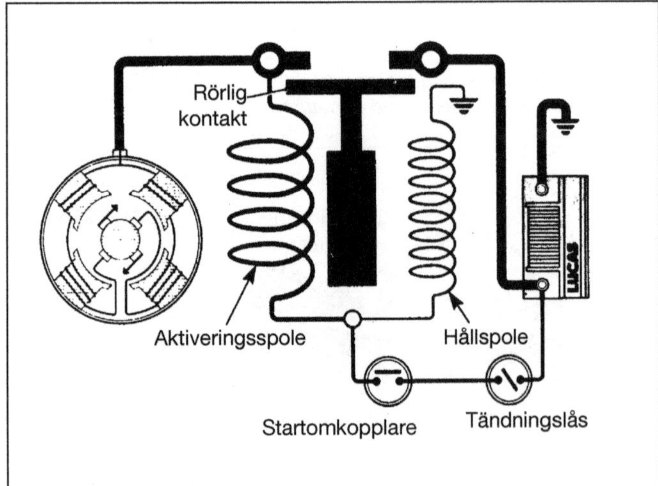

Fig. 4.14 Solenoidstyrd startkrets

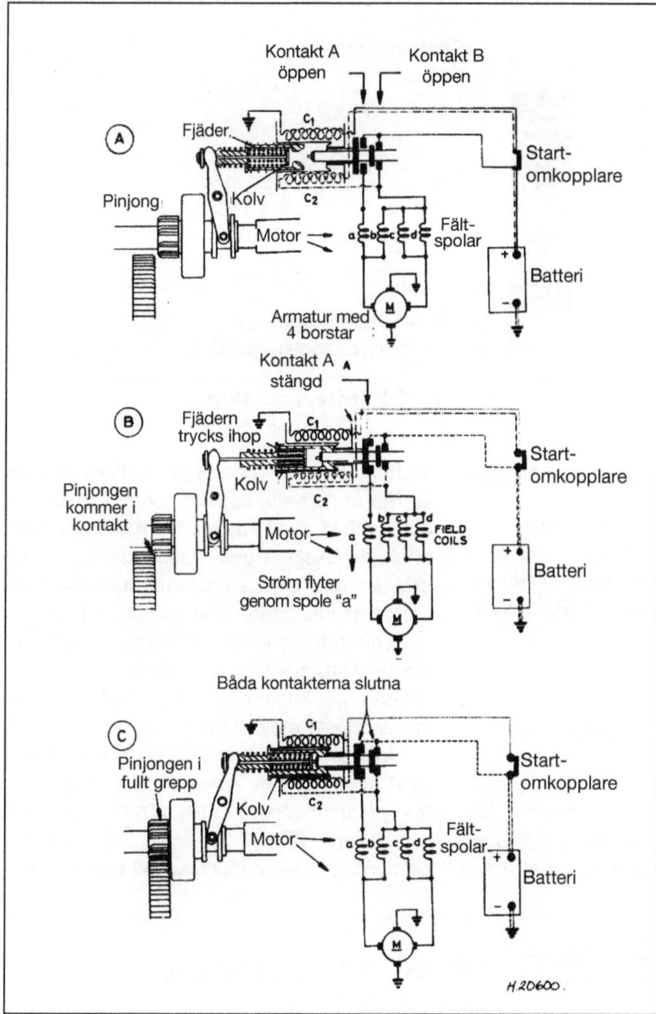

Fig. 4.15 Lågeffekts indexeringsfunktion

A Pinjongen rör sig mot svänghjulet. Kontakt A sluts före kontakt B. Motorn vrider sig inte eftersom ingen ström går till fältspolarna.

B Pinjongen kommer i kugg-mot-kuggkontakt med svänghjulet. Kontakt A sluts – motorn roterar långsamt för att pinjongens kuggar ska komma i ingrepp med svänghjulets. Kolvfjädern komprimeras och tvingar pinjongen i ingrepp. Endast spole "a" leder full ström.

C Pinjongen i fullt ingrepp och båda kontakterna slutna. C_2 är kortsluten. Full effekt till motorn. C_1 leder ström för att hålla kvar kolven. Alla fältspolar; a, b, c och d leder nu ström.

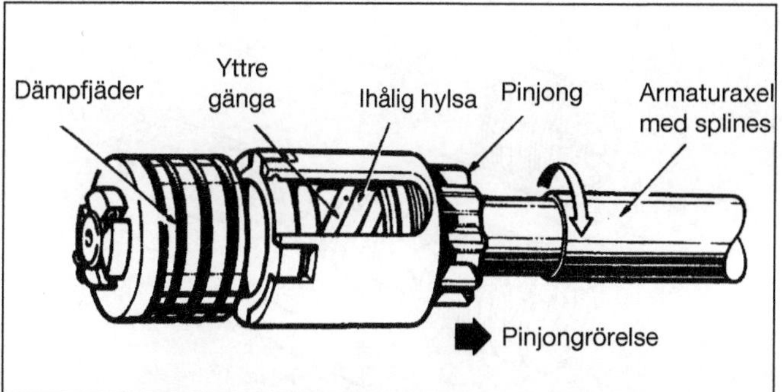

Fig. 4.16 En sorts tröghetsdrivningsmekanism

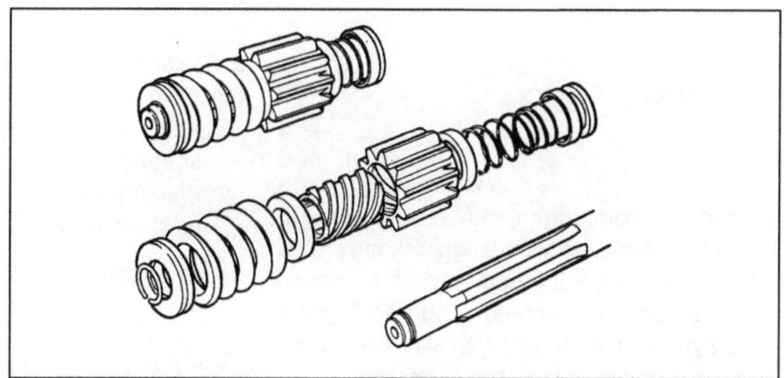

Fig. 4.17 Drivning av S-typ

Fig. 4.18 Lucas M45G, startmotor med tröghetsdrivning

Diameter: 114.3 mm
Tillämpning: Stora bensinmotorer
Vridmoment: 30,5 Nm vid 460 A
Armatur: 37 spår

en grov gänga. Under tiden som startmotorn driver runt motorn är pinjongdrevet i ingrepp med kuggkransen, men när motorn startar och börjar rotera snabbare än startmotorn, rör sig pinjongdrevet tillbaka längs gängan och släpper kontakten **(Fig. 4.16)**. Hastigheten vid frånkopplingen är ofta mycket hög om motorn startar och varvar upp snabbt och därför är en fjäder placerad vid axeländen för att absorbera stöten från pinjonganslaget.

2 Det finns ett antal variationer av tröghetsaktiverade motorer i bruk, beroende på tillämpning. Se **Fig. 4.17** som visar en variant; pinjongen av S-typ är monterad på en gängad hylsa som bärs av armaturaxelns splines. Hylsan rör sig längs axeln och dämpas i änden av en kompressionsfjäder som dämpar anslaget från pinjongen när den aktiveras.

I ena riktningen stoppas pinjongen när koppbrickan (eller kragen) trycker ihop dämpfjädern helt och stöter mot änden på den fasta hylsan. Rörelse i den andra riktningen stoppas när den spiralgängade hylsan pressar tryckbrickan mot huvudfjädern. Pinjongtryckfjädern är placerad över armaturaxeln för att hindra pinjongen att vibrera så att den kommer i kontakt med svänghjulet, när motorn går. Startmotorn, Lucas M45G som visas i **Fig. 4.18**, använder denna typ av drivning som rör sig MOT motorn (kallas inombordsstartmotor) vid ingrepp i svänghjulskransen. **Fig. 4.19** visar Lucas motor Eclipse som liknar den amerikanska motorn Bendix.

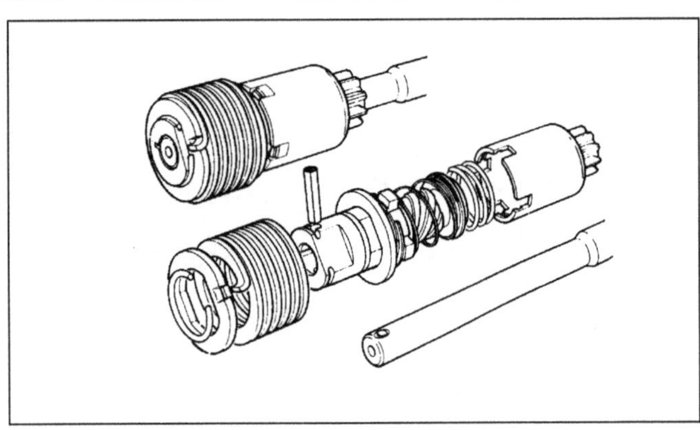

Fig. 4.19 Drivning av typ Eclipse

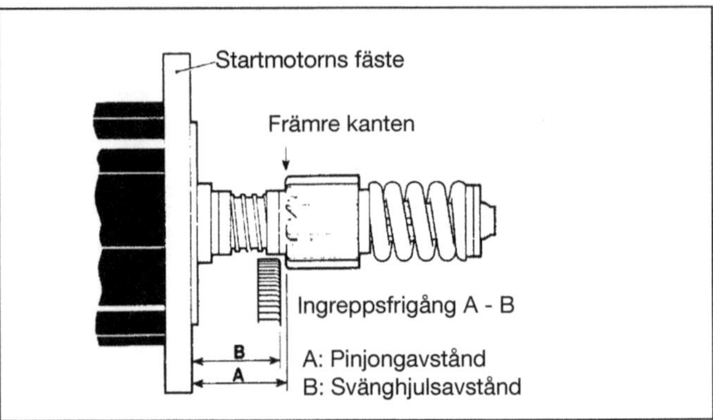

Fig. 4.20 Ingreppsfrigång

10 Ingreppsfrigång

1 Startmotorpinjongen måste justeras in korrekt i förhållande till svänghjulskransen, så att den kan glida i ingrepp med ett minimum av rotation. Begreppet ingreppsfrigång illustreras i **Fig. 4.20**, och den skall ligga inom angivna gränser för Lucas startmotorer:

Drivningstyp	**Ingreppsfrigång**
Alla typer förutom Eclipse	3,2 mm ± 0,8 mm
Eclipse	nominellt 5,53 mm

2 För att kontrollera frigången måste två mått tas:

(a) Från främre kanten på pinjongen till startmotorns fäste, avstånd A på bilden

(b) Från främre kanten på svänghjulskransen till startmotorns fäste, avstånd B på bilden

då blir: Frigången = A - B

11 Förinkopplad startmotor

1 I denna typ av startmotor flyttas pinjongen till ingrepp med svänghjulskuggarna, innan strömmen för startmotorns rotation kopplas in. När motorn startar, släpper inte pinjongen automatiskt, utan stannar i ingrepp tills dess att startnyckeln släpps. Genom detta undviks problem med att startmotorn frånkopplas om motorn tänder någon enstaka takt, "hostar".

Genom den mjukare till/frånkopplingen av startmotorpinjongen, blir starten bättre och slitaget på kuggarna mindre. När motorn startar måste motorn förhindras att driva runt startmotorn. Detta sker i denna startmotor med hjälp av en övervarvskoppling som frikopplar drivningen mellan pinjongen och armaturen. **Fig. 4.21** visar en genomskärningsbild av en förinkopplad startmotor.

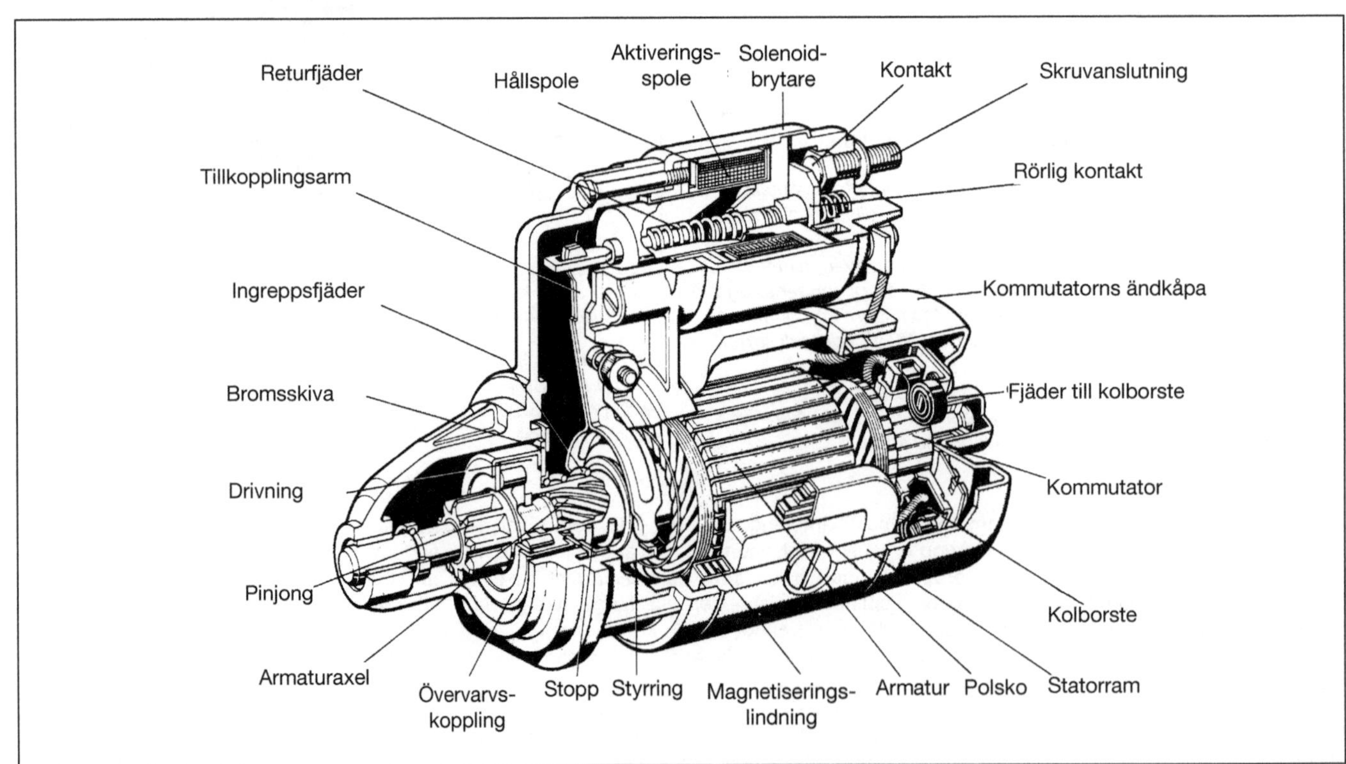

Fig. 4.21 Genomskärningsbild av förinkopplad startmotor

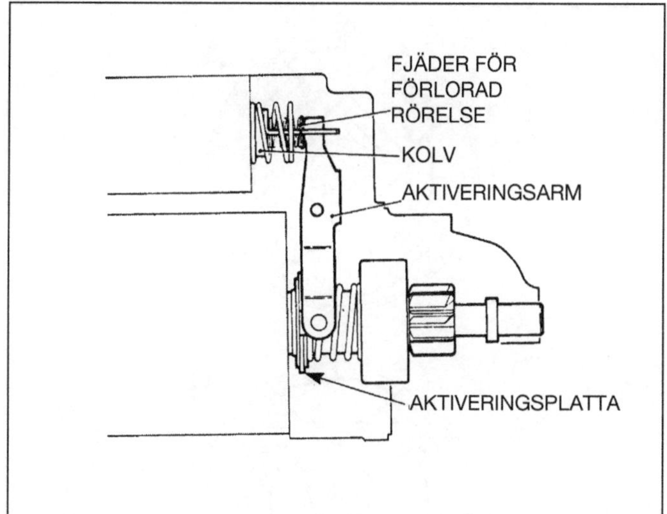

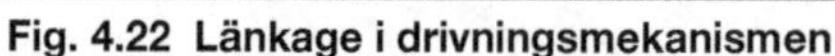

Fig. 4.22 Länkage i drivningsmekanismen

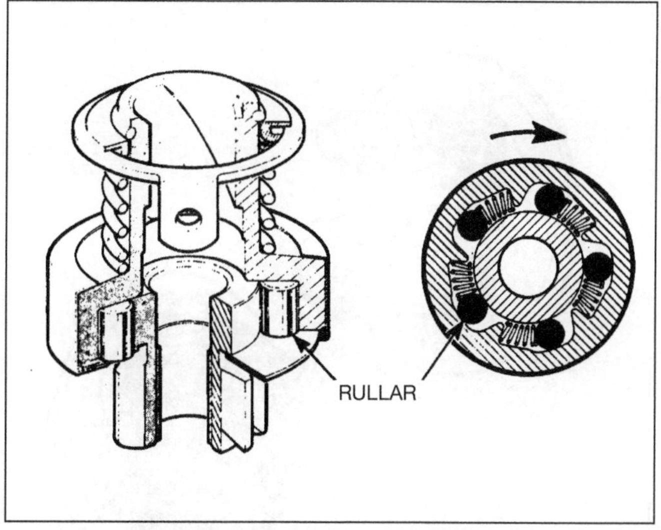

Fig. 4.23 Uppbyggnad av rullkopplingen

Funktion

2 Solenoiden har två lindningar varav den ena, anslutningsspolen, skapar det starka magnetfältet som krävs för att dra in kolven mot centrum på spolen. Den andra spolen är lindad av tunnare tråd och fungerar som en hållspole som håller kvar kolven i position så länge startkontakten är sluten. Solenoidens andra funktion är att sluta huvudkontakterna mellan batteriet och startmotorarmaturen.

3 När startomkopplaren sluts, flyter strömmen från batteriet och genom anslutningsspolen till armaturen **(Fig. 4.14)**. Pinjongen dras till ingrepp med svänghjulet och solenoidens huvudkontakt sluts vilket medför att anslutningsspolen kortsluts och huvudströmmen leds till armaturen. Hållspolen håller kvar kolven i spolen. En vridrörelse överförs nu från armaturen genom envägskopplingen (övervarvskopplingen) till pinjongen via de spiralformade splinesen på armaturaxeln.

4 Det kan inträffa att två kuggar från pinjongen kommer att i ligga i kontakt med två kuggar från svänghjulskransen utan att gripa in i varandra. Det som då händer är att kolven fortsätter att dras in mot spolcentrum och komprimerar ingreppsfjädern **(Fig. 4.21)**. Huvudkontakten sluts, armaturen börjar rotera och när detta sker glider pinjongen in och får grepp i kuggkransen. 'Fjädern för förlorad rörelse' som visas i **Fig. 4.22** sitter monterad runt solenoidkolvmontaget och säkerställer att huvudkontakten har öppnats innan pinjongen dras tillbaka. Genom detta undviks att motorn övervarvar när den blir utan belastning från motorn.

5 När motorn tänder kommer varvtalet på pinjongen att bli högre än armaturens varvtal. Rullarna i övervarvskopplingen **(Fig. 4.23)** kommer att koppla ifrån drivningen mellan axeln och kopplingskroppen. På detta sätt förhindras att motorn driver startmotorn. Rullarna är fjäderbelastade och beroende på rotationsriktningen är de antingen frirullande eller fastkilade mellan den drivande axeln och kopplingskroppen. Mera sällsynt används en typ av lamellkoppling till startmotorn för att skydda armaturen mot baktändning i motorn. Denna typ av koppling slirar även i drivriktningen om belastningen överstiger fullbelastningen två - tre gånger **(Fig. 4.24)**.

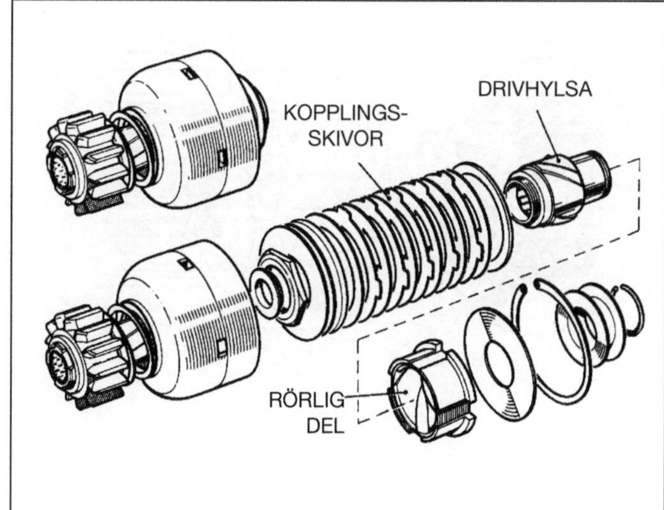

Fig. 4.24 Uppbyggnad av skivkoppling

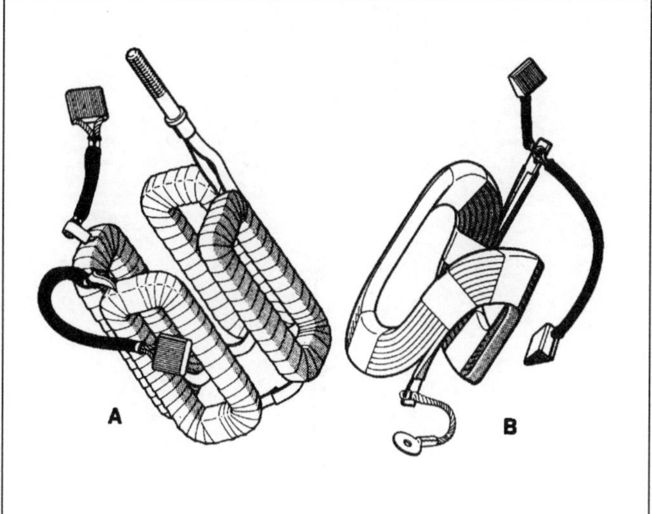

Fig. 4.25 Konventionella (A) och våglindade fältspolar

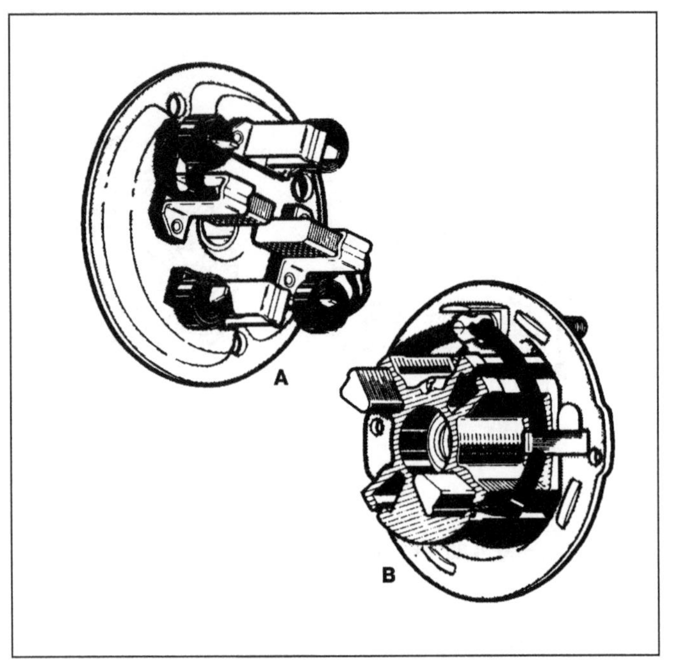

Fig. 4.26 Ändfästen för kommutatorer

A För trumkommutator B För skivkommutator

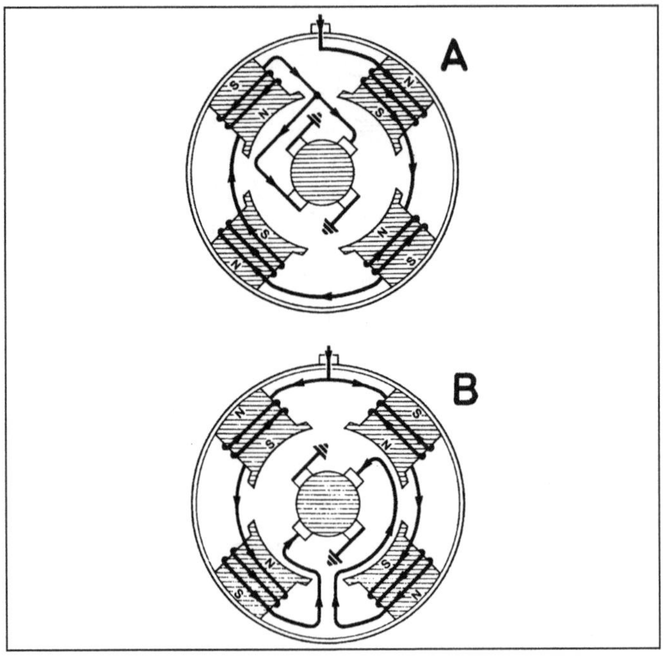

Fig. 4.27 Startmotorns inre krets

A Seriefält B Serie-parallellfält

12 Startmotorkonstruktion

1 **Fig. 4.2** ovan visar två olika armaturkonstruktioner. Lägg märke till de två olika lösningarna på kommutatorerna. Fältspolar visas i **Fig. 4.25**. Sedvanliga spolar visas i del A, där de är kopplade i serie-parallell. Del B visar våglindade spolar som är obrutet lindade utan sammankopplingspunkter. Ena änden på lindningen är kopplad till jord i magnetringen med en kabelringsko och den andra änden går till ett borstpar. Borstarna som visas här är avsedda för den skivformade kommutatortypen.

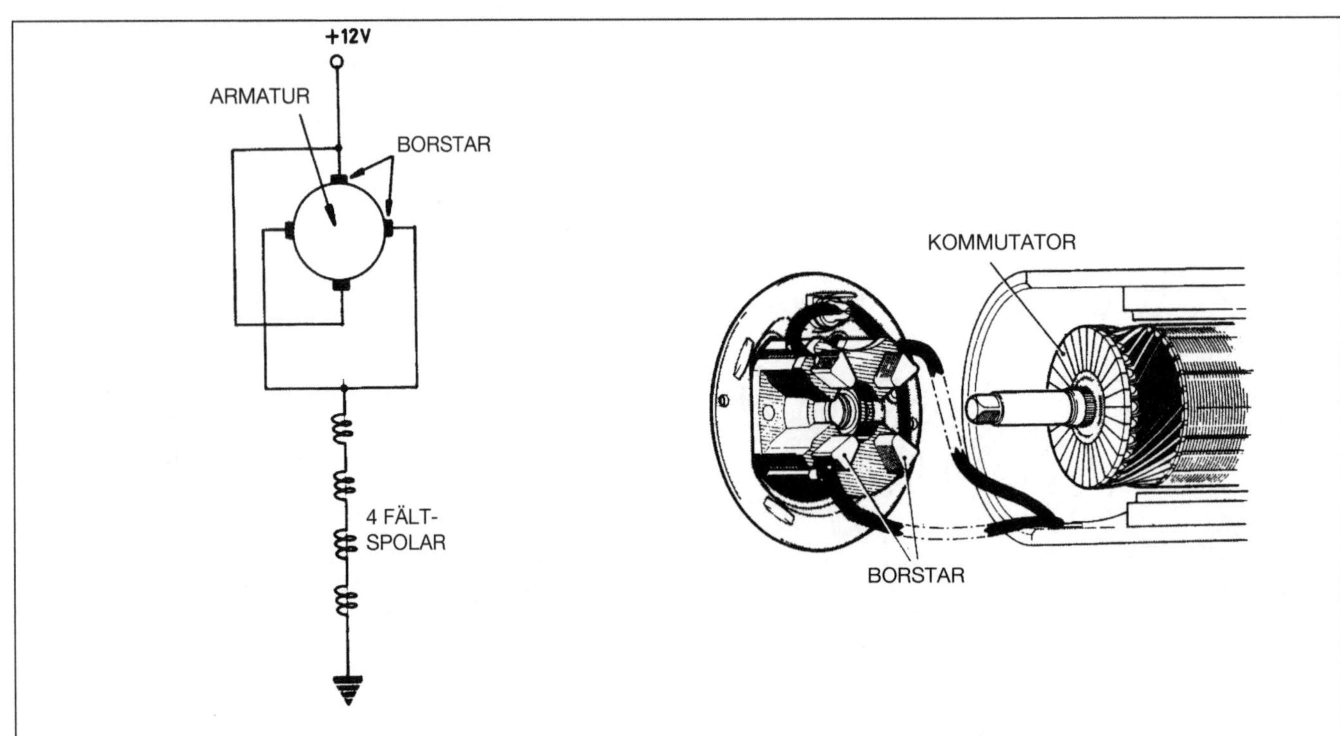

Fig. 4.28 4-polig startmotor med våglindade fältspolar och skivkommutator

Fig. 4.29 Förinkopplad startmotor med utväxling

1 Planetväxelaxel med spiralgående splines
2 Inre växeldrev (ringväxel), fungerar även som mellanlagring
3 Planetdrev
4 Armaturaxel med soldrev
5 Armatur
6 Kommutator

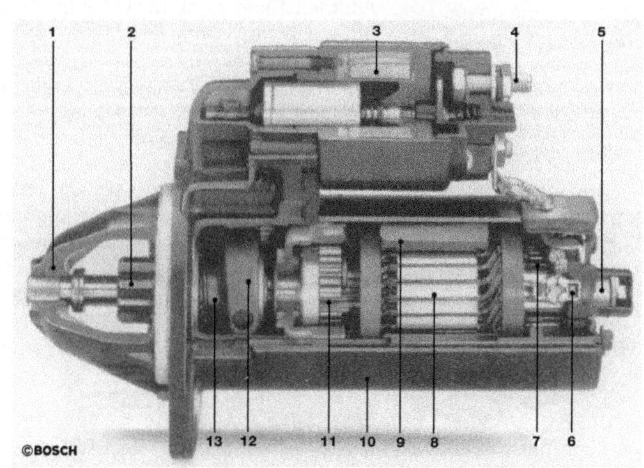

Fig. 4.30a Genomskärningsbild av Bosch DW, utväxlad transmissionsmotor med permanentmagneter

1 Kåpa över drivänden
2 Pinjong
3 Solenoidomkopplare
4 Anslutning
5 Kåpa över kommutatoränden
6 Borstplatta med kolborstar
7 Kommutator
8 Armatur
9 Permanentmagnet
10 Fältram
11 Planetväxel (mellantransmission)
12 Inkopplingsarm
13 Pinjonginkopplingsdrivning

Fig. 4.30b Schematisk bild av Bosch DW, utväxlad startmotor med permanentmagneter

1 Pinjong
2 Ringdrev
3 Övervarvskoppling av rulltyp
4 Inkopplingsarm
5 Planetväxel
6 Permanentmagnet
7 Armatur
8 Kommutator med kolborstar
9 Solenoidomkopplare med drag- och hållspolar
10 Startomkopplare
11 Batteri

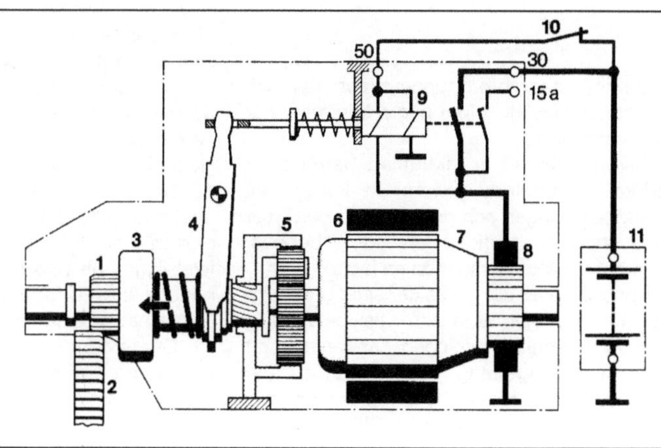

2 Borstarna är monterade på kommutatorns ändfäste, se Fig. 4.26:

(A) ett 4-borstars fäste att användas med trumkommutator. Två av borstarna går till fältspolen och två är jordade.

(B) visar borstfäste som är avsett för den skivformade kommutatortypen. Borstarna är där monterade i en bakelitform. Två av borstarna är kopplade till strömförsörjningen och två går till fältspolarna.

3 Fig. 4.27 visar anslutningarna för seriefält och serie-parallellfält. Lägg märket till att benämningarna beror på hur fältspolarna är kopplade till varandra. Båda motortyperna har dock fältspolarna i serie med armaturen och är således fortfarande seriemotorer.

4 Kopplingen av en modern startmotor med skivkommutator och våglindade fältspolar visas i **Fig. 4.28**. Fyra isolerade borstar används här, och fältspolarna är kopplade till jord.

13 Startmotor med permanentmagnet och växel

1 Ny utveckling har frambringat en lättviktsstartmotor med enkel uppbyggnad, som använder sig av permanentmagneter till fältet och med utväxlad kraftöverföring.

2 Fig. 4.29 visar armaturen och utväxlingsanordningen i startmotorn Bosch DW. Planetväxeln visar hur soldrevet (centraldrevet) är monterat på armaturen medan planetdreven överför vridmomentet till pinjongen utan några transversella krafter. Planetdreven är av stål och centraldrevet är tillverkat av en högvärdig polyamidblandning med mineraltillsatser för god slitstyrka. Denna startmotor är 40% lättare än en konventionell motor och passar till bensinmotorer med slagvolym upp till 5 liter. **Fig. 4.30** visar en genomskärningsbild.

14 Kontroller

1 Om inte startmotorn fungerar som den ska är det lämpligt att utföra några kontroller när den sitter på plats.

2 Givetvis är det är viktigt att batteriet är laddat. Kontrollera genom att koppla på huvudbelysningen och undersök att den lyser med normal styrka. Om det behövs, kontrollera batterisyran med en hydrometer.

3 Kontrollera att alla kontakter sitter ordentligt och att inte någon vit, elektrolytisk beläggning finns runt batterianslutningen. Om det hörs ett klick och ingenting mer inträffar när startnyckeln vrids om, beror detta vanligtvis på en dålig batteripolsko. Glöm inte att kontrollera att jordkabeln har god kontakt med chassit och motorn.

4 Med växeln i neutralläge och tändningen bortkopplad, genom att anslutningen vid tändspolens matning tagits bort, kör runt motorn om det är möjligt. Batterispänningen skall ligga i storleksordningen 10 volt, och motorn skall gå runt utan hinder vid normal temperatur. Om funktionen är trög, kan det bero på utslitet batteri med hög inre resistans, spänningsförluster i ledningar, kontakter eller i solenoiden eller defekt startmotor.

5 Om startmotorn inte driver runt motorn, koppla på startmotorn med startnyckeln och lyssna efter klicket från solenoiden (tröghetstypen) eller om det är en förinkopplad startmotor, lyssna efter rörelsen från solenoidkolven.

6 Om startmotorn är svag och det är fråga om en tröghetsaktiverad modell med separat solenoid, kontrollera spänningen mellan huvudanslutningarna (starkströmsanslutningarna). Före tillslag skall denna spänning vara lika stor som batterispänningen, cirka 12 volt. Vid tillslag skall spänningen helst sjunka till 0 volt men den skall i vilket fall som helst aldrig vara högre än 0,25 volt. Finns spänning över anslutningarna vid aktivering, tyder detta på oönskat resistivt spänningsfall i solenoiden. Detta fel går inte att åtgärda och solenoiden skall bytas.

Observera: Vissa modeller har en manuell tryckknapp under ett stort gummiskydd, eller en mindre plastknapp mellan huvudanslutningarna. Denna facilitet kan användas som en "ta sig hem"-utrustning om solenoidlindningen krånglar. Den kan även användas som ett hjälpmedel vid servicearbeten, för att starta motorn utan att behöva gå in i bilen.

7 Om startmotorn inte vrids runt men huvudbelysningen fungerar normalt och solenoiden arbetar så är startmotorn felaktig och måste bytas (se avdelning 15 för reparationshandledning).

8 Om startmotorn inte vrids runt och huvudbelysningen är svag, kan problemet ligga i att batteriet är dåligt eller i att solenoiddrevet fastnat. Det kan också hända att motorn skurit.

9 Om startmotorn snurrar snabbt utan att driva svänghjulet, kan detta bero på att pinjongen fastnat på axeln (tröghetsmodellen), eller om det är en förinkopplad startmotor, kan det bero på ett fel i solenoiden eller i övervarvskopplingen. Felet kan också vara att batterispänningen är låg, vilket pekar på ett fel i laddningskretsen.

10 Om det låter mycket och illa om startmotorn beroende på att den inte kopplas bort från svänghjulet när motorn startat, kan felet ligga i att pinjongdrevet fastnat. Om det handlar om en förinkopplad startmotor kan problemet vara att solenoidarmen kärvar.

11 Om motorn startar korrekt men det under drift hörs ett metalliskt skaller eller ringning, kan felet komma sig av en bruten Bendixfjäder (tröghetmodellen).

12 Om motorn startar men det när pinjongen skall kopplas ur hörs ett skarpt metalliskt ringljud eller krasande, ligger felet troligtvis i att pinjongens buffertfjäder är skadad eller kanske att drivaxeln är skadad.

13 Skrammel från solenoidkolven beror vanligtvis på ett avbrott i hållspolen. En möjlighet kan också vara ett dåligt laddat batteri; då belastningen från startmotorn sker sjunker spänningen så lågt att hållspolen inte orkar hålla kvar kolven. Detta är ett cykliskt fenomen.

15 Felsökning och reparation

Låst startmotor

1 Startmotorpinjongen kan ibland stanna i ingreppsläge. Detta är ofta ett symptom på slitna kuggar på pinjongen och/eller svänghjulskransen. Genom att gunga bilen fram och tillbaka med tredje växeln ilagd (tändningen avslagen), brukar pinjongen släppa greppet och återgå till normalläge. Alternativt kan en skruvnyckel användas för att vrida om den fyrkantiga änden på startmotoraxeln.

Observera: På nyare startmotorer kan denna utstickande ände på axeln saknas. Försök i så fall att lossa de genomgående bultarna till startmotorn och dra armaturen bakåt. Fungerar inte detta, skruva då loss startmotorn och undersök om kuggarna på pinjongen och svänghjulskransen är skadade eller slitna. Symptomen på en låst startmotor är att motorn inte vrids runt och att belysningen är svag. Var dock försiktig , en smutsig batterianslutning ger samma symptom.

Borstar

2 Vid borttagning av startmotorn från fordonet skall batteriet först kopplas bort. Tag bort skydden över borstarna och lyft upp dem ur hållarna. Kontrollera deras längd och byt ut dem om de är kortare än 8 mm.

Drivning

3 Tröghetsdrivningen skall därefter undersökas. Fjädern skall vara så spänd att det inte med handkraft går att vrida den på axeln - vid tveksamhet, byt fjädern. Smuts på drivningen kan medföra att den kärvar, med resultat att inget eller svagt ingrepp uppnås mellan pinjongen och svänghjulet.

4 Rengör drivningen med bensin eller denaturerad sprit och en borste. Bearbeta drivningen för hand tills den rör sig fritt. Var försiktig med smörjning - axeln kan oljas in lätt men spiralspåren måste vara torra och rena. Bra resultat har uppnåtts genom att lätt gnugga arbetsytorna med en mjuk blyertspenna. Olja och fett drar till sig vägdamm och orsakar felfunktioner. Molykiron (SAE 5) rekommenderas, men finns det inte tillgängligt så låt bli att smörja och lämna den torr.

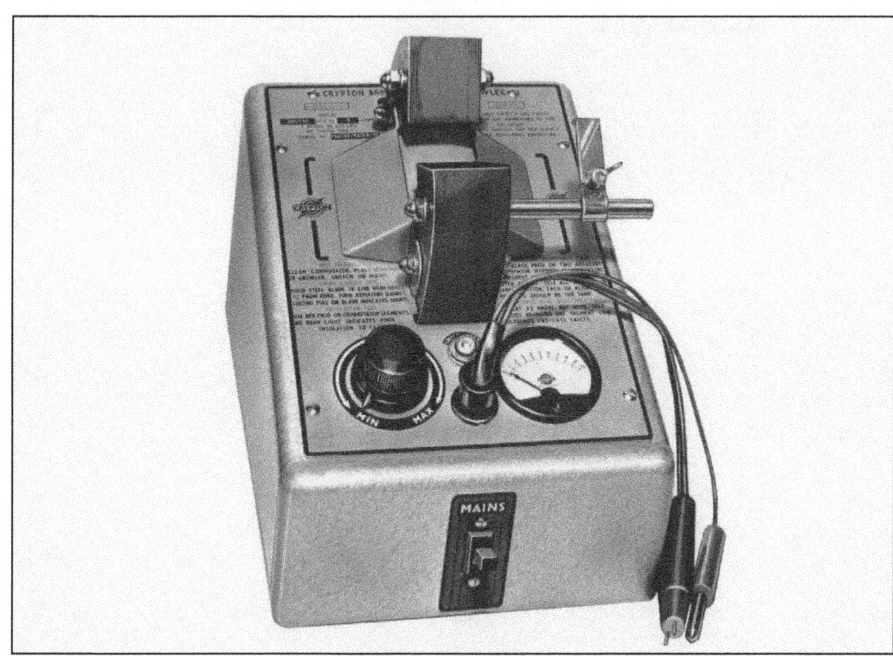

Fig. 4.31 Grovler
Med tack till FKI Crypton

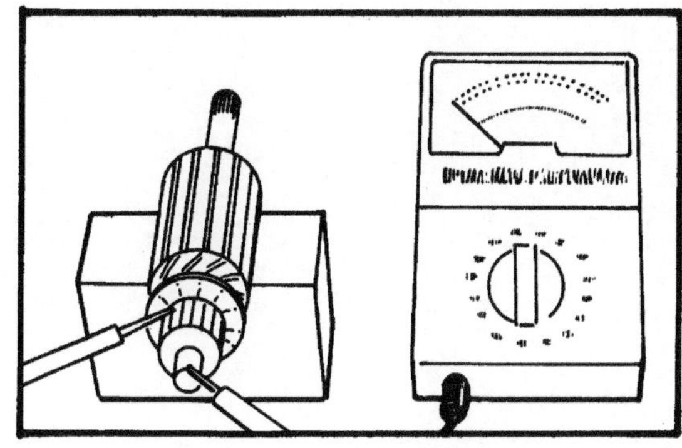

Fig. 4.32 Isolationskontroll mellan kommutator och axel

Lagringar

5 Förslitning av lagren kan inträffa. Detta visar sig genom att drivaxeln kan röras i sidled. För att byta ut lagren skall armaturen först avlägsnas och de gamla lagren knackas ut med ett dorn. Som utbyteslager kan grafit eller bronsbussningar erhållas och de kan behöva ligga i olja före montaget.

Elektriska kontroller

6 Armaturen och fältspolarna är kopplade i serie. Strömmen kommer in via huvudanslutningen, flyter genom fältspolarna, når armaturen via borstarna och kommer till fordonschassit via jordborstarna **(Fig. 4.27)**.

7 Fältspolarna som tillverkas av aluminium- eller kopparband skall isolationsmätas mot ramen. Först dras borstarna tillbaka eller avlägsnas från hållarna. Motståndsmät sedan mellan huvudanslutningen och ramen, instrumentet skall visa oändligt eller mycket högt motstånd. Ett alternativ är att använda ett batteri och en glödlampa och ansluta på samma sätt som med motståndsmätaren. Glödlampan skall inte lysa.

Observera: I Lucas startmotor med skivkommutator är ena änden på fältlindningen jordad. Detta medför att denna del av kontrollproceduren måste modifieras, men principerna är de samma.

8 Om indikationer finns på genombrott i spolen, måste polskorna, komplett med omgivande fältspolar, avlägsnas. Sannolikt måste en slagmejsel användas eftersom polskoskruvarna sitter mycket hårt. Lokalisera felet genom att titta efter förkolnad isolering. Skadan kan repareras om ledningsbandet isoleras med tejp och helst lackeras med shellac.

Kommutator

9 Kommutatorsegmenten skall inspekteras noggrant. Omkringkastat lödtenn tyder på överhettning, men med försiktighet är det möjligt att löda om armaturspolarna till kommutatorn. I det fallet skall det kontrolleras att inga överlödningar mellan segmenten förekommer.

10 En kommutator av trumtyp kan rengöras med finkornigt sandpapper (använd aldrig smärgelduk). Är kommutatorn mycket sliten måste den trimmas i en svarv. En kommutator av skivmodell skall bara rengöras med denaturerad sprit och aldrig med något slippapper.

Armatur

11 Ibland kan armaturer bli sönderkörda vid för höga varvtal. Detta kan inträffa om ingreppsdrivningen är felaktig eller om startnyckeln är i startläge för länge efter det att motorn startat. I denna situation kan allvarliga fel inträffa när armaturledarna kastas ur sina spår av centrifugalkraft. Att reparera är svårt, om inte omöjligt och en utbytes armatur krävs.

12 På samma sätt är det om isoleringen bryts igenom mellan armaturledarna och stålmagnetringen. Det är knappt någon ide att försöka linda om armaturen, även om det kan lyckas.

13 Med hjälp av en grovler kan kortslutningar i armaturlindningarna upptäckas **(Fig. 4.31)**. Genom att placera armaturen i V-urtaget på grovlern med strömmen påkopplad, kommer växlande magnetfält att induceras i armaturkärnan. En kortsluten spole får en kraftig ström inducerad i sig genom transformatorverkan. Om ett stålblad (ett bågfilsblad), hålls över armaturen, kommer det att vibrera ljudligt vid platsen för en eventuell kortslutning. Det är värt försöket att rengöra armaturbommarna och spoländarna närmast felet. Sker ingen förbättring skall armaturen bytas.

14 Finns ingen grovler tillgänglig, är det betydligt svårare att hitta kortslutningen. För att mäta upp felet krävs en mycket känslig motståndsmätare, eftersom motståndet i ledningen är så lågt. I bland kan synliga brännmärken upptäckas.

15 En bättre metod för att hitta kortslutningar är att släppa igenom en ström på kanske 10 ampere genom lindningen via borstarna. Mät samtidigt spänningen mellan angränsande kommutatorsegment med en känslig spänningsmätare och spetsiga sonder. Variationer i spänningsfallet indikerar att en kortsluten spole är ansluten till de två segmenten.

16 Isolationskontroll mellan armaturlindningen och axeln eller mellan kommutatorn och axeln kan göras med två ledningar i serie med ett 12 volts batteri och en 6 watts glödlampa eller med hjälp av en motståndsmätare **(Fig. 4.32)**. Motståndet skall vara mycket högt mellan armatur- / kommutatorlindningen och axeln. Glödlampan skall alltså inte lysa och om ett mätinstrument används skall resistansvärdet vara mycket högt.

Anteckningar

Kapitel 5
Batterier

Innehåll

1 Sekundärbatterier

1 Det utbytbara batteriet som används i t.ex. ficklampor och radioapparater kallas för primärbatteri och används inte i fordon. Sekundärbatteriet, som går att ladda om, har dock många användningsområden.

2 Nästan alla fordon använder batterier av bly-syra typ, förutom vissa som använder stål-alkaliska batterier. I detta kapitel behandlas endast blybatterier.

3 Batteriet består av ett antal sammankopplade celler. Batterispänningen blir summan av de enskilda cellernas spänning. Ett 12 volts batteri består av sex seriekopplade 2 volts celler (Fig. 5.1).

4 I verkligheten är batterispänningen inte exakt 12 volt utan kan bli så hög som 14.5 volt vid laddning och 10.8 volt när det är helt urladdat.

5 Blybatteriets utmärkande egenskaper är följande:

(a) *Det kan laddas upp efter att ha avgett sin elektriska energi.*

(b) *Den inre resistansen är låg, vilket medför att hög ström kan lämnas till startmotorn utan alltför stort spänningsfall vid anslutningen.*

(c) *Den flytande elektrolyten består av utspädd svavelsyra som är frätande. Elektrolyten skall ej tillåtas att få kontakt med ögon, hud, kläder eller billack. (Skölj noggrant med stora mängder kallt vatten vid syraolyckor.)*

(d) *Vid laddning avges väte och syre. Denna gasblandning är explosiv och inga gnistor, cigaretter eller lågor får förekomma vid batteriets laddningsplats.*

(e) *Vid laddning försvinner vatten från batteriet (förutom i vissa underhållsfria batteriet som behandlas senare) och därför måste batteriet med jämna mellanrum fyllas på med destillerat eller avjoniserat vatten. OBS! Vanligt vatten duger inte.*

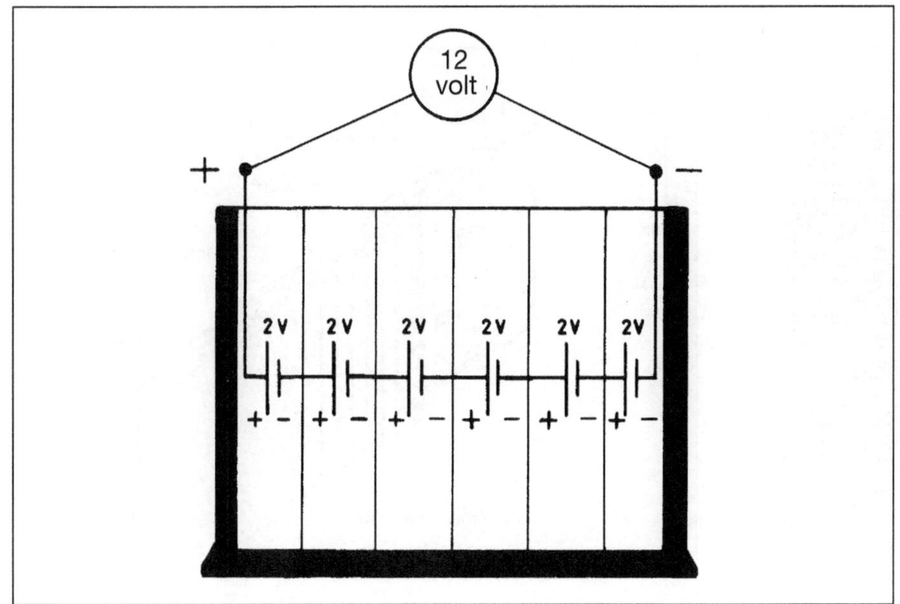

Fig. 5.1 Seriekopplade battericeller

6 För att kemiskt kunna lagra och avge energi krävs att två plattor av olika ledande material är placerade på litet avstånd från varandra i en elektriskt ledande vätska - elektrolyten. I bilbatteriet finns i varje cell ett antal nät av blyantimon. Maskorna i nätet är fyllda med blyoxidpasta. Vid tillverkningsprocessen omvandlas detta till blyperoxid (chokladfärgat) vid de positiva plattorna och till blysvamp (gråfärgat) vid de negativa.

7 När batteriet är laddat består nätets maskor till huvuddelen av blyperoxid och svampbly. Detta är två olika ledande metaller. Vid urladdning omvandlas dessa ämnen kemiskt till blysulfat.

8 Kemiska utfyllnadsseparatorer används mellan plattorna. Ursprungligen tillverkades dessa av trä eller poröst gummi men nu används pappersbaserade material som konstrueras med icke porösa band. Vid vissa tillämpningar används sintrad PVC, med eller utan en stödmatta av glasfiber **(Fig. 5.2)**.

9 Separatorerna måste vara starka, för vid kraftig laddning och urladdning av batteriet kan blyplattorna svälla och ändra form. Dessutom måste de ha korrekt porstruktur för att tillåta elektrolytflödet. Om porerna är för smala skapas ett inre motstånd som minskar polspänningen när stora strömmar krävs.

10 Batteriets kapsling tillverkades tidigare av asfalt och asbest, men nu för tiden används polypropylen **(Fig. 5.3)**. Polypropylen är ett genomskinligt plastmaterial genom vilket nivån på batterivätskan är synlig, dessutom är materialet stöttåligt och har låg vikt.

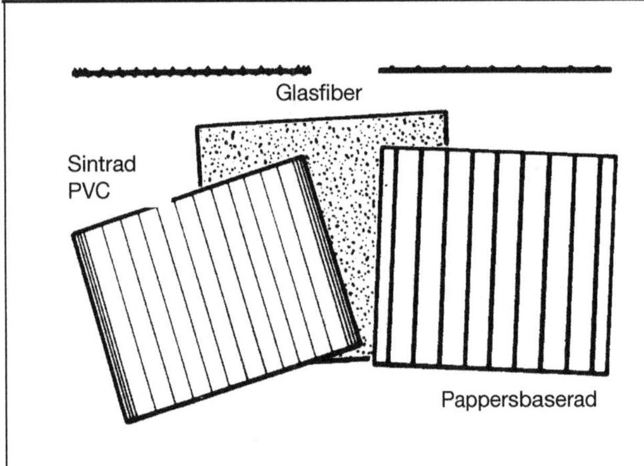

Fig. 5.2 Separatorer

Fig. 5.3 Batterikapsling av polypropylen

2 Konstruktion

1 Näten i batteriet har två funktioner:

(a) *Att leda elektricitet till och från de aktiva materialen i batteriet*

(b) *Att stödja och hålla de aktiva materialen på plats **(Fig. 5.4)***

Näten till de positiva polerna är vanligtvis tjockare än näten till de negativa polerna. I ett standardbatteri av ett visst fabrikat är de positiva näten 1,52 mm tjocka och de negativa 1,40 mm. Högbelastningsbatterier kan ha nät som är upp till 6,35 mm. Tidigare användes en negativ platta mer än positiva. Numera används ofta en extra positiv platta eftersom detta ger möjlighet att ta ut större ström vid lika stor batterivolym. **Fig. 5.5** visar grupper av batteriplattor och i detta fall visas en extra negativ platta. Sammansättningsprinciperna är de samma för batterier med en extra positiv platta. Näten är av bly men med viss tillsats av legeringsämne för att göra dem styvare och lättare att tillverka. Legeringsämnet kan vara antimon, eller för underhållsfria batterier, kalcium. Antimon förhindrar elektrolytförgasning och därmed förlust av denna. Kalcium används av samma anledning men speciellt då minimal förgasning krävs. Utan legeringsämnen i blynäten är tillverkningen en precisionsoperation.

2 Batteriets aktiva material består av en pasta av blyoxid, vatten och svavelsyra. Syran reagerar med blyoxiden och skapar blysulfat som gör plattan hårdare. Genom svavelsyrans inverkan ökar plattan till den maximala tjocklek som behövs för arbetet. Både de positiva och negativa plattorna består av samma grundmaterial, med den skillnaden att de negativa plattorna även innehåller vissa tillsatser som bariumsulfat, kimrök eller ligninblandningar.

Tillsatsämnena förbättrar batteriets köldprestanda genom att förhindra att svampblyet i de negativa plattorna hårdnar, vilket annars skulle sänka batterikapaciteten.

När näten fyllts med den aktiva pastan placeras de i en svag syralösning och formas genom att en ström skickas genom dem. Därefter torkas de och om de då exponeras för luft kommer ett visst laddningsbortfall att ske genom syrets inverkan på plattan. Batterier som tillverkas på detta sätt är "torrurladdade" och behöver laddas på nytt innan de används. Om batteriet skall säljas som "torrladdat" torkas plattorna med hjälp av överhettad vattenånga utan att komma i kontakt med luft.

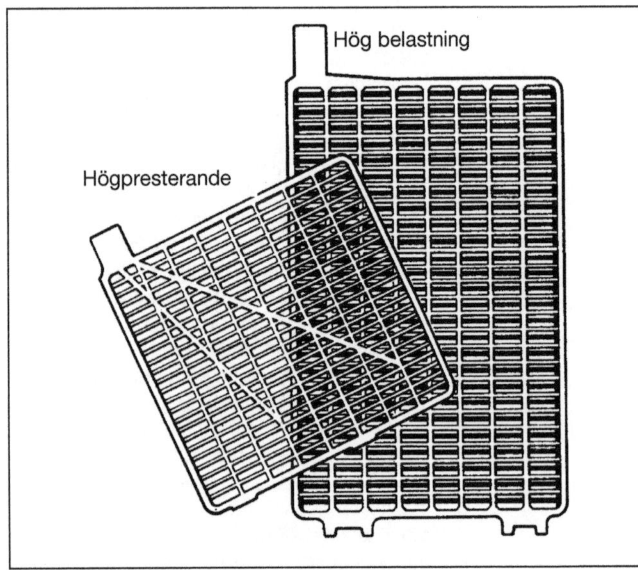

Fig. 5.4 Batterinät (ofyllda)

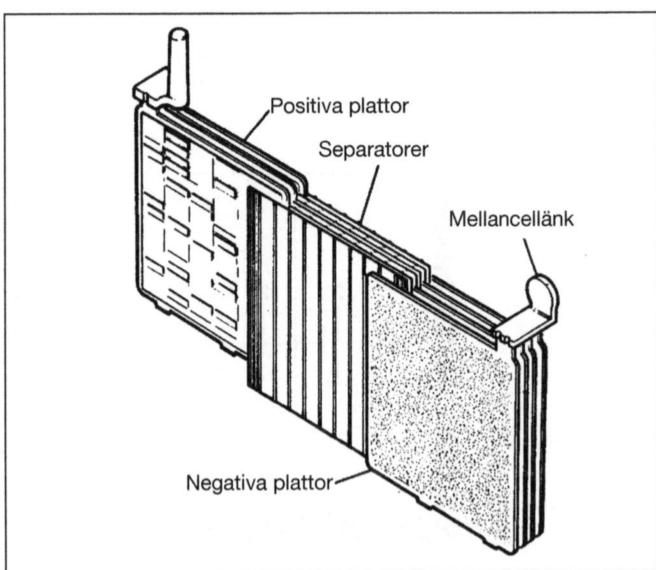

Fig. 5.5 Plattgrupp

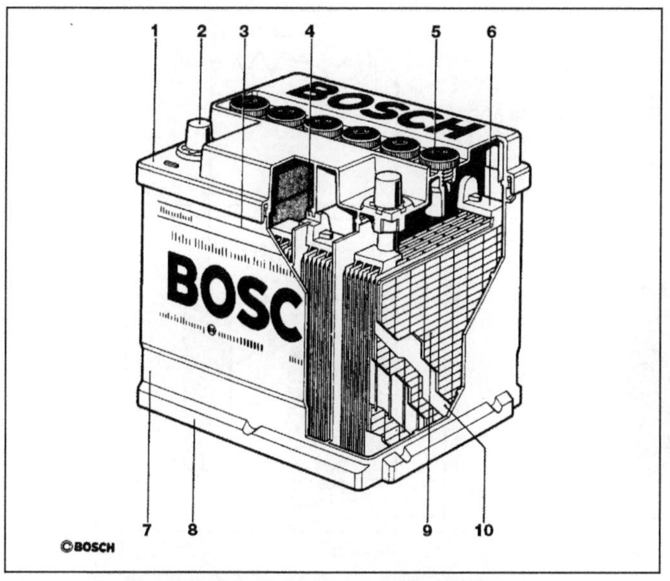

Fig. 5.6 Konstruktion av ett Bosch-batteri

1 *Toppkåpa*
2 *Batteripol*
3 *Nivåmarkering för elektrolyten*
4 *Mellancellanslutning*
5 *Ventilationsplugg*
6 *Plattanslutning*
7 *Batterikapsling*
8 *Bottenfläns*
9 *Positiva och negativa plattor*
10 *Separatorer av plast*

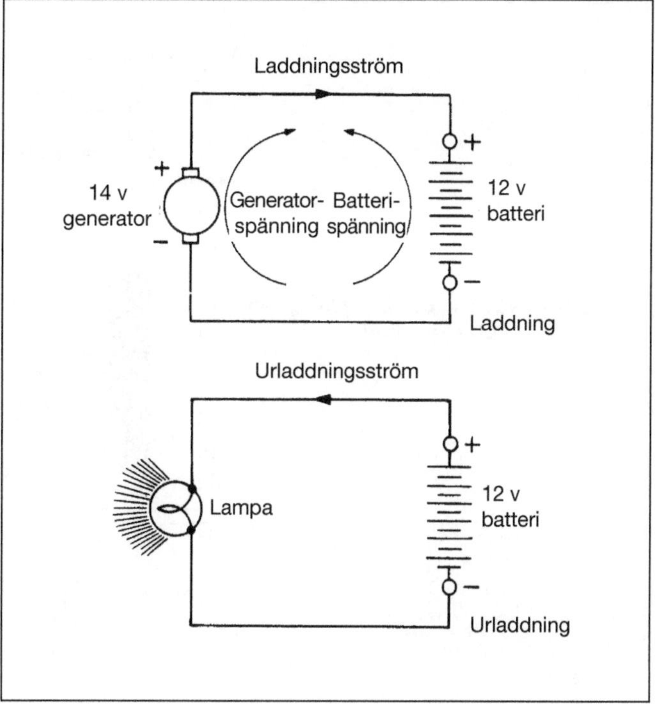

Fig. 5.7 Laddnings- och urladdningsfunktion

3 Plattorna placeras därefter i grupper + - + - o.s.v. med en separator mellan varje plattpar. Separatorns flänsar ligger alltid i kontakt med den positiva plattan för att på detta sätt skapa den högsta koncentrationen av elektrolyt vid denna. Normalt är inte antalet plattor i varje cell färre än 6. För att skapa lägre inre resistans och därmed möjliggöra större strömuttag används ett större antal plattor i grupperna i högkvalitetsbatterier.
4 Cellerna kopplas ihop med mellancells-anslutningar som går igenom skiljeväggarna. Detta visas tydligt i **(Fig. 5.6)** av ett Bosch-batteri.

3 Laddning och urladdning

1 Vid laddning av ett batteri tvingas ström in i det i motsatt riktning mot den normala. Detta liknar förfarandet att fylla en tank genom dess utlopp **(Fig. 5.7)**. Batteriet lämnar alltid likström och därför krävs det också en likström för att ladda det. Laddnings-spänningen måste alltid vara högre än batterispänningen för att ström skall kunna tvingas in i batteriet. Om batterispänningen till exempel är 12 volt, behöver laddnings-spänningen vara mellan 14 till 16 volt beroende på hur snabbt batteriet skall laddas och hur stor batteriets inre resistans är.
2 I **Fig. 5.8** visas vad som händer inuti batteriet vid laddningen. Strömflödet delar upp elektrolyten och syret från denna förenas med blyet i +ve plattan och bildar blyperoxid. Båda plattorna avger sulfatjoner som bildar svavelsyra i elektrolyten. Den negativa plattan ombildas till svampbly.
3 På detta sätt ombildas de positiva och negativa plattorna efterhand som laddningen fortskrider och koncentrationen av svavelsyra ökar i elektrolyten. Vikten på elektrolyten ökar genom svavelsyrabildningen och blir större efterhand som laddningen fortskrider.
4 Vid urladdning av batteriet sker reaktionen i motsatt riktning. Strömflödet i cellen bryter ner syran så att det sulfat som lämnar den förenas med blyet både i +ve och -ve plattorna och bildar blysulfat. På det sättet kommer plattorna att innehålla samma sorts ämne. Dessutom lämnar syre +ve plattan och återgår till elektrolyten där det bildar vatten. Genom detta blir elektrolyten utspädd och dess specifika vikt minskar.
5 Genom att mäta tätheten på elektrolyten med en hydrometer erhålls information om batteriets laddningstillstånd.
6 I **Fig. 5.9** visas utseendet på en hydrometer. Den består av en uppsugningsbehållare med en inre flytkropp. Spetsen sätt ner i en battericell och tillräckligt med elektrolyt sugs upp för att flottören skall kunna avläsas. Under förutsättning att syra med korrekt specifik vikt användes vid den första fyllningen så lämnar mätvärdet en god indikation på batteriets laddningstillstånd.
7 Temperaturen påverkar elektrolytens volym och därmed dess specifika vikt. Därför måste temperaturkompensering av mätvärdet göras. Volymen ökar när temperaturen stiger och därmed minskar vikten per volymenhet dvs. den specifika vikten. Tillverkarnas mätvärden anges under förutsättningen att omgivnings-temperaturen är 15°C och därför måste mätningar vid andra temperaturer korrigeras.

En tumregel är att:

Specifika vikten minskar med 0,007 per 10°C ökning över 15°C

Specifika vikten ökar med 0,007 per 10°C sänkning under 15°C

Om t.ex. ett mätvärde vid 25°C visar 1.22 så är:

Specifik vikt vid 15°C = 1,22 + (1 x 0,007)
= 1,227

8 Vid klimatförhållanden som normalt ligger under 25°C är följande värden typiska för ett batteri i gott skick:

Kondition/användning	**Specifik vikt**
Syrafyllning	1,260
Cell, fulladdad	1,270 till 1,290
Cell, laddad till 70%	1,230 till 1,250
Cell, urladdad	1,110 till 1,130

I **Fig. 5.10** visar en kurva förhållandet över hela laddningsområdet. I denna bild förutsätts att batteriet är i bra kondition.
9 Enligt SI-systemet (Systém Internationale) mäts styrkan i elektrolyten i enheten gram per kubikmeter (g/m^3) vid 25°C.

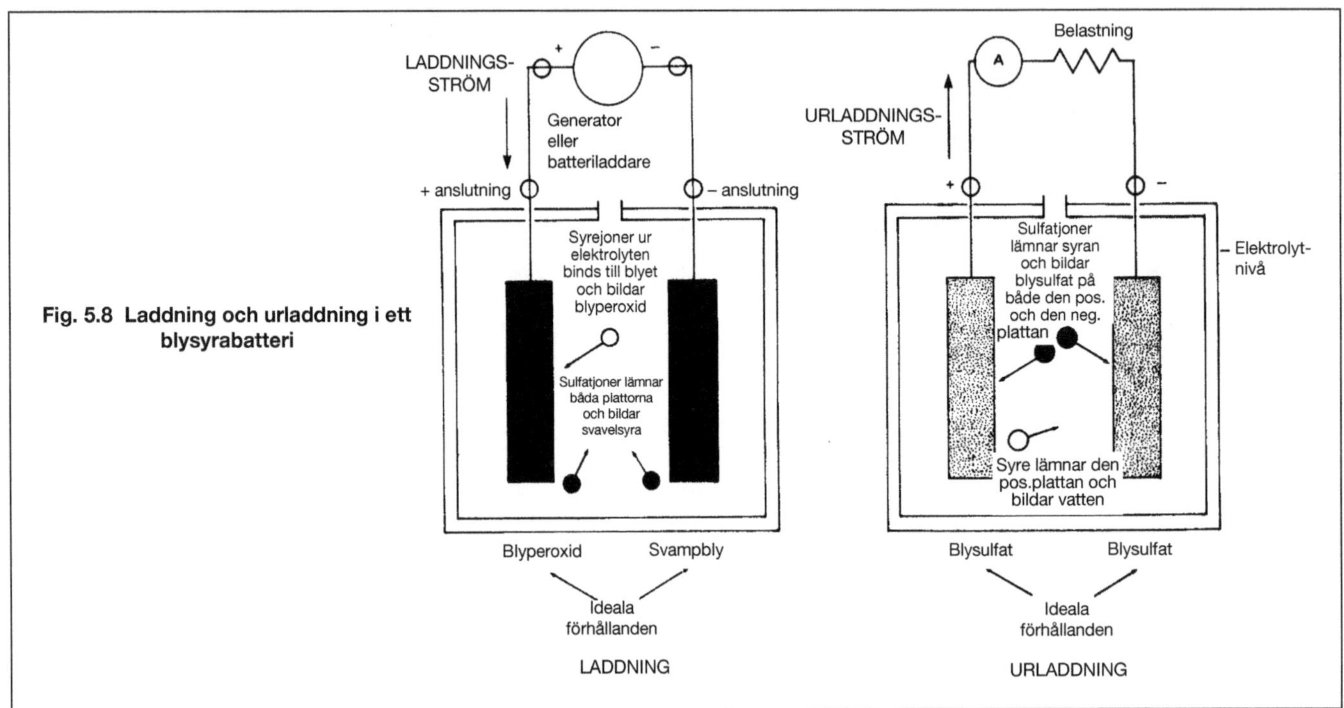

Fig. 5.8 Laddning och urladdning i ett blysyrabatteri

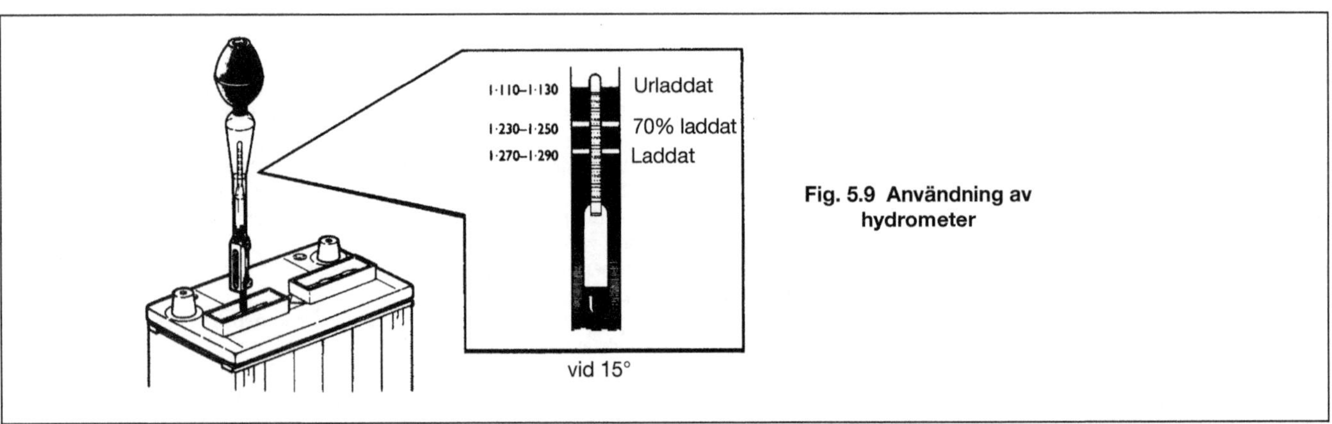

Fig. 5.9 Användning av hydrometer

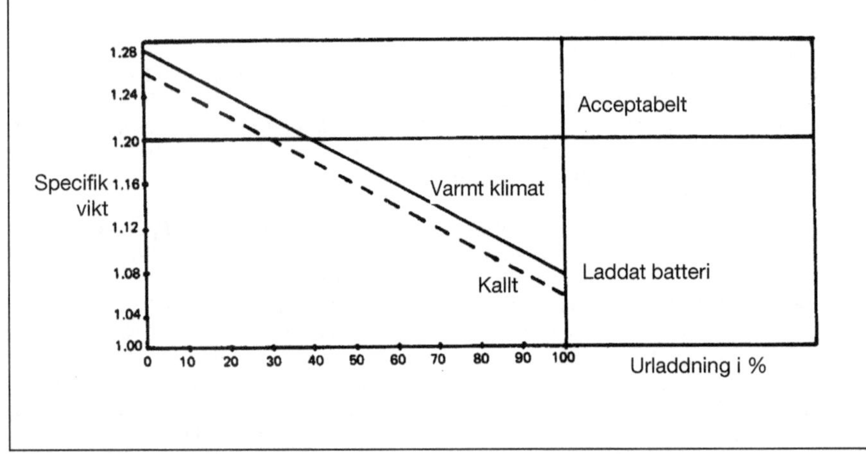

Fig. 5.10 Batterisyrans specifika vikt under urladdning

Detta kan mätas med en hydrometer som visar den specifika vikten.

Korrigering måste ske med hänsyn till temperaturen om mätning sker vid annan temperatur än 25°C.

Korrektionsfaktorn är i storleksordning 7 kg/m³ för varje 10°C skillnad från 25°C.

Om elektrolytdensiteten mäts vid 45°C och mätvärdet är 1 250 kg/m³, så kommer elektrolyten att vid 25°C vara tyngre – det korrigerade värdet kommer att vara:

Densitet vid 25°C = 1 250 + (2x7)
= 1 264 kg/m³

I tabellen på nästa sida visas att den specifika vikten (korrigerad till 25°C) och densiteten är nästan identiska förutom att densiteten är 1 000 gånger större. Det är även intressant att se hur dessa siffror ändras beroende på procentsatsen av svavelsyra (H_2SO_4,) i elektrolyten.

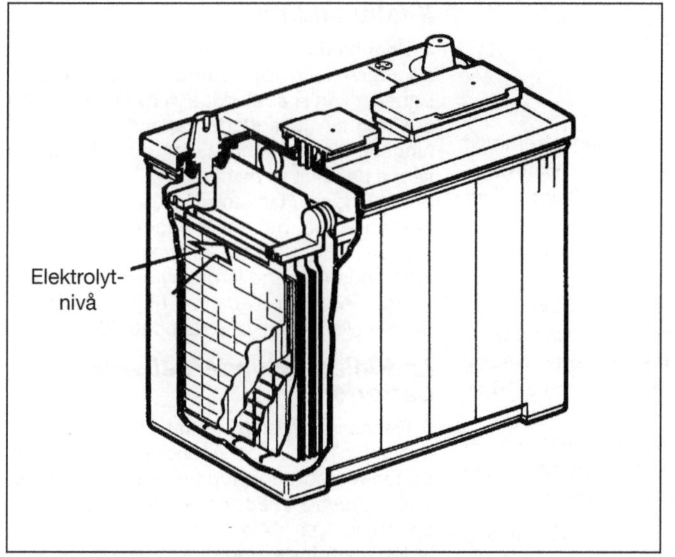

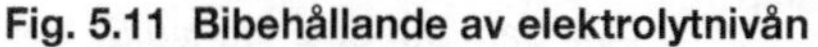
Fig. 5.11 Bibehållande av elektrolytnivån

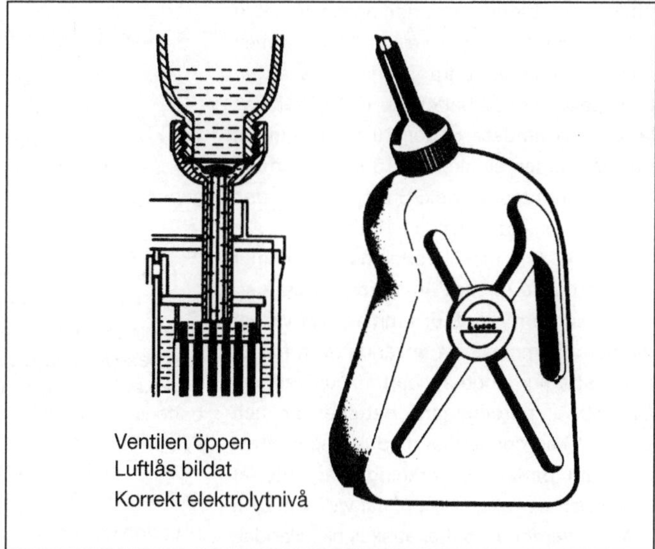

Fig. 5.12 Lucas batterifyllare

Specifik vikt (25°C)	Densitet kg/m³ (25°C)	Svavelsyra %
1,100	1 099	15
1,137	1 136	20
1,176	1 175	25
1,216	1 215	30
1,257	1 256	35
1,274	1 273	37
1,300	1 299	40

Påfyllning

10 I slutet av laddningsperioden avges syre från den positiva plattan och vätgas från den negativa genom den kemiska reaktionen. Detta beror på den kemiska sönderbrytningen av vattnet i elektrolyten och av detta följer att vatten långsamt förloras ur batteriet och måste återfyllas. (Se dock avdelningen om underhållsfria batterier.) För att fylla upp elektrolytnivån i cellerna till korrekt nivå skall destillerat eller avjoniserat vatten användas. **Fig. 5.11** visar att denna nivå är precis ovanför batteriplattorna. I bland används fyllningsflaskor för påfyllning av vatten och det är då viktigt att inte pressa ner munstycket för hårt så att batteriplattor eller separatorer vidrörs. Ofta är en skyddsplatta placerad ovanför de känsliga delarna i batteriet för att förhindra sådan beröring. En påfyllningsflaska från Lucas visas i **Fig. 5.15**. Vid påfyllning pressas munstycket lätt ner i cellerna i tur och ordning varvid en ventil öppnas och tillåter vattnet att strömma ner i cellen tills dess att korrekt nivå uppnås och vattenflödet stängs. När flaskan avlägsnas stängs ventilen och förhindrar spill.

4 Batterikapacitet

1 Batterikapacitet kan mätas på flera olika sätt men är alltid beroende av batteriets konstruktion. Kapaciteten är ungefär proportionerlig mot den totala arean på plattorna och det är därför som batterierna består av flera tunna plattor i stället för enstaka stora + och - plattor. Elektrolytens volym är också viktig och nivån skall aldrig falla under överkanten på batteriplattorna. Den aktiva ytan på plattorna minskas efterhand med tiden genom den sulfatering som uppstår.

2 Hur kapaciteten definieras beror på vilken egenskap som skall visas. Om till exempel information behövs om hur länge batteriet kan urladdas med 25 A med motorn avstängd, skall siffran för **reservkapacitet** användas. Men trots allt är batteriets huvuduppgift att lämna en hög ström till startmotorn under en kort tid. Efter detta förses fordonets belastningar med ström från växelströmsgeneratorn. Under dessa förutsättningar är det siffran för **kallstartskapacitet** som skall användas. Slutligen anger amperetimmevärdet hur mycket ström batteriet maximalt kan lämna under en viss tidsperiod.
Nu granskar vi de olika uppgifterna mer i detalj:

Kallstartskapacitet är den angivna ström som batteriet lämnar vid -18°C under en specificerad tidsintervall när batterispänningen faller till ett givet slutvärde. Olika standarder används för detta, bland andra BS (brittisk standard), DIN (tysk standard) och SAE (Society of Automobile Engineers).

Kallstartsvärdet är när strömmen i ampere avges vid -18°C tills dess att spänningen faller till:

Standard	Tidsintervall	Slutspänning
BS	60 sekunder	8,4 volt
DIN	30 sekunder	9,0 volt
SAE	30 sekunder	7,2 volt

SAE nivåerna brukar vara de högsta och därför är det viktigt att använda **samma standard** när batterier skall jämföras.

Tyska batterier är stämplade med en femsiffrig tillverkningskod som åtföljs av uppgifter om nominell spänning, nominell ampere/timme-kapacitet och kallstartskapacitet. Till exempel:

00111 12 V 60 Ah 300 A

Reservkapacitet. Definieras som tiden i minuter som krävs innan batterispänningen sjunker till 10,5 volt, när batteriet belastas med 25 ampere vid temperaturen 25°C.

Ampere/timme-uppgiften. Denna uppgift indikerar hur mycket energi, mätt i ampere/timmar, som kan förväntas från ett fulladdat batteri innan det urladdas till spänningen 1,8 volt per cell (eller 10,8 volt för ett 12 volts batteri). Urladdningshastigheten mättes tidigare under 10 eller 20 timmar men numera används bara 20 timmarsvärdet. Exempelvis kan ett batteri på 50 Ah förväntas lämna 2,5 ampere under 20 timmar innan polspänningen sjunker till 10,8 volt. Om en högre ström tas ut, t.ex. 5 ampere, blir den teoretiska urladdningstiden 10 timmar (5 A x 10 h = 50 Ah), men i verkligheten kommer tiden att vara mindre än dessa 10 timmar, troligtvis närmare 8,6 timmar. Ah-värdet (ampere/timme) värdet används även för att uppskatta hur länge ett batteri skall laddas. Om 50 amperetimmars batteriet är helt urladdat kan det laddas med 5 ampere men eftersom batteriets verkningsgrad inte är 100% behöver strömmen oftast vara cirka 1,3 x Ah-värdet för att batteriet skall bli fulladdat. Om laddningsströmmen 5 ampere används behöver laddningen därför ske under 13 timmar för att batteriet skall bli fulladdat.

3 Batterikapaciteten påverkas även av temperaturen. Eftersom de kemiska reaktionerna sker snabbare vid högre temperaturer och elektrolyten lättare passerar de porösa separatorerna när den är varm, ökar batterikapaciteten vid högre temperaturer.

5 Laddningsström

1 I fordonet bestäms laddningsströmmen automatiskt av växel- eller likströmsgeneratorns regulator. Denna kommer att bero på batteriets laddningstillstånd vilket i sin tur påverkas av tidigare belastningar och även av batteriets ålder och skick.

2 Om laddningsströmmen vid användning av batteriladdare behöver bedömas och batteriet inte behöver snabbladdas, brukar en lämplig uppskattning vara mellan 1/10 och 3/10 av batterikapaciteten.

3 Exempel: Om ett 36 Ah batteri är helt urladdat behöver amperetimmeinmatningen vara 46,8 (36x1,3), och vid 1/10-delsnivån:

Laddningsström = 1/10 x 46,8
= ca. 5 ampere

4 I **Fig. 5.13** visas hur en högströmsladdare kan användas för att ladda flera batterier samtidigt. Anslutning eller frånkoppling av batterier skall alltid ske när huvudströmmen är bruten för att minimera risken att gnistor tänder gasen från batterierna som laddas.

Observera: I det visade exemplet skall spänningssumman för varje laddningsgren vara 24 volt.

Snabbladdning

5 Snabbladdning skall endast ske vid nödlägen och då utföras med omsorg. Batterier kan snabbladdas till mellan 70% och 80% av sin fulladdade kapacitet om laddningsströmmen stegas ner och inte tillåts värma batteriet till mer än 43°C.

Snabbladdning tar vanligtvis 30 till 60 minuter beroende på batteriets laddningsnivå vid starten **(Fig. 5.14)**. Korrekt utfört skall laddningen kontrolleras av en termostatbrytarsond som placeras i någon av de två mittre cellerna i ett 12 volts batteri **(Fig. 5.15)**.

Laddning av underhållsfria batterier

6 Denna batterityp skadas lättare av överladdning. Om det är nödvändigt att ladda batteriet med bänkladdare skall denna helst vara försedd med en konstant utgångsspänning på 14,4 volt. Efterhand som laddningen fortskrider kommer batterispänningen att öka samtidigt som laddningsströmmen minskar. Laddningen skall avbrytas när strömmen har stabiliserats.

Viktiga punkter vid laddning av underhållsfria batterier:

(a) Snabbladda aldrig
(b) Ladda aldrig med en laddare som lämnar högre spänning än 15,8 V
(c) Fortsätt aldrig att ladda när batteriet börjat avge gas

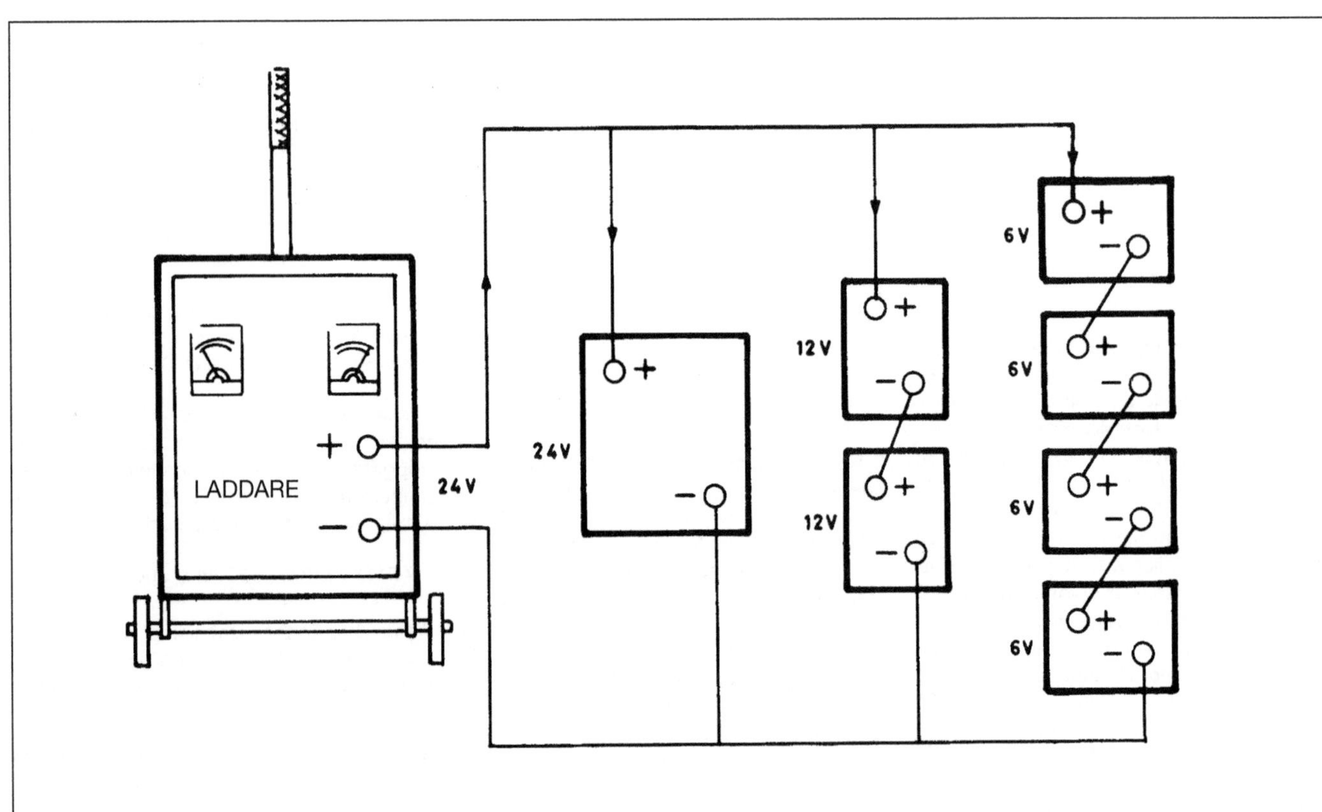

Fig. 5.13 Serie-parallell laddning

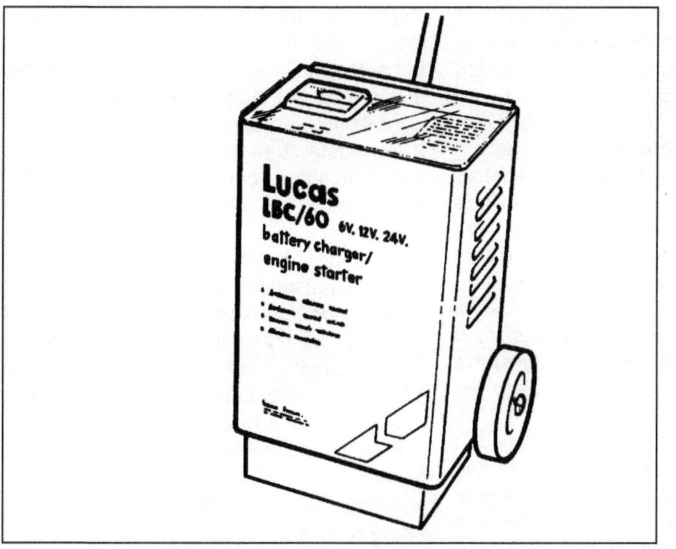

Fig. 5.14 Snabbladdare

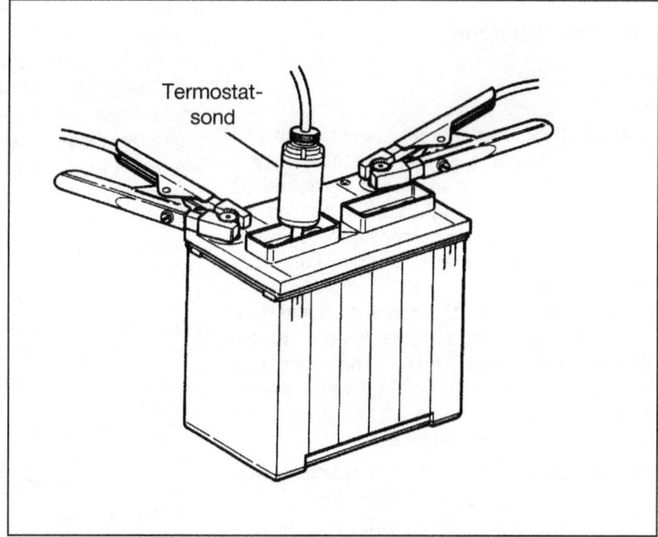

Fig. 5.15 Termostatkontroll av snabbladdning

6 Fyllning av batterivätska

1 Vid något tillfälle kan behov uppstå att fylla ett nytt, torrt batteri med syra och då är det nödvändigt att veta hur svavelsyran skall spädas till korrekt specifik vikt.

2 Stor noggrannhet krävs för detta arbete och det rekommenderas varmt att skyddsglasögon används.

3 Vid blandning av elektrolyten, beräkna först grovt hur mycket destillerat vatten och koncentrerad syra som behövs. Tabellen i **Fig. 5.16** visar volymproportionerna av vatten som krävs för en del koncentrerad svavelsyra (specifik vikt 1,835).

4 DET ÄR MYCKET VIKTIGT ATT SYRAN TILLFÖRS FÖRSIKTIGT TILL VATTNET OCH ALDRIG TVÄRTOM. Blandningen blir mycket varm och syran måste tillföras långsamt och röras om tills rätt specifik vikt uppnås **(Fig. 5.17)**.

7 Obelastad spänning

1 Den obelastade spänningen mäts över batteripolerna med en voltmätare när ingen strömförbrukare är ansluten.

2 Spänningen är relaterad till den specifika vikten och en uppskattning är:
Obelastad spänning = Specifika vikten + 0,84 per cell

Så om den specifika vikten, mätt med en hydrometer, är 1,25 så är:

Cellspänningen = 1,25 + 0,84 = 2,09 volt
Batterispänningen = 6 x 2,09 = 12,54 volt

eftersom det är 6 seriekopplade celler i ett 12 volts batteri.

Den obelastade spänningen är i sig inte speciellt användbar men värdet på den behövs vid beräkning av batteriets inre resistans och skall mätas med ett instrument med hög ingångsresistans.

Erforderlig specifik vikt	Delar destillerat vatten till en del koncentrerad svavelsyra
1.25	3.4
1.26	3.2
1.27	3.0
1.28	2.8
1.29	2.7
1.30	2.6

Fig. 5.16 Volymförhållande mellan destilerat vatten och koncentrerad svavelsyra

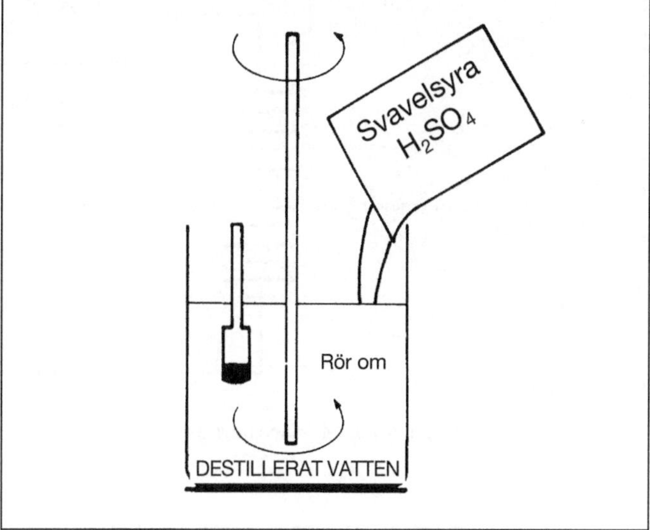

Fig. 5.17 Blandning av syra och destillerat vatten

8 Inre resistans

1 Alla batterier har en inre resistans men den är mycket låg hos ett blysyrabatteri i god kondition. Faktum är att det är beroende på det låga inre motståndet som denna typ av batteri föredras inom fordonsteknologin där kraven på höga startströmmar kan vara mycket stora.

2 Fig. 5.18 visar ett batteri med sitt inre motstånd. Med lite matematik visas att om den inre resistansen är 0,05 ohm och den obelastade spänningen är 12,0 volt, kommer en belysningsbelastning på 10 ampere att orsaka följande spänningsfall:

Batteripolspänning = 12 - inre spänningsfall
= 12 - (10x0,05)
= 11,5 volt

Tabellen visar polspänningen för detta batteri under olika belastningar:

Obelastad spänning	Belastnings ström (A)	Inre spännings-fall	Pol-spänning
12 V	10 ampere	0,5 volt	11,5 volt
12 V	20 ampere	1,0 volt	11,0 volt
12 V	50 ampere	2,5 volt	9,5 volt
12 V	100 ampere	5,0 volt	7,0 volt

Observera: Detta exempel är inte ett batteri som är bra och i toppskick. Ett bra 12 volts batteri med 50 Ah kapacitet skall ha ett inre motstånd på c.a. 0,005 ohm vid normal temperatur.

3 Den inre resistansen byggs upp av flera individuella resistanser. Dessa resistanser är de mellan elektroderna och elektrolyten, resistanserna i plattorna, resistans i inre anslutningar och elektrolytens motstånd mot jonflödet (joner är partiklar som rör sig genom elektrolyten och bär positiva eller negativa laddningar). Dessutom beror den inre resistansen på laddningstillståndet och celltemperaturen. Värdet stiger efterhand som batteriet laddas ur. En faktor för den inre resistansen är plattornas ytstorlek och denna kontrolleras av konstruktören. Batterier med ett större antal plattor och därmed större amperetimmekapacitet har mindre inre resistans.

4 Efterhand som batteriet åldras, ökar den inre resistansen. Så småningom kommer den punkten att nås, då batteriets polspänning är så låg att startmotorn inte driver motorn tillräckligt snabbt för att den skall tända. Vid start en kall morgon kommer extra kraft att behövas för att dra loss vevaxeln och det minsta varvtalet för tändning kommer att vara cirka 100 varv/minut. Det är vid dessa förhållanden som batteriets livslängd bestäms.

9 Val av batteri

1 Trots alla de varierande belastningarna i fordonet som läggs på batteriet är det startmotorns strömkrav som är den avgörande faktorn. Rotationshastigheten måste vara 90 till 100 varv per minut i tempererade klimat och startmotorsystemet måste fungera i temperaturer ner till -30°C (i vissa länder -40°C).

2 När startmotorn drar runt motorn kommer polspänningen beroende på den inre resistansen att sjunka men får aldrig understiga 9 volt för att funktion skall vara tillfredsställande. Minsta tillåtna spänning vid startmotorkontakten skall vara 8,5 volt. Detta medger ett spänningsfall på 0,5 volt över batteriets huvudledning och anslutning. Om man förutsätter att bilbatterier sällan är fulladdade, antas att batteriet för ovanstående specifikationer är laddat till 80%.

3 Batteritillverkare lämnar ofta ut volt/ampere kurvor, liknande den i **Fig. 5.19**, till biltillverkarna för att underlätta deras val av lämpligt batteri.

10 Temperatureffekter - frysta batterier

1 Vid låga temperaturer är elektrolyten mer koncentrerad och har en högre specifik vikt, men som motvikt sker de kemiska reaktionerna långsammare och följden blir att batterikapaciteten minskar med lägre temperatur.

2 Fig. 5.20 visar ett typiskt förhållande mellan strömkrav och batteriets kapacitet vid start av ett visst fordon. I bilden uppstår en skärningspunkt av kurvorna vid -20°C.

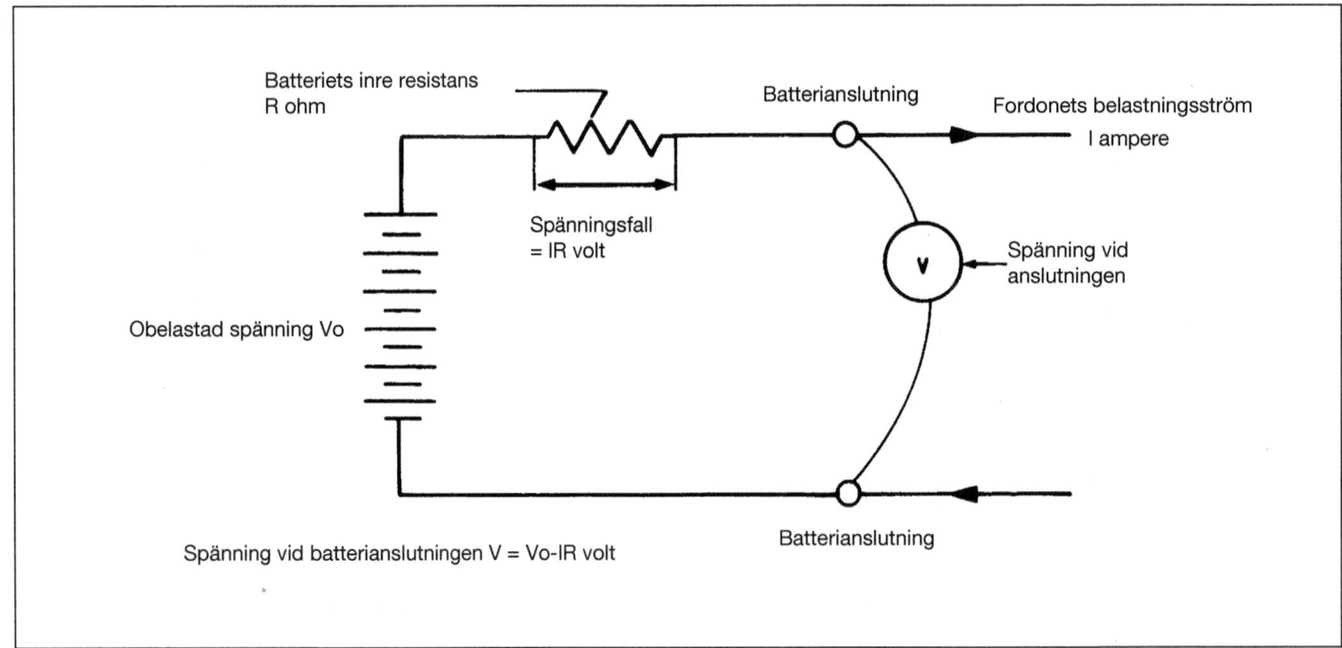

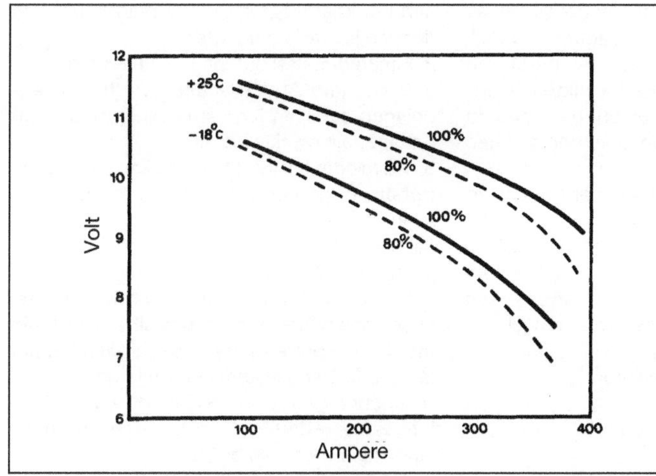

Fig. 5.19 Volt/ampere kurva

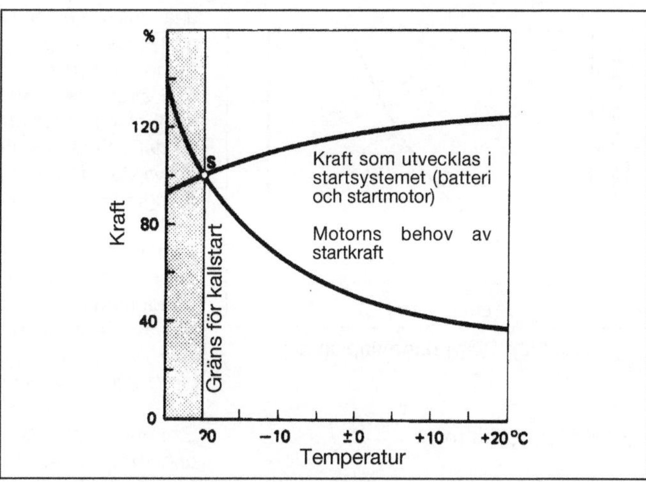

Fig. 5.20 Förhållande mellan krafttillgång och efterfrågan

3 Batteriet skall skyddas från frysning, speciellt då det är dåligt laddat eftersom vattenhalten i elektrolyten då är högre, vilket medför större frysningsbenägenhet. Ett bra laddningstillstånd är ett gott köldskydd. Förhållandet mellan frystemperaturen för elektrolyt med viss specifik vikt visas i **Fig. 5.21** som funktion av batteriets laddnings-tillstånd.

4 Ett fruset batteri lämnar en mycket liten ström men skadas normalt inte permanent av frysningen, spräckta batterikapslingar är dock inte okända. Anledningen till att inte skadorna blir så stora är att frusen syraelektrolyt vanligtvis är geleartad och inte expanderar nämnvärt.

5 När batteriet är fruset är det svårt att ladda det eftersom bara en svag ström kan ledas igenom batteriet.

När den yttre temperaturen är under fryspunkten för vatten, skall batterivatten inte fyllas på.

6 Om misstanke finns om att elektrolyten är frusen, försök under inga omständigheter att ladda, snabbladda eller springstarta fordonet. Vid tveksamhet, värm först upp batteriet.

11 Batterier med mätsond

1 Vissa batterier är försedda med en elektrisk mätsond som står i kontakt med ytan på elektrolyten. Sonden används för att kontrollera elektrolytnivån. Så länge som kontakt finns mellan mätsonden och elektrolyten är varningskretsen sluten men om elektrolytnivån sjunker och kontakten bryts så tänds varningslampan på instrumentbrädan.

12 Torrladdade batterier

1 Den korrekta termen för detta batteri borde egentligen vara "ofyllt, laddat batteri". Plattorna tillverkas först och förses sedan med full laddning av tillverkaren. Därefter tömmer fabriken ut elektrolyten och torkar plattorna varefter den negativa plattan förses med en speciell kemisk skyddsbehandling. Batteriet kan därefter lagras under lång tid utan att skadas innan det tas i bruk. När batteriet skall användas fylls det med syralösning med specifik vikt 1,28 (detta är samma specifika vikt som finns i ett fulladdat batteri) och när det fått stå i ungefär 20 minuter och absorbera lösningen är det färdigt att användas. Om det är fyllt men inte används på fyra veckor, rekommenderas att det laddas på vanligt sätt.

Observera: Vid den första fyllningen genereras en viss värme i batteriet och det kan vara att föredra att fyllningen sker i två omgångar med 6-12 timmars mellanrum mellan fyllningarna.

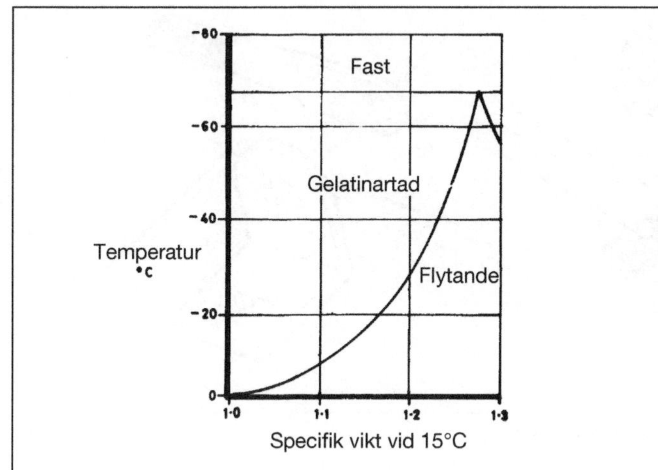

Fig. 5.21a Specifika viktens inverkan på elektrolytens fryspunkt

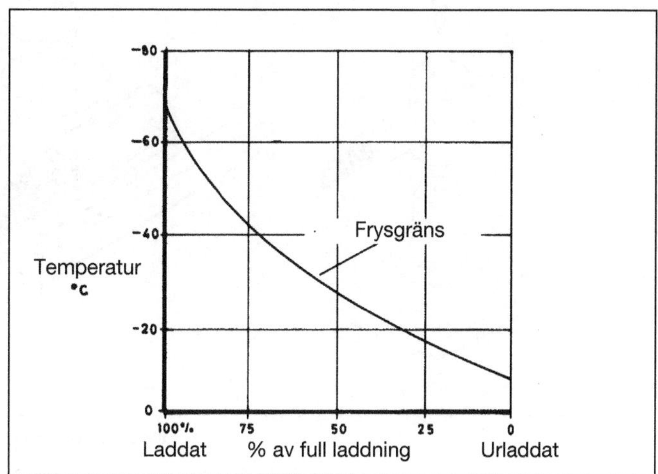

Fig. 5.21b Inverkan av batteriets laddning i % på elektrolytens fryspunkt

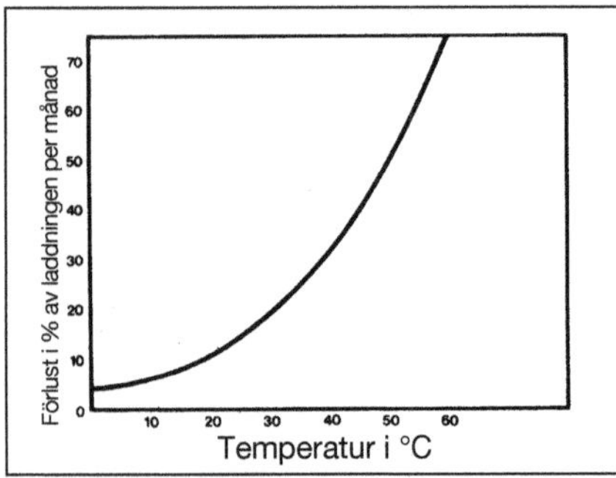

Fig. 5.22 Självurladdningskurva

13 Självurladdning

1 När batteriet stått oanvänt under en period kommer det gradvis att förlora laddning. Detta beror på flera faktorer, varav detta är några:

2 Interna kemiska processer: Batterier som har använts en tid kommer att påverkas av antimonbeläggningar på de negativa plattorna. Dessa fungerar som små kortslutna batterier och förbrukar plattans negativa laddning. Dessutom kan föroreningar i det tillförda vattnet, speciellt spår av järn, medföra självurladdning av både de positiva och de negativa plattorna.

3 Läckströmmar: Smuts och påverkan från syraångor på batteriets ovansida kan orsaka ledande filmskikt mellan +ve och -ve polerna. Risken för sådan överledning kan minimeras genom periodisk rengöring av batteriets ovansida (kasta bort trasan efteråt). Sediment i botten av batteribehållaren kan också medföra läckströmmar.

4 Beroende på batteriets ålder sker självurladdning med en hastighet av 0,2 till 1% av batteriets amperetimmekapacitet. Urladdningshastigheten ökar med temperaturen och även med den specifika vikten. Högkvalitetsbatterier använder bly med högsta renhet och lägsta antimoninblandning i den aktiva ytan **(Fig. 5.22)**.

5 Åtgärden mot självurladdning är givetvis att periodiskt ladda upp batteriet eller att kontinuerligt underhållsladda batteriet med en ström som är ungefär lika stor som urladdningsströmmen, denna ström kan provas ut eller beräknas med en tumregel:

1/1 000 x ampertimmesiffran

Exempel, ett batteri på 50 Ah kan underhållsladdas med:

50/1000 = 0,05 ampere

6 Om laddaren är av enklare sort utan nivåkontroll, kan den användas för underhållsladdning genom att strömmen reduceras genom en bilglödlampa som kopplats i serie med batteriet. Vilken glödlampa som skall användas får provas fram med en seriekopplad amperemätare för att mäta laddningsströmmen.

14 Sulfatering

1 Under normal urladdning avsätts små blysulfatkristaller på plattorna. Dessa försvinner vid uppladdning av batteriet. Lämnas batteriet urladdat under längre tid omvandlas de små kristallerna till grövre kristallstrukturer som inte omvandlas till den mindre kristalltypen vid uppladdning och därmed kan förstöra batteriet.

2 Effekterna av sulfatering är: (a) en reduktion av batteriets Ah-kapacitet och (b) uppladdningsprocessen försvåras vilket medför att batteriet blir mycket varmt.

3 Vid mindre fall av sulfatering kan situationen förbättras genom att batteriet laddas med svag ström under längre perioder. I svårare fall blir batteriet oanvändbart, beroende på de interna kortslutningar som uppstår.

4 När ett sulfaterat batteri börjar laddas, stiger polspänningen snabbt till skillnad från ett friskt batteri där spänningen stiger långsamt. När sulfateringen bryts ner, sjunker polspänningen och börjar därefter stiga långsamt efterhand som den normala laddningsprocessen börjar.

15 Batteripoler

1 Batteripoler finns i tre huvudkategorier **(Fig. 5.23)**:

(a) Modell med kåpa och skruv
(b) Klämma av SMMT-typ
(c) Platt modell

2 I de flesta moderna fordon återfinns SMMT-klämman även om "kåpa och skruv" fortfarande används i vissa fordon. Den platta polskon användes under många år av Ford. Behöver en polsko av typen "kåpa och skruv" bytas ut så skär av den och ersätt med en klämma av SMMT-typ av god kvalitet. Lättviktsmodeller av okänt material kan ge upphov till svampliknande korrosionstillväxt. I stället för att skruva fast kabeln i polskon

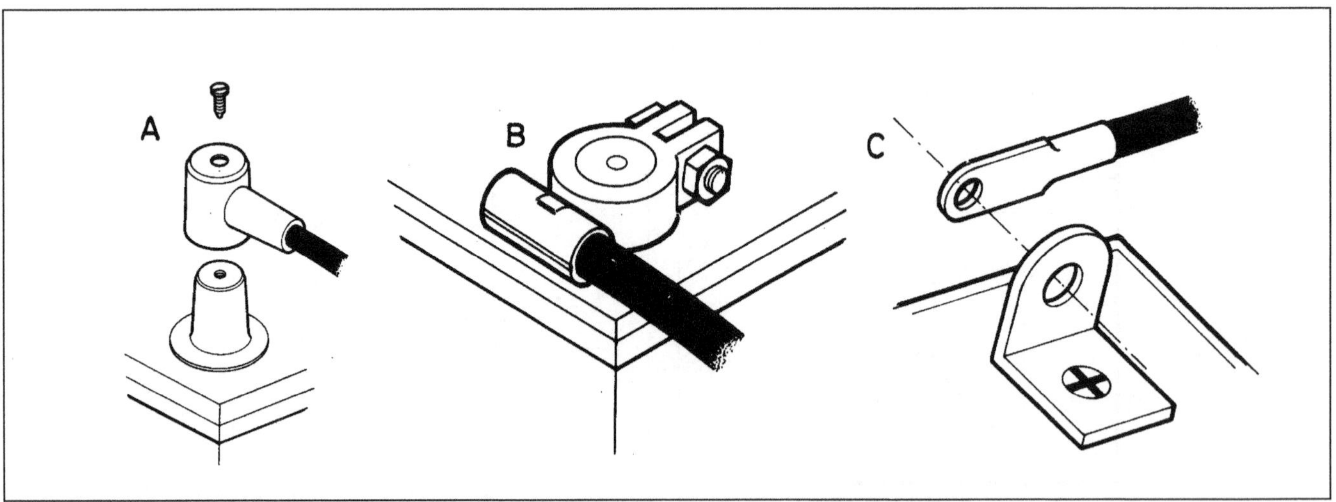

Fig. 5.23 Olika typer av batteripolskor

A Kåpa och skruv B SMMT-klämma C Plattmodell

rekommenderas att den löds fast. Rengör först kabeln och löd fast den med lödtenn med hartsflussmedel.

Observera: Använd endast lödtenn med hartsflussmedel till alla elektriska förbindningar – aldrig lödtenn med syrabaserat flussmedel då allvarlig korrosion kan uppstå.

3 Syrakorrosion kan orsaka hög resistans mellan batteripolen och polskon, vilket medför att spänningen till startmotorn och de övriga tillbehören minskar. Fenomenet kan liknas vid en bruten krets när startmotorn aktiveras. Detta indikeras av att startmotorsolenoiden klickar och instrumentbrädesbelysningen försvagas. Denna indikation tyder på dålig kontakt vid batteriet eller längs strömbanan till startmotorn – inklusive jordbanan till fordonets kaross.

4 Om dålig kontakt finns vid batteriets polskor eller om de är belagda med svampliknande korrosion, skall de rengöras noggrant med slippapper. Genom att därefter smörja in dem lätt med vaselin eller annat lämplig antikorrosivt fett undviks detta problem i framtiden.

5 Vid fastsättning eller borttagning av polskor till batteriet skall inte någon större kraft användas. Bryt inte loss polskorna. Det kan annars uppstå små sprickor där batterisyran kan läcka ut. Om en polsko sitter hårt, blöt upp en trasa med varmt vatten och lägg på den en stund för att se om den släpper. Alternativt kan en avdragare användas om en sådan finns tillgänglig.

16 Batterikontroller

1 Hur en hydrometer används har tidigare beskrivits och dess mätvärden kan vara värdefulla när ett misstänkt batteri skall undersökas. Om den specifika vikten i en cell skiljer sig märkbart från de övriga cellerna så pekar detta på ett fel.

2 Gasutvecklingen skall vid laddning vara lika stor i alla celler. Kontrollera därför om någon skiljer sig i detta avseende från de övriga vilket i så fall tyder på en defekt cell. Är en cell kortsluten kommer gasutvecklingen att avvika från de övriga.

3 Det tydligaste batteriprovet är att mäta polspänningen när det utsätts för hård belastning. De högbelstningsmätare som visas i **Fig. 5.24a** och **5.24b** saluförs av flera tillverkare och består av justerbara utstickande sonder som kan ställas in på rätt avstånd för att passa till polerna på aktuellt batteri. Mellan dessa sonder finns en resistor monterad tillsammans med en voltmätare som visar polspänningen. Batterier med sulfateringsproblem eller internt kortslutna celler avslöjas direkt som defekt. Tecken på felaktigheter är inte bara den låga spänningen utan även genom att en felaktig cell kan bubbla våldsamt när den belastas kraftigt.

4 Med en kadmiumprovare kan individuella celler kontrolleras, se **fig. 5.25**. Två kadmiumsonder sätt ner i elektrolyten på två närliggande celler och instrumentet indikerar cellkonditionen, d.v.s. "Ladda" eller "Tjänstdugligt".

5 Instrumentet mäter spänningen mellan elektrolyten och den ena cellens positiva platta och mellan elektrolyten och den negativa plattan på granncellen. Kadmiumsonderna fångar endast upp den existerande laddningen för mätbruk och påverkar inte själva systemet på elektrisk väg.

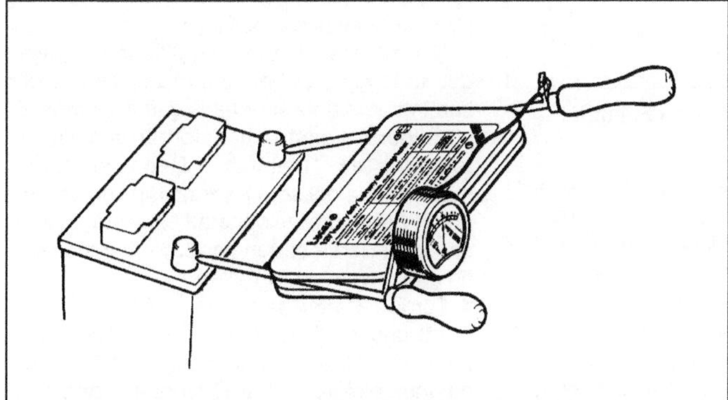

Fig. 5.24a Högströmsurladdningsprovare från Lucas

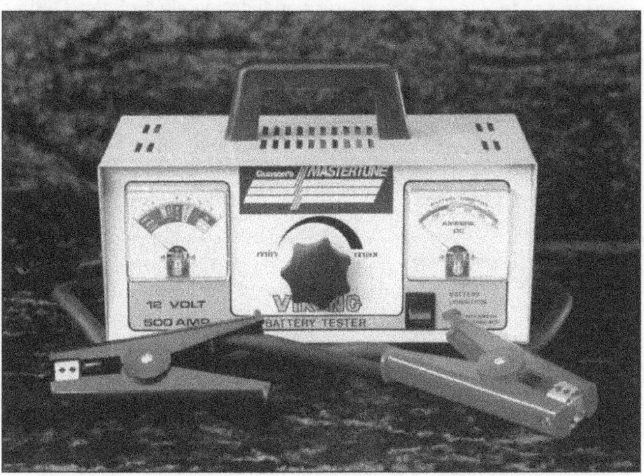

Fig. 5.24b Vikings 500 ampere urladdningsprovare

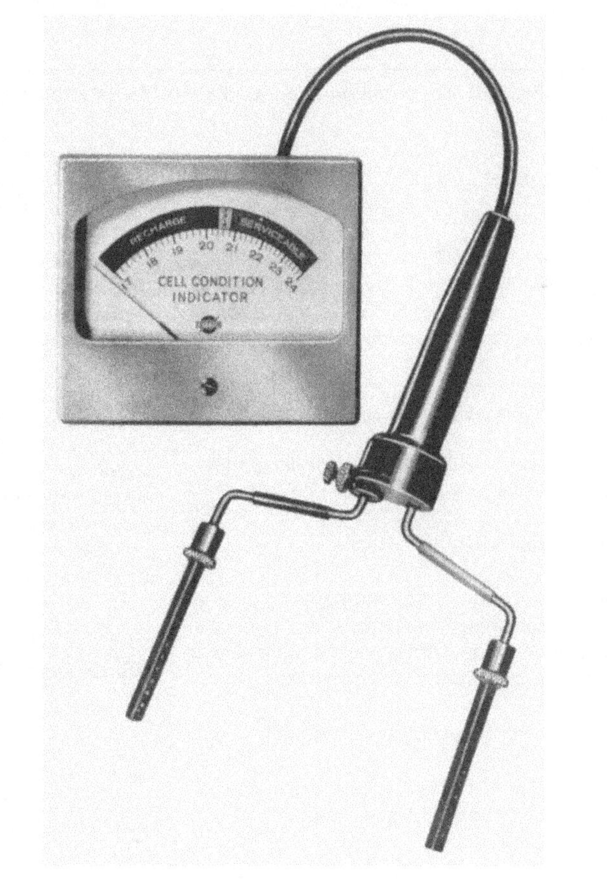

Fig. 5.25 Kadmiumcellprovare

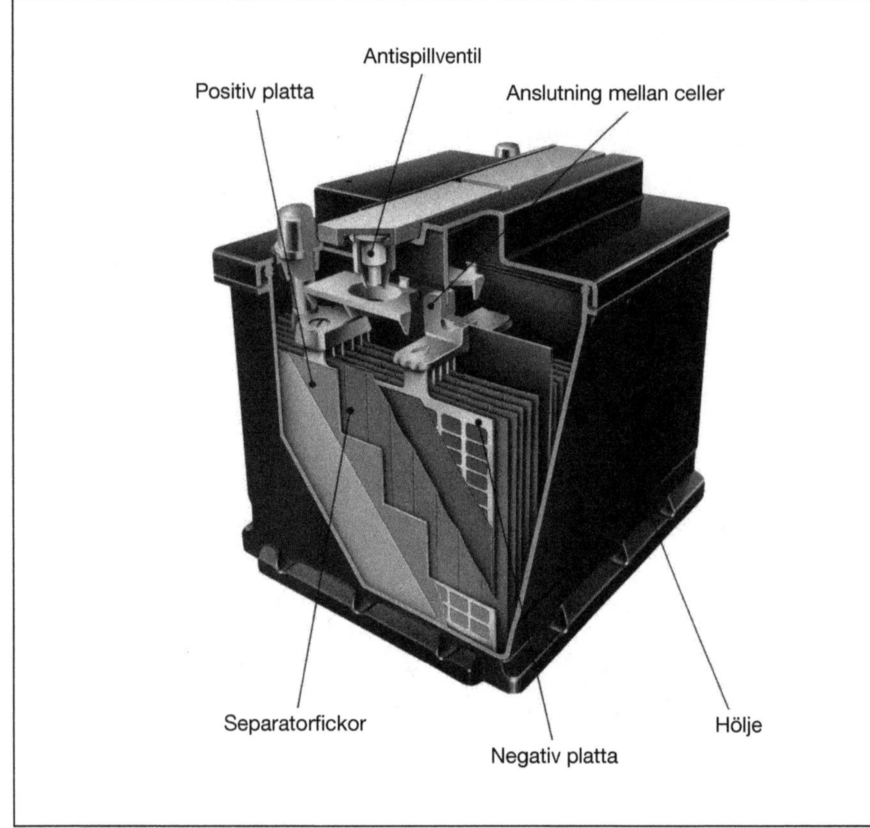

Fig. 5.26 Konstruktion av det underhållsfria batteriet "Durastart" från Fulmen

17 Batteriunderhåll

1 Nyligen genomförda förändringar i batterikonstruktioner har medfört nya termer för att beskriva batteriernas underhållskrav. De är:

(a) Lågunderhåll
(b) Underhållsfritt

till vilket kan läggas termen för det traditionella batteriet:

(c) normalt underhåll

2 Termerna syftar på batteriernas behov av vattenpåfyllning i cellerna (eller frihet från vattenpåfyllning), men i övrigt har alla batterier andra underhållskrav som till exempel:

(a) Renhet, åtdragning av polskor och kontakter
(b) Renhet hos hållare och batterikapsling, speciellt borttagning av korrosiv syrabeläggning
(c) Korrekt fastsättning av batteriet i fordonet

3 Utvecklingen inom metallurgiområdet tillsammans med nya konstruktionstekniker har medfört att nya serier med batterier som inte behöver kompletteringsfyllas eller kanske bara behöver fyllas efter långa intervaller, har kommit ut på marknaden. Vattenförlusterna uppstår i samband med nedbrytningen av vattnet under laddningsprocessen och mycket av denna nedbrytning beror på bruket av antimon i blyet. Genom att ersätta antimonet med kalcium elimineras detta problem. Nedbrytningen av vattnet kan också minskas genom bättre kontrollerad laddning och de nya elektroniska laddningsregulatorerna kan kontrollera laddningsspänningen mycket noggrant (14,4 V är normalt). Det är endast tack vare denna precisionsreglering som det har varit möjligt att utveckla de underhållsfria batterierna.

18 Lågunderhållsbatterier

1 Konstruktionen liknar det traditionella batteriets. Nätet i batteriplattorna är dock av kalciumblylegering. Batterierna har fortfarande samma påfyllningspluggar till cellerna men elektrolyten behöver bara kontrolleras en gång per år eller med 8 000 mils intervall. När ett vanligt batteri skall bytas ut kan ett lågunderhållsbatteri användas.

19 Underhållsfria batterier

1 Termen "underhållsfritt" har kommit att betyda att ingen vattenpåfyllning behöver ske under batteriets livslängd. För att detta skall vara möjligt är det viktigt att växelströmsgeneratorns spänningsregulator är noggrant inställd på 14,4 volt. Vid överspänningar kommer nedbrytning av vattnet att ske och det försvinner i gasform.

2 Alla batterier av denna typ har någon form av ventiler för att möjliggöra gasutströmning. Vissa konstruktioner är försedda med en helt sluten överdel som omöjliggör påfyllning av batterivatten medan andra batterier är försedda med pluggar som gör sådan påfyllning möjlig om en tillfällig överladdning skulle inträffa.

3 Durastart-batteriet från Fulmen har ett toppskydd som kan avlägsnas för nödpåfyllning. Men med korrekt laddningsspänning finns inget behov av detta **(Fig. 5.26)**. Kortslutning av batterierna genom att pasta från plattorna lägger sig på botten av cellerna, är en av de viktiga felkällorna. Fulmen har löst detta problem genom att använda separatorfickor med sluten botten, tillverkade av porös polyetylen.

När material släpper från plattorna kommer det att lägga sig i botten på plastfickorna och kan inte kortsluta mot närliggande plattor. En ytterligare konstruktionsförbättring är införandet av "multinät". Detta är tunna, maskinfyllda nät som packats tätt i en cell och medför en större exponerad aktiv yta. Fulmen anser att deras batteri har 30% mer startkraft än ett konventionellt batteri.

4 Torque Starter-batteriet från Chloride-Exide är ett underhållsfritt batteri med vissa tydliga finesser. Under benämningen "Rekombinerande elektrolyt" har tillverkarna uppnått en reducerad utveckling av vätgas vid laddningen. Plattorna är individuellt inslagna i en separator av mikrofibrer av glas som absorberar den flytande elektrolyten. Detta får som resultat att ingen batterisyra är fri över eller vid sidan av batterielementen. Syrgas frigörs från den positiva plattan vid den punkt i laddningsprocessen, nära fulladdat, då ett normalt batteri genererar vätgas. Syret passerar genom separatorn över till den negativa plattan där blysulfat initialt bildas och där detta omvandlas till bly och elektrolyt efterhand som laddningen fortskrider. Potentialen vid den negativa plattan blir därmed inte tillräckligt stor för att vätgas skall avges och detta medför att inget vatten går förlorat. Batteriet är helt förseglat med undantag av en gasventil som tillåter gasutströmmning under så hårda förhållanden att den utvecklade gasvolymen är större än den mängd som rekombinationsprocessen kan hantera.

5 Ett annat exempel på ett underhållsfritt batteri är Freedom-batteriet från AC-Delco.

I detta har antimonet i blylegeringen helt ersatts av kalcium. Eftersom kalcium saknar flytande tillstånd i värme, det går från fast till gasform direkt vid uppvärmning, är det svårt att använda i blylegeringar. Legeringen är bearbetad för att ge en fin struktur med goda antikorrosiva egenskaper.

Gasningen har reducerats till så låg nivå att förutom en gasventil är batteriet förseglat. Den gas som avges returneras till elektrolyten när den når den flytande gasseparatorns kylvolym under kåpan. Inbyggd i batteriet finns en hydrometer som består av en grön boll flytande i ett plaströr som är synlig genom batterikapslingen. När bollen kan ses är batteriet laddat och med korrekt elektrolyt-mängd. Om bollen inte flyter upp till observationspunkten ses en svart färg och detta indikerar att batteriet behöver laddas. Om mätaren är klar eller visar en gul färg så är elektrolytnivån för låg och batteriet skall **bytas (Fig. 5.28)**.

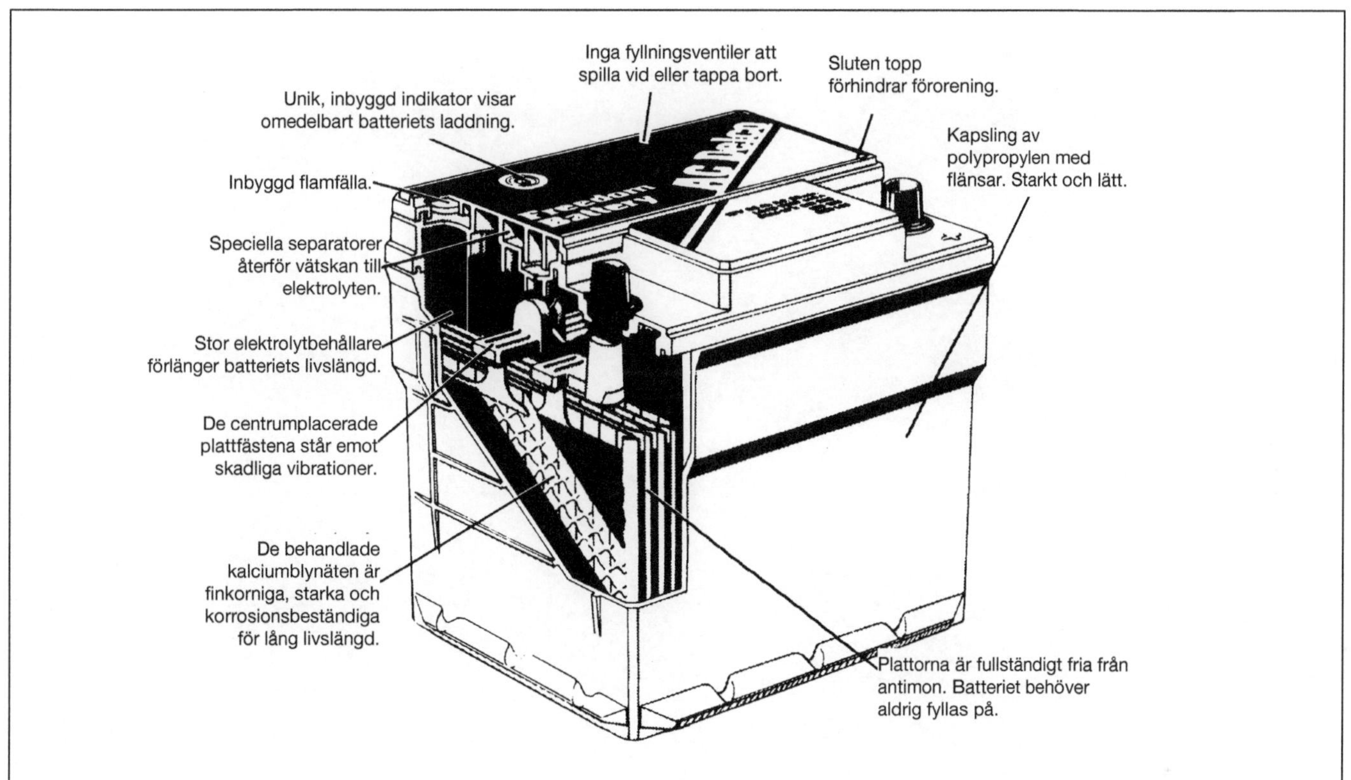

Fig. 5.27 "Freedom" – underhållsfritt batteri från AC Delco

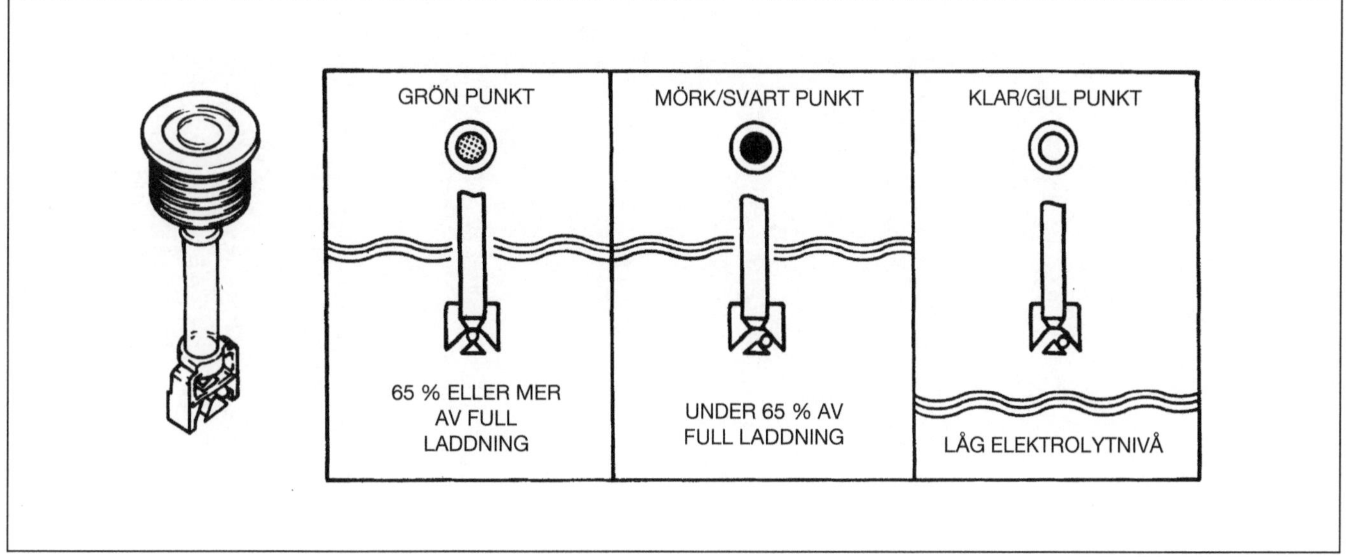

Fig. 5.28 Hydrometern i batteriet "Freedom" från AC Delco

Anteckningar

Kapitel 6
Tändning och förbränning

Innehåll

1 Krav på tändgnistan

1 För att tända bensin-luftblandningen i motorn krävs en elektrisk gnista vid tändstiftets elektroder. Denna gnista måste komma vid exakt rätt tidpunkt i motorns arbetscykel för att maximal nedåtriktad kraft skall utvecklas på kolven när den passerat övre dödpunkten. Kravet på spänningen till tändstiftet kan variera mellan 5000 och 30 000 volt och beror på flera faktorer. Några av faktorerna är: bränsleblandningsförhållanden, formen på förbränningskammaren, kompressionsförhållandet, temperaturen och tändstiftets skick samt dess elektrodavstånd.

2 Den höga tändstiftsspänningen bryter ner bränsleångan och när detta inträffat hoppar en högintensiv gnista över från den negativa mittelektroden till den positiva jordelektroden. Gnistan har en temperatur på flera tusen grader Celsius och detta är tillräckligt varmt för att tända den omgivande bränsleblandningen som därefter fortsätter att brinna och sprider sig som en rörlig eldvåg.

3 Normalt kommer gnistan innan kolven har nått övre dödpunkten. En flamfront utgår från tändplatsen och sveper fram över det bränsleblandningsfyllda utrymmet. Även om förbränningen är avklarad på bråkdelen av en sekund, fortsätter gastrycket stadigt att öka, når ett maximum och avtar (**Fig. 6.1 och 6.2**). Tiden från starten på förbränningen tills den är slutförd är cirka 2 millisekunder. Därför styrs gnistan så att hänsyn tas till den tid som krävs för tryckökningen. Vid medelhastighet är ett normalt värde på denna förtändningsvinkel (före övre dödpunkten) 30 till 40 grader. Det visar sig dock att förtändningen behöver vara olika för olika hastigheter och därför behövs en kontrollenhet som varierar tändningsvinkeln beroende på hastigheten.

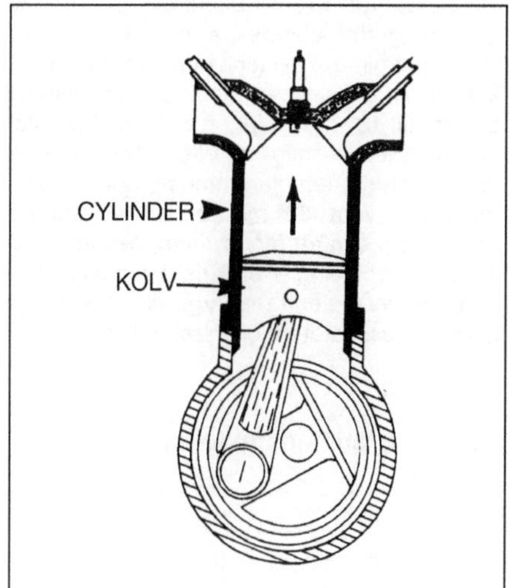

Fig. 6.1 Kompression av bränsleångor

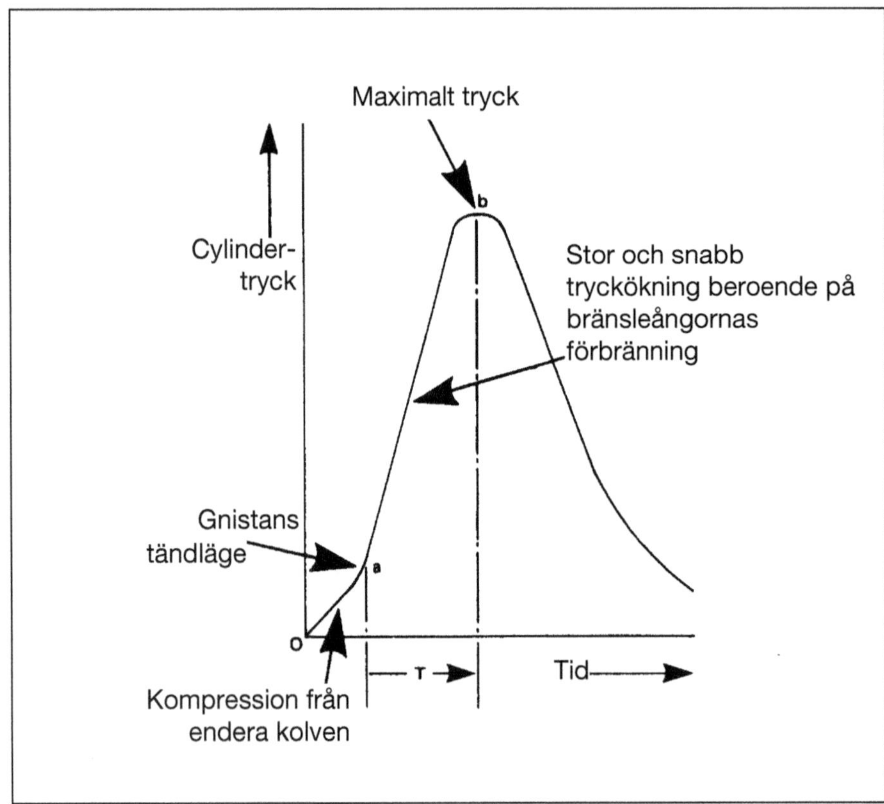

Fig. 6.2 Tryckökning och minskning i cylinder

4 De prov som tillverkaren utför bestämmer den optimala förtändningen vid alla hastigheter och belastningar. De faktorer som skall övervägas är följande:

(a) Avgasernas föroreningsnivåer
(b) Frånvaro av motorknackningar eller detonationer
(c) God bränsleekonomi
(d) Maximal motoreffekt

5 Gnistan måste innehålla tillräcklig energi för att tända luft-bränsleblandningen. Vid ett blandningsförhållande på 15:1 (luft:bensin) krävs energin 0,2 mJ (enheten joule beskrivs i kapitel 1). Kravet på gnistans energimängd stiger till 3 mJ eller mer om bränsleblandningen är magrare eller fetare. För att tillåta ytterlighetsblandningar bör energimängden vara 30 mJ för att säkerställa funktionen. Om ett tändsystem, beroende på konstruktionsfel eller elektriska förluster, inte kan leverera denna energi till tändstiften kommer resultatet att bli misständning.

2 Förbränningsfaktorer

1 Det luft/bränsleförhållande (λ) som teoretiskt behövs för fullständig förbränning är 14.7:1. Vid detta förhållande är λ = 1.0. I verkligheten skapas maximal motoreffekt vid en luftbrist på 10% (λ = 0.9) och motsvaras av den snabbaste eldutbredningen i cylinderutrymmet. Tyvärr medför denna blandning oacceptabla mängder föroreningar i form av kolväten och koloxid. Om större luftinblandning finns, det vill säga en magrare blandning, minskar kraften beroende på en långsammare flamhastighet. För att åstadkomma de renaste avgaserna är det optimala blandningsförhållandet ungefär λ = 1.1. Miljöföroreningar är av världsomspännande intresse och dessa är föremål för reglering av de flesta regeringar. Detta ämne kommer att behandlas på flera ställen i denna bok.

2 Effekt och ekonomi är sammanlänkade med hastigheten hos flamman i cylindern efter tändningen. Flamhastigheten är i sin tur beroende på flera faktorer, bl.a:

Cylinderutformning. Om kompressionsförhållandet är högt, kommer den ökade densiteten på den insugna bränsleblandningen att medföra en snabbare flamhastighet. Vid konstruktionen av cylindern fastställs även tändstiftets placering och elektrodavstånd. Allmänt gäller att ju bättre kontakt som finns mellan tändstiftet och bränsleångorna, desto bättre blir förbränningen.

Tändläge. Tändläget är avgörande och måste vara sådant att gastrycket når sitt maximala värde ungefär 12° efter övre dödpunkten. Om gnistan aktiveras för tidigt, för mycket förtändning, kommer flamhastigheten att vara så hög att bränsleblandningen exploderar, en effekt som kallas detonation (beskrivs senare). Detta måste undvikas eftersom det skadar motorn. Om däremot gnistan aktiveras för sent (bromsad tändning), blir förbränningen långsam och det maximala gastrycket kommer för sent. Resultatet blir dålig effekt och hög bränslekonsumtion **(Fig. 6.3).**

Gasblandningsturbulens. Bränsleångorna är inte stillastående när gnistan kommer, utan kan liknas vid en virvlande massa. Detta underlättar flamutbredningen och cylindertoppen konstrueras för att skapa god bränslefyllningsturbulens.

Inblandning av avgaser. Om avgaser finns kvar i cylindern och blandas med den nya gasladdningen blir resultatet att flamhastigheten blir lägre vilket medför lägre arbetstemperatur. Ur miljösynpunkt är detta en fördel eftersom mängden oönskade kväveoxider ökar mycket snabbt vid ökad förbränningstemperatur. I vissa motorer återförs faktiskt en viss mängd avgaser till cylindern. Denna process är känd som avgasåterföring (EGR). Det finns dock gränser för mängden avgaser som kan återföras och över denna gräns stiger bränsleförbrukningen snabbt.

Detonation

3 Med ledning av de tidigare avsnitten, kan det verka som att flamhastigheten skall vara så stor som möjligt för att maximal motoreffekt skall erhållas. Det finns dock en gräns och det är när flammans hastighet når överljudsfart. Vid dessa förhållanden rör sig inte flamman jämnt genom cylinderrummet utan bränsleladdningen exploderar.
Detta fenomen är känt som **detonation** och kan orsaka allvarliga motorskador. Detonation inträffar vid ett speciellt tryck som bestäms av bränslets oktantal, cylinderutformningen och andra faktorer.

Knackning

4 Förutom detonation kan ett annat bränsletändningsfel inträffa. På avstånd från det ställe där flamman normalt startar, vid tändstiftselektroderna, värms en gasvolym upp av den annalkande flamfronten. Kombinationen av den kompression som kolven skapar på sin väg upp och uppvärmningen genom flamfronten kan orsaka en spontan antändning av bränsleångorna och detta medför en snabb tryckökning. Detta kallas för **knackning** och anses ofta som likartad detonationen. Obesrvera dock att även om resultatet är likadant så är anledningen till effekterna olika.

Effekter av knackning och detonation

5 När dessa fel börjar märkas, ger de sig tillkänna genom ett svagt skallrande ljud som kallas för spikning. Problemet brukar först visa sig när motorn är hårt belastad. Eftersom energi går till spillo i oönskat ljud och värme, blir motorn svagare. I svårare fall och där problemet har funnits under en tid kan

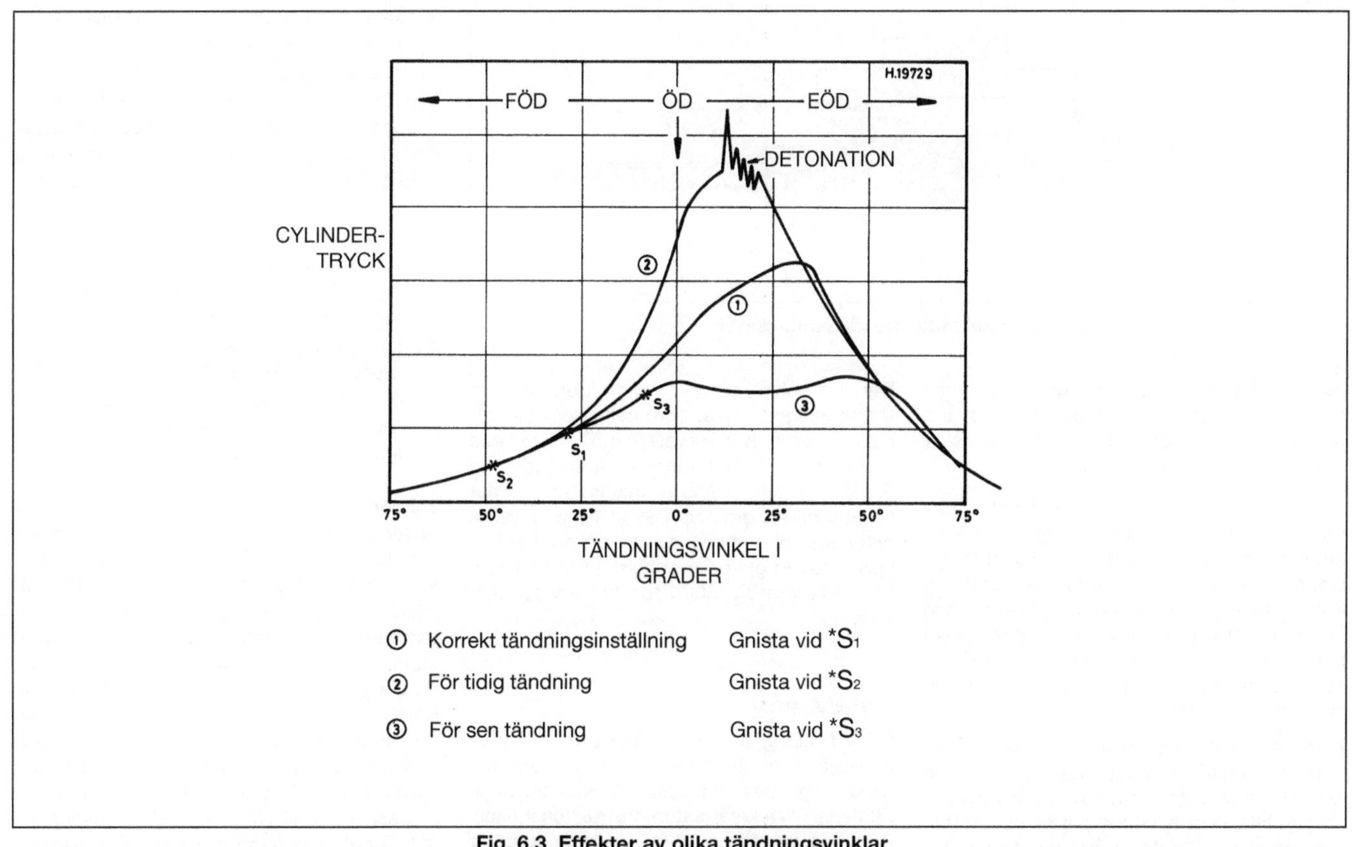

Fig. 6.3 Effekter av olika tändningsvinklar

kolvtoppen smälta. Detta märks genom en markant effektförlust och blå avgasrök.

Dessa faktorer kan medverka till knackning och detonation:

(a) ***Bristfällig cylinderkonstruktion.*** *Moderna konstruktioner tillåter effektiv kylning av cylindertoppen, speciellt i området långt ifrån tändstiftet, där slutgasen finns. Vikt läggs vid den önskade turbulensen hos den insugna gasen.*

(b) ***Luft/bränsleförhållande.*** *Större risker för detonation finns vid mager blandning*

(c) ***Oktantal.*** *Kompressionsförhållande och bensinens oktantal är sammankopplade - en motor med lågt kompressionsförhållande kan använda bensin med lägre oktantal.*

(d) ***Tändläge.*** *Överförställd tändning kan medföra detonation.*

Knackningsavkänning

6 För att erhålla högsta möjliga effekt skall motorns tändning ställas in så att den når gränsen där knackningarna börjar. Med hjälp av elektroniska styrningar, som börjar förekomma i allt större utsträckning i de moderna fordonskonstruktionerna, är detta möjligt att uppnå. Vid ansatsen till knackning skapas högfrekvensvibrationer i slutgasområdet. Med hjälp av en givare som lämnar en elektrisk spänning, är det möjligt att registrera dessa speciella vibrationer. Signalspänningen som lämnas av givaren är proportionell till knackningsnivån. Med hjälp av filter tas övriga vibrationer, som alltid finns i en motor, bort så att endast spänningen från knackningsvibrationerna sänds vidare till den elektroniska styrenheten. När styrenheten upptäcker dessa knackningssignaler så backar den tändningen för att minska knackningsnivån. Sådan styrning ingår ofta som en del i mer omfattande system för motorkontroll. Ytterligare detaljer finns i kapitlet om *Motorstyrning.*

Självantändning

7 En lokalt upphettad punkt i cylindern kan ge upphov till spontan antändning av bränsleångorna. Felet ger sig tillkänna genom effektförlust och spikande ljud. Fenomenet är känt som **självantändning** och orsaken är ofta att det finns kolavlagringar i cylindern som hettas upp tills de blir vitglödande. Detta får till följd att bränsleångorna antänds innan gnistan uppstår vid tändstiftet. Äldre motorer behövde ofta rengöras från kolrester för att undvika problemet, men med de moderna motorerna och bränslena har detta behov minskat avsevärt. Att motorn glödtänder är ett vanligt tillhörande problem till ovanstående beskrivning. Glödtändningen visar sig genom att motorn fortsätter att gå efter det att tändningen stängts av. Anledningen till detta är att det glödande kolet i cylindern spontant tänder den inkommande gasblandningen.

Nutida krav på minskade utsläpp har resulterat i "snåla motorer" där luft/bränsleförhållandet är högt (d.v.s. bränsleblandningen är mager). Magra bränsleblandningar ger upphov till högre temperaturer i förbränningsrummet och därför eftersträvas att bränsletillförseln stängs av när tändningen kopplas ur. Detta åstadkoms antingen genom att man kopplar om insugningsluften till grenröret (luften går inte genom förgasaren) eller genom att förgasarens munstycke stängs av.

Förbränning och föroreningar

8 När luft och bensin blandas och antänds i cylindern, driver trycket från förbränningen motorn som utvecklar kraft på drivhjulen. Dessutom uppkommer förbränningsprodukter som leds ut via avgassystemet. Om korrekt blandningsförhållande råder mellan luft och bränsle, ca. 14.7:1 i massenheter (stoikiometriförhållandet), består avgaserna av koldioxid, vatten och kväve. Dessa ämnen är helt ofarliga. I verkligheten är det dock omöjligt att få blandningsförhållandet perfekt, vilket medför att det i avgaserna även ingår koloxid (CO) och syre. Då förbränningen inte blir perfekt kommer avgaserna också att innehålla skadliga ämnen som även förorenar atmosfären. Ungefär 1% av avgaserna består av dessa skadliga utsläpp och denna procent innehåller koloxid (CO), kväveoxider (NO_x) och kolväteföreningar (HC). Förhållandet

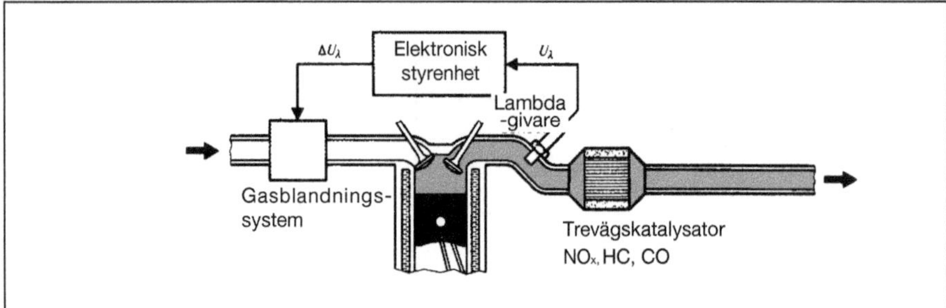

Fig. 6.4 Enkelbädds trevägskatalysator

mellan dessa tre ämnen beror på luft-bränsleförhållandet. Ett problem är att om mängden koloxid och kolväte ökar så minskar mängden kväveoxider och tvärtom.

Kväveoxider (NOx) Saknar lukt och smak men när gasen blandar sig med det atmosfäriska syret bildas kvävedioxid (NO_2). Detta är en rödbrun gas som vid inandning irriterar lungorna. Kväveoxider reagerar med vatten i atmosfären och bildar salpetersyra som kommer ner med nederbörden. NOx är ett samlingsbegrepp för gasformig kväveoxid NO och kvävedioxid NO_2.

Kolväten (HC). I avgaserna finns många olika sorters kolväten och samtliga är farliga. De kommer från delar i cylindern där förbränningen inte varit fullständig men också från gas som tryckts förbi kolven och ner i vevhuset där den sedan leds tillbaka till insugsröret för omförbränning. Det har även upptäckts att kolväten dunstar ur bensintanken och från förgasaren.

Koloxid (CO) Genom att koloxiden förhindrar kroppen att ta upp syre är den synnerligen farlig. Speciellt som gasen är luktlös och därför svår att upptäcka. Så små mängder som 0,3% koloxid i luften kan vara dödligt inom 30 minuter.

Bly De blyföreningar som uppstår vid förbränningen verkar som cellgifter i blodet, benmärgen och nervsystemet. Bly ingår inte naturligt i bränslet utan används som en tillsats för att förhindra knackning. Av det tillsatta blyet kommer 75% ut via avgaserna och resten absorberas av motoroljan. Med en uppskattning gjord för engelska förhållanden, tillförs landet ca. 3000 ton bly via avgaser varje år.

Katalysator

9 Med hjälp av en katalysator, som är inbyggd i avgassystemet, kan mängden giftiga avgasbeståndsdelar minskas betydligt. Ett flertal olika katalysatorkonstruktioner finns, men den version som nu används mest är trevägs katalysatorn eftersom den samtidigt minskar innehållet av koloxid, kolväten och kväveoxider i avgaserna.

Katalysatorns två karakteristika är:

(a) *genom att främja efterbränning av koloxid och kolväte omvandlas dessa till koldioxid (CO_2) och vatten (H_2O) som båda är ofarliga*

(b) *katalysatorn omvandlar kväveoxiderna (NOx) till vanligt kväve (N) som är en ofarlig beståndsdel i vanlig luft*

Mer än 90% av de giftiga substanserna i avgaserna omvandlas till ofarliga föreningar och ämnen av katalysatorn. För att kunna uppnå detta måste två villkor vara uppfyllda:

(a) *Endast oblyad bensin får användas. Används bensin med bly så förstörs den katalytiska förmågan hos de ädelmetaller som ingår i katalysatorn.*

(b) *Luft/bränsleförhållandet måste hållas precis vid stokiometriförhållandet 14,7:1 (λ = 1,0) och detta medför att ett lambdaåterkopplingssystem måste användas **(Fig. 6.4)**.*

Termen "enkelbädd" som används i **Fig. 6.4** syftar på att det endast finns en enhet i avgassystemet. Tidigare katalysatorer använde flera bäddar. Det finns möjligheter att köpa och montera en katalysator som extrautrustning och använda denna utan Lambdasystem men då blir minskningen av de giftiga ämnena normalt inte mer än 50%. Katalysatorn skall monteras i avgassystemet där temperaturen ligger mellan 400°C och 800°C **(Fig. 6.5)**. Katalysatorn börjar utföra nyttig omvandling först när temperaturen överstiger 250°C. Om temperaturen överstiger 800°C påbörjas termisk åldring av substratet och den ädelmetallssintring som används för att täcka substratet. Troligtvis kommer arbetstemperaturområdet att förbättras så att placeringen av katalysatorn inte kommer att vara så viktig. I **Fig. 6.6**. visas en typisk katalysator. Denna består av ett eller flera keramiska block som tillverkats av magnesium-aluminiumsilikat. Blocken är perforerade av flera tusen genomgående hål som släpper igenom avgaserna.

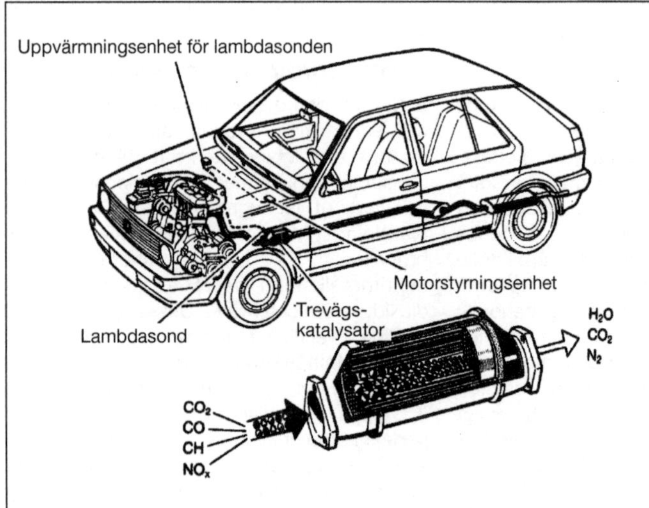

Fig. 6.5 Placeringen av katalysatorn är viktig

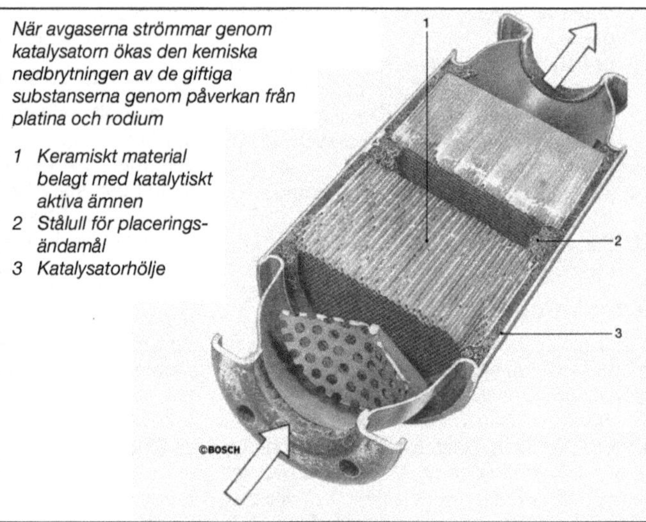

Fig. 6.6 Katalysator

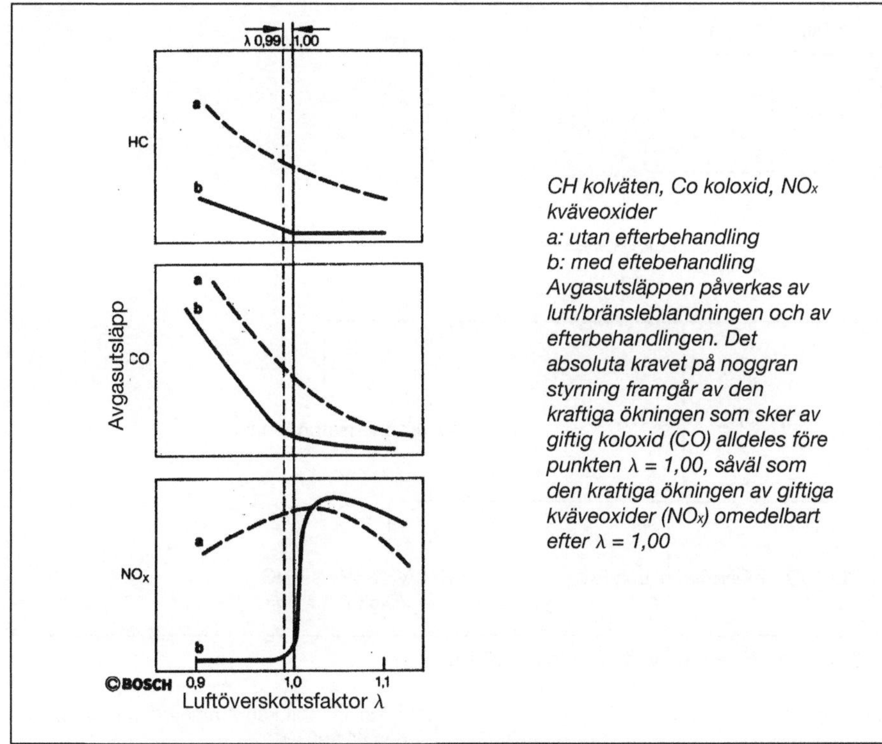

Fig. 6.7 Resultat från en trevägskatalysator

Vid tillverkningen förses keramiken med en beläggning av aluminiumoxid vilket ökar katalysatorns effektiva yta med flera tusen gånger. Denna beläggning förses med en yta av de dyrbara (ädla) metallerna rodium och platina. Med hjälp av platinan oxideras kolväten (HC) och koloxid. Rodiumet reducerar kväveoxiderna (NOx). Den totala vikten på ädelmetallerna i katalysatorn uppgår till cirka 3 gram. I **Fig.6.7** visas resultat från en trevägskatalysator. Där framgår även vikten av att hålla luft/bränsleförhållandet vid λ = 1,0. En liten ökning av Lambda mot en magrare blandning medför en betydlig ökning av kväveoxider (NOx).

3 Tändsystem

1 Under seklets första 20 år användes vanligen en magnettändning för att skapa tändgnistan i de bensindrivna fordonen. Detta är en högspänningsgenerator som drivs av motorn och arbetar utan batteri. När den elektriska fordonsbelysningen infördes och det behövdes ett batteri tog den alternativa lösningen med spoltändning över. Denna metod hade patenterats redan 1908 av C. F. Kettering på Daytons ingenjörslaboratorium (DELCO) och hans skiss **(Fig. 6.8)** visar att principen ändrats marginellt under de 80 år den funnits **(Fig. 6.9)**.

2 Genom elektronikutvecklingen under senare år har dock många alternativa tändsystem sett dagens ljus vilket medfört att Ketterings spole- och batteritändningsmonopol kunnat brytas. Under de senaste tjugo åren har fler förändringar skett på tändsystemen än under de föregående 80 åren. Det är viktigt att veta hur de äldre spole och batterisystemen fungerar eftersom de fortfarande finns i många fordon. Nu för tiden finns det dock en hel grupp av olika tändsystem och de visas grafiskt i **Fig. 6.10**. Grunderna och tekniken bakom dessa system kommer att behandlas i detta kapitel men det är viktigt att minnas en sak som är gemensamt för dem: tändspolen finns kvar och det är bara hur den aktiveras som skiljer sig.

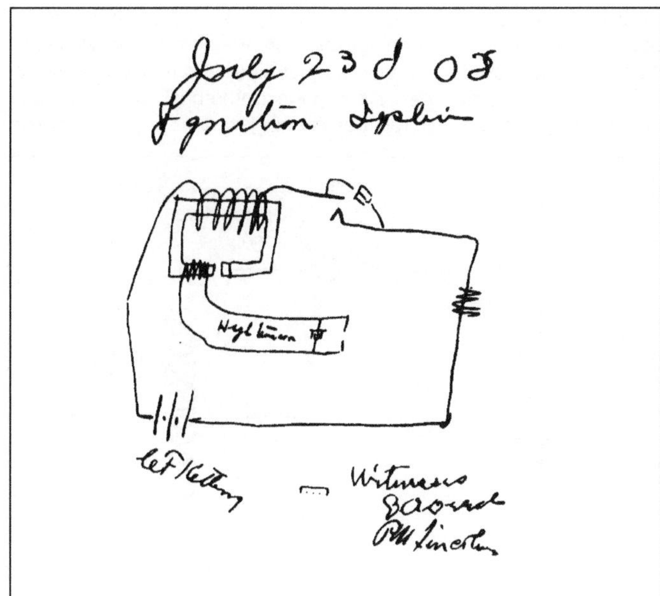

Fig. 6.8 Batteritändsystem – patentskiss från 1908

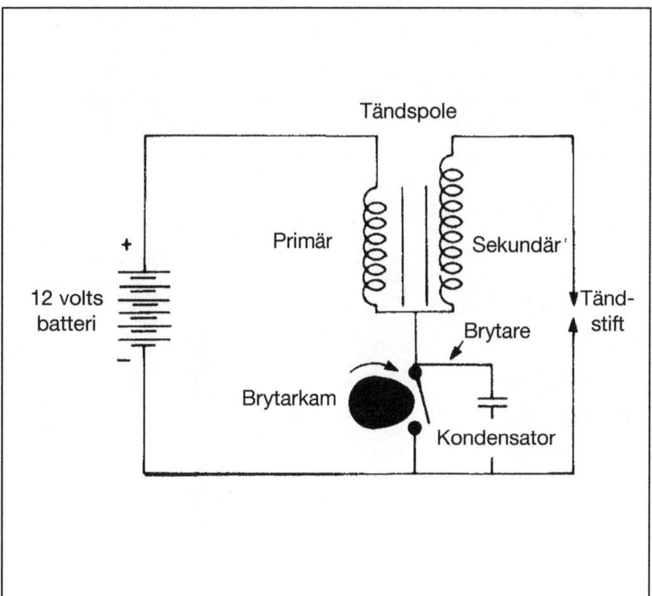

Fig. 6.9 Modernt spole- och batteritändsystem

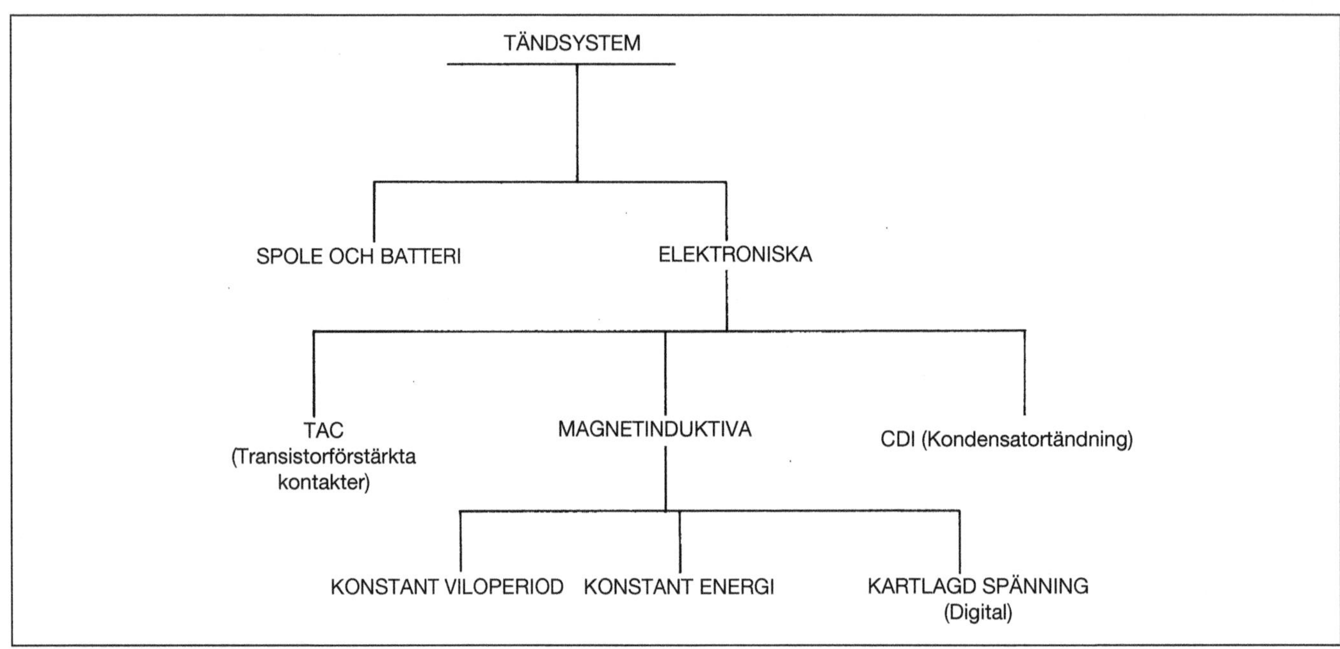

Fig. 6.10 Klassificering av tändsystem för bilar

4 Spole- och batteritändning

1 1831 upptäckte Michael Faraday lagarna för elektromagnetisk induktion - tändspolen är en direkt tillämpning av dessa. När en ledningstråd rör sig i förhållande till ett magnetfält genereras en spänning (eller elektromotorisk spänning) i den. Eftersom denna princip är mycket viktig för fordonselektroniken kommer den att nämnas på flera ställen i denna bok.

2 I kapitel 1 visades att styrkan på spänningen som induceras i tråden beror på:

(a) längden på ledaren i magnetfältet
(b) den relativa hastigheten mellan ledaren och magnetfältet
(c) magnetfältets styrka

Magnetfältet kan skapas av till exempel en stavmagnet men i fallet med en tändspole är det mer passande att leda ström från batteriet genom en primärspole. Resultatet av detta blir att ett magnetfält med liknande form som det från en stavmagnet alstras **(Fig. 6.11)**.

3 När strömmen kopplas till blir resultatet att det magnetfält som skapas sprider sig utåt och skär spollindningen. När detta sker genereras en elektromotorisk spänning i spolen som är i motsatt riktning till strömmen från batteriet. Om strömmen nu bryts, kollapsar magnetfältet mot spolens centrum vilket medför att vi i båda fallen har en relativ förflyttning mellan magnetfältet och ledningstråden och genom detta får en inducerad spänning **(Fig. 6.12)**. Under den mycket korta tid som förflyter under det att magnetfältet minskar till noll kan spänningen över spolen uppgå till 300 volt.

4 Lägg märke till att den inducerade elektromotoriska spänningen inte är direkt relaterad till 12-voltsmatningen. Batteriet har bara hjälpt till att bygga upp magnetfältet. Strömbrytaren är hjälpmedlet för att snabbt ändra magnetfältet så att spolen skärs av de fältlinjer som antingen byggs upp eller försvinner.

5 Till tändstiftet behövs dock en mycket högre spänning. Lösningen på detta är att linda ytterligare en spole över den första som är elektriskt isolerad från denna. De båda spolarna kallas för primär- och sekundärspole. Sekundärspolen har flera tusen lindningsvarv och eftersom den påverkas av samma magnetfält som primärspolen så får den lika hög elektromotorisk spänning inducerad per lindningsvarv som primärspolen.

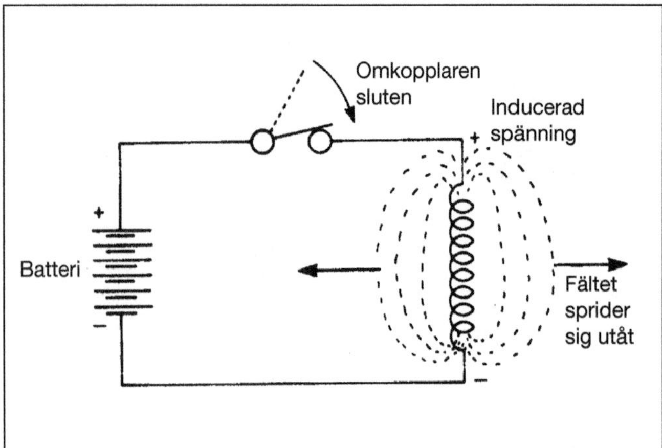

Fig. 6.11 Magnetfältets uppbyggnadsfas

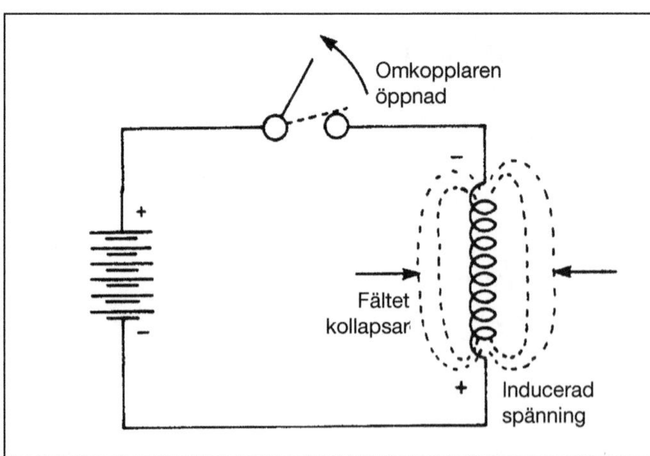

Fig. 6.12 Magnetfältets kollaps

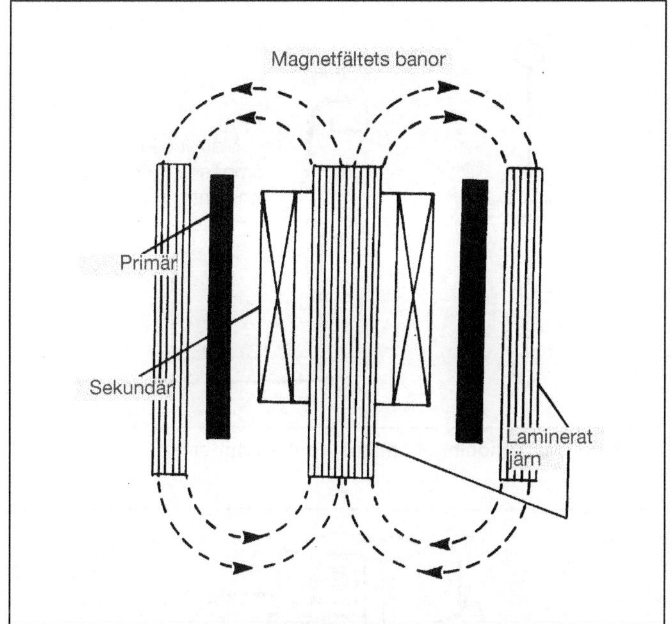

Fig. 6.13 Tändspolens lindningar och magnetbanor

Fig. 6.14 Tändspolens konstruktion

Resultatet blir en spänning som är tillräckligt hög för att skapa gnistan vid tändstiftet.

6 Tändspolens verkliga uppbyggnad visas i **Fig. 6.13 och 6.14**. Sekundärspolen består av ca. 20 000 varv tunn emaljerad ledningstråd som lindats på en laminerad järnkärna i mitten. På denna spole har primärspolen lindats. Den består av ca. 300 varv 0,5 mm emaljerad ledningstråd. Med denna tjocklek kan den leda 3 ampere från ett 12 volts batteri. De två spolarna är isolerade från varandra med hjälp av papper eller tejp och tillsammans utgör de en högspänningstransformator med ett förhållande mellan sekundär / primärsspolen på 66:1. För att leda magnetfältet monteras ett yttre järnfodral med skåror.

7 Den ena änden från både primär- och sekundärspolen är sammankopplade och utdragna till en yttre anslutning med märkningen - eller CB. Primärspolens andra ände går till en anslutning märkt med + eller SW. Slutligen är den andra änden på sekundärspolen dragen till den upphöjda, välisolerade högspänningsanslutningen på tändspolen. Tändspolen är innesluten i en sömlös aluminiumkapsel eller ingjuten i en hartslåda.

5 Kondensator

1 Kondensatorn som är ansluten över brytaren förhindrar gnistbildning när kontakterna öppnas. Effekterna av sådan gnistbildning är:

(a) den inducerade spänningen i tändspolen minskar markant
(b) metallöverföring sker mellan kontakterna och medför allvarlig urbränning

Kondensatorn förhindrar detta på följande sätt:

2 När brytaren (eller omkopplaren) öppnas så minskar primärströmmen och magnetfältet snabbt, vilket medför att både primär- och sekundärspolen får en elektromotorisk spänning inducerad i sina lindningar:

(a) bara under tiden som strömmen ändras
(b) spänningsnivån beror på hur snabbt magnetfältet (och därmed strömmen) ändras.

3 När brytningen sker, kommer den inducerade spänningen att visa sig över brytarkontakterna och strömmen kommer att hoppa över gapet i form av en gnista. På grund av detta kommer strömmen inte att omedelbart falla till noll, utan finns under några miljondels sekunder kvar i form av gnistan. Och om vi ser på punkt 2b ovan, så kommer detta att minska spänningen i sekundärspolen - just där den behövs.

4 En effektiv lösning på problemet är att ansluta en kondensator över brytaren. Detta är en komponent som används mycket i elektrisk utrustning, huvudsakligen för att den har förmåga att lagra elektricitet (mer korrekt elektrisk laddning). På samma sätt som en hink kan innehålla en viss mängd vatten som sedan kan tappas ur igen, fungerar kondensatorn, men med skillnaden att den lagrar en elektrisk laddning istället. Mängden laddning som kan lagras beror på (som hinken) vissa dimensioner hos kondensatorn men även på vilken spänning som läggs på.

5 En intressant egenskap hos kondensatorn är att när den fylls på med laddning, skapas en spänning över dess anslutningar som är motsatt till den ursprungsspänning som förde in laddningen i den. Om matningen kopplas bort så kommer kondensatorn att behålla laddning och spänning under en avsevärd tid **(Fig. 6.15)**.

6 En sak som är värd att notera är att när en laddning (mäts i coulomb) börjar flyta genom en ledare så är det mängden laddning per tidsenhet som är strömmen. Om en laddning på en coulomb per sekund flyter genom ledaren så är strömmen en ampere. Kondensatorns förmåga att hantera laddningar mäts i enheten **farad**. Eftersom enheten 1 farad är mycket stor brukar enheten mikrofarad (μF) användas. Den kondensator som används till tändningskretsen **(Fig. 6.16)** brukar vanligen ha ett värde på ungefär 0,2 μF (1 mikrofarad är en miljondel av en farad).

7 Precis när kontakterna öppnas flyter laddningen in i kondensatorn i stället för att skapa en gnista. Kondensatorn skapar snabbt över sina anslutningar en spänning som motverkar ytterligare strömflöde. På det sättet minskar primärströmmen mycket snabbare till noll än om inte kondensatorn fanns ansluten och detta medför två saker:

(a) Tändspolens sekundärspänning blir mycket högre
(b) Eftersom inga gnistor uppstår vid brytarna sker ingen metallurbränning

I verkligheten uppnås inte (b) fullständigt.

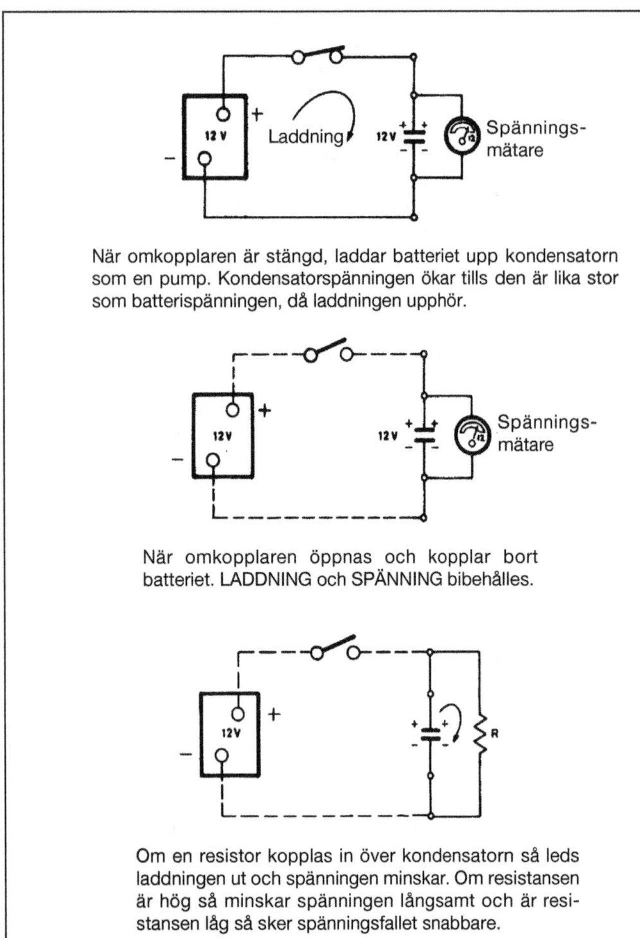

Fig. 6.15 Kondensatorns laddning och bibehållande av spänning

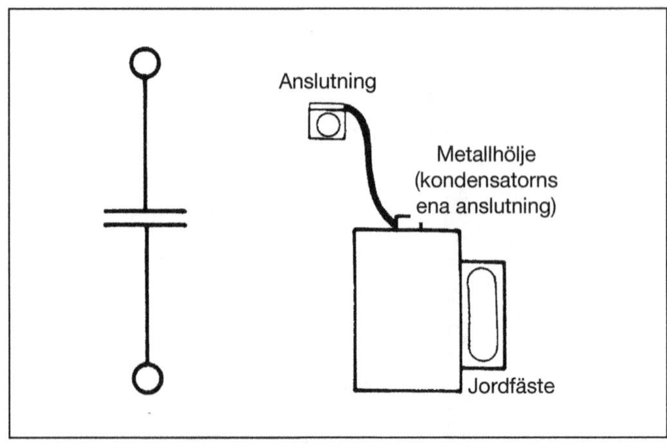

Fig. 6.16 Tändningskondensatorn – symbol och utseende

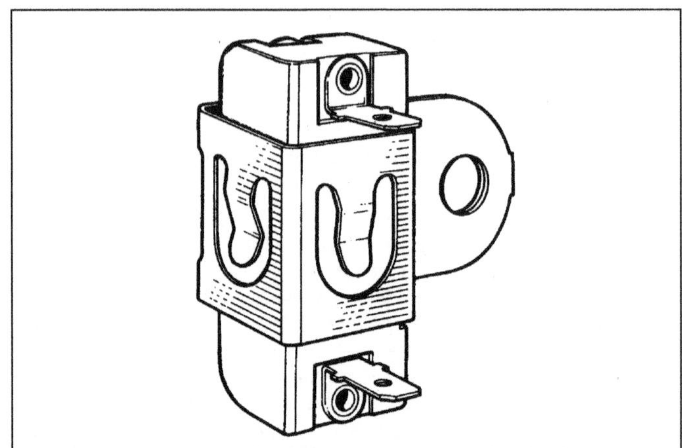

Fig. 6.17 En typisk ballastresistor

6 Tändspole med ballast

1 När motorn skall startas och startmotorn kräver mycket ström, ända upp till och mer än 300 ampere, sjunker batterispänningen märkbart. Detta kan medföra allvarliga problem för tändspolen, speciellt under kalla förhållanden när motorn är trög att dra runt.

2 Vissa system använder en tändspole som är speciellt konstruerad för att använda en seriekopplad ballastresistor i primärkretsen **(Fig. 6.17)**. När startnyckeln vrids till startläge så kortsluts resistorn av en kontakt i solenoidkolven. Genom detta tillförs primärspolen full batterispänning. När motorn startat och föraren släpper startnyckeln, kopplas resistorn in i serie med primärspolen och systemet fungerar normalt igen. Genom denna koppling får tändspolens primärspole extra kraft endast när startmotorn arbetar **(Fig. 6.18)**.

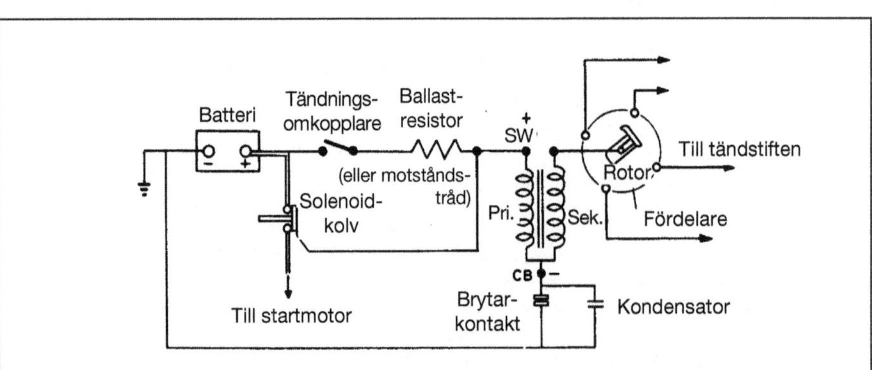

Fig. 6.18 Tändningskrets med ballast

3 Resistansen hos ballastresistorn är ungefär lika stor som den i primärspolen, så när kretsen arbetar normalt finns halva matningsspänningen över denna resistor och halva över primärspolen. Av detta följer att spolen måste konstrueras för att arbeta vid lägre spänning än vad som finns i fordonet. I vissa fordon är resistorn ersatt av en resistanstråd som går till primärspolen.

4 Det finns flera fördelar med ett ballastat system:

(a) Kallstartsförmågan förbättras

(b) Primärspolen har lägre induktansvärde (se nästa avsnitt). Detta medför en snabbare

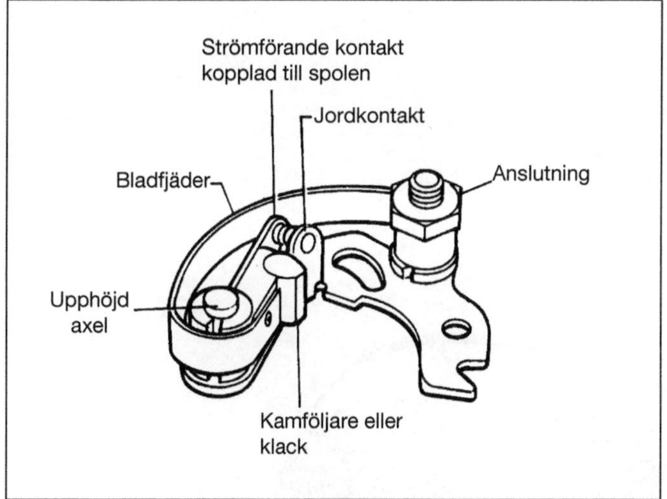

Fig. 6.19 Brytarsats

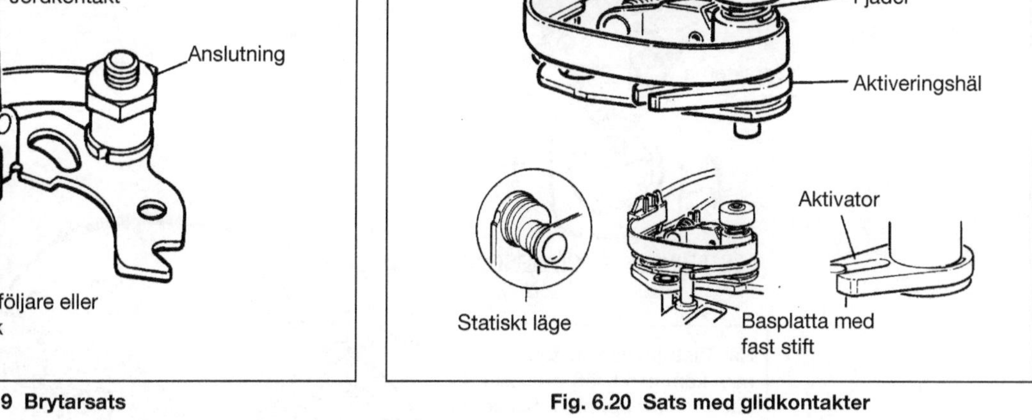

Fig. 6.20 Sats med glidkontakter

strömökning när kontakterna sluts vilket innebär att den ballastade tändspolen kan användas vid högre motorvarv

(c) *Eftersom halva kretsresistansen finns utanför spolen blir denna inte så varm, vilket ökar prestanda*

5 Vissa franska fordon använder en temperaturberoende ballastresistor. Denna är tillverkad av halvledarmaterial som har låg resistans när den är kall vid tillslag men ökar i resistans när den värms upp av strömmen till primärspolen. Detta innebär att vid tillslag läggs hela matningsspänningen över tändspolen, men efterhand som resistorn värms upp delas spänningen upp mellan den och primärspolen.

7 Montage av brytarspetsar

1 Brytarspetsarna öppnas av en kam som är monterad på fördelaraxeln (se senare kapitel). I alla fyrcylindriga motorer snurrar kammen med halva motorhastigheten. I montaget för brytarspetsarna finns hjälp för placering av kondensatorn och även för justering av spetsarna – denna justering är viktig för en korrekt fungerande tändning **(Fig. 6.19)**.

2 Genom att justera brytaravståndet till rätt inställning ges tid så att strömmen genom primärspolen hinner byggas upp när kontakterna sluts igen. Alla spolar har en egenskap som benämns "induktans" och tändspolen är inget undantag. Induktansens påverkan består i att den bromsar strömflödesökningen genom spolen. Effekten liknar mycket trögheten hos ett svänghjul som hindrar det att snabbt varva upp från stillastående.

3 Därför är det viktigt att kontakterna inte är öppna för länge eftersom detta kan medföra att slutningstiden blir för kort. Ett mått på slutningstiden är vilovinkeln och denna bestäms delvis av kamprofilen och justeras genom att ändra det största brytaravståndet. Att sätta avståndet med bladmått, innebär i realiteten att ändra vilovinkeln, men det är en något grov metod eftersom det finns en möjlighet att ena kontakten rubbas när bladmåttet sätts in. Risken finns också att gapet mellan brytarspetsarna skiljer sig från när de är stillastående till när motorn arbetar, p.g.a förslitning av fördelaren.

4 Vissa Austin Rover och fordon från Ford har försetts med en Lucasfördelare som använder glidande kontakter **(Fig. 6.20)**. Brytarspetsarhälen har två små ribbor vid basen på varsin sida om centrumstödet. Varje sådan ribba vilar på en ramp som är isärskuren till ett gaffelliknande aktiveringsdon.

5 När vakuumenheten roterar lagringsplattan flyttar sig hälribborna uppför rampen vilket tvingar hälen och den rörliga kontakten uppåt. Den rörliga kontakten glider över ytan på den större fasta kontakten och denna rörelse medför en självrengörande effekt av brytarna. Genom rörelsen undviks också uppbyggnad av metallavsättningar. Livslängden på brytaren påstås vara 40 000 km.

8 Vilovinkel

1 Vilovinkeln definieras som det antal grader som fördelarkammen roterar samtidigt som brytarspetsarna är slutna under en tändningscykel. Justeringen av denna vinkel är mycket viktig. Görs öppningen större så minskar vilovinkeln och tvärtom. Anledningen till detta är att brytarspetshälen förr eller senare fångas upp av kammen beroende på brytarspetsöppningen **(Fig. 6.21)**.

2 Felaktig justering kan få allvarliga konsekvenser. Om vilovinkeln är för liten så hinner inte spolströmmen öka tillräckligt vid höga varvtal och detta kan få till följd att tändningen slutar fungera. Om vilovinkeln är för stor så kan resultatet bli att kontakterna bränns.

3 Både vilovinkel och brytaravstånd skall ligga inom tillverkarens toleranser. Går det inte att uppfylla båda dessa villkor så är fördelaren felaktig.

4 Vid förändringar av vilovinkeln i grader motsvaras detta av en jämförbar förändring av tändlägeen. Detta åskådliggörs i **Fig. 6.22**. Om vilovinkeln ändras 12° så ändras brytarnas öppningsposition med 6°, men 6° på fördelarkammen är lika med 12° på vevaxeln.

5 Vilan kan uttryckas som en vinkel (i grader) eller som procent. Det kan vara användbart att kunna omvandla dessa enheter.

Exempel:

En kam med fyra lober utför fyra perioder med 90° delning för varje varv. Brytarna öppnar och stänger under en del av varje period. I fallet som visas i **Fig. 6.23** är spetsarna slutna under 54° (vilovinkeln) och öppna under 36°. Den procentuella vilan är:

$54°/90° \times 100 = 60\%$

Omvandling i motsatt riktning är enkel. Vilovinkeln är:

$60/100 \times 90° = 54°$

54° är en normal vilovinkel för en fyrcylindrig motor. Det är enklare att ange vilan i procent i stället för grader, eftersom procentsatsen inte beror på antalet cylindrar.

6 För att noggrant kunna mäta vilan kan en vilomätare användas, men med vissa typer av mätare måste försiktighet iakttas vid avläsningen. Detta eftersom en skala kan användas för motorer med olika antal cylindrar. Om vi

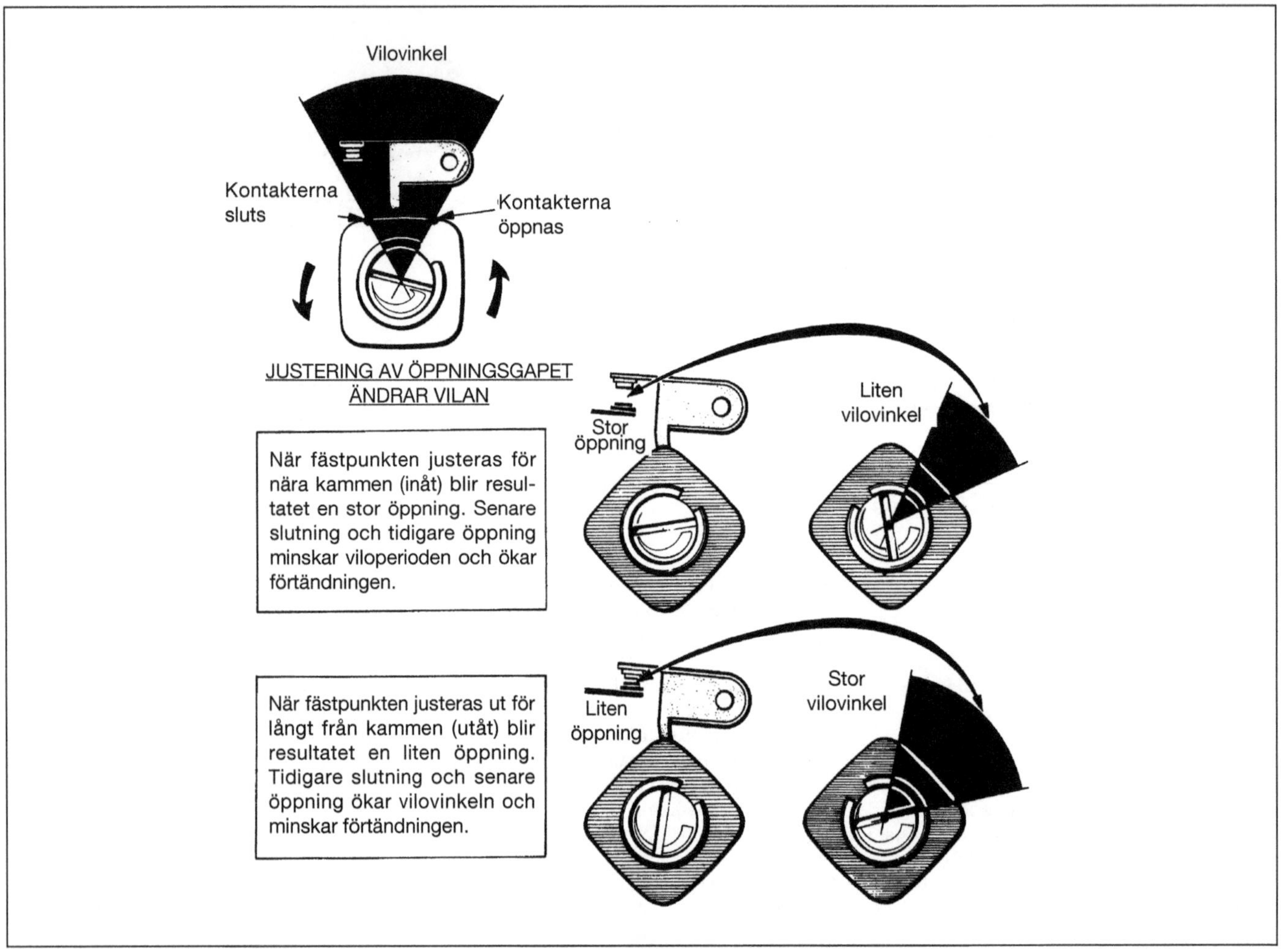

Vilovinkel
Kontakterna sluts
Kontakterna öppnas
JUSTERING AV ÖPPNINGSGAPET ÄNDRAR VILAN
När fästpunkten justeras för nära kammen (inåt) blir resultatet en stor öppning. Senare slutning och tidigare öppning minskar viloperioden och ökar förtändningen.
Stor öppning
Liten vilovinkel
När fästpunkten justeras ut för långt från kammen (utåt) blir resultatet en liten öppning. Tidigare slutning och senare öppning ökar vilovinkeln och minskar förtändningen.
Liten öppning
Stor vilovinkel

Fig. 6.21 Förklaring av vilovinkel

72°
60°
KAM-ROTATION
KAM

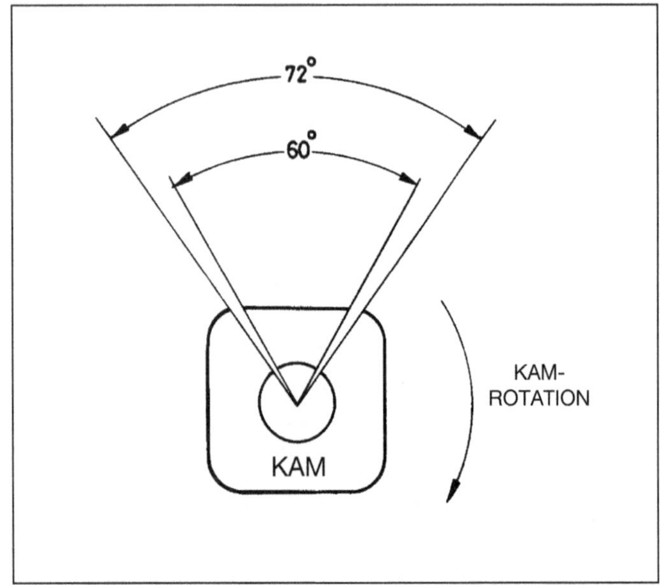

Fig. 6.22 Ändring av vilovinkel - ändring av tändläge

Brytarspetsar
Brytarspetsarna öppna
Häl eller klack
90°
36°
54°
Brytarspetsarna slutna (vilovinkel)
Fördelarkam
Procentuell vila
54°/90° X 100 = 60%

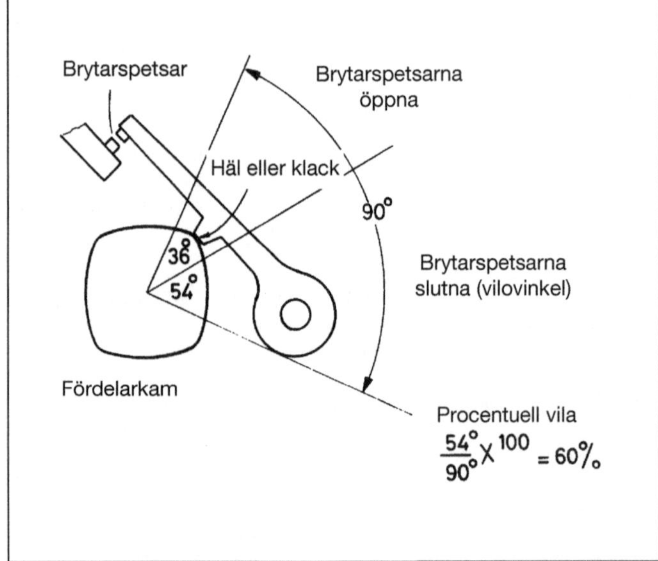

Fig. 6.23 Sambandet mellan vilovinkel och procentuell vila

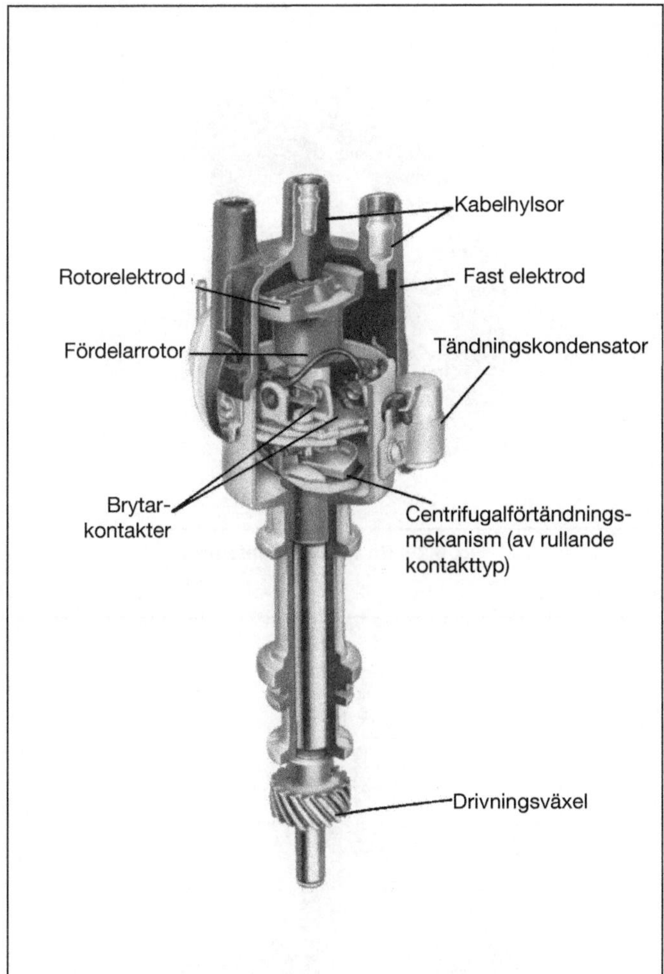

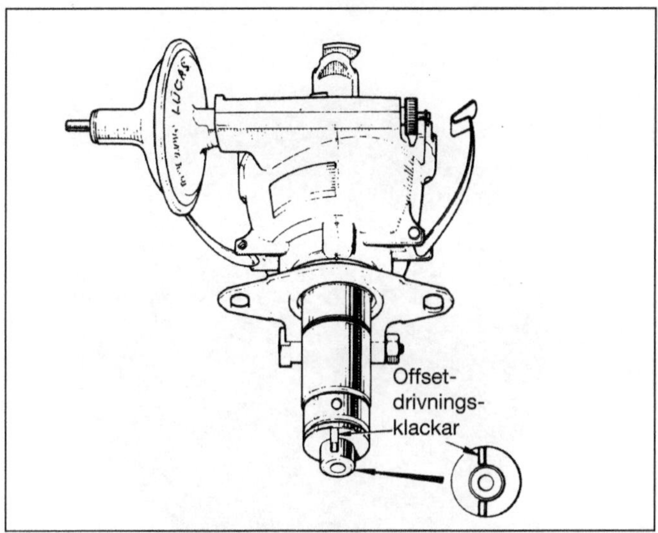

Fig. 6.24 Drivning av fördelare med offsetkoppling

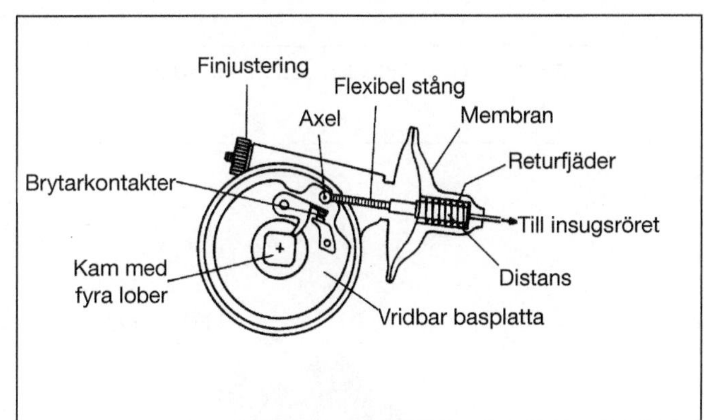

Fig. 6.25 Drivning av fördelare med kugghjul

Fig. 6.26 Vakuumförtätningsmekanism

utgår från vilan 60% för encylindrig, fyrcylindrig och sexcylindrig motor så blir det enligt följande:

Encylindrig / enlobskam - period 360°
Fyrcylindrig / fyralobskam - period 90°
Sexcylindrig / sexlobskam - period 60°
Vilovinkelavläsningen blir:

Encylindrig: 60/100 x 360° = 216°

Fyrcylindrig: 60/100 x 90° = 54°

Sexcylindrig: 60/100 x 60° = 36°

9 Fördelare

1 Som namnet säger, fördelar denna gniströmmen till tändstiften i tur och ordning men den utför också en del andra funktioner. Fördelaren utför fyra huvuduppgifter:

(a) Levererar ström till tändstiften i korrekt ordning
(b) Sluter och bryter primärströmmen till tändspolen
(c) Justerar tändläget med hänsyn till motorvarvtalet
(d) Justerar tändläget med hänsyn till motorbelastning

2 På fyrcylindriga motorer roterar fördelaraxeln med halva motorhastigheten. Fördelaraxeln är sammankopplad med drivaxeln via en offsetdrivklack **(Fig. 6.24)** eller en växel **(Fig. 6.25)**.

3 Brytarna är monterade på en basplatta som är vridbar inom en viss vinkel runt kammen. Vridningen kontrolleras av en vakuumenhet **(Fig. 6.26)** som mäter undertrycket i insugsröret. Se också avsnitt 11.

4 Brytarspetsarnas häl är i kontakt med kammen som har samma antal lober som motorn har cylindrar. När kammen roterar, öppnas och sluts brytarspetsarna. Hur mycket brytaren öppnar bestäms delvis av stigningen på kamloben och delvis på inställningen av brytarnas fasta kontakt, som är justerbar och kopplad till jord.

5 Fördelarlocket **(Fig. 6.27)** är tillverkat av bakelit av hög kvalitet och har till uppgift att skydda fördelarens inre från smuts och fukt. Fördelarlocket innehåller också kontaktelektroder som tar emot gniströmmen från rotorarmen **(Fig. 6.28 och 6.29)** som är monterad högst upp på fördelaraxeln. Från locket leder tändkablar strömmen till varje tändstift och den mittre tändkabeln är den som leder strömmen från tändspolen till fördelaren. Strömmen till fördelarens mässingskontakt överförs till rotorn antingen genom en liten kolborste eller genom en fjäderbelastad metallelektrod.

6 Automatisk förtändning uppnås genom de två vikter som monterats på fjädrar **(Fig. 6.30)**. Dessa kastas utåt av centrifugalkraften och vrider kamaxeln i förhållande till fördelarens drivaxel. Hur långt ut de pressas beror på motorvarvtalet och detta medför att gnistan kommer tidigare ju högre varvtalet är.

Fig. 6.27 Fördelarlocket sett från insidan

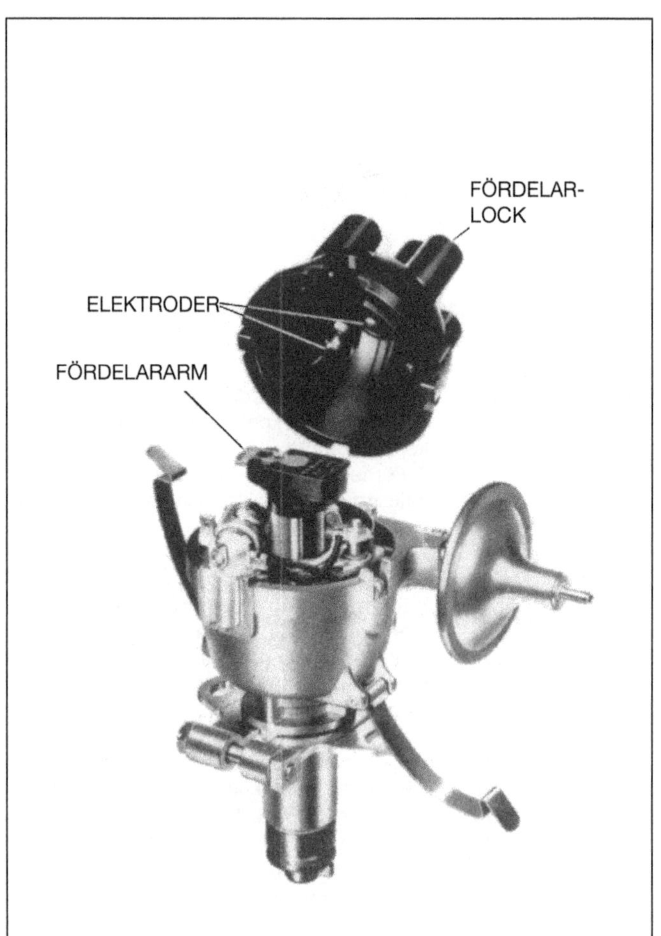

Fig. 6.28 Fördelarlockets arm och lock

Fig. 6.29 En typisk fördelararm

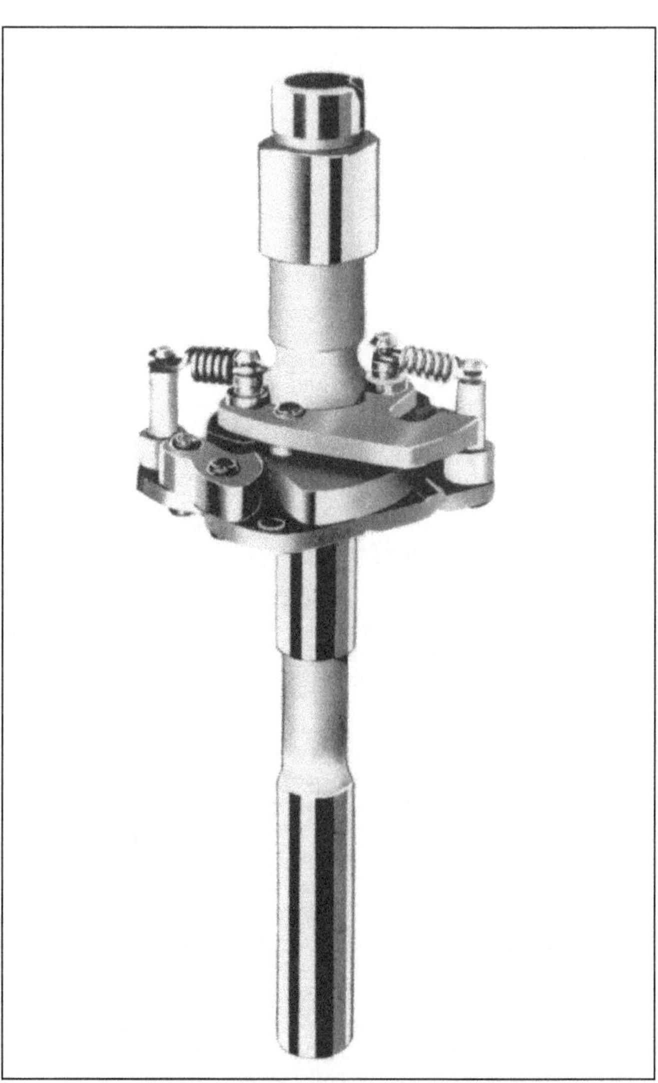
Fig. 6.30 Den automatiska förtändningsmekansmen

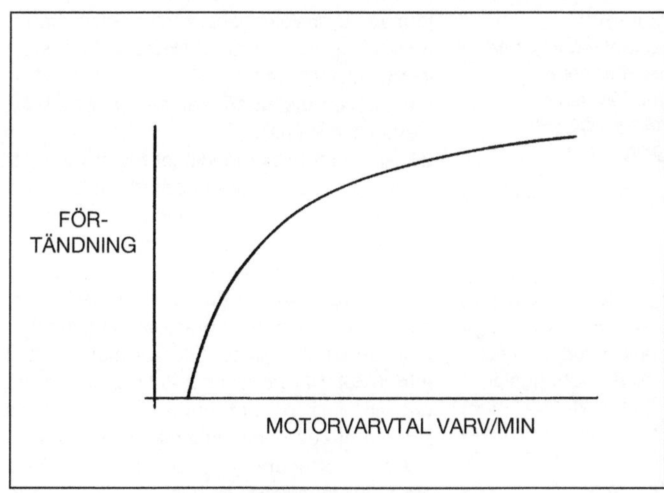

Fig. 6.31 Typisk förtändningskurva

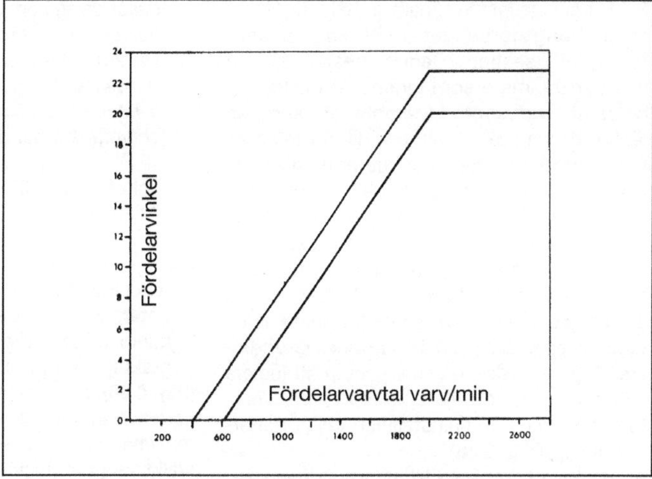

Fig. 6.32 Typisk förtändningskurva för en fjädermekanism

10 Förtändningsbehov

1 Hur stor förtändningen skall vara vid olika hastigheter fastställs av tillverkaren genom försök. Det sker genom att man ställer in motorvarvet och därefter justerar förtändningen så att maximal effekt erhålles. För en typisk fyrcylindrig motor ser förtändningskurvan ut ungefär som i **Fig. 6.31**. Det skulle vara idealiskt om fördelaren lämnade en motsvarande förtändning men i verkligheten blir förtändningsinställningen från fördelaren en kompromiss.

2 Fjädrarna som håller tillbaka centrifugalvikterna har linjär karakteristik. Med detta menas att uttänjningen av dem är proportionerlig mot kraften som drar ut dem. Med anledning av detta blir förtändningskurvan, från en fördelare som använder två lika starka fjädrar, rak - se **Fig. 6.32** (de två linjerna visar acceptabla gränser). Lägg märke till att förtändningen slutar vid ca. 2 000 varv/min för den fördelare som visas (motorvarvtal 4 000 varv/min). Detta beror på att kammens inbyggda stopp når en av de fasta begränsningarna på den rörliga plattan.

3 En mer komplicerad kurva uppnås genom användning av två olika starka fjädrar. Den ena av dem är också vid starten något lös genom en förlängning i ena änden och det innebär att den påverkar systemet först när vikterna kommit ut en bit i banan. Kurvan i **Fig. 6.33** visar förtändningsresultatet från en sådan fördelare.

4 När fördelarens hastighet ökar sker en snabb ökning av förtändningen på ungefär 9° vid 400 varv/min eftersom endast en fjäder påverkar. Därefter ökar förtändningen mer långsamt tills den når den övre gränsen på 18° till 20° vid 1 350 varv/min. Detta är ett typiskt uppförande men variationer förekommer för varje motorkonstruktion.

5 Förlängningen på fjädern får inte ändras för då kommer förtändningen att avvika och motorn fungerar sämre.

11 Förtändning med vakuumstyrning

1 Centrifugalförtändningen justerar tändningen vid varvtalsökning för att ge luft/-bränsleblandningen erforderlig tid för att förbrännas effektivt. Men när fordonet körs med måttlig fart och lätt belastning, d.v.s. inte bergsklättring, är bränslematningen liten och bränsleladdningen har lägre tryck vid tändningstillfället. Dessa förhållanden medför långsammare förbränning och ytterligare tändningsförtändning behövs.

2 Genom att utnyttja det faktum att det finns ett relativt högt vakuum i insugsröret vid lätt belastning och mindre vakuum vid högre belastning då trotteln är mer öppen, går det att uppnå detta mål **(Fig. 6.34)**.

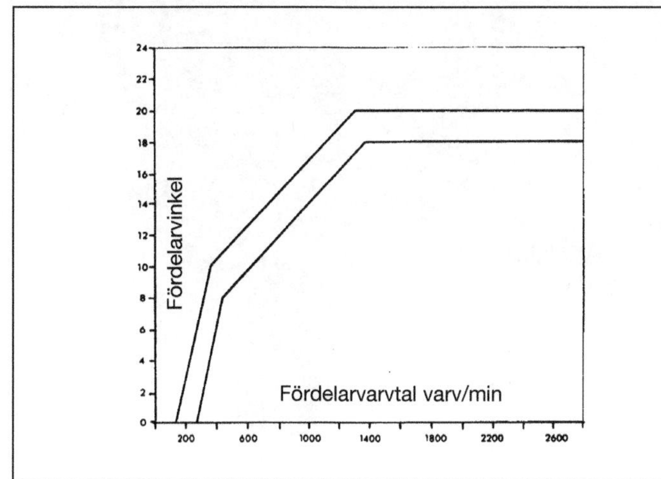

Fig. 6.33 Typisk förtändningskurva för en differentiell fjädermekanism

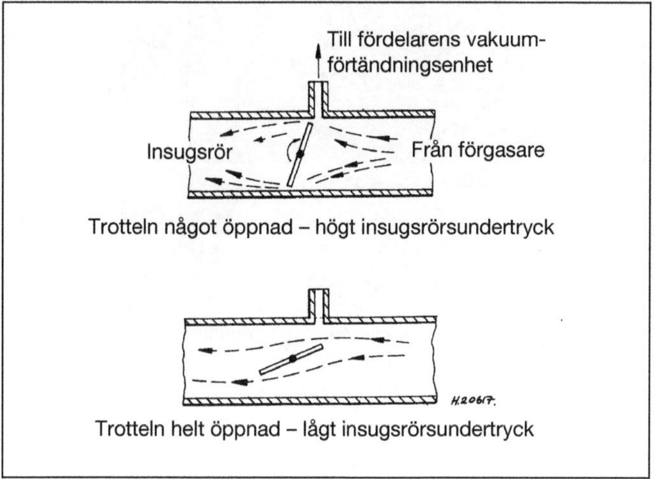

Fig. 6.34 Undertryck i insugsröret

3 Ett hål i insugsröret, nära trotteln, är via en smal slang förbundet med en vakuumförtändningsenhet. Denna består av en vakuumkammare som innehåller ett fjäderbelastat membran. Membranet styr en länkarm som är ansluten till fördelarens basplatta där brytarspetsarna är monterade. När vakuum uppstår, drar membranet basplattan med kontakterna i motsatt riktning till kammens rotation och ger på det sättet en tidigare tändning **(Fig. 6.35)**. Vakuumförtändningen bestäms av fjäderns styrka (kallas fjädervärde) och en begränsning av en distans eller urtag på länkarmen. Grundinställning av fördelaren sker genom att justera klämman vid fördelarens fäste, på vissa fördelare finns en fininställning (mikrometerinställning) **(Fig. 6.36)**.

4 Det är värt att känna till när vakuumenheten börjar arbetar:

(a) Vid tomgångsvarvtal är insugsrörets vakuum högt eftersom trotteln nästan är helt stängd. Vakuumförtändning sker inte eftersom trotteln inte frilagt avtappningshålet.

(b) Vid låg fart på plant underlag är trotteln delvis öppen. Vakuumet är fortfarande högt och vidarebefordras till membranet i förtändningsenheten. Förtändning inträffar.

(c) Vid hög belastning trycker föraren ner gaspedalen som öppnar trotteln. Vakuumet minskar markant vilket gör att vakuumenhetens fjäder returnerar basplattan till startläget. Vid denna situation bestäms förtändningen av centrifugalförtändningsenheten.

Se också **Fig. 6.37** som visar en graf över induktionstryck.

5 En intressant metod för vakuumstyrd förtändning används av Ducellier. När vakuum uppstår, flyttar en excenter på den rörliga brytarkontaktens medelpunkt vilket ändrar på kontakternas öppnings- och slutningsläge. **(Fig. 6.38)**. Lägg märke till att brytaravståndet kommer att vara olika vid nollvakuum och vid maximalt vakuum, allt efter hur kammen var ställd när grundinställningen gjordes.

12 Emissionskontrollerad vakuumenhet med dubbla membran

1 Denna typ av förtändningsenhet har två membran som kontrolleras av varsin vakuumkammare. Den ena kammaren är ansluten, på samma sätt som den tidigare beskrivna enheten, till insugsröret nära trotteln. Detta är framställningsenheten eller den tidiga enheten. Den andra kammaren, som är ringformad, är ansluten längre fram i insugsröret, nedströms från trotteln. Detta är backställningsenheten eller sena enheten. När membranen utsätts för vakuum drar de basplattan åt olika håll.

2 Genom att backa tändläget när motorn går på tomgång eller körs i nedförsbackar med trotteln stängd lämnar avgaserna mindre föroreningar. Det höga undertrycket i insuget vid tomgångskörning och motorbromsning visas i **Fig. 6.37**. Detta vakuum medför att backställningsenheten drar vakuumframställningsarmen åt vänster tills den når stoppet **(Fig. 6.39)**. När trotteln delvis är öppnad finns det en viss mängd undertryck på båda sidorna om den och konstruktionen ställer in korrekt förtändning över trottelns hela arbetsområde. Vid fullgas påverkas båda kamrarna av ett litet undertryck och vakuumframställningsarmen hålls fixerad av styrkan i de två fjädrarna. Den andra fjädern är starkare och därför förs armen åt höger mot gränsstoppet A. Därmed blir förtändningen maximal i detta läge. Motorvarvtalet är i denna situation tillräckligt för att förtändningsstyrningen skall ske av endast centrifugalregulatorn. Lägg märke till att den totala förtändningen, under alla driftsförhållanden, beror på de summerade effekterna av både centrifugalregulatorn och vakuumregulatorn.

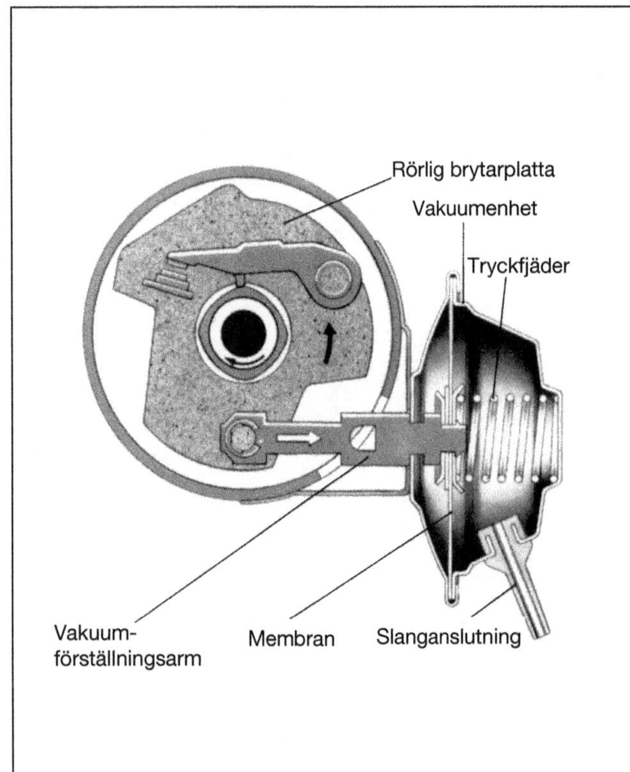

Fig. 6.35 En vakuumförtändningsenhet

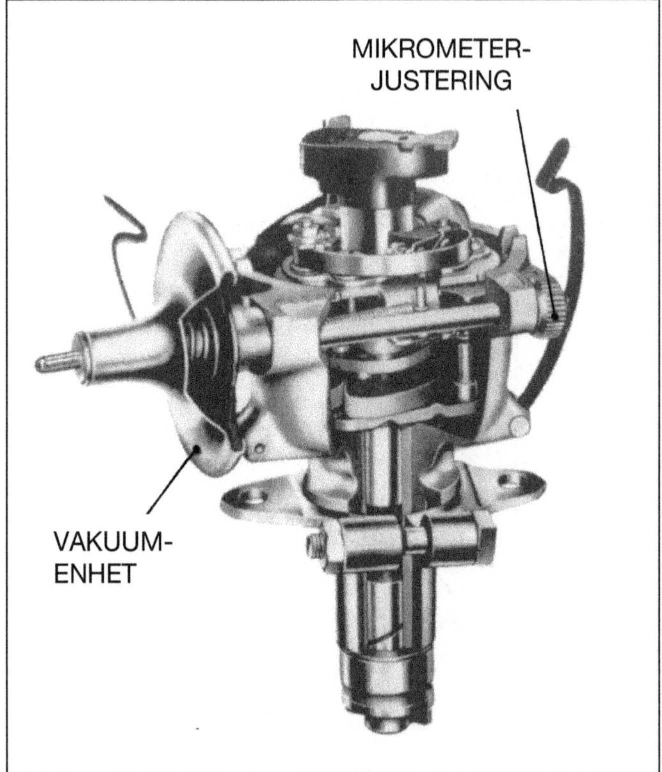

Fig. 6.36 Mikrometerstyrningsmontage och vakuumenhet

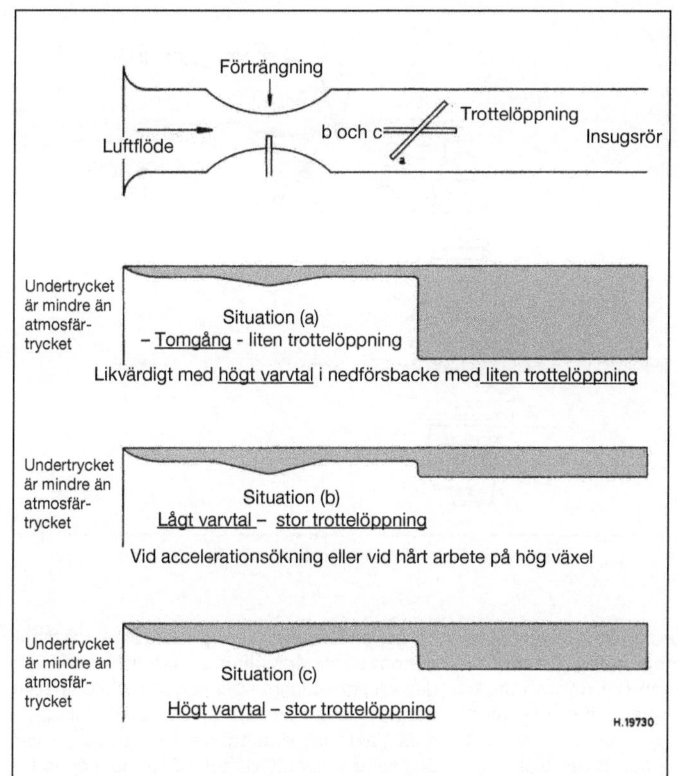

Fig. 6.37 Induktionstryck

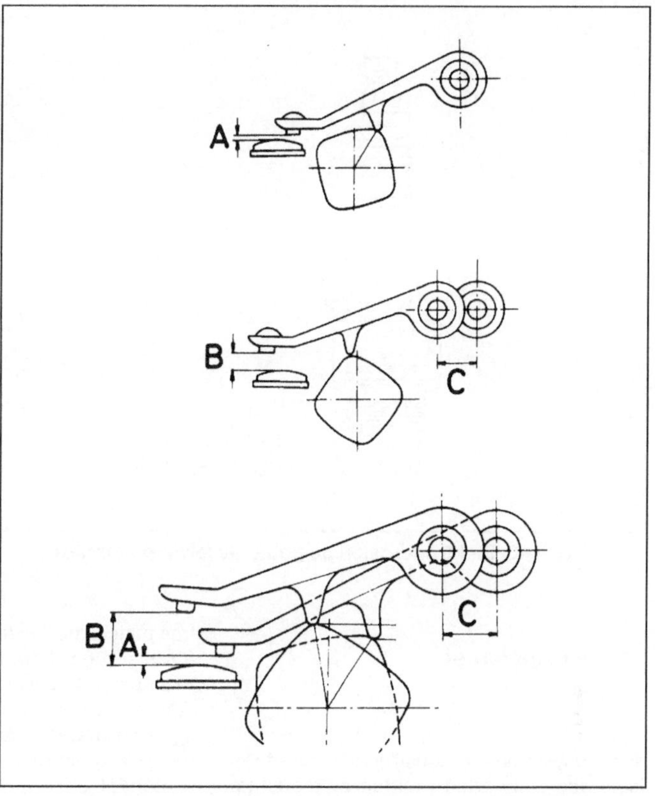

Fig. 6.38 Vakuumförtändning genom rörlig axelposition

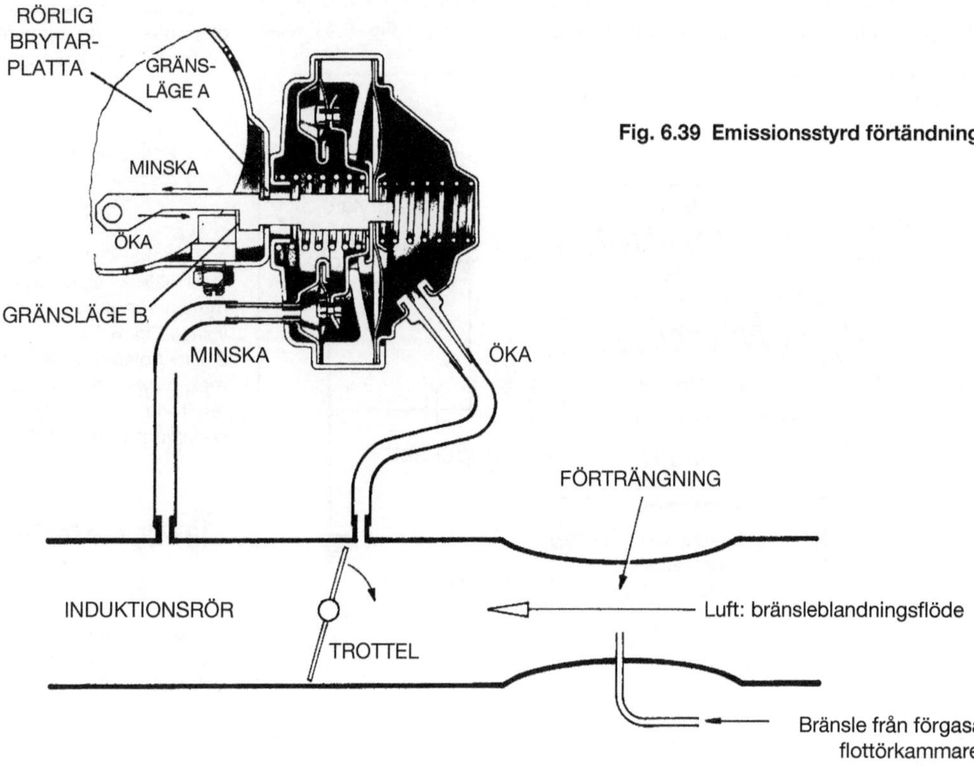

RÖRLIG BRYTAR-PLATTA
GRÄNS-LÄGE A
MINSKA
ÖKA
GRÄNSLÄGE B
MINSKA
ÖKA
FÖRTRÄNGNING
INDUKTIONSRÖR
Luft: bränsleblandningsflöde
TROTTEL
Bränsle från förgasarens flottörkammare

Fig. 6.39 Emissionsstyrd förtändningsehnet

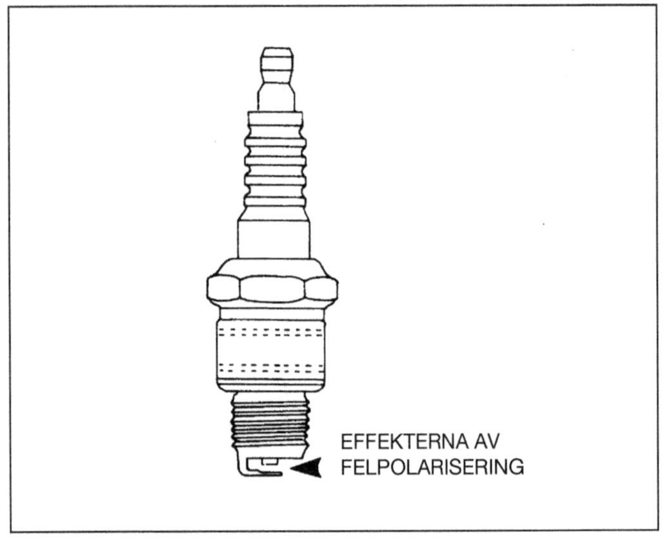

Fig. 6.40 Elektroderosion på grund av felvänd polaritet

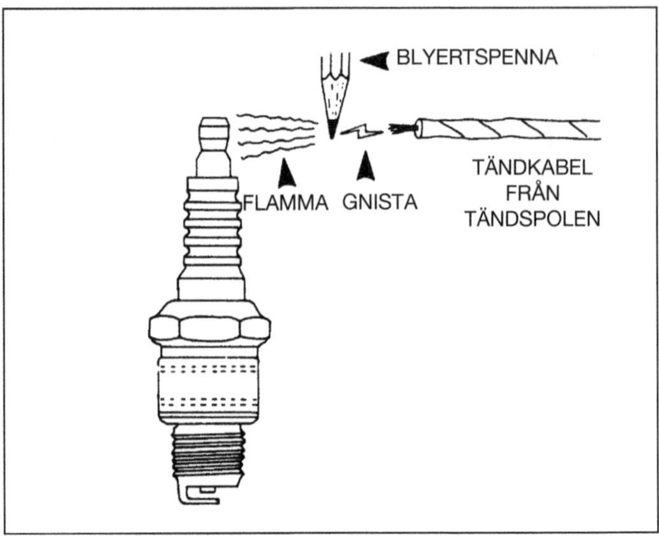

Fig. 6.42 Polaritetskontroll för spolanslutning

13 Gnistpolaritet

1 Tändsystemen är konstruerade så att den isolerade elektroden i mitten av tändstiftet skall vara negativ och den jordade elektroden positiv. De elektroner som gnistan består av, lämnar den negativa metallytan och hoppar över till +ve elektroden. Elektroner har lättare att lämna vissa metaller och gör det också enklare om ytan har hög temperatur.

2 Av dessa anledningar hoppar gnistan över från mittelektroden till jord, men det finns flera fördelar med detta arrangemang. Efterhand förslits och försvinner ytan där gnistan utgår ifrån och det beror på att varje gnista tar med sig små materialpartiklar. Det är bättre att mittelektroden förslits, speciellt när elektrodavståndet skall mätas med bladmått **(Fig. 6.40)**. Dessutom krävs 40% högre gnistspänning vid omvänd polaritet och detta kan leda till misständning.

3 Intressant i sammanhanget kan vara att i Citroën 2CV är sekundärspolens båda anslutningar dragna till varsitt tändstift på motorn som är av boxertyp. I **Fig. 6.41** visas att sekundärströmmen (gniströmmen) flyter genom båda tändstiften och detta innebär att den ena gnistan inte gör någon nytta eftersom bara den ena cylindern är klar för tändning.

4 Endast det ena tändstiftet arbetar med önskvärd polaritet, därför måste det sörjas för att tändstiften är i god kondition så att tändstiftet med omvänd polaritet inte ger upphov till misständning. Anledningen till denna tändningslösning är ekonomisk. Genom detta arrangemang undviks kravet på antingen två tändspolar eller en fördelare. Detta tändningsarrangemang har åter börjat tillämpas i de senaste avancerade tändsystemen för att slippa använda fördelare.

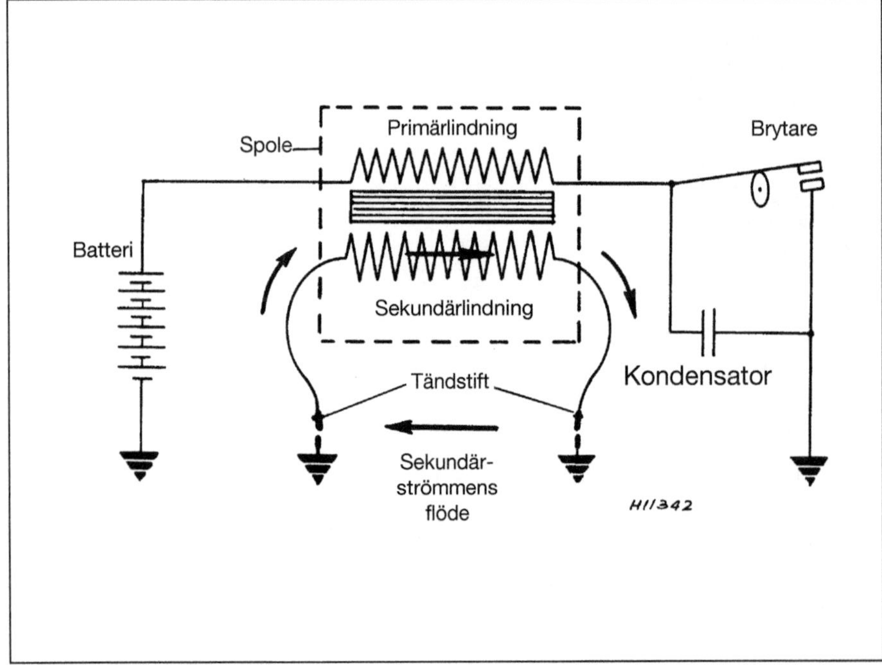

Fig. 6.41 Dubbelgnisttändning som används i Citroën 2CV

14 Polaritetskontroll

1 En enkel kontroll av polariteten kan utföras med hjälp av en blyertspenna. Denna placeras mellan tändkabeln och tändstiftet som det visas i **Fig. 6.42**.

2 Om polariteten är riktig visar sig en gnista mellan pennan och tändstiftet, men är polerna felvända så blir urladdningen mellan högspänningsledaren och pennspetsen.

15 Spolens polaritet

1 Moderna fordon har som regel minusjord, men det är alltid lämpligt att kontrollera polariteten på de fordon som är under tillsyn. Oberoende av vilken batteripol som är ansluten till jord, så är det viktigt att se till att spänningen är korrekt polariserad vid tändstiftet.

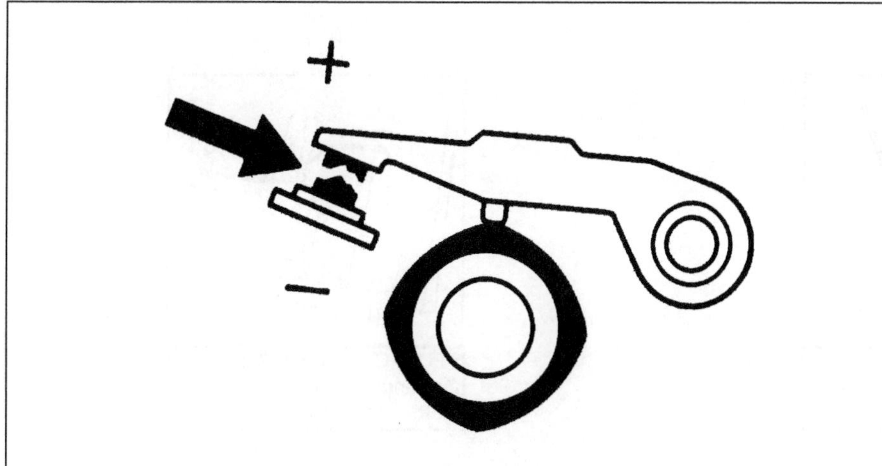

Fig. 6.43 Ojämnheter på brytarspetsarna

2 Äldre tändspolar från Lucas har lågspänningsspolen märkt med SW (till tändlåset) och CB (till brytarspetsarna). Dessa tändspolar tillverkades i olika versioner för att passa till olika jordningssystem. Det enda som behöver göras för att ändra gnistans polaritet är att byta plats på ledarna till SW- och CB-anslutningarna.

3 Moderna tändspolar har lågspänningsanslutningarna märkta med + och -. Samma spole kan därmed användas för både plus- och minusjordade system. Plusanslutningen kopplas vid ett plusjordat system till brytarna och vid ett minusjordat system skall minusanslutningen på tändspolen kopplas till brytarna.

16 Serviceanmärkningar

1 Nu för tiden är spoltändsystem anmärkningsvärt robusta och kräver endast litet underhåll, förutom viss smörjning, justering med anledning av förslitning i fördelarens rörliga delar och vanlig rengöring.

2 Tändspolarna monteras på eller nära motorn och blir efterhand nedsmutsade. Det är viktigt att hålla dem rena, speciellt isolationskragen för högspänningsutgången. Smuts och fukt kan annars medföra överslag mot jord. Om startproblem inträffar någon fuktig morgon kan detta ibland åtgärdas genom att man torkar av tändspolens högspänningskrage och ledning med en trasa. En annan effekt av smuts- och fuktöverslag vid högspänningskragen är att motorn feltänder vid acceleration.

3 Spolanslutningarna kan ibland ge upphov till problem beroende på korrosion och dålig kontakt vid kabelskorna.

4 Justering av brytare utförs oftast på samma sätt oberoende av vem som tillverkat fördelaren. Motorn skall vridas runt så att kamföljarhälen är på mitten av en lob och brytaren är öppen. Detta kan göras genom att motorn vrids runt med startmotorn eller manuellt genom att man vrider vevaxelremskivan med en skruvnyckel.

5 Kontrollera om kontaktytorna på brytarna har gropar eller upphöjningar. Dessa bildas genom metallöverföring av gnistan och den ljusbåge som uppstår vid kontaktytan **(Fig. 6.43)**. Upphöjningar skall tas bort med finkornig smärgelduk eller putsas till med en karborundumpinne, men inga försök skall göras att ta bort gropar i kontaktytan på den rörliga kontakten. Enkel rengöring av den övriga ytan är allt som behövs och för detta fungerar det bra med denaturerad sprit. Det är dock sällsynt att kontaktytorna repareras i underhållsarbetet, oftast är det bättre och troligtvis mer ekonomiskt att byta brytarspetsarna.

6 Vanligtvis ger utseendet på brytarnas kontaktytor en indikation på systemets tillstånd, till exempel:

(a) *Gropar och upphöjningar på rena kontakter:*
Normalt tillstånd; Kontakterna kan bytas
(b) *Likformig grå beläggning över hela kontaktsidan:*
Oxidering beroende på för lågt kontakttryck (svag fjäder) eller för litet avstånd
(c) *Svår söderbränning eller blåanlöpta kontakter:*
Felaktig kondensator eller tändspole
(d) *Svartbrända lämningar på och runt kontakterna:*
Olja, fett och smuts har lagrats mellan kontakterna

7 När kontakterna är i ordning kan avståndet mätas med ett bladmått enligt tillverkarens instruktioner. I de flesta bilar skall öppningen vara mellan 0,35 och 0,50 mm – men kontrollera med instruktionsboken. Den fasta kontakten är vanligen monterad på en platta som är fastskruvad med en eller två skruvar. Skruvarna lossas och kontakten flyttas till korrekt avstånd. Avståndet är korrekt när kontakterna bara ligger lätt mot bladmåttet. Var noggrann med att dra åt fästskruvarna men använd inte onödigt mycket kraft.

8 För brytare från Ford (Motorcraft), Bosch och Lucas sker justeringen på likartat sätt. Fördelare från Hitachi använder en excentrisk justerskruv för att uppnå samma resultat. Ducellier använder en finess med en justermutter på utsidan av fördelarhuset. SEV Marchal är helt olika genom att brytarspetsarna till vissa fördelare är monterade i en kassett som passar över fördelaraxel och kam. Justeringen sker med en 3mm:s insexnyckel genom ett hål i fördelarhuset.

9 Med hänvisning till vad som tidigare sagts, är det en fördel att justera brytarna för att ge en viss vilovinkel och nu för tiden används inte bladmåttsmetoden så ofta. Idag finns ett flertal billiga mätare för detta syfte.

10 Kamytan skall förses med ett uns av fett (inte mer) för att minska förslitningen av kamföljarhälen. Tag bort rotorn och tillför två eller tre droppar ren motorolja på toppen av axeln (kanske syns en kudde). Centrifugalförtändningsmekanismen skall smörjas med några få droppar ren motorolja genom öppningen runt axeln vid brytarplattan. Slutligen skall den upphöjda pinnen på brytarspetsarna, smörjas lite med fett eller ren motorolja. Överdriven smörjning med olja eller fett i fördelaren kan medföra problem genom att kontakterna blir belagda av omkringflygande smörjmedel.

11 Vanligen är tändkablarna av intryckningstyp och man måsta kontrollera att de är riktigt insatta i fördelarlocket. Rengör utsidan av kablarna om de är smutsiga, om nödvändigt används denaturerad sprit för att få bort fett och olja.

12 Inställning av tändlägen utförs genom att fördelaren justeras så att gnistan kommer vid rätt tid i arbetscykeln. Det finns två sätt, statisk och dynamisk (med stroboskop) varav den senare är att föredra, eftersom centrifugalmekanismen kan kontrolleras.

13 Motorerna är försedda med tändlägesmarkeringar **(Fig. 6.44)** på antingen vevaxelremskivan eller svänghjulet och dessa måste ställas så att de överensstämmer med ett fast märke på vevhuset eller svänghjulskåpan. På de flesta motorer visas minst två märken, ett är för övre dödlägespositionen (ÖD) och det andra är det korrekta tändläget som kan ligga flera grader före övre dödläget. Skillnaden mellan dessa två markeringar är vanligen den statiska förtändningen angiven i grader.

14 Motorernas tändning anges oftast från cylinder 1 men för att vara säker, kontrollera med instruktionsboken. Cylinder 1 är normalt den som är närmast fläkten men vissa tillverkare anser att cylinder 1 är närmast svänghjulet. När det gäller V8-motorer måste numreringen kontrolleras med handboken.

15 Inställning av det statiska tändläget görs på följande sätt:

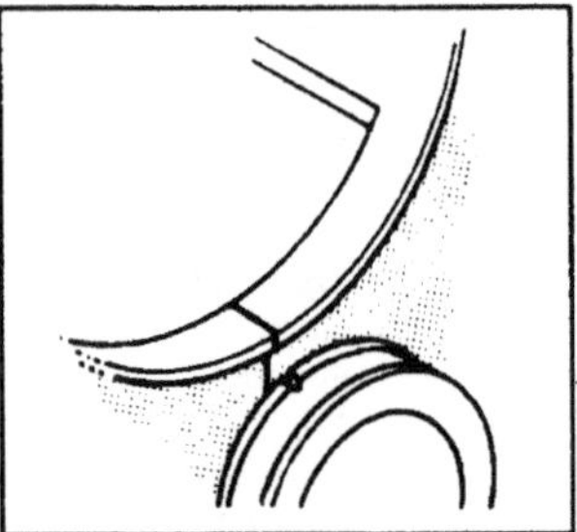

PORCHE 911
Märket på remskivan i linje med linjen på höljet

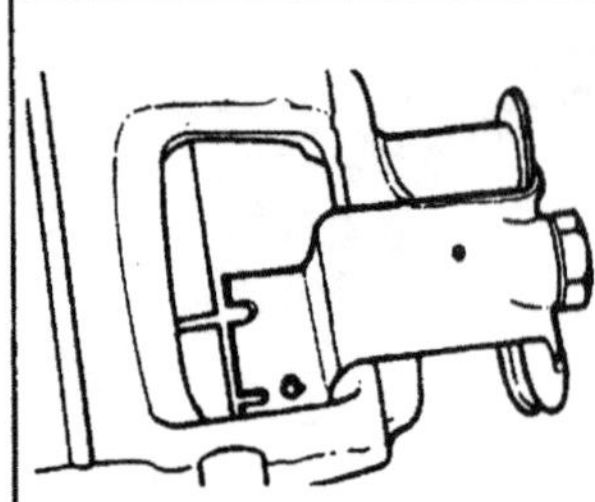

PEUGEOT 205, 309 & 405
Det längre av de två hacken på plattan = tändning

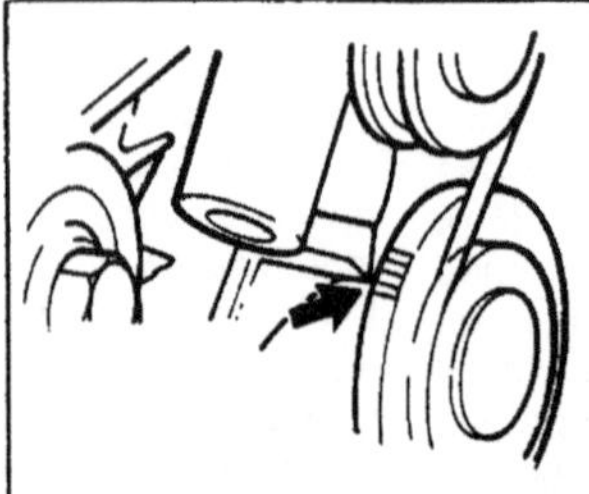

Fords OHC-motor. Den pilmarkerade linjen på remskivan = ÖD. Varje linje motsvarar +4° FÖD

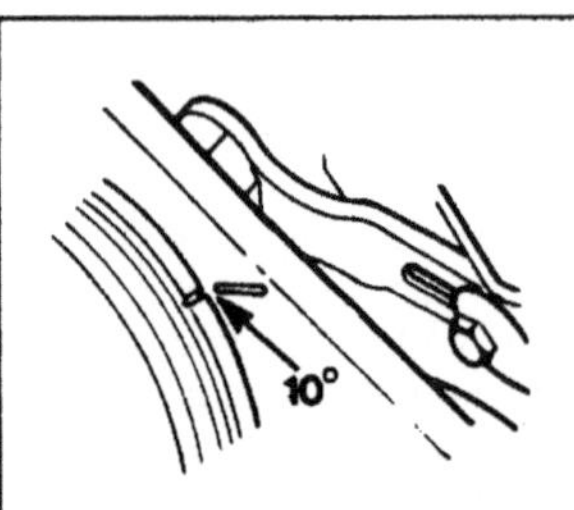

OPEL Manta 2.0 liter.
Markeringarna i linje = tändning

NISSAN Sunny, Micra, Prairie & Laurel. Skala på kamkåpan

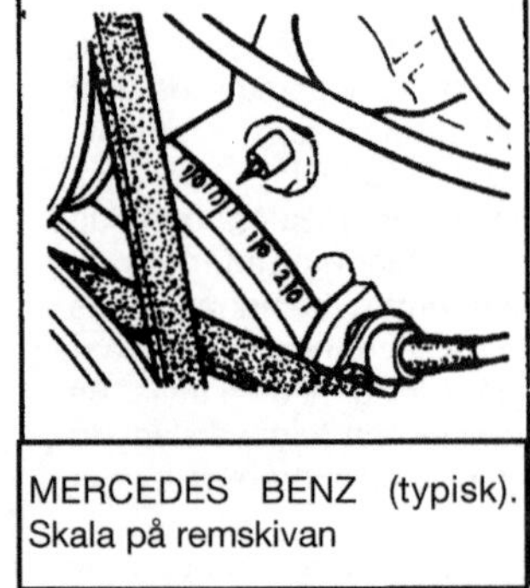

MERCEDES BENZ (typisk). Skala på remskivan

Fig. 6.44 Typiska motormarkeringar för tändning

Kontrollera att den cylinder vars tändläge skall ställas, närmar sig övre dödpunkten i kompressionscykeln. Placera tummen över tändstiftshålet och vrid vevaxeln med en skruvnyckel så att kompressionen kan kännas med tummen. Lägg märke till att fördelarens rotor just passerar avtappningselektroden för cylinder 1. Placera tändlägesmarkeringarna i förhållande till varandra enligt anvisningarna i instruktionsboken. Avlägsna fördelarlocket och koppla in en 12 volts lampa mellan brytaranslutningen och jord, slå därefter till tändningen. Lossa skruven till fördelarfästet så att fördelaren går att vrida runt och vrid den sedan mycket långsamt till den punkt där glödlampan börjar lysa. Detta indikerar att brytaren öppnar. Dra försiktigt fast fördelarklämman och kontrollera att glödlampan börjar lysa på samma ställe genom att vrida runt motorn två varv.

16 Dynamisk tändlägesinställning sker med motorn startad och med hjälp av ett stroboskop. Stroboskopet aktiveras av tändstiftet till cylinder 1. Lampan kopplas in på högspänningsledaren till tändstiftet och lämnar en kort, intensiv blixt på bara några mikrosekunder.

17 Genom att belysa tändlägesmarkeringarna på den främre remskivan eller svänghjulet, beroende på fabrikat, skapas intrycket av att den roterande märkningen står stilla. Markeringarna skall ligga mitt emot varandra, gör de inte det ska fördelaren vridas tills så blir fallet. Inställningen görs vanligen vid ett tomgångsvarv på ungefär 700 varv/min med vakuumförtändningen bortkopplad och grenrörsavtappningen tillsluten, men kontrollera med instruktionsboken. Om motorn varvas skall tändlägesmarkeringarna se ut att röra sig baklänges i förhållande till rotationsriktningen. Detta indikerar att förtändningen justeras med ökande varvtal. Koppla tillbaka vakuumregulatorn när arbetet är klart.

Varning: *Undvik att ha hängande trådar, halsband och lösa kläder i närheten av fläkt och drivremmar.*

17 Kontroller

Kontroll 1: Kabelfunktion

Kontrollera fastsättning och renhet. Tryck ner tändkablarna i tändspolens krage, på tändstiften och i fördelarlocket.

Kontroll 2: Tändspolefunktion

Att tändspolen genererar högspänningsgnistor kontrolleras genom att högspänningsledaren i centrum av fördelarlocket tas ut. Med hjälp av en isolerad tång hålls ledaren nära jord (6 mm) och motorn dras runt. Titta efter jämna, friska gnistor. Om gnistorna ser bra ut ligger eventuella fel i fördelaren, tändstiften, bränsleförsörjningen eller tändläges inställningen. **OBSERVERA!** *Detta gäller INTE för elektroniska tändsystem som kan ta skada om högspänningskretsen bryts förutom vad som anges i fordonets instruktionsbok.*

Kontroll 3: Brytarspetsar

Om inte kontroll 2 visade några gnistor, undersök brytarspetsarnas kondition och brytaravstånd. Kontrollera om kontaktytorna är dåliga och ställ in brytaravståndet om det är nödvändigt.

Kontroll 4: Spolspänning mot jord

Förutsatt att brytarna fungerar väl, mät spänningen mellan jord och spolens lågspänningsförsörjning med brytarspetsarna stängda. För tändspolar med ballast skall spänningen vara 6 volt och för andra tändspolar skall spänningen vara lika med batterispänningen.

Kontroll 5: Kontroll av tändspole med ballast

Endast för tändspole med ballast. Anslut en tillfällig jordledare (en kabel med två clips) till den negativa anslutningen (den som går till brytarspetsarna). Mät spänningen vid spolens plus (+) anslutning och dra sedan runt motorn. Spänningen skall stiga beroende på att solenoiden kortsluter ballastresistorn. Om spänningen inte ökar, kontrollera ledaren som går från spolen till solenoidens tändningsanslutning.

Kontroll 6: Kontrollera om fördelaren eller tändspolen är defekt

Kontrollera spänningen vid spolens -ve anslutning med brytarspetsarna öppna. Mätvärdet skall lika stort som batterispänningen. Om spänningen är noll volt, koppla bort lågspänningsledaren från fördelaren. Nu skall spänningen öka till batterispänning och detta påvisar fel i fördelarens lågspänningsdelar. Om spänningen inte ökar pekar detta på en felaktig tändspole och denna skall då bytas.

Kontroll 7: Fördelare

Förutsatt att kontroll 6 påvisat ett fel i fördelarens lågspänningsdelar. Kontrollera kabeln från spolen till fördelaren och sök efter möjliga kortslutningar mellan den isolerade kontakten och jord. Sådana kan ofta bero på felaktigt montage av brytarspetsarna, speciellt i äldre fordon där isolatorer av väv eller plastbrickor användes.

Kontroll 8: Kontroll av felaktig kondensator

Samtidigt som högspänningsledaren från tändspolen hålls nära jord, öppna brytarspetsarna och lägg märke till om en gnista bildas och om den verkar frisk. Om inte, kontrollera kondensatorn.

Kontroll 9: Kontroll av kondensatorns funktion

Kontroll av kondensatorn sker bäst genom att byta till en provkondensator. Det är en bra ide att ha en kondensator i reserv som är försedd med clipsanslutningar för snabb inkoppling. Finns fortfarande ingen eller bara en svag gnista, byt ut tändspolen.

Kontroll 10: Högspänningssystem

Om gnistan är bra men motorn ändå inte vill starta så är det nödvändigt att utföra ytterligare några kontroller av högspänningssystemet. Börja med att kontrollera rotorarmen genom att hålla spolens högspänningsledare cirka 3mm från mässingsledaren på toppen av rotorarmen. Sprätta isär brytarkontakterna några gånger. Om en gnista hoppar över mer än en gång så har rotorarmens isolering brutits ner.

Kontroll 11: Fördelarlock

Fördelarlocket kan ibland skadas vilket vanligtvis beror på ytöverslag eller sprickbildning. Felet kan vara synligt. För att definitivt fastställa att felet finns i fördelarlocket, behövs ett utbyteslock

Kontroll 12: Tändkablar

Osannolikt, men värt att kontrollera är om det finns avbrott i någon tändkabel. Kontrollera med en resistansmätare eller genom att byta ut kabeln. Kom ihåg att det inre motståndet kan vara högt (upp till 20 000 ohm) för att dämpa radiostörningar.

18 Brister med spole och batteritändsystem

1 Trots att systemet med brytare, spole och batteritändning har använts i mer än ett halvt sekel, är bristerna välkända och underhållskostnaderna är höga. Ur mekanisk synvinkel är det svårt att tillverka en kam, hälföljare och fjädermekanism med tillräcklig noggrannhet. Det är nödvändigt att justera brytaravståndet med en intervall på 8 000 km, detta för att kompensera för förslitningar av kamföljarhälen. Dessutom bildas upphöjningar och gropar i brytarspetsarna, eftersom gnistbildningen ger upphov till metallöverföring.

2 För att erhålla tillräckligt hög energi för gnistbildningen (ungefär 30 mJ krävs) tillåter konstruktören av tändspolen en så stor primärström som möjligt, förenligt med så lång livslängd på brytarna som möjligt. Men för största möjliga brytarlivslängd, skall strömmen vara liten. Grafen i **Fig. 6.45** visar förhållandet mellan brytarspetsarnas livslängd och brytningsströmmen och där framgår att konstruktörerna arbetar inom snäva ramar.

3 Vid höga varvtal kan centrifugalkrafterna, på de rörliga delarna i brytarspetsmontaget, vara tillräckligt stora för att öppna spetsarna mer än vad de konstruerats för. Detta beroende på att de kastas ut när kamföljarhälen mister kontakten med kammen.

4 Problemen som nämns ovan har alltid funnits, men på senare tid har ytterligare problem visat sig genom den utveckling som skett inom motorkonstruktionsområdet.

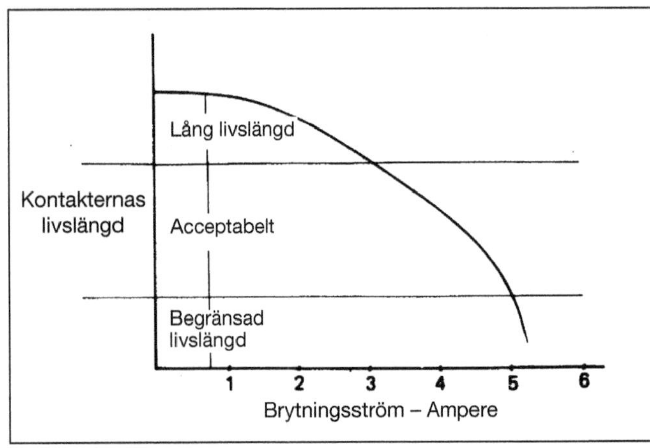

Fig. 6.45 Kontaktivslängd i förhållande till brytningsströmmen

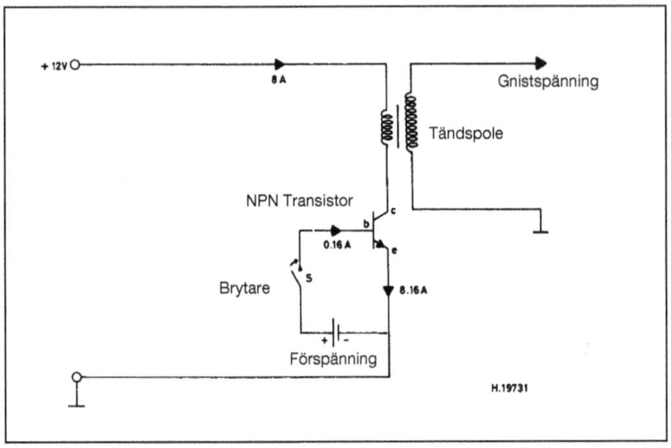

Fig. 6.46 Basströmmen styr huvudströmmen

Kompressionsförhållanden har ökats, vilket kräver en högre gnistspänning och det är vanligare med högre motorvarvtal, vilket kräver snabbare gnistbildning.

Begränsningarna kan sammanfattas i följande punkter:

(a) *Nedsotning av tändstift. För att undvika detonation vid höga kompressionsförhållanden används tillsatser i bensinen (blysalter). Tyvärr verkar dessa tillsatser medföra en ökad nedsotning av tändstiften.*
(b) *Brytarnas mekaniska begränsningar är numera stora.*
(c) *Tiden som krävs mellan gnisturladdningarna för att bygga upp gnistenergin 30 mJ begränsar gnistfrekvensen till cirka 400 tändgnistor per sekund. Tiden som krävs för uppladdning av en gnista blir då 0,0025 sekunder. Detta kan vara en för låg frekvens för en högvarvig flercylindrig motor.*
(d) *För att undvika nedsotning av tändstiften och skapa tillförlitliga gnistor i cylindrar med höga kompressionsförhållanden, krävs en gnistspänning på mellan 15 och 30 kilovolt (kV). En annan anledning att använda högre spänning har att göra med både ekonomi och nedsmutsning. Nuförtiden används av denna anledning magrare bränsleblandningar och dessa är svårare att tända med gnista.*
(e) *Brytarspetsarna bränns sönder av den höga primärströmmar som används i tändspolen.*
(f) *Vid höga motorvarvtal minskar noggrannheten i brytarspetsarnas mekanism, beroende på motreaktioner och piskeffekter.*
(g) *De förändringar som sker i inställningen, beroende på brytarkontakternas förslitning, är inte längre godtagbar. Många länder har lagstadgat att utsläppsgränserna skall bibehållas under 80 000 km.*

Det är inte förvånande att konstruktörerna har sett sig om efter alternativa lösningar och tillkomsten av transistorteknologin med dess tillhörande halvledarkretsar har möjliggjort flera lösningar på problemen.

19 Fasta tändsystem

1 Med termen "fasta tändsystem" menas att all signalförstärkning och omkoppling sker med hjälp av halvledarkomponenter , det vill säga: transistorer, dioder tyristorer och så vidare och inte med de föråldrade vakuumrören som är allt annat än fasta.

2 Före halvledarteknikens intåg, var det känsligheten och storleken på elektronikutrustningen som höll tillbaka utvecklingen inom fordonstekniken. Men gradvis, från mitten av 1960-talet, har detta ändrats. Numera är halvledarna tillförlitliga och tåliga nog att klara de hårda förhållandena i fordonstillämpningar.

20 Elektroniska tändsystem – olika typer

1 Inom ett snabbt växlande område används tre olika system **(se Fig. 6.10)**:

(a) *Transistorförstärkt brytarsystem med spole (TAC)*
(b) *Kondensatortändning (CDI)*
(c) *Magnetinduktiv tändning*

21 Transistorförstärkt brytarsystem med spole (TAC)

1 Detta är det första försöket att minska bristerna hos det (då) vanliga spole- och batterisystemet. Att använda en transistor för att bryta och koppla in tändspolens primärström var det första steget. Det är dock fortfarande nödvändigt att slå till och från transistorn och med anledning av detta har brytarspetsarna behållits (S). Den enkla modellen i **Fig. 6.46** visar en npn-transistor som anslutits i tändspolens primärströmkrets. Belastningsströmmen flyter från kollektorn (k) till emittern (e), bara så länge som emittern är negativ i förhållande till basen (b). Om omkopplaren S öppnas (detta motsvarar brytarspetsarna) och bas-emitterströmmen stängs av, bryts även strömmen genom kollektorn. Med de angivna siffrorna, som visas som ett exempel, framgår att den styrande basströmmen på 0,16 A bara är 2 % av den kontrollerade primärströmmen på 8 A. Transistorn kan således med hjälp av en liten basström koppla på och stänga av en mycket större kollektorström. Den visade kretslösningen är inte speciellt praktisk eftersom den behöver ett extra batteri för att förspänna emittern till att vara negativ i förhållande till basen.

2 Brytarspetsarnas livslängd förlängs betydligt genom att de bara behöver hantera den svaga basströmmen på 0,16 A i det här fallet. Dessutom behövs ingen kondensator eftersom brytarspetsarna delvis är isolerade från tändspolens primärsida. Det påstås att brytarspetsarna, i ett sådant här system, har en livslängd på 160 000 km.

3 En faktor som måste beaktas vid konstruktionen av tändspole till ett transistorförstärkt tändsystem är induktansen i primärspolen L, denna anges i enheten henry (se kapitel 1). Induktansen beror på, bland övriga faktorer, antalet varv på spolen. Energin som lagras i magnetfältet runt spolen är:

$$W = 1/2\, LI^2$$

där: W = lagrad energi (joule)
I = spolström (ampere)
L = spolinduktans (henry)

4 För att bygga upp så stor energi som möjligt i spolen, innan nästa brytning, är det viktigt att så snabbt som möjligt öka

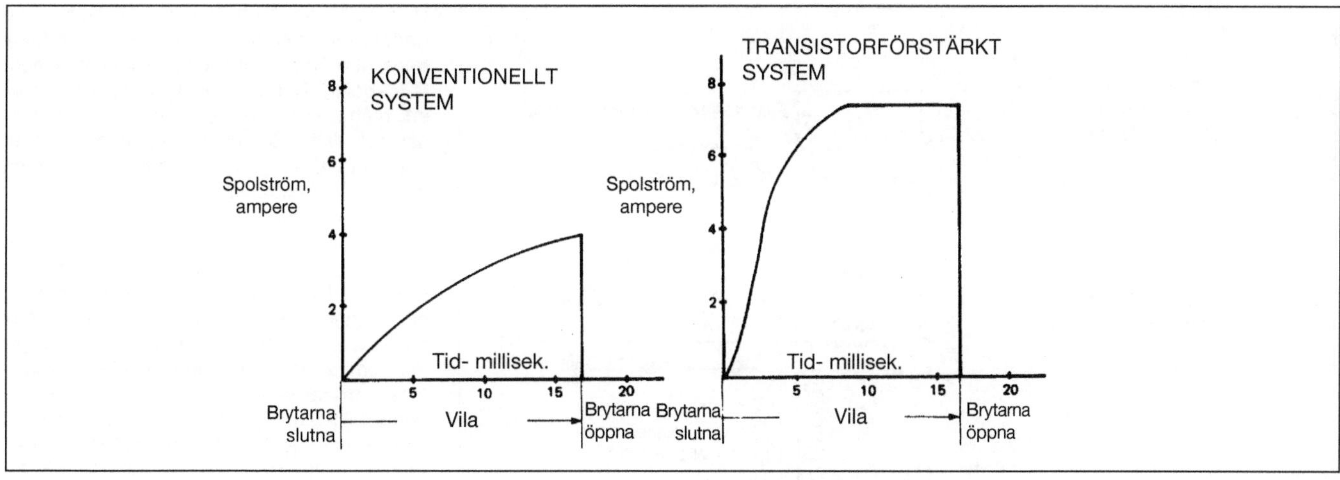

Fig. 6.47 Spolströmmens stigtid - jämförelse

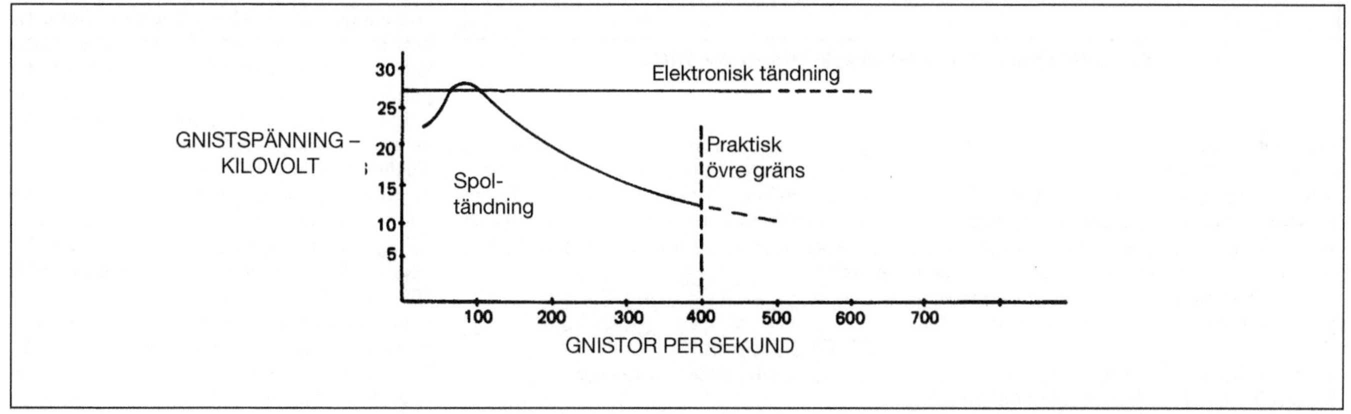

Fig. 6.48 Prestandajämförelse mellan konventionella och elektroniska system

strömmen genom primärspolen när kontakterna sluts. Induktansen i en elektrisk krets fungerar som trögheten hos ett svänghjul. På samma sätt som det tar tid för ett svänghjul att öka varvtalet, så tar det tid för strömmen att öka i en induktiv krets **(Fig. 6.47)**.

Tiden för primärströmmens ökning minskas betydligt och detta tillåter en högre gnistfrekvens **(se Fig. 6.47)**. Av denna anledning har konstruktörerna tagit tillfället i akt och ökat spolströmmen i förhållande till konventionella system - till ungefär 8 ampere i stället för 3 ampere, i en viss speciell konstruktion. Detta medför att induktansen (och därmed lindningsvarven) kan minskas. Resultatet blir ett lindningsförhållande på 250:1 eller till och med 400:1, detta kan jämföras med förhållandet 66:1 i ett konventionellt system. Den låga primärspoleresistansen minskar också den resistiva effektförlusten i tändspolen.

5 Vilka andra fördelar finns i detta system? Svaret är att om strömmen förändras snabbt i en induktiv krets, genereras spänningstoppar över primärspolen som kan vara farliga för elektroniska komponenter på annan plats i systemet. Därför är det en fördel att hålla nere induktansen i primärspolen.

6 Stigtiden för strömmen genom primärspolen efter det att brytarna slutits, har varit en begränsande faktor för den högsta gnistfrekvensen. Vid höga motorvarvtal kommer nästa gnista innan strömmen genom primärspolen är tillräckligt hög. Den minskade induktansen i transistorstyrda tändsystem har medfört stora prestandaförbättringar, vilket visas tydligt av graferna i **Fig. 6.47 och 6.48**. För god effektivitet och ekonomi är det viktigt att bibehålla en bra gnistspänning.

7 Flera fördelar stammar från användandet av transistorförstärkta kontaktbrytningar. Fördelarna inkluderar: en högre gnistfrekvens, mindre tändstiftsnedsotning och mindre slitage på brytarspetsarna vilket innebär längre intervaller mellan servicebehov. Nackdelarna med att behålla de mekaniska brytarna finns dock kvar och inga fordon förses med denna typ av system som orginalutrustning. "Gör det själv" utrustning finns dock att köpa och är fortfarande populär.

22 Grundläggande TAC-tändningskrets

1 En brist hos systemet i **Fig. 6.46** är behovet av ett separat batteri i basstyrningskretsen. I verkligheten tas strömmen till både bas- och kollektorgrenarna från samma batteri, det enda som behövs är några resistorer som ansluts över huvudbatteriet. Resistansen på motstånden beräknas för att mittenspänningen skall motsvara kravet för basspänningen. Ett exempel på denna koppling visas i den följande arbetskretsen som är en enkel illustration av en transistortändning **(Fig. 6.49)**.

2 Det första önskemålet med transistortändning var att avlasta brytarna arbetet med att bryta strömmen genom en induktiv krets. **Fig. 6.49** visar en praktisk krets som använder en tändspole med förhållandet 400:1. Transistorn skyddas från induktiva överspänningar med hjälp av zenerdioden som är ansluten över den. När zenerspänningen nås (56 volt), överkopplas transistorn av en

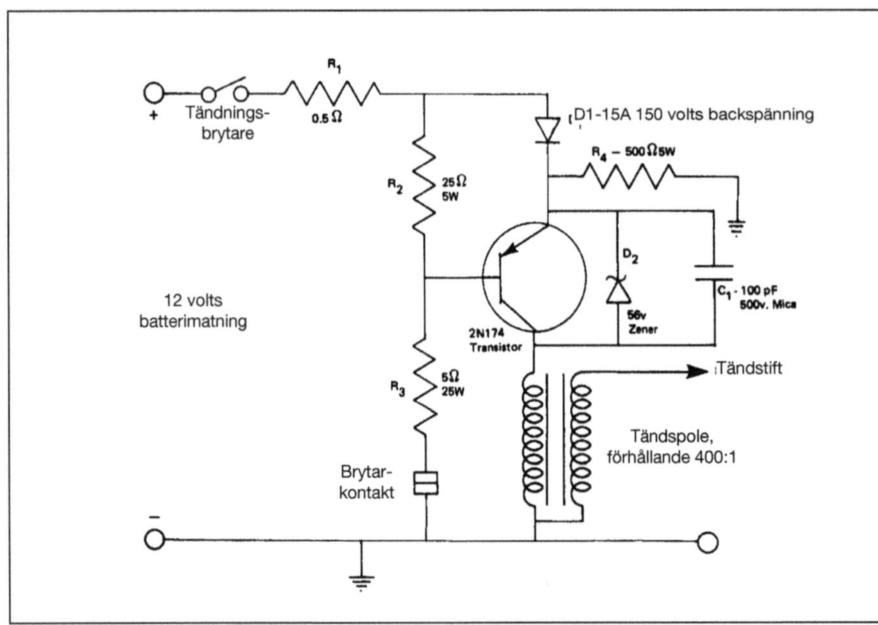

Fig. 6.49 Tändsystem med en enkel transistor TAC

lågresistiv väg tills dess att den skadliga spänningen försvunnit.

3 När brytarspetsarna sluts, fungerar R_1 och R_3 som en spänningsdelare och lämnar basström till transistorn så att den börjar leda. Ström flyter i huvudledningen genom R_1 och diod D_1, transistorn (emitter till kollektor) och genom tändspolens primärspole och tillbaka till batteriet.

4 När brytarspetsarna öppnar, bryts kedjan R_2 och R_3 vilket tar bort basströmmen från transistorn som slår ifrån. En svag ström fortsätter att flyta genom diod D_1 och R_4 vilket medför att emittern är cirka 0,7 volt negativ i förhållande till basen. Detta säkerställer att brytningen blir så snabb som krävs för att generera gnistspänningen i sekundärspolen. Enheten måste byggas på en kylplåt (en aluminiumplatta som leder bort värmen) och kan fuktskyddas genom att den gjuts in i epoxiharts.

23 TAC-tändning - dubbeltransistorkretsar

1 Det är möjligt att använda endast en effekttransistor i systemet, men en bättre lösning är att använda ytterligare en transistor som tar emot öppna-slut signalerna från brytarspetsarna och i sin tur styr effekttransistorn som kontrollerar strömmen genom tändspolen. Den huvudsakliga fördelen med en tvåtransistoromkopplare, är dess förhållandevis höga omkopplingshastighet men dessutom arbetar den vid lägre temperatur än en ensam effekttransistor.

2 Två transistorer, T_1 och T_2, visas i **Fig. 6.50**. Riktningen på pilarna på deras emitter visar att T_1 är av pnp-typ och att T_2 är en npn-transistor (kom ihåg att pnp-transistorn leder när emitterspänningen är positiv i förhållande till basen och att npn-transistorn leder när dess emitter är negativ i förhållande till basen).

3 När brytarna är slutna, flyter strömmen genom R_1 och R_2 och skapar spänningsfall som visas i **Fig. 6.50**. Spänningsfallet över R_2 är tillräckligt stort för att koppla på T_1. Kollektorströmmen genom T_1 skapar spänningsfall över R_3 och R_4. Spänningsfallet över R_4 kopplar på T_2.

4 När brytarspetsarna öppnas stryps förspänningen till T_1 som stängs av. Detta tar bort förspänningen från T_2 som också slutar leda, vilket medför att ingen ström flyter genom primärspolen. Den spänning som induceras i sekundärspolen leds via fördelaren till tändstiftet där gnistan uppstår.

5 När tändningen sker, genereras en elektromotorisk spänning på några hundra volt i primärspolen. Denna spänning är tillräcklig för att förstöra T_2. Zenerdioden ZD börjar leda vid en tröskelspänning på ungefär 100 volt och skyddar på så sätt T_2 från höga spänningstoppar. Resistansvärdena på R_1R_2 är valda för att ge korrekt förspänning till T_1. R_6 begränsar strömmen genom brytarspetsarna till ca. 250 mA och detta är tillräckligt för att bränna bort smuts och korrosion. För att begränsa strömmen genom primärspolen används R_5 som ballastresistor.

6 Denna krets har använts i många varianter,

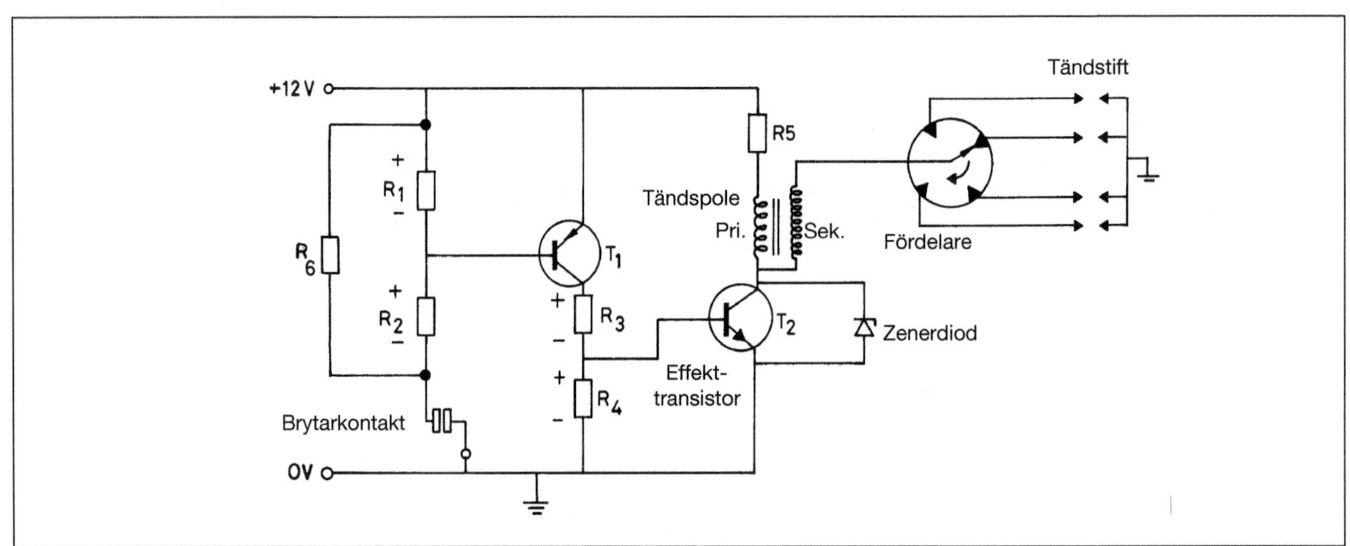

Fig. 6.50 TAC-krets med kompletterande transistorer

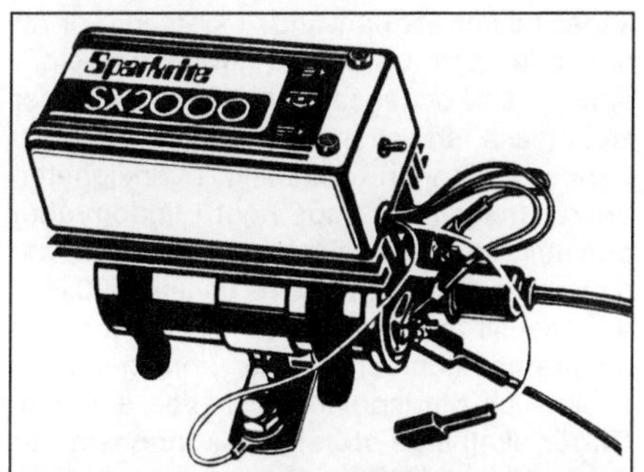

Fig. 6.51 Sparkrite SX2000 tändningssats

men trots att bra resultat kan erhållas så kvarstår nackdelarna med att använda mekaniska kontakter för att aktivera tändningen. Nackdelarna är:

(a) *Behov av regelbunden service beroende på förslitning av kamföljarhälen*
(b) *Kontaktstuds vid höga hastigheter*
(c) *Relativt höga tillverkningskostnader*

Nästa steg i utvecklingen av fasta tändsystem gick ut på att bli av med de mekaniska kontakterna.

7 Sparkrite 2000 är ett exempel på en omvandlingssats som använder mekaniska brytare och behåller orginaltändspolen **(Fig. 6.51)**. I denna utrustning används både kapacitiv och induktiv energi för att skapa gnistan. Den induktiva energin medför en gnista med lång varaktighet (standardtändspole) och den kapacitiva energin medför en kort stigtid. En förklaring av kondensatorurladdning kommer senare i kapitlet.

8 Resultatet sägs vara bra tändning av magra blandningar under alla belastnings- och varvtalsförhållanden. En annan fördel för föraren är att systemet är försett med en omkopplare som gör det möjligt att koppla in den konventionella tändningen om ett osannolikt fel inträffar i elektronikenheten.

9 När diagnostikutrustning används är det bäst att ställa om omkopplaren på Sparkriteenheten till konventionell tändning. När tändningen är korrekt inställd och omkopplaren ställer över enheten till elektronisk tändning, kommer samma tändlägesnoggranhet att bibehållas. Eftersom tändstiftsspetsen initialt håller en positiv joniseringsspänning är det inte möjligt att mäta gnistspänningen med ett oscilloskop om omkopplaren står i elektronikläge.

24 Kondensatortändning (CDI)

1 System av denna typ lagrar elektrisk energi i en kondensator. Kondensatorn laddas sedan ur genom tändspolens primärlindning när en gnista behövs. De övriga systemen som beskrivs i denna bok, skapar gnistenergin genom det magnetiska fältet runt tändspolen men i kondensatorsystemet kommer energin huvudsakligen från kondensatorn. Den lagrade energin beskrivs av:

Energi = 1/2 CV^2 joule

där C = kapacitans i farad

V = kondensatorns laddningsspänning

Det kommer att visa sig att det är fördelaktigt om laddningsspänningen är hög vid kondensatorn, för att uppnå tillräcklig lagrad energi. Tändspolen är av annan typ än vad som används i andra system och kallas för pulstransformator, men även denna har primär- och sekundärlindningar.

2 I **Fig. 6.52** visas principerna för kondensatortändning (CDI). Förutsättningen är att en likströmsförsörjning laddar kondensatorn C till spänningen 350 volt. När en gnista behövs, sluts den elektroniska omkopplaren och kondensatorn urladdas snabbt genom tändspolens primärlindning. Denna strömpuls genererar en högspänning som överstiger 40 kV över sekundärspolen och detta resulterar i en kortvarig, högintensiv gnista.

3 Den elektroniska omkopplingen sköts alltid av en effekttyristor (ibland kallad styrd kisellikriktare SCR) och komponenten beskrivs i kapitel 1. Tyristorn är en halvledarkomponent som är uppbyggd av fyra lager och har förmågan att blockera strömflödet till dess att en kontrollspänning läggs till tyristorns gateanslutning **(Fig. 6.53)**. När kontrollsignalen kommer ändrar tyristorn abrupt ledningstillstånd från icke ledande till ledande, på många sätt liknande en vanlig elektrisk omkopplare. När spänningen över tyristorns huvudanslutningar sjunker till en låg nivå, så återgår den till sitt ickeledande tillstånd. Styrströmmen till tyristorns gateanslutning är mycket liten och behöver bara ha kort varaktighet. Tyristorn är därmed en mycket effektiv effektomkopplingskomponent.

4 Om **Fig. 6.52** betraktas noggrant så kan frågan komma varför inte tyristorn kortsluter strömförsörjningen. Det gör den, men den inre resistansen i strömförsörjningen begränsar strömmen till försumbara värden i förhållande till urladdningsströmmen från kondensatorn som går till primärspolen.

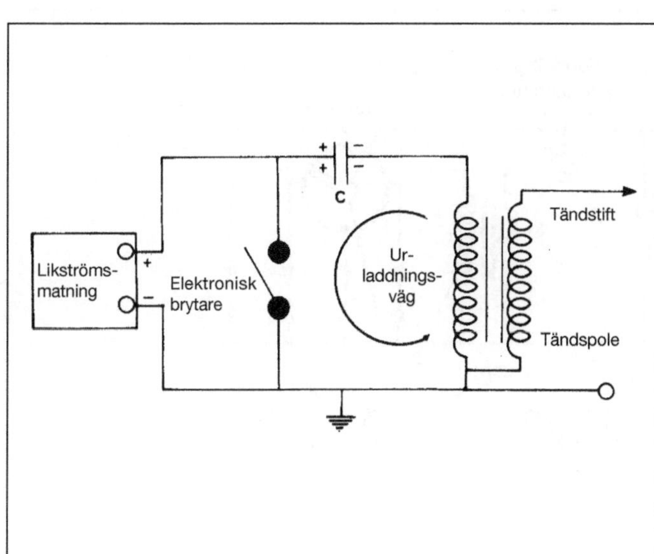

Fig. 6.52 Principerna för kondensatorurladdning

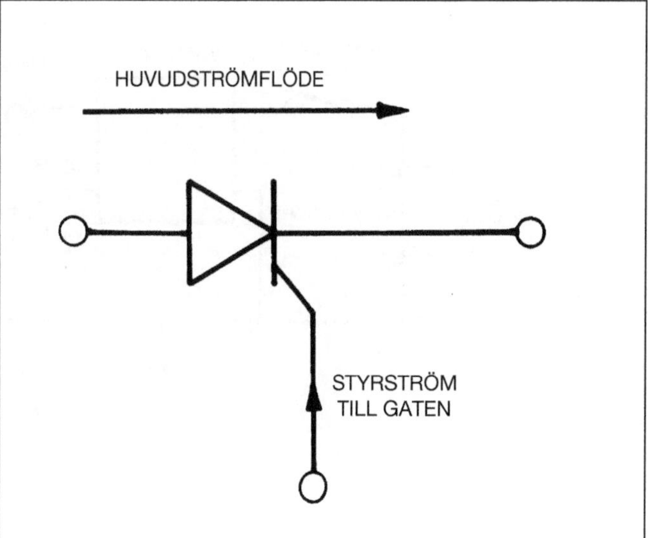

Fig. 6.53 Symbol för tyristorn – styrd kisellikriktare (SCR)

5 Aktiveringen av gnistan kan ske med hjälp av en mekanisk brytare men det är en stor fördel att använda en pulsgivare av magnetisk Halleffekttyp eller en optisk pulsgivare (se längre fram). Om mekaniska kontakter används så måste tillfälliga signaler från t.ex. kontaktstudsar elimineras. Dessa kontaktstudsar brukar visa sig vid höga hastigheter. Signalen från aktiveringssystemen måste förhandlas så att aktiveringspulsen till tyristorns gateingång är en ren fyrkantsvåg.

6 Eftersom kondensatorns uppladdningstid är så kort som 250 mikrosekunder, behövs ingen vilovinkel för uppladdningen, oberoende av motorvarvtalet. Det är inte möjligt att byta ut en tändspole till ett CDI-system mot en konventionell tändspole och det beror på att CDI-spolen har låg primärinduktans för att kondensatorn snabbt skall kunna urladdas genom den.

7 CDI-systemet har fördelen att snabbt öka gnistspänningen och är cirka 10 gånger snabbare än Ketterings spole och batteritändsystem.

Fördelarna med snabb stigtid är:

(a) *Det är oviktigt om ett visst läckage av högspänning sker eftersom det inte finns tid för att på detta sätt förlora för stor laddning innan gnistan är klar. Det vill säga: avledning genom parallella grenar av kol, fukt o.s.v. är av försumbar effekt.*

(b) *Den snabba kondensatorurladdningen "slår" igenom smutsansamlingar på tändstiften. Genom detta blir serviceintervallen för tändstiften mycket längre. Det bör vara lätt att nå en serviceintervall om 80 000 km.*

8 Samtidigt som pulsstigtiden är berömligt snabb så är gnistans brinntid kort, ca. 100 till 300 mikrosekunder. Denna tid är för kort för att säkert tända luft-bränsleblandningen men kan delvis kompenseras genom att elektrodavstånden på tändstiftet ökas och på det sättet kommer gnistan i bättre kontakt med blandningen. Trots allt har inte CDI-systemet lyckats så väl i förhållande till induktiva urladdningssystem och används nu inte allmänt, förutom i vissa motorer med höga prestanda, t.ex. i Porsche och andra specialfall.

25 CDI-system med batteri

1 I systemet som visas i **Fig. 6.52** krävs ett likströmsaggregat som lämnar ungefär 350 volt för att ladda upp kondensatorn. För att uppnå denna spänning används en transistoroscillator. Den fungerar på så sätt att den omvandlar fordonets batterispänning till växelspänning som kan transformeras upp med en transformator (ofta en del av svängningskretsen). Växelspänningen likriktas sedan för att bli likström som kan ladda kondensatorn. Den schematiska kopplingen visas i **Fig. 6.54**.

2 Oscillatorn består av en eller flera transistorer som är kopplade till en liten transformator. Transformatorn leder tillbaka energi från transistorförstärkarens utgång till dess ingång och på detta sätt blir den självsvängande och genererar sinusvågor. Transformatorn som används för återmatningen har också en tredje lindning som ökar spänningen till den nivå som är lämplig för att, efter likriktning, ladda kondensatorn C **(Fig. 6.55)**.

3 Oscillatorns frekvens bestäms huvudsakligen av värdena på de induktanser och kapacitanser som används i kretsen. För att använda låga frekvenser krävs det stora spolar och kondensatorer. Höga frekvenser kan orsaka radiostrålning som stör radiomottagare och annan utrustning. I verkligheten brukar frekvensen ligga högt i ljudområdet och ibland kan oscillatorn höras och det motsvaras av en frekvens på ungefär 500 Hz.

4 Generellt är störningsfilter inbyggda i CDI-enheterna och om extra kondensatorer ansluts till tändspolen så skadas enheten. **Därför skall inga störskyddskondensatorer användas med CDI-system.**

26 Mobelecs CDI-system

1 Detta är en elektroniksats som använder den befintliga fördelarkammen, där en adapter monteras, som en del av aktiverings systemet. Aktiveringshuvudet passar till Lucassystem med fördelare för fyra och sex cylindrar. Det kan också göras om för att passa andra system. Fastsättningen görs på basplattan efter det att brytarspetsarna och kondensatorn tagits bort.

2 **Fig. 6.56** visar kopplingen på Mobelecs CDI-system. I figuren syns gapet mellan aktiveringshuvudet och kamloben. Eftersom givaren i aktiveringshuvudet är känslig, är det viktigt att den inte kommer i kontakt med kamloben.

3 För att åstadkomma en snabb urladdning genom tändspolens primärlindning, medföljer en specialkonstruerad tändspole. Denna har låg primärinduktans men ett större varv förhållande än en konventionell spole. En sådan spole går inte att ersätta med en vanlig tändspole.

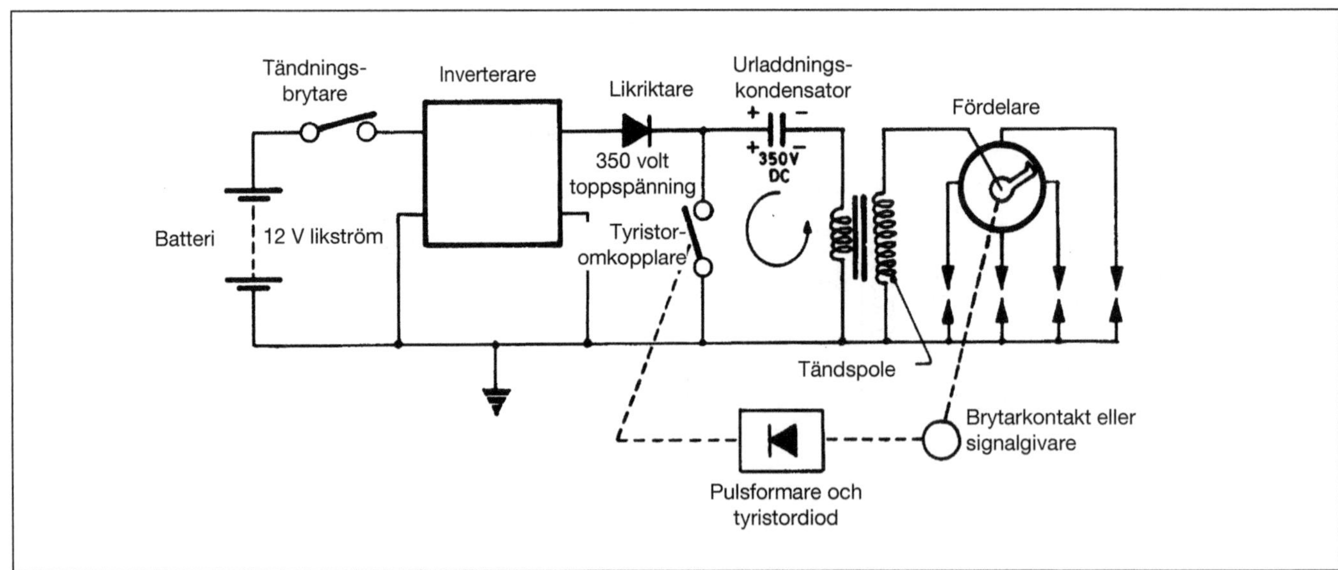

Fig. 6.54 CDI-system med likströmsinverterare

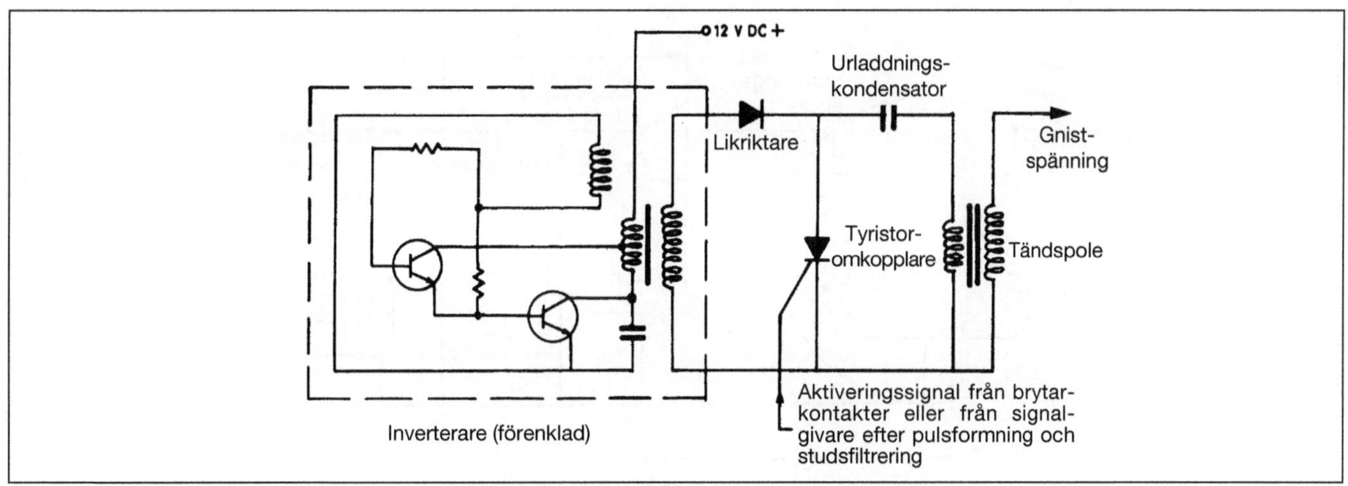

Fig. 6.55 Schematisk koppling av en CDI-inverterare

27 CDI-system för generator

1 CDI-system är en bekväm metod för att ordna tändningen till motorcyklar, gräsklippare, motorsågar och andra mindre motorsystem. I dessa fall används inget batteri, för att ladda upp kondensatorn används istället en svänghjulsmagnetgenerator **(Fig. 6.57)**. Ibland är pulsspolen justerbar för att ändra tändläget.

2 Hitachi, Femsa och Motoplat har marknadsfört ett antal elektroniska tändsystem för svänghjul och dessa har några gemensamma särdrag, gnistbildningen börjar från varvtalen 200 varv/min till 500 varv/min, beroende på tillverkare, och alla kräver bra anslutningar mellan motorn, elektroniklådan (innehåller vanligen tändspolen och CDI-komponenterna) samt generatorn.

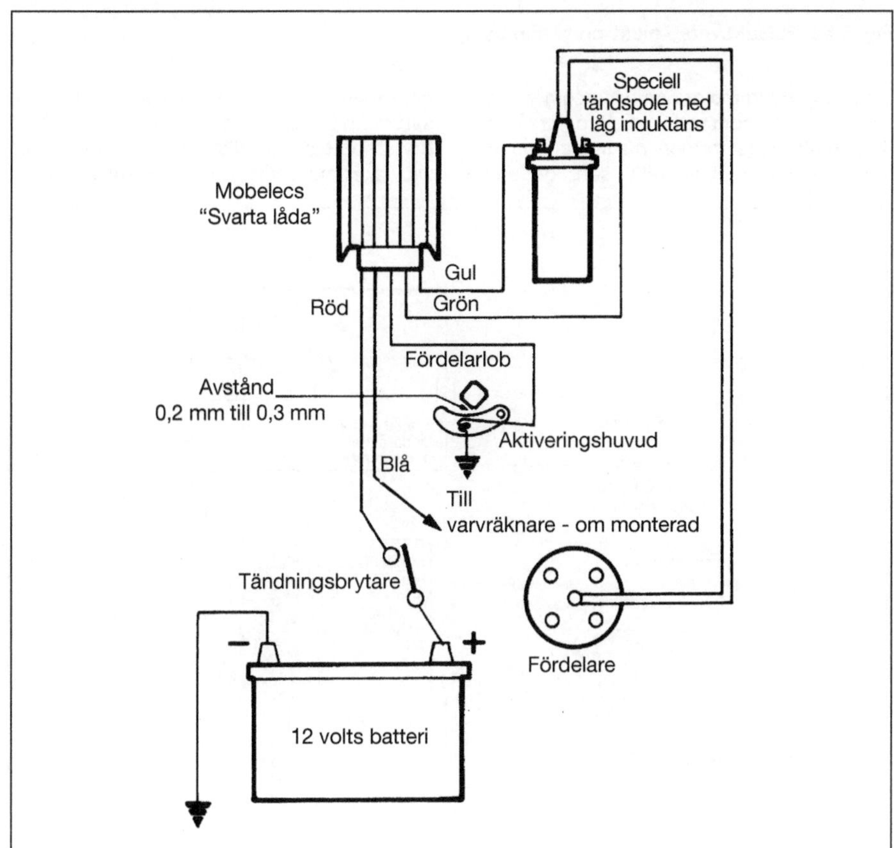

Fig. 6.56 Mobelecs CDI-system

28 Brytarlös aktivering

1 För att aktivera gnistan behövs någon form av givare som ger en signal när aktiveringen skall ske. Brytarspetsar är en grov givare som utför denna arbetsuppgift, men de kontaktlösa aktiveringsenheterna har följande fördelar:

(a) Inga problem med kontaktförslitningar, studsar eller mekanisk frigång
(b) Ett resultat av (a) är att tändläget bibehålls med stor noggrannhet
(c) Genom elektronisk styrning kan tändläget vara korrekt för alla hastigheter och belastningar
(d) Förlusterna i gnistenergin vid höga varvtal kan elimineras genom elektronisk styrning av viloperioden

Avkänningsutrustningen kallas ibland för **pulsgenerator** eller **signalgenerator**.

2 Vanligtvis är pulsgeneratorerna av dessa tre typer:

(a) Optiska
(b) Halleffekt
(c) Variabel reluktans

Blockschemat i **Fig. 6.58** visar hur signalpulsen genomlöper en pulsformningsprocess innan den aktiverar effekttransistorn som driver tändspolen (eller spolarna i vissa kopplingar).

Optisk pulsgenerator

En infraröd stråle som normalt är fokuserad på en fototransistor, bryts av en segmenterad

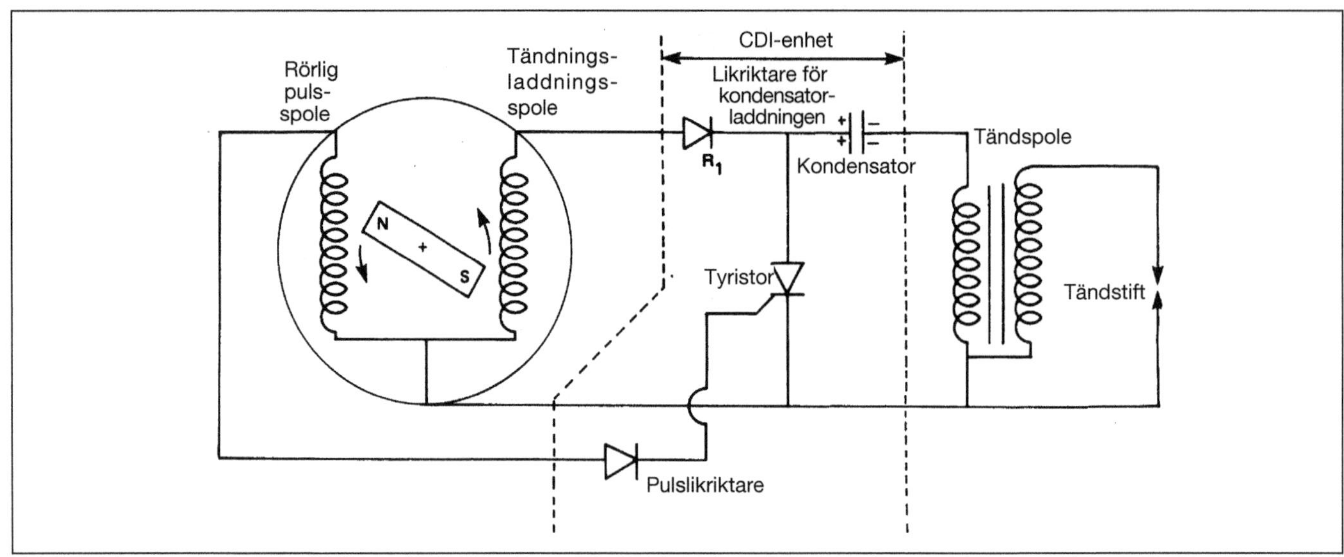

Fig. 6.57 Förenklad CDI-krets som använder svänghjulsgenerator

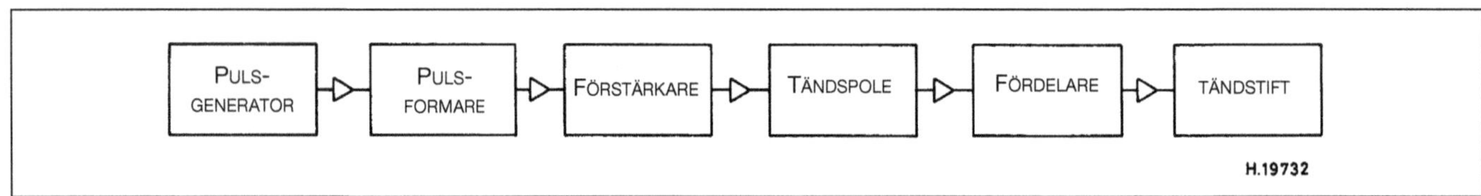

Fig. 6.58 Pulsaktiverad elektronisk tändning

skiva som är monterad på fördelaraxeln (**Fig. 6.59**). Under tiden som strålen når fototransistorn är tändspolen inkopplad och när ett skivsegment bryter strålen sänds en puls från fototransistorn, som stänger av primärströmmen genom spolen så att en gnista bildas vid tändstiftet. Den infraröda strålen skapas av en gallium-arsenik diod. Det finns många varianter av denna koppling; pulsen kan genereras när en öppning i skivan släpper fram strålen och ibland används en vanlig lysdiod (LED) i stället för den infraröda typen. Ett system som Lumenition har utvecklat visas i **Fig. 6.60**. Detta system använder en konventionell tändspole.

Fig. 6.61 visar en optisk pulsgenerator för en åttacylindrig motor och den segmenterade skivan som monterats på fördelaraxeln. I **Fig. 6.62** visas formen på signalerna från pulsgeneratorn. Generellt sett genererar dessa system en fast vilovinkel men har inte samma högvarvsproblem som system med brytarspetsar har vilket beror på den stora vilovinkeln som skapas av segmentskivan.

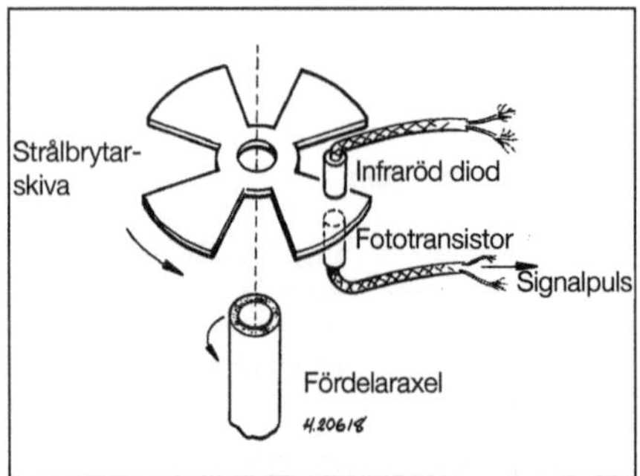

Fig. 6.59 Optisk pulsgenerator

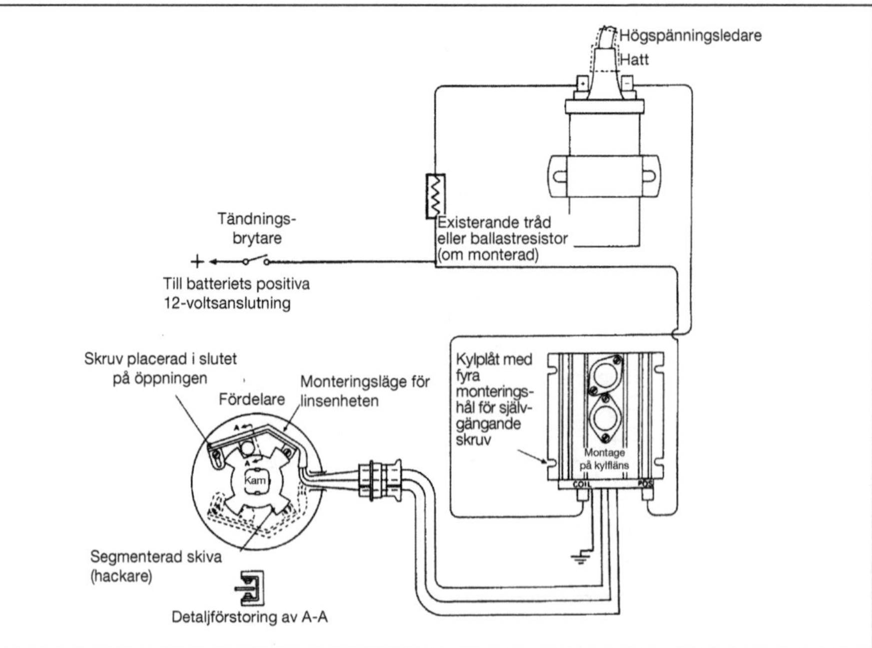

Fig. 6.60 Tändsystem från Lumenition

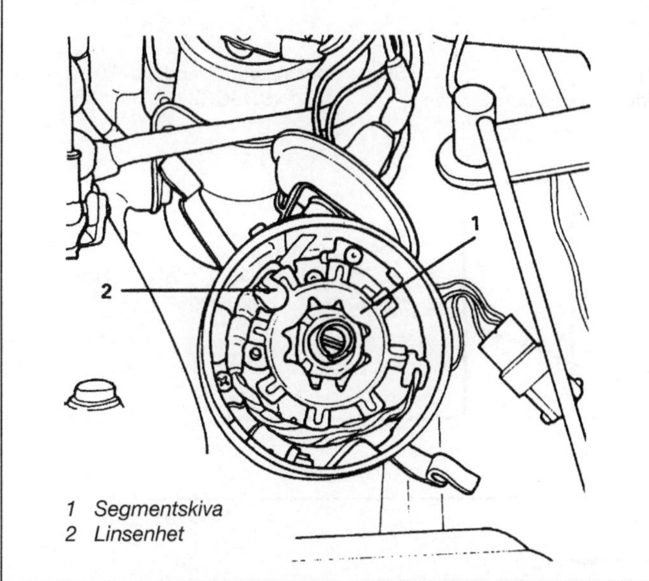

Fig. 6.61 Fördelare försedd med optisk pulsgenerator

Med tillstånd av FKI Crypton Ltd

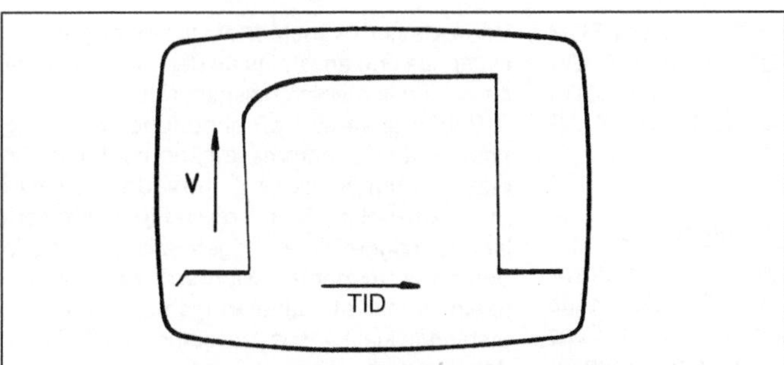

Fig. 6.62 Vågform från optisk generator

Med tillstånd av FKI Crypton Ltd

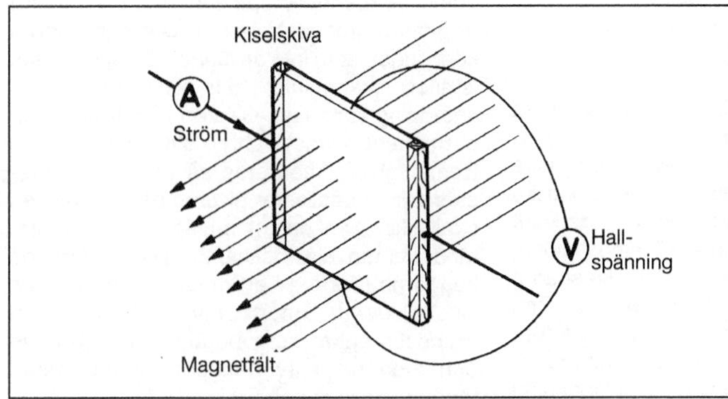

Fig. 6.63 Illustration av Halleffektspänning

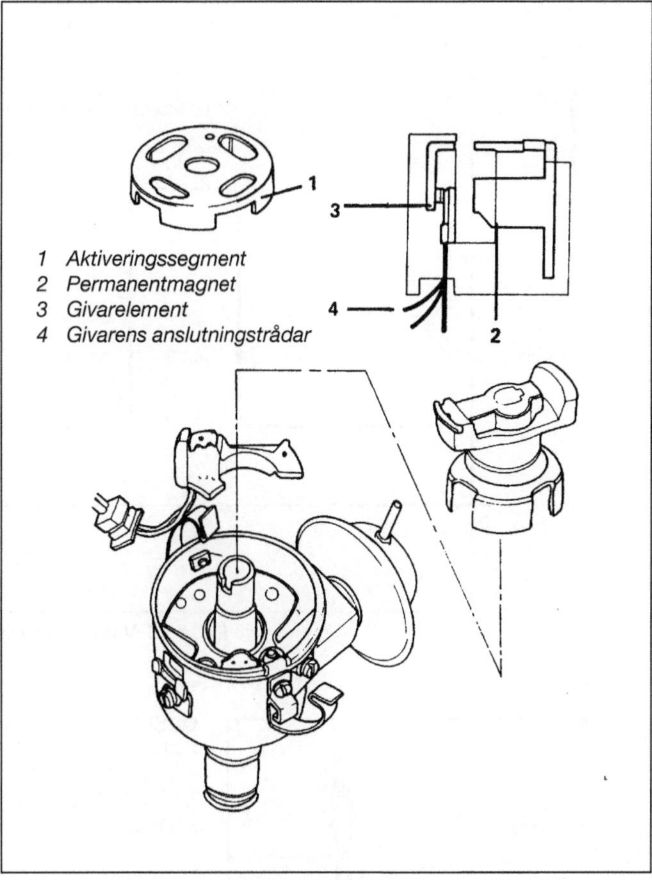

Fig. 6.64 Verklig koppling med Hallelement

Med tillstånd av FKI Crypton Ltd

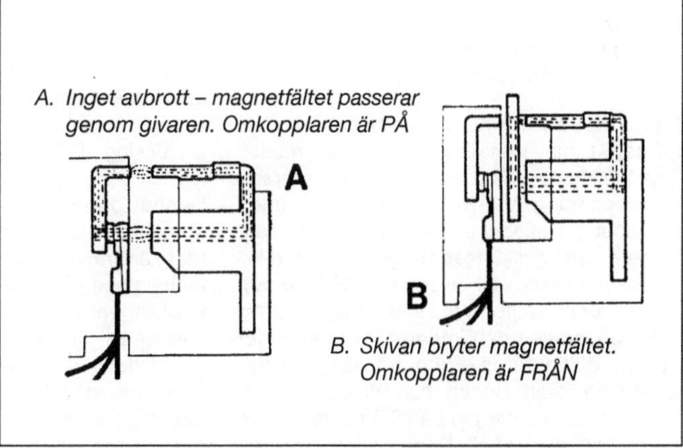

Fig. 6.65 Aktiveringsskivans effekter på magnetfält

Med tillstånd av FKI Crypton Ltd

Halleffekts pulsgenerator

Denna krets består av en kiselplatta som genomströmms av en svag ström mellan två motstående sidor. När ett magnetfält passerar genom huvudytan, skapas en spänning mellan de två andra sidorna **(Fig. 6.63)**.

Detta är Hallspänningen och den används för att aktivera tändgnistan när magnetfältet ändras. Denna fältändring genereras av en metallskiva med hack som drivs av fördelarens kamaxel **(Fig. 6.64)**. Vanligtvis används en liten permanentmagnet, monterad på motsatt sida av gapet till hallelementet, för att generera magnetfältet. Kiselplattan drar normalt ca. 30 mA och lämnar en hallspänning på 2 mV med positiv temperaturkoefficient (spänningen blir högre med högre temperatur). Vanligtvis byggs kiselplattan in i en integrerad krets där även komponenter för pulsformning och förstärkning lagts in.

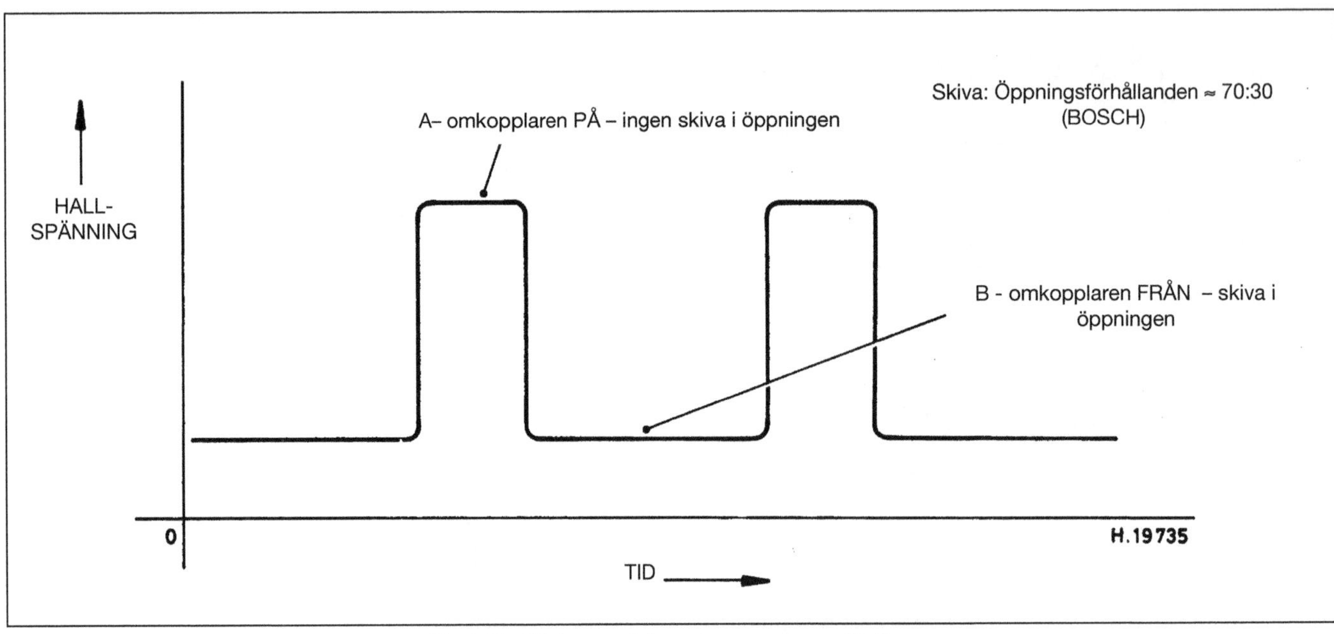

Fig. 6.66 **Vågformer från pulsgenerator av Halltyp**

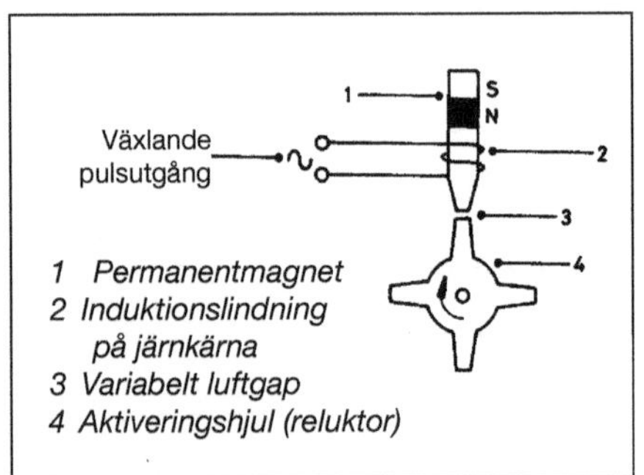

Fig. 6.67 Schematisk pulsgenerator med permanentmagnet

Fig. 6.65 visar i A hur magnetfältet går över luftgapet när metallbladet inte är mellan gapskänklarna och Hallgivaren och genererar en utspänning. Vid B är metallbladet inne i luftgapet och skapar en bana för magnetfältet. Genom detta avskärmas Hallgivaren och dess utspänning faller till en låg nivå **(Fig. 6.66)**. Spänningens vågform är i stora drag fyrkantig och behandlas i den integrerade kretsen för att ge distinkta till- och frånslag. Rotorpropellern från Bosch har ett förhållande mellan blad och luftgap på 70:30 vilket ger en förinställd vilovinkel. Denna vilovinkel kan justeras av elektroniken som behandlar signalerna från givaren. Slutligen, när Hallspänningen är på (hög) så stängs strömmen till tändspolen av och detta genererar gnistan vid tändstiften. *Därmed kommer gnistan när bladet passerar ut från luftgapet.*

Pulsgeneratorer av Halltyp har en hög tillförlitlighet och en fördel gentemot den optiska pulsgivaren där smuts kan påverka ljusstrålen.

OBS! VID ARBETE MED ETT FORDON SOM HAR HALLGIVARE ÄR DET MÖJLIGT ATT TÄNDGNISTOR BILDAS ÄVEN OM MOTORN STÅR STILLA. ENERGIN SOM AVGES ÄR FARLIG !

Variabel reluktanspulsgivare

Med hänvisning till grunderna för elektromagnetism, sägs det att om en spole utsätts för en förändring i ett magnetfält så induceras en spänning. Storleken på spänningen är beror på:

(a) *Hur snabbt fältet ändras*
(b) *Antalet ledningsvarv på spolen*
(c) *Riktningen på fältförändringen, d.v.s. ökning eller minskning*

Denna princip används för att aktivera tändgnistan. Magnetfältet varieras genom att man ändrar reluktansen i den magnetiska kretsen och i **Fig. 6.67** visas den schematiska kopplingen. När en tand på aktiveringshjulet närmar sig järnkärnan hos avkänningsspolen, ökar fältet snabbt men bara för att lika snabbt försvinna när tanden avlägsnar sig. Den maximala spänningen infinner sig precis före och efter det att tanden passerar. Utspänningsformen är en sorts växelspänning **(Fig. 6.68)** och denna spänning går igenom en pulsformarkrets och vidare till den effekttransistor som styr strömmen genom tändspolen. I **Fig. 6.69** visas en verklig koppling. Utspänningen kommer att variera på två sätt när varvtalet ökar:

(a) *Frekvensen ökar*
(b) *Spänningen ökar från delar av en volt upp till 100 volt*

Båda dessa ovanstående förändringar kan avkännas och användas av den enhet som tar emot signalerna från pulsgeneratorn.

Bosch använder en annorlunda koppling som använder samma funktionsprincip. En platt, stationär platta är försedd med fyra mjuk-järnspoler (för en fyrcylindrig motor) som laddas magnetiskt av högeffektiva, inbyggda permanentmagneter. Monterat på fördelaraxeln finns ett aktiveringshjul med fyra utstående klackar som passerar nära (0.5 mm) de fasta polerna. Vid denna passage genereras pulser i en enkelspole som lindats runt fördelaraxeln **(Fig. 6.70)**. Fördelarna med detta system är att det endast behövs en enkel koncentrisk spole och att symmetri uppnås av magnetpolerna. Det finns andra kopplingar, som inte använder fördelaren utan istället svänghjulet där en aktiveringsanordning satts fast. Givaren består då av en permanentmagnet och en avkänningsspole. Denna givare monteras så att aktiveringsanordningen passerar givaren när tändningen skall ske. Tanken att använda svänghjulständerna utnyttjas också. En givare räknar då kuggarna i form av ett antal pulser och kan skicka denna information vidare till en processorenhet som beräknar hastigheten och med hjälp av denna bedömer vilken förtändning som behövs.

29 Elektronisk tändning med variabel reluktanspulsgenerator

1 Vanliga system innehåller:

(a) *En* ***tändspole*** *med låg primärinduktans och vars resistans är mindre än 1 ohm.*

UTSPÄNNING
0
TID
H.19734

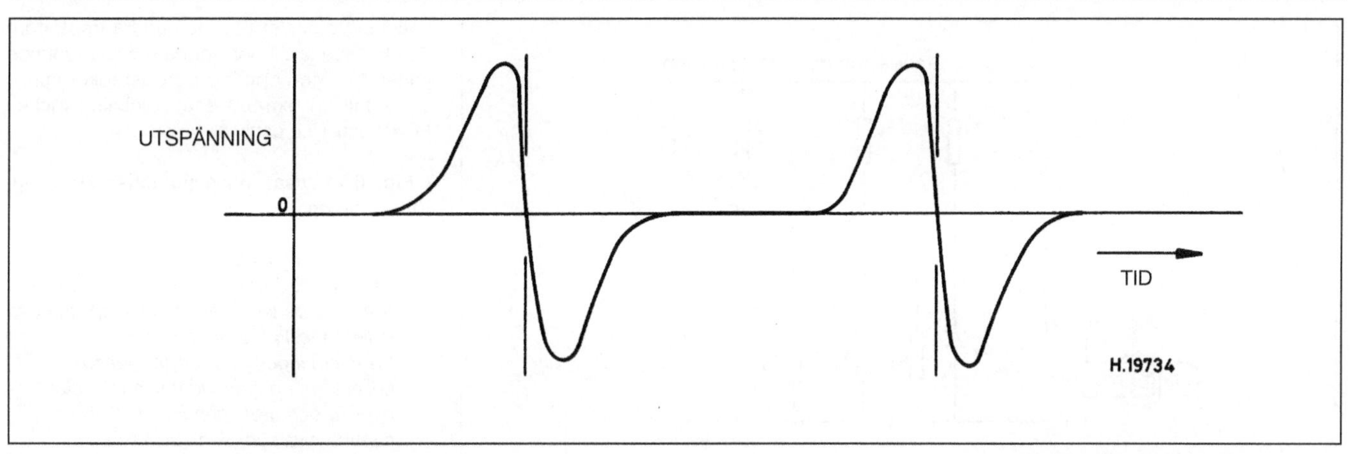

Fig. 6.68 Utsignal från variabel reluktanspulsgenerator

1
2
3
4

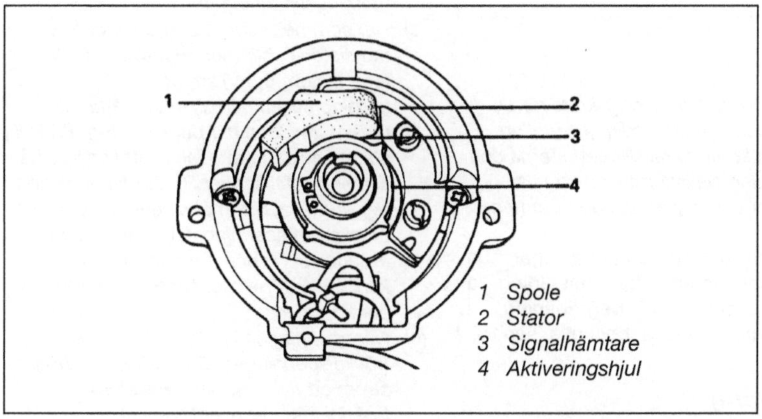

1 Spole
2 Stator
3 Signalhämtare
4 Aktiveringshjul

Fig. 6.69 Typisk fördelare från Lucas med permanentmagnetpulsegenerator

Med tillstånd av FKI Crypton Ltd

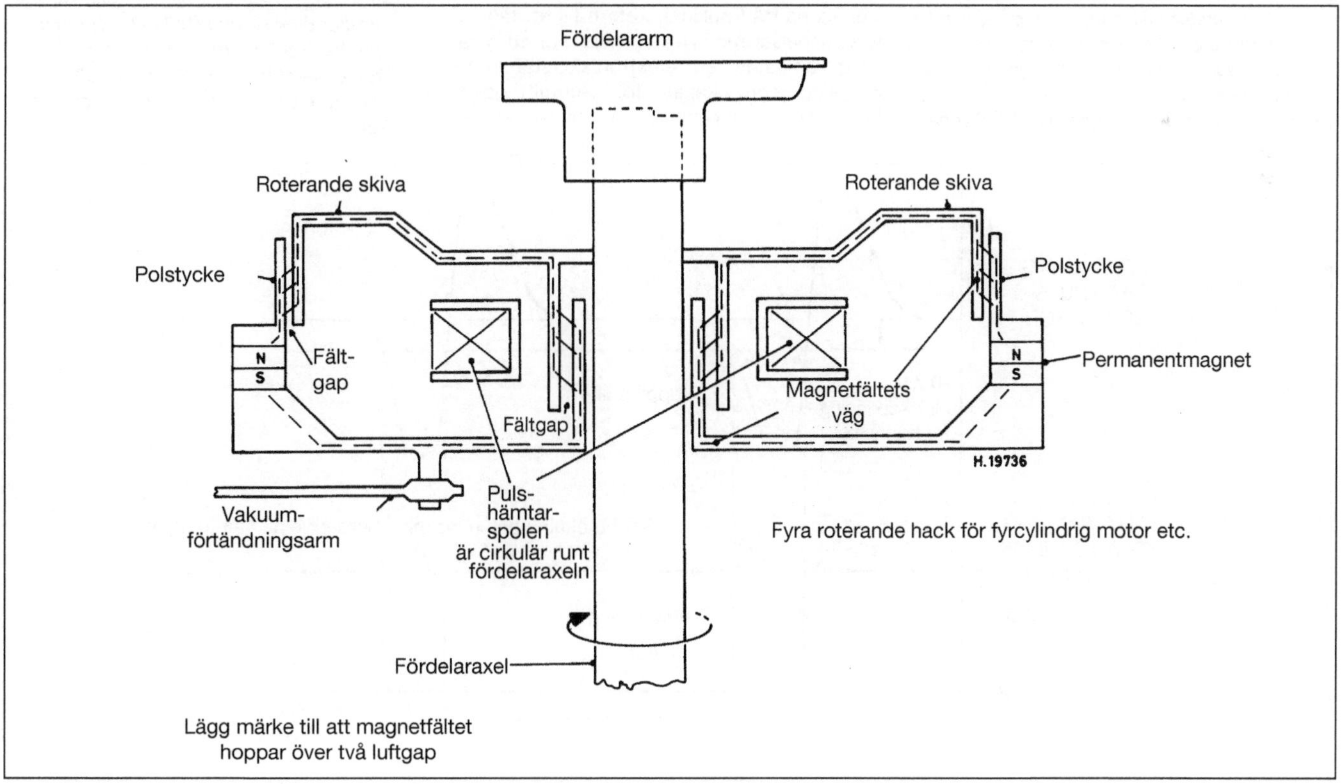

Fördelararm
Roterande skiva
Roterande skiva
Polstycke
Polstycke
N
S
Fält-
gap
Fältgap
N
S
Permanentmagnet
Magnetfältets
väg
H.19736
Vakuum-
förtändningsarm
Puls-
hämtar-
spolen
är cirkulär runt
fördelaraxeln
Fyra roterande hack för fyrcylindrig motor etc.
Fördelaraxel
Lägg märke till att magnetfältet
hoppar över två luftgap

Fig. 6.70 Variabel reluktanspulsgenerator från Bosch

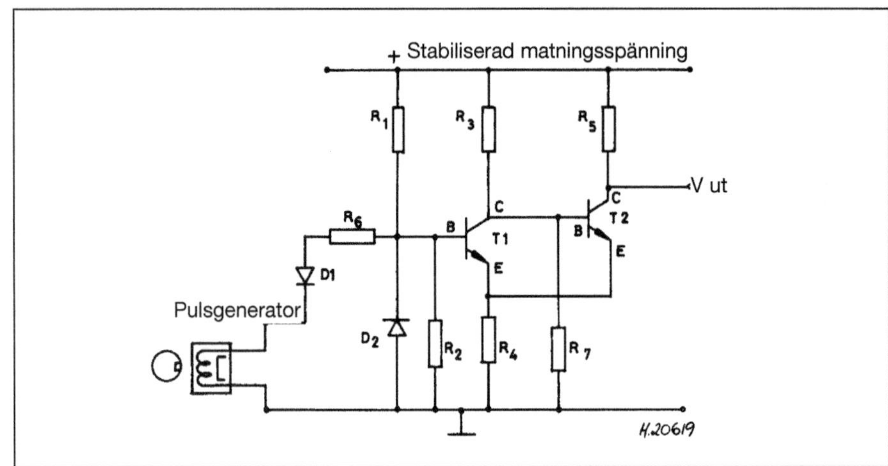

Fig. 6.71 Schmittrigger

(b) *En **ballastresistor** i serie med batterimatningen till primärspolen. Resistorn är temperaturberoende och begränsar primärströmmen. Vid kyla är resistansen låg vilket leder till en hög primärström och därmed en energirik gnista. När motorvarvet är högt, kopplas primärströmmen in en kortare period och därför bibehålls det låga resistansvärdet för att gnistspänningen skall vara hög. Vid start kortsluts resistorn och detta medför goda startegenskaper med låg batterispänning..*

(c) *En **fördelare** som innehåller alla delar till pulsgeneratorn tillsammans med en vanlig kondensator, fördelarrotor och centrifugal/vakuumförtändnings-mekanismer.*

(d) *En **elektronisk styrenhet (ECU).** Denna består av en pulsformningskrets för de signaler som kommer från givaren, en krets som kontrollerar viloperioderna och slutligen den elektroniska omkopplare som sluter och bryter primärströmmen.*

I de moderna konstruktionerna ingår återkopplade styrsystem för inställning av viloperioden och för begränsning av primärströmmen. Dessa beskrivs senare i kapitlet.

Pulsformning

2 Syftet är att omvandla de inkommande signalerna från pulsgeneratorn till ett tåg av fyrkantspulser med likadan höjd. För att göra detta används en elektronisk standard-koppling som kallas för Schmittrigger. Schmittriggern innehåller två transistorer där spänningssignaler från den andra transistorn sänds tillbaka till den första. Denna funktion kallas för återkoppling och åstadkommer i detta fall en extremt snabb växling mellan FRÅN och TILL och vice versa.

I **Fig. 6.71** visas en schematisk koppling. Kretsfunktion:

(a) *Utan pulssignal är T_1 påslagen, detta orsakas av strömmen som flyter genom R_1. När T_1 är på så håller spänningen vid dess kollektor c T_2 frånslagen. Eftersom ingen ström flyter genom kollektorn, uppstår inget spänningsfall över R_5 och utgången från T_2 hålls vid samma nivå som den stabiliserade matningsspänningen.*

(b) *När som helst som basspänningen på transistor T_1 blir mer negativ än -0,7V (egentligen -0,8 V) stryps kollektorströmmen. Detta inträffar när pulsspänningen når punkt A i **Fig. 6.72**; T_1 stängs av och detta får T_2 att kopplas på. Spänningsfallet över R_5 får utspänningen V_{OUT} att falla. Strömökningen genom T_2 orsakar ett spänningsfall över R_4 som avkänns av T_1 och medför att denna kopplas från mycket snabbt – en form av återkoppling.*

(c) *När spänningen i pulsen återgår till tröskelspänningen för T_1, 0,7 volt, börjar ström att flyta genom transistorn. Spänningsfallet över R_3 minskar strömflödet i T_2 – ett mindre spänningsfall inträffar över R_4 och får T_1 att koppla till snabbare och på detta sätt snäpper kretsen över utspänningen V_{OUT} till matningsnivån när transistor T_2 kopplas från.*

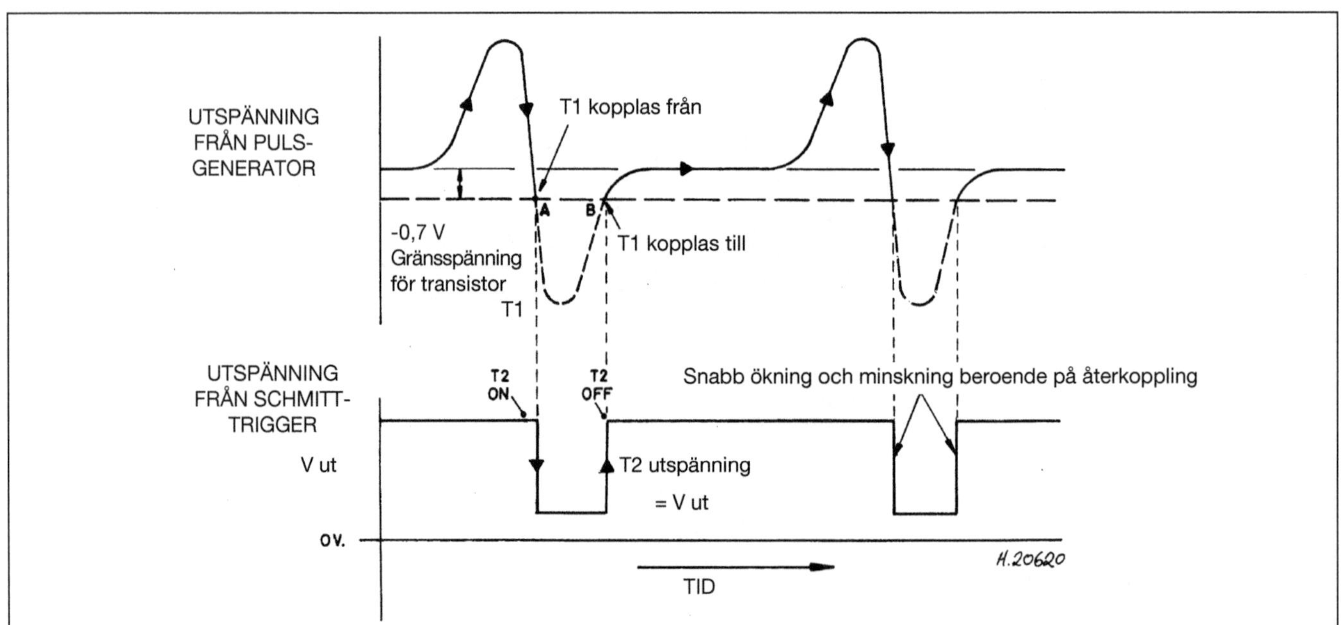

Fig. 6.72 Insignal och utsignal från Schmittrigger

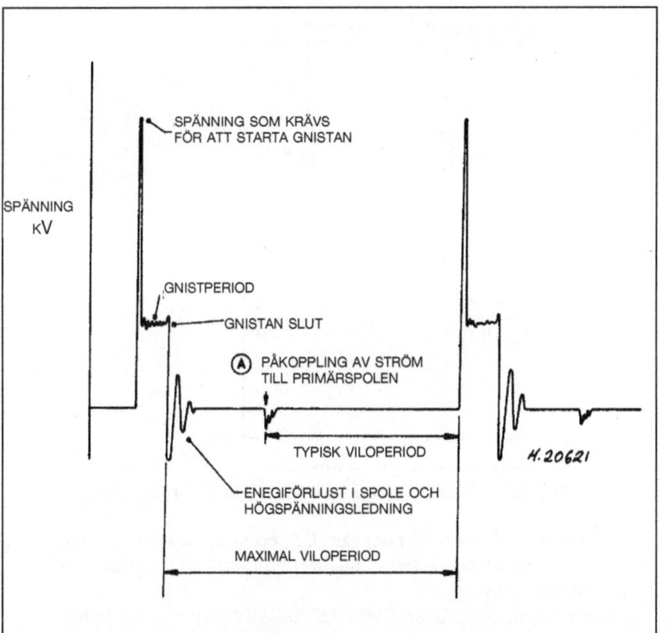

Fig. 6.73 Spolens sekundärspänning

Fig. 6.74 Vilostyrning

Schmittriggern har omformat insignalen till en distinkt fyrkantsvåg med samma frekvens som insignalen. Lägg märke till att diod D_1 förhindrar positivt riktade pulser från att nå basen på T_1 och att diod D2 effektivt kortsluter höga negativa pulser som uppstår när motorvarvtalet ökar. Vissa variabla reluktanspulsgeneratorer kan lämna topp-spänningar på upp till 100 volt vid höga varvtal eftersom den inducerade spänningen i spolarna är proportionell till hur snabbt fältet ändras. En detaljriktig koppling innehåller temperaturkontrolldioder i serie med R_1, men har utelämnats här för att göra kopplingen tydligare.

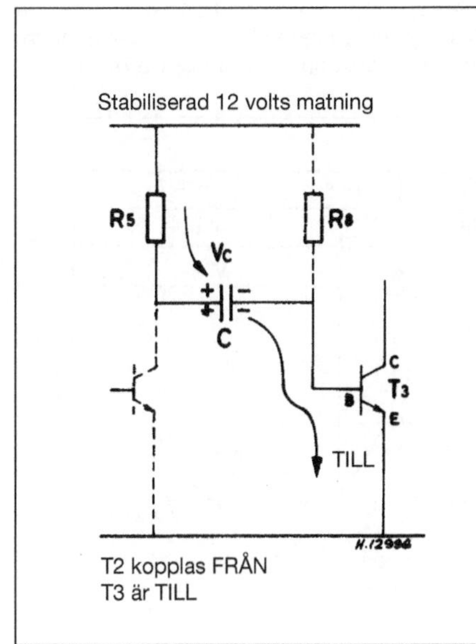

Fig. 6.75 Vilostyrningsfunktion – T2 kopplas från

Kontroll av viloperiod

3 I system som använder brytarspetsar är vilovinkeln (den vinkel under vilken spetsarna är slutna och strömmen genom primärspolen ökar) bestämd genom formen på fördelar-axelns lober och inställningen av brytar-avståndet.

Men VILOPERIODEN är föränderlig och minskar med ökat motorvarvtal. Det är tiden för viloperioden som bestämmer hur mycket strömmen hinner öka innan nästa gnista kommer. Vid höga varvtal i flercylindriga motorer är denna tid otillräcklig. **Fig. 6.73** visar en förenklad bild av tändspolens sekundärspänning. Den höga spetsen är den spänning som lämnas av sekundärspolen, när gnistan väl har tänts visar den lägre platån den spänning som behövs för att hålla den tänd. Vid slutet av gnistperioden kommer en avklingande, svängande spänning och den motsvarar restenergin när den passerar induktansen och kapacitansen hos spolen och högspänningsledningen. Vid punkt A kopplas strömmen på genom primärspolen och den normala viloperioden börjar. Utökning av viloperioden utförs genom att flytta punkt A mot vänster. Gränsen är tid-punkten när gnistan slutar. Med enkla kretsar är det möjligt att elektroniskt kontrollera viloperioden. Ett exempel på detta visas i **Fig. 6.74**. Bilden visar den andra transistorn T_2 i en Schmittrigger som, genom kondensatorn C, kopplats till ytterligare en transistor T_3. För att förenkla beskrivningen, kan vi tänka oss att basen på transistor T_2 är vid jordpotential. Syftet med detta är att få T_3 att leda (= PÅ) längre tid vid höga motorvarv och på detta sätt ge tändspolen tid att öka primär-strömmen och den lagrade magnetenergin som används vid gnistframställningen.

Funktion:

Observera! Tändning sker när T_3 stängs av.

(a) Förutsätt att T_2 precis kopplas FRÅN

Vid låga varvtal uppladdas kondensatorn C genom R_5 och bas/emittergrenen på T_3 till nära matningsspänningens nivå, lägg märke till polariteten **(Fig. 6.75)**. Eftersom ström flyter genom bas-emittergrenen är T_3 PÅ och därmed även strömmen genom primärspolen, se **Fig.6.76**.

(b) T_2 kopplas PÅ – tändningens gnistpunkt

När T_2 kopplas PÅ öppnar den en väg till jord för kondensatorn som börjar urladdas **(Fig. 6.77)**. Lägg märke till att om det lilla spänningsfallet över kollektor-emitter-grenen på T_2 ignoreras, så läggs konden-satorspänningen till bas-emitter-kopplingen på T_3 och med den polaritet som stänger av T_3 och leder till tändning.

(c) Vid punkt P_1 kopplas T_3 PÅ **(Fig. 6.76)**

Efterhand som kondensatorn C laddas ur, genom R_8 och T_2, når den nollspänningen och börjar laddas upp i motsatt riktning. Kort efter nollpunkten, kopplas T_3 På igen och ström börjar åter flyta i primärspolen **(Fig. 6.78)**. Denna situation bibehålls tills dess att T_2 stängs AV.

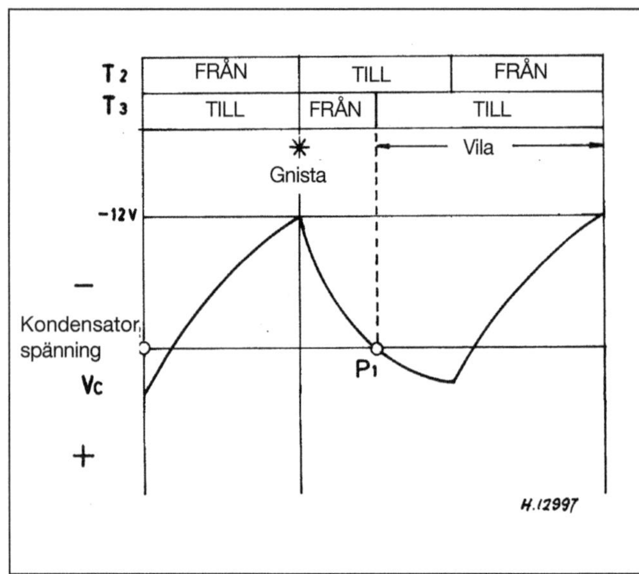

Fig. 6.76 Viloperiod vid lågt varvtal

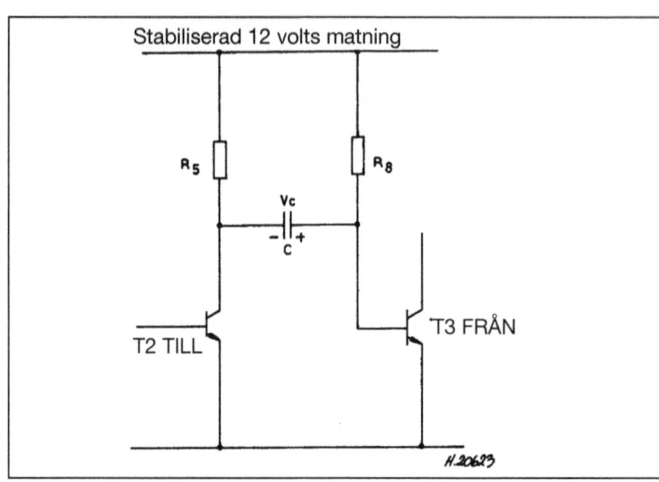

Fig. 6.77 Vilostyrningsfunktion – T2 kopplas TILL

Vid ögonblicket som T2 kopplar TILL, kommer hela spänningen från C över T3:s bas och emitter. Detta medför att T3 kopplas FRÅN och skapar gnistan.
Ignorera spänningsfallet över T2:s kollektor-emitteranslutning.

(d) T_2 stängs AV

Cykeln är nu utförd. Nu laddas kondensatorn C upp mot 12-voltspunkten och detta medför att T_3 leder tills dess att T_2 kopplas PÅ igen.

(e) Vid högt motorvarv.

Nu hinner inte kondensatorn C laddas upp till samma nivå som vid lågt varvtal **(Fig. 6.79)**. Men å andra sidan laddas den snabbare ur till 0 vilket medför att transistor T_3 kopplas PÅ tidigare.

(f) Begränsare av gnistans varaktighet

Om denna krets används tillsammans med en flercylindrig motor som arbetar vid höga varvtal, finns sannolikheten att kretsen kopplar på spolströmmen så tidigt att det påverkar gnisttiden. Gnisttiden skall aldrig vara kortare än 500 mikrosekunder. Den här visade enkla kretsen skall förses med en begränsare, som säkerställer att viloperioden fixeras vid ett fast värde när en övre gnistfrekvens uppnås.

Tändspolens effektomkopplare

4 En vanlig koppling som används där hög ingångsresistans och hög strömförstärkning krävs, är Darlingtonparet (eller super alfaparet).

Darlingtonparet består av två direktkopplade transistorer. Den andra transistorn kan vara av effekttyp och båda transistorerna finns tillgängliga i en enhet **(Fig. 6.80)**. Utgångssignalen från transistor T_3 i det föregående vilokontrollsteget styr en drivtransistor, T_4 ,att slå till och från **(Fig. 6.81)**. Emitterresistorkedjan lämnar drivström till basen på den första transistorn i Darlingtonkopplingen och detta åstadkommer en snabb effektomkoppling när T_3 stängs AV. Denna förenklade krets kommer att innehålla ytterligare komponenter i verkligheten. Till exempel en diod, som är kopplad från primärspolen till jord, som absorberar de spänningsspikar som genereras när strömmen plötsligt bryts. En radiostörningskondensator kommer också att vara ansluten på liknande sätt och denna utför nära nog samma arbete som kondensatorn i Ketteringsystemet. I vissa kopplingar ansluts återkopplingsresistorer från kollektorn på Darlingtonutgången tillbaka till basingången, dessa snabbar upp omkopplingsarbetet.

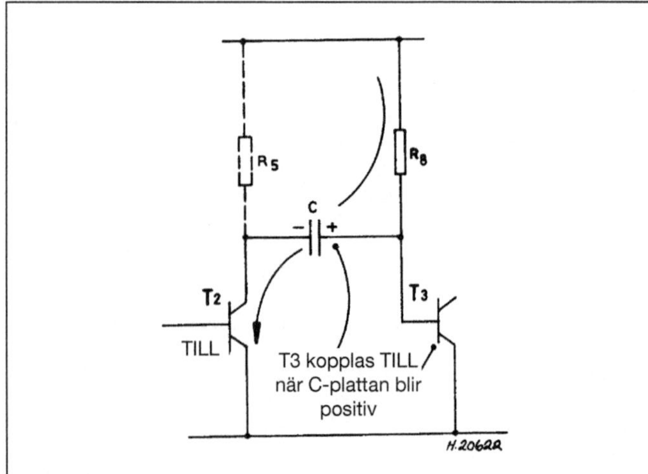

Fig. 6.78 Vilan börjar när C växlar polaritet

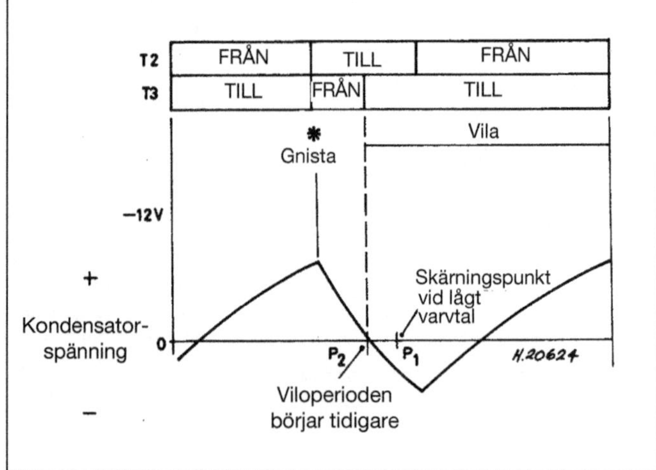

Fig. 6.79 Vila vid högt varvtal

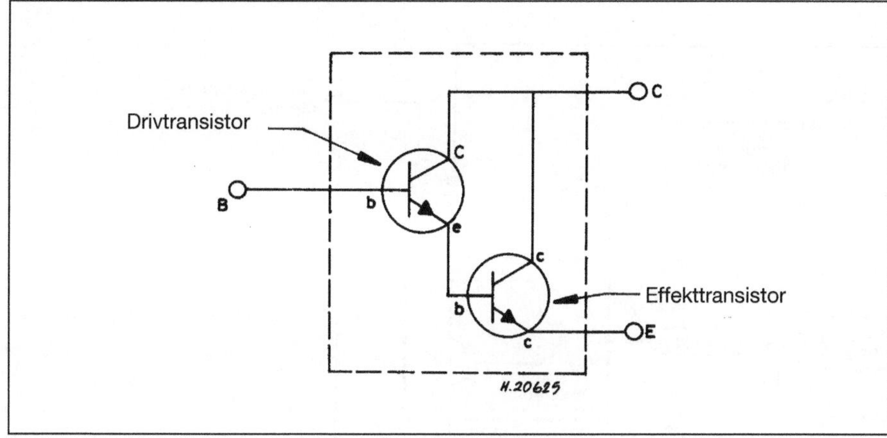

Fig. 6.80 Darlingtonpar

30 Konstantenergisystem med magnetpulsgenerator

1 Termen "konstant energi" används för att beskriva den ytterligare utveckling där mer sofistikerad styrning av primärströmmen genom tändspolen ingår. Spänningsåterkoppling i en sluten kontrollslinga, används för att styra Darlingtonparet. Genom denna styrning kontrolleras att primärströmmen genom spolen är korrekt oberoende av motorförhållanden och variationer i matningen. En ytterligare finess som brukar ingå är en omkopplingsenhet som bryter primärströmmen när motorn stannar, även om tändningen är på.

Strömreglering

2 Genom att montera en resistor R med lågt motstånd mellan primärspolen och jord, är det möjligt att känna av primärströmmen. Ett spänningsfall inträffar över detta motstånd, som är proportionellt till strömflödet (kom ihåg Ohms lag). Detta spänningsfall sänds tillbaka och jämförs med det spänningsfall som uppstår vid korrekt primärströmflöde **(Fig. 6.82)**. Om det uppmätta spänningsfallet är mindre än referensspänningsfallet, mäts skillnaden som en positiv spänning och denna leds till Darlingtondrivkretsen som börjar leda mer ström genom effektsteget. Motsatsen inträffar naturligtvis om det uppmätta spänningsfallet är för högt.

Återkopplad vilostyrning

3 Här känner en styrkrets för viloperioden av:

(a) Om primärströmsjämföraren begränsar eller inte, d.v.s. om spolströmmen når sitt korrekta värde eller inte

(b) Frekvensen på pulserna från den variabla reluktanspulsgeneratorn, som indikerar motorvarvtalet

Kretsen kombinerar dessa två ingångsvärden till en direkt förspänning som går till pulsformarkretsen. Denna styrspänning får pulsformaren att slå till tidigare eller senare beroende på spänningsnivån **(Fig. 6.83)**. De två punkterna motsvarar TILL och FRÅN hos pulsgeneratorns signalspänning och ligger inte riktigt på samma nivå. Detta kallas för hysteres och används för att signalerna skall vara stabila.

4 Beroende på det överlägsna resultat som uppstår med slutna kontrollsystem, används dessa allmänt i nuvarande fordonsmodeller.

Summering av dessa resultat ger:

(a) En konstant mängd energi finns tillgänglig vid tändspolen för att generera gnistan, vid alla fordonshastigheter och över ett brett område av matningsspänningar

(b) Tilläggsfunktionen med avstängning av primärströmmen när motorn är avstängd och tändningen påslagen, innebär att batteriet inte urladdas i onödan.

Punkt (b) ovan, innebär att radioapparater och annan tilläggsutrustning, om så önskas, kan kopplas till tändningen utan den tidigare höga strömurladdningen genom tändspolen.

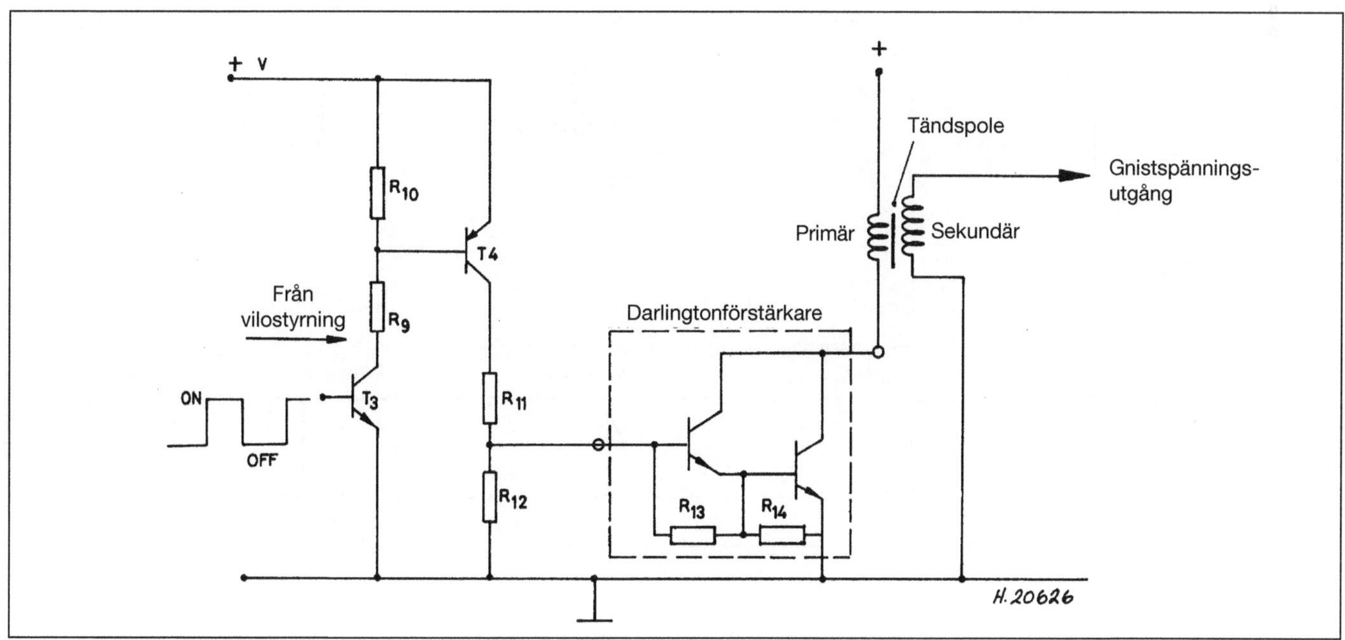

Fig. 6.81 Slutlig drivnings- och effektförstärkare

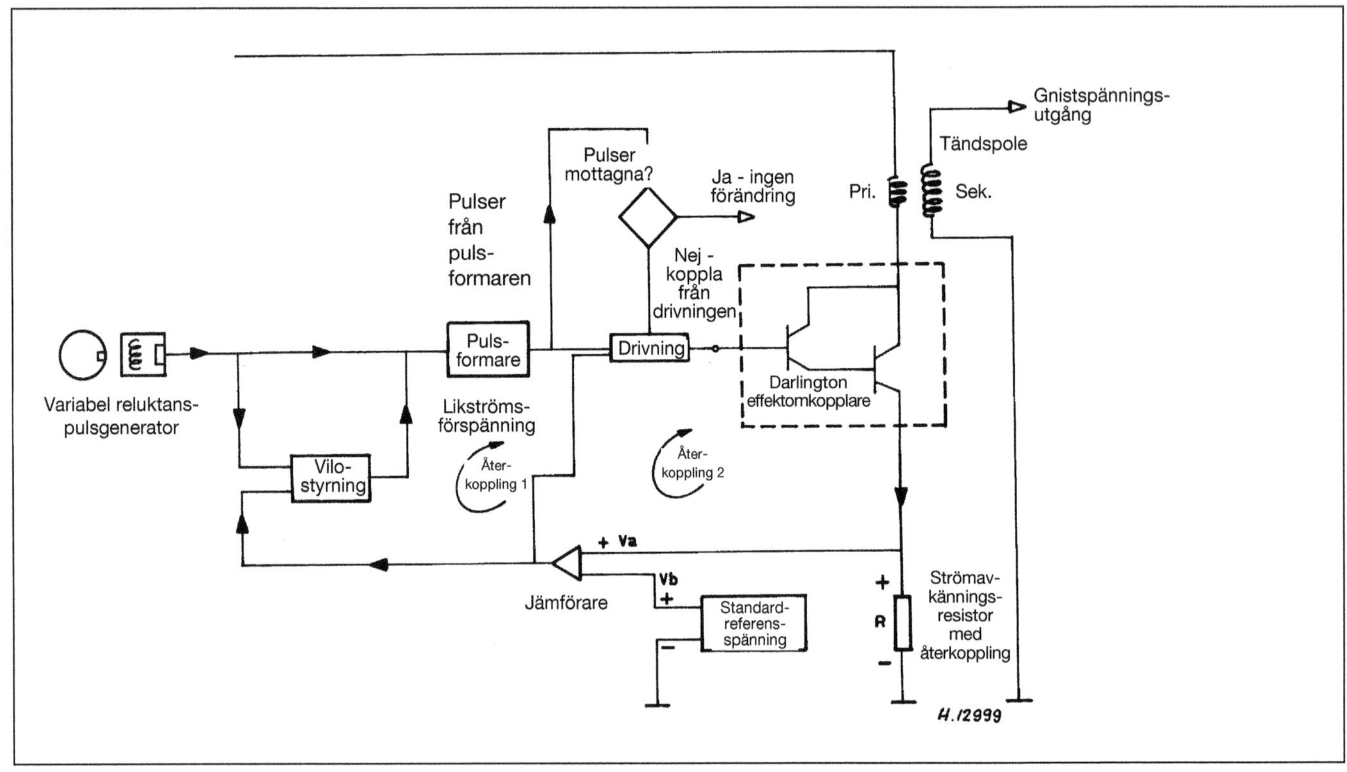

Fig. 6.82 Konstantenergisystem med magnetpulsgenerator

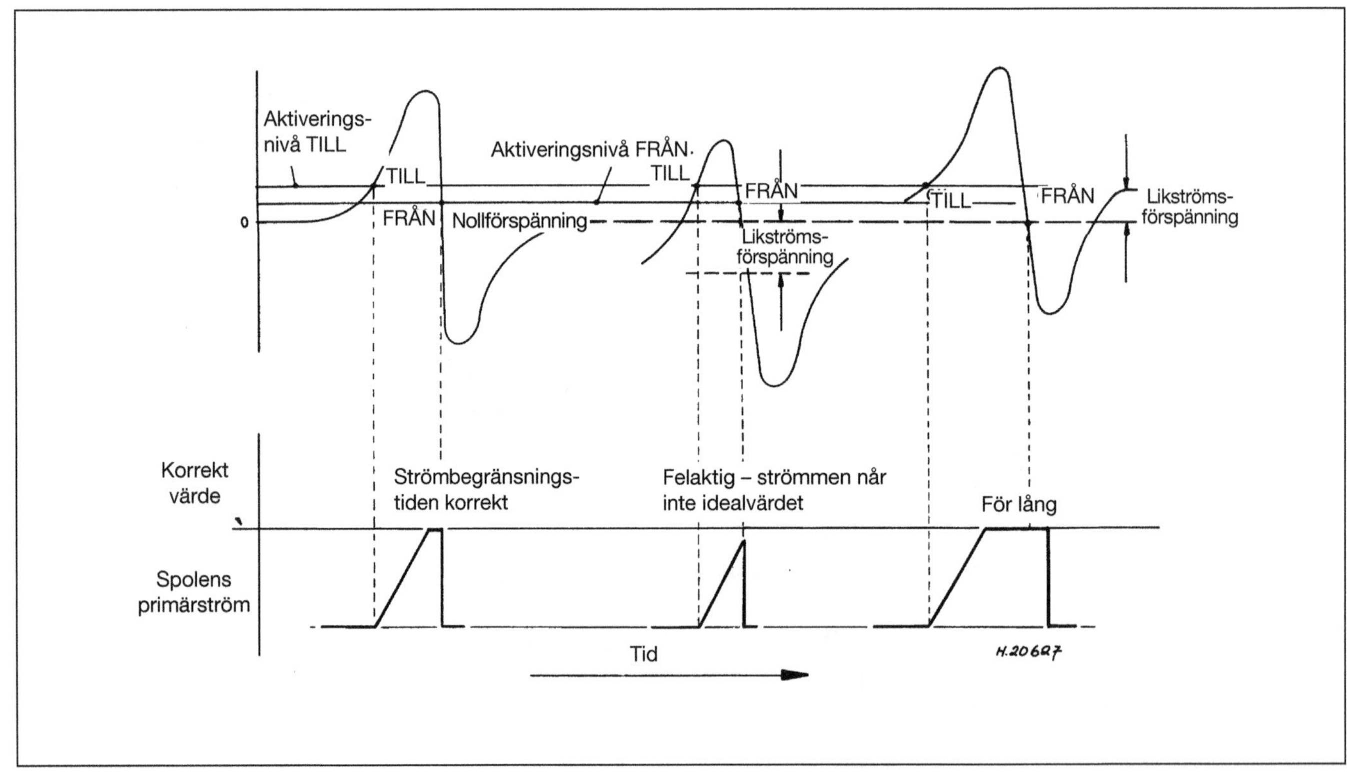

Fig. 6.83 Likströmsförspänd vilostyrning med återkoppling

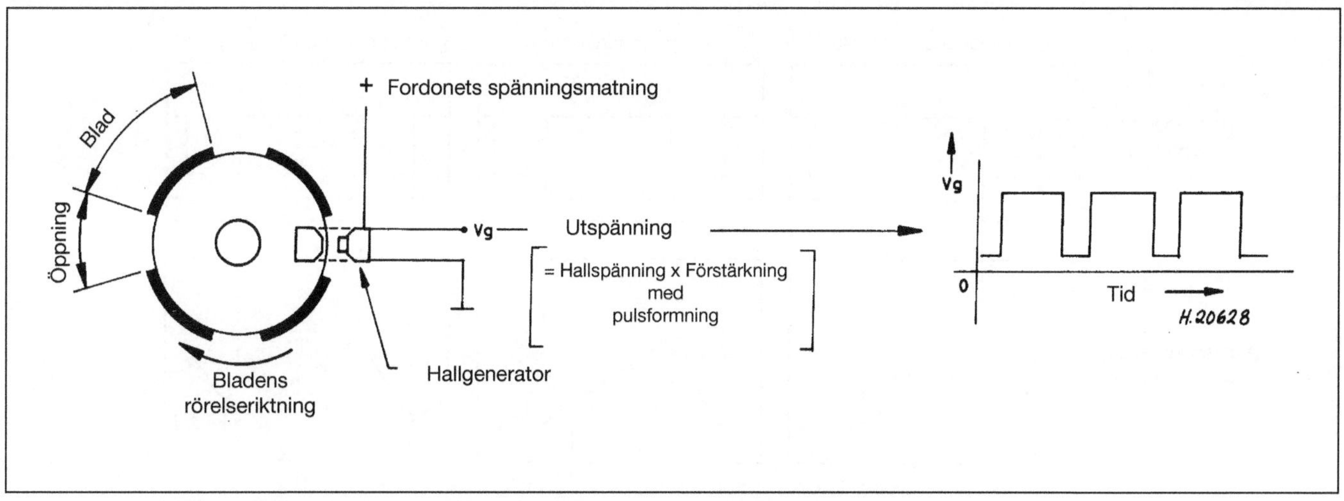

Fig. 6.84 Hallgenerator och utspänningsform

31 Elektronisk tändning med Hallgenerator

1 Utsignalen från Hallgeneratorn kan i princip användas på samma sätt som signalen från den variabla reluktansgeneratorn. Nämligen att efter pulsformning i Schmittriggern, där fyrkantspulsen skapas, användas för att slå till och från strömmen genom tändspolen och på detta sätt skapa gnistan.

2 Utspänningen från Hallgeneratorn är lägre än signalen från reluktansgeneratorn och det åtgärdas genom en integrerad krets (IC) som förstärker och formar pulserna. Denna är vanligen placerad i fördelaren **(Fig. 6.84)**. Kretsen stabiliserar också matningsspänningen och kompenserar för temperaturvariationer. Lägg märke till att fördelarrotor och skiva är en komponent i bilden som visar en ombyggnadssats **(Fig. 6.85)**.

3 Vilan är fixerad av den roterande skivan och kan användas i det elektroniska systemet. Fast vila är en nackdel hos en högpresterande motor, där snabb ökning av tändspolens primärström är nödvändig. Men trots detta ger Hallskivan en mycket exakt viloperiod och behöver ingen justering under livslängden, som är fallet med ett brytarsystem.

32 Konstantenergisystem med Hallgenerator

1 Syftet med konstantenergisystem är att säkerställa ett korrekt strömflöde genom primärspolen, oberoende av motorförhållanden och matningsspänning. På samma sätt som i fallet med variabla reluktanssystemet inbegriper detta:

(a) Primärströmmen når ett säkert maximumvärde under en definierad period och begränsas till denna nivå.

(b) Gniststpänningen är nära nog konstant, genom motorns hela arbetsområde.

(c) Ingen ballastresistor används

Till detta medföljer ofta möjligheten att stänga av primärströmmen när motorn är avstängd men tändningen påslagen. För att uppnå punkterna (a), (b) och (c) används återkopplade styrsystem för vilan och primärströmsregleringen.

Viloperiodens återkopplade styrsystem

2 I fallet med den variabla reluktansgeneratorn lämnar vågformen själv ifrån sig variationer i likströmsförspänningen **(Fig. 6.83)** men fyrkantsvågorna från Hallgeneratorn gör det inte. I analoga kontrollsystem (till skillnad från digitala TILL-FRÅN förhållanden), sker omkoppling vid olika gränsvärden. För att identifiera olika nivåer, sänds fyrkantsvågorna från Hallförstärkaren (de är större än signalen från givaren och troligen inverterade) till en pulsformare, av resistans-kapacistans typ, som skapar en triangelvåg **(Fig. 6.86)**. En likspänningsnivå, som tas från en jämförare, bestämmer aktiveringsnivån där rampspänningen kommer att koppla till Darlingtonparets effektsteg, som kontrollerar primärströmmen. Denna aktiveringsnivå är sådan att primärströmmen når upp till det önskade värdet och därefter planar ut under en period t. Den korta perioden där strömmen planar ut till ett maximumvärde är den ledtid t som behövs för att hantera de dynamiska förhållanden som uppstår när motorn accelereras. TILL-punkten är viloperiodens början och FRÅN motsvarar tändningens gnistpunkt.

Variationer från jämförarutgången resulterar i antingen:

(a) För kort tidsperiod för strömmen att nå korrekt nivå, eller

(b) För lång period

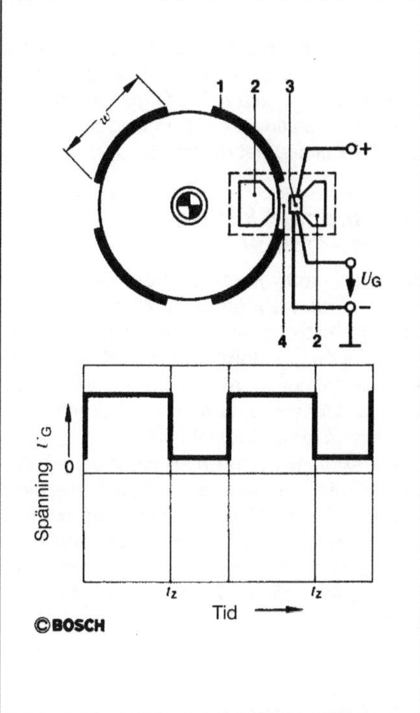

Fig. 6.85 Hallgenerator i fördelaren

1 Blad med brett W
2 Svagt magnetledande element
3 Hallkrets
4 Luftgap
Ug Generatorspänning

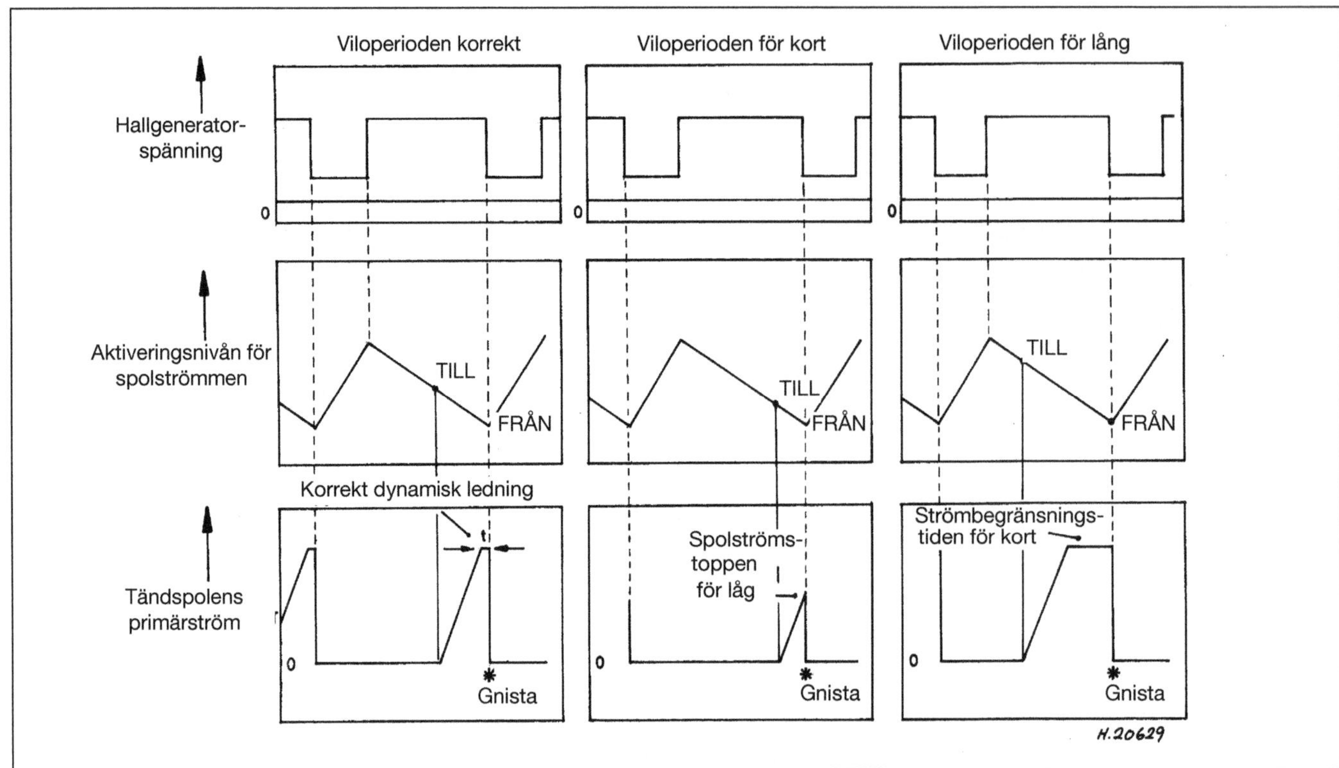

Fig. 6.86 Styrning av aktiveringsnivå i ett konstantenergitändningssystem med Hallgenerator

I fallet (a) kommer den återkopplade spänningen över strömkänningsresistorn att få jämföraren att justera nivån på aktiveringsgränsen så en tidigare påkoppling sker. I fallet (b) blir resultatet det motsatta.

Återkopplad kontroll av toppströmmar.

Signalen som kommer från den strömavkännande resistorn innehåller information om toppströmmen som flyter genom primärspolen. Jämföraren mäter detta toppvärde och jämför det med en avledd standardspänning, beroende på jämförelsen lämnas en kontrollsignal som styr drivsteget. Om maximumströmmen är uppnådd, minskar jämföraren utmatningen från drivsteget genom att tvinga Darlingtonparet att stängas av. På detta sätt säkerställer återkopplingen att primärströmmen inte överskrider maxvärdet och fungerar som en avstängningsregulator.

33 Digital tändning

1 Bytet till digitala tändsystem innebar ett stort steg framåt. Genom detta försvinner centrifugal- och vakuumförtändningsenheterna. Med bibehållen tändspole, sköter systemet konstantenergistyrning och spolströmbegränsning. Korrekt tändläge väljs av en mikroprocessor som beräknar denna utifrån motorvarvtalet och belastningen.

2 Beroende på mikroprocessorns anpassningsförmåga, är det nu möjligt att mäta och utvärdera en mängd av variabler som lämnar information om motorn och fordonet. Men viktigast är att slutresultaten blir att:

(a) Konstant gnistenergi finns tillgänglig för moderna magerblandningsmotorer över hela deras varvtalsområde.
(b) Förtändningen kan tas till den punkt där knackning nästan börjar - eftersom det lämnar det största effektutbytet

3 Fördelarna med en noggrann förtändnings inställning som tar hänsyn till varvtal, motor temperatur och belastning, är att god bränsleekonomi och låga avgasföroreningar säkerställs. Det finns ingen mekanisk för slitning som påkallar täta serviceintervall. Faktorer som stabilisering av tomgångsvarv och bra startförmåga under ogynnsamma förhållanden, kompenserar mer än nog för det mer komplexa systemet. Kostnaderna för mikroelektronik fortsätter att falla och det är nu fastställt att digital tändning kommer att bli normgivande för framtida konstruktioner.

4 Det kan vara värt att veta att digital tändning kan användas oberoende av bränsle systemet. Men redan nu finns det konstruk tioner som behandlar bränsleförsörjning och tändning tillsammans som ett fullständigt motorstyrningssystem. Mer om detta kommer senare.

34 Förtändning versus motorparametrar

1 När en motor konstrueras provkör tillverkaren den över hela varvtals- och belastningsområdet. Vid varje belastnings- och varvtalspunkt, noteras den förtändning som motorn kräver och kurvor ritas. Den valda förtändningen är en kompromiss som vid vissa punkter tar hänsyn till bränsleförbrukning, säkerhetsmarginal till knackningsnivån, innehåll i avgaserna, vridmoment och motortemperatur. Det är inte förvånande att kurvan får ett ojämnt utseende. Den har bara en allmän överensstämmelse med förtändningskurvan som lämnas av centrifugalvikterna och vakuumenheten. Den tvådimensionella kurvan från dessa enheter visas i **Fig. 6.87**.

2 För att åskådliggöra den förtändning som krävs beroende på varvtal och belastning, behövs den treaxliga kurva som visas i **Fig. 6.88** och om vi föreställer oss att alla punkter sitter ihop, bildas en yta. Höjden på kurvan vid skärningspunkterna mellan önskad belastning och önskat varvtal, ger den förtändning som behövs. Ytan påminner om en tredimensionell höjdkarta och av denna

Verkligt förtändningsbehov (end. typisk)
Förtändnings-
vinkel
Förtändningsinställning av
fördelarens mekanik
Motorvarvtal
H.20650

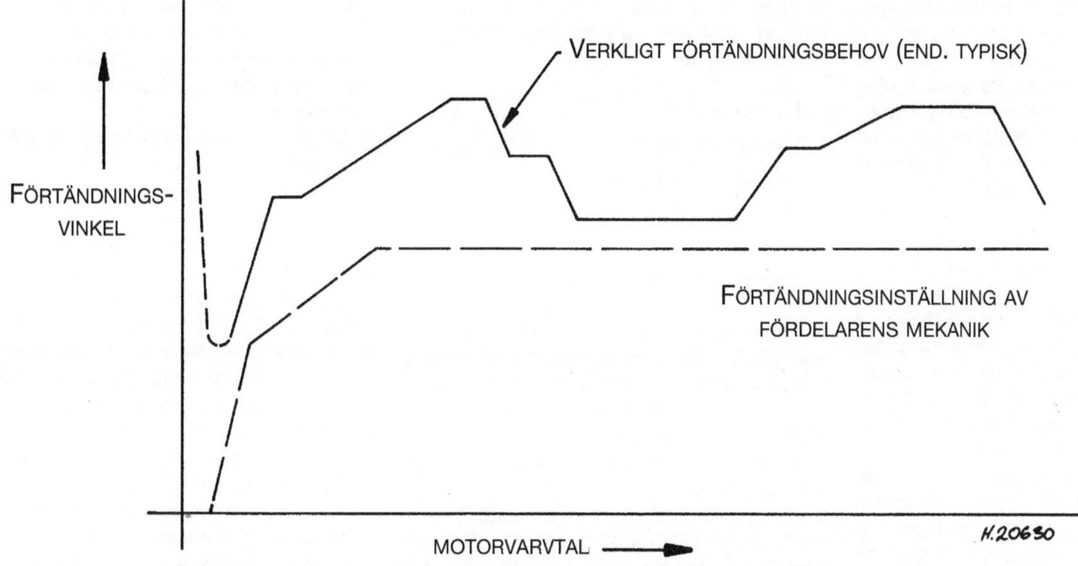

Fig. 6.87 Brister hos fördelarens förtändningsmekanism

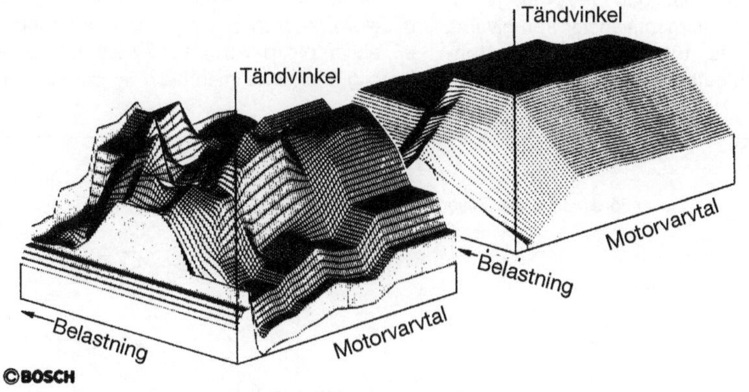

Tändvinkel
Tändvinkel
Belastning
Motorvarvtal
Belastning
Motorvarvtal
©BOSCH

Fig. 6.88 Optimal förtändningskarta (vänstra) jämförd med förtändningskarta från ett mekaniskt förtändningssystem (högra)

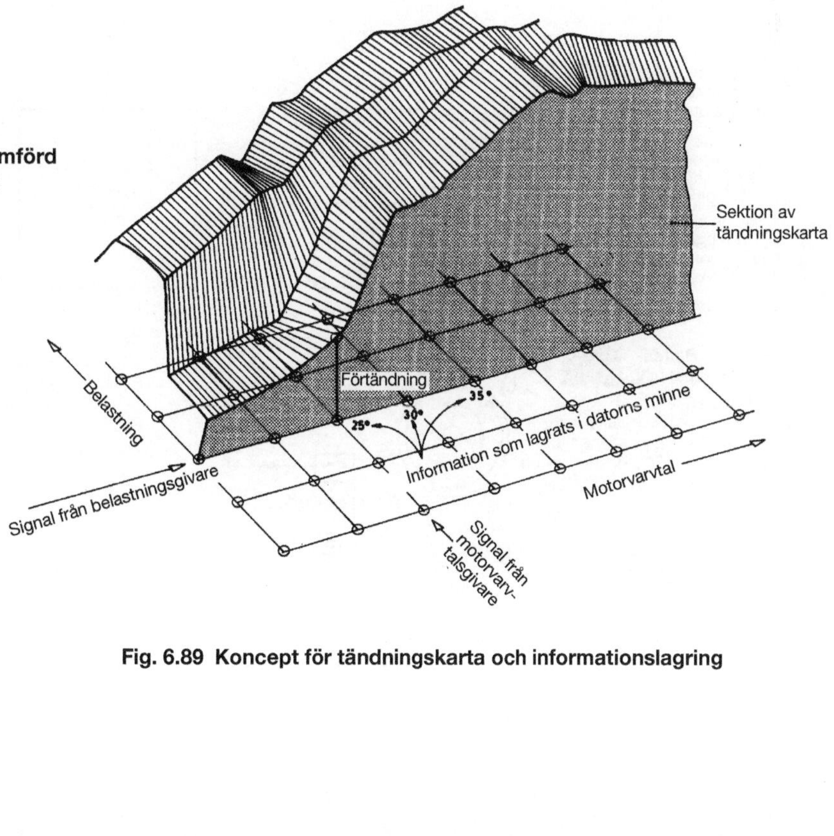

Sektion av
tändningskarta
Förtändning
25°
30°
35°
Belastning
Information som lagrats i datorns minne
Signal från belastningsgivare
Motorvarvtal
Signal från
motorvarv-
talsgivare

Fig. 6.89 Koncept för tändningskarta och informationslagring

anledning kallas den ibland för karttändning. Om vi föreställer oss att golvet på tändningskartan är uppdelat längs med varvtals- och belastningsaxlarna så bildas skärningspunkter där värden på förtändningen finns lagrad **(Fig. 6.89)**. Bilden visar en enkel matris där skärningspunkternas information om förtändningsvinkeln lagrats i ett datorminne. I verkligheten kan hela tändförställningskartan innehålla mellan 1 000 och 4 000 sådana individuellt återhämtbara förtändningspunkter.

3 Tillverkaren tar tillfället i akt att lägga till extra förtändning när motorn arbetar under tomgångsvarv, detta för att stabilisera denna genom att öka vridmomentet. Övervarvningsskydd programmeras också in speciellt och detta överväger information från avgasinnehållet och körbarheten. En omkopplare som används för att signalera dessa förhållanden är kopplad till gaspedalen. Slutligen är maximalbelastningskurvan programmerad att följa nära men inte överskrida knackningsgränsen.

35 Datorstyrd tändning

1 Mikrodatorn har anpassats för fordonsbruk och programmerats med ovanstående data (avsnitt 34). Information matas in i datorn i form av elektriska signaler, som i ett typiskt system omfattar:

1 Motorvarvtal
2 Motorbelastning
3 Kylvätsketemperatur
4 Knackningsförhållande
5 Vevaxelläge
6 Batterispänning

2 Information lämnas till datorn från en mängd olika överföringssystem som vardera mäter en faktor t.ex. temperatur, tryck, varvtal o.s.v. Överföringssystemen lämnar sedan en signal som är proportionell till nivån på den uppmätta faktorn. Dessa enheter har fått namnet **givare.**

3 Givarna lämnar signaler till datorn (som ibland kallas Elektronisk styrenhet, ECU) och som har en mikroprocessor som viktigaste del. Datorn omvandlar först alla inkommande analoga signaler till digital form (d.v.s. en serie av- och på- pulser) eftersom den bara kan behandla digitala värden. Vissa mätvärden som till exempel pulserna från vevaxeln som anger motorvarvtalet och vevaxelläget är redan i digital form, men signaler från givarna för insugsrörets tryck, motorns vattentemperatur och batterispänning är en kontinuerligt närvarande men varierande analog spänning. Datorn omvandlar dessa analoga signaler till digitala med hjälp av en analog- till digitalomvandlare (A/D-omvandlare) som beskrivs senare.

4 Med hänvisning till de inringade siffrorna i **Fig. 6.90**:

1. Belastning. Trycket i insugsröret ger ett mått på motorbelastningen. En tryckgivare av barometer eller piezotyp kan användas. Signalen är en indirekt metod för att mäta luftflödet och på det sättet är den kopplad till belastningen av motorn. En lufttemperaturgivare kan användas för att lämna ytterligare information till datorn. Detta medför att man kan föra beräkningar som inbegriper luftdensitets ändringar som beror på temperaturen. Detta används speciellt av bränsleinsprutningsmotorer. Alternativt kan luftmasseflödet mätas direkt av varmtrådseller varmytemätare. Dessa givare konstrueras för att även ta hänsyn till temperatur och densitet. Signalen som lämnas är analog och omvandlas i A/D-omvandlaren till digitala värden.

2. Knackning känns av genom en accelerometer av piezotyp. Denna består av en skiva piezokvarts som belastas till en lämplig energinivå med hjälp av cylindrar och

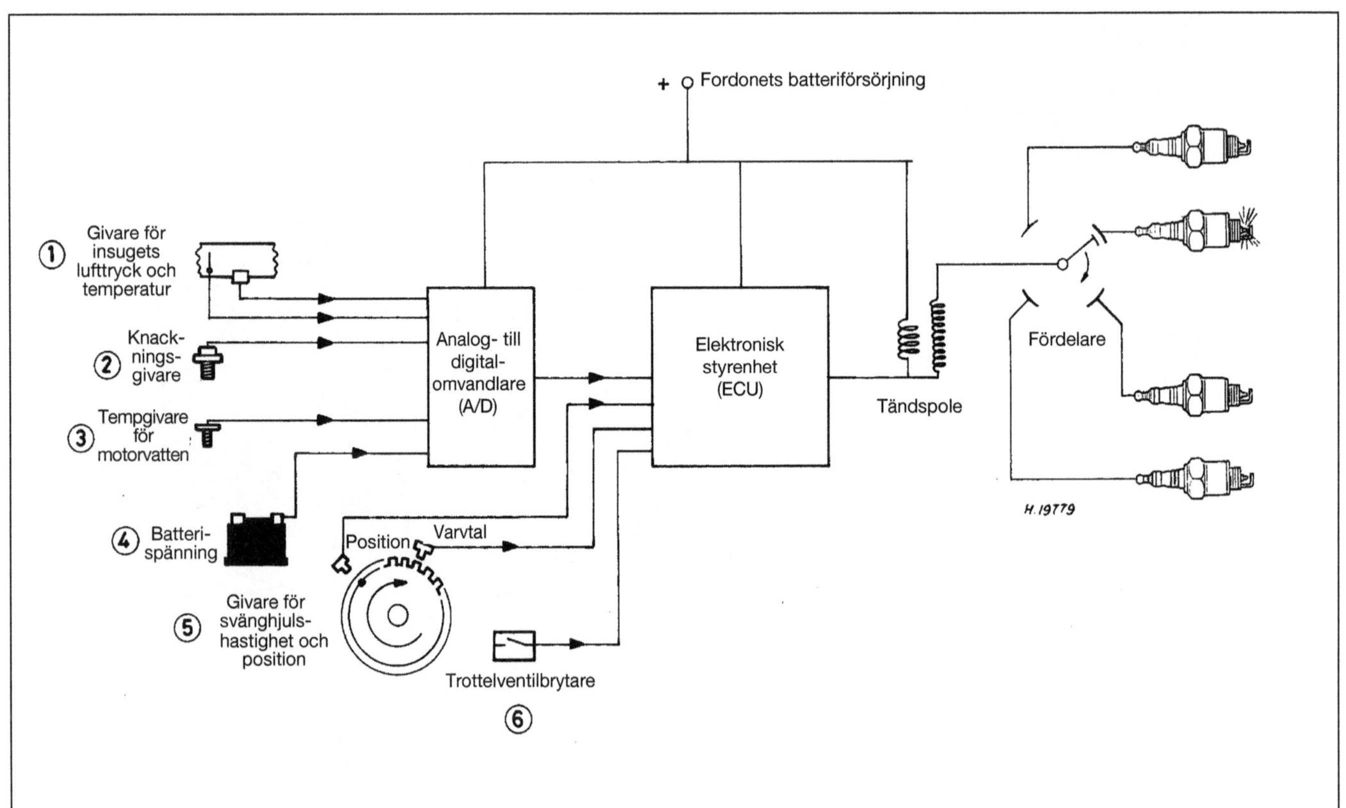

Fig. 6.90 Schematisk bild av digitalt tändsystem

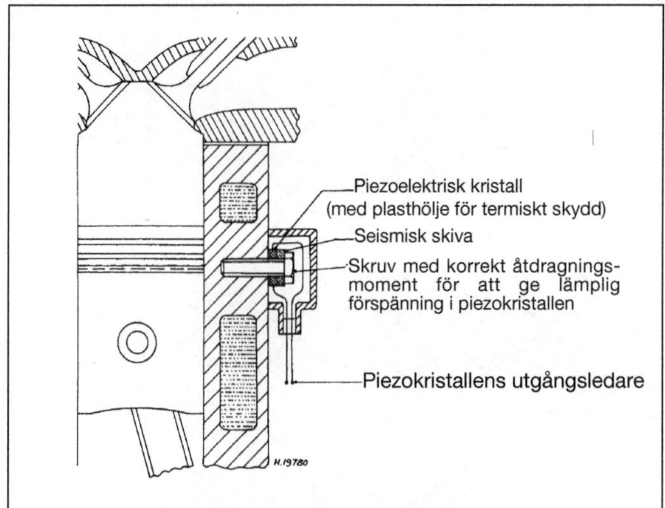

Fig. 6 91 Knackningsgivare av piezokristall

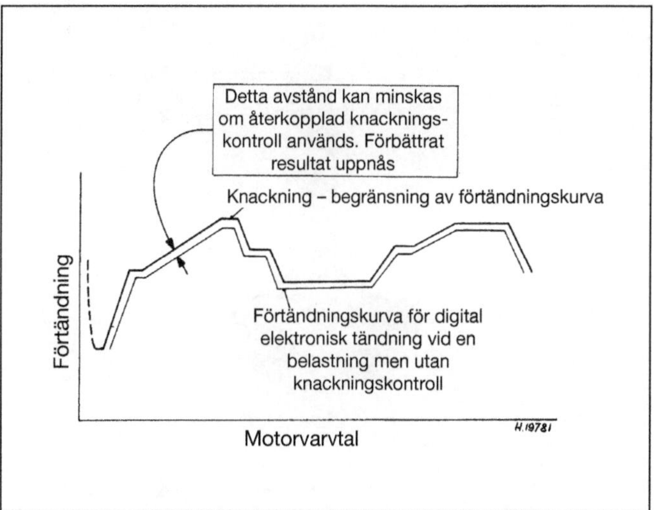

Fig. 6.92 Förbättrat resultat med knackningskontroll

som har kontakt med en tung skiva (en seismisk skiva som har en speciell **massa**) **(Fig. 6.91)**.

Piezokristallen ger en spänning över de motsatta sidorna som är proportionell till ytspänningen på kristallen. När gränsen till knackning nås, orsakar de strukturella vibrationerna i motorblocket att massan trycks mot kristallytan. De elektriska signaler som uppstår skickas till en krets för utvärdering. En nivågräns skapas för varje cylinder och denna baseras på ett medelvärde från tidigare förbränningscykler. Denna nivå anpassas fortlöpande beroende på arbetsförhållandena. Gränsvärdet jämförs för varje gnisttändning med värdet från knackningsgivaren och om jämföraren visar att knackningsgränsen överskrids, backas förtändningspunkten med ett fast värde av, låt oss säga 1,5 grader, för DENNA SPECIELLA CYLINDER.

Processen upprepas för varje cylinder och om ingen ytterligare knackning kan upptäckas, justerar mikroprocessorn fram tändläget i små diskreta steg, till dess att förtändningsvinkeln är som den bör vara enligt tändlägeskartan som finns lagrad i minnet.

Resultatet är att varje cylinder kontinuerligt kontrolleras och att tändlägesvinkeln ställs in separat. Detta ger optimala prestanda, både när det gäller motoreffektivitet och bränslekonsumtion, eftersom det är känt att dessa förhållanden uppnås vid största möjliga förtändning som kan användas utan att knackning uppstår. **(Fig. 6.92)**. Eftersom varje cylinder har sina karakteristiska ljud, klarar en givare av att bevaka upp till fyra cylindrar. En sexcylindrig motor använder två givare som kopplas in omväxlande beroende på tändningssekvensen. Processen är ett exempel på ett återkopplat styrsystem och visas schematiskt i **Fig. 6.93**. Slutar en givare fungera, t.ex. genom fel i givaren eller ledningsbrott, backas tändläget tillbaka till en säker nivå och en varningslampa aktiveras.

3. Motortemperatur. Vanligen tillverkas temperaturgivare av halvledarmaterial och de brukar kallas för termistorer. De har ersatt äldre sorters termokopplare för användning vid temperaturer under 200°C. Halvledarpärlan har en resistans med tydlig negativ temperaturkoefficient **(Fig. 6.94)** och ett arbetsområde som minst sträcker sig från -20°C till + 130°C. Den är lämplig för att mäta temperatur på kylvätskan och monteras i en inskruvningskapsel som placeras i en av motorblockets vattenkanaler **(Fig. 6.95)**.

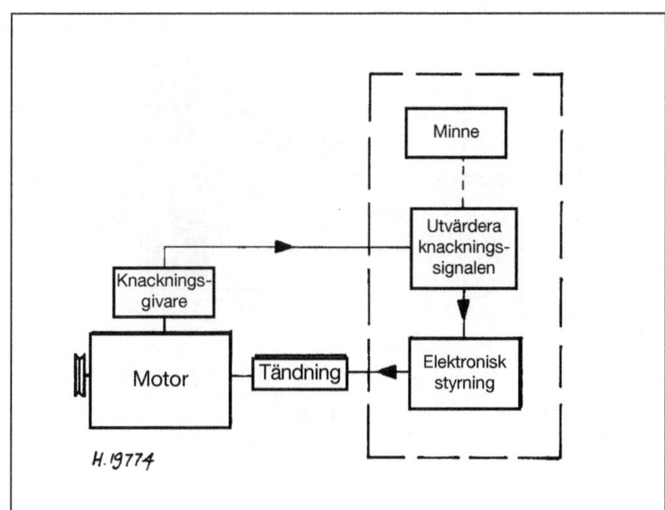

Fig. 6.93 Knackningskontrollsystem med återkoppling

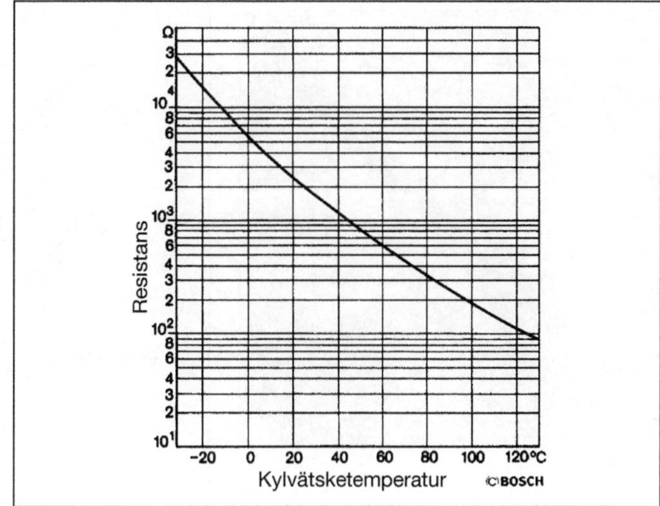

Fig. 6.94 Resistansförändring av NTC-karaktär, beroende på temperatur (negativ temperaturkoefficient)

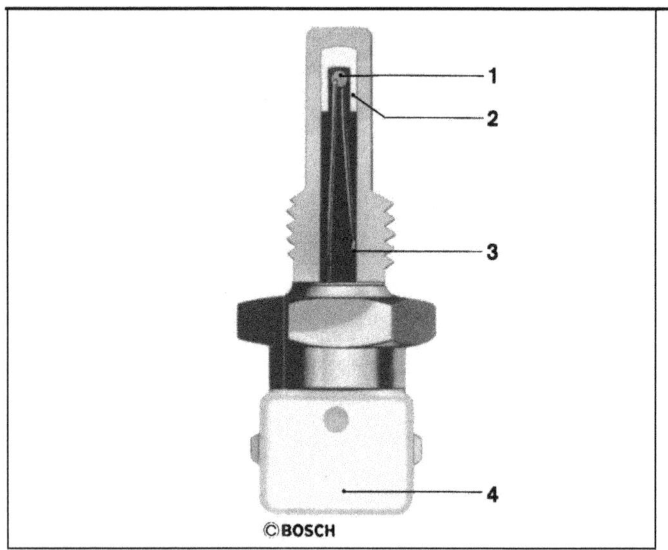

Fig. 6.95 Motortemperaturgivare

1 Halvledarresistor med negativ temperaturkoefficient (NTC)
2 Isolation 3 Förslutningsmaterial 4 Elektrisk anslutning

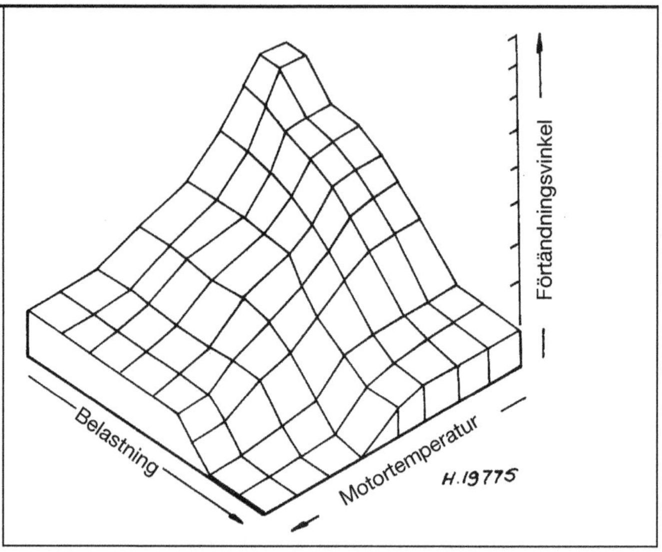

Förtändningsvinkel
Belastning
Motortemperatur
H.19775

Fig. 6.96 Enkel matriskarta. Förtändndningskarta för variabla belastningar och temperaturer

Noggrannheten hos givaren är 0,05°C och det gör den lämplig för dessa mätningar. Informationen om kylvätsketemperaturen behandlas av motorstyrningsenheten som ytterligare en variabel för att finna motorns korrekta arbetspunkt på förtändningskartan för motorbelastning/-motortemperatur **(Fig. 6.96)**. När motorn är kall är startegenskaper och körbarhet viktigare än ekonomi och effektivitet.

4. Batterispänning. Detta är en justerande faktor. Om batterispänningen avviker från det förinställda värdet så ökar eller minskar tiden som tillåts för att ladda spolen (viloperioden) så att konstant energi för gnistan bibehålls.

5. Motorvarvtal och vevaxelposition. Motorns varvtal kan beräknas genom att man räknar tänderna på svänghjulets kuggkrans. För detta ändamål används vanligen en givare av induktiv typ med samma funktionsprincip som visas i **Fig. 6.67**. Den visas i produktionsform i **Fig. 6.97**. Det är nödvändigt att ha en utgångspunkt som vanligen visar läget på kolven - ofta 90° före övre dödpunkten (ÖD). Denna märkning kan fångas upp av en annan givare genom t.ex. en projektion på kuggkransen. Ibland används kuggkransens kuggar i stället för ett specialtillverkat kugghjul. Varvtal och vevaxelposition kan alternativt mätas vid fördelaren av en Halleffektgivare, men detta är inte så noggrant som direkt mätning på vevaxeln. Istället för att använda två separata givare kan en givare användas både för varvtal och position om ett speciell markering används, t.ex. att en kugge saknas. Slutligen kan nämnas att även om den induktiva givaren används allmänt så har den nackdelen att utsignalen beror på varvtalet och detta medför att långsamma varvtal inte kan mätas.

6. Trottelventilbrytare. Denna används för att signalera till styrsystemet vid tomgång och när trotteln är helt öppnad samt på vissa bestämda punkter i tändförställningskartan. Som kommer att visas senare, stänger vissa system av bränsletillförseln vid övervarvning och denna omkopplare lämnar de nödvändiga styrsignalerna **(Fig. 6.98)**.

Fig. 6.97 Induktionspulsgivare vid vevaxelns kugghjul

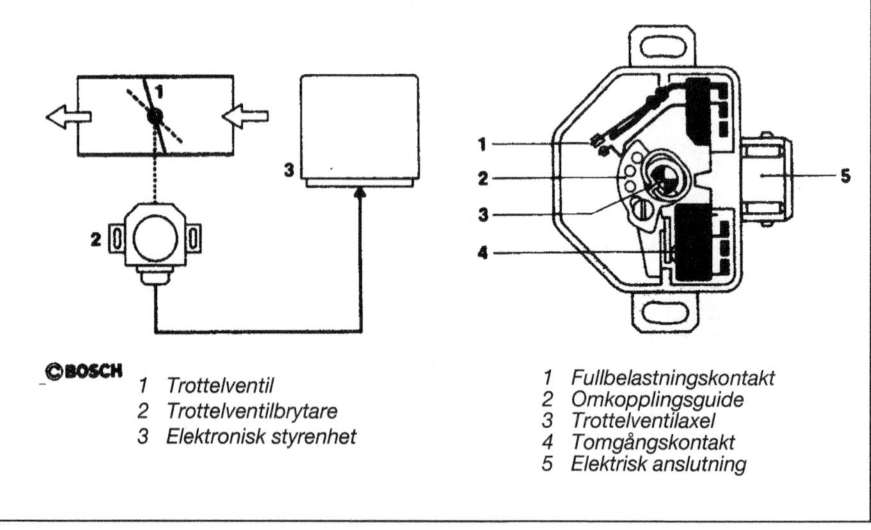

1 Trottelventil
2 Trottelventilbrytare
3 Elektronisk styrenhet

1 Fullbelastningskontakt
2 Omkopplingsguide
3 Trottelventilaxel
4 Tomgångskontakt
5 Elektrisk anslutning

Fig. 6.98 Trottelventilbrytare

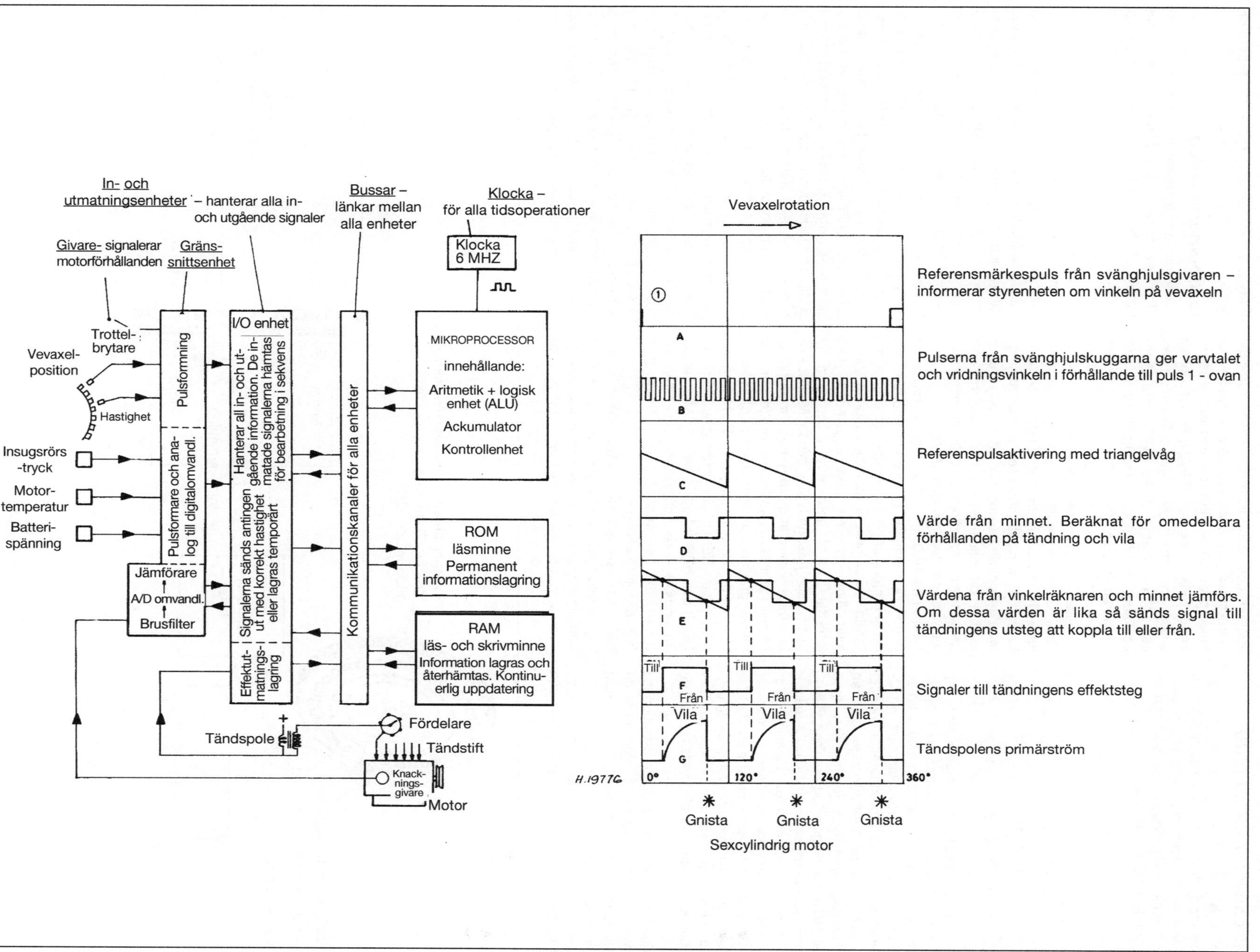

Fig. 6.99 Digitalt elektroniskt system

Elektronisk styrenhet (ECU)

5 **Fig. 6.90** visar hur givarna förser styenheten med information. Slutresultatet blir en tändning med korrekt tändläge och energi. Styrenhetens struktur visas i **Fig. 6.99** och de separata delarnas funktion är:

Gränssnittsenhet. De inkommande signalerna från givarna görs om till en form som kan hanteras av processorn, det vill säga till en serie bestående av till- och från-pulser. För detta används symbolerna:

TILL = 1 och FRÅN = 0

Detta är det binära sättet att ange värden. När en signal är analog, t.ex. batterispänningen, omvandlas denna till binär form med hjälp av en Analog- till Digitalomvandlare (A/D-omvandlare). Gränssnittsenheten innehåller även kretsar som hanterar signalen från knackningsgivaren och jämför den med medelvärdet från tidigare förbränningscykler.

In- och utmatningsenhet (I/O). Denna tar hand om de inkommande signalerna oberoende av med vilken hastighet de kommer och matar ut dem med korrekt hastighet för processorbehandlingen och i rätt ordning eller också skickas de för lagring i arbetsminnet (läs- och skrivminne) för att hämtas ut när de behövs.

Klocka. Processorn behandlar informationen i sekvens som en tidsfunktion. Klockan är en kristallstyrd pulsgenerator med hög noggrannhet.

Bus. Alla delar i datorn är sammankopplade med hjälp av bussar. Bussarna förser alla enheter med data (databus), minnesadresser (adressbus) och kontrollsignaler (kontrollbus).

Mikroprocessor eller central processorenhet. Mikroprocessorn (ALU) är den del av datorn som utför beräkningarna. Det enda den kan utföra är aritmetiska beräkningar som addition, subtraktion, multiplikation och division och uppgifterna måste lämnas till den i denna form. Processorn kan även utföra logiska funktioner (se kapitel 1). Processorn använder en liten, tillfällig lagringsplats som kallas för ackumulator, under tiden den utför beräkningar. Kontrollenheten styr beräkningarna genom att beordra förflyttningen av data mellan de olika enheterna i datorn och bestämmer tidsförloppen och sekvenserna i aritmetik och logikenheten (ALU).

Läsminne (ROM). Detta är ett minne som endast kan lämna lagrad information och denna information är permanent eller ickeflyktig. Detta innebär att informationen ligger kvar även om ett spänningsmatningsfel inträffar. Det är inte möjligt att lagra ny information i denna typ av minne. Minnet kan innehålla information om t.ex. motorkartvärden i tabellform, kodningsinstruktioner eller styrprogram o.s.v. som läggs in i förväg av tillverkaren. En undergrupp till ROM-familjen inkluderar REPROM (omprogrammerbara ROM) och EPROM (raderbara ROM) . Dessa används i fordonstillämpningar eftersom tillverkaren kan uppdatera eller ändra den lagrade informationen.

Läs- och skrivminne (RAM). I detta minne lagras information från givarna tills dess att den behandlas av processorn eller tills den blir överskriven av ny information. RAM-minnen förlorar sin information när systemet stängs av.

Mikrodatorfunktion

6 Information om motorns karakteristik lagras i form av tabeller i datorminnet, dessa kallas för söktabeller och härleds från den treaxliga kartan för tändförställning och även för vilovinkeln. Söktabeller lagras i datorns minne för olika variabla förhållanden, men i huvudsak för motorvarvtal, grenrörets lufttryck, motortemperatur och troligtvis batterispänning. Varje söktabell lämnar ett utvärde för en viss tändvinkel och summan av dessa olika utvärden används för att ge en allmän tändningsinställning för att möta de olika ingångsvärdena. En liknande funktion används för viloinställningen. När systemet kopplas på sänder mikroprocessorn ut en digital adresskod som bestämmer vilken minnesposition som skall bearbetas. Därefter sänds en kontrollsignal som bestämmer hur data skall flyttas in eller ut ur processorn och slutligen sänds data i binär form till eller från processorn. Alla dessa händelser styrs av minnet som kontrollerar processorn. Händelserna i processorn sker i en serie där data hämtas, avkodas och slutligen bearbetas. Bearbetningsfunktionen styrs av minnesinstruktioner och innebär att binära data kan användas i aritmetiska, logiska eller minneslagringsoperationer. Slutligen sänder styrenheten ut instruktioner till tändningens effektsteg för att styra till och frånslag av primärströmmen, så att vilotiden och tändläget motsvarar motorns behov. I system som saknar knackningsgivare, ger styrenheten en

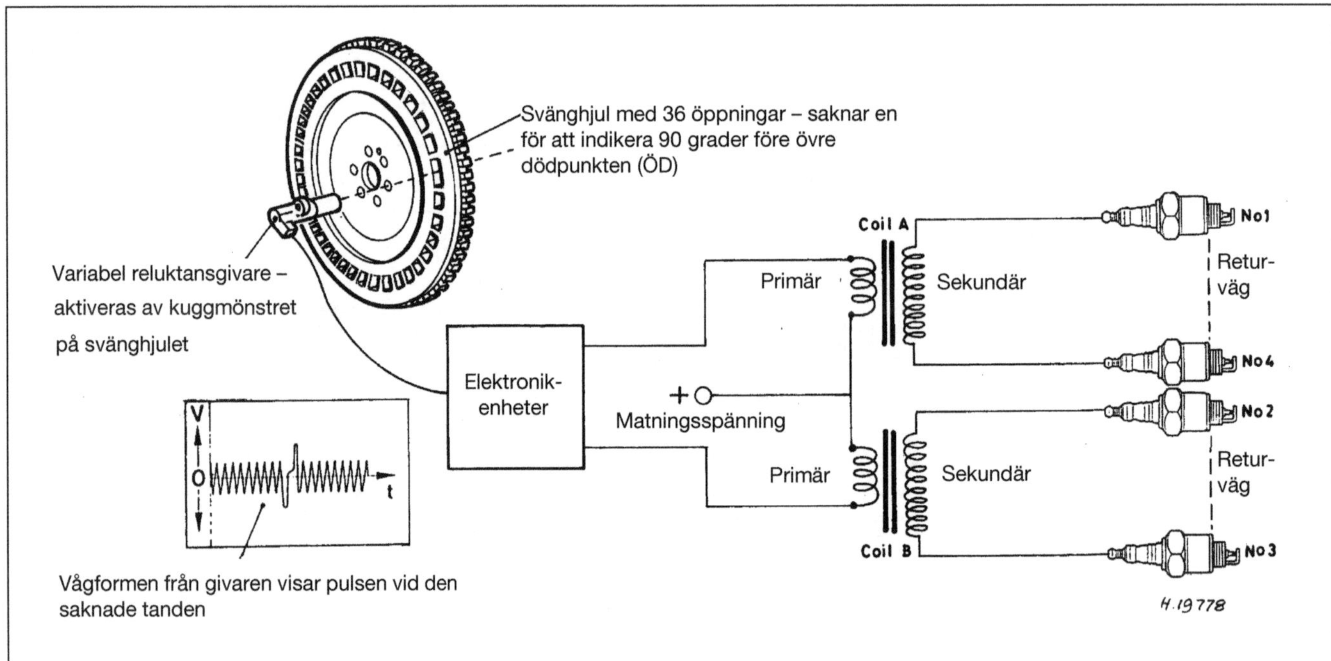

Fig. 6.100 Tändsystem utan fördelare (Ford)

förtändning som följer konturen från tändningskartan, men med en viss marginal **(Fig. 6.92)**. Detta fungerar bra för en motor i god kondition men kan inte ta hänsyn till prestandaförändringar som beror på förslitningar och bränslekvalitet o.s.v. - med andra ord så förekommer ingen återkoppling av vad som händer när en viss förtändning eller viloperiod används. Med knackningsavkänning finns en återkoppling som informerar styrenheten om när knackningsgränsen har uppnåtts och detta bildar en återkopplad styrfunktion. Senare kommer tekniken för avgasstyrning att beskrivas och detta kopplar en annan funktion till styrenheten - nedsmutsningsnivån. Detta skapar ytterligare ett element för återkopplad styrning.

Fördelarlös tändning

7 Den första oönskade detaljen som avskaffades i samband med utvecklingen av den elektroniska tändningen, var brytaren följd av centrifugalmekanismen. Fördelaren lämnades kvar med den enda uppgiften att leverera gnistan i korrekt ordning till tändstiften. Men nu kan den mekaniska enheten bytas ut mot en tändspole med fyra högspänningsutgångar för en fyrcylindrig motor. Ford använder ett sådant system i sin HCS Valencia motor som används till 1989 Escort/Orion serien. Fördelningen av högspänning ombesörjs av två dubbeländsspolar. Detta är inget nytt koncept och har tidigare använts av Citroën 2CV och Visas motorer. Men med hjälp av elektronisk tändningsstyrning har det här anpassats till fyrcylindriga motorer. Varje gång en spole tar emot en tändningssignal, lämnar den två gnistor, en i varje ände av sekundärlindningen **(Fig. 6.100)**. Den ena gnistan går till en cylinder som är i kompressionscykeln och den andra gnistan till en cylinder som befinner sig i avgascykeln. Den första gnistan ger det korrekta arbetsslaget men den andra leder inte till någonting. Spänningen från Fordtändningen uppgår till minst 37.0 kV och detta är mer än tillräckligt för att skapa gnista i två seriekopplade tändstift. Lägg märke till att strömmen flödar i korrekt riktning vid det ena tändstiftet men i motsatt riktning vid det andra **(Fig. 6.101)**. Det önskvärda är att tändstiftets mittelektrod är negativ, så att erosion sker vid denna och inte vid den jordade elektroden (se avsnitt 13 i detta kapitel). Tändordningen är 1-2-4-3 och vanliga tändstift används. Dessa skall bytas vid vanliga serviceintervall, 20 000 km. Resistansen hos primärspolen är 0,5 ± 0,05 ohm och hos sekundärspolen är den 11-16 kiloohm. Mikroprocessorstyrningen beräknar förtändningen med ledning av de signaler som kommer från de olika givarna, vilket inkluderar värden från trycket i insugsröret, motorvarvtal, vevaxelposition och kylvätsketemperatur. Därefter signalerar den till drivkretsen för tändspolen att stänga av strömmen för att vid korrekt tidpunkt skapa en samtidig gnista i ett cylinderpar. Uppstår något fel på mikroprocessorenheten, kopplar systemet automatiskt om till att använda ett fast förtändningsläge på 10° före övre dödpunkten. Detta medför att fordonet kan fortsätta fungera tills dess att processorenheten kan repareras. För att möta nya utsläppsregler från EU så har 1.3 HC 2V Valenciamotorn också en termistorgivare som monteras i luftrenaren (renluftssidan). Denna givare är till för att mäta luftladdningstemperaturen. Vid hög belastning med antingen hög lufttemperatur eller hög kylvätsketemperatur, backar elektronikenheten tändningen för att motverka knackning. Hur stor backning som skall ske, beräknas med hjälp av lagrade tabeller för motorvarvtal, belastning och verklig temperatur som uppmätts av givarna.

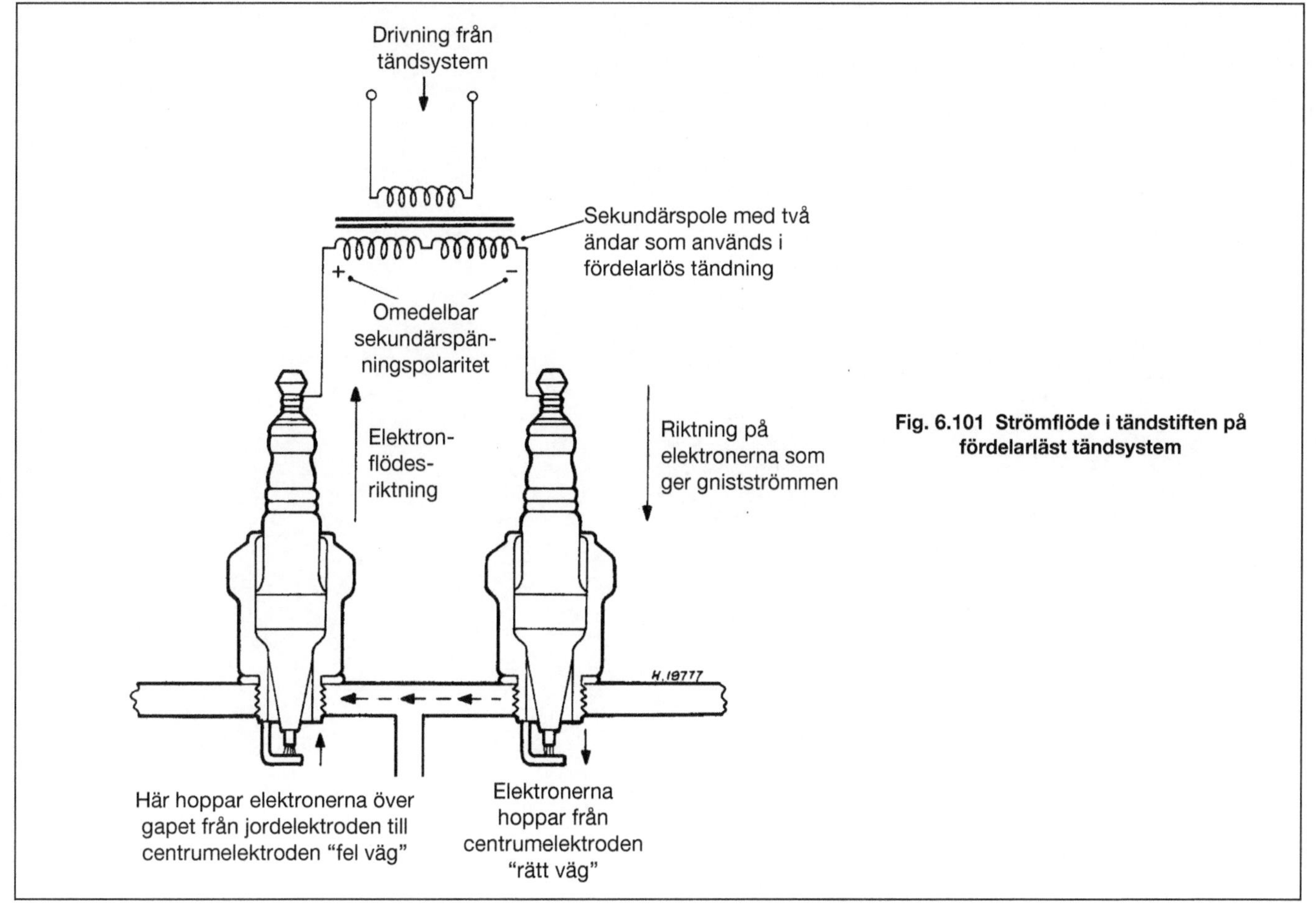

Fig. 6.101 Strömflöde i tändstiften på fördelarläst tändsystem

Anteckningar

Kapitel 7
Bränsleförsörjning

Innehåll

1 Bränslemätning

1 Bensinmotorn kräver att dess bränsle matas till den som en blandning av luft och bensinångor. Blandningsförhållandet skall vara mellan 12:1 och 17:1. Det första, 12:1, kallas för fet blandning och det andra, 17:1, kallas för mager blandning. Från första början av bilens utveckling har ansvaret för detta blandningsförfarande, inte alltid med precision, legat på förgasaren. För att uppfylla nuvarande regler gällande luftföroreningar krävs stor precision på bränslemätning, speciellt då katalysator används.

2 Även om förgasare med elektronisk styrning nu finns tillgängliga för att förbättra noggrannheten vid bränslemätningen, vinner metoden med bränsleinsprutning snabbt mark. Bränsleinsprutning är ingen ny uppfinning, mycket av pionjärarbetet utfördes under 50-talet av Bendix.

De främsta fördelarna med bränsleinsprutning är:

(a) Ökad effekt vid en given slagvolym
(b) Högre vridmoment vid låga varvtal
(c) Förbättrad kallstartsförmåga, varmkörning och acceleration
(d) Lägre föroreningsnivåer i avgaserna
(e) Lägre bränsleförbrukning

Förgasarnas brister är:

(a) Den volymetriska effektiviteten begränsas av luftmunstyckets sammandragning och bränsleblandningens förvärmningsbehov. Med volymetrisk effektivitet menas förhållandet:

Blandningsmängd som tas in : slagvolymen

Förhållandet blir ca. 70% med konventionell förgasare.

(b) Det är i det närmaste omöjligt att fördela blandningen jämnt mellan cylindrarna. Ett resultat av detta är att en fetare blandning än vad som är nödvändigt används, för att den cylinder som får magraste blandningen inte skall utsättas för detonation.

(c) Under kalla förhållanden fuktar bränslet insugsrörets väggar, vilket medför driftproblem

2 Bränsleinsprutning

1 Bränsleinsprutning kan ske på flera olika sätt. Det första som måste övervägas är om bränslet skall sprutas direkt in i cylindern (direktinsprutning) eller in i luftströmmen innan den kommer in i cylindern via ventilerna (indirekt insprutning) **(Fig. 7.1)**.

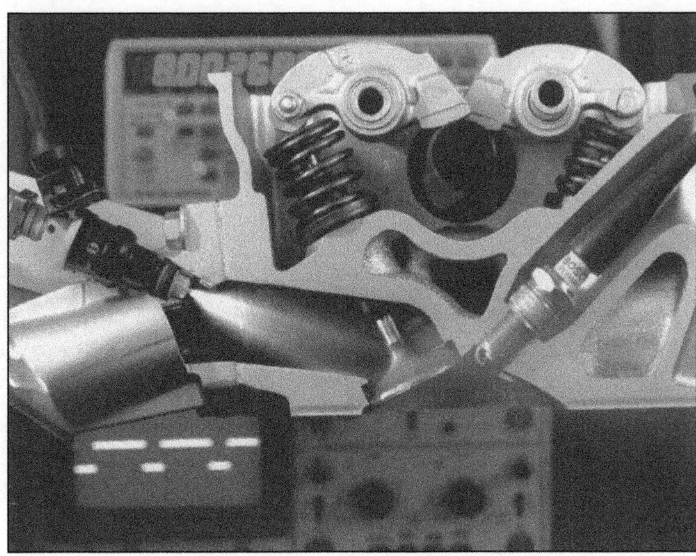

Fig. 7.1 Indirekt bränsleinsprutning

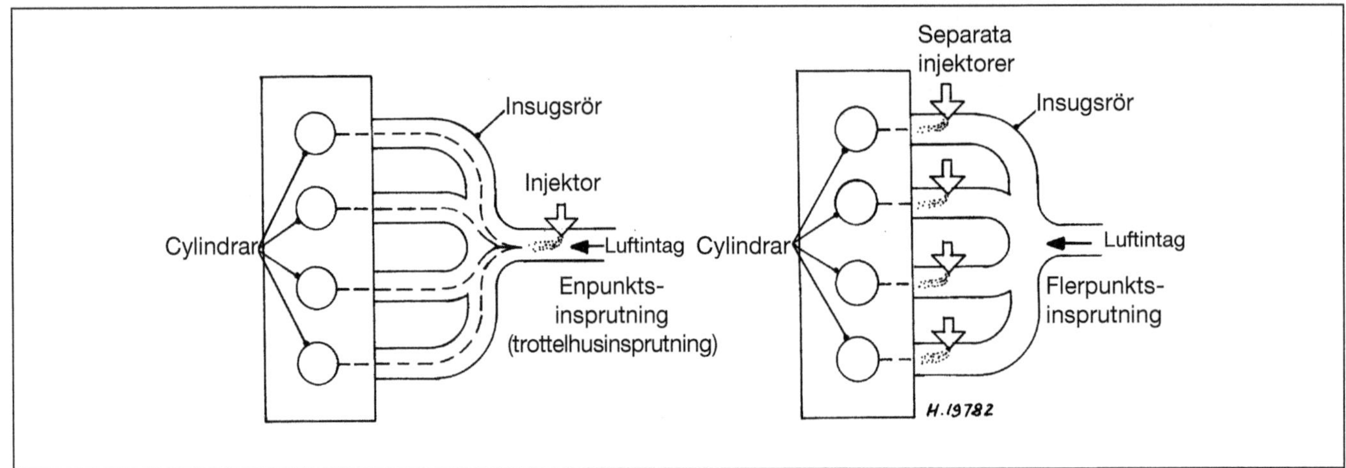

Fig. 7.2 Placering av injektorer

Direktinsprutning har p.g.a sin komplexitet blivit mindre attraktiv i senare konstruktioner. Bränslet behöver sprutas in med högt tryck i cylindern av en dyr och ljudlig pump. Dessutom måste insprutningspulserna synkroniseras med motorns arbetscykel.

Indirekt insprutning där bränslet sprutas på en eller flera punkter i luftintaget, arbetar under lägre tryck och kan aktiveras utan synkronisering med arbetscykeln.

2 Vid indirekt insprutning finns det två sätt att försörja injektorerna med bränsle:

Kontinuerlig insprutning. Bränslet sprutas in kontinuerligt under tiden som motorn arbetar. Den insprutade bränslemängden styrs genom förändringar i bränsletrycket. Förhållandet mellan bränsleförbrukningen vid tomgång resp. full belastning kan vara 1:60 och regleringen måste vara noggrann vid tomgångsmängden. Detta medför att system- och pumpkonstruktion blir komplex och denna lösning är inte speciellt attraktiv.

Intermittent insprutning. Bränslet sprutas in med jämna mellanrum och vid konstant tryck (beskrivs senare). Mängden bränsle styrs genom förändringar av insprutningstiden. Dessa insprutningpulser kan ske **antingen** oberoende av insugsventilernas öppnande (samtidig) **eller** i fas med ventilernas öppning (sekventiellt) .

3 Slutligen har konstruktörerna att välja på om endast en injektor skall användas (enpunktsinsprutning) eller om varje cylinder skall ha en injektor (flerpunktsinsprutning) **(Fig. 7.2)**.

4 Vid enpunktsinsprutning, som är ett relativt billigt system, är insprutningsventilen placerad över trottelventilen. Med anledning av denna placering kallas systemet i bland för trottelhusinsprutning. Flerpunktsinsprutning används mest, speciellt där inte extrakostnaden är så viktig. Oavsett vilken metod som används så visas de grundläggande principerna i **Fig. 7.3**.

3 Luftmätning med klaffgivare

1 För att det elektroniska styrsystemet skall ha möjlighet att leverera korrekt mängd bränsle, är det nödvändigt att mäta hur mycket luft motorn suger in. En luftflödes-(klaff)givare som använts under några år visas i **Fig. 7.4**. Den placeras i luftintaget och klaffen roterar beroende på luftflödet mot en returfjäder. Klaffen balanseras av en likartad klaff som är placerad i en dämpkammare. Denna dämpklaff dämpar även bort eventuella oscillationstendenser. Utanför luftströmningskammaren är en arm monterad på klaffaxeln och på denna finns en vridkontakt som löper på en potentiometer **(Fig. 7.5)**. Spänningen som tas upp av denna kontakt överensstämmer med klaffens vinkel och ger på detta sätt ett värde på luftflödet. Signalspänningen matas in i styrenheten tillsammans med signaler från andra givare och används för att bestämma bränsleinsprutningen. Potentiometern består av en serie av resistorer, R0 till R10. Dessa är förbundna med keramikmetall (cermet) till närliggande ledare på vridkontaktbanan. Kontaktbanan har hög impedans och är slittålig. Signalspänningen ökar efterhand som luftmängden Q minskar, vilket ger upphov till kurvan i **Fig. 7.5**.

2 Luftklaffgivaren är enkel och tillförlitlig men lider av bristen att den mäter volymen på den insugna luften. Förhållandet i luft:bränsleblandningen anges i massaenheter (vikt) och mätvärdet från luftklaffmätaren måste därför korrigeras med avseende på luftdensiteten. För detta syfte finns en lufttemperaturgivare monterad vid klaffgivarens luftintag och denna mätsignal behandlas av styrenheten.

3 En viss tomgångsluftmängd leds via en kanal förbi klaffen. För att justera bränsleblandningen vid tomgång finns en justerskruv som delvis täcker kanalens öppning **(Fig. 7.4)**.

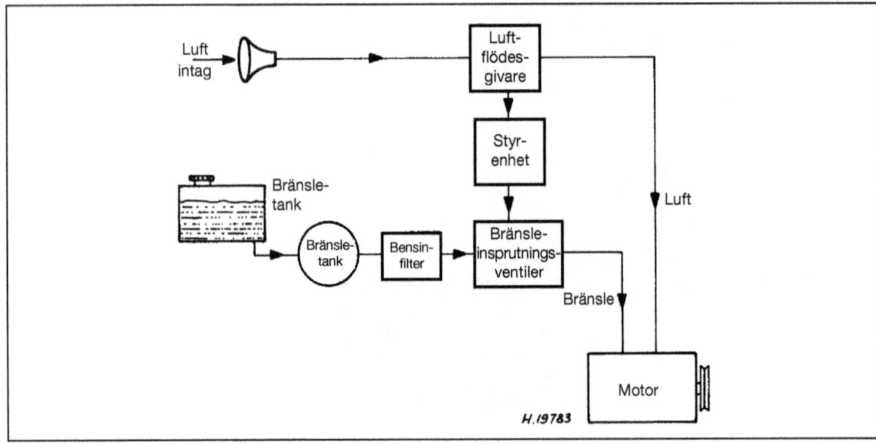

Fig. 7.3 Principerna för bränsleinsprutning

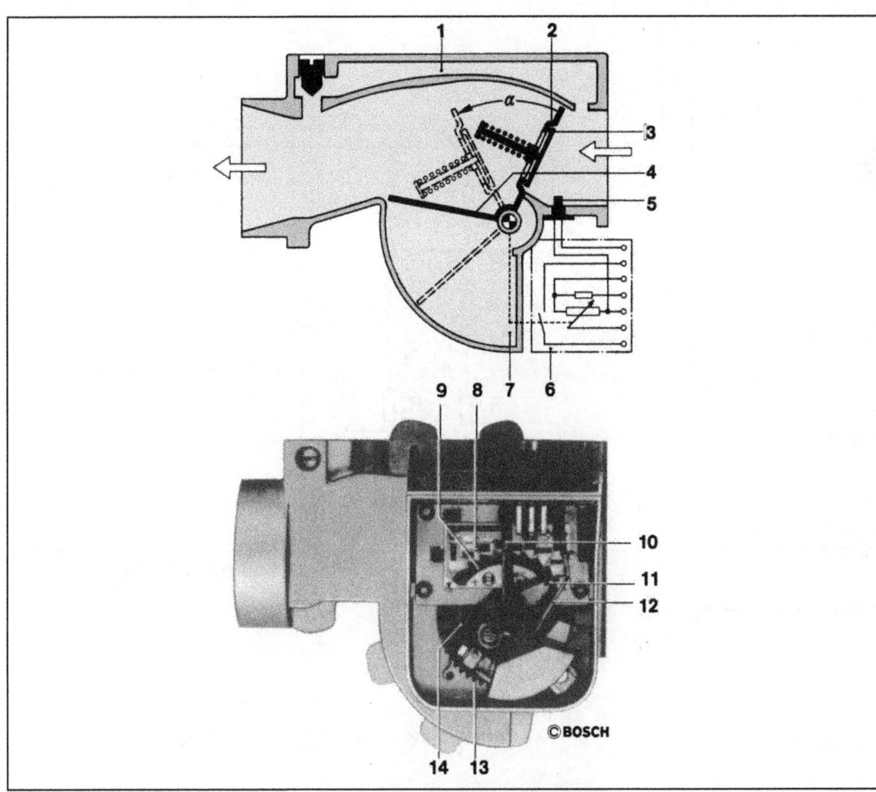

Fig. 7.4 Luftflödesgivare (luftklafftyp)

1 Förbiledning
2 Luftflödesgivarklaff
3 Backspärrventil
4 Kompensationsklaff
5 Temperaturgivare
6 Potentiometerkrets
7 Dämpkammare
8 Keramiskt substrat med resistorerna R0...R10 och ledande anslutningar
9 Vridspår
10 Vridtapp
11 Vridare
12 Säkerhetsbrytare för bränslepumpen. Från-position vid $\alpha = 0_i$
13 Ringkugghjul för fjäderförspänning
14 Returfjäder

4 Hettrådsgivare för luftmassa

1 Problemet med klaffgivaren är som sagt att den mäter luftvolym istället för luftmassa. Fel kommer att uppstå beroende på höjdskillnader eftersom luftens densitet ändras och dessutom drabbas klaffgivaren av mindre pulseringsfel genom insugsventilernas öppnande och stängande. (Kom ihåg: Massa = Volym x Densitet.)

2 En lösning på problemen är hettrådsgivaren för luftmassamätning. Den mäter luftmassan direkt oberoende av ändringar i densiteten. Dessutom förekommer inga pulseringsfel **(Fig. 7.6 och 7.7)**. Denna givare använder en uppvärmd tråd med 70µm diameter, som är monterad i en mättub placerad i den inströmmande luften före trottelventilen.

3 Hettrådsluftmassagivaren fungerar enligt konstanttemperaturprincipen. Den varma platinatråden som är placerad i luftströmmen är ena balansdelen av en Wheatstonebrygga. Den balanseras genom att uppvärmningsströmmen varieras så att trådtemperaturen (ca.100°C) är på en konstant nivå över lufttemperaturen **(Fig. 7.8a)**. När luftströmmen ökar så kyls tråden och resistansen minskar, vilket medför att bryggan blir obalanserad. Skillnadsspänningen matas till den förstärkare som styr strömmen genom bryggan. Denna lämnar nu mer ström till bryggan och tråden värms upp varvid resistansen ökar till dess att balans åter uppnås. Uppvärmningsströmmen varierar mellan 500 mA och 1 200 mA. Strömmen i bryggan går även genom precisionsmotståndet R_3 och det spännings-fall som uppstår används av styrenheten för dess beräkningar av hur mycket bränsle som skall sprutas in.

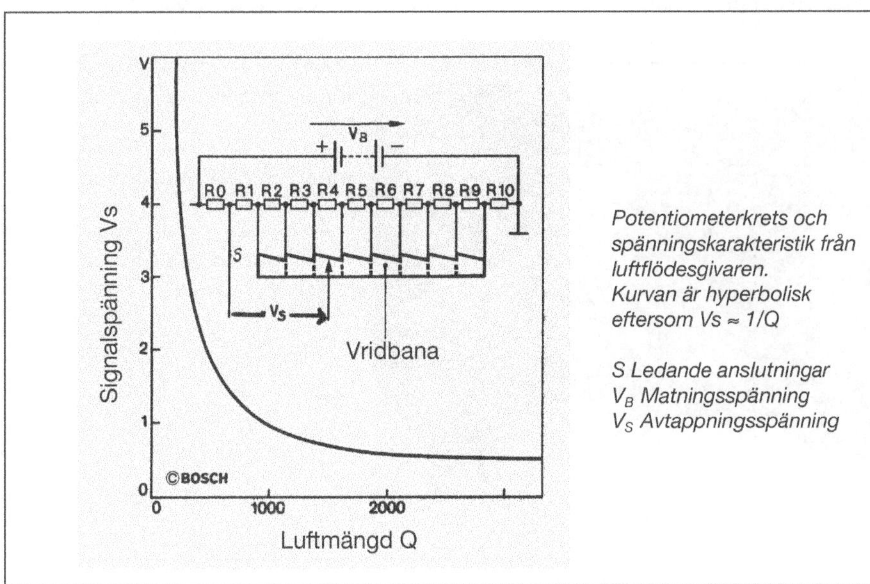

Potentiometerkrets och spänningskarakteristik från luftflödesgivaren.
Kurvan är hyperbolisk eftersom Vs ≈ 1/Q

S Ledande anslutningar
V_B Matningsspänning
V_S Avtappningsspänning

Fig. 7.5 Utsignalskarakteristik från luftflödesmätaren

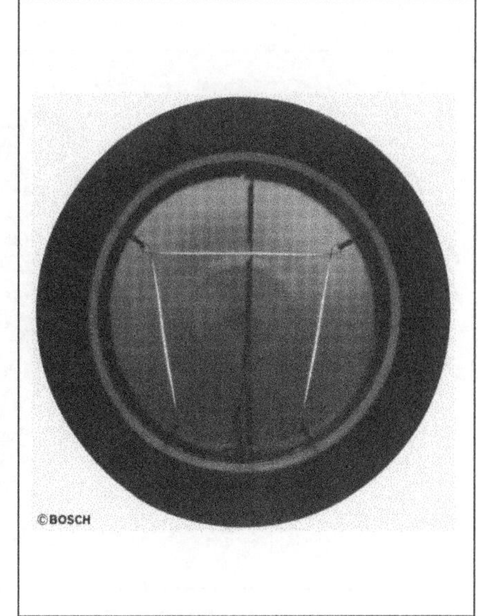

Fig. 7.6 Hettrådsgivare för luftmassamätning

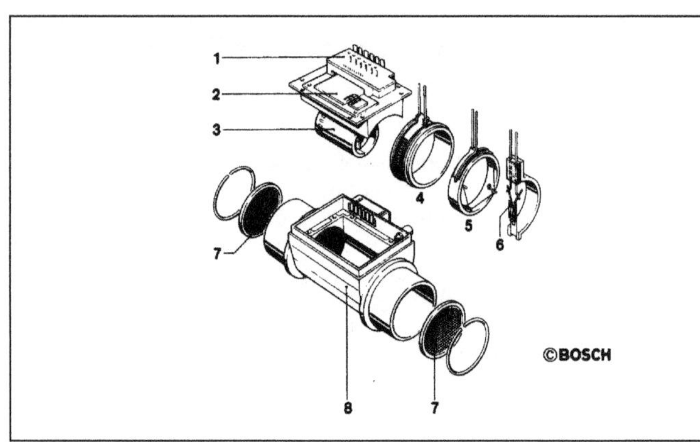

Fig. 7.7 Sammansättning av hettrådsgivare

1 Tryckt kretskort
2 Hybridkrets. Förutom resistorerna i bryggkretsen innehåller den även styrkretsen för att bibehålla den konstanta temperaturen som kretsen för självrengöring.
3 Innerrör
4 Precisionsmotstånd
5 Hettrådselement
6 Resistor för temp.kompensering
7 Skydd
8 Kapsling

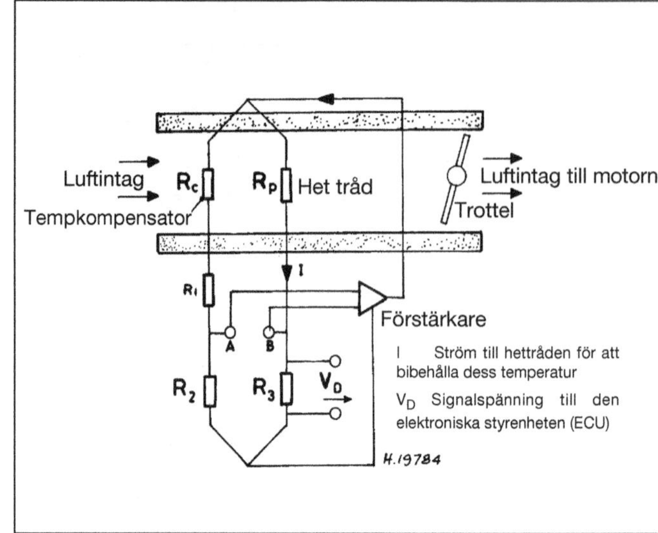

Fig. 7.8a Hettrådsgivarens elektriska krets

4 Lufttemperaturändringar kompenseras av motståndet R_c av platinafilmtyp, som är placerat i luftströmmen och har en hög resistans på ca. 500 ohm. Förändringar i lufttemperaturen påverkar motståndet R_c och hettråden samtidigt, och kompenserar på detta sätt kretsen för temperaturändringarna.

5 Efterhand som givaren arbetar blir hettråden smutsig. För att motverka detta värms tråden tills den blir vitglödgad (ca. 1 000°C) under en sekund, när motorn stängs av. Denna uppvärmning, som aktiveras av styrenheten, bränner bort smuts från tråden.

6 Systemen, Lucas EFI och Bosch LH Jetronic, använder denna typ av hettrådsluftmassagivare.

5 Hetfilmsgivare för luftmassa

1 En nyutvecklad givare från Bosch, hetfilmsluftmassagivaren, använder en uppvärmd film som tillsammans med en temperaturkompensator och precisionsmotstånd placerats på ett keramiskt substrat som tjockfilmkomponenter. Enheten påstås vara mer robust än hettrådsgivaren och ha lägre produktionskostnader.

6 Tjockfilmstryckgivare

1 Detta är ett nytt komplement till luftströmmningsgivarna. Tryckgivaren är uppbyggd kring en luftblåsa som kapslats in med ett membran av tjockfilm och monterats på ett keramiskt substrat. Töjningsgivarna är bundna i filmen och mätvärdet från bubblans expansion är ett mått på undertrycket i insuget. Elektronikkomponenterna är också inbundna i tjockfilmen på det sätt som visas i **Fig. 7.8b** och **7.8c**. Bubblan placeras i

Fig. 7.8b Tryckgivare för mätning av luftmassaflöde (lufttrycksgivare i tjockfilmsteknik)

Pressfoto från Bosch

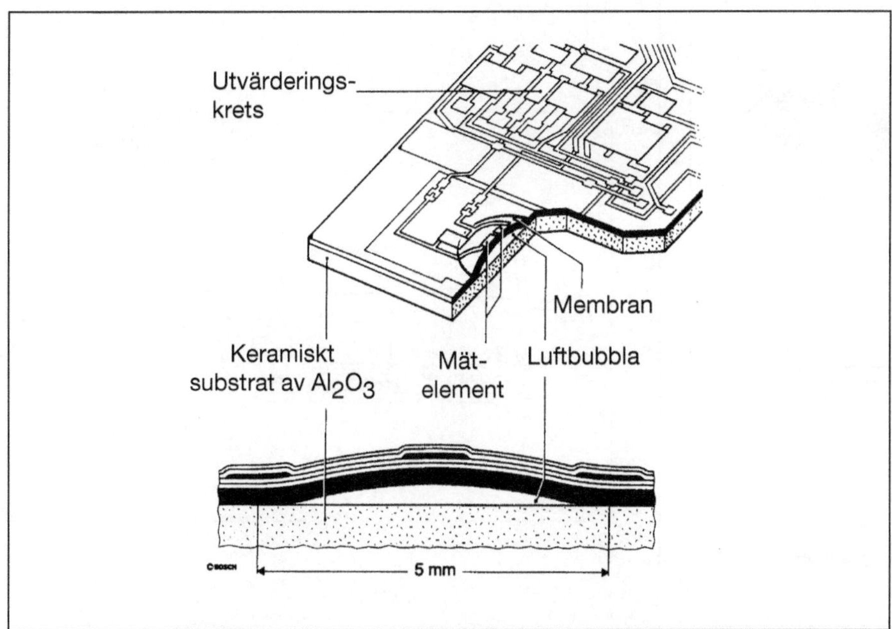

Fig. 7.8c Tryckgivare för mätning av luftmassaflöde

luftintaget där den kommer att fungera som en tryck-/vakuumgivare med snabb reaktion.

2 Tidigare har andra typer av givare använts för att mäta massan på luftströmmen, men de har fått lämna plats för antingenklaffgivaren eller hettrådsgivaren. Alternativen har inkluderat tryckgivare, vanligen en aneoridkapsel, som mätt undertrycket i grenröret. En annan givare som använts är strömvirvelgivaren. Denna givare fungerar på så sätt att den inkommande luften passerar genom en kanal där den passerar över en triangulär stötta och vid denna passage uppstår virvlar i luften. Frekvensen på dessa virvlar är nästan proportionerlig till luft-hastigheten och därmed kan luftmassans flöde mätas indirekt. Strömvirvelfrekvensen mäts med hjälp av en ultraljudsgenerator vars signaler ändras/-moduleras av frekvensen hos virvlarna. En mottagare fångar upp de genererade svängningarna i kanalen och efter utvärdering lämnas virvelfrekvensen.

7 Elektroniska flerpunktsinsprutningssystem

1 För att förklara principerna för intermittenta flerpunktsinsprutningssystem har här valts Bosch L Jetronic som modell. **Fig. 7.9** visar ett kopplingsschema med en luftklaffgivare. Dessutom används tändningspulser från fördelaren som tidssignaler.

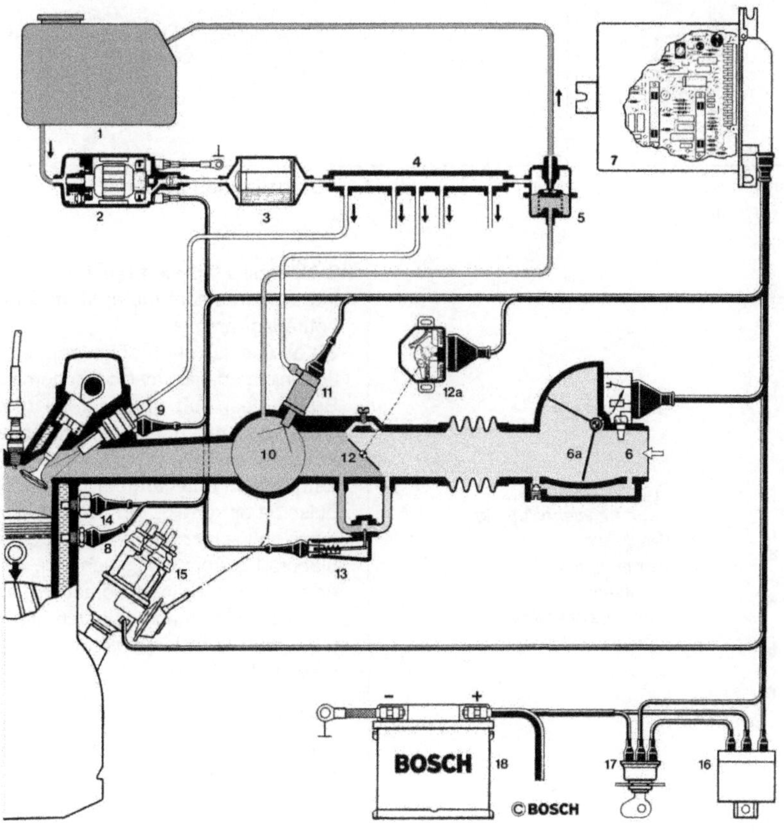

Tryck och komponenter i L Jetronic-systemet

Systemtryck

Sug- eller returrör

Atmosfärtryck

Tryck i insugsröret

Fig. 7.9 Boschs L Jetronic-system

1 *Bränsletank*
2 *Elektrisk bränslepump*
3 *Finmaskigt filter*
4 *Fördelningsrör*
5 *Tryckregulator*
6 *Luftflödesgivare med klaff (6a)*
7 *Styenhet*
8 *Temperaturgivare*
9 *Insprutningsventil*
10 *Insugsrör*
11 *Kallstartventil*
12 *Trottelventil med omkopplare (12a)*
13 *Hjälpluftventil*
14 *Termotidsomkopplare*
15 *Fördelare*
16 *Relä*

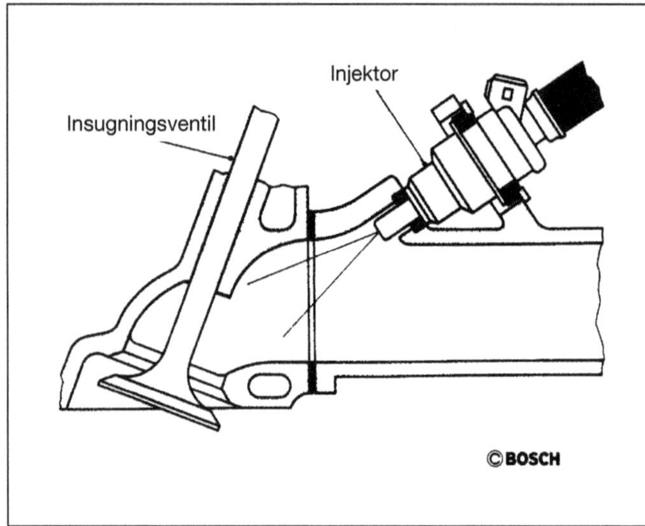

Fig. 7.10 Indirekt flerpunktsinsprutningssystem

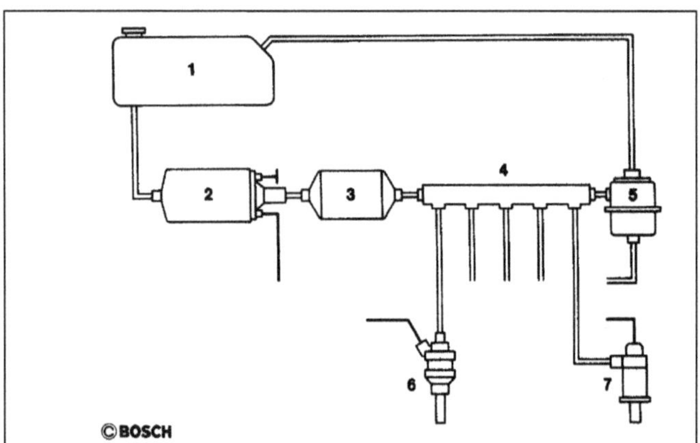

Fig. 7.12 Schematiskt kopplingsschema över bränsleinsprutningssystem (Bosch L Jetronic)

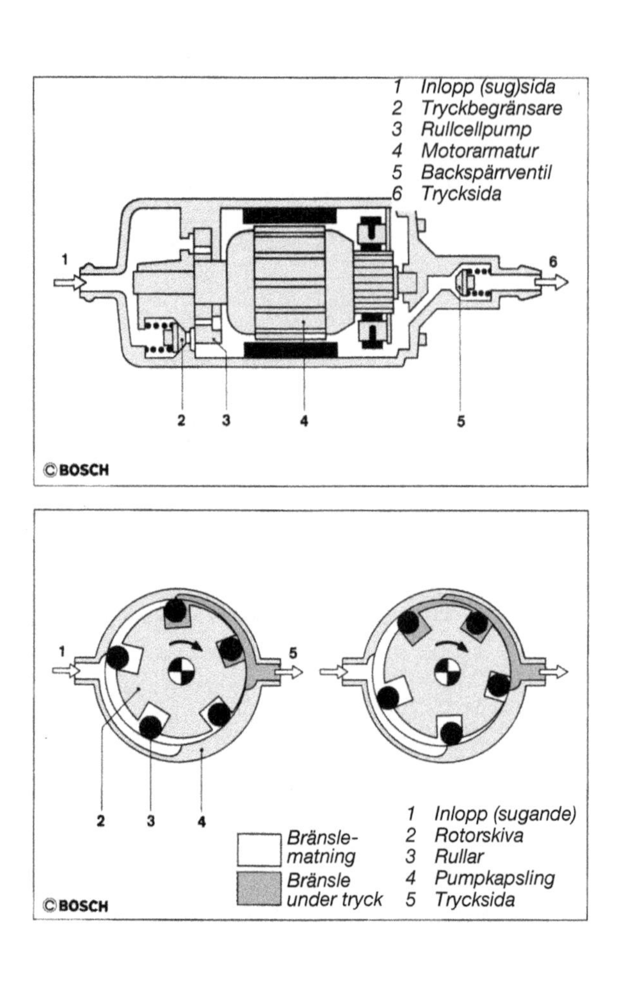

Fig. 7.11 Bränslepump av rullcelltyp

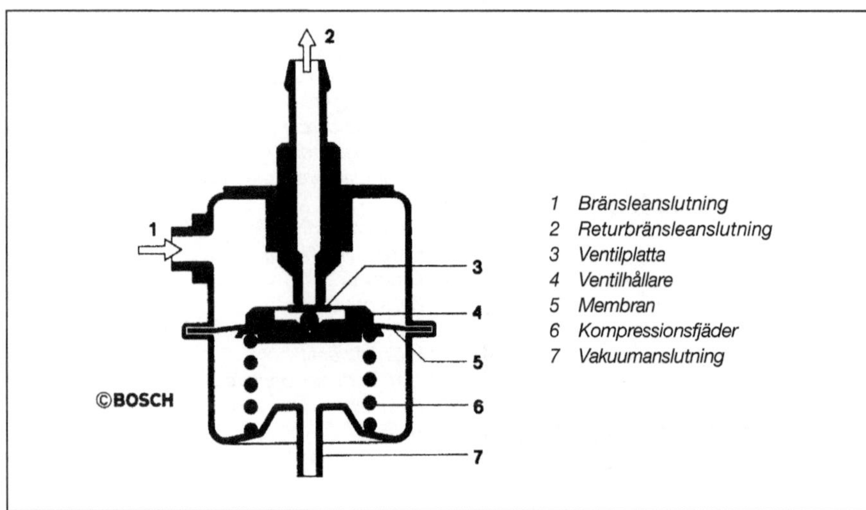

Fig. 7.13 Tryckregulator

2 Närbesläktad med L Jetronic är LH Jetronic-systemet som mäter luftmassan med en hettrådsgivare.

3 Låt oss nu undersöka principerna för L Jetronic med hjälp av blockschemat i **Fig. 7.3**. Bränsle och luft anländer till motorn, så blandade att luft:bränsleförhållandet är korrekta för alla förhållanden och så att tändningen och längden på insprutningspulserna är korrekt. Vid flerpunktsinsprutning krävs en injektor för varje cylinder och den är placerad bakom insugsventilen. När ventilen öppnas dras bränslemolnet in tillsammans med den inströmmande luften och skapar en antändbar blandning genom den virvlande rörelsen **(Fig. 7.10)**.

Funktion

4 Bränslet pumpas genom ett filter och in i fördelningsröret med en rullcellspump **(Fig. 7.11** och **7.12)** som ger trycket 2,5 bar. I slutet av detta rör finns en tryckregulator som håller

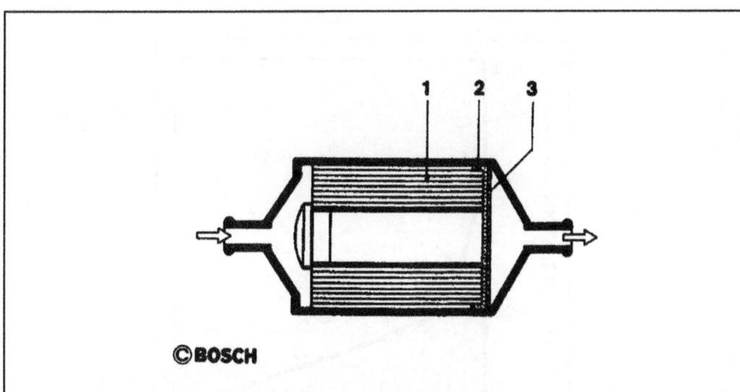

Fig. 7.14 Bränslefilter

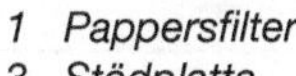

1 Pappersfilter
2 Filterhållare
3 Stödplatta

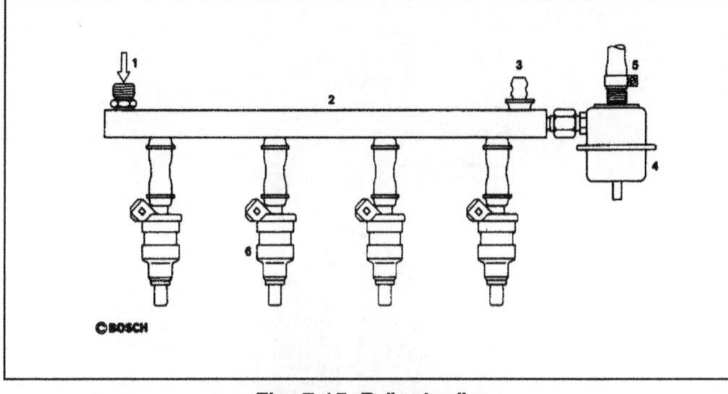

Fig. 7.15 Bränsleväg

1 Bränsleintag
2 Bränsleväg
3 Anslutning för startventil
4 Tryckregulator
5 Returrör
6 Insprutningsventiler

insprutningstrycket vid en konstant differentialnivå. Tryckregulatorns fjäder-kammare **(Fig. 7.13)** är via en bränsleledning ansluten till insugsröret, efter trottelventilen. Genom att detta rör fångar upp undertrycket i grenröret, regleras bränsletrycket till injektorerna **(Fig. 7.14)** så att det alltid ligger på ett konstant värde över trycket i insugningsröret, normalt 0,5 bar. Det pumpas alltid mer bränsle än nödvändigt och när trycket överskrider tryckregulatorns gränsvärde skickas överskottet tillbaka till bränsletanken. Denna kontinuerliga genomspolning hjälper till att hålla bränslet kallt och förebygger risken för att gasfickor skall uppstå. Det är viktigt att bränslet filtreras om förorenad bensin av olyckshändelse har kommit ner i tanken. Filtret består av en papperskassett, där papperet är perforerat av porer med diametern 10 μm. Papperskassetten skall bytas med ett intervall på 40 000 till 90 000 km, beroende på filterstorlek **(Fig. 7.14)**. Fördelningsröret fungerar som väg för bränslet, där det efterhand hämtas till de olika injektorerna **(Fig. 7.15)**.

5 Bränsleinsprutningsventiler (Fig. 7.16). Det finns en per cylinder och de styrs av solenoider och de öppnas och stängs av strömpulser från styrenheten. När ingen ström flyter i lindningen, hålls nålventilen mot sätet med hjälp av en fjäder. När solenoiden aktiveras, lyfts nålventilen upp 0,1 mm och bränsle sprutas ut genom mynningen. En jordad tapp i främre änden på nålventilen hjälper till att finfördela bränslet till ett spraymoln. Öppnings- och stängningstiderna för ventilerna är mellan 1,0 och 1,5 millisekunder. När styrenheten aktiverat en ventil, hålls denna öppen i ungefär 1,5 till 10 millisekunder. Ventilerna är monterade i gummifästen som fungerar som värme-isolering och därmed underlättar varmstart, genom att förhindra att ångbubblor bildas i ventilen.

6 Kallstart. Motsvarande choken i ett förgasarsystem, kan även insprutningssystemet lämna extra bränsle vid kallstart. Tiden för detta extrabränsle styrs av en termobrytare **(Fig. 7.9** och **7.17)** som mäter kylvätsketemperaturen. Givaren består av en bimetallbrytare som öppnar eller stänger en kontakt beroende på temperaturen. För att förhindra att extrabränslematningen ger upphov till överflödning, har brytaren en inbyggd värmare som begränsar tiden till ca. 8 sekunder vid -20°C. Under tiden som tidsbrytaren är på, sprutar en startventil (II) in extrabränsle i insugsröret **(Fig. 7.9** och **7.18)**. Senare system använder inte denna extraventil utan lämnar extra bränsle genom att förlänga insprutningsperioden för de ordinarie injektorerna.

7 Uppvärmning. Efter starten behövs fortfarande extrabränsle, eftersom en del av den insprutade mängden kondenseras på de kalla cylinderväggarna. Mängden av efterstartsbränsle varierar med tiden, men under de första 30 sekunderna krävs mellan 30% och 60% mer bensin **(Fig. 7.19)**. Styrningsproceduren bestäms av motortemperaturen och denna mäts av en temperaturgivare som är inskruvad i motorblocket för att där mäta temperaturen på kylvätskan. Temperaturgivaren består av en resistor med negativ temperaturkoefficient på resistansen.

8 Styrning av tomgångsvarvtal. För att övervinna de friktionseffekter som uppstår när motorn är kall, finns en enhet som släpper in mer luft tillsammans med extrabränslet. Enheten består av ett bimetallband som böjer sig och genom detta gradvis öppnar eller stänger en förbiledningskanal runt trottelventilen **(Fig. 7.20)**. Den är placerad för att

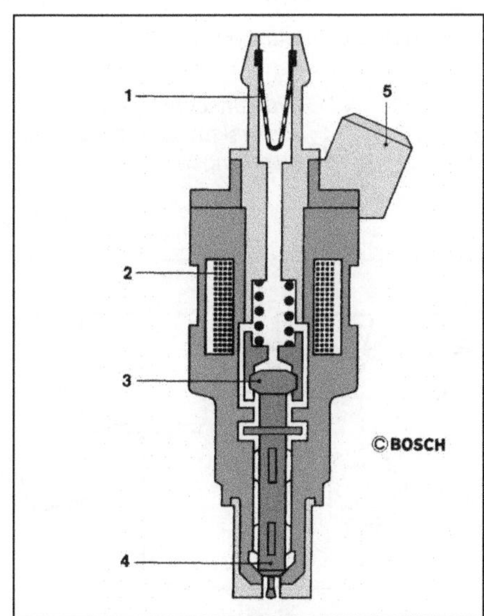

Fig. 7.16 Insprutningsventil

1 Filter
2 Solenoidlindning
3 Solenoidarmatur
4 Nålventil
5 Elektrisk anslutning

Fig. 7.17 Termotidsomkopplare

1 Elektrisk anslutning
2 Kapsling
3 Bimetallband
4 Värmarlindning
5 Brytarkontakt

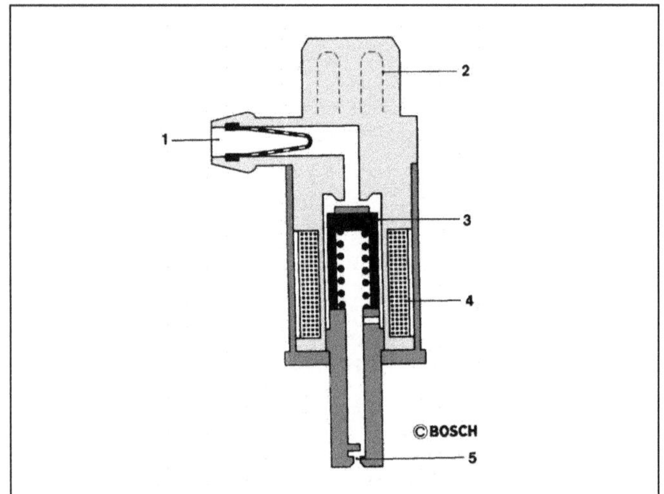

Fig. 7.18 Startventil

1 *Bränsleinlopp*
2 *Elektrisk anslutning*
3 *Solenoidarmatur*
4 *Solenoidlidning*
5 *Virvelmunstycke*

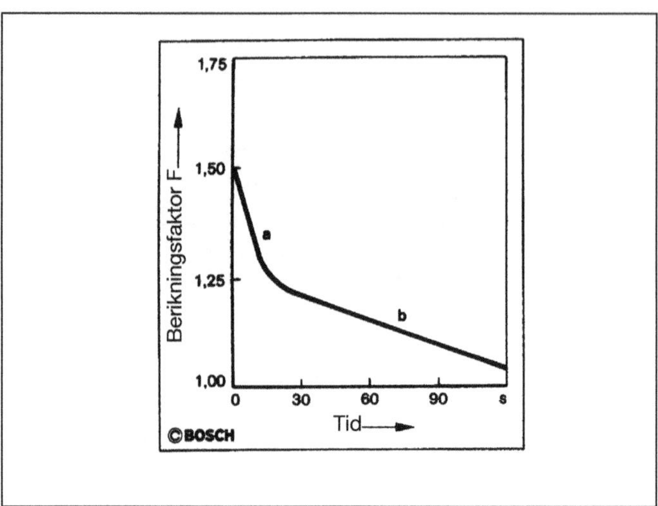

Fig. 7.19 Kurva för extra bränslebehov vid uppvärmning

Berikningsfaktorn som en funktion av tiden, "a" mängden beror huvudsakligen på tiden, "b" mängden beror huvudsakligen på motortemperaturen

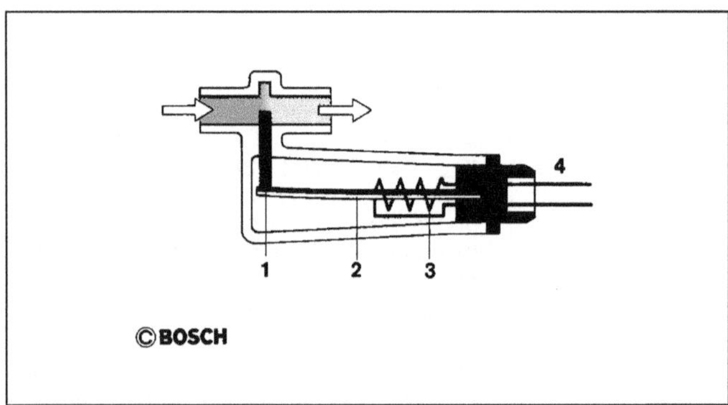

Fig. 7.20 Extraluftenhet

1 *Avstängningsplatta*
2 *Bimetallband*
3 *Elektriskt värmeelement*
4 *Elektriska anslutningar*

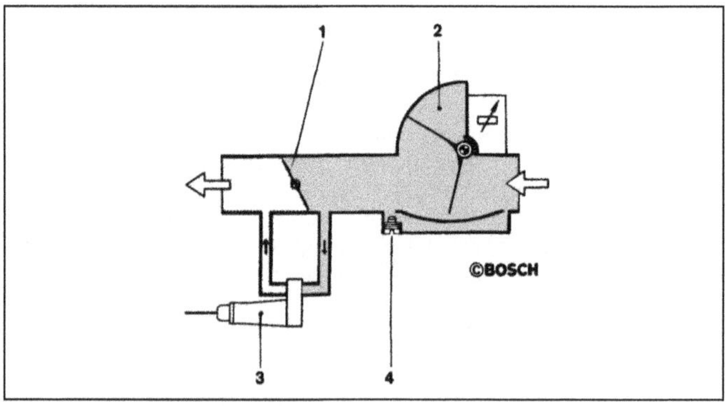

Fig. 7.21 Tomgångsvarvtalsstyrning

1 *Trottelventil*
2 *Luftflödesgivare*
3 *Extraluftsenhet*
4 *Justerskruv för tomgångsblandningen*

påverkas av temperaturen men har också en egen värmare för att begränsa dess funktionstid.

Belastningsanpassning

9 Om motorn går på tomgång och bränsleblandningen är för mager, kan detta leda till misständning. Om så behövs bör extrabränsle lämnas vid dessa tillfällen. Luftflödesgivaren har, för att justera blandningen, en justerbar förbiledningskanal **(Fig. 7.21)**. Om systemet använder en hettrådsgivare så ställer styrenheten in bränsleförhållandet för att ge en korrekt tomgångsblandning.

Delbelastning. Under huvuddelen av arbetstiden utsätts motorn för delbelastning. Styrenheten är programmerad med uppgifter om bränslebehoven vid dessa fall och är inställd för att ge låg bensinförbrukning vid delbelastningar.

Fullbelastning. För att uppnå maximal uteffekt behöver motorn förses med en fetare bränsleblandning än vad som krävs vid delbelastningar. För att signalera till styrenheten att extrabränsle behövs, sluts en kontakt i trottelventilomkopplaren **(Fig. 7.22 och 7.23)**.

Acceleration. Vid acceleration behöver extra bränsle sprutas in. När gaspedalen trycks ner och trotteln öppnas, kommer också luftklaffgivaren att öppnas helt. Tillfälligtvis kommer den att öppna mer än normalt vilket ger upphov till en extra ökning av bränslet. Denna tillfälliga ökning är ett övergångstillstånd när fordonet ökar till en annan hastighet. Under tiden som motorn håller på att värmas upp, kan mängden extrabränsle

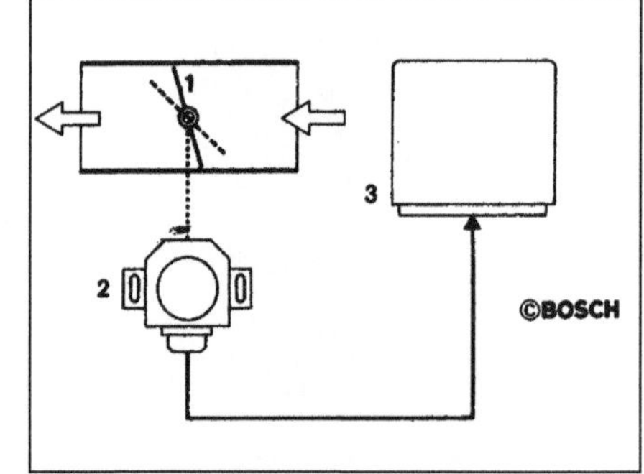

Fig. 7.22 Tomgångs-/fullbelastningskorrigering

1 *Trottelventil*
2 *Trottelventilbrytare*
3 *Styrenhet*

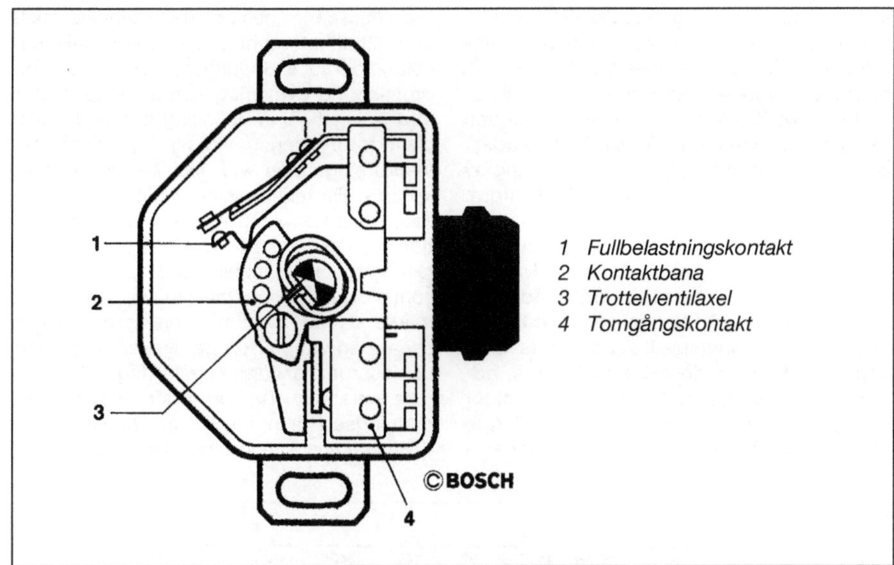

Fig. 7.23 Trottelventilbrytare

vara otillräcklig. Styrenheten bedömer med ledning av hur snabbt trottelpotentiometern ändrar värde hur mycket bränsle som skall tillföras. Vid hastighetsminskning sker den motsatta processen och medför en minskning av bränslemängden eller en övervarvningsavstängning.

Lufttemperaturkorrigering

10 I avsnitt 3, stycke 2 i detta kapitel beskrivs hur mätvärdena från klaffgivaren måste temperaturjusteras till skillnad från värdena från hettrådsgivaren. Klaffgivarna har därför en temperaturgivare monterad i luftintaget. Denna temperatursignal används av styrenheten som därmed kan korrigera mätvärdet från klaffgivaren.

Andra anpassningar

Övervarvning av motorn begränsas av styrenheten. Men att endast bryta tändningen ger inget bra resultat eftersom oförbränt bränsle därmed kommer till avgassystemet. Finns det då en katalysator i avgassystemet, leder detta till ett dyrbart fel. Därför bryts även bränsleförsörjningen till injektorerna av styrenheten.

Övervarvsförhållanden uppstår när föraren släpper upp gaspedalen och låter bilen rulla nerför en backe. Detta medför att bränsle slösas bort i avgassystemet och stora mängder föroreningar släpps ut.

Styrenheten stänger därför av bränsletillförseln under dessa förhållanden (som är ungefärliga och temperaturberoende):

(a) Trotteln stängs
(b) Motorvarvtalet är över 1 200 varv/minut
(c) Temperaturen på kylvätskan är över (cirka) 25°C. (Detta är dock anpassningsbart - bränsletillförseln till en kall motor stängs av vid ett högre varvtal.)

När motorn övervarvar är trottelventilen stängd och det uppstår ett högt undertryck i insugsröret och därmed i förbränningskammaren. Bränsleblandningen är svår att tända. Förbränningen blir ofullständig vilket medför utsläpp av kolväten och koloxid. Genom att stänga av bränsletillförseln undviks detta och när motorvarvtalet sjunker under ett gränsvärde eller tomgångsomkopplaren i trottelventilen öppnar så påbörjas bränslematningen igen.

8 Elektronisk styrenhet - ECU

1 Den elektroniska styrenheten är systemets centrala del och dess syfte är att utvärdera signalerna som kommer från de olika givarna. Från dessa invärden skapar den sedan de styrpulser som kontrollerar insprutningsventilerna. Bränslemängden till motorn styrs av hur länge ventilerna hålls öppna.

2 Totalt består styrenheten av fem sektioner och dessa är uppbyggda på tryckta mönsterkort med hjälp av integrerade kretsar. För att säkerställa en bra kylning av effektkomponenterna i utmatningssteget är de monterade på styrenhetens metallram. I **Fig. 7.24** visas styrenhetens blockschema.

3 Kretsen som skall beskrivas utför följande:

(a) För varje varv av vevaxeln sprutar varje injektor in bränsle en gång, oberoende av insugsventilernas position. Om en ventil är stängd när insprutningen sker, sugs bränslet in nästa gång den öppnar.

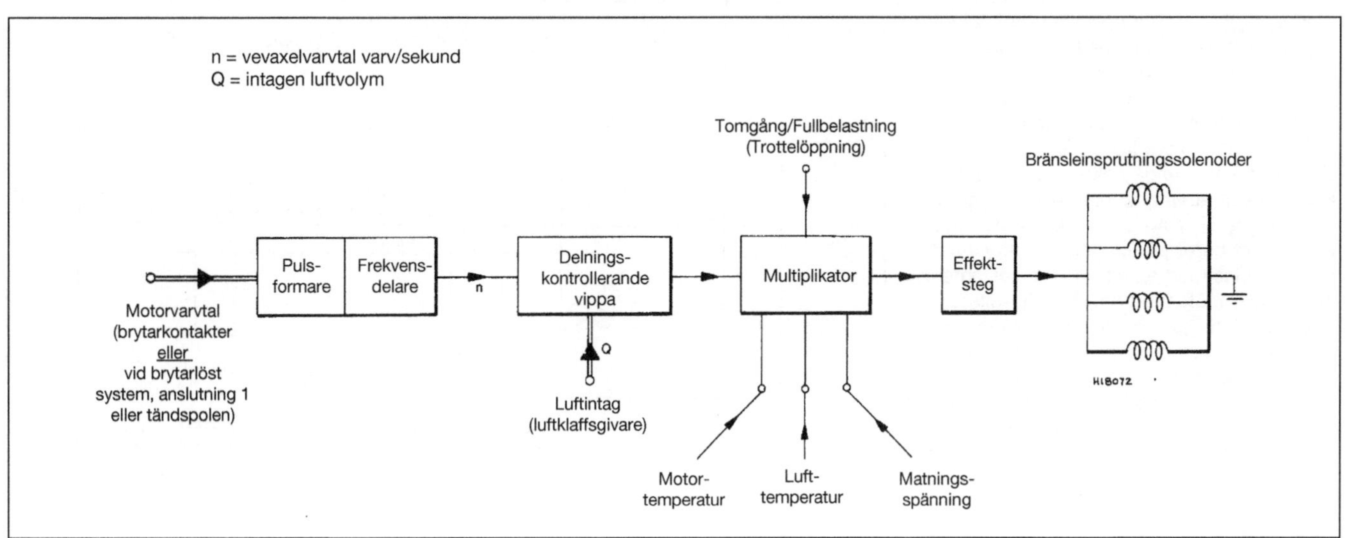

Fig. 7.24 Funktionen hos den elektroniska styrenheten (L Jetronic)

(b) Oppnar och stänger alla insprutningsventiler samtidigt.

(c) Kontrollerar att längden på insprutningstiden överensstämmer med luftmängden som uppmäts av luftgivaren och med motorvarvtalet. Denna tid korrigeras med hänsyn till varierande motor- och omgivningsförhållanden.

Funktion

***Fig. 7.25** visar tidsförhållandena*

Rad 2 - Tändningspulser

Information om motorns varvtal hämtas från fördelarens brytarkontakter eller om tändningssystemet är brytarlöst, från tändstift nummer 1 eller tändspolens minusledning. Pulserna visar en snabbt stigande spänningstopp som försvinner i en dämpad svängning. Antalet pulser per sekund är det dubbla mot antalet vevaxelvarv per sekund. Detta eftersom fördelaren roterar med halva motorvarvtalet men har fyra brytarkammar (för en fyrcylindrig motor).

Rad 3 - Pulsformning

Lågspänningspulsen från tändningen matas till en pulsformare som skapar en fyrkantsvåg med samma frekvens. Detta är en likvärdig funktion som den som används i elektroniska tändningssystem. Dessa pulser bestämmer sedan insprutningsprocessens tidsförhållanden.

Rad 4 - Frekvensdelare

För att utföra en insprutningsoperation per vevaxelvarv, är det nödvändigt att halvera pulsernas frekvens. Detta åstadkoms med hjälp av en bistabil vippa som fungerar som en frekvensdelare. På dess utgång kommer en puls för två på ingången.

Rad 5 - Delningskontrollerande vippa

Denna del av kretsen hämtar in varvtalsdata (pulserna från frekvensdelaren) tillsammans med uppgifter från luftgivaren. Spänningen från luftgivaren omvandlas till en fyrkantsvåg, vars tidsvaraktighet är proportionell till luftvolymen Q dividerad med vevaxelvarvtalet n. Detta ger ett mått på hur mycket luft cylindern tagit in per insugsslag. Förhållandet Q/n beräknas elektriskt genom att en kondensator alternativt laddas och urladdas. Laddningen sker med konstant ström under en tid som beror på (omvänt) motorvarvtalet och urladdas med en ström som bestäms av luftmängden (återigen omvänt). Resultatet av dessa beräkningar blir en puls som definierar, från urladdningens början, den okorrigerade tidsutsträckningen på insprutningsperioden. Denna tid t_p är grundtiden för insprutningen. På det sätt beräkningen av tiden sker, säkerställs att blandningsförhållandet mellan luft och bränsle är korrekt för alla varvtal och belastningar.

Rad 6 - Multiplikator

Grundinsprutningstiden behöver modifieras för att passa vissa omständigheter, t.ex. kallstart, uppvärmning, acceleration och så vidare. Denna modifiering sköts av multiplikatorn som tar in signaler från temperaturgivare, trottelpositionsgivare och startomkopplaren. Multiplikatorn anpassar sedan varaktighetstiden för att passa dessa värden. Samma princip med upp- och urladdning av en kondensator används av multiplikatorn. Kondensatorns upp- och urladdningsström beror på signalerna från de givare som lämnar uppgifter till multiplikatorn. En låg kylvätsketemperatur får ett stort inflytande på urladdningtiden och därmed på insprutningstiden. Den ytterligare tid beräknats som kompensation för de extra faktorerna, adderas till grundtiden. Ytterligare en faktor måste vägas in innan den korrekta tiden är klar – det är effekten av variationer i matningsspänningen och de behandlas också av multiplikatorenheten. Eftersom injektorsolenoiderna är induktiva, uppstår en fördröjning vid aktivering och frånslag. Dessa fördröjningstider är spänningsberoende, speciellt fördröjningen vid tillslag. Därför blir insprutningstiden vid låg batterispänning kortare. Batterispänningen tillförs multiplikatorn som en kontrollparameter och variationer omkring ett spänningsmedelvärde resulterar i en förlängning av insprutningstiden som motsvarar fördröjningen i injektorn. Lägg märke till att även om injektorn reagerar senare än vid starten på aktiveringspulsen, blir insprutningstiden korrekt **(Fig. 7.25)** tack vare extratiden, Tu, som tillförs beroende på matningsspänningens nivå. Detaljerna för denna kompensation visas i **Fig. 7.26**.

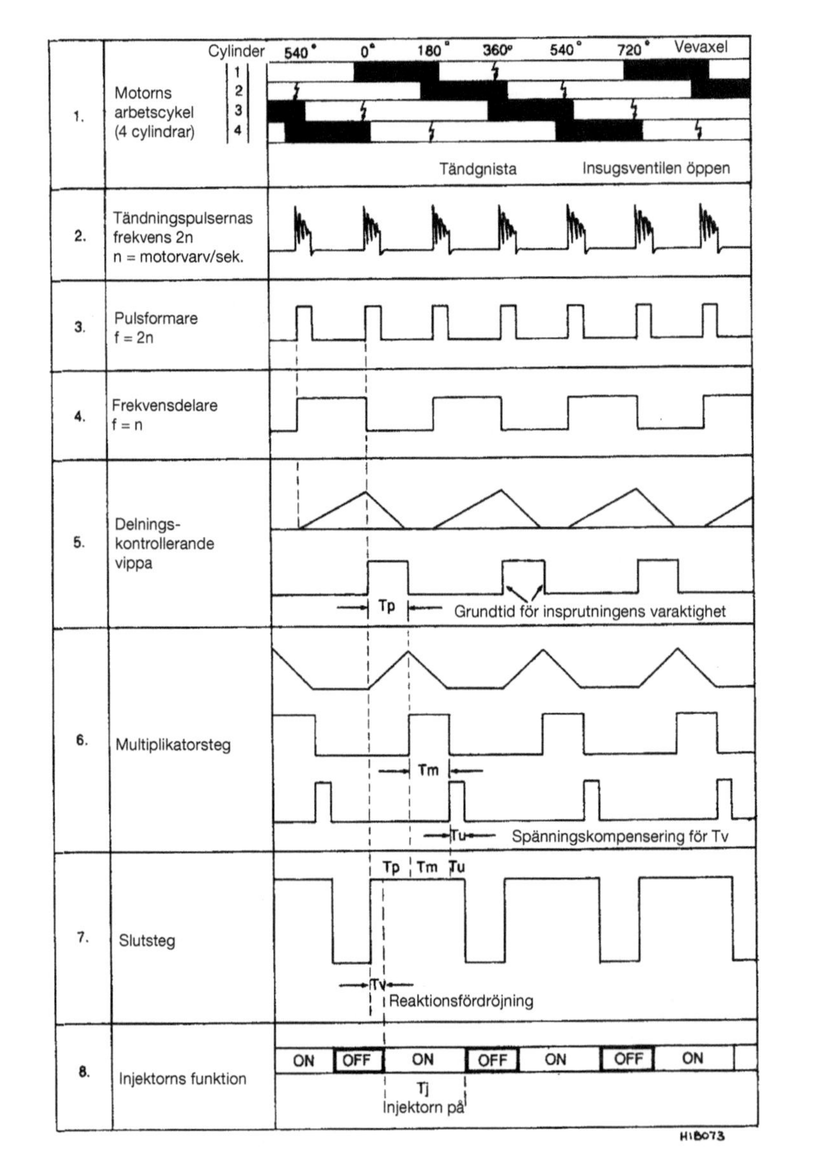

Fig. 7.25 Tidssekvens för fyrcylindrig insprutning

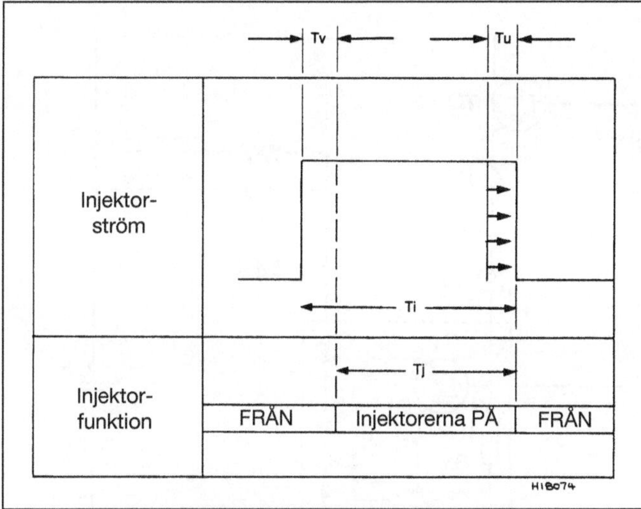

Fig. 7.26 Spänningskompensering av injektor

Tv Reaktionsfördröjning vid insprutningsfunktion
Tu Kompensationstid (Tu = Tv)
Ti Pulsvaraktighet för injektorströmmen
Tj Insprutningens varaktighet

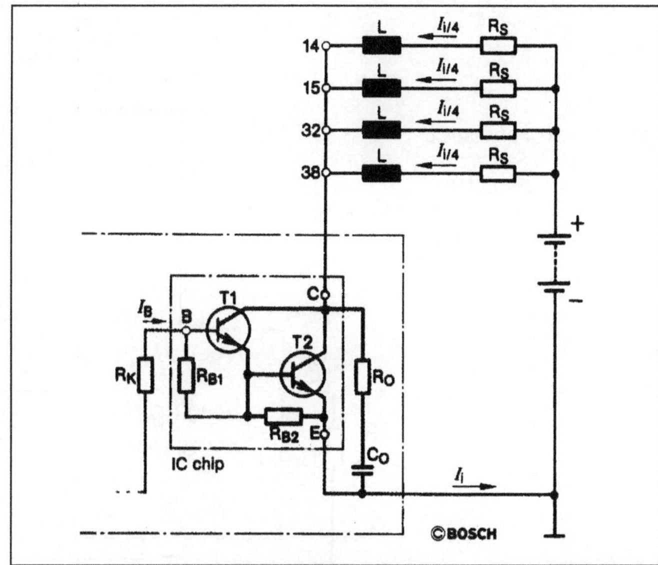

Fig. 7.27 Slutstegsdrivning av fyra injektorer - strömbegränsning genom ballastresistor

L Injektorlindning
I Ström till fyra injektorer (variabel med tiden)
Rs Ballastresistor
T1, T2 Darlingtonsteg med effektförstärkning

Slutsteget (ballastresistor typ)

Injektorventilerna kräver betydligt mer kraft vid aktiveringen än vad multiplikatorsteget kan ge.

Ett effektförstärkarsteg styrs av utsignalen från multiplikatorenheten och driver de parallellkopplade insprutningsventilerna samtidigt. För att snabbt öppna fyra ventiler krävs att strömmen är i storleksordningen 6 ampere. Drivsteget består av ett Darlingtonpar som är placerat på en kiselskiva och pulserna till ingångstransistorn kommer via ett kopplingsmotstånd R_K **(Fig. 7.27)**.

Basströmmen I_B kopplar på transistorerna T1 och T2 samtidigt; T2 är effekttransistorn. Varje injektorspole har ett förkopplingsmotstånd R_s för att begränsa strömmen till ca. 1,7 A vid spänningen 14 volt. Strömmen kan uppskattas på följande sätt; vi räknar inte med spänningsfallet över T2, varje spole har resistansen 2,4 ohm och varje förkopplingsmotstånd 6 ohm:

I max = 14/2.4 + 6 ª 1.7 A per injektor

Komponenterna R_0 och C_0 skyddar Darlingtonparet för de transientspänningar som uppkommer vid de snabba strömomslagen. Styrenheter för sexcylindriga motorer har två slutsteg som vardera kontrollerar tre injektorer och vid åttacylindriga motorer styr två slutsteg fyra injektorer vardera. Konstruktionen förser varje insugsventil med en insprutning per vevaxelvarv och lämnar hälften av bränslebehovet för varje komplett arbetscykel.

Slutsteget (strömreglerad typ)

I varje förkopplingsmotstånd i kretsen går effekt förlorad **(Fig. 7.27)**. För att förhindra denna effektförlust och för att driva injektorerna med en låg hållström när de väl har aktiverats, brukar en strömregleringskrets läggas till **(Fig. 7.28)**. Strömregulatorn eliminerar behovet av förkopplingsmotstånd och lämnar en startström som stiger snabbare än den som uppkommer när dessa motstånd används **(Fig. 7.29)**. När injektorn har aktiverats minskar strömmen till den nivå som krävs för att hålla kvar ventilen i detta läge (hållström). Detta sker genom att kretsen snabbt kopplar till och från strömmen så att medelvärdet på den blir lika med hållsströmmen, ca. 0,5 ampere per injektor. Funktionen hos switchregulatorn liknar principerna för växelströmsgeneratorns reglerkrets. Dioden D0 och transistorn T0 lämnar en passage för den avklingande ström som uppstår när effekttransistorn T2 kopplas från. Vid slutet av insprutningsperioden minskar strömmen och när den når under släppnivån (ca. 0,25 ampere per injektor) återgår insprutningsventilerna till stängt läge.

Fördelarna med att använda en strömregulator är:

(a) Minskad effektförbrukning
(b) Minskad svarstid vid öppning och stängning av injektorerna
(c) Slutsteget kan aktivera upp till 12 injektorer samtidigt
(d) Slutsteget kan arbeta inom ett stort matningsspänningsområde, från 6 till 16 volt
(e) Färre komponenter, ledningar och anslutningar

9 Enpunktsinsprutning (trottelhusinsprutning)

1 Som svar på bilfabrikanternas önskemål om ett billigare insprutningssystem, tillverkade Bosch ett enpunktsinsprutningssystem. Detta användes först för vissa marknader i VW Polo, under 1985 och 1987 i Fiat FIRE (Fully Integrated Robotised Engine) och i 1 000 cm^3 motorn till Panda och Uno-modellerna.

2 Forskning visade att den bästa platsen att placera injektorn var över och nära trottelventilen, där den höga luftintagshastigheten gav bästa möjliga finfördelning av det insprutade bränslet **(Fig. 7.30)**.

3 Trottelhuset innehåller en bränsletrycksregulator som levererar bensin vid ett konstant tryck av ca. 1 bar samt en speciellt snabbarbetande insprutningsventil som är placerad centralt i luftströmmen **(Fig. 7.31)**. I trottelhuset finns också en tomgångsregulator, trottelventilbrytare och en lufttemperaturgivare som är placerad i insugspassagen.

4 Luftmängden Q mäts genom vinkeln på trottelventilen. Denna positionssignal kommer från en potentiometer som är fäst på trottelaxeln. Motorvarvtalet mäts med hjälp av tändningspulser. Längden på insprutningspulserna bestäms av förhållandet mellan Q/n, som beräknas av styrenheten.

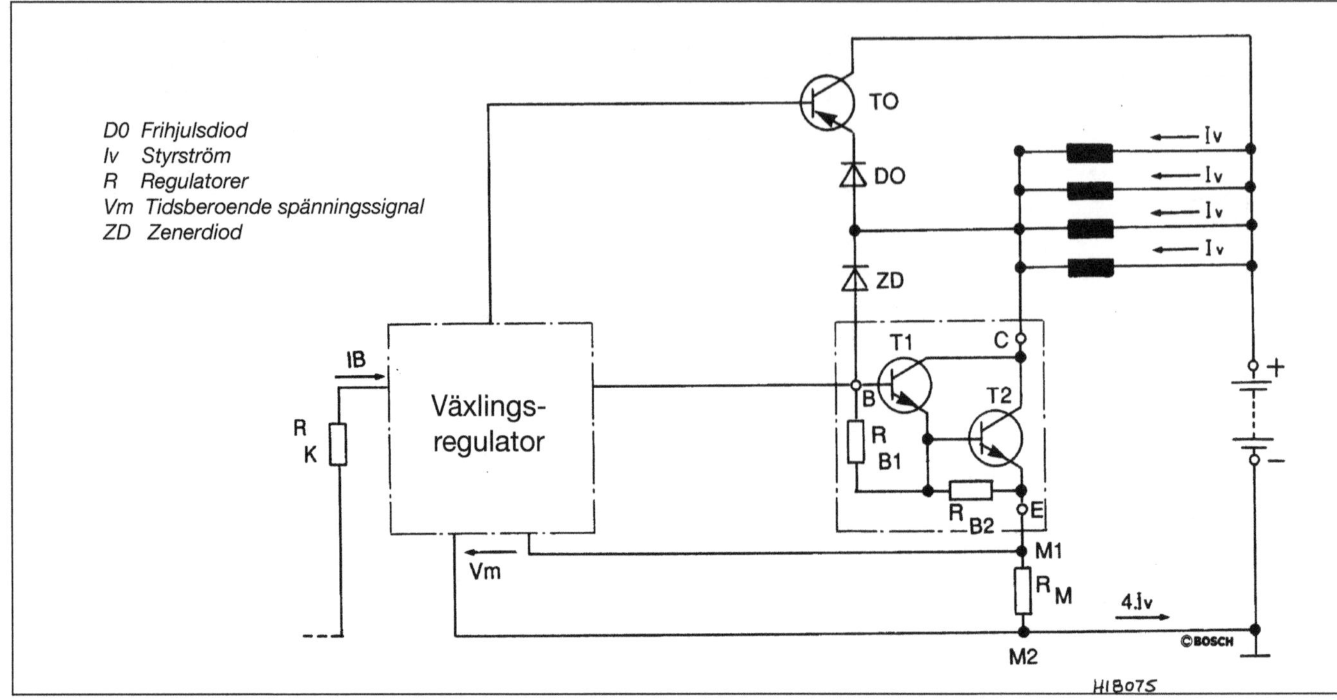

Fig. 7.28 Slutstegsdrivning av fyra injektorer – elektronisk strömbegränsning

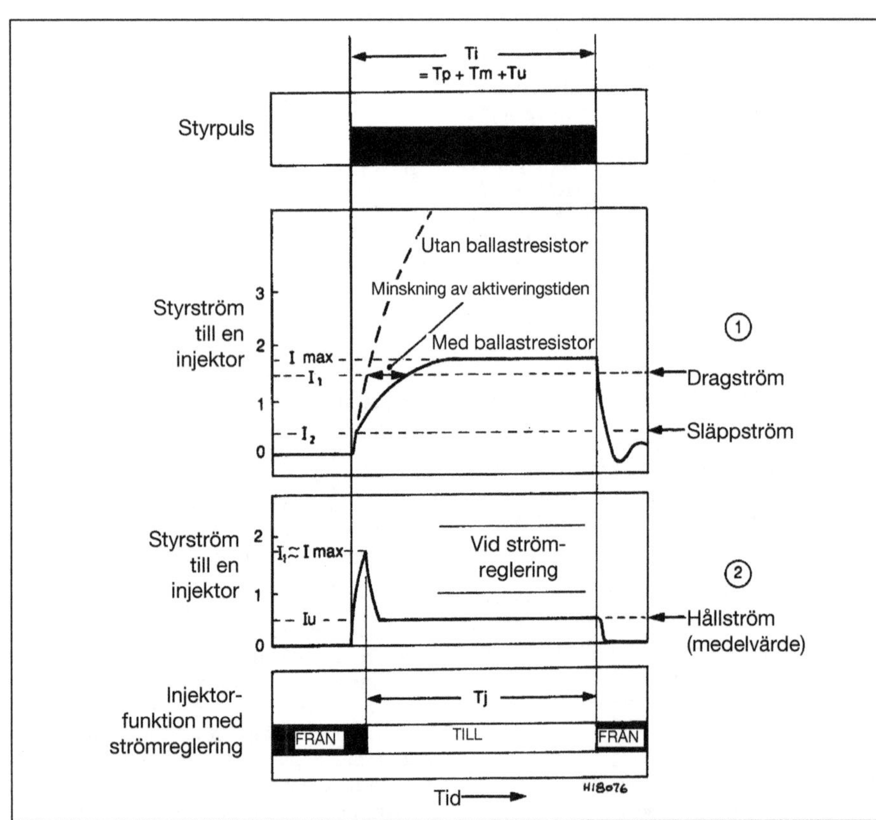

Fig. 7.29 Injektorsfunktion

1 Med ballastresistor *2 Med strömregulator*

5 Den elektroniska kontrollen ombesörjs av en elektronisk styrenhet som innehåller en mikroprocessor, ett programminne, ett dataminne och en analog-till-digital omvandlare. Styrenheten genererar grundtider för insprutningen med hjälp av ett grundvarvtal och trottelvinkelinformation och som hjälp har den en lagrad karta med uppgifter om 15 trottelvinklar och 15 motorvarvtalspunkter. Överlagrad på denna 15 x 15 karta finns ytterligare en karta för anpassningsvärden och med hjälp av denna sker korrigering av insprutningstiden om resultaten från de två kartorna avviker med mer än ett visst programmerat värde.

6 Styrsystemet kan programmeras för att inkludera extrabränsle vid kallstart, korrigering av uppvärmningsblandningen, extra bränsletillförsel vid acceleration och fullbelstning och att stänga bränsletillförseln vid inbromsning. Den tillhandahåller även möjligheten att använda ett Lambdaåterkopplat system för inställningen av luft:bränsleförhållandet (beskrivs i nästa avsnitt). En ytterligare möjlighet är att använda ett återkopplat styrsystem för tomgångsvarvtalet, som med hjälp av en servomotor styr trottelventilen och därmed ger motorn mer eller mindre luft.

10 Återkopplat Lambdastyrsystem

1 I kapitel 6 behandlades de miljöfarliga ämnen som uppstår vid förbränningen och katalysatorn visade sig vara en effektiv åtgärd för att minska dessa ämnen till en godkänd

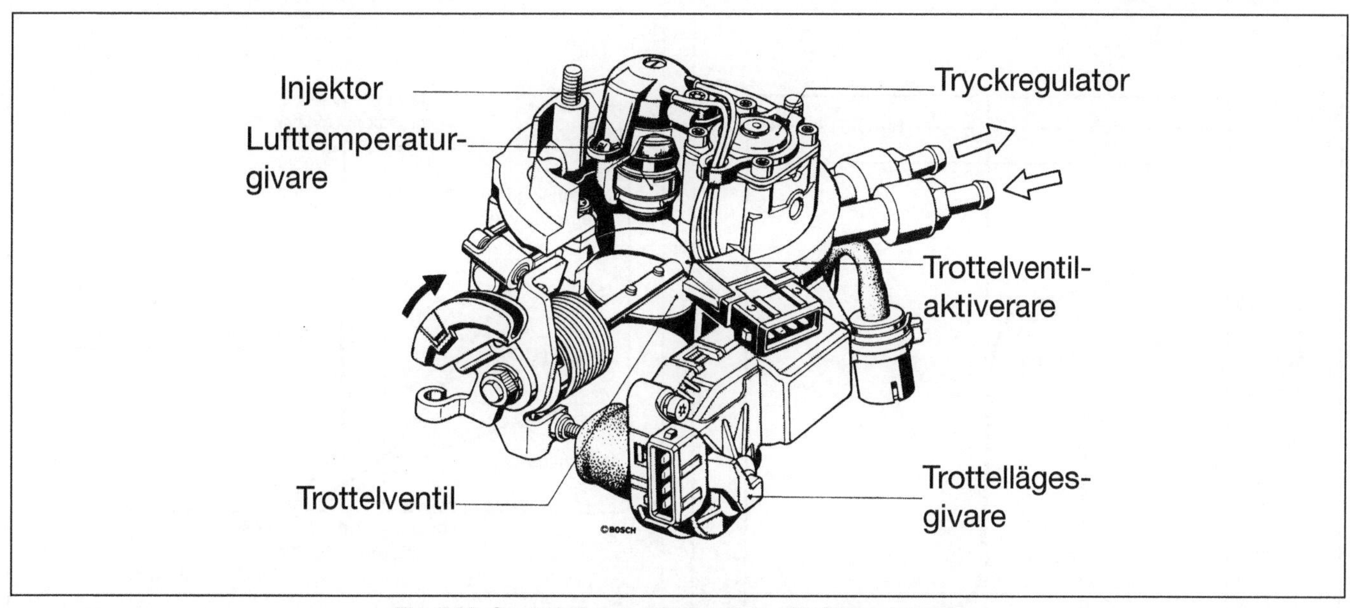

Fig. 7.30 Centrala insprutningsenheten för Mono Jetronic

nivå. Det viktiga förbehållet för att katalysatorn skall kunna utföra sin uppgift är att motorn körs med ett luft/bränsleförhållande som medför att förbränningen teoretiskt blir fullständig. Detta stoikiometriförhållande är 14,7:1 i massaenheter och det innebär att 14,7 kg luft skall blandas med 1 kg bränsle. Det är kanske enklare att ge detta förhållande siffran 1 och symbolen λ (Lambda). En jämförelse mellan de faktiska blandningsförhållandena och det jämförbara Lambdavärdet ges nedan. För Lambdavärdet används termen luftöverskottsfaktor.

Luft:bränsleförhållande:	11,76	13,23	14, 7	16,17	17,64
Luftöverskottsfaktor:	0,8	0,9	1,0	1,1	1,2
	Fet				**Mager**

1 *Elektrisk anslutning*
2 *Spole*
3 *Ventilskål*
4 *Diagonala hål*
5 *Bränsle inlopp och utlopp*

Fig. 7.31 Lågtrycksinsprutarventil för enpunktsinsprutningssystem

2 De insprutningssystem som tidigare har beskrivits har, fram till nuläget, inte kontrollerat resultatet från insprutningsstyrningen, vad gäller avgasutsläppen. Insprutningens arbetsvärden baseras endast på en motor i bra kondition och kan inte ta med slitage i ventiler och cylindrar i beräkningarna. En sådan arbetsmetod kallas för öppen styrning.

3 För att lämna information om avgasernas status, placeras en Lambdagivare i avgasröret. Denna givare mäter mängden överblivet syre i avgaserna (ett mått på luftöverskottsfaktorn λ) och genererar en signalspänning **(Fig. 7.32)**. Denna information leds tillbaka till den elektroniska styrningen som ytterligare ett informationsvärde. Styrenheten korrigerar i sin tur bränsleinsprutningen för att säkerställa att luftöverskottsfaktorn λ är inom det snäva området runt 1; detta område kallas för katalysatorfönstret **(Fig. 7.33)**. Eftersom information om slutresultatet (d.v.s. avgasernas innehåll) matas tillbaka till styrenhet, som i sin tur styr slutresultatet, kallas detta för ett återkopplat styrsystem och denna funktionsprincip är vanligt inom många konstruktionsområden **(Fig. 7.34)**.

4 Kurvorna i **Fig. 7.33** visar att koloxidmängderna ökar snabbt vid värden alldeles under λ = 1,0 och att mängderna kväveoxider stiger brant när värdet är alldeles över λ = 1,0. Av detta framgår att det är vitalt för katalysatorns effektivitet att bibehålla stoikiometriförhållandet vid λ = 1,0 .

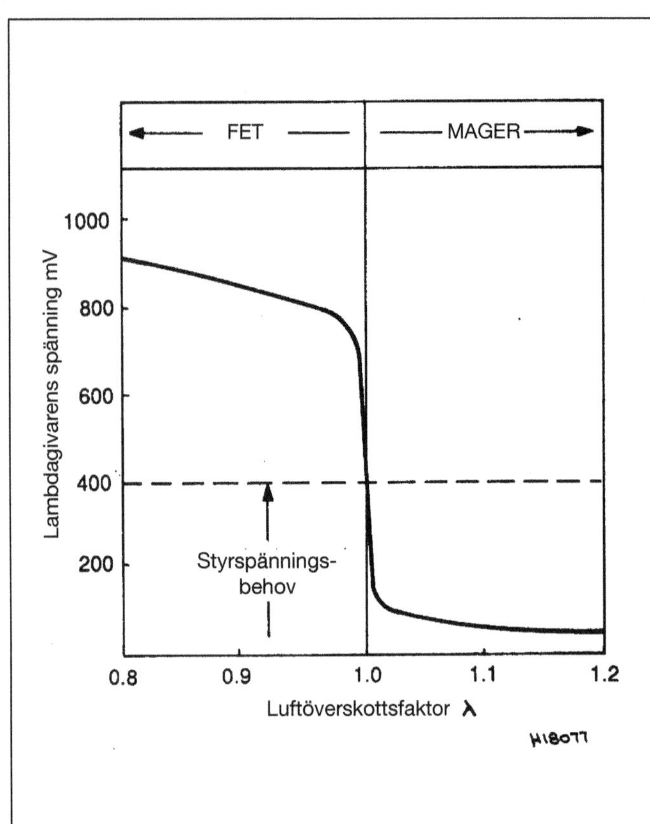

Fig.7.32 Lambdagivarens spänningskarakteristik vid 600°C

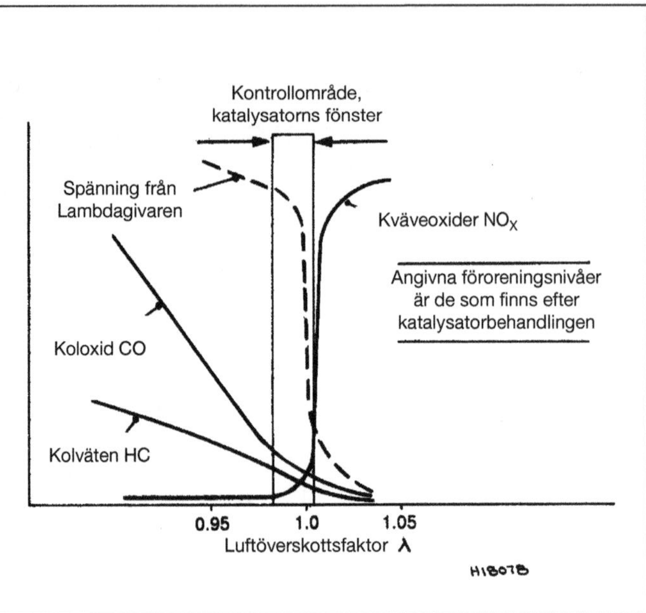

Fig. 7.33 Lambdagivarens spänningskurva och miljöfarliga ämnen i avgaserna

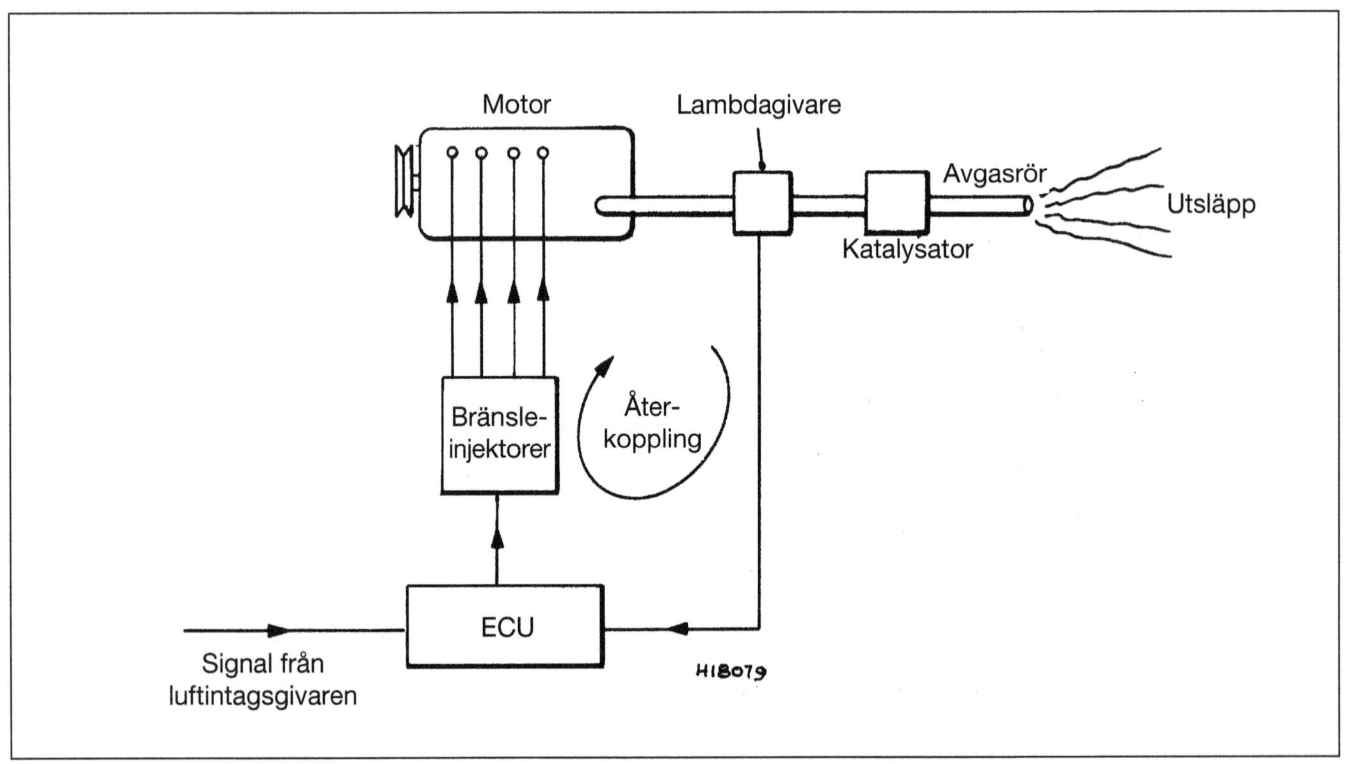

Fig. 7.34 Lambdaåterkopplat styrsystem för korrigering av luftöverskottsfaktorn

11 Lambdagivarens funktion

1 Givaren är en enhet som mäter syremängden i avgaserna och den arbetar som ett litet batteri. Den har ungefär samma storlek som ett tändstift, skruvas in i avgasröret och utsätts för avgasernas fulla flöde **(Fig. 7.35)**. Förekomster av syre i avgaserna tyder på att blandningen är mager (λ är större än 1,0), men avsaknad av fritt syre indikerar en fet blandning (λ är mindre än 1,0).

2 Lambdagivaren (eller avgassyregivaren EGO) använder en keramisk kropp av zirkoniumdioxid (ZrO_2) i form av en lång fingerborg. Den yttre ytan är i kontakt med avgaserna och den inre är i kontakt med luften utanför **(Fig. 7.36)**. Zirkoniumdioxiden är belagd på in- och utsidan med två tunna lager porös platina, som är de elektroder där utsignalspänningen hämtas. Extra skydd ges genom att den sida som utsätts för avgaserna beläggs med ett lager porös aluminium. Aluminiumet är så poröst att avgaserna kan penetrera det. Zirkoniumdioxiden fungerar som den (fasta) elektrolyten; innerytan utsätts för luft med syreinnehållet 21% och utsidan utsätts för avgaserna. Givaren skapar en spänning mellan den inre och den yttre ytan, som står i förhållande till skillnaden i syrekoncentration. Denna spänning hämtas vid platinaelektroderna **(Fig. 7.37)**.

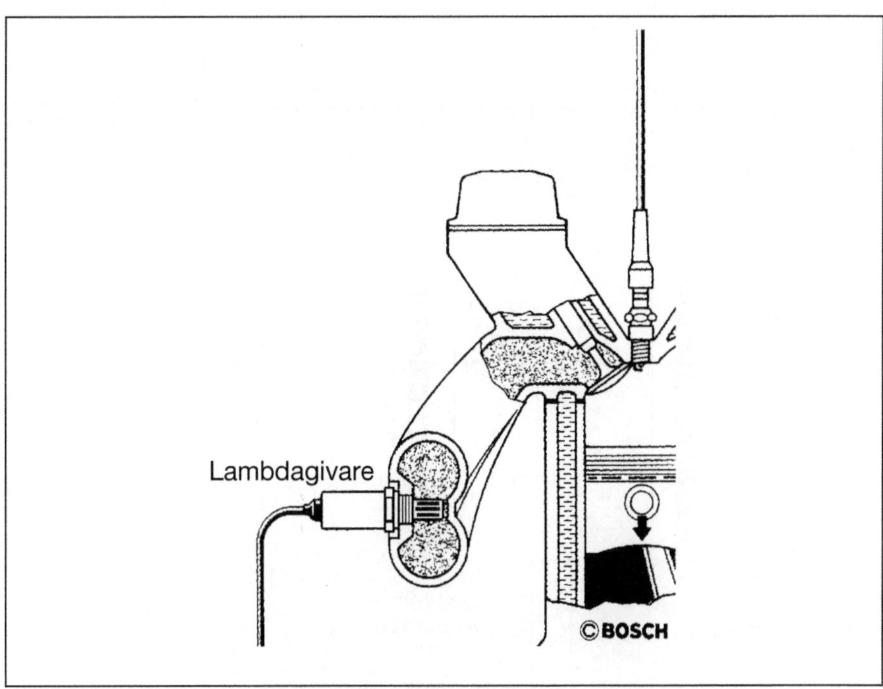

Fig. 7.35 Lambdagivare i dubbelt avgassystem

3 När motorn arbetar med en fet bränsleblandning kommer spänningen att vara ungefär 900 millivolt (mV). Den sjunker kraftigt vid stoikiometripunkten och planar ut till ca. 50 mV vid den magra bränsle-blandningsregionen. Signaländringen är så abrupt att givaren nästan fungerar som en till-från omkopplare och signalerna som skickas till styrenheten, tillsammans med vågomformning och styrenhetens snabba korrigering

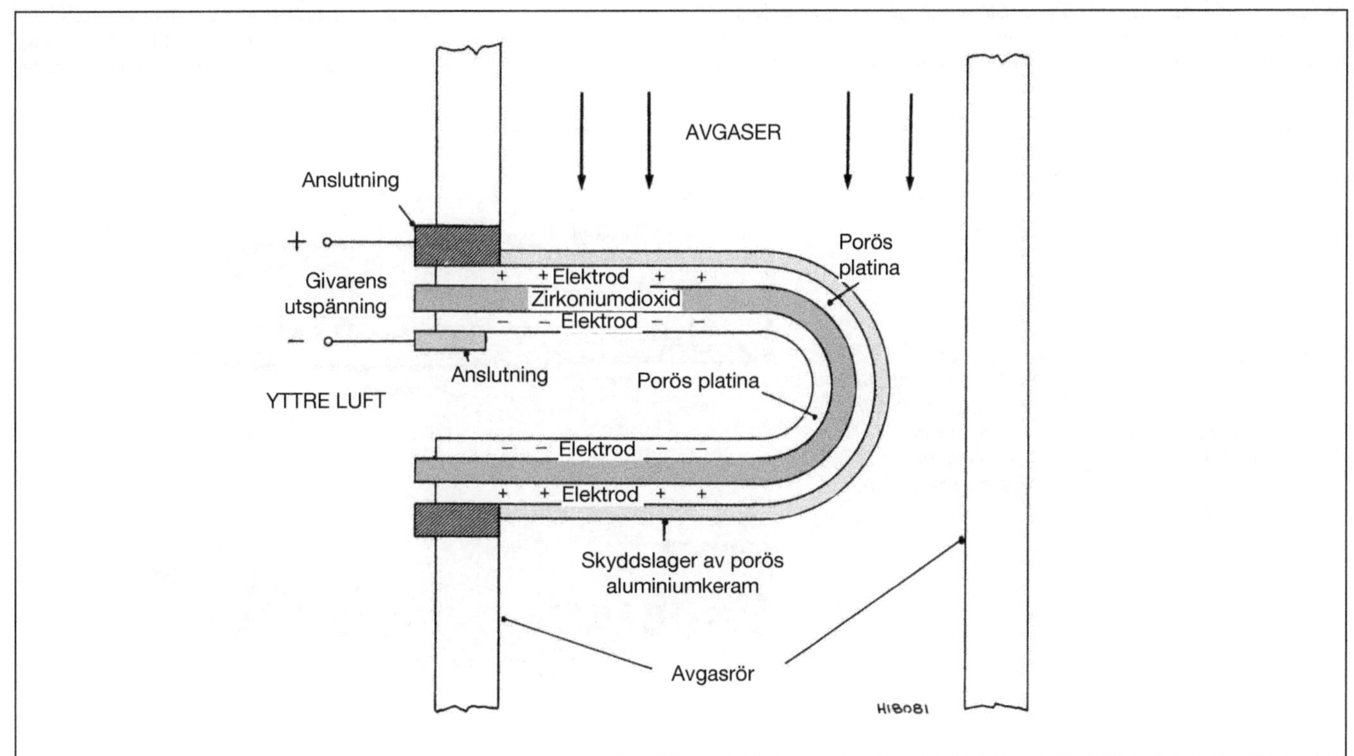

Fig. 7.36 Skiss av Lambdagivare

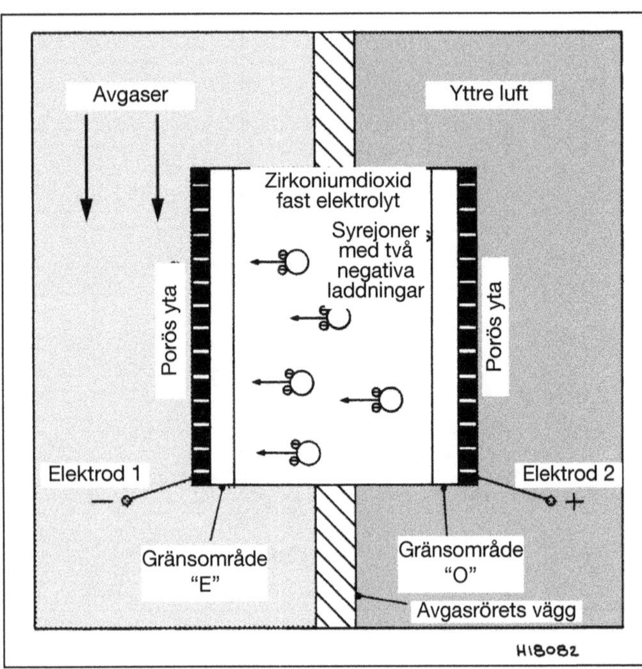

Fig. 7.37 Funktionen hos Lambdagivaren

När kvarvarande syre, i närheten av elektrodytan, binds till väte, kolodid och kolväte. Om blandningen går från mager till fet blir gränsområdet E blir gränsområdet E utarmat på syre. Stora mängder syrejoner rör sig till elektrod 1 som blir negativ i förhållande till elektrod 2. Detta ger givarspänningen som används i det återkopplade Lambdastyrsystemet.

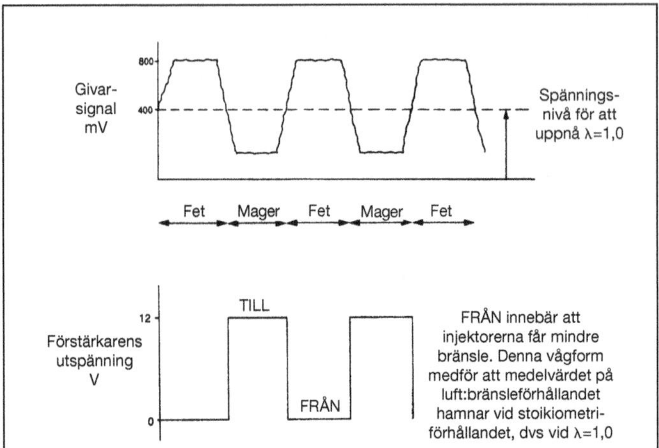

Fig. 7.38 Styrvågformer i Lambdastyrsystemet

av bränsleförhållandet, medför att signalerna liknar en fyrkantsvåg som håller luftöverskottsfaktorn mycket nära λ = 1,0 **(Fig. 7.38)**.

4 Eftersom elektrolyten av zirkoniumdioxid, ZrO_2 inte leder ström om temperaturen är under 300°C, blir signalspänningen temperaturberoende. Idealt är om givaren arbetar vid 600°C. Dessutom är givarens svarstider vid 300°C flera sekunder, men vid 600°C reagerar den på mindre än 50 ms. Av dessa anledningar var placeringen av givaren kritisk på de tidigare modellerna – om den placerades för långt från motorn så fungerade inte givaren och placerades den för nära motorn vid het körning, så förstördes den (temperaturen får inte överskrida 850°C). I **Fig. 7.39** visas en Lambdagivare. Senare modeller

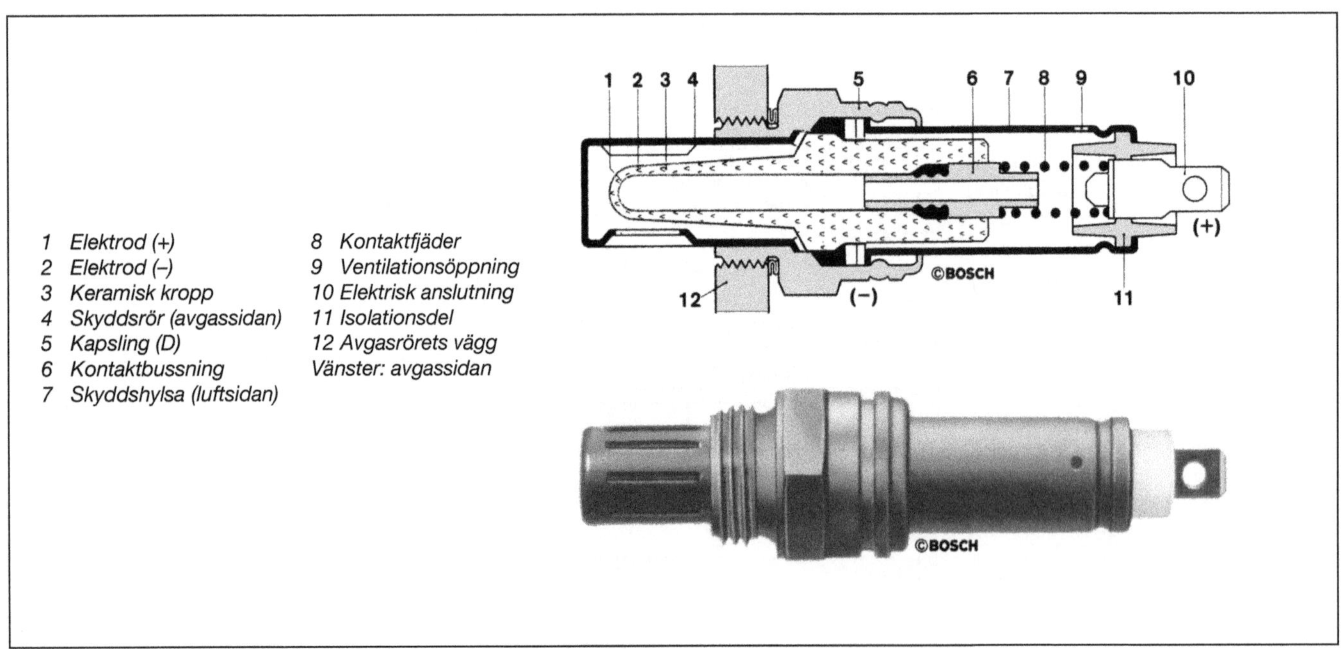

Fig. 7.39 Boschs Lambdagivare

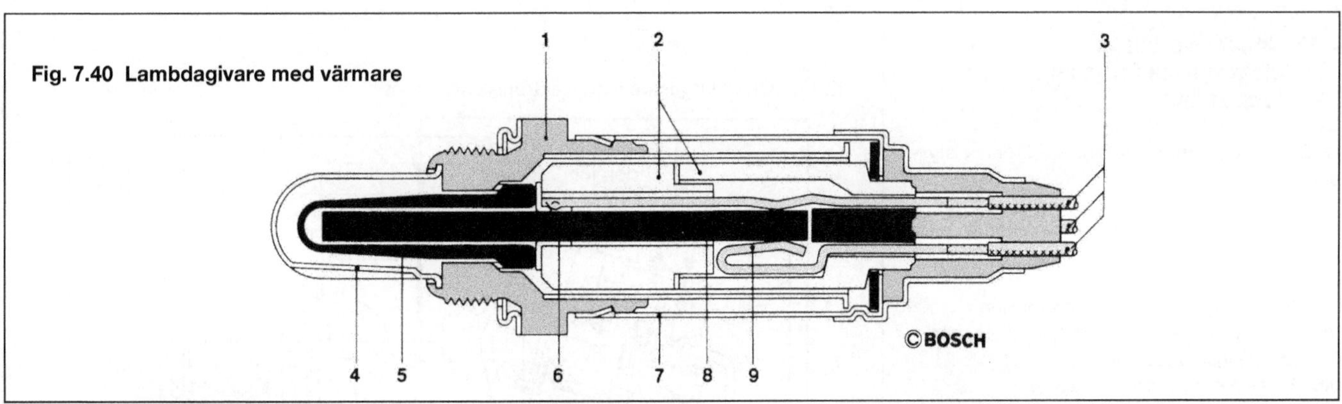

Fig. 7.40 Lambdagivare med värmare

1 Givarkapsling
2 Skyddande keramikrör
3 Anslutningsledning
4 Skyddsrör med skåror
5 Aktiv givarkeramik
6 Kontaktsektion
7 Skyddshylsa
8 Värmarelement
9 Klämanslutningar till värmarelementet

har en inbyggd värmare **(Fig. 7.40)** som används när motorn arbetar med små belastningar. Värmaren kopplas från vid tyngre motorbelastningar. Placeringen är fortfarande viktig, men Lambdastyrningen når sin arbetstemperatur och börjar arbeta efter 25 sekunder. Om Lambdagivaren är korrekt placerad så har den en förväntad livstid på 100 000 km. För att förhindra skador på den yttre platinaelektroder skall blyfri bensin användas.

5 Lambdagivare och styrenheter är användbara för bränsleinsprutningssystem och kan även användas tillsammans med elektroniskt styrda förgasare av vilka SU- och Bosch-Pierburg Ecotronic- modellerna är i bruk.

12 Elektroniskt styrda förgasare

1 Förgasaren har genomgått en kontinuerlig utveckling sedan bilens tidigaste dagar. Trots att de flesta länderna i världen har hårda regler för att minska miljöföroreningarna, är förgasaren fortfarande en populär och kostnadseffektiv enhet och med hjälp av elektronisk styrning kan den också möta föroreningskraven.

2 Både förgasare och bränsleinsprutning är konstruerade för att nå utsläppskraven och för att lämna maximal uteffekt med god bränsleekonomi. De två senaste faktorerna är inte förenliga, vilket visas i **Fig. 7.41**. En magrare bränsleblandning leder till mindre utsläppsnivåer, som framgår av **Fig. 7.33**. Vissa fabrikanter tillverkar motorer som är magerförbrännande eftersom låga utsläppsnivåer är det viktigaste.

3 Magerförbrännande motorer medför vissa problem:

(a) Detonationstendenser
(b) Överhettningsproblem beroende på långsammare bränsleförbränning

Tilläggsregler kräver att motorn bibehåller sina utsläppsnivåer under en längre period. Elektronisk styrning av de moderna förgasarna har visat sig vara effektiv för att bibehålla korrekt luft/bränsleförhållande, oberoende av körförhållande. Tillsammans med en Lambdagivare i avgasströmmen arbetar systemet nära l = 1,0.

4 Elektroniskt styrda förgasare utför följande funktioner:

(a) Luft:bränsleförhållandet bibehålls för alla motorförhållanden
(b) Kallstartschoken är automatisk och kan medföra en förbättring, jämfört med manuell choke, på 5%
(c) Tomgångsvarvtalet regleras för alla temperaturer och kan hållas 100 varv/-minut under normalt varvtal utan att motorn stannar. Detta medför en lönande bränslebesparing
(d) Avstängning av bränslet vid deceleration (hastighetsminskning) sparar bränsle vid motorbromsning. För att hålla igång motorn, kopplas bränsleförsörjningen snabbt till- och från.

Dessa funktioner ombesörjs av en elektronisk styrenhet som sänder signaler till aktiverare på förgasaren. Många tillverkare, inklusive Weber, Austin Rover (SU) och Bosch-Pierburg, framställer elektroniska förgasare som utför samma typ av funktioner men med vissa skillnader i metoderna som används.

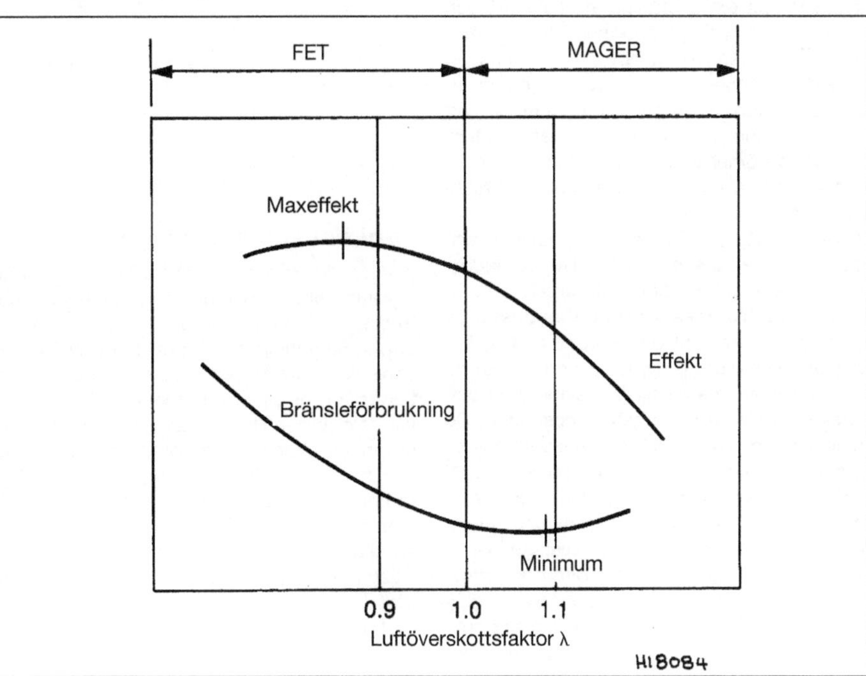

Fig. 7.41 Bränsleförbrukning och uteffekt i relation till luftöverskottsfaktorn

13 Bosch-Pierburgs elektroniska förgasare (Ecotronic)

1 Som ett exempel på hur elektronisk styrning används för förgasare, kommer systemet Ecotronic från Bosch-Pierburg att beskrivas.
2 Fig. 7.42 visar grundkomponenterna, som är:

(a) En potentiometer för trottelventilen
(b) Ett aktiveringsdon för trottelventilen med tomgångsbrytare
(c) Ett aktiveringsdon för choken
(d) En motorvarvtalsgivare
(e) En givare för kylvätsketemperaturen
(f) En digital elektronisk styrenhet (ECU)

3 Trottelpositionspotentiometern hämtar upp information om trottelventilens läge och eventuella rörelser och vidarebefordrar detta till styrenheten.
4 Trottelventilens aktiveringsdon är av elektropneumatisk typ och påverkar fjärilsventilen med hjälp av en kolv för att bibehålla korrekt tomgång under alla förhållanden. Kolvtrycket styrs av två solenoidkontrollerade ventiler, varav den ena öppnar mot atmosfärtrycket och den andra mot undertrycket i grenröret. Styrenheten kontrollerar båda solenoiderna för att styra rörelsen hos aktiveringskolven och därmed positionen hos fjärilsventilen. När trotteln står i tomgångsläge sluts en omkopplare på aktiveringskolven och denna information lämnas till styrenheten.
5 Chokeaktivering sköts av en momentmotor som arbetar mot en returfjäder. Syftet är att lämna extra bränsle vid kallstart och under uppvärmningsperioden. Eftersom momentmotorn reagerar snabbt, hanteras kravet på extra bränsle vid acceleration genom att chokeventilen delvis stängs. På samma sätt används chokepositionen för att justera luft:bränsleförhållandet vid delbelastningar.
6 Motorvarvtalsavkänning sker med hjälp av pulserna från tändningssystemet.
7 Temperaturavkänning på kylvätskan och insugsröret sköts av respektive halvledartermistorer och termiska omkopplare.
8 Den **elektroniska styrenheten** består av en åttabitars mikroprocessor, en analog-till-digitalomvandlare (A/D) för att omvandla de analoga insignalerna till digitala värden och effektsteg för att styra aktiveringsdonen. De digitaliserade mätvärdena lämnas till mikroprocessorn som beräknar utsignalerna med hjälp av dessa insignaler och den förprogrammerade informationen som lagrats i läsminnet. En korrekt sekvens av programmerade instruktioner i mikroprocessorn medför att erforderliga utsignaler erhålls. Dessa omvandlas sedan till effektstyrning av aktiveringsdonen. I enheten ingår en felskyddsfunktion som innebär att om styrenheten slutar fungera, är inställningarna på förgasaren sådana att det går att köra "haltande" hem.

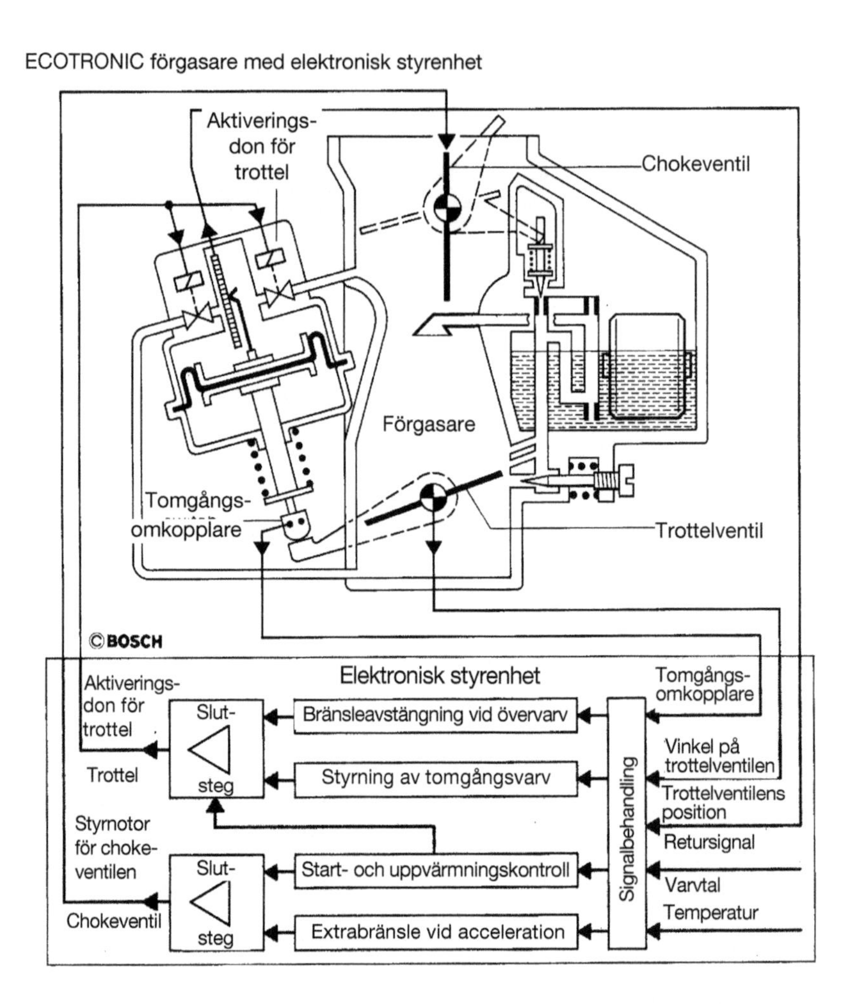

Fig. 7.42 Elektroniskt styrd förgasare (Ecotronic)

Funktionsanmärkningar

9 Vid "kickdown" acceleration stänger styrenheten, med ledning av signalen från trottelgivarpotentiometern, chokeventilen delvis. Stängningsgraden bestäms av faktorer som bland annat motorvarvtal, befintlig trottelposition och motortemperatur. Tomgångsvarvtalet bibehålls konstant till inom 10 varv per minut oberoende av omgivningstemperatur, tryck eller förgasarslitage. Det verkliga tomgångsvarvtalet jämförs med värdet som lagrats i datorns minne och justeras genom ventilöppningen av trottelventilaktiveraren. Övervarvning indikeras när trotteln är stängd (den automatiska tomgångsbrytaren) och motorvarvtalet är över 1 400 varv per minut. När detta förhållande uppstår, bryts bränslematningen. När motorn stängs av, ställs trotteln i position för att stoppa bränslet men när motorn stannat, öppnar trotteln till sitt vanliga startläge. Detta förhindrar den eftertändning som kan ske, speciellt med magerförbrännande motorer, beroende på cylindrarnas heta innerytor.

Expansionsmöjligheter

10 Förgasaren med tillhörande elektronik har följande expansionsmöjligheter:

(a) Den kan användas tillsammans med elektroniskt styrd tändning
(b) Lambdastyrning kan användas tillsammans med Ecotronicförgasaren för att skapa ett återkopplat system
(c) Datorn kan beräkna bränsleförbrukningsnivån och visa denna på en teckenvisare
(d) Styrenheten kan programmeras så att den övervakar in- och utsignaler för diagnostikändamål.

Kapitel 8
Motorstyrning

Innehåll

1 Kombinerad styrning av tändning och bränsleförsörjning

1 Bensinmotorn med tändstiftständning har två försörjningsenheter för sin kraftframställning. Den ena är matningen av finfördelat bränsle i korrekt mängd och med rätt luft:bränsleförhållande. Den andra enheten är matningen av tändningsgnista vid korrekt tidpunkt. Under huvuddelen av detta århundrade, vilket täcker tiden för motorfordonsutvecklingen, har dessa funktioner för bränsleförsörjning och tändning hanterats separat. I denna bok har kapitel 6 och 7 beskrivit tändningen och bränsleförsörjningen. Det visar sig att kraven på prestanda och reglerna för miljöförstöring medför att tändning och bränsleförsörjningen inte går att se som två separata områden, utan tvärtom beror av varandra. Faktumet att en ändring i luft:bränsleförhållandet medför att tändläget skall ändras samtidigt, är ett exempel på detta.

2 Digitala elektroniska tändsystem använder en mikroprocessor (dator) för att styra tändningsgnistorna och även bränsleinsprutningen har en sådan. Men det finns tillräckligt med kapacitet i bara en mikroprocessor för att analysera ingångar och styra utgångar för både tändning och bränsleförsörjning och detta är grunderna för ett motorstyrningssystem.

3 Genom att använda en central mikroprocessor för att styra även andra funktioner, förutom tändning och bränsleförsörjning, får man ett koncept med ett totalt elektroniskt styrsystem (TECMS). I detta kan datorkraften användas till bl.a. styrning, fjädring, växling i automatväxellådor, feldiagnostik och styrning av kopplingsingreppet. Ett sådant system måste även innehålla felskyddsfunktioner, om datorn skulle sluta fungera.

4 Syftet med detta kapitel är att visa hur en dator kan användas för att både hantera tändningen och bränsleförsörjningen eftersom sådana system numera är i allmänt bruk.

2 Prestandakartläggning

1 Detta ämne har nämnts tidigare i samband med knackningsavkänning och styrsystem med Lambdagivare för att kontrollera avgasutsläppen.

2 När en motor utvecklas utförs omfattande prover på den för att fastställa de variabelvärden som påverkar dess uteffekt och de oönskade avgasprodukterna. Proven utförs genom att motorn monteras på en dynamometer, en mätutrustning som kan belasta motorn med alla tänkbara belastningar inom dess arbetsområde och därefter mäta alla viktiga värden som t.ex. uteffekt, vridmoment, bästa tomgångsvarvtal och avgasutsläpp. Därefter ritas kurvor över insamlade mätdata när motorn utsätts för variationer i varvtal, trottelöppning (belastning), tändläge, luft:-bränsleförhållande och ett omfattande område med olika kylvätske- och lufttemperaturer. Att rita tvådimensionella kurvor av dessa mätvärden skulle innebära ett slöseri med mätdata, så därför ritas de tredimensionella och kallas för motorprestandakartor.

3 Två sådana kartor visas i **Fig. 8.1** och **8.2**. Varje karta visar en hel mängd information, vilket medför att ytan blir ojämn.

Den ena visar sambandet mellan motorbelastning, tändförställning och motorvarvtal medan den andra visar Lambdakartan som beror på förhållandet mellan motorbelastning, motorvarvtal och luftöverskottsfaktorn I (luft:-bränsleförhållandet).

4 Dessa kartor innehåller grundläggande information om motorns prestanda, men flera sådana grafer används i ett mångsidigt styrsystem. Flera exempel finns i **Fig. 8.3**, som visar hur vilovinkeln kan relateras till motorvarvtal och batterispänning, samt i **Fig. 8.4** som visar hur uppvärmningstiden beror på belastning och varvtal.

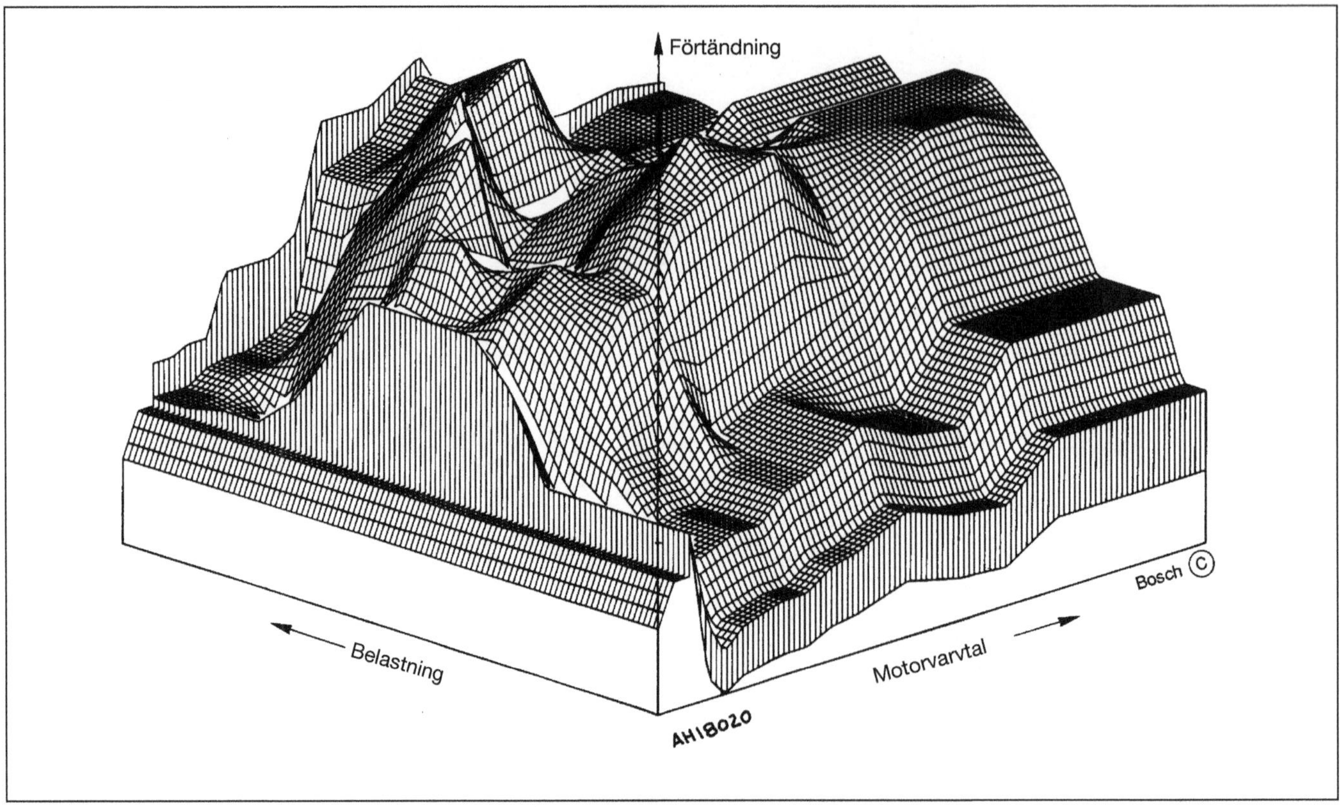

Förtändning
Belastning
Motorvarvtal
Bosch ©
AH18020

Fig. 8.1 Karta som sammanlänkar belastning, varvtal och förtändning

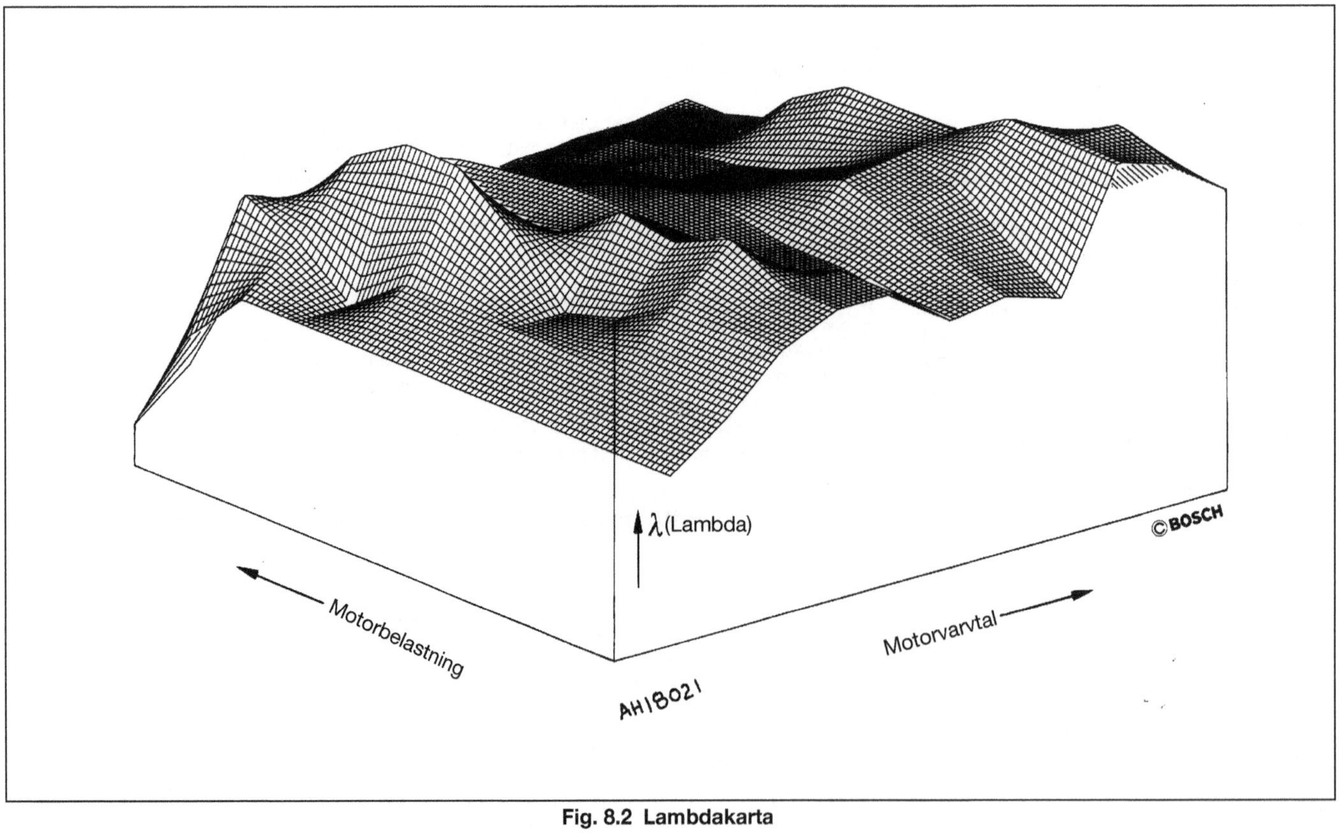

λ (Lambda)
Motorbelastning
Motorvarvtal
©BOSCH
AH18021

Fig. 8.2 Lambdakarta

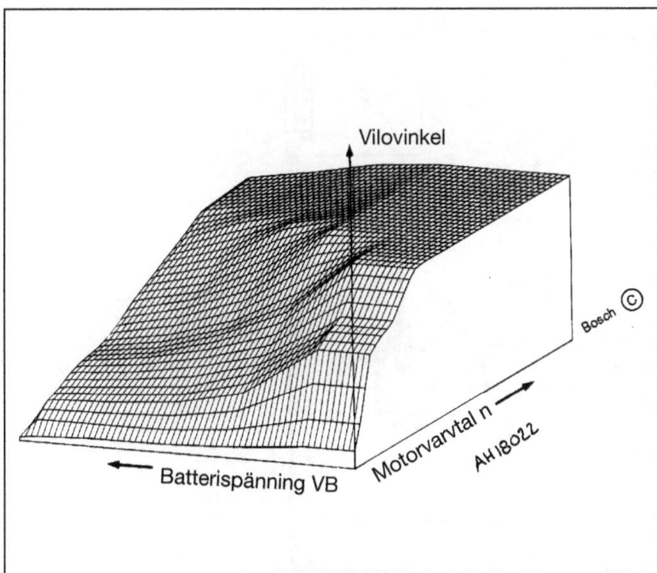

Fig. 8.3 Vilokarta

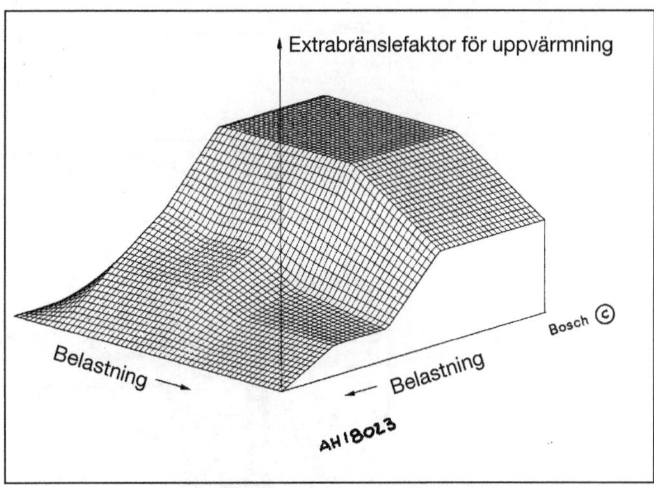

Fig. 8.4 Uppvärmningstidskarta

Vid hög belastning och högt motorvarvtal är extrabränslefaktorn för uppvärmningen liten. Vid små belastningar och låga varvtal är den stor

5 De givare som används för att mäta alla dessa variabler är ofta av samma typ som används i utrustning för tändning och bränsleinsprutning. Det är en naturlig utveckling att det är tillräckligt att använda en uppsättning givare och en mikroprocessor för att kontrollera både tändning och bränsleförsörjning. Innan ett sådant system granskas skall ämnet "öppna och återkopplade styrsystem" behandlas igen.

3 Öppen och återkopplad styrning

1 Efterhand som motorkartorna ritas upp, sparas resultatet i mikroprocessorns permanenta minne (ROM). Motorn kommer sedan att för alla tänkbara körförhållanden, vad avser varvtal och belastning, styras av dessa lagrade värden. Problemet är bara att dessa värden förutsätter att motorn är i samma kondition som när den provkördes och kartorna gjordes.

2 Detta är inte möjligt eftersom motorn slits och det uppstår t.ex. läckage vid kolvarna. Ventilstyrningar och trottelaxlar blir slitna och börjar läcka vilket medför att luftintaget blir annorlunda än vad mikroprocessorn utgår ifrån med ledning av sina givare. Det här är vad som kallas ett öppet styrsystem och med det menas att ingen kontroll utförs på motorns faktiska prestanda eller på det faktiska innehållet av utsläpp i avgaserna. På samma sätt kan resultatet av tändningsinställningen få till följd att den inte stämmer överhuvudtaget med det faktiska behovet av förtändning vilket kan medföra att motorn börjar knacka, möjligen med katastrofala följder.

3 Lösningen på dessa problem är att mäta förhållandena med givare och låta deras mätsignaler korrigera eventuella inställningsfel i bränsleinsprutning (eller förgasare) och tändsystem..

4 Knackningsgivaren, som beskrevs i kapitel 6, är en återkopplingsenhet som kan användas för att backa förtändningen när tendenser till knackning finns. Den är allmänt använd i moderna motorer. På liknande sätt kan Lambdagivaren användas. Denna mäter syreinnehållet i avgaserna (kapitel 7) och signalen som återkopplas till mikroprocessorn kan användas för att ställa in luft:bränsleblandningen till det önskade värdet på l = 1,0.

5 Knacknings- och Lambdagivarna är delar av **återkopplade system**. Dessa givare lämnar korrekta värden under motorns hela livstid och möjliggör för processorn att korrigera inställningarna med tanke på motorns förslitning.

4 Bosch Motronic

1 Detta är en gruppering av flera undersystem till en enhet, där grundfunktionerna för tändning och bränsleinsprutning är sammankopplade. I denna beskrivning används en äldre modell som illustration av systemet. Det finns många fördelar med denna typ av system varav de viktigaste är att tändningen och bränslemätningen kan optimeras tillsammans, vilket medför större flexibilitet och flera funktioner än med separata styrsystem. **Fig. 8.5** visar en ny modell av Motronic som hanterar intermittent flerpunktsinsprutning.

2 Tändningens undersystem använder kartkarakteristik som lagrats i minnet, dessutom kan tändläget modifieras med hänsyn till kylvätske- och lufttemperatur, på samma sätt som trottelvinkeln också kan justeras. Den modell som beskrivs använder en gemensam motorvartals- och referensmärkesgivare av elektromagnetisk typ **(Fig. 8.6)**, men i andra varianter av styrsystem kan det inträffa att två givare används för dessa uppgifter. I det fallet är signalerna som sänds till styrenheten från dessa givare mer exakta än de som uppnås från fördelarmonterade Hallgivare eller induktiva givare.

3 Bränsleinsprutningen baseras på L Jetronic, som beskrevs i kapitel 7. Skillnaden är att beräkningarna sköts digitalt i stället för med vippteknik.

4 Motronic kan levereras och användas som ett öppet styrsystem, exempelvis följer tändlägeskurvan noggrant kurvan för aktuell belastning och varvtal, sparade i den ideala tändlägeskartan (se **Fig. 6.92**, kapitel 6). På samma sätt kan lämpliga bränslemängder levereras till injektorerna med ledning av de Lambda- och extrabränslekartor som lagrats i minnet. Men trenden går mot återkopplade styrsystem och Motronic tillhandahåller anslutningsmöjligheter för knacknings- och Lambdagivare. Med knackningskontroll, kan förtändningen tas utanför kartans gränser tills dess att knackning upptäcks. Detta ger betydande prestandaförbättringar. Med hjälp av Lambdagivaren kan avgasutsläppen kontrolleras noggrant mot givna gränsvärden **(Fig. 7.34)**.

En ytterligare fördel med att ansluta återkopplade styrsystem är att underhållsjusteringar undviks under hela fordonets livslängd.

5 Vid jämförelse mellan **Fig. 7.9** (L Jetronic) och **Fig. 8.5** (Motronic) visar sig andra mindre skillnader. Hjälpluftventilen i **Fig. 7.9** har ersatts med en roterande tomgångsaktiverare (nr 16 i **Fig. 8.5**) och denna är ansvarig för återkopplad styrning av tomgångsvarvtalet.

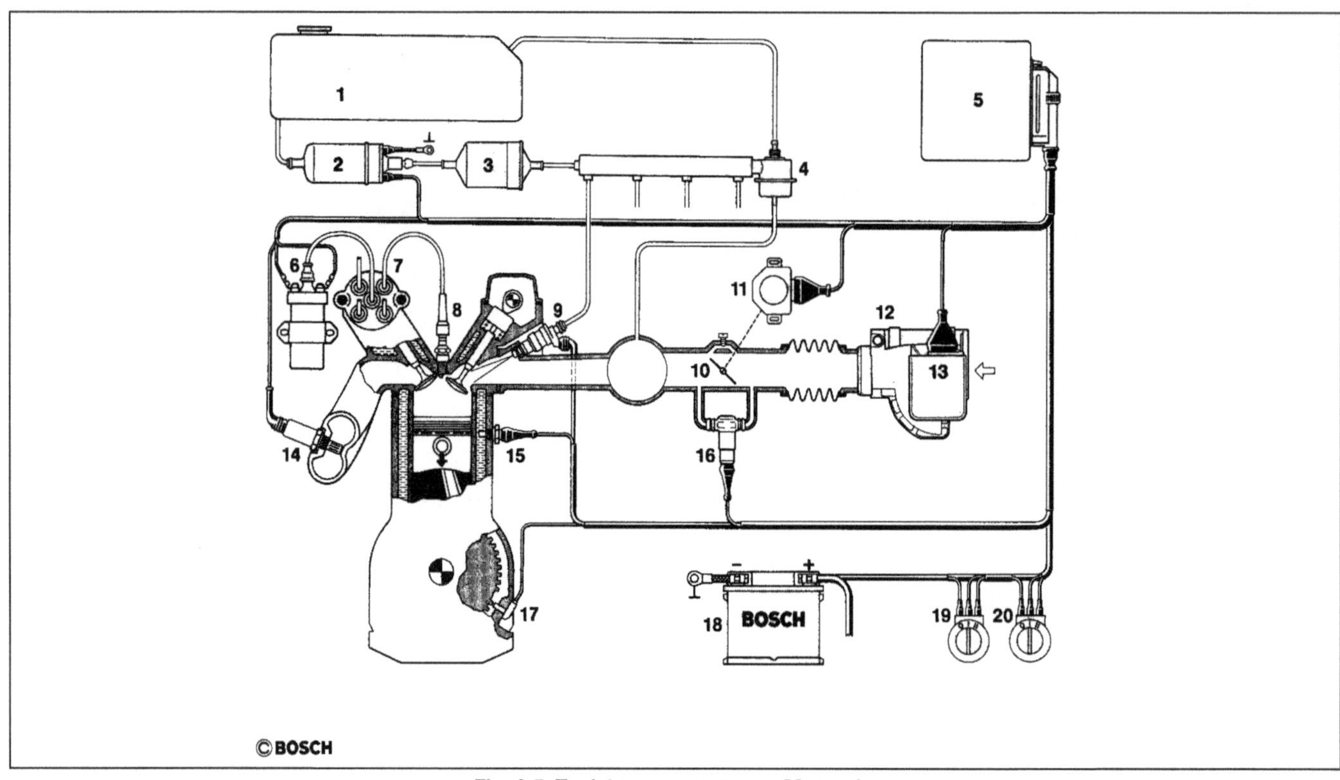

Fig. 8.5 Typiskt motorsystem – Motronic

1 Bränsletank
2 Elektrisk bränslepump
3 Bränslefilter
4 Tryckregulator
5 Styrenhet
6 Tändspole
7 Högspänningsfördelare
8 Tändstift
9 Injektorer
10 Trottelventil
11 Trottelbrytare
12 Luftflödesgivare
13 Potentiometer och lufttemperaturgivare
14 Lambdagivare
15 Motortemperaturgivare
16 Roterande tomgångsaktivator
17 Givare för motorvarvtal och referensmärke
18 Batteri
19 Tändnings- och startomkopplare
20 Luftkonditioneringsomkopplare

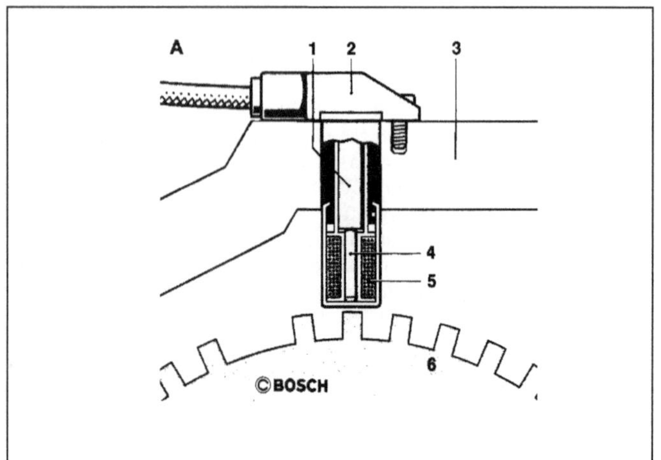

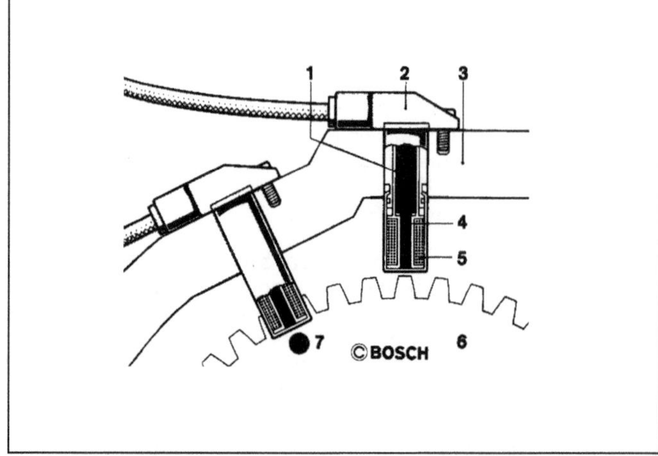

Fig. 8.6 Givare för varvtal och vevaxelposition

A Kombinerad varvtals- och referensmärkesgivare som använder saknad kugge
B Två separata givarenheter som använder referenspunkt eller metallspets
1 Permanentmagnet
2 Kapsling
3 Motorblock
4 Mjukjärnskärna
5 Lindning
6 Kuggkrans
7 Referensmärke

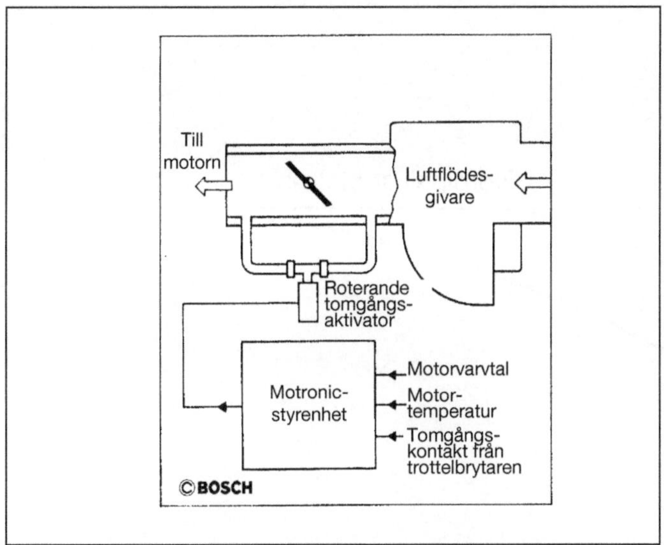

Fig. 8.7 **Kontroll av tomgångsvarvtal med variabel luftförbiledning**

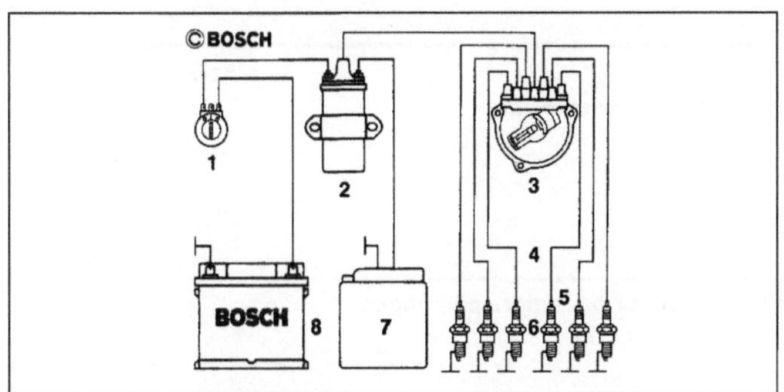

Fig. 8.9 **Motronics underssystem för tändning**

1 Tändningsomkopplare
2 Tändspole
3 Högspänningsfördelare
4 Tändkablar
5 Tändhattar
6 Tändstift
7 Styrenhet
8 Batteri

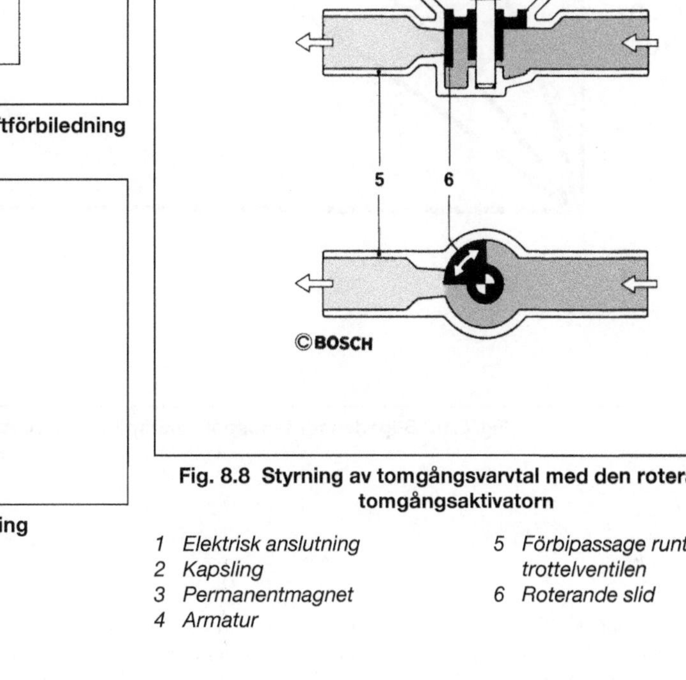

Fig. 8.8 **Styrning av tomgångsvarvtal med den roterande tomgångsaktivatorn**

1 Elektrisk anslutning
2 Kapsling
3 Permanentmagnet
4 Armatur
5 Förbipassage runt trottelventilen
6 Roterande slid

Tomgångsvarvtalet måste hållas så lågt som möjligt (utan risk att motorn stannar) med tanke på bränsleekonomin. Det uppskattas att bilar, i vissa tätbefolkade områden, kan använda upp till 30% av bränslet på tomgångskörning i trafikköer.

Den roterande tomgångsaktivatorn levererar den korrekta blandningen genom att styra en luftpassage som leder förbi trottelventilen **(Fig. 8.7)**. När aktivatorn öppnar eller stänger förbiledningskanalen, känner luftintagsgivaren av denna ändring i luftflöde och den insprutade bränslemängden justeras utifrån detta. Tomgångsvarvtalet bibehålls konstant vid alla temperaturer och är stabilt även om andra elektriska/mekaniska belastningar kopplas in, t.ex. luftkonditioneringen. Aktivatorn är en elektrisk motor med vridförmågan begränsad till 90°. Inom detta vinkelområde justeras förbiledningskanalen för att ge det programmerade tomgångsvarvet **(Fig. 8.8)**.

Två lindningar i aktivatorn skapar krafter i motsatt riktning och spänningen läggs alternativt till dessa spolar. Den slutliga (medel) positionen hos armaturen (och därmed den öppnade kanalen) bestäms av förhållandet mellan dessa två spänningar. Ett spänningsförhållande på 18:82 stänger ventilen helt och förhållandet 82:18 öppnar den helt. Vid förhållandet 30:70 öppnas en liten förbiledningsöppning som är typisk för korrekt tomgång.

6 En annan märkbar skillnad mellan L Jetronic och Motronic är avsaknaden av kallstartsventil i den senare (finns i tidigare Motronic-system). Kallstart sköts automatiskt av styrenheten genom att den förlänger durationen för insprutningspulserna. Den information som behövs för korrekt kallstart lämnas av lufttemperaturgivaren på luftintaget.

5 Motronic - undersystem för tändning

1 Genom att använda den i minnet elektroniskt sparade förtändningskartan bestämmer datorn (mellan en gnista och nästa) nästa tändläge utifrån den information som kommer om motorns varvtal och belastning. Signaler om varvtal och belastning kommer från vevaxelgivaren och luftflödesmätaren. Datorn utför dessa beräkningar mellan två gnisttändningar som för en sexcylindrig motor är ett intervall på ungefär 3 millisekunder. Kartvärdena korrigeras med hänsyn till ytterligare insignaler som till exempel kylvätsketemperatur, luftintagstemperatur och trottelposition.

2 Justeringarna till dessa varierande förhållanden prioriteras i följande ordning: bränsleekonomi, vridmoment, utsläppsnivåer,

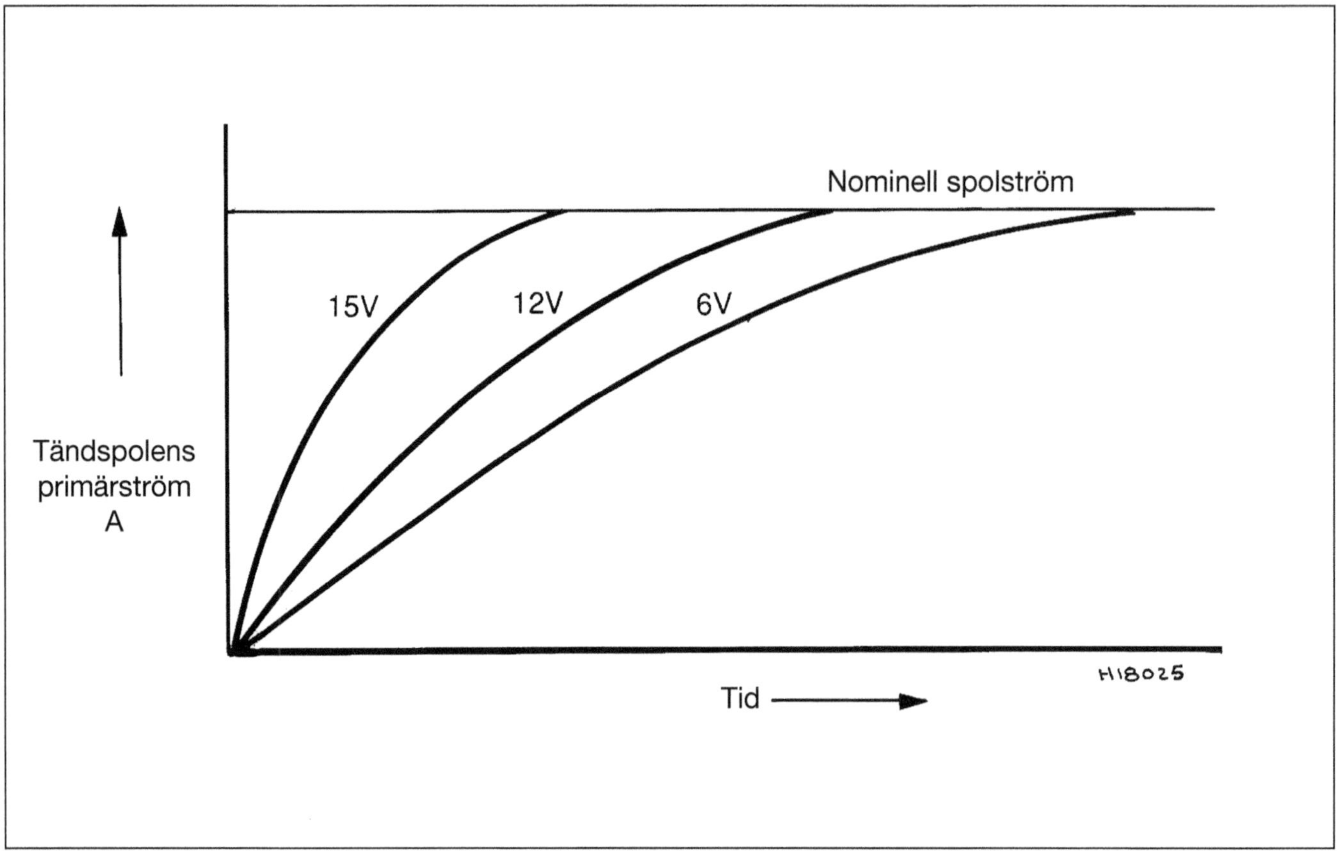

Nominell spolström

15V

12V

6V

Tändspolens primärström A

Tid

H18025

Fig. 8.10 Stigtiden för tändspolensprimärström beror på batterispänningen

knackning och körbarhet. Vid **tomgång** sker justeringen mot följande mål: låga avgasutsläpp, jämn gång och bränsleekonomi. Vid **delbelastning** är målen körbarhet och driftsekonomi. Vid **full belastning** ligger tonvikten vid att uppnå maximalt vridmoment utan knackning.

3 Under alla kör- och startförhållanden läggs korrigeringar till kartvärdena. En omkopplare i styrenheten medger korrigeringar vid hög belastning (där knackning säkert inträffar) för olika oktantal på bränslet och justerar tändläget i motsvarande grad (endast tidiga system). Runddragningsvarvtalet vid start- och förtändningsinställningen är sammankopplade; vid start av en kall, trög motor blir varvtalet lågt och det kräver mindre förtändning än när motorn är varm och roterar snabbare. Denna justering medför att motorn startar lättare.

4 Vilovinkel. Detta är en viktig faktor som säkerställer att strömmen genom tändspolens primärlindning blir tillräckligt hög innan den bryts för att generera tändgnistan (se kapitel 6). Batterispänningen påverkar den tid som krävs för att spolströmmen skall nå det normala värdet **(Fig. 8.10)**. Vid låga varvtal utförs en accelerationskorrigering för att medge kortare vilotider.

5 Högspänningskrets (sekundär). Detta är en enklare koppling än den traditionella fördelaren som använder vakuum- och centrifugalregulatorer för förställningen. Alla förtändningsberäkningar utförs av styrenheten och fördelarens enda arbetsuppgift är att leda ut högspänningen till tändstiften **(Fig. 8.11)**. Fördelaren är monterad på topplocket och rotorn drivs direkt av kamaxeln. För att dämpa utsända störningar från fördelaren är dess lock tillverkat av grafitimpregnerad plast och fungerar som en störningssköld. Tornen, d.v.s. området där högspänningen matas in och tas ut, leder inte ström.

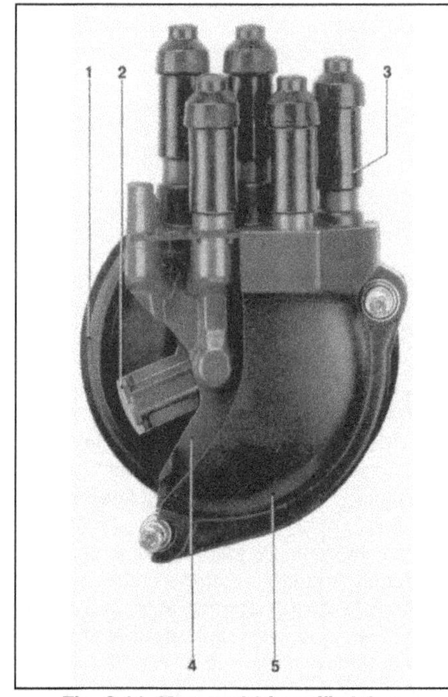

Fig. 8.11 Kamaxeldriven fördelare

1 Isolationshatt
2 Fördelarrotor
3 Anslutningstorn
4 Fördelarhatt
5 Tvådelat skyddshölje

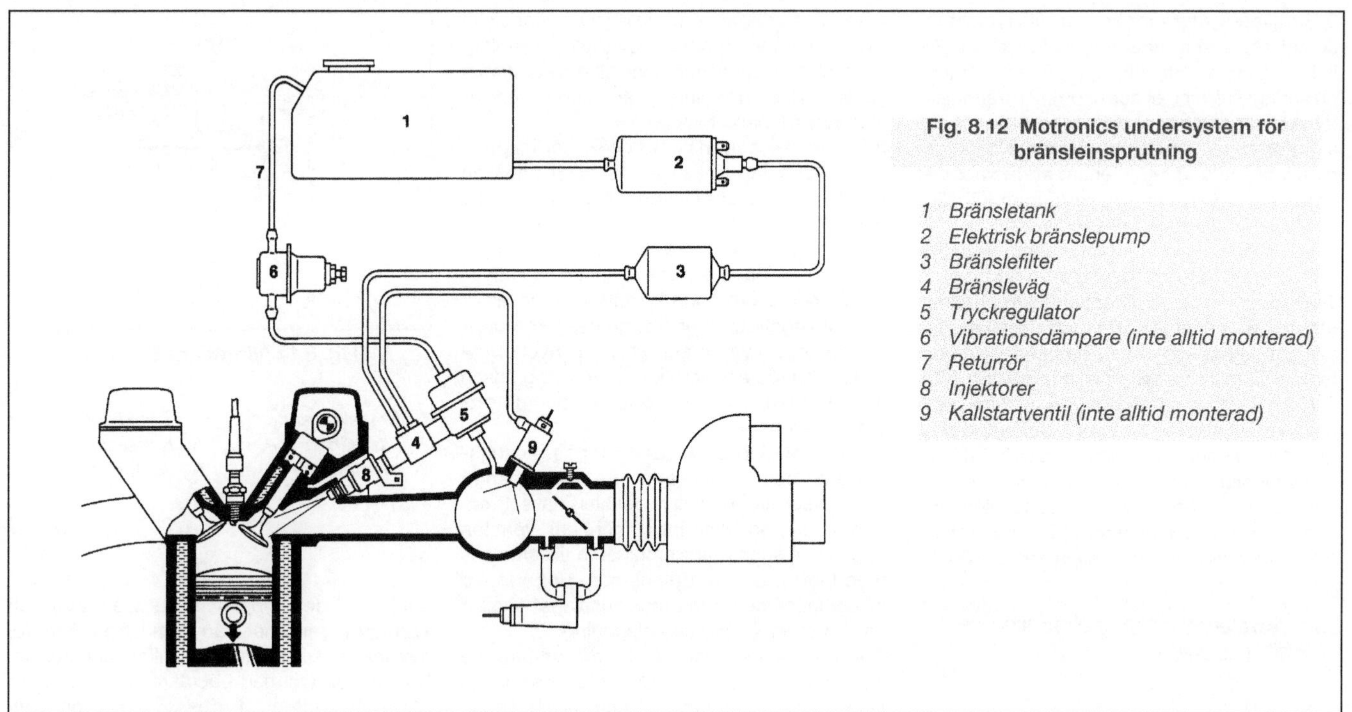

Fig. 8.12 Motronics undersystem för bränsleinsprutning

1 Bränsletank
2 Elektrisk bränslepump
3 Bränslefilter
4 Bränsleväg
5 Tryckregulator
6 Vibrationsdämpare (inte alltid monterad)
7 Returrör
8 Injektorer
9 Kallstartventil (inte alltid monterad)

6 Motronic - undersystem för bränsleinsprutning

1 Bränsleinsprutningsdelen i detta motorstyrsystem är, i det närmaste, det samma som L Jetronic-systemet som beskrevs i kapitel 7 **(Fig. 8.12)**. Bränsle pumpas genom systemet av en rullcellspump och passerar genom ett pappersfilter till bränslevägen dit injektorerna är kopplade. En tryckregulator säkerställer att **tryckskillnaden** mellan pumptrycket och insugsröret är konstant. För att uppnå detta är ena sidan på regulatorn kopplad till trycket i bränslevägen och den andra sidan är kopplad till grenröret. Mängden bränsle som sprutas in beror inte endast på körtrycket utan även på trycket dit bränslet sprutas in.

2 Komponenterna visas i **Fig. 8.13**. Lägg märke till att i både **Fig. 8.12** och **8.13** finns möjlighet att ansluta en kallstartsventil, som inte är nödvändig i senare modeller av Motronic.

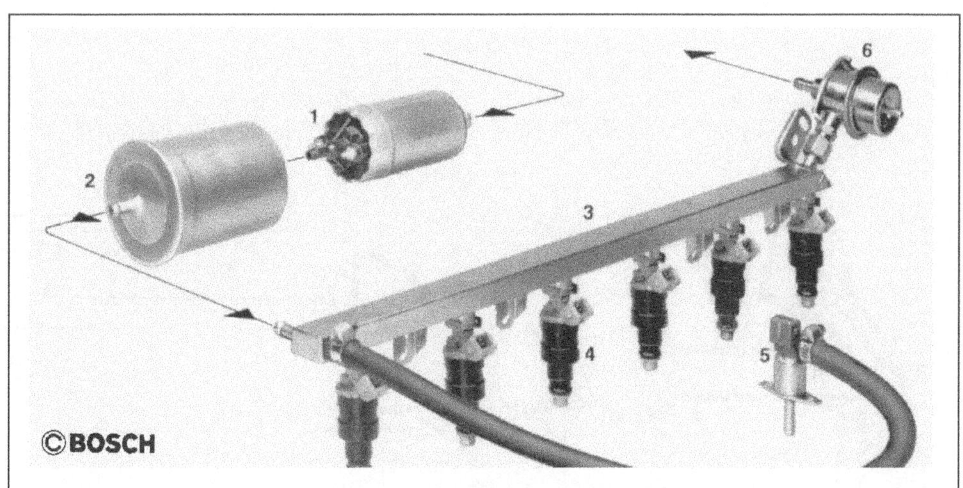

Fig. 8.13 Komponenter i bränslematningen

1 Elektrisk bränslepump
2 Bränslefilter
3 Bränsleväg
4 Injektor
5 Kallstartventil (inte alltid monterad)
6 Tryckregulator

3 Somliga system innehåller en tryckvibrationsdämpare i returledningen (detalj 6 i **Fig. 8.12**). Denna har till uppgift att minska pulseringsstörningar som kommer från injektorerna när de öppnar och stänger. Denna typ av störningar kan även bildas vid tryckregulatorn **(Fig. 8.14)**. Genom att membranet böjer sig absorberas pulserna och känsligheten kan justeras med fjädertrycket.

4 Luftströmningen kan mätas med en sådan luftklaffgivare som beskrevs i kapitel 7. Graderingen på spårpotentiometern är sådan att det är ett linjärt samband mellan den insugna luftmängden och den spänning som matas till styrenheten som information **(Fig. 8.15)**. Lufttemperaturen vid luftintaget används av styrenheten som en korrektionsfaktor för att omvandla luftvolym till luftmassa. Vissa versioner av detta system använder en hettråds luftmassegivare och detta eliminerar behovet av omräkningar för olika temperaturer och höjder, vid beräkning av luftmasseflödet.

7 **Motronic** - signalbehandling för bränsleinsprutning

1 Den viktigaste variabel som styrenheten mäter för att bestämma tändläget är luftmängd per kolvslag **(Fig. 8.16)**. Luftmängden mäts med hjälp av luftklaffgivaren och antalet kolvslag av motorvarvtalsgivaren. Varierande korrektionsfaktorer tas med i beräkningen, inklusive speciella förhållanden vid tomgång och full belastning. Motorstart är en annan speciell omständighet där styrenheten erbjuder varierande bränslemängder till insprutningen.

2 Minimum- och maximumtider för insprutningen är inlagda i systemet. Det finns en minsta tid för bränsleinsprutningen och under denna gräns kan inte en fullt förbränningsbar blandning åstadkommas. Genom att man undviker detta gränsvärde minskas mängderna med oförbrända kolväten i avgaserna. Insprutningstider över maxgränsen kan uppstå om klaffgivaren slår upp för mycket vid t.ex. en snabb acceleration. Den övre gränsen är satt med en viss koppling till motortemperaturen.

3 Luft:bränsleblandningen skapas i insugsportarna och i cylindrarna. En exakt mängd bränsle sprutas på insugsventilen oavsett om den är öppen eller inte, men när ventilen öppnas så sugs bränslemolnet in tillsammans med luften. Den turbulens som uppstår vid insugnings- och kompressionsslaget skapar en homogen, finfördelad blandning.

4 Anpassningar har gjorts för varierande förhållanden som t.ex. kallstart, uppvärmning, acceleration, övervarvning och fullbelastning och detta behandlas i kapitel 7. Tomgången hanteras annorlunda i senare versioner av Motronic genom användandet av den roterande tomgångsaktivatorn (se avsnitt 4). Korrigeringar för olika höjder kan utföras med hjälp av signalerna från en lufttrycksgivare som gör det möjligt för styrenheten att korrigera värdena från luftklaffgivaren för avvikelser i luftdensiteten. Skillnader i bränslekvalitet kan tas med i beräkningarna av vissa Motronic-system. I dessa ställs en omkopplare om för att styrenheten skall välja den tändningsvinkel-belastnings-varvtalskarta som är avpassad för antingen premium- eller regularbensin. För regularbensin blir tändläget backad i de övre del- och fullbelastningsområdena.

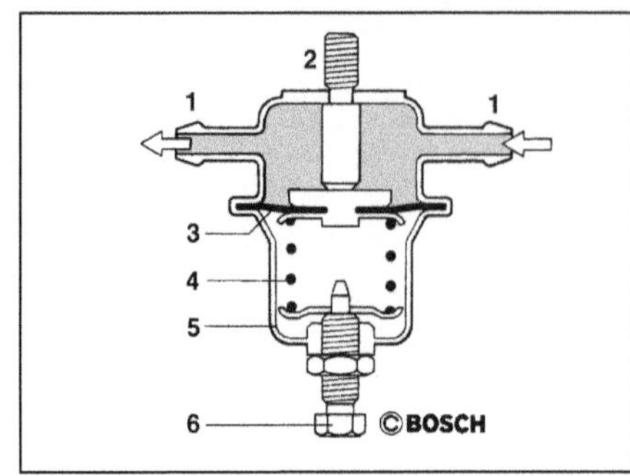

Fig. 8.14 Vibrationsdämpare

1 Bränsleanslutning
2 Fästgänga
3 Membran
4 Tryckfjäder
5 Kapsling
6 Justerskruv

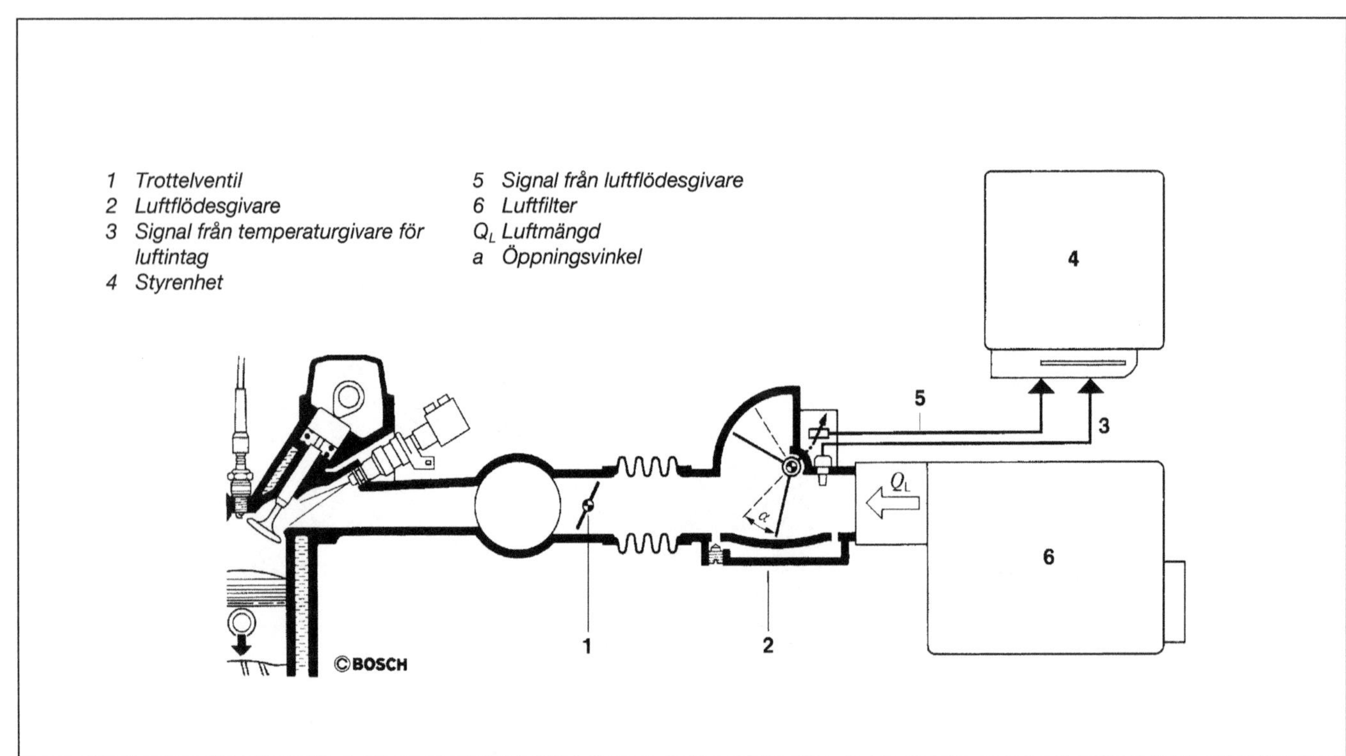

Fig. 8.15 Luftflödesgivare i insugssystemet

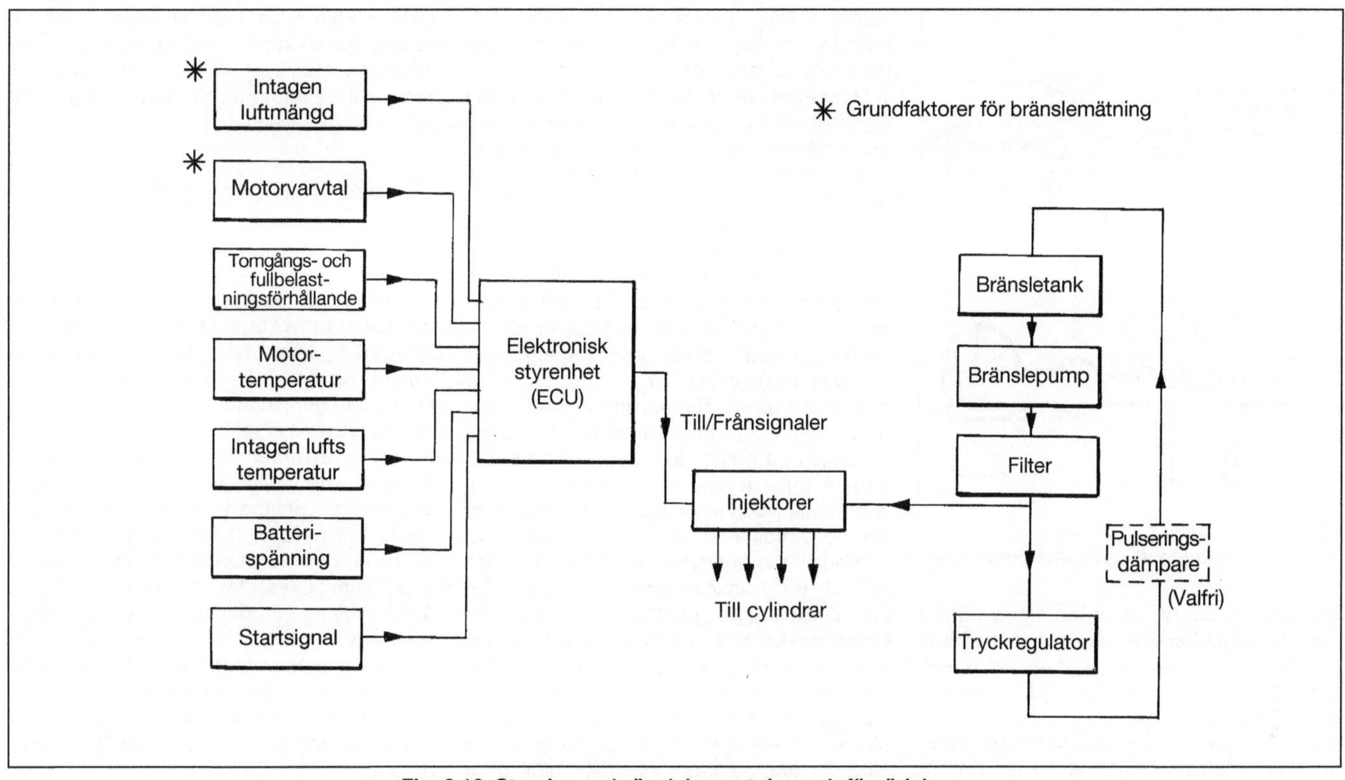

Fig. 8.16 Styrning av bränsleinsprutning och försörjning

8 Motronic - ytterligare möjligheter

1 Övervarvning förhindras genom att bränsleinsprutningspulserna dras in när en viss gräns uppnås för aktuell motor. Med en variation på plus-minus 80 varv per minut kopplas bränslepulserna till och från för att begränsa varvtalet som framgår av **Fig. 8.17**.

2 Bränsleavstängning uppnås, med tanke på säkerheten, med ett relä som styr bränslepumpen. Detta relä kontrolleras av styrenheten med hjälp av en effekttransistor i utgångssteget. Ingen ström flyter från transistorn till relät om inte motorvarvtalet överskrider en minimivärde. Så om motorn stannar, även med tändningen påkopplad, pumpas inget bränsle till injektorerna. Detta är speciellt viktigt vid en eventuell olycka.

3 Tändningsfrånslag. För att förhindra att tändspolen blir överhettad om tändningen glöms påslagen när motorn är stoppad, stänger styrenhetens mikroprocessor av tändningen när motorvarvtalet sjunker under 30 varv per minut.

4 Knackningskontroll. Systemet finns tillgängligt utan knackningskontroll, men detta brukar numera ingå i kopplingen - se kapitel 6 för detaljer. Om det gäller en turboladdad motor kan knackningen kontrolleras genom att tändläget backas eller genom att en utloppsventil öppnas som släpper ut en del av den turbokomprimerade luften. Ingen av dessa metoder är tillräcklig för sig själv; backad tändning kan orsaka oönskad uppvärmning av den avgasdrivna turbinen och om trycket minskar genom att ventilen öppnar kan det medföra att motorn går dåligt. En bra lösning åstadkoms genom att båda metoderna används samtidigt. Resultatet av backat tändläge visar sig omedelbart medan det tar längre tid innan effekterna av tryckminskningen märks. Efterhand som tryckminskningseffekterna blir märkbara, återställs tändläget till orginalinställningen.

5 Återcirkulation av avgaser. En liten mängd avgaser återleds till luftintaget och resultatet blir att mängden kväveoxider, NO_x, minskas i avgasutsläppet genom nyförbränning. Men detta kan allvarligt påverka körbarheten vid tomgång, vid låga varvtal och vid belastning samt om motorn är kall. När återcirkulation används så finns en kontrollkarta i styrenheten. Med hjälp av denna kan

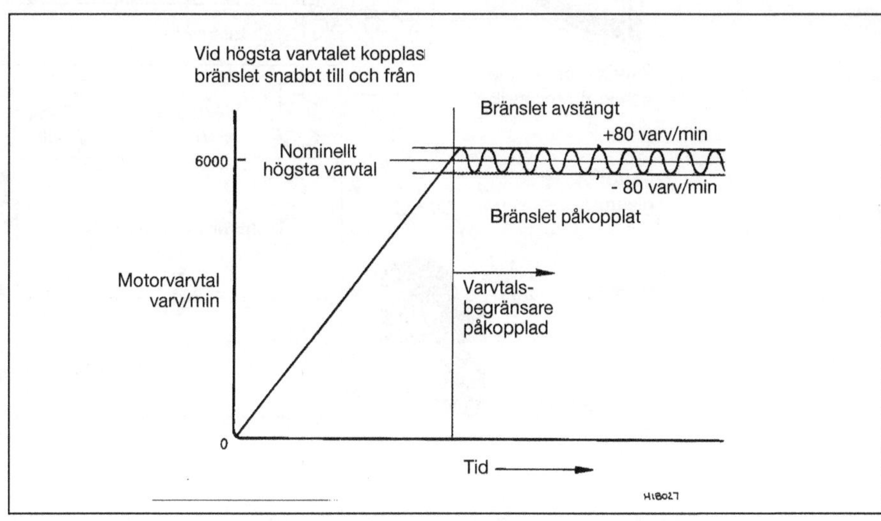

Fig. 8.17 Varvtalsreglering genom bränsleavbrott

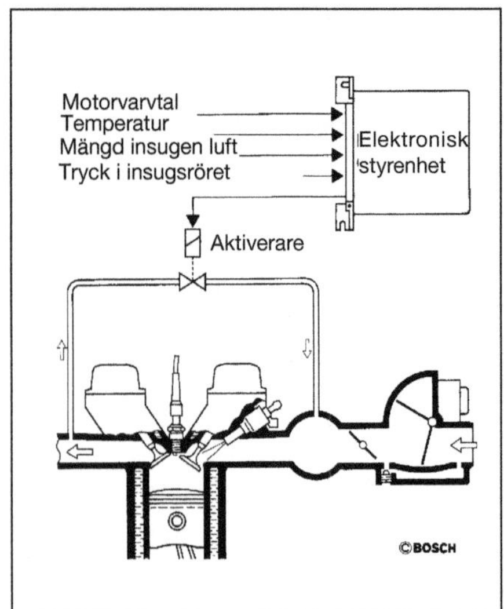

Fig. 8.18 Styrning av avgasåtercirkulation

styrenheten öppna en variabel pneumatisk ventil för avgasåterledningen och på det sättet bestämma hur mycket avgaser som skall återcirkuleras beroende på aktuella förhållanden **(Fig. 8.18)**.

6 Lambdagivare för avgasernas syreinnehåll. Motronic-systemet hanterar mätvärdena från Lambdagivaren och utför erforderliga beräkningar på det sätt som beskrivits tidigare i boken. Se kapitel 7.

7 Gaspedal med länk. Den mekaniska länken mellan gaspedalen och trottelventilen kan ersättas med en potentiometer som är integrerad med gaspedalen. Spänningen som uppstår över potentiometern leds till styrenheten som beräknar hur stor trottelventilöppningen skall vara. Denna signal skickas sedan till trottelventilaktivatorn. Aktivatorn ställer därefter in trotteln till korrekt position. Systemet kan byggas ut till en farthållare som håller fordonets hastighet konstant för långkörningar.

8 Växelstyrning för automatväxel. Motronic-systemet har förmåga att styra växlingen i automatväxellådor. Detta resulterar i förbättringar av bränsleekonomin, vridmoment och livslängden på växellådan. De nödvändiga insignaler som krävs är luftflöde, motorvarvtal, trottelbrytare och varvtal på transmissionens utgång plus positionssignaler, prestandaprogram och kick-down-kontakt. Utgångarna styr transmissionens tryckregulator och solenoidventiler. Växelväljarkontroll som sparas i styrenhetens minne påstås vara effektivare än den hydrauliska motsvarigheten. Olika program för växelval kan sparas och väljas för olika förhållanden som t.ex. ekonomi, manuell växling och sportig körning. Motronic-enheten kan backa tändläget när växelbyte sker för att det skall genomföras mjukare. I **Fig. 8.19** visas ett blockschema.

9 Elektronisk styrenhet

1 Styrenheten baseras på digital elektronik och liknar i mycket enheten som beskrevs i kapitel 6. En fördel med att styra tändning och insprutning med bara en styrenhet är att man använder gemensamma givare. Systemupplägget visas i **Fig. 8.20**.

2 Visa givarvärden är analoga och måste omvandlas till digitala värden. För detta syfte används en analog-till-digital omvandlare. Denna omvandlar värden för t.ex. batterispänning och temperaturgivarspänningar till pulser som representerar värdet i digital form.

3 Givare som från början lämnar pulserande signaler som till exempel motorvarvtalsgivaren och vevaxelpositionsgivaren, skickar sina signaler via en pulsformare. Dessa kretsar gör om signalen till de skarpa och rena fyrkantsvågor som är lämpade för mikrodatorn.

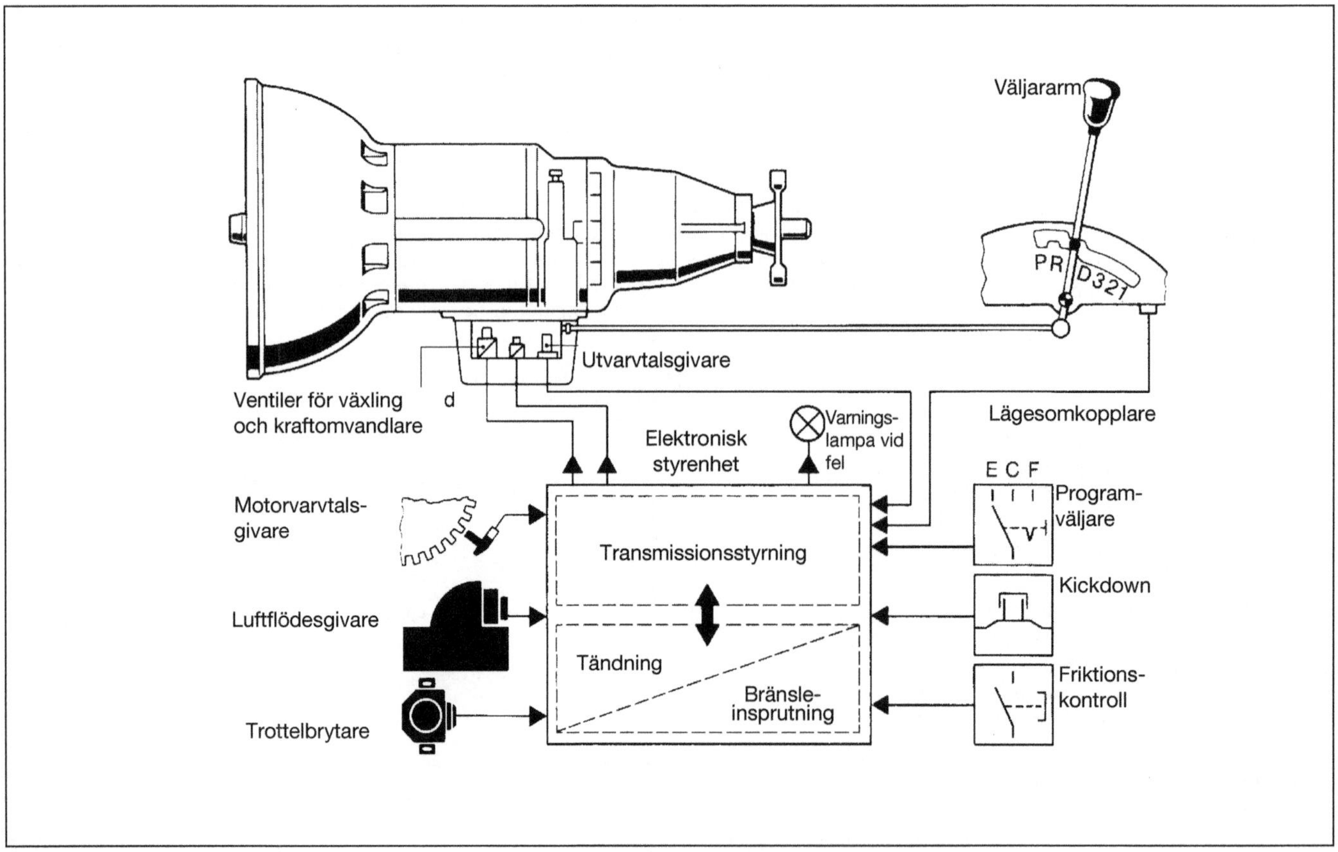

Fig. 8.19 Automatisk växellådsstyrning

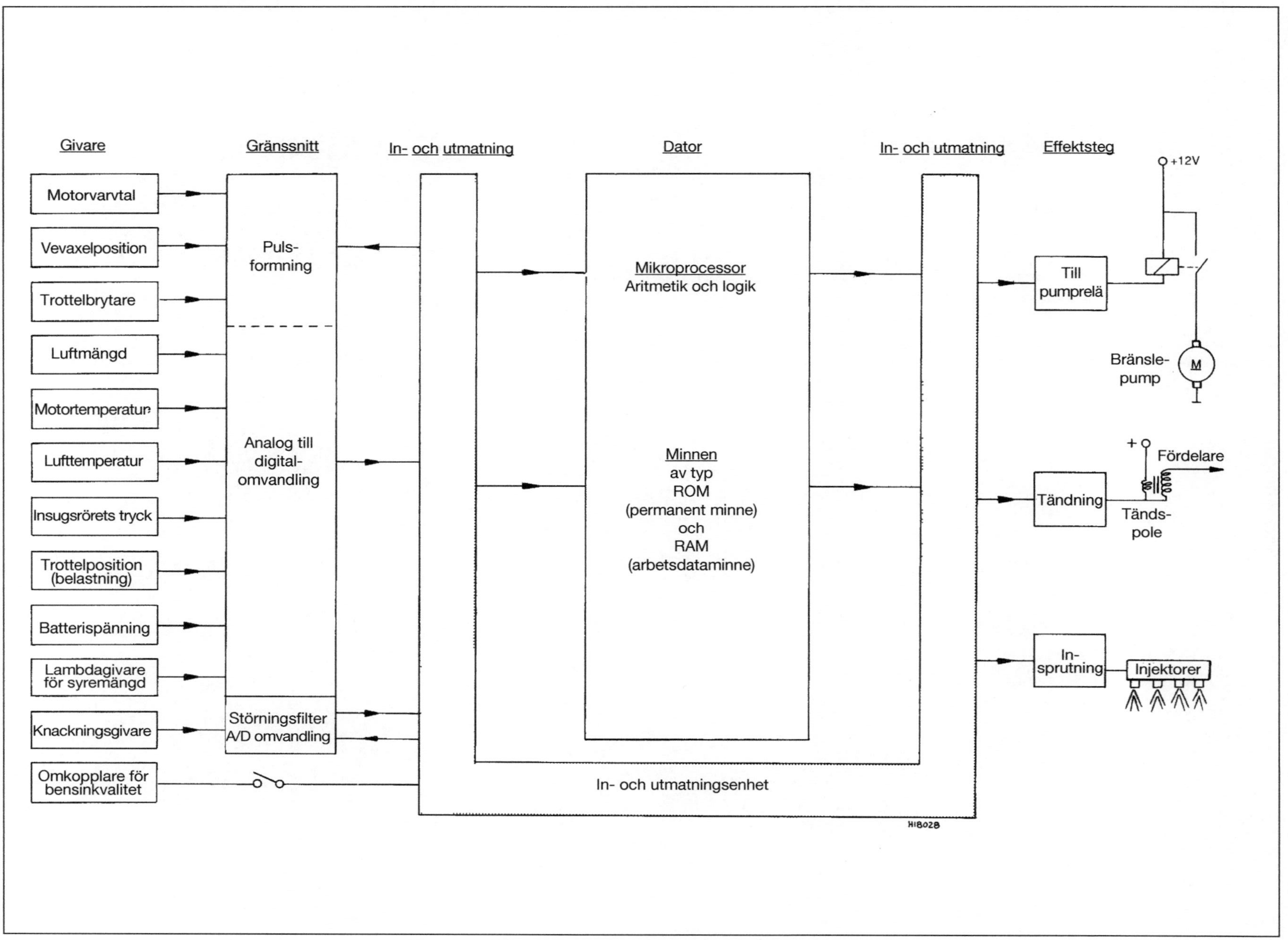

Fig. 8.20 Motronic-motorstyrsystem

Anteckningar

Kapitel 9
Tändstift

Innehåll

1 Tändstiftet

1 I princip är tändstiftet en enkel anordning som har till uppgift att se till att ett par elektroder kommer in i cylinderutrymmet. Till dessa elektroder leds sedan högspänning från tändsystemet och följden blir att en gnista skapas vid korrekt tid och på rätt plats för att tända bränsleblandningen. Tändstiftet uppfanns 1860 av Jean Lenoir och ser i princip fortfarande likadant ut. Men i praktiken är det resultatet av mycket forskning och teknologisk utveckling.

2 Tändstiftet arbetar i motorns förbränningskammare under svåra förhållanden. Till exempel kan temperaturen i förbränningsrummet nå 2 500°C och trycket kan bli upp till 50 kg/cm^2. Tändstiftet utsätts för plötsliga förändringar i temperatur och tryck, från den heta förbränningstemperaturen till den relativt sett låga temperaturen hos den inkommande bränsleblandningen. Tändstiftet måste tåla höga spänningar, mekaniska vibrationer och korrosiva attacker från förbränningsgaserna.

2 Konstruktion

1 Tändstiften består av tre huvuddelar - fästet, elektroderna och isolatorn **(Fig. 9.1)**.

Isolator

Isolatorns uppgift är att säkerställa att högspänningspulsen inte läcker till jord inne i tändstiftskroppen. Isolatorn fyller också en uppgift när det gäller värmeavledningen och bestämmer delvis tändstiftets värmeområde. Isolatorn tillverkas av en blandning som innehåller aluminiumoxid (Al2 O3) och ett fyllnings-medel. Isolatormaterialet är i början ett råämne som uppvärms i en högtemperatursugn där det krymper med upp till 20% **(Fig. 9.2)**. Den exponerade ytan glaseras sedan för att förebygga att smuts fastnar eftersom det kan utgöra en risk för strömläckage. Isolatorns effektiva längd ökas genom att fem flänsar formas runt den som strömmen måste ta sig över vid läckage.

Isolatorn innehåller centrumelektroden och anslutningsskruven.

Vid summering av isolatorns uppgifter framgår det att den måste besitta:

(a) Mekanisk styrka
(b) Högt isolationsmotstånd
(c) Bra värmeledningsförmåga

Fästet

Fästet tillverkas av stål och är gängat för att kunna skruvas in i topplocket. Den övre delen är sexkantig för att fastdragningsverktyg ska kunna användas. Ytan är elektropläterad med nickel för att förhindra korrosion, hålla gängan ren och förhindra att det fastnar, det sista är

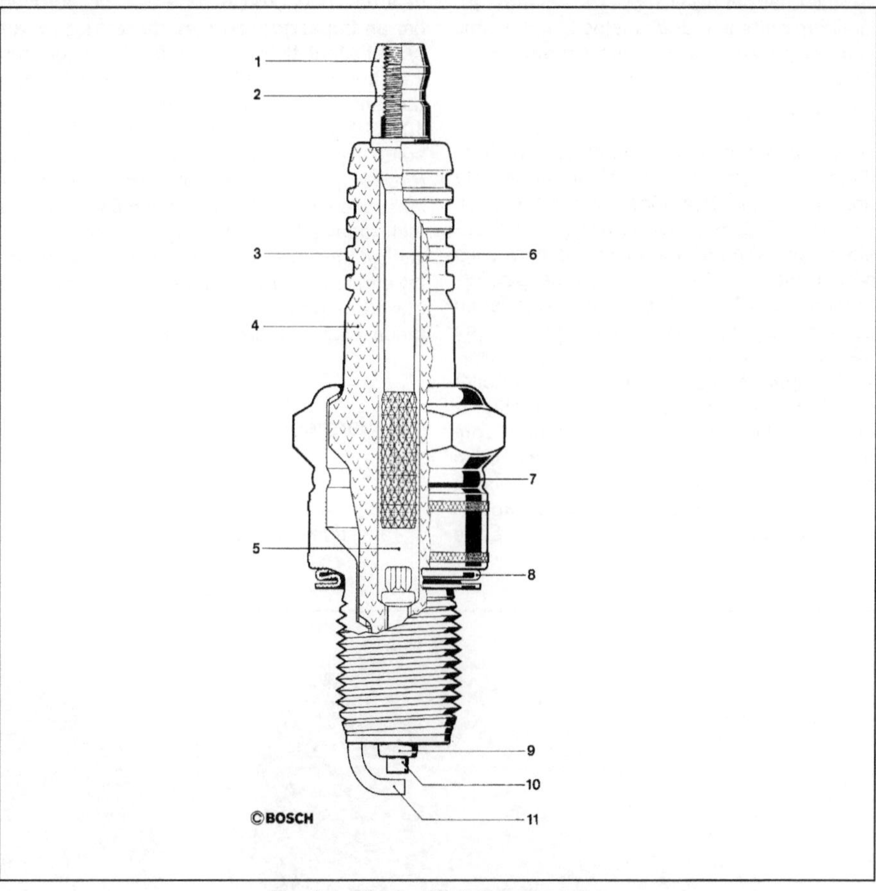

Fig. 9.1 Tändsstiftets konstruktion

1 Anslutningsmutter
2 Anslutningsgänga
3 Läckströmsbarriär
4 Isolator (Al_2O_3)
5 Speciell ledande glasförsegling
6 Anslutningsbult
7 Pressad och värmekrympt passning
8 Fastsatt yttre packningsbricka (vid tändstift med plant säte)
9 Isolatorspets
10 Centrumelektrod
11 Jordelektrod

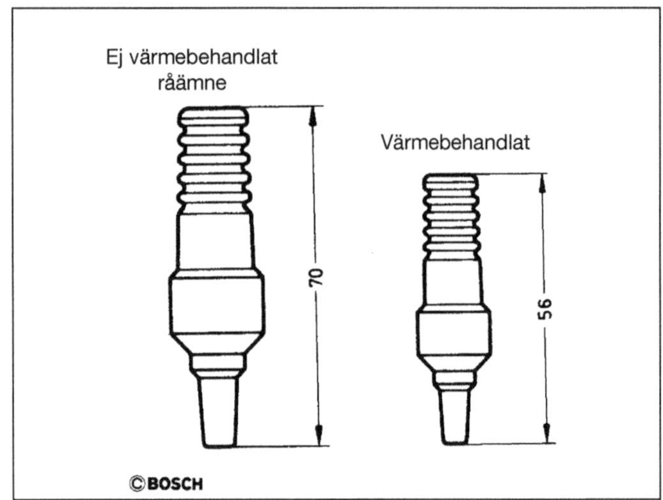

Fig. 9.2 Tändstiftsisolator före och efter värmebehandling

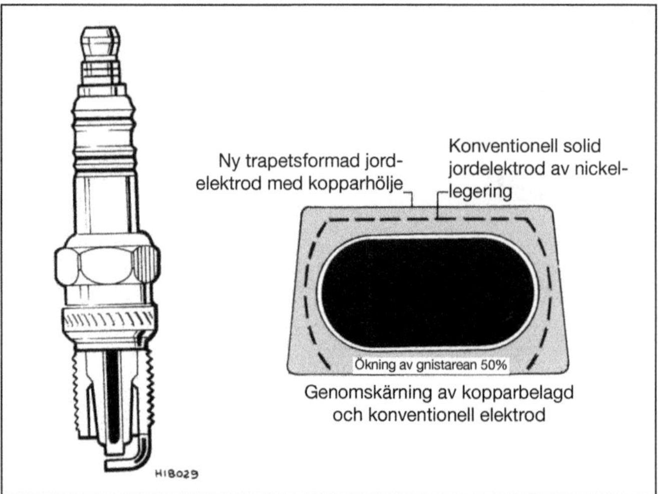

Fig. 9.3 Champions dubbelkoppartändstift

viktigast när det gäller topplock av lättmetall. Isolatorn sätts in i tändstiftsfästet och kläms samt värmekrymps på plats genom induktionsvärme under högt tryck.

Elektroder

Elektrodmaterialet är vitalt för tändstiftets funktion eftersom det skall underlätta gnistbildningen, tåla höga temperaturer och vara kemiskt korrosionsbeständigt. Centrumelektroden kan hållas på plats på flera olika sätt. Bosch använder en ledande glasförsegling och NGK och Champion använder en pulverförsegling som tätar öppningarna mellan elektroden/isolatorn och isolatorn/-stålkroppen. Nickellegeringar är ett lämpligt elektrodämne men hos vissa tändstift är nicklet belagt med ett kopparskikt som underlättar värmeavledningen. Jordelektroden är svetsad till stålkroppen och är vanligen rektangulär till formen. Champions dubbelkoppartändstift har kopparhölje på både centrum- och jordelektroden. Jordelektroden har en trapetsformad genomskärning för att på det sättet skapa en större yta som gnistan kan hoppa över till. Det påstås att detta tändstift har en arbetstemperatur som är 100°C lägre än de som har en jordelektrod av solid nickellegering **(Fig. 9.3)**. Eftersom förslitningen av den kopparbelagda jordelektroden är mindre så är det möjligt att göra elektrodavståndet 0,15 mm större än på vanliga tändstift. Det är ett vedertaget faktum att ett större elektrodavstånd förbättrar både startförmågan och möjligheten att effektivt tända magrare bränsleblandningar.

3 Värmeområde

1 Tändstiftets förbränningsände måste arbeta inom de ungefärliga temperaturgränserna 400°C till 800°C. Under 400°C kan inte tändstiftet bränna bort de sotavlagringar som bildas vid förbränningen och mycket över 800°C ökar oxidnedsmutsningen och elektrodförbränningen. Vid 950°C blir tändstiftsspetsen så vitglödgad att den kontinuerligt tänder bränsleångorna - självantändning. Vid självantändning uppstår skador på kolv och tändstift **(Fig. 9.4, 9.5 och 9.6)**.

2 Värmeflödet från tändstiftet har med viss noggrannhet uppmätts av tillverkarna och det visar sig att ca. 91% av värmen leds iväg via gängorna och packningen till motorblocket och att resterande 9% försvinner genom strålning från tändstiftsskalet och den öppna isolatorytan **(Fig. 9.7)**.

3 Dessa värden tar inte hänsyn till den avkylningseffekt som uppstår via den inströmmande bränsleblandningen, men lämnar en informativ bild av situationen. Till exempel

Fig. 9.4 Tändstift med skada från för tidig tändning

Fig. 9.5 Kolvtopp med hål orsakat av för tidig tändning

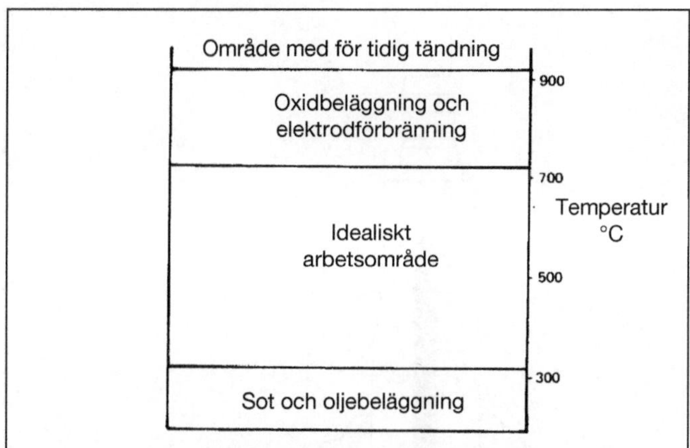

Fig. 9.6 Tändstiftets arbetstemperatur

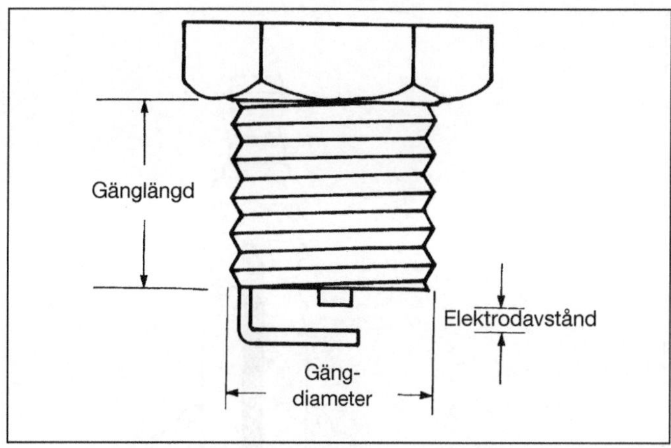

Fig. 9.8 Viktiga dimensioner på tändstiftet

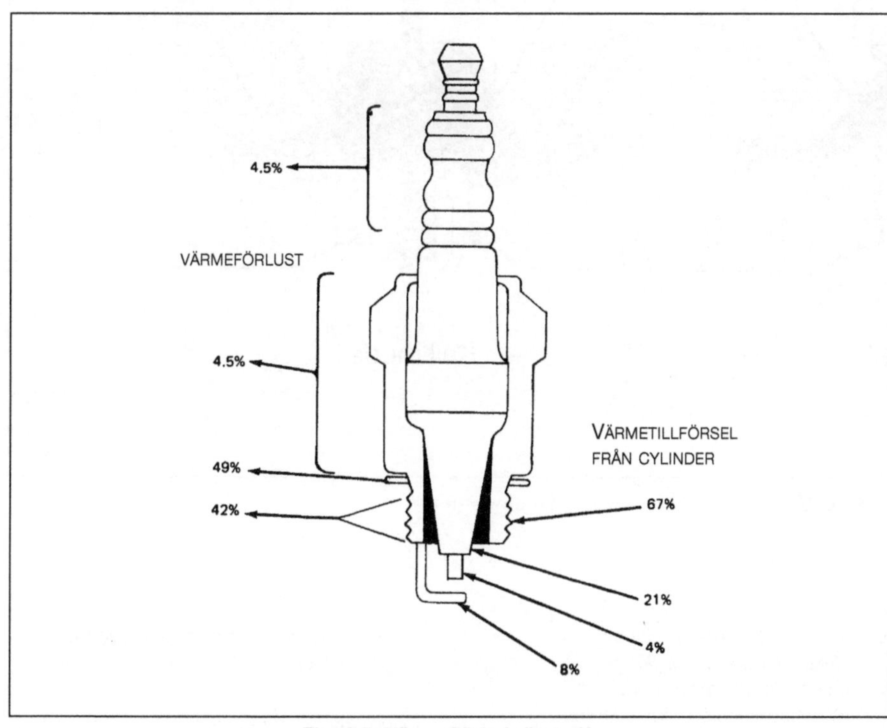

Fig. 9.7 Värmeflöde i tändstift

visas det tydligt att det är viktigt med korrekt inpassning och åtdragning eftersom den påmonterade packningen på egen hand svarar för hälften av värmeavledningen. Om tändstiftet inte får god kontakt med sätet kan det medföra att tändstiftet blir överhettat.

4 Inget tändstift kan vara det rätta för alla arbetsförhållanden. Vissa tillverkare gör en uppdelning mellan stadskörning och ihållande motorvägskörning. Tändstiftets viktigaste dimensioner finns i bottenänden och **Fig. 9.8** visar viktig statistik som MÅSTE vara korrekt.

5 För att elektroderna skall ha rätt arbetstemperatur är det viktigt att de precis når in i förbränningsrummet. Om tändstiftet inte når in blir gnistan avskärmad från luft:bränsleblandningen och resultatet blir svår misständning och att sotavlagringar byggs upp. Kommer tändstiftet för långt in i förbränningsrummet blir elektroderna överhettade och det finns en viss risk att gängorna i topplocket och på tändstiftet blir skadade av överhettning **(Fig. 9.9)**.

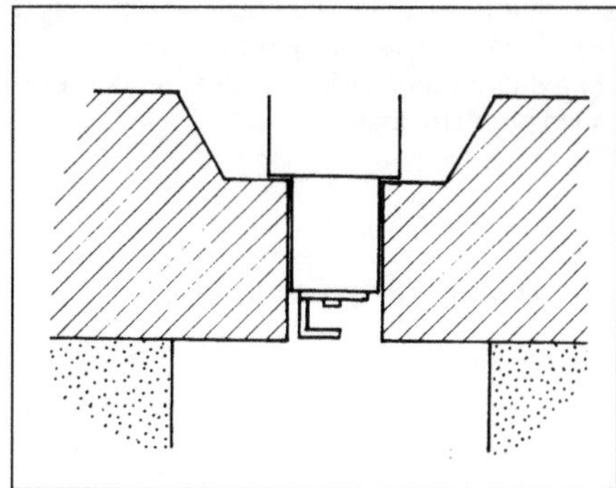

Fig. 9.9a För kort gänglängd

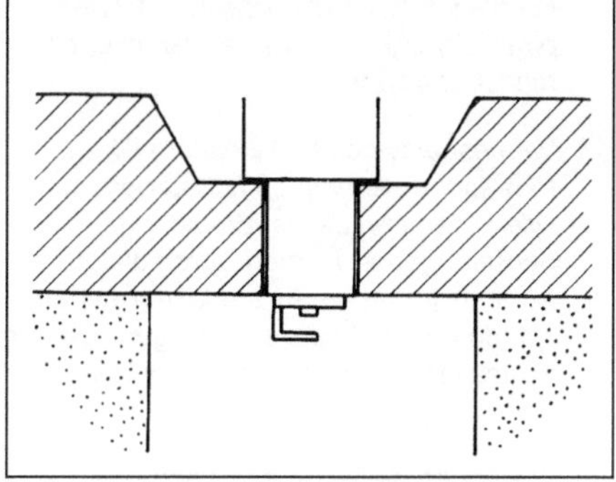

Fig. 9.9b Korrekt gänglängd

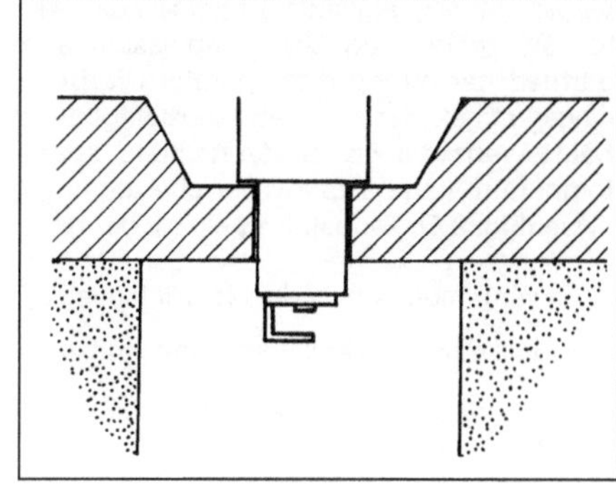

Fig. 9.9c För lång gänglängd

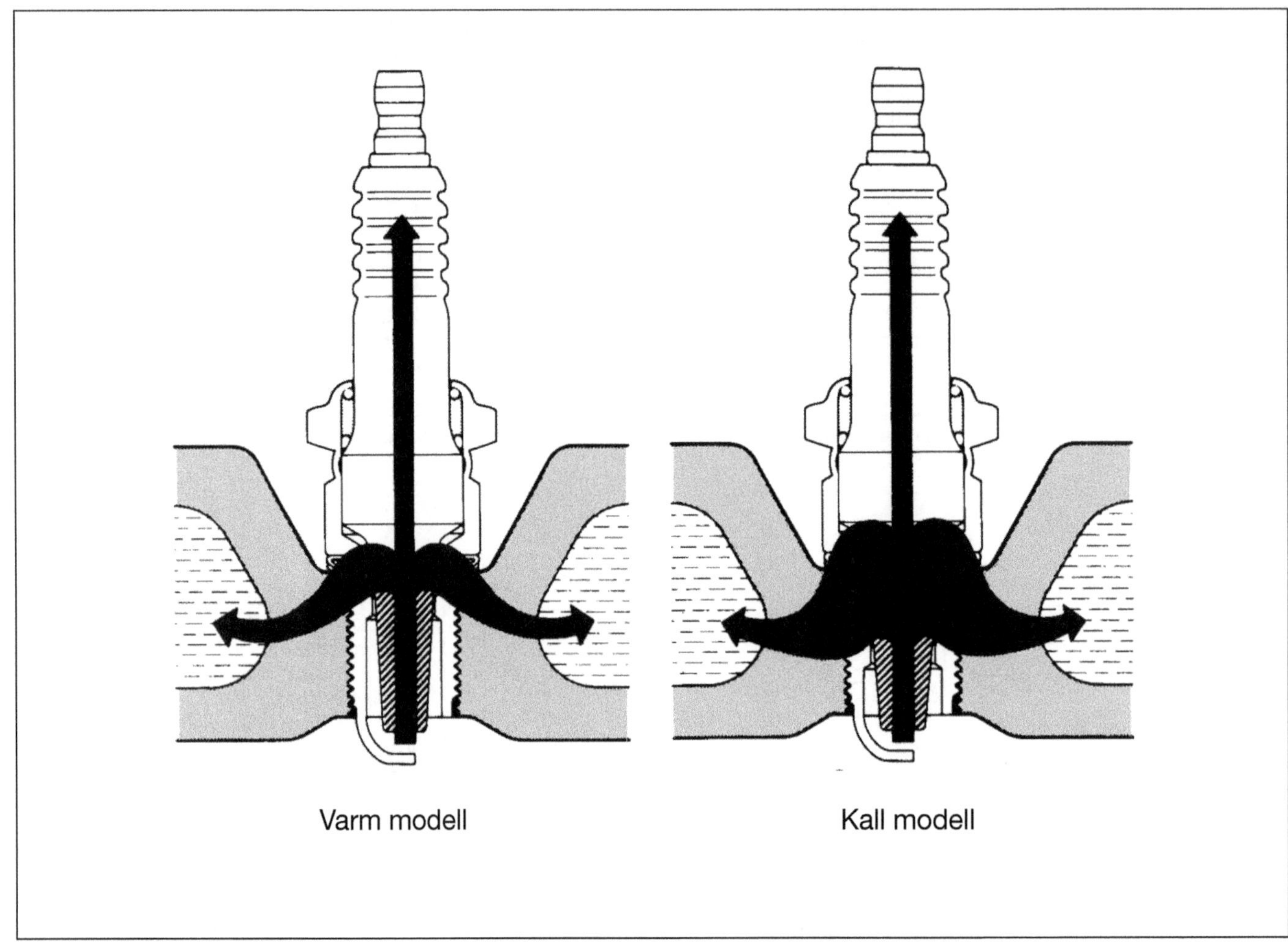

Fig. 9.10 Värmeflöde i varna och kalla tändstift

6 Tändstiften avleder värmen från centrumelektroden via spetsen på den omkringliggande isolatorn. En kort isolator lämnar lättare ifrån sig värmen till stålfästet än vad en lång och relativt tunn isolator klarar av **(Fig. 9.10)**.

7 En motor med hög kompression arbetar som regel vid hög temperatur och därför krävs att ett tändstift med bästa möjliga värmeavledning används. Det omvända gäller för en motor med låg kompression som därmed har en lägre temperatur i förbränningsrummet. Här krävs att tändstiftet har ett högre värmetal så att tändstiftets spetstemperatur kan hållas över oljebeläggningsnivån **(Fig. 9.6)**. Tändstiftsregeln blir därmed:

En varm motor använder ett kallt tändstift

En kall motor använder ett varmt tändstift

Ibland benämns varma tändstift "mjuka" och kalla tändstift "hårda".

8 Tändstiftets arbetstemperatur (värmeområde) beror på fyra faktorer - se **Fig. 9.11**:

(a) *Val av isolationsmaterial och elektrodernas konstruktion. Elektrodmaterial med god värmeledningsförmåga eller med kopparbeläggning avleder värmen bra.*

(b) *Längden på isolatorspetsen påverkar temperaturen. Den därmed avsedda längden är från isolatorspetsen till den punkt där den kan leda värmen över till tändstiftskroppen.*

(c) *Värmestrålningen från isolatorn till förbränningskammaren har att göra med kyleffekten från de inströmmande bensinångorna. Termen "turbo aktion" används för att beskriva effekten av den inströmmande bränsleladdningen och det påstås att den ger bättre skydd mot beläggningar.*

(d) *Avståndet mellan isolatorn och skalet är viktigt eftersom gas cirkulerar i detta utrymme. Det är här värmeutbytet mellan den utgående och den inkommande gasen sker.*

Genom att öka denna volym ökas tändstiftets förmåga att motstå lågtemperaturbeläggningar. Genom ökat avstånd förbättras kyleffekterna från den inkommande bränsleblandningen, vilket innebär att en längre isolationsspets kan användas. Dessutom ökas de avlagringsmängder som kan accepteras innan problem uppstår.

4 Undersökning av tändstift

1 Utseendet hos det använda tändstiftet indikerar förhållandena i motorn. Exempel på detta visas i färgbilderna längst bak i boken, på insidan av omslaget.

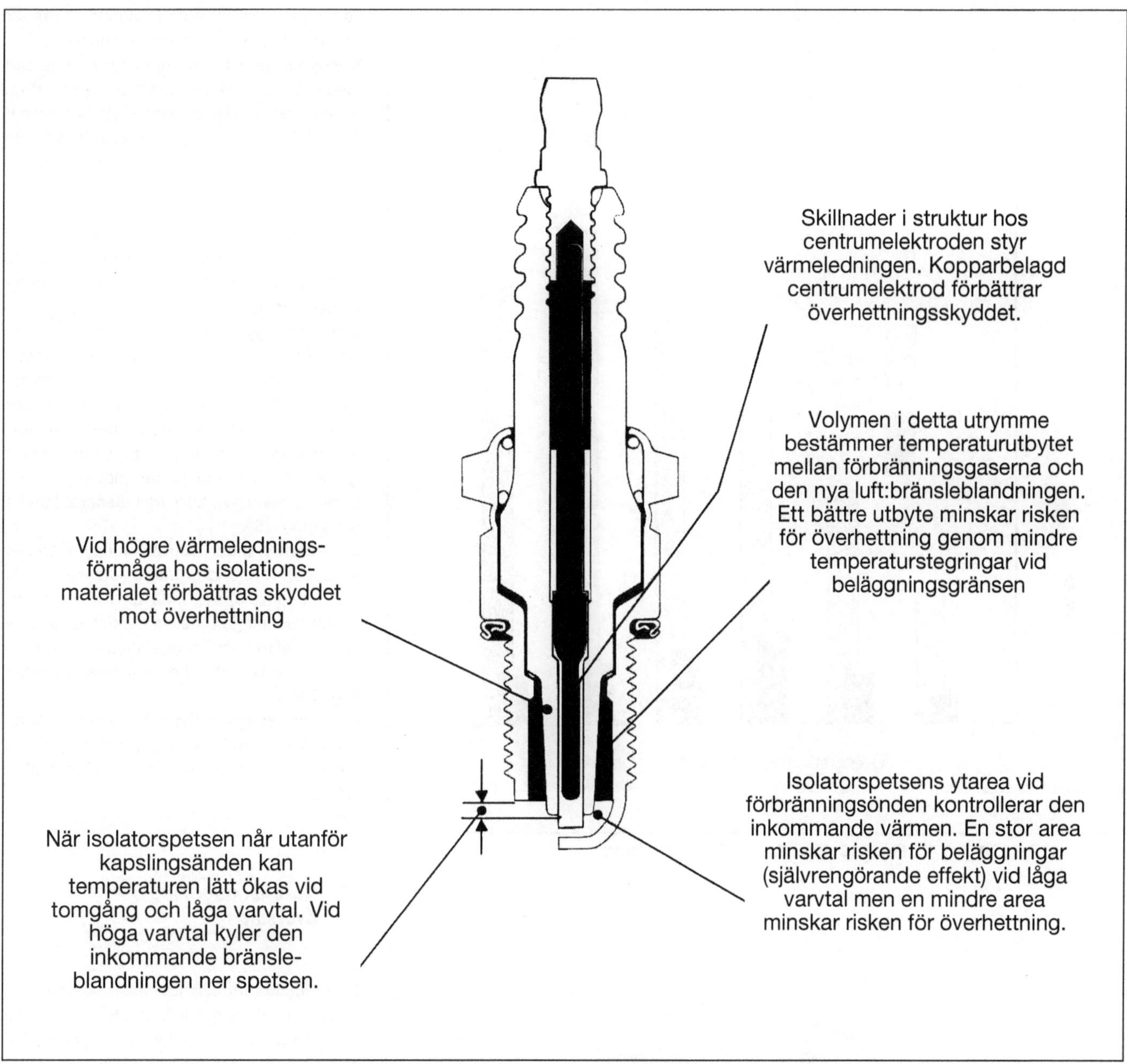

Fig. 9.11 Konstruktionens inverkan på tändstiftets värmeområde

5 Tändläge

1 Fel tändläge har en markant effekt på tändstiftstemperaturen. Genom att förställa förtändningen utanför tillverkarens värden kan en liten effektökning märkas, men temperaturökningen blir oproportionerligt större, vilket medför problem vid körning med hög belastning **(Fig. 9.12)**.

6 Tändstiftstyper

1 Tändstiften har säten som antingen är platta eller koniska **(Fig. 9.13)**. Tändstift med platt säte har en permanent fastsatt tätningsbricka och det är viktigt att stiftet skruvas in korrekt i topplocket. Är tändstiftet för löst åtdraget kan effekten bli självantändning av bränsleångorna eftersom värmeavledningen blir dålig. Dras det för hårt kan skador uppstå både på tändstifts- och topplocksgängorna. (För instruktioner om korrekt iskruvande, läs avsnittet om tändstiftsunderhåll.)

Tändstift med **koniska** (eller avsmalnande) säten använder ingen packning och kan tillverkas med ett smalare fäste. Dessa tändstift ökar i popularitet. Speciell noggrannhet måste iakttas när de skruvas i (se avsnittet om tändstiftsunderhåll).

2 På **standardtändstiftet** sticker gnistgapet ut alldeles under botten på tändstiftsgängan **(Fig. 9.14a)**.

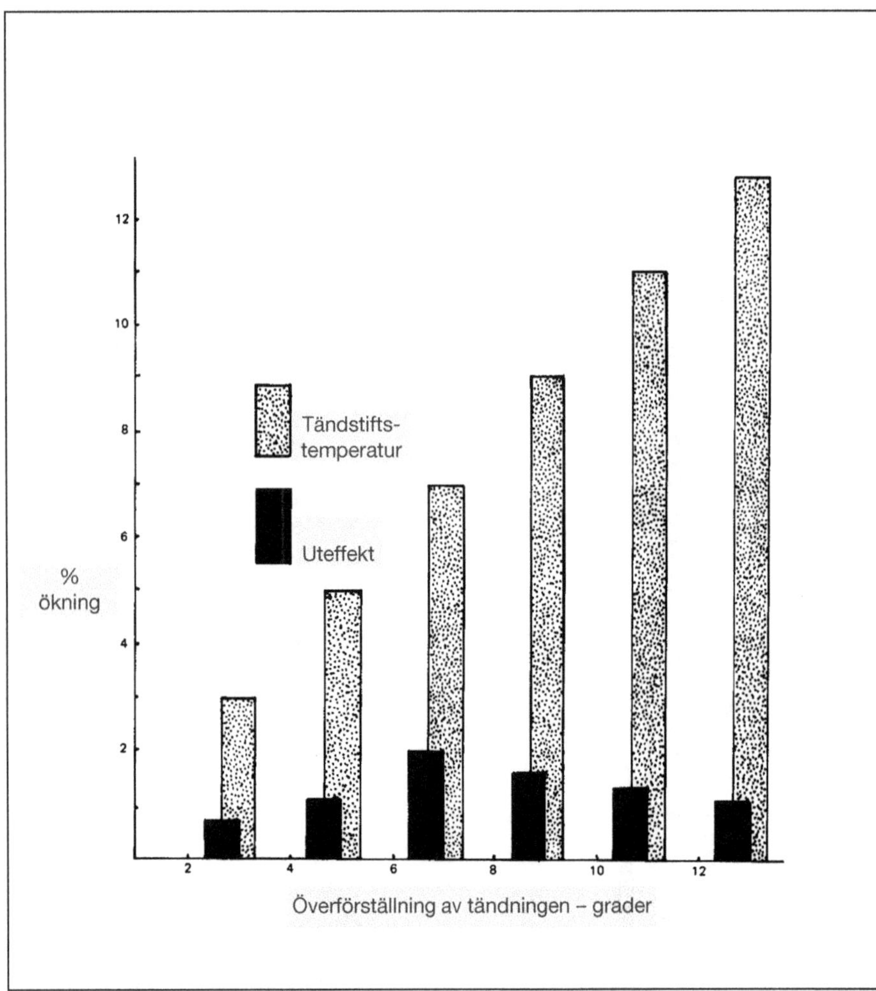

Fig. 9.12 Resultat av tändförställning

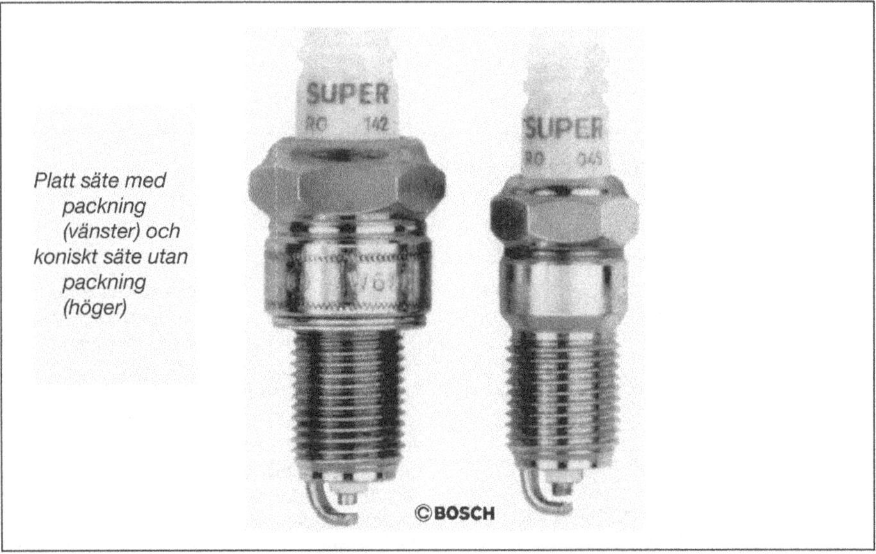

Fig. 9.13 Tändstift med platt- (vänster) och koniskt säte

Tändstift med standardisolationsspets är lämpliga för äldre motorkonstruktioner.

3 P-typer (en NGK-term) syftar på tändstift med en utstickande isolationsspets **(Fig. 9.14b)**. Det påstås att denna typ av tändstift har bättre skydd mot beläggningar och självantändning eftersom temperaturen i spetsen stiger snabbt vid tomgång och låga varvtal för att därefter lägga sig i självrengöringsområdet. Vid höga varvtal har den inkommande bränsleblandningen en kylande effekt. Den här tändstiftstypen är lämplig för moderna motorkonstruktioner.

4 Resistortyper har en resistor av kolblandning, ofta med resistansen 5 kiloohm, i centrumkärnan. Detta ger ett gott radiostörningsskydd eftersom det är mer effektivt att ha en undertryckningsresistor nära störningskällan - tändstiftet **(Fig. 9.14c)**. Denna typ av tändstift har under många år varit originalutrustning i bilar från General Motors och Ford i USA.

5 Tändstift med dubbla jordelektroder används i roterande motorer där stiften blir mer intensivt uppvärmda än i kolvmotorn. Avståndsökningen mellan elektroderna sker långsammare hos dubbelelektrodmodellen och det påstås att koloxidmängden **minskar** **(Fig. 9.14d)**.

6 Yturladdningständstift är konstruerade för kondensatortändningssystem och ger god gnistbildning även med beläggningar **(Fig. 9.14e)**.

7 Koronaurladdning och överslag

1 Vid fuktiga förhållanden eller när isolatorkroppen med flänsarna är smutsig, kan under mörker ett blekt, blått ljus ses vid högspänningsledarens kontakt och/eller vid tändstiftets isolering när motorn arbetar. Detta beror på att luften joniseras och delas upp i fria elektroner och positivt laddade joner i området med hög elektrisk spänning. Fenomenet är känt som koronaurladdning.

2 Effekterna på tändningen är minimal om inte koronan når anslutningsskruven vilket möjliggör överslag till metallfästet. Detta ger upphov till motormisständning **(Fig. 9.15)**.

3 Ibland har ett tändstift en fläck på isolatorn som verkar komma från en gasläcka. Det är i verkligheten en koronafläck och beror på att det elektriska fältet dragit till sig oljepartiklarna som finns kring motorn. Detta innebär dock, pga oljans höga resistans, ingen försämring av tändstiftets prestanda **(Fig. 9.16)**.

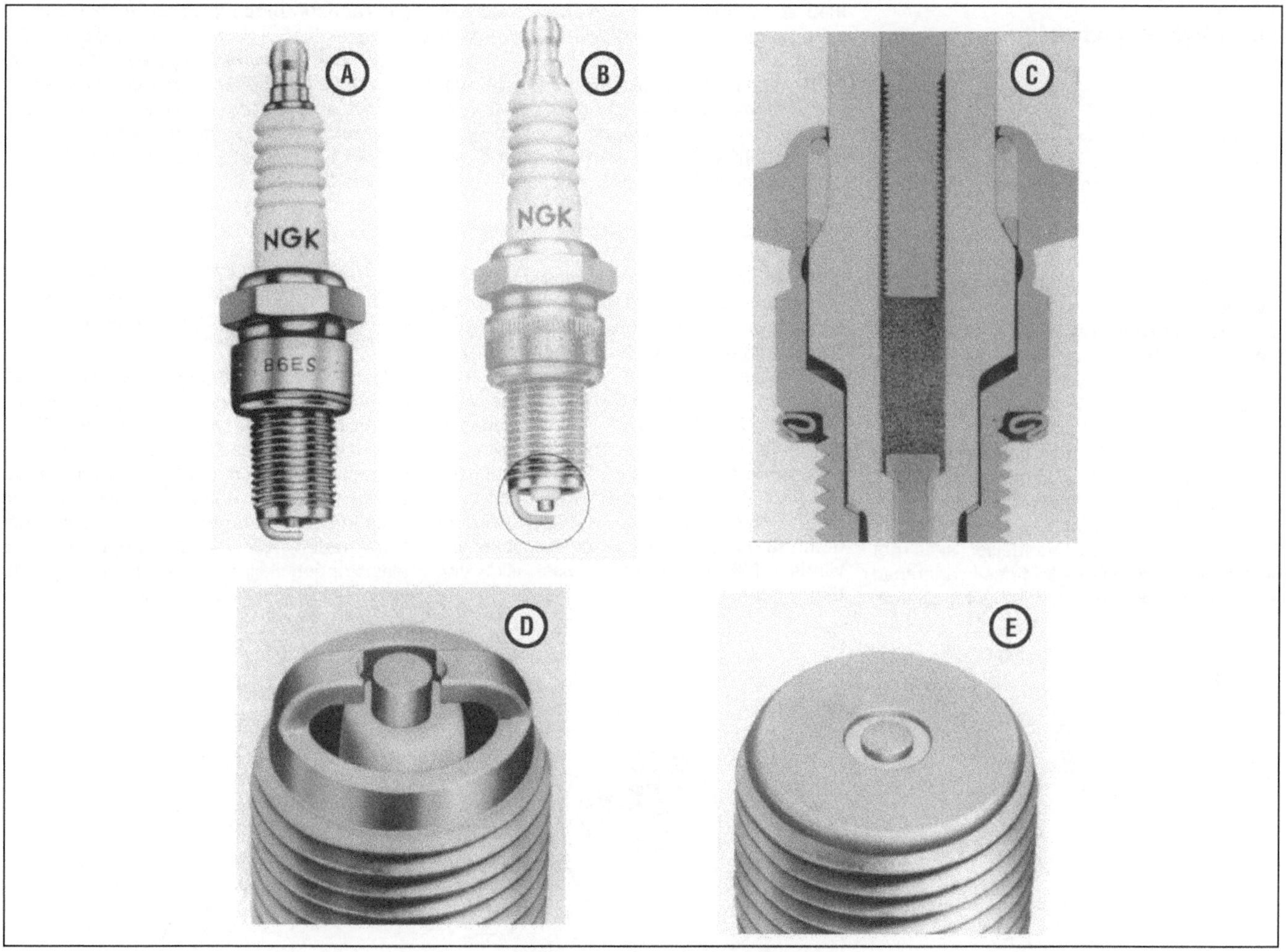

Fig. 9.14 Typer av tändstift

A Standard-modell	B P-typ (utstickande isolatorspets)	C Resistortyp	D Dubbla jordelektroder	E Yturladdnings-stift

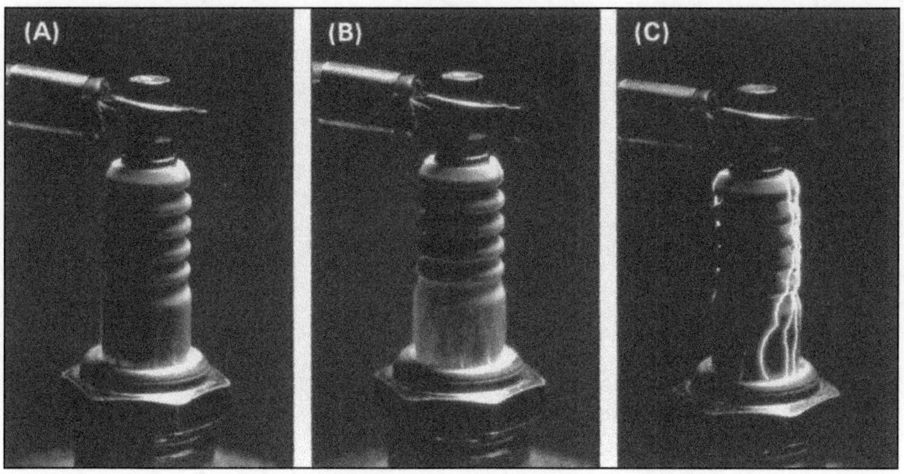

Fig. 9.15 Koronaurladdningen och överslag

8 Tändstiftsunderhåll

1 Tändstiften skall kontrolleras regelbundet med ett intervall på 5 000 km för att bibehålla topprestanda. Även tändstift med bra underhåll genomgår en successiv försämring och har en begränsad livslängd. Beroende på hur en bil används har tändstiften en ekonomisk livslängd på mellan 9 500 km och 16 000 km.
2 Tändstiften kan rengöras för hand men verkstäder brukar använda en blästerutrustning. Det är mycket viktigt att efteråt avlägsna alla slipmedelsrester med hjälp av tryckluft.
3 Manuell rengöring utförs bäst med hjälp av en fin ståltrådsborste. Rengör noggrant den yttre gängan, tändstiftsspetsen och elektroden. En hård, slipande borste kan skada tändstiftet och i alla händelser skall det kontrolleras att ingen tråd finns kvarlämnad efter rengöringen. Slutligen rengörs isolatorn med en tygtrasa indränkt med denaturerad sprit. Detta förhindrar bildandet av gnisturladdningsbanor.
4 När tändstiftet ska avlägsnas, skruva först ur det några varv och blås eller borsta bort eventuella rost- och skräppartiklar som ligger runt tändstiftsbasen. Tillåt inte under några omständigheter främmande material att ramla ner i cylindern genom tändstiftshålet.
5 Iskruvande kräver försiktighet, speciellt när topplocket är av lättmetall. Efter det att tändstiftsgängan rengjorts med en mässingsborste, applicera en GNUTTA lämpligt fett på gängan och skruva försiktigt för hand in början av tändstiftet. Skruva genast ur det igen om ett onormalt motstånd känns - det kan bero på snedgängning. En fabrikant (Bosch) anger att deras NYA tändstift redan är insmorda men alla tändstift som är begagnade skall fettas in. Tändstift skall helst dras fast med korrekt vridmoment med hjälp av en momentnyckel men det är ovanligt att detta utförs. Om inte en momentnyckel används är följande tillvägagångssätt tillräckligt **(Fig. 9.17)**:

(a) ***Tändstift med platta säten****. Skruva in tändstiftet så långt det går för hand. Sätt dit och vrid tändstiftsnyckeln tills dess att det första motståndet märks. Är det ett nytt tändstift som monteras, vrid därefter ytterligare 90°. Är det ett begagnat tändstift, vrid efter första motståndet bara ytterligare 30° för att täta det mot topplocket eftersom packningen komprimerats tidigare.*

(b) ***Tändstift med koniskt säte*** *skall vridas 15° efter det att det första motståndet märks. Detta gäller både nya och begagnade stift.*

6 Inställning av gnistgapet skall utföras med ett kombinationsverktyg som innehåller en elektrodjusterare och ett mätverktyg. Platta bladmått är inte de bästa för denna uppgift eftersom elektroderna kan vara ojämnt slitna. Bosch-satsen har en speciell tunn wire som sätts in i centrumelektroden på platinastiftet. När tråden går in så långt som till plaststoppet, skall tändstiftet bytas. **Fig. 9.18** visar hur BOSCH-måttet används.

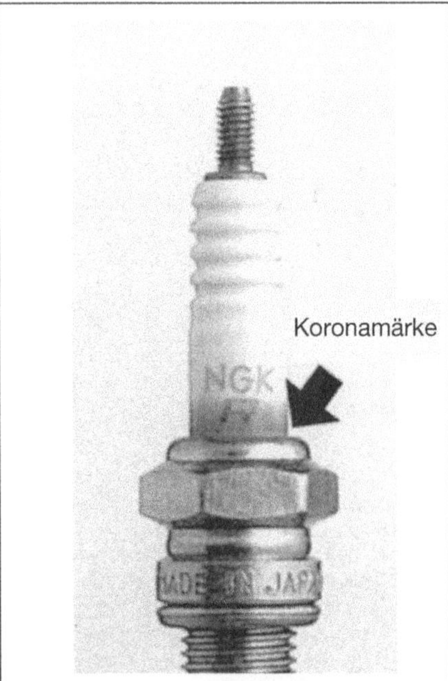

Ett borttaget tändstift har ibland en missfärgning på isolatorytan som ser ut som om gas läckt ut mellan isolatorn och ytskiktet, som på bilden. Denna missfärgning kallas allmänt för "Korona-märke".
Detta orsakas av att oljepartiklar, i luften runt isolatorn, dras till koronaurladdningen, laddas och sedan sätter sig på isolatorytan. Koronamärket inverkar inte på tändstiftets funktion.
Koronamärket orsakar inte övertändning eftersom det har tillräcklig isolering. Men fukt på isolatorn orsakar däremot övertändning.

Fig. 9.16 Koronamärken på isolatorn

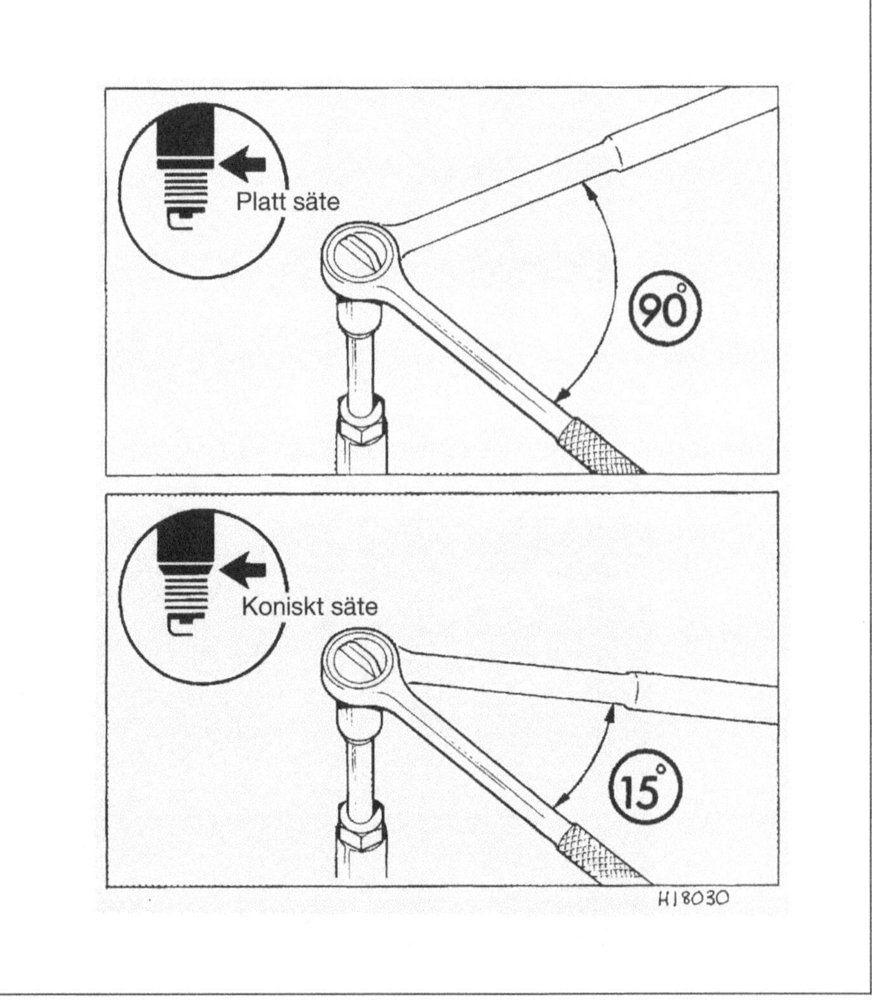

Fig. 9.17 Åtdragning av tändstift

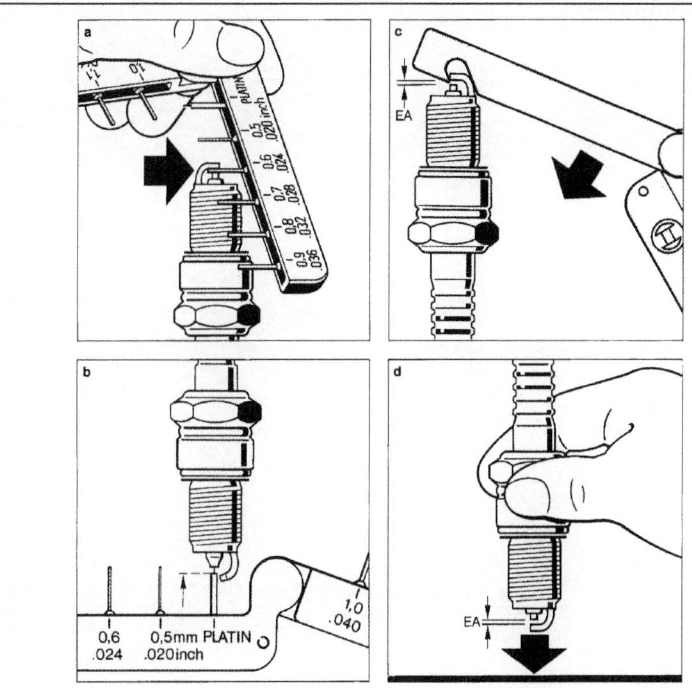

a) Mätning av elektrodavstånd (EA). Korrekt mättråd ska skall passera mellan elektroderna med knappt märkbart motstånd.
b) Kontroll av förslitning. Med jordelektroden tillbakaböjd sätts mättråden, för platinatändstiftet, in i hålet vid isolatorspetsen. Förslitningsgränsen är nådd när tråden går in till plaststoppet (se pil).
c) Ökning av elektrodavståndet; böj tillbaka med justeringsverktyget.
d) Håll tändstiftet som på bilden, knacka lätt och försiktigt jordelektroden vertikalt (i pilens riktning) mot en hård och jämn yta.

Fig. 9.18 Användning av Bosch tändstiftsbladmått

9 Dieselglödstift

1 Dieselmotorn behöver inget gnistrande tändstift för att tända bränslet eftersom detta uppnås genom att luft komprimeras i cylindern tills dess att den blir tillräckligt varm för att tända bränsleoljan när den sprutas in via munstycket.

2 Trots detta är det en fördel att för kallstartsförmågan värma antingen luften i insugsröret eller bränsle-luftblandningen i förbränningskammaren.

3 Glödstift **(Fig. 9.19)** har en inbyggd elektrisk resistansspole som strömförsörjs av batteriet. När motorn väl startat stängs strömmen automatiskt av. Glödstiften AG2 och CH2 är avsedda att värma luften i insugningsröret och därför är de konstruerade att värma en stor luftvolym så snabbt som möjligt. AG4 och CH4 är förkammarglödstift (förbränningskammarstift). Trådelementet är tåligt och har låg resistans och arbetar med bara 1 eller 2 volt, och därför monteras dessa element i serie med varandra och med ett förkopplingsmotstånd. AG60 och CH60 är skyddade, har högre resistans och kan arbeta med fordonets matningsspänning.

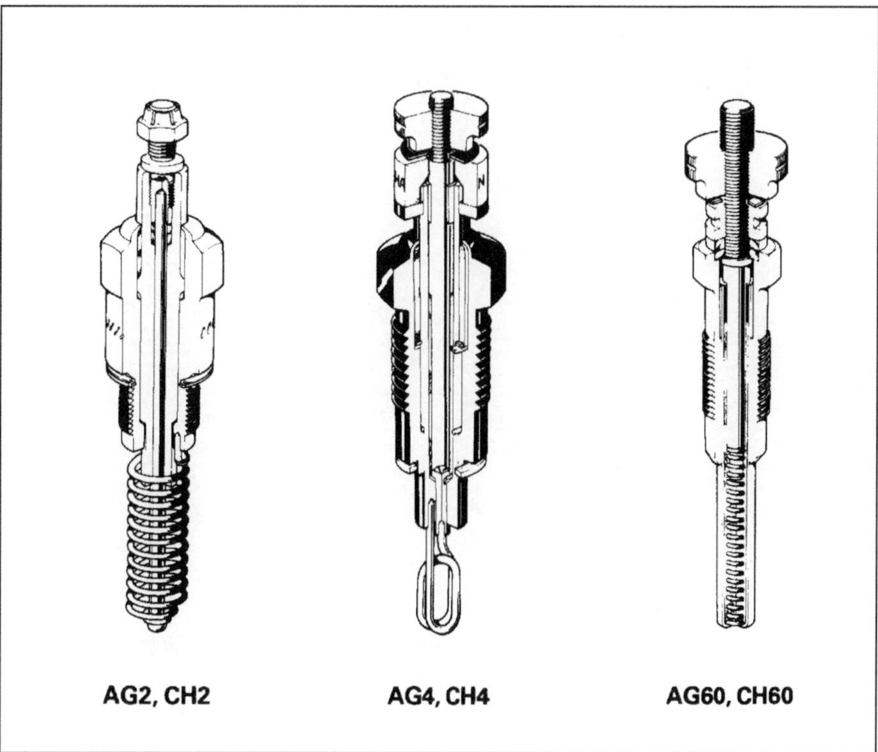

Fig. 9.19 Typiska glödstift för dieselmotorer

Anteckningar

Kapitel 10
Signaler och vindrutetorkare

Innehåll

1 Körriktningsvisare

1 Fr.o.m 1987 krävs att fordon är försedda med blinkande varningsljus framåt, åt sidorna och bakåt. Denna belysning skall vara gul i färgen och blinka oavbrutet med en frekvens som ligger mellan 60 och 100 blinkningar per minut. I Amerika används rött ljus. En signalvarningslampa skall vara monterad så att den kan ses av föraren och den skall blinka med samma frekvens som den yttre körriktningsvisaren. Effekten på glödlamporna skall vara mellan 15 och 36 watt för de främre och bakre lamporna. De sidmonterade blinkerslamporna skall vara på ca. 6 watt. Vid nödsituationer, som t.ex. motorfel vid vägkanten, skall alla blinkerslampor kunna arbeta samtidigt och kallas då varningsblinkers. För omkoppling till varningsfuktionen används en separat omkopplare. Det skall finnas möjlighet att upptäcka om ett lampfel uppstår och det visar sig vanligen genom att de hela lamporna arbetar med en annan blinkfrekvens. Ett kopplingsschema för körriktningsvisare visas i **Fig. 10.1** och för en varningsblinkerskrets i **Fig. 10.2**.

2 Tre olika typer av blinkkretsar används i fordon:

(a) Elektroniska
(b) Termiska
(c) Kondensator

Av dessa används den elektroniska enheten till alla nya och något tidigare fordon. Många termiska blinkkretsar används fortfarande men kondensatormodellerna, som finns i många varianter, är nu av mindre betydelse. **Fig. 10.1** visar en blinkenhet med två aktiva anslutningar. I äldre fordon kan enheter med tre anslutningar finnas, ett kretsschema för en sådan enhet visas i **Fig. 10.3**. Denna typ kan nu anses som föråldrad.

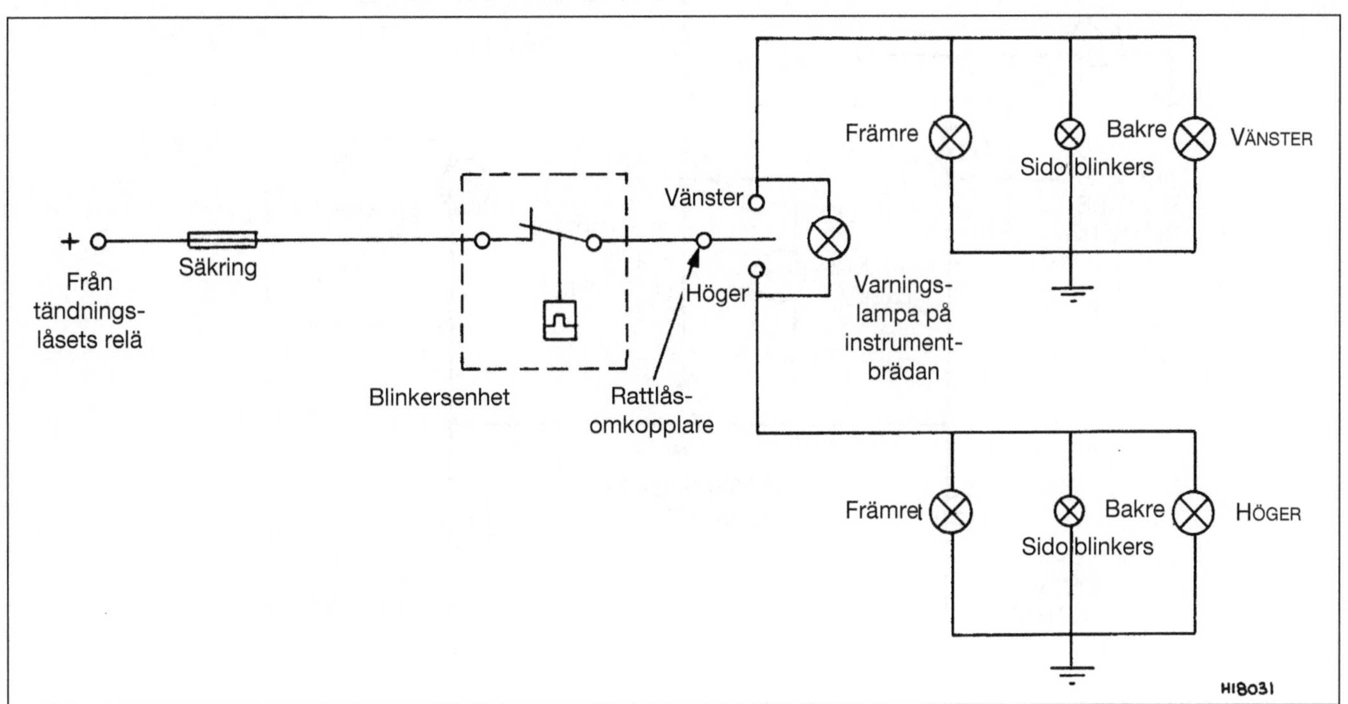

Fig. 10.1 Krets för körriktningsvisare

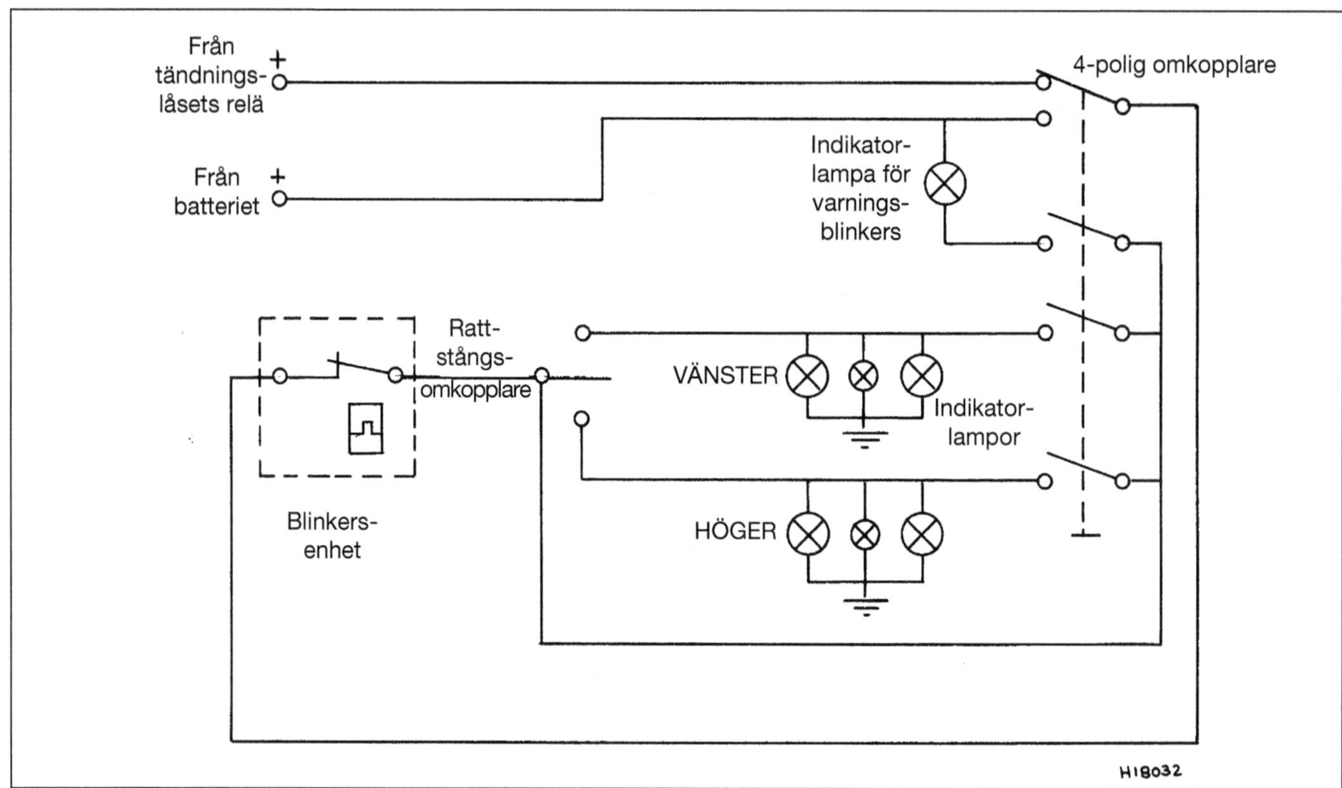

Fig. 10.2 Krets för varningsblinkers

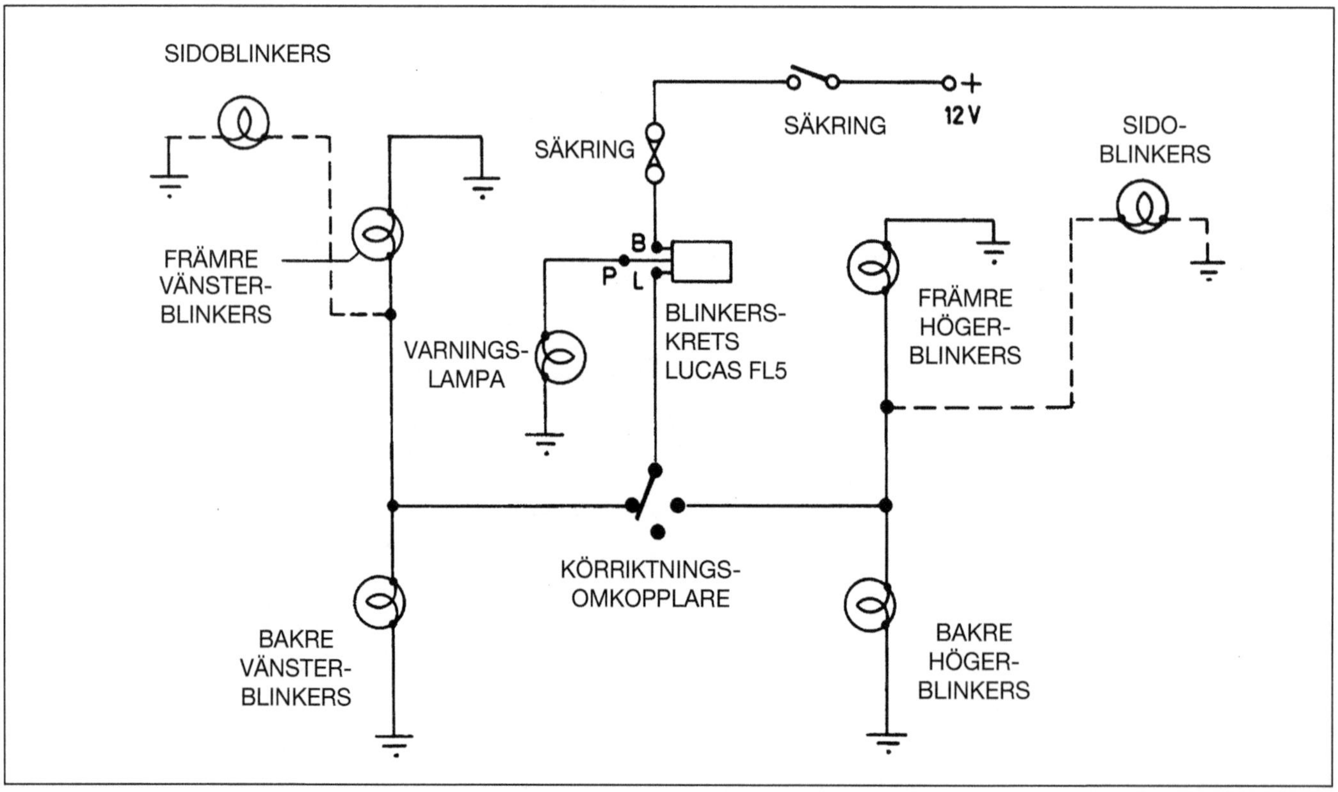

SIDOBLINKERS
SÄKRING
SÄKRING
12 V
SIDO-
BLINKERS
B
P
L
FRÄMRE
VÄNSTER-
BLINKERS
VARNINGS-
LAMPA
BLINKERS-
KRETS
LUCAS FL5
FRÄMRE
HÖGER-
BLINKERS
KÖRRIKTNINGS-
OMKOPPLARE
BAKRE
VÄNSTER-
BLINKERS
BAKRE
HÖGER-
BLINKERS

Fig. 10.3 Koppling av blinkersenhet med tre anslutningar

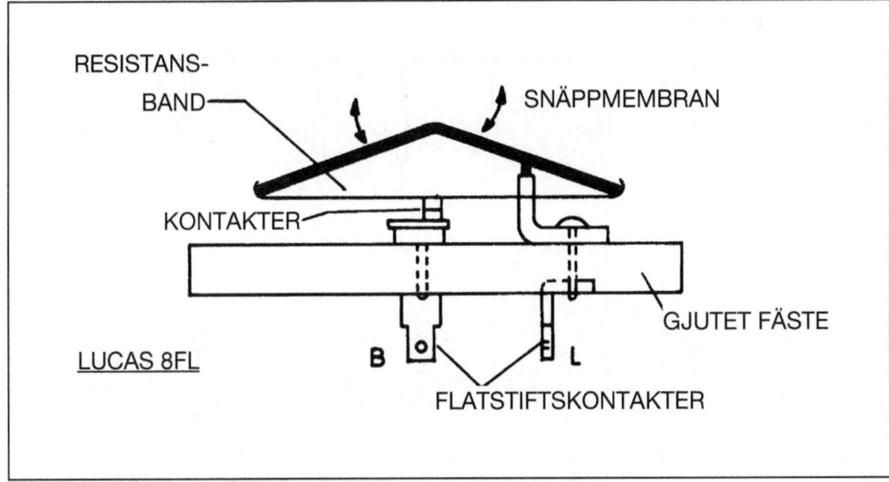

Fig. 10.4 Blinkersenhet med skiva

2 Termiska blinkenheter

Membrantyp

1 Vanligast är blinkersenheten av "klick"-typ med två anslutningar och den har i det närmaste helt ersatt den äldre varmtrådsmodellen med tre anslutningar. Även "klick"-modellen har numera ersatts av elektroniska enheter.

2 Fig. 10.4 visar dess konstruktion. Ett membran av fjäderstål är normalt i sin böjda position och hålls på plats av ett spänt resistivt metallband. När blinkersen kopplas på expanderar metallbandet som leder lampströmmen och därmed tillåts membranet att, med ett ljudligt knäpp, snäppa över i sin raka position. Detta öppnar också huvudkontakten och bryter uppvärmningsströmmen. När metallbandets temperatur sjunkit till en viss nivå, snäpper plötsligt membranet med ett knäpp tillbaka till sitt ursprungsläge. Denna enhet aktiverar blinkerslamporna i samma ögonblick som omkopplaren stängs.

3 Enheten har endast två anslutningar. Om ett lampfel inträffar, slutar vanligen blinkningsfunktionen att arbeta, med indikatorlampan och de övriga blinkerslamporna ständigt lysande.

Varmtrådstyp

4 Varmtrådsblinkersenheten finns fortfarande i vissa fordon och visas i **Fig. 10.5**. När körriktningsomkopplaren är påkopplad flyter ström genom värmartråden och spolen. Efterhand som värmartråden expanderar, rör sig huvudarmaturen, beroende på fjädertryck, och sluter huvudkontakterna. Under uppvärmningen förhindrar strömbegränsningsmotståndet att indikatorlampan lyser, men när huvudkontakterna sluts så kortsluts detta motstånd och ansluter indikatorlampan direkt till 12 voltsmatningen via spolen.

5 Den högre ström som uppstår i spolen magnetiserar järnkärnan och attraherar armaturen så att kontakterna sluts ordentligt. Magnetismen attraherar även den sekundära armaturen och sluter pilotlampans kontakter.

6 När den kortslutna värmartråden kyls ner, dras den ihop och kontakterna öppnar. Magnetismen minskar till ett lågt värde och primär- och sekundärarmaturerna återgår till sina ursprungslägen .

7 Om en indikatorlampa är trasig så minskar strömuttaget och blinkfrekvensen ökar. Dessutom kan det inträffa att sekundärarmaturen inte sluter kontakterna, vilket medför att varningslampan inte tänds.

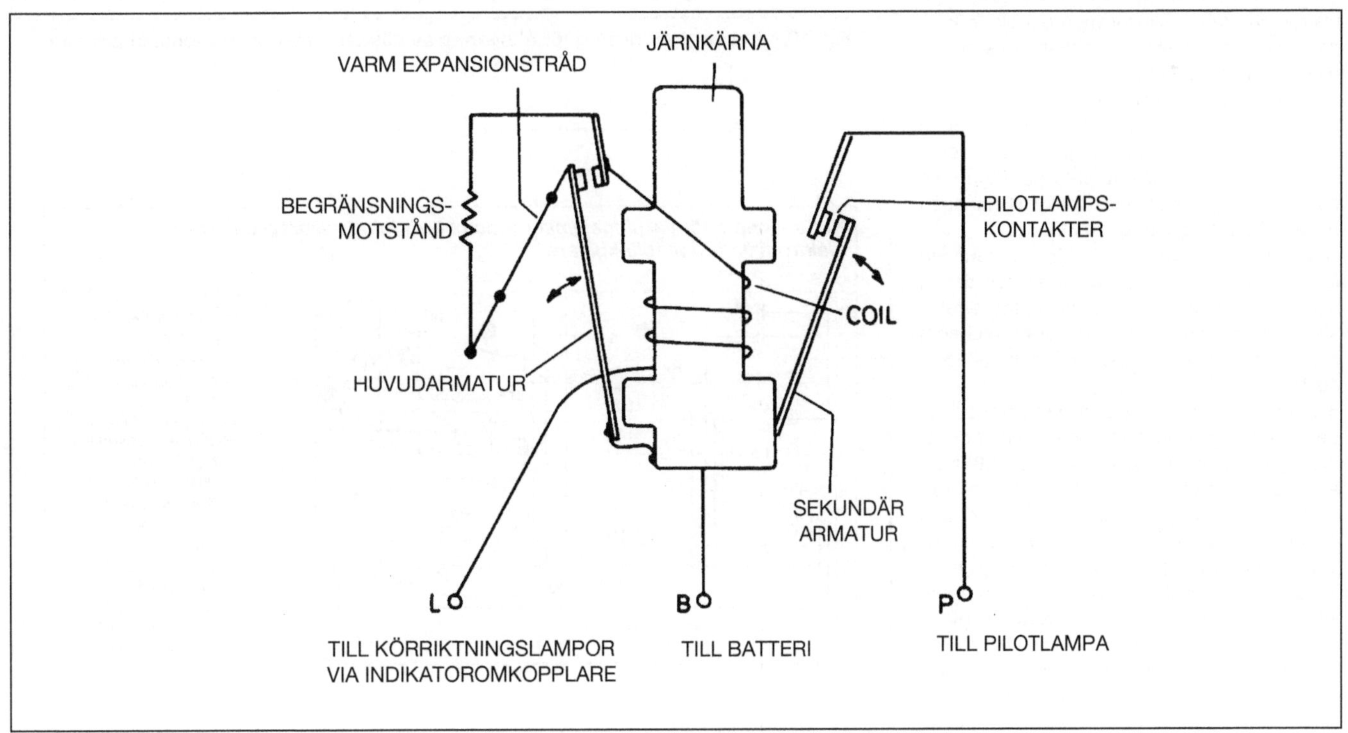

Fig. 10.5 Blinkersenhet med varmtråd

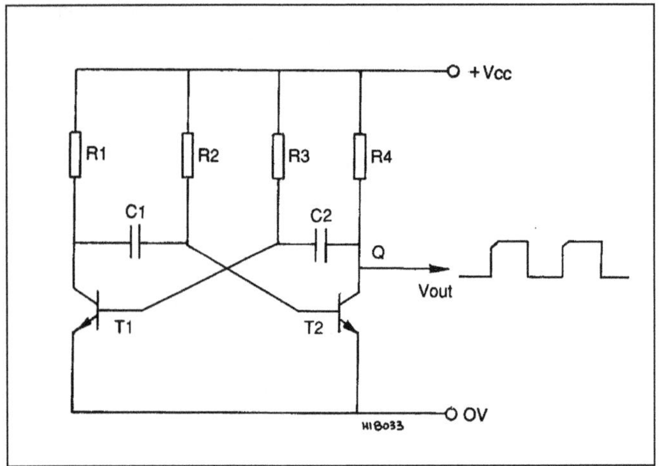

Fig. 10.6a Enkel multivibrator

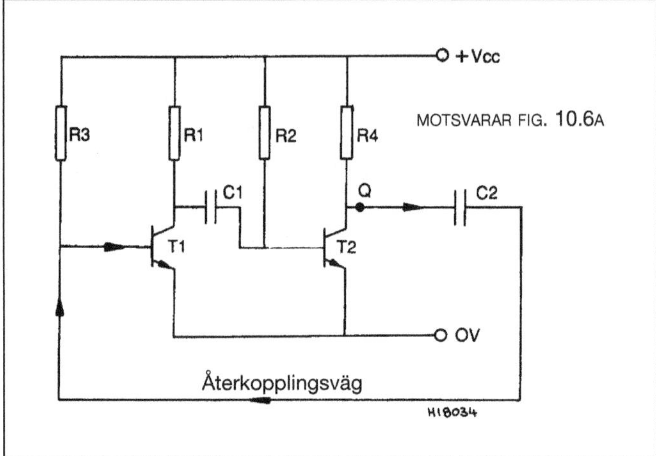

Fig. 10.6b Multivibrator som återkopplad förstärkare

3 Elektroniska blinkersenheter

1 Dessa enheter använder en multivibrator oscillator för att skapa TILL-FRÅN - fyrkantspulser och denna typ av blinkersenhet har blivit standardutrustning i passagerarbilar. Det finns flera fördelar med denna typi jämförelse med de termiska modellerna som t.ex. konstant blinkfrekvens oberoende av lampbelastning, möjligheter att få ljud- eller ljussignal om någon glödlampa är trasig (detta indikeras genom att varningslampan på instrumentbrädan blinkar med dubbla frekvensen) och möjligheten att använda varningsblinkers under en längre period.

2 I sin enklaste form är den astabila multivibratorn en fyrkantsvågsgenerator som använder två transistorer **(Fig. 10.6a)**. I realiteten är det två förstärkarsteg där utgången från det andra steget leds tillbaka till ingången på det första steget **(Fig. 10.6b)**.

Utsignalen vid punkt Q, är (nästan) en fyrkantsvåg och i blinkersenheten leds denna signal till ingången på ett Darlington effektsteg. Effektsteget driver i sin tur ett relä som kopplar körriktningslamporna till och från **(Fig. 10.7)**.

3 I verkligheten är kretsen mer förfinad än den grundkoppling som visats här, och är inbyggd i en integrerad **krets (Fig. 10.8)** med externa R (resistorer) och C (kondensatorer) anslutna. Reläet är inbyggt i samma enhet och används till att koppla in och bryta lampströmmen **(Fig. 10.9)**. Det är fördelaktigt att använda ett relä till att styra lampströmmen istället för en transistor eftersom glödlamporna först drar en hög initialström som snabbt faller när glödtrådarna blir varma och deras resistans ökar. Sådana toppströmmar skulle förstöra transistorn. Tillslagsströmmen för en 21 watts glödlampa är 3.63 A, som

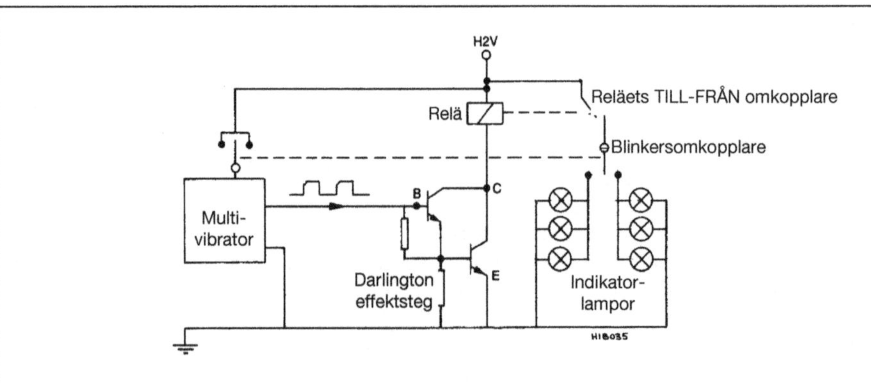

Fig. 10.7 Darlingtondrivsteg för aktivering av blinkersomkopplare (endast princip)

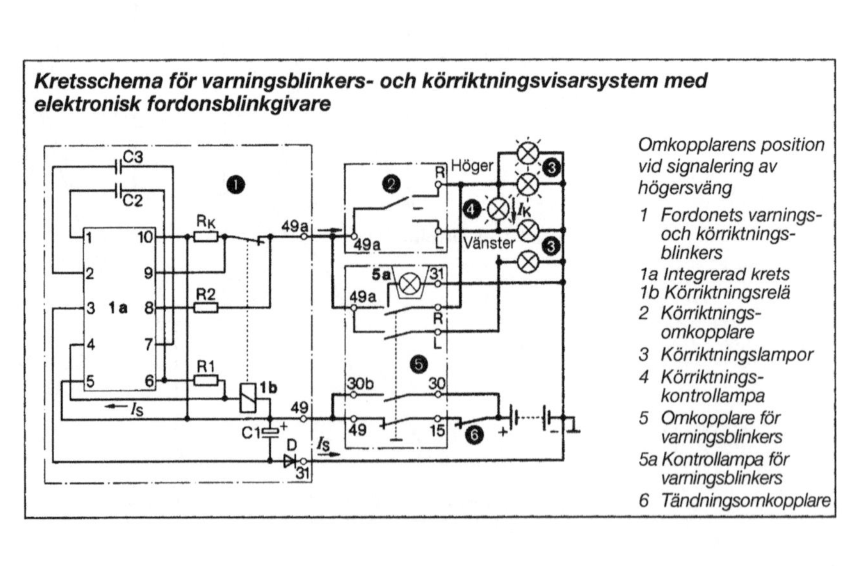

Fig. 10.8 Integrerad krets för körriktningsvisare och varninsblinkers

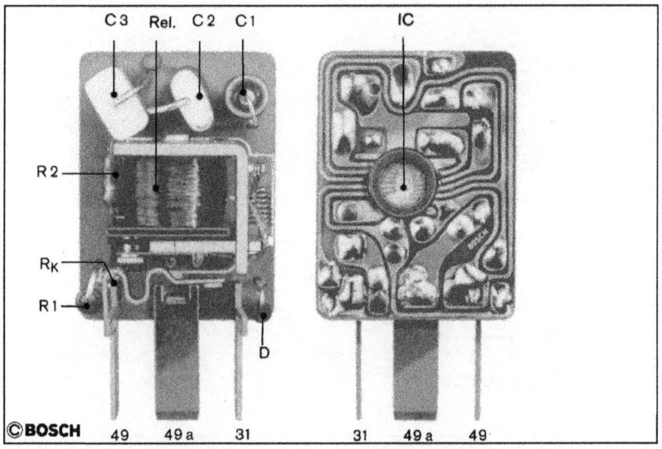

Fig. 10.9 Körriktnings-och varningsblinkersenhet med IC och relä

Hybridkrets för ett fordons körriktningsvisare och varningsblinkers. Visas i verklig storlek.
På vänster sida: Bild av översidan på kretskortet med blinkersreläet (Rel). På höger sida: Bild av undersidan på kretskortet med den inbundna integrerade kretsen, ledbanor och lödningar.
C Kondensatorer D Diod R Resistor Rel Relä

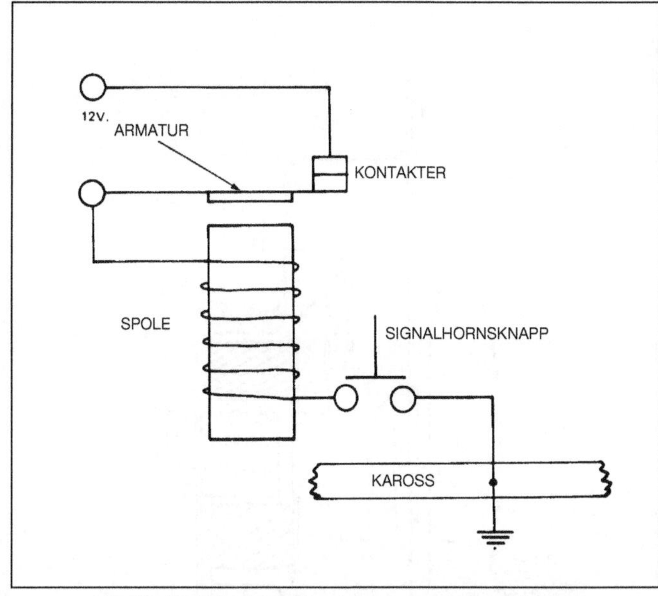

Fig. 10.10 Principen för elektromagnetisk vibrator

faller till 1.95 A när glödlampan blivit varm. En annan anledning till att använda ett relä är det låga spänningsfallet över de slutna kontakterna vid belastning - ca. 0,1 volt. Om en effekttransistor användes för att styra lampströmmen direkt, skulle spännings-fallet bli i storleksordningen 1 volt och detta skulle också leda till stor effektförlust i transistorn.

4 Den integrerade kretsen innehåller ytterligare två finesser:

(a) Den har en inbyggd spänningsregulator som garanterar att blinkfrekvensen är konstant vid matningsspänningar mellan 9 och 15 volt.
(b) En inbyggd övervakningskrets för att upptäcka trasiga glödlampor. Ett motstånd med låg resistans, Rk på 30 milliohm, genomflyts av lampströmmen och spänningsfallet över motståndet ansluts till en komparator (jämförare). Om en glödlampa är trasig halveras spänningsfallet över resistorn Rk, vilket medför att en resistor kopplas in parallellt med resistorn i R1-C2 kombinationen. Resultatet blir att blinkfrekvensen fördubblas om en glödlampa är trasig och detta är lätt för föraren att upptäcka.

5 Se **Fig. 10.8**; kondensatorerna C_1 och C_3 absorberar spänningstransienter som bildas i den induktiva reläspolen och fungerar som ett störningsskydd. Dioden D skyddar kretsen om matningsspänningen skulle anslutas med fel polaritet. Blinksignalen till lamporna kommer ut vid anslutning 49a och leds till (a) blinkersomkopplaren (R), vanligen monterad på ett skaft på rattstången, och till (b) omkopplaren för varningsblinkers (5) som är av fyrpolig modell. Två anslutningar, L och R, kopplar till alla lampor samtidigt, inklusive den interna indikeringslampan (5a).

Anslutning 15 är en normalt sluten omkopplare som öppnas när varningsblinkersen kopplas på. Omkopplaren som är kopplad mellan 30a och 30b, ansluter blinkersenheten direkt till batteriet och överkopplar därmed tändningsbrytaren.

6 Att det blir fel på blinkersglödlamporna är inte sällsynt, troligen beroende på den kontinuerliga uppvärmningscykeln, men lika ofta beror blinkersfel på dålig jordanslutning. Glödlampor blir ibland utsatta för korrosion, beroende på fukt eller rent av inträngande vatten. I sådana fall kan socklarna rengöras med finkornigt sandpapper och lampan kan användas igen. Lampan kan fuktskyddas genom att en LITEN mängd fett appliceras på sockeln.

4 Signalhorn

1 I flertalet länder finns ett lagstadgat krav på att fordonen skall vara utrustade med signalhorn. Allmänt finns det tre signalhornstyper:

(a) Högfrekvenshorn
(b) Tryckkammarhorn
(c) Tryckluftshorn

2 Med undantag för tryckluftshornet, skapas ljudvågorna genom att ett membran fås att vibrera genom en elektrisk klockmekanism. I denna klockmekanism, attraheras en järnarmatur av det magnetfält som genereras i järnkärnan hos en spole när den genomflyts av ström från batterimatningen på 12 volt. När järnarmaturen rör sig, öppnar den samtidigt kontakterna så att strömmen och därmed magnetfältet upphör. Armaturen återvänder, beroende på fjädertryck, till ursprungsläget och cykeln repeteras **(Fig. 10.10)**. Denna funktionsprincip gäller för både högfrekvenshornet (HF) och tryckkammarhornet.

Högfrekvenshornet (HF)

3 Högfrekvenshornet har funnits sedan 1920-talet och har bara genomgått små förändringar **(Fig. 10.11)**. En vibrationskrets påverkar ett tunt membran som vibrerar med låg frekvens på ca. 300 vibrationer per sekund (300 hertz). En sekundär vibrator som kallas tonskiva vibrerar samtidigt men denna åstadkommer, på grund av sin form, hög-frekvenssvängningar på ca. 2000 vibrationer per sekund (2000 hertz). De låga tonerna är möjliga att höra på långa avstånd och de höga frekvenserna kan höras över trafikbullret.

4 När signalhornsknappen trycks ner, magnetiserar spolen elektromagneten som attraherar armaturen. Armaturen träffar elektromagneten **(se Fig. 10.11)**. Rörelsen bryter kontakten, armaturen återgår och kontakterna sluts igen - detta repeteras så länge som signalknappen hålls intryckt.

5 Den mekaniska impuls som uppstår när armaturen träffar magneten får tonskivan att vibrera. Tonskivan vibrerar med en övertonsfrekvens till membranets vibration och de två tonerna blandas och ger en resulterande ton med god genomträngning och som inte är för hård.

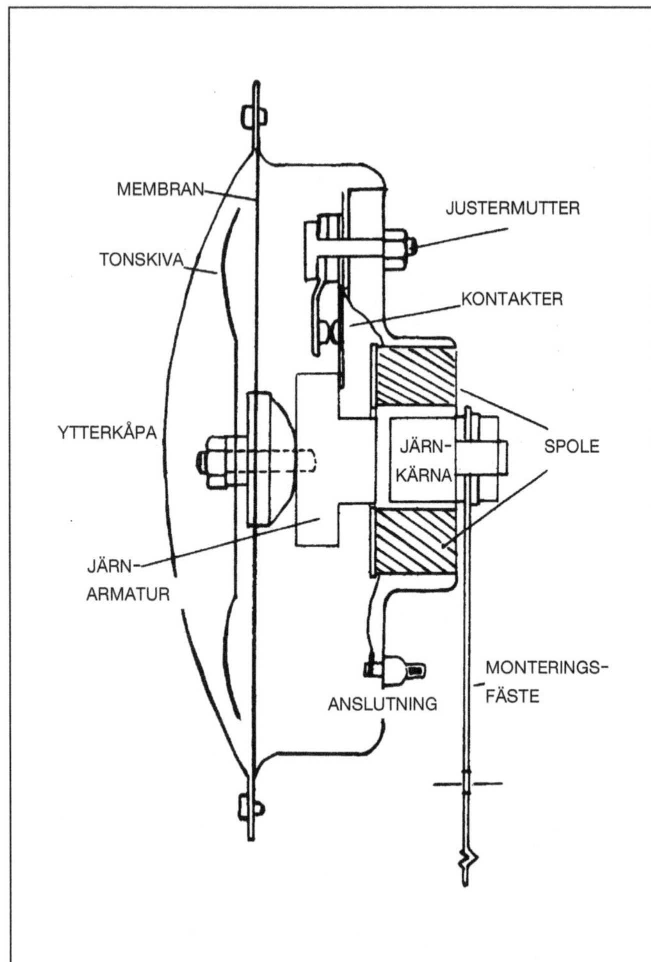

Fig. 10.11 Högfrekvenshorn

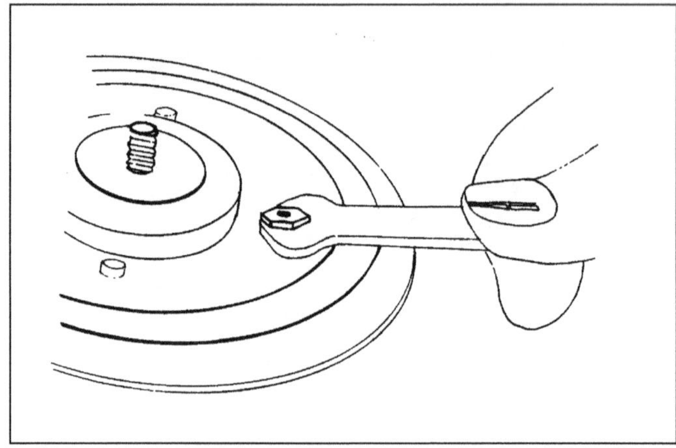

Fig. 10.12 Justering av signalhorn

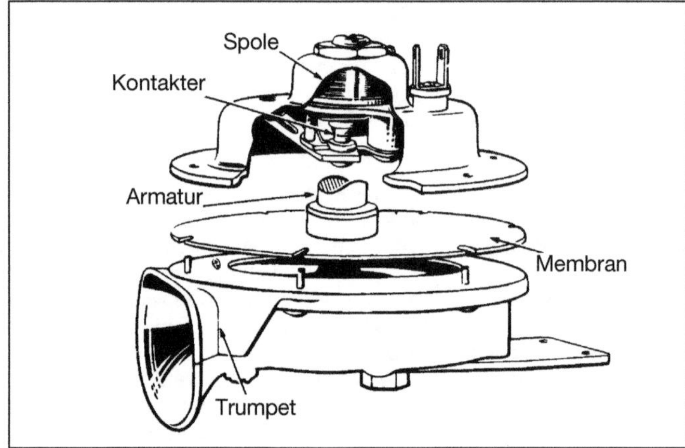

Fig. 10.13 Tryckkammarhorn

6 Det är möjligt att parallellkoppla flera signalhorn för att öka ljudnivån och för att blanda tonerna så att en trevligare effekt uppnås.

7 Justering utförs vanligen på baksidan av signalhornet **(Fig. 10.12)**. Justeringen görs antingen tills strömmen är enligt de rekommenderade värdena eller tills hornet ger en klar ton.

Tryckkammarhorn

8 Mekanismen är i grunden den samma som för högfrekvenshornet, men ljudet leds in i ett horn som är lindat i spiral som ett snigelskal **(Fig. 10.13)**. Dimensionerna och tratten är noggrant beräknade för att ge en fyllig ton, på samma sätt som hos ett blåsinstrument i en orkester.

9 För att uppnå en bra ton används ofta tryckkammarhorn i par. Strömbelastningen är hög och därför kan ett relä användas för att underlätta kabeldragningen och minska spänningsfallet **(Fig. 10.14)**.

Tryckluftshorn

10 Principen för tryckluftshorn är enkel. Luft eller gas pumpas under tryck till en kammare som är stängd i ena änden av ett membran. Membranets tryck mot den ringformade änden på hornet förhindrar luften eller gasen från att komma ut.

11 När trycket blir tillräckligt högt, pressas membranet åt vänster **(Fig. 10.15)**, och luften/gasen kommer in i hornet. Trycket minskar och membranet sluts – cykeln repeteras. Om trycket levereras av en pump så kontrolleras denna av signalknappen, antingen direkt eller via ett relä.

12 Pumpen kan helt enkelt leverera tryckluften till ett horn eller så kan luften via en roterande ventil ledas i sekvens till flera olika horn och därmed t.ex. spela en melodi. Sådan utrustning finns att köpa, men det är viktigt att känna till att användande av flera horn för att skapa separata toner är förbjudet i Sverige.

5 Vindrutetorkare och spolare

1 Enligt lag krävs att fordon skall vara utrustade med en fungerande och effektiv vindrutetorkare. För att uppfylla kraven är det minsta som behövs en enbladig torkare med en hastighet tillsammans med en vindrutespolare.

I verkligheten har de flesta fordon tvåbladiga torkare som drivs av en motor med två hastigheter. Ofta går det också att köra torkarna med intervallfunktion. Vanligen finns det, på samma omkopplare som används till torkarmotorn, möjlighet att aktivera spolaren. När spolaren aktiveras kan torkaren starta samtidigt för att torka bort den lösa smutsen och när spolningen har avslutats, fortsätter torkarmotorn att gå tillräckligt länge för att vindrutan skall bli torr.

2 Kombibilkonstruktionen medför ofta luftflöde som lämnar smuts på bakrutan. Det är vanligt (och nödvändigt) att en torkare med spolare monteras även vid bakrutan. Bakrutetorkaren brukar vara enbladig och köras med en hastighet. Många bilar har även torkare/spolare för strålkastarna.

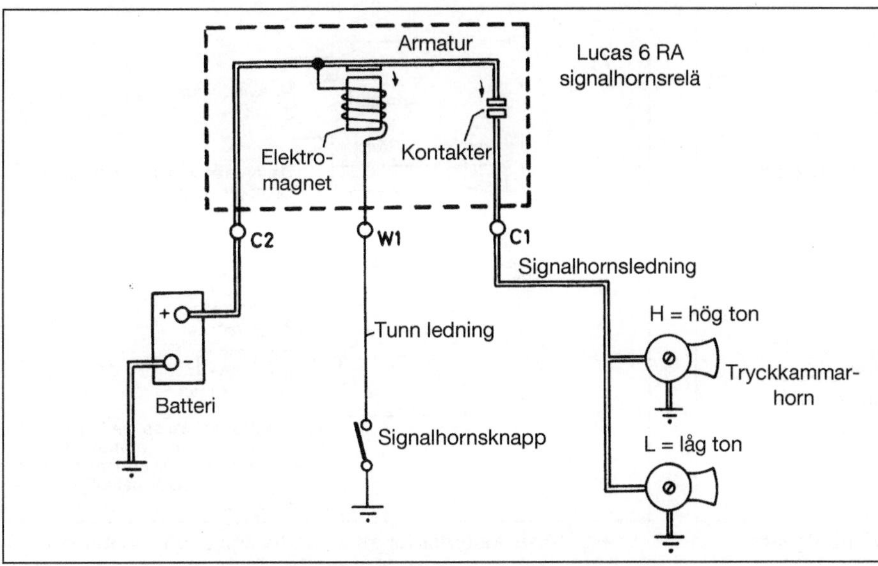

Fig. 10.14 Reläaktiverat tryckkammarhorn

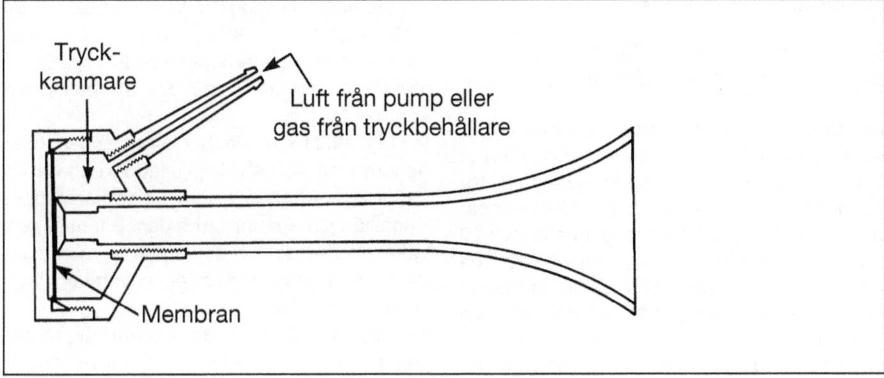

Fig. 10.15 Enkelt tryckluftshorn

6 Torkarmotorer

1 Torkarmotorer är vanligen av permanentmagnettyp **(Fig. 10.16)**. Äldre fordon brukar ha shuntlindade fältmotorer **(Fig. 10.17)**. Permanentmagneterna är nu väl utvecklade och består av keramiska material med höga energilagringsmöjligheter. Magneterna monteras i ett ringformat ok av laminerat stål. Fördelarna, med permanentmagnetmotorer, är att kostnaden för en fältlindning elimineras och genom att ingen fältlindning behöver försörjas, minskar strömbehovet. Dessutom är tillförlitligheten hos en permanentmagnetmotor större.

2 Permanentmagnetmotorer kan ha en eller två hastigheter. På motorer med en hastighet, sitter kommutatorborstparet med en vinkel på 180° (mittemot varandra). Motorer med två hastigheter har tre borstar, extraborsten är placerad med en liten vinkel i förhållande till en av de ordinarie borstarna och kan identifieras genom att den är smalare i toppen än de andra två. När högre torkarhastighet önskas, kopplas matningsspänningen över till den tredje (extra) borsten **(Fig. 10.18)**.

3 Det är också möjligt att köra en shuntmotor med två hastigheter genom att lägga till omkopplingsbara seriemotstånd till shunten, eller genom att koppla in en resistor i huvudmatningsledningen **(Fig. 10.19)**.

4 Vanligen kopplas torkarmotorn direkt till en hjälpsäkring så att den får ström när tändningen är påkopplad. För att ställa torkarbladen i parkeringsläge när torkaren stängs av, används speciella lösningar.

5 Torkarmotorn behöver skyddas för sådana överbelastningar som kan uppkomma t.ex. om torkarbladen har frusit fast på vindrutan.

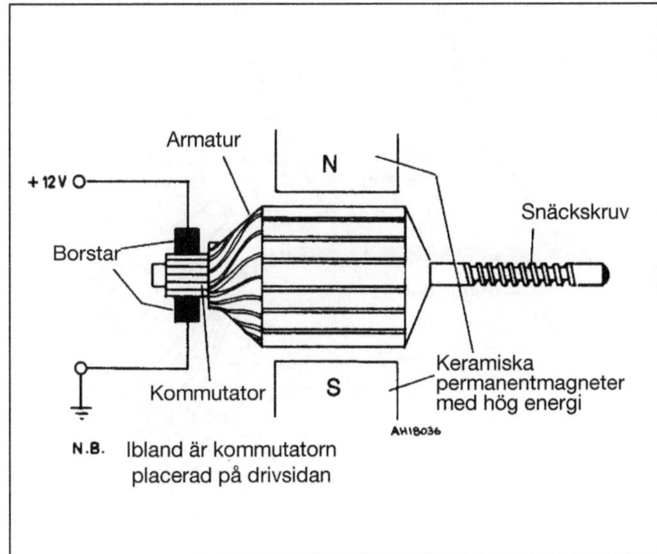

Fig. 10.16 Torkarmotor av permanentmagnettyp

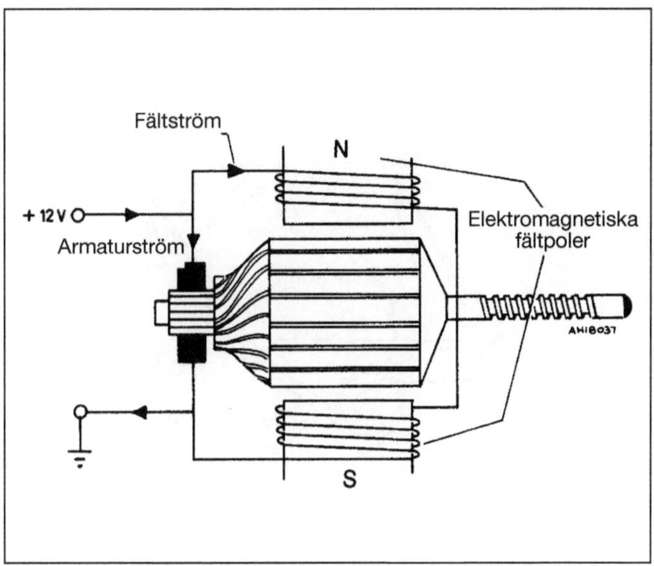

Fig. 10.17 Torkarmotor med avledningsfält

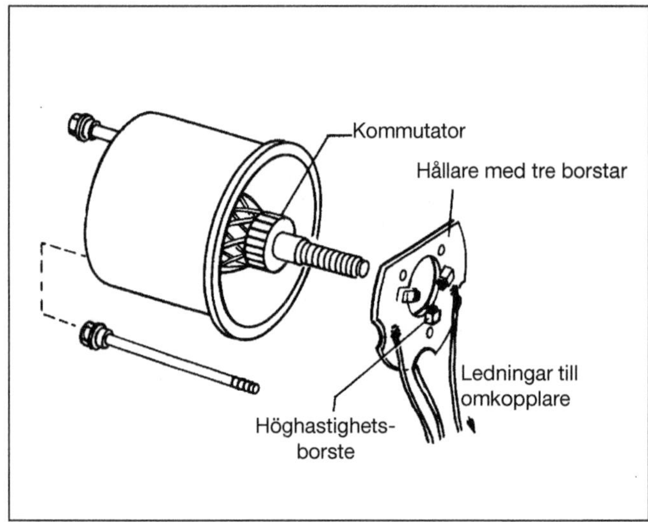

Fig. 10.18 Permanentmagnetmotor med två hastigheter

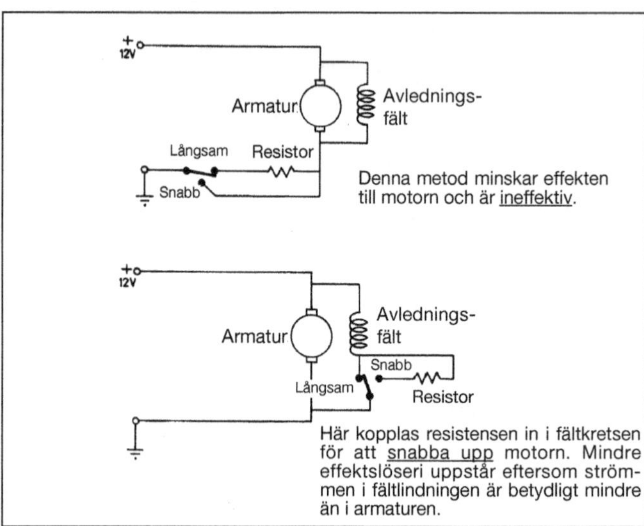

Fig. 10.19 Metoder för att ändra hastighet på shuntmotor

Eftersom motorn är förhindrad att rotera uppstår ingen backriktad elektromotorisk spänning och detta medför att en stor ström flyter genom rotorlindningen och överhettar armaturen. Ibland finns en termisk brytare, som fungerar enligt bimetallprincipen inkopplad i serie med strömmatningen till torkarmotorn. Vid ihållande överbelastning värms bimetallbandet och böjs, vilket öppnar ett kontaktpar som bryter motorströmmen. När brytaren kyls ner, kopplas matningen till motorn på igen och detta cykliska förlopp fortsätter tills dess att felet är avhjälpt.

6 I många konstruktioner är permanentmotorer för torkare cylindriska och motorer med fältlindning fyrkantiga i genomskärning - en enkel identifieringsmetod.

7 Två mekanismer finns i bruk för drivningen från motorn till torkarbladen:

(a) Tryckstångssystemet ***(Fig. 10.20)***
(b) Kuggstångssystemet ***(Fig. 10.21)***

I båda fallen överförs kraften från motorn via en snäckväxel för att uppnå nödvändigt vridmoment vid en lämplig hastighet för torkarbladen. Hastigheten är ca. 50 torkningar per minut för en enkelhastighetsmotor och 50 samt 70 torkningar per minut för en tvåhastigheters motor. Med torkning menas här en fram och återgående rörelse eller en komplett cykel.

8 Tryckstångssystemet är effektivare än kuggstångssystemet, men har nackdelen av att vara svårt att placera under instrumentbrädan. Av denna anledning används ofta det mindre effektiva kugg-stångssystemet. I vissa installationer är kugg-stången tämligen flexibel, men i andra löper kuggstången i ett styvt rör som är format för att passa ett speciellt fordon.

9 I **Fig. 10.21** syns det hur kuggstången löper genom små växellådor (hjullådor) och det är där som kraften överförs till torkarbladen. Kuggstången arbetar omväxlande framåt och bakåt (tryckande och dragande), beroende på vevtappen som förbinder vevstaken och huvudväxelhjulet.

10 Fig. 10.23 visar en variant av tryckstångssystemet (Austin Metro) där motorn är monterad i centrum och överför sin kraft via en separat tryckstång för varje torkare.

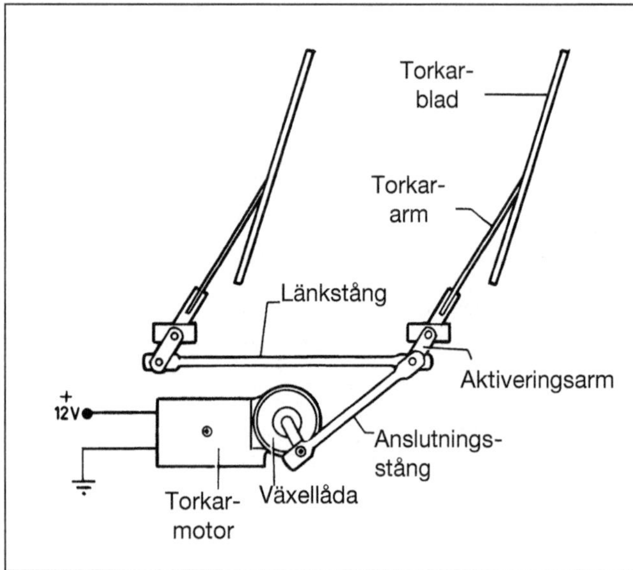

Fig. 10.20 Tryckstångssystem för vindrutetorkare

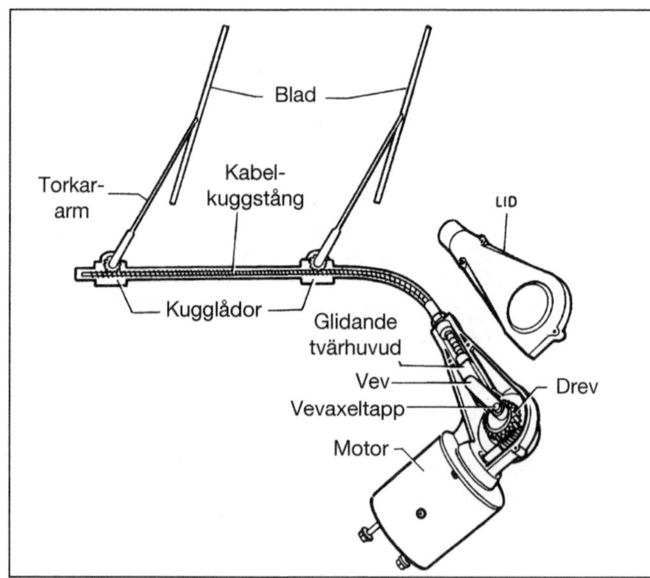

Fig. 10.21 Kuggstångssystem för vindrutetorkare

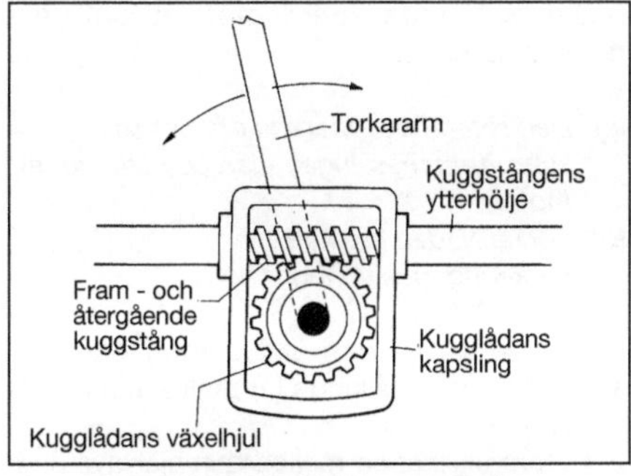

Fig. 10.22 Torkarens kugglåda

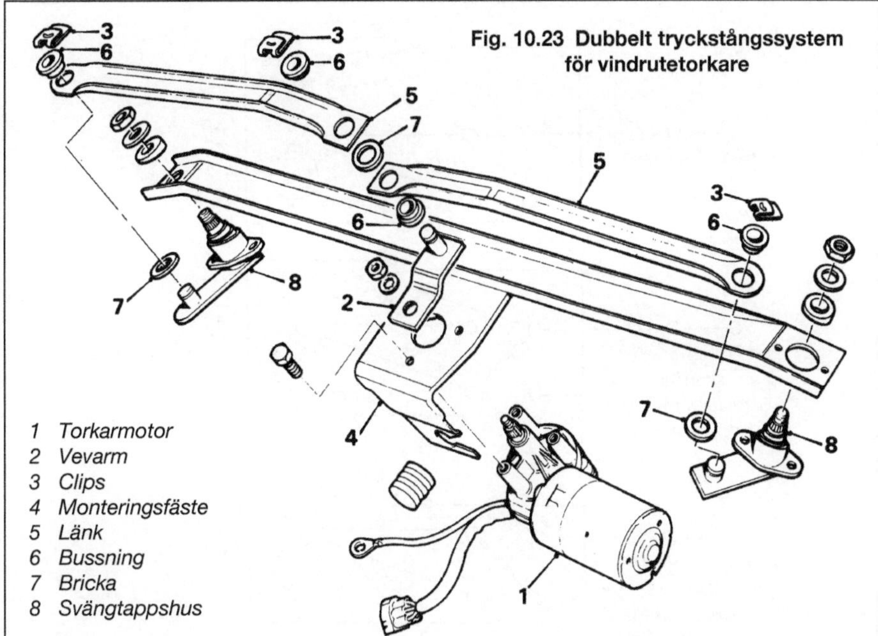

Fig. 10.23 Dubbelt tryckstångssystem för vindrutetorkare

7 Parkeringsbrytare

1 Det är inte önskvärt att föraren skall behöva stänga av torkarna i ett ändläge och därför ingår alltid en automatisk parkeringsbrytare i motorlänkhuset. **Fig. 10.24** visar funktionsprincipen. Där framgår att motorn fortsätter att vara inkopplad till batteriet när föraren stängt av torkarkontakten tills dess att den torkardrivna kammen öppnar gränsbrytaren.

2 Detta enkla arrangemang kan ibland vara otillräckligt för att stoppa bladen vid rätt plats på vindrutan. När motorn är varm och arbetar obehindrat och vindrutan är våt med låg friktion, kan torkarhastigheten vara tillräckligt hög för att positionen för stopp skall passeras.

För att lösa detta problem, kopplar gränslägesbrytaren den positiva motoranslutningen till jord. Vid den tidpunkt då detta sker, vrider sig armaturen genom magnetfältet och genererar en elektromotorisk spänning. Genom att leda denna spänning till jord, matar armaturen ut sin rotationsenergi och stannar mycket snabbt. Detta är principen för regenerativ bromsning **(Fig. 10.25)**.

3 Parkeringsbrytning med regenerativ bromsning av en tvåhastigheters permanentmagnetmotor visas i **Fig. 10.26**. På undersidan av växellådans växelhjul finns en tvåstegs gränslägesbrytare med kontakterna A och B. Dessa är så monterade att kammen först trycker undan kontaktbladet från A och då uppstår ett läge där kontaktbladet inte har kontakt med vare sig A eller B efter ytterligare en kort stund uppstår kontakt med B. När föraren stänger av torkaren är kontakterna 2 och 5 slutna och ström fortsätter att flyta till armaturen eftersom kontaktbladet fortfarande

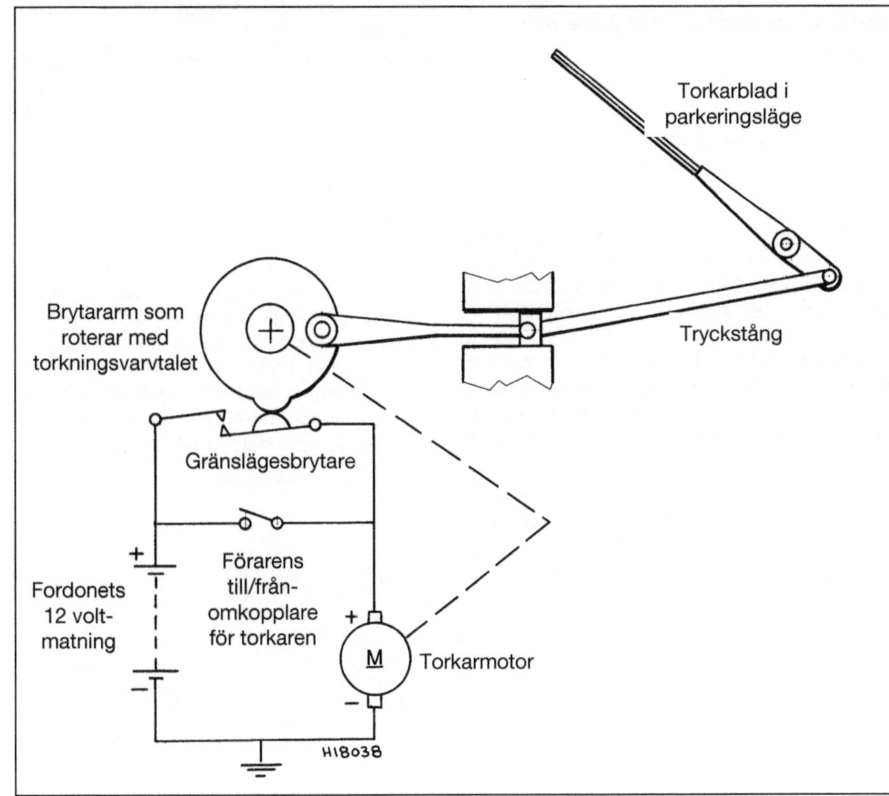

Fig. 10.24 Gränslägesbrytare i torkarmotor

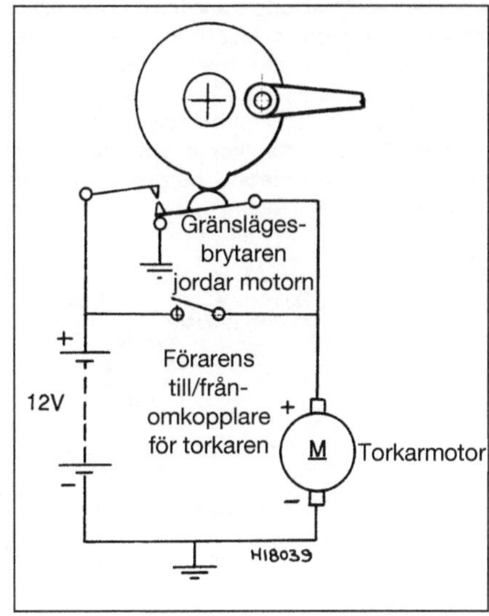

Fig. 10.25 Motorbroms genom regenerativ funktion

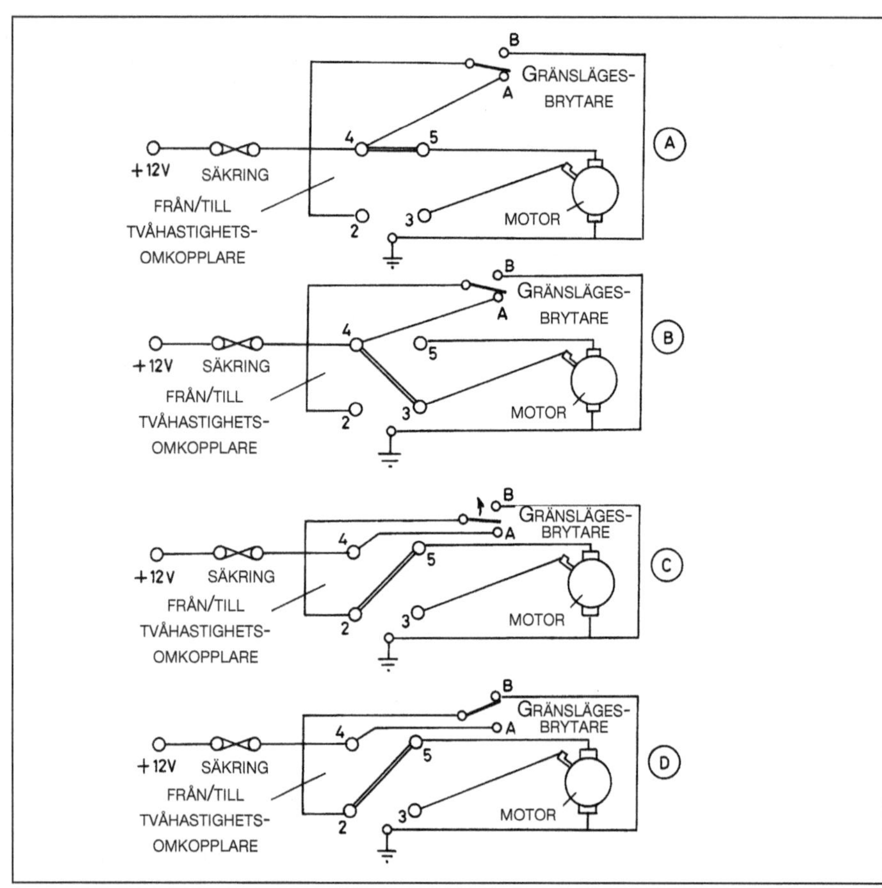

Fig. 10.26 Parkering, till- och frånslag av torkarmotor med två hastigheter och permanentmagneter

A Normaltorkningshastighet
B Högtorkningshastighet
C Från – omkopplarbladet har lämnat anslutning A, men inte nått anslutning B
D Från – omkopplarbladet får kontakt med anslutning B. Motorn bromsar regenerativt

är i kontakt med anslutning A. Efterhand som växelhjulet fortsätter att rotera, bryter kammen kontaktbladets anslutning till A, vilket medför att motorn saktar ner. Vid denna tidpunkt finns ingen matning till motorn. Motorn har tillräcklig rörelseenergi för att rotera tills dess att kontaktbladet ansluts till kontakt B. När detta sker jordas motorn och stannar mycket snabbt, beroende på den regenerativa effekten.

4 Parkeringsbrytning - fältlindad motor. Självparkering av torkarbladen sker med hjälp av en parkeringsbrytare som finns monterad i torkarens växellåda. På kåpans undersida finns en isolerad skiva och på denna finns en cirkulär mässingsbana med ett smalt urtag så att den inte bildar en hel cirkel. En fjäderlöpare är monterad på den roterande vevaxeltappen och löparen glider på mässingsbanan **(Fig. 10.27)**. När föraren stänger av torkaromkopplaren fortsätter motorn att driva enheten till dess att:

(a) Den roterande löparen kommer till avbrottet i mässingsbanan och stänger av motorn
(b) Torkarbladen har nått parkeringspositionen

Den isolerade skivan är justeringsbar **(Fig. 10.28)** för att förhållande (a) skall sammanfalla med (b).

5 Notera skillnaden mellan den självavstängningsfuktion som beskrivits ovan, där bladen stannar i ändläget av den normala torkarcykeln, och den självparkerande motorn. När den senare stängs av, vänder den sin rotationsriktning och aktiverar en excenterkoppling som förlänger rörelselängden så att torkarbladen parkeras utanför det ordinarie arbetsområdet, vanligen utanför vindrutan.

8 Intervalltorkning - princip

1 Behovet av intervalltorkare uppmärksammas mest de dagar när regnet har upphört men vägarna fortfarande är våta. Mötande och framförvarande trafik kastar upp blöta stänk på vindrutan som inte kräver kontinuerligt torkararbete. Vid dessa förhållanden är det tillräckligt med ett enstaka torkarslag, då och då.

2 Det är möjligt för föraren att med en återfjädrande omkopplare koppla på torkarna tillfälligt, men detta fungerar bara med motorer med fältlindning. De nuvarande permanentmagnetmotorerna har armaturen kortsluten i sitt viloläge **(se Fig. 10.25)** och startar inte av pulsen från en enkel omkopplare.

3 I vilket fall som helst är det irriterande att behöva sitta och köra torkaren ett slag i taget och därför används en elektronisk omkopplare med pulsutgång för att via ett relä sköta denna uppgift. Fördröjningen mellan pulserna bestäms genom laddnings- och urladdningstiden hos en resistor-kondensatorkombination (RC) och är ofta inställd till ett fast värde av

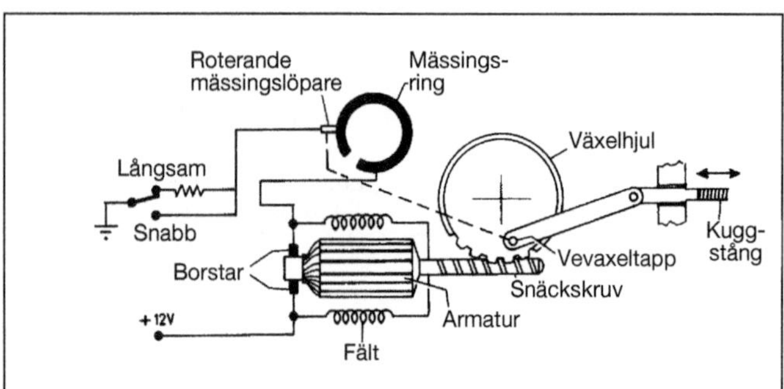

Fig. 10.27 Fältlindad torkarmotor med två hastigheter

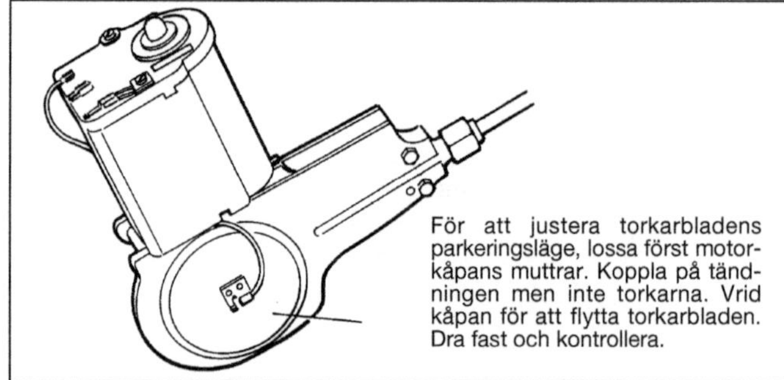
För att justera torkarbladens parkeringsläge, lossa först motorkåpans muttrar. Koppla på tändningen men inte torkarna. Vrid kåpan för att flytta torkarbladen. Dra fast och kontrollera.

Fig. 10.28 Justering av parkeringsläget hos fältlindad motor

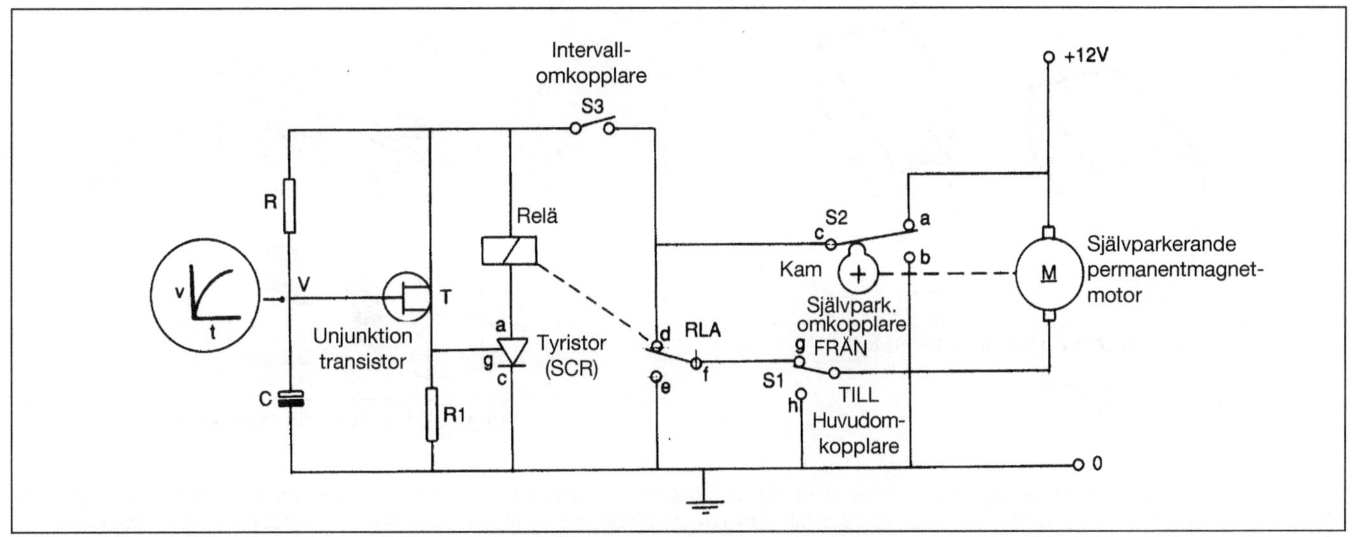

Fig. 10.29 Styrning av intervalltorkning

fabrikanten. Fördröjningen brukar vanligen vara mellan 4 till 6 sekunder. I vissa konstruktioner är fördröjningstiden varierbar och ställs in av föraren med en potentiometer som är monterad på instrumentbrädan.

9 **Intervalltorkning** - praktiskt utförande

1 En metod för att uppnå intervalltorkning med en permanentmagnetmotor visas i **Fig. 10.29**.

Intervalltimer

Fördröjningen mellan torkarslagen bestäms av hur lång tid det tar för kondensator C att laddas via resistor R efter det att intervalltorkaromkopplaren S3 slagits till. Spänningen V stiger exponentiellt (d.v.s. som en kurvfunktion - se kapitel 1) och när den når ett visst gränsvärde börjar unjuktiontransistorn T, att leda. När detta inträffar fungerar spänningsfallet över R som en gatespänning till tyristorn som kopplas på och aktiverar reläet. Reläet kopplar i sin tur om kontakten, f, från d till e.

Motor

I normala fall (d.v.s. utan intervalltorkning) kontrollerar föraren huvudomkopplaren S1. När S1 är TILL så är motorn inkopplad till 12 voltsmatningen och torkar kontinuerligt. När S1 är FRÅN så har omkopplare S2 kontakterna c och b hopkopplade vilket medför att motorn fortsätter arbeta till dess att självparkeringskammen kopplar över S2 så att c och a sluts. Motorarmaturen kortsluts och regenerativ bromsning sker.

Funktion

Om nu föraren kopplar på intervalltorkningsbrytaren S3, aktiveras reläet efter fördröjningsintervallet. Detta ställer om omkopplaren RLA så att f och e får kontakt och torkarmotorn startar. Efterhand som kammen roterar, sluts c och b på S2 och intervallstyrningen stängs av. Motorn fortsätter att arbeta eftersom f är kopplad till d, jordbanan går från c till b i omkopplare S2. När kammen öppnar S2 så att slutning uppstår mellan c och a, stannar motorn och intervalltimern börjar på nytt ladda C via R. Cykeln repeteras.
2 Andra typer av intervalltimers används också, inklusive en multivibrator som via fyrkantspulser aktiverar ett relä som utför samma typ av arbete som i exemplet ovan.

10 Spolnings-/torkarutrustning

1 Den bästa lösningen på vindrutans rengöring är att använda ett kombinerat system för spolning och torkning, med följande möjligheter:

(a) *Spola vindrutan (föraren aktiverar spolningsströmbrytaren)*
(b) *Vänta en stund före torkning så att vindrutan hinner vätas (mellan 1 och 2 sekunder)*
(c) *Torka rent*
(d) *Spolning upphör (när föraren släpper spolarströmbrytaren)*
(e) *Torkningen fortsätter för att vindrutan skall bli torr (5 slag)*

I somliga fordon är ett sådant system sammankopplat med samtidig spolning och torkning av huvudstrålkastarna.
2 Spolningen sköts av en liten 12 volts permanentmagnetmotor som driver en liten centrifugalvattenpump. Pump och motor kan monteras antingen direkt på spolarvätskebehållaren eller separat. Pumpen är självsugande och försett med ett inloppsfilter. Den är konstruerad att arbeta från -20°C till +80°C, givetvis förutsatt att spolarvätskan är försedd med frostskydd. Normala pumpprestanda: vid drivspänningen 13,5 volt dras strömmen 2,8 ampere och pumpen levererar ca.0,75 liter per minut vid ett tryck av 7 kg/cm^2 Det finns små möjligheter att reparera spolarmotorer, så om fel uppstår skall den bytas.

11 Underhåll av torkare

1 Ett antal torkarmotorer är förseglade och inte tänkta att repareras vid fel. Det kan trots detta vara möjligt att ta isär en sådan motor men då uppstår problemet att det inte finns reservdelar. Det kan vara möjligt att byta borstar genom att fila i ordning ett par som är avsedda för en annan utrustning. De flesta motorer från Lucas är dock möjliga att underhålla.
2 Ett vanligt fel med torkarmotorer är att borstarna är slitna. Borstarna skall normalt vara ca. 5mm långa. Höghastighetsborsten skall inte vara så sliten att den smala delen försvunnit **(Fig. 10.30)**.
3 Borstsatser för permanentmagnetmotorer finns tillgängliga monterade på en plastskiva **(Fig. 10.18)** och när det gäller borstar till fältlindade motorer är de monterade i hållare som hålls samman med en tryckfjäder.
4 **Armaturer** är svåra att reparera och om en kontroll visar spår av svärtning eller att kommutatorn är nedsliten (den är för tunn för slipning i svarv), så behövs en utbytesarmatur. Isärtagning av motorn kräver noggrannhet och förfaringssättet är olika beroende på fabrikat. Se upp med ledarna till parkeringsbrytaren

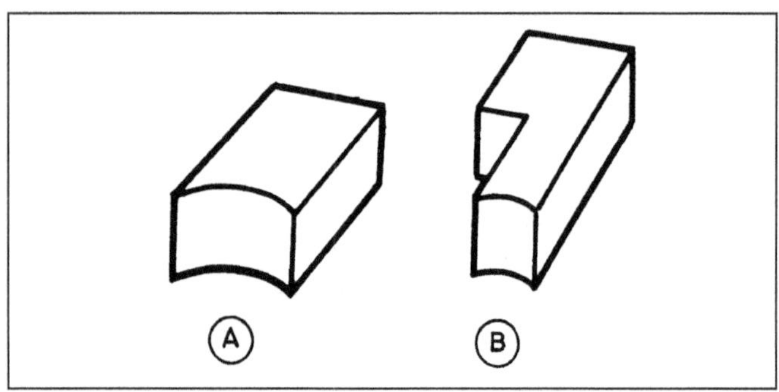

Fig. 10.30 Borstar för torkarmotor

A Borste för normal hastighet
B Borste för hög hastighet

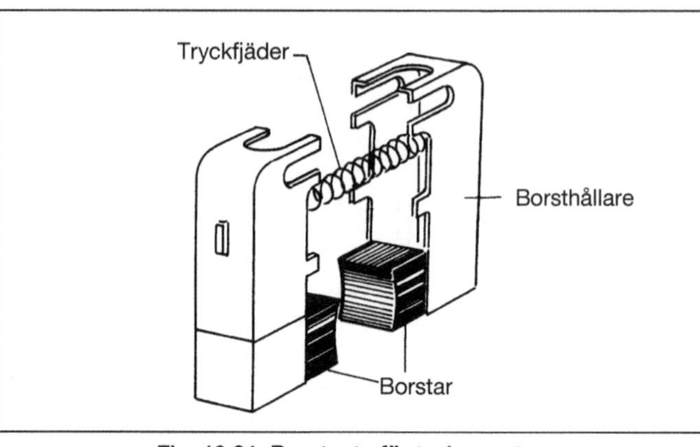

Fig. 10.31 Borstsats för torkarmotor

som kan fastna inuti motorn vid isärtagningen. Markera parkeringsbrytarens korrekta position så att den kan placeras på rätt plats vid ihopmonteringen och kontrollera att armaturen har ett axialspel på ca. 0.25 mm. På vissa modeller kan axialspelet justeras med shims eller med en justerskruv som skall låsas med en mutter och/eller gänglås.

5 **Växellådor** kan kontrolleras med avseende på tydligt slitna kugghjul. Kontrollera att fettet verkligen är runt växeln. Efter en arbetsperiod skär växeln ett hål i fettet som blir liggande runt men inte i kontakt med drevet.

6 Om ett huvudkugghjul måste bytas ut, kontrollera att det köpta är av rätt modell, eftersom torkarvinkeln beror på placeringen av vevtappens hål. På hjulet finns ett nummer som anger torkarvinkeln, t.ex. 130°.

7 Det är viktigt att de brickor som hör till kugghjulet monteras tillbaka exakt på samma plats som de tidigare hade, speciellt den veckade brickan under kugghjulet. Det bästa är att använda det fett som rekommenderas av tillverkaren.

8 **Motorn stängs inte av.** Detta är inget ovanligt fel och beror vanligen på en defekt parkeringsbrytare eller möjligen på att parkeringsbrytarens/motorns ledare kortslutits mot jord. Ibland stängs motorn av vid höga belastningar, t.ex. torr vindruta eller låg batterispänning men vägrar att stanna när den arbetar snabbt och lätt på en våt vindruta. I sådana fall kan det vara värt besväret att försöka justera parkeringsbrytaren innan den byts ut.

9 **Långsam- eller ingen funktion** hos torkarbladen kan bero på att kuggstången fastnat eller om det är en länkmekanism, en länk som lossnat. I det senare fallet har det inträffat att en lös stång gått rakt igenom karossen.

10 För att kontrollera kuggstången, lossa först växellådans lock och tag bort kuggstången från växeldrivningen. Drag och tryck därefter kuggstången för att se om torkarbladen rör sig. Om kuggstången aktiverar torkarna skall endast en måttlig kraft behövas (ca. 4.2 kg). Om systemet är trögt så skall kuggstången tas ut (tag bort bladen först) och smörjas med fett som har hög smältpunkt (HMP). En enstaka prick med glycerin (inte olja) på axeln där den kommer ut från karossen är fördelaktigt **(Fig. 10.32)**.

11 **En sliten kuggstång och pinjong** kan resultera i slappa torkararmsrörelser som får bladen att slå i vindrutans nedre tätningslist eller som inte fungerar fullt ut, trots att motorn går på högt varv. Kuggstången och pinjongen i torkararmens kugglåda (d.v.s. bakom bladen) arbetar endast över en viss vinkel. och det är möjligt att skjuta upp utbytet av dessa detaljer genom att vrida pinjongen ett halvt varv och genom att vrida kuggstången. Då kommer de i ingrepp på oslitna sektioner.

12 För att göra det ovanstående, tag först bort torkararmarna och bladen. Tag bort den låsring i torkarväxellådan som håller fast anslutningsstången på vevaxeltappen på huvudkugghjulet. Lyft av anslutningsstången och drag ut kuggstången så långt att den lämnat båda torkarnas kugglådor, d.v.s. inte är i kontakt med pinjongerna, vrid kuggstången 180° och montera fast den när båda torkaraxlarna också vridits 180°. Eftersom torkarpinjongerna kommer att rotera flera varv när kuggstången på nytt förs in, gör positionsmarkeringar för när kuggarna kom-mer i kontakt med kuggstången **(Fig. 10.21)**.

13 Om kugghjulen i kugglådorna är för slitna finns det utbytesdelar. Lådorna är fixerade med muttern bakom torkararmen.

12 Torkarblad

1 Försämringen av torkarbladen sker gradvis och det är först när de bytts ut som prestandaskillnaden märks. En indikation på att det är dags att byta dem är då det uppstår

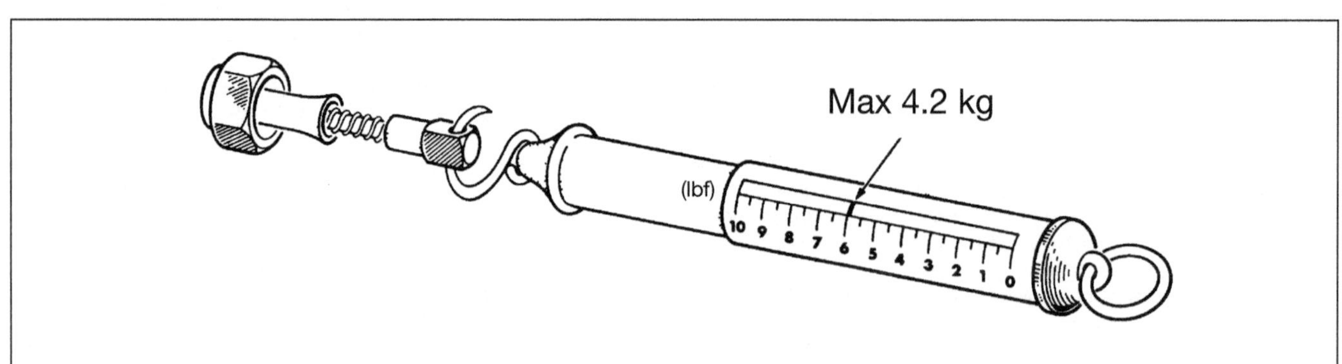

Fig. 10.32 Kontroll av kuggstångens friktion

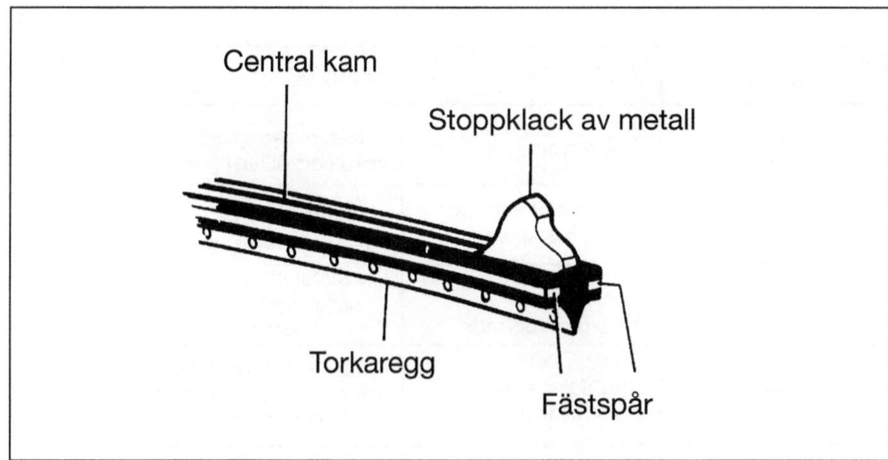

Fig. 10.33 Form hos torkarbladsgummi

ränder på vindrutan. Detta visar att den tunna torkareggen har spruckit och är ojämn. Ett annat tecken är om det finns områden på rutan som inte blivit torkade alls.

2 Det rekommenderas att bladen byts årligen och valet står mellan att köpa kompletta bladenheter eller endast gummibladet. Innan valet går till det billigare utbytesbladet är det värt att kontrollera om resten av torkaren går att använda igen. Tappar och fästen i torkarbladen kan bli svårt slitna vilket ger upphov till ett slarvigt resultat vid torkningen, i värsta fall kan metalldelar i torkarna komma i kontakt med rutan och repa den. Vid köp av utbytes gummiblad är det lika bra att köpa dem med metallfästesbanden eftersom de är viktiga för att hålla gummit i kontakt med vindrutan. Kontrollera att bladen är av samma typ, har samma fäste och att de är av samma längd som de begagnade bladen **(Fig. 10.33 och 10.34)**.

3 Torkararmarnas inbyggda fjädrar försvagas efterhand och byte rekommenderas om det finns misstankar om att fjäderkraften avtagit. Konstruktörer är mycket noga med denna ofta bortglömda detalj. Om spänningen är för hög blir gummifriktionen för stor för motorn men om spänningen är för låg så lyfter bladen från vindrutan, speciellt vid blåsiga förhållanden.

4 Torkarvibrationer är väldigt irriterande och kan härledas till flera faktorer, men mest troligt är avsaknaden av parallellitet mellan torkararmen och vindrutan. Resultatet av detta är att bladet dras en väg men skjuts en annan väg. För att kontrollera detta, tag bort torkarbladen och titta på armänden, denna skall vara parallell med glasytan på slagets högsta position. Det kan vara värt försöket att böja armen för att få den parallell.

13 Kontroll av torkarmotor

1 De flesta torkarmotorer har sina utgående ledningar anslutna i en kontakt. För provningssyften är det användbart att tillverka motsvarande kontakt **(Fig. 10.35)**.

2 Vid kontroll, avlägsna fordonets motorkontakt och anslut en 12 voltsmatning via en säkring och en amperemätare, med lämplig skala, till anslutningarna på torkarmotorn enligt **Fig. 10.36**. Vid val av amperemätarskala, tänk på att torkaren drar mellan 2 och 4 ampere om den arbetar normalt.

Ytterligare kontroller.

Observera: *Det är mycket viktigt att kontrollera att polariteten är korrekt och att anslutningarna är de rätta.*

Om motorn inte fungerar i något eller några av de föregående proven, indikerar detta en defekt motor. Om, trots allt, motorn är felfri, ligger felet i fordonets omkopplare eller kabelanslutningar. Blir strömförbrukningen vid proven över 4 ampere, tag bort torkararmarna med bladen och repetera provet. Om strömmen fortfarande är hög kan detta vara en indikation på för stor friktion i kuggstången eller länkdrivningsmekanismen. Koppla bort drivningsmekanismen och kontrollera strömförbrukningen på nytt. Om mätvärdet fortfarande är högt så tyder detta på en felaktig motor. På kuggstångsmekanismen skall en dragkraft på 4.2 kg som läggs på tvärhuvudet med en fjäderdynamometer, vara tillräcklig för att flytta huvudet i ytterkapslingen. Om inte, måste montaget undersökas för felaktigheter.

Observera: *Om friktionen är för stor blir resultatet överbelastning. Att byta motor löser inte detta problem.*

I de fall då strömförbrukningen sjunker om torkararmarna och bladen tas bort, beror felet antingen på att rutan är smutsig eller på felaktiga armar eller blad.

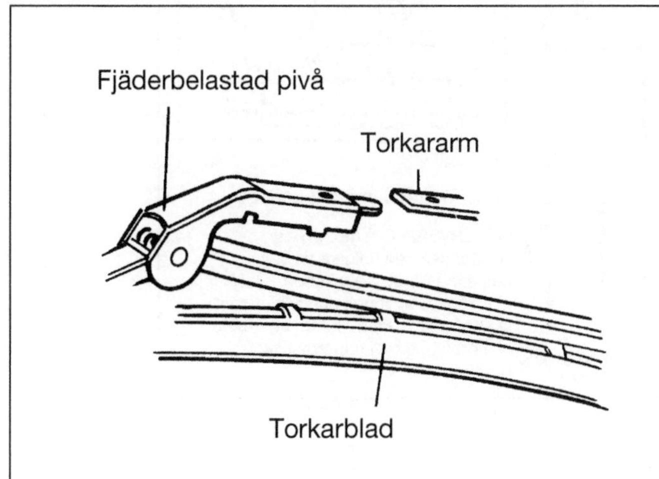

Fig. 10.34 Torkararmsfäste av bajonettmodell

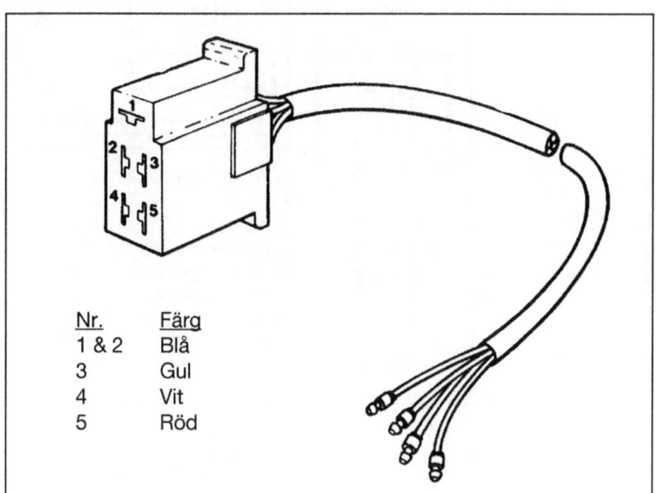

Fig. 10.35 Provningskontakt för Lucas torkarmotorer

ANSLUTNINGAR BATT +	BATT -	MOTORTYP	RESULTAT
*Kontroll 1 Röd/Grön	Brun/Grön	Alla typer	Motorn ska arbeta med normal hastighet
*Kontroll 2 Blå/Grön	Brun/Grön	Endast motorer med två hastigheter	Motorn ska arbeta med hög hastighet
Kontroll 3 Röd/Grön	Grön	Endast självomkopplande	Motorn ska gå till parkeringsläget och stanna
Kontroll 4 Grön	Röd/Grön	Endast själv-parkerande modeller	Motorn ska gå till det utflyttade parkeringsläget och stanna

* Koppla inte bort batteriförsörjningen från kontakten när bladen är i parkeringsläge

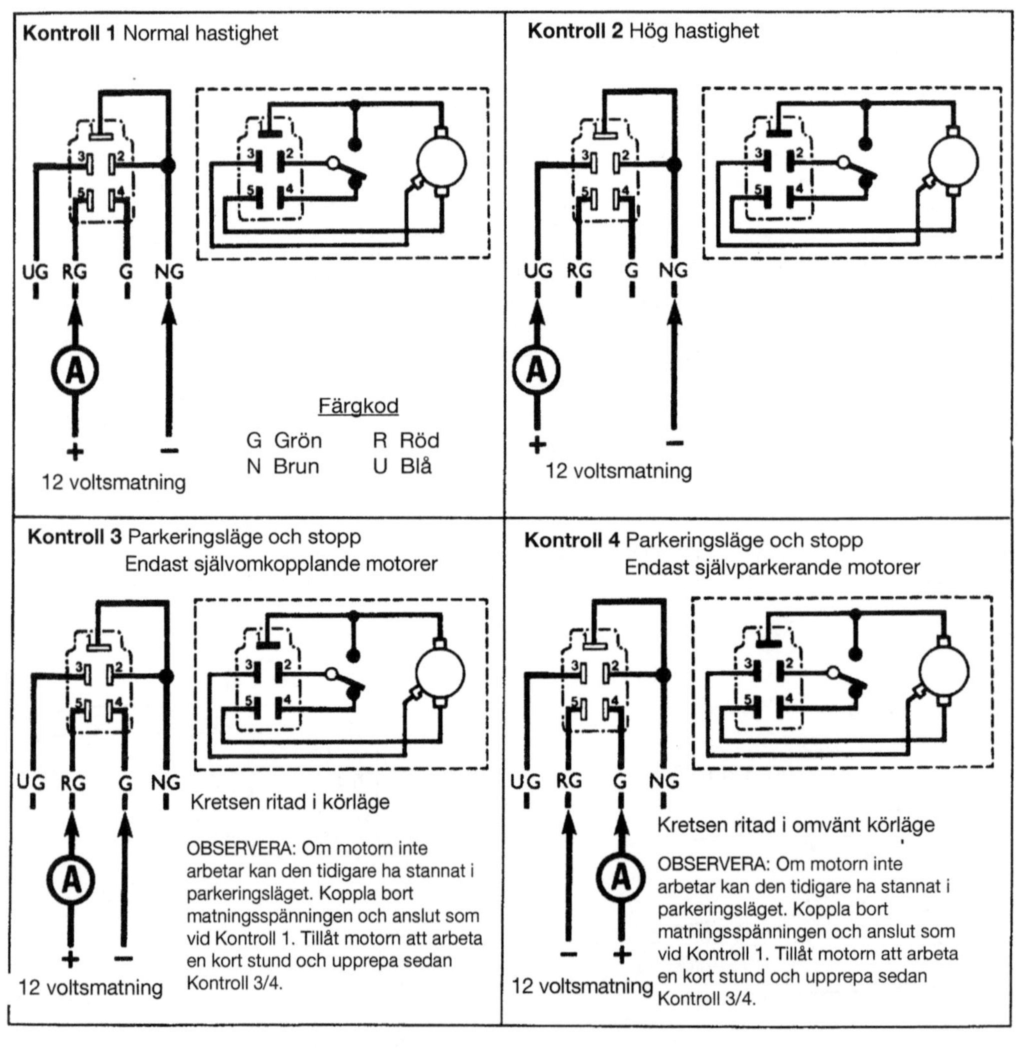

Fig. 10.36 Kontroll av torkarmotor (färgkoderna är för Lucasmotorer)

Alla kontroller genomförs med våt vindruta

Kapitel 11
Belysning

Innehåll

1 Belysningsarrangemang

1 I de länder som ingår i EU (europeiska unionen) har överenskommelser uppnåtts om gemensamma beteckningar för motorfordonsutrustning och delar. Riktlinje 76/756 reglerar installation av optiska signalanordningar på motorfordon.

2 De flesta länder har dessutom lokala bestämmelser som specificerar att en bil måste ha två framåtriktade lampor, två röda lampor och två reflexer bakåt och att registreringsskylten skall vara belyst.

3 De obligatoriska huvudstrålkastarna ska vara placerade i samma höjd, ha samma färg och effekt samt vara monterade på lika stort avstånd från bilens centrumlinje.

4 Bilen måste ha två lyktor för parkeringsljus framtill, som kan visa vitt eller gult ljus framåt och utmärka fordonets bredd.

5 Det måste också finnas sidomarkeringslyktor som kan visa orangegult ljus åt sidan, samt sidomarkeringsreflexer som vid belysning ska återge orangegult ljus.

6 Bilen måste ha bakifrån, framifrån och från sidan synliga körriktningsvisare som alla visar orangegult ljus. De ska vara så anslutna till det elektriska systemet att de kan användas oavsett om övrig belysning är tänd eller inte.

7 Det måste finnas två stopplyktor baktill som visar rött ljus när färdbroms används.

8 För att åstadkomma bättre bakåtbelysning, monterar tillverkarna alla bakåtriktade lampor i grupper som för varje sida är placerade i en stor plastkapsling. Detta gör det möjligt att använda stora inre reflektorer. Linsernas inre yta består av små kilar för att ge en jämn spridning av det utgående ljuset. Den yttre ytan är formad med långa horisontella kilar för att bryta luftflödet över linsytan vilket påstås minska den mängd smuts som samlas på den.

9 Lamporna kopplas alltid parallellt över batteriet och detta medför att den totala strömförbrukningen är summan av alla strömmar som går igenom de påslagna lamporna.

10 Extraljus (fjärrljus) är avsedda för belysning på långa avstånd och kopplas in till helljusomkopplaren eftersom de måste stängas av vid möte med andra fordon. För att hantera den stora strömmen till dessa lampor används reläer.

11 Högintensiva dimljus tillåts endast vid förhållanden med dålig sikt och kopplas in till halvljusläget på omkopplaren. Bilen får ha högst två dimbaklyktor. Avståndet mellan dimbaklyktas och stopplyktas lysande yta ska vara minst 100 mm och om endast en lykta finns ska den placeras till vänster om bilens mittlinje. Dimbaklykta ska vara möjlig att släcka oberoende av övriga lyktor och strålkastare. En varningslampa måste finnas som informerar föraren om att de bakre dimljusen är påkopplade.

2 Kretsar och omkoppling

1 Kretsscheman för belysningen kan ritas för att antingen:

(a) *visa den elektriska kretsen och den ungefärliga placeringen på bilen, eller*
(b) *på ett passande sätt visa den elektriska kopplingen men inte komponentplaceringen.*

2 Fig. 11.1 visar ett enkelt belysningsarrangemang och de nödvändiga omkopplarna. Ett antal belysningsbelastningar kopplas in med hjälp av reläer så att endast tunna ledare behöver dras fram till omkopplarna. I de flesta fordon placeras dessa reläer i säkringsdosorna och de används mycket oftare i moderna bilar än i äldre.

3 Det är diskutabelt om belysningskretsarna skall vara kopplade via en säkring eftersom en plötslig mörkläggning under körning kan vara mycket farlig. I exemplet som visas i **Fig. 11.1** finns säkringar kopplade till varje belysningsbelastning, så att om ett lokalt fel uppstår går endast denna säkring sönder medan övriga delar förblir intakta. En annan lösning är att använda en termisk frånkopplare vilken består av ett bimetallband med en värmespole som genomflyts av belysningsströmmen. Om ett fel uppstår orsakar den höga strömmen att bimetallbandet böjer sig och öppnar ett kontaktpar som bryter strömmen. När bandet svalnar kommer kontakterna att slutas på nytt och koppla in strömmen så att belysningen tänds. Detta sker tillräckligt snabbt för att en låg medelström skall kunna flyta. Lamporna kommer att lysa svagt, men tillräckligt bra för att det skall gå att köra hem.

4 Säkringskabeln i **Fig. 11.1** är ansluten till batteriets pluspol för att skydda bilens alla elektriska system utom startkretsen. Säkringskabeln innehåller en anslutningsenhet av motståndstråd som värms upp och smälter om strömmen blir för stor.

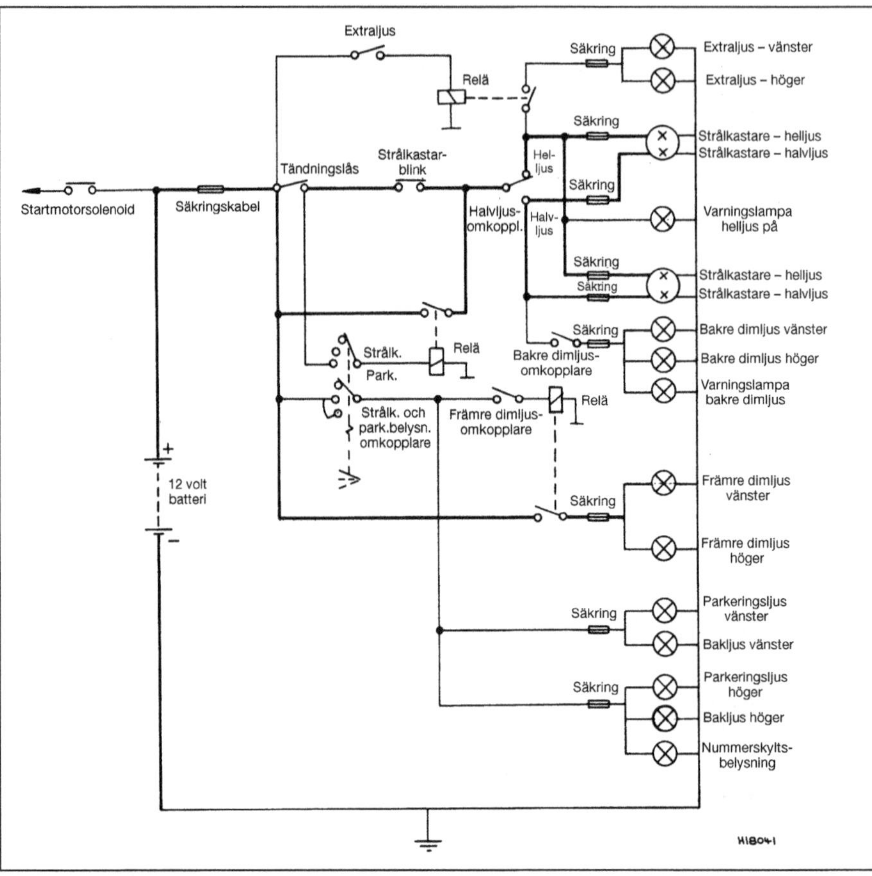

Fig. 11.1 Förenklad belysningskrets

3 Glödlampor

1 Vanligen tillverkas glödtråden i fordonsglödlamporna av volfram och denna värms av belysningsströmmen till en temperatur på ca. 2 300°C.

2 I tidiga glödlampor var glödtråden placerad i nära nog vakuum men numera är de flesta glödlampor gasfyllda. Detta ger större ljuseffektivitet och eftersom ädelgaser används till fyllningen (argon) sker ingen reaktion mellan gasen och glödtråden. Glödtråden lindas som en tät spiral för att öka effektiviteten – det minskar de värmeförluster som uppstår genom strålning till gasfyllningen.

3 Strålkastarlampor innehåller vanligen två glödtrådar. En för helljuset och en för halvljuset **(se Fig. 11.2, 11.3 och 11.4)**. Glödtråden för halvljuset brukar monteras på ett av följande två sätt:

(a) Förskjuten glödtråd - glödtråden är placerad ovanför och vid sidan av tillhörande reflektors fokuspunkt.

(b) Skärmad glödtråd - glödtråden är försedd med en skärm vilket medför att den bara lyser på ena delen av reflektorn. Skärmen påverkar även helljuset genom att de centrala parallella strålarna saknas. Vid halvljus används endast halva reflektorn för att rikta ljuset nedåt.

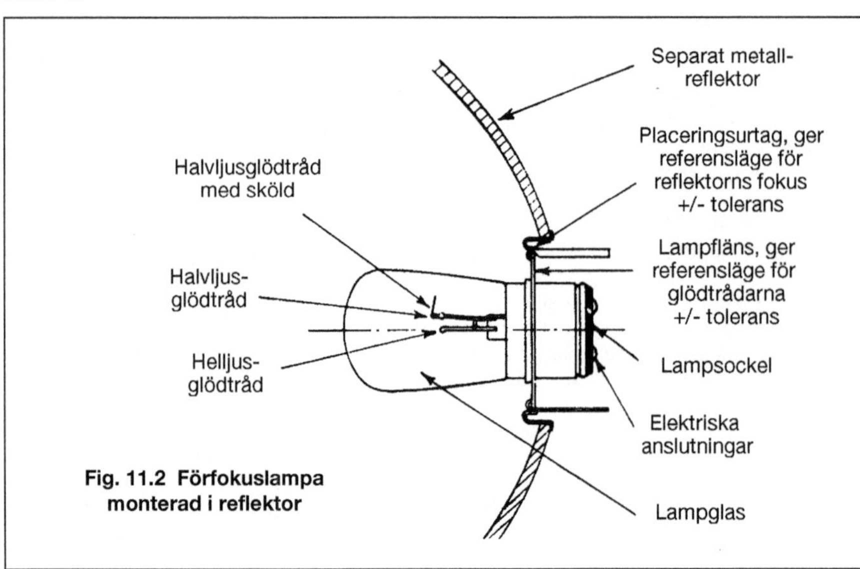

Fig. 11.2 Förfokuslampa monterad i reflektor

4 Nackdelar med separat glödlampa och reflektor

1 Hel- och halvljusstrålarnas beskaffenhet beror primärt på glödtrådarnas placering i förhållande till reflektorns fokus. Under många år användes en förfokusglödlampa där glödtrådarna svetsades på plats med stor precision.

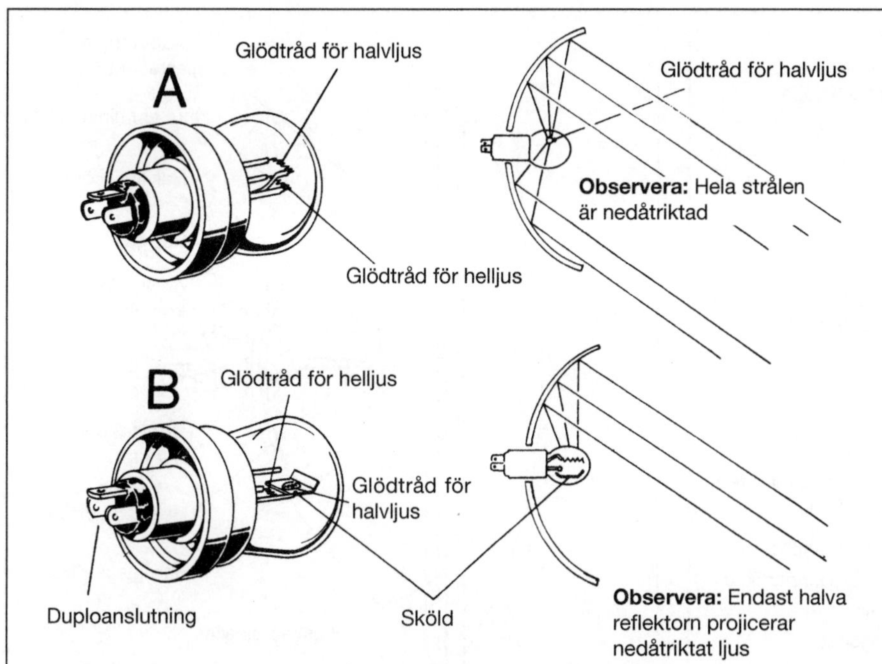

Fig. 11.3 Strålkastarlampor

A Offsetplacerad halvljusglödtråd *B Halvljusglödtråd med sköld*

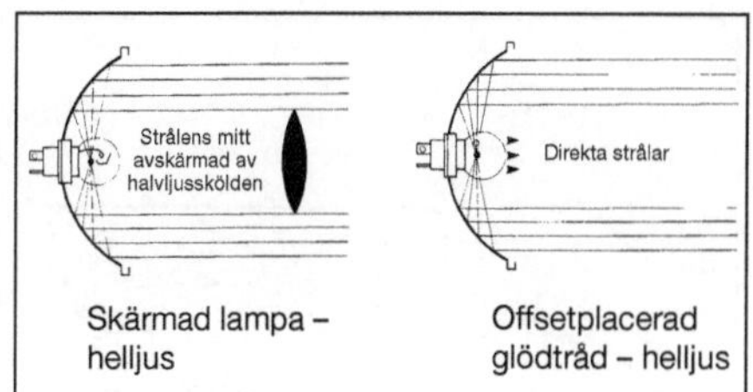

Fig. 11.4 Helljusmönster för glödlampor med sköld och offsetplacerad glödtråd

2 Även de små toleranser som användes till denna glödlampa var för stora för noggrann strålkontroll. Till dessa skall adderas toleranserna mellan lampfästet i reflektorn och fokuspunkten **(Fig. 11.5)**. Dessutom förloras ca. 20% av ljuset genom att glödlampan själv skärmar av ljuset. Vid arbete avdunstar också volfram från glödtråden och sätter sig på glödlampans övre glasyta vilket minskar ljusutbytet från glödlampan med 10 till 15% vid lampans halva livslängd (ca. 2 år). Fördunkling av en stor del av reflektorn är allvarlig och medför störd ljusstråle **(Fig. 11.6)**.

3 Slutligen minskar också reflektorns effektivitet på grund av oxidation, smuts och damm så att ljusutbytet efter fyra driftsår kan ha reducerats till 60% av originalvärdet. De flesta av de uppräknade problemen beror på att reflektorn och glödlampan vid konstruktionen anses vara separata enheter. När de kombineras till en enda förseglad enhet uppnås stora fördelar.

5 Glödlampors livslängd och ljuseffekt

1 Livslängden för en glödtrådslampa som används i ett fordon beror på två huvudfaktorer – verklig matningsspänning och vibrationer. Vibrationseffekterna blir mindre viktiga efterhand som fjädringssystemen utvecklas och den ökade precisionen i regleringen av växelströmsgeneratorns utspänning har medfört längre livslängd för glödtråden. Effekterna som uppstår vid andra spänningar än standardspänningarna visas nedan. En överspänning på bara 5% minskar livslängden på glödtråden med 50% – detta visar tydligt nyttan av korrekt spänningsreglering.

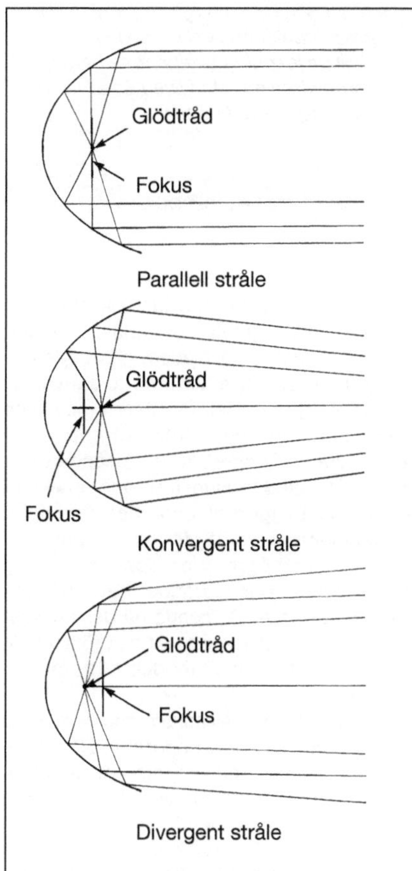

Fig. 11.5 Glödtråden skall vara placerad i reflektorns fokus

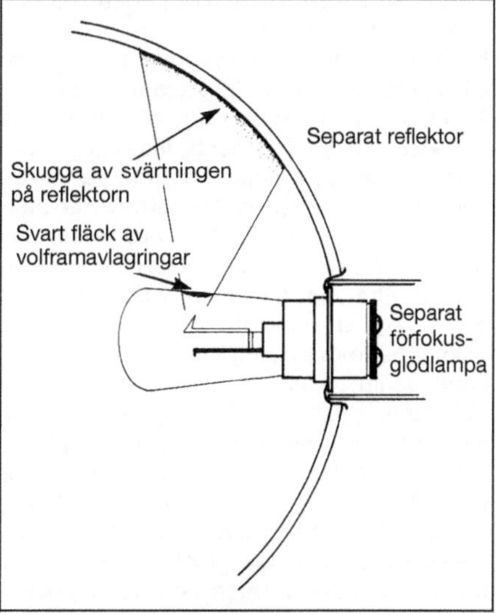

Fig. 11.6 Fördunkling orsakad av lampsvärtning

Matnings-spänning (V)	11,48	12,15	12,83	13,5	14,18	14,85	15,2
Matnings-spänning (%)	85	90	95	100	105	110	120
Relativ belysnings-effekt (%)	53	67	83	100	120	145	200
Relativ livs-längd (%)	1000	440	210	100	50	28	6

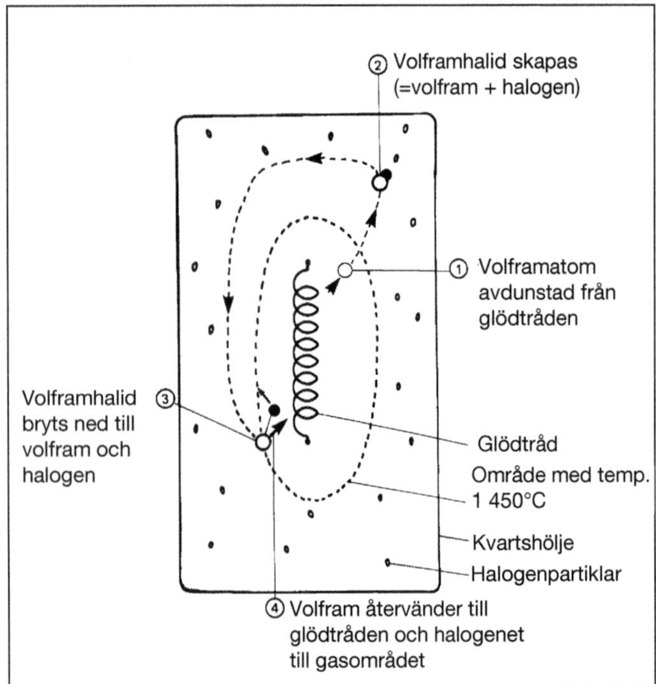

Fig. 11.7 **Volfram-halogenlampans återskapande cykel**

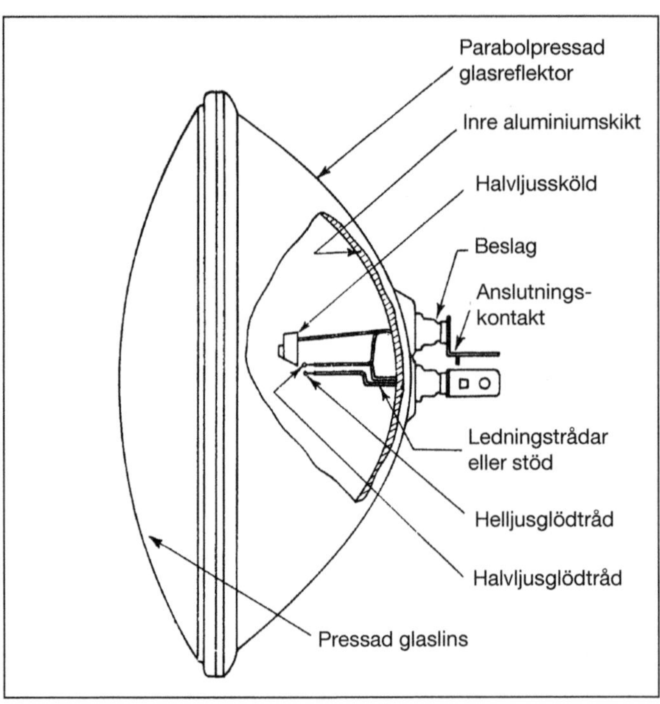

Fig. 11.8 **Förseglad strålkastarenhet**

6 Glödlampor av volfram-halogentyp

1 Under de senaste 20 åren har en ny sorts glödlampa börjat användas allt mer och monteras nu som standardlampa i många fordon. Volfram-halogenglödlampor har många olika benämningar, t.ex. kvartsjod, kvartshalogen eller volfram-halogen, men de är egentligen samma sak - en lampa som ger mycket mer ljus och har längre livslängd än en konventionell lampa. Flera överväganden är avgörande för den höga effektiviteten, formen och livslängden hos lampor av volfram-halogentyp.

2 Den vanliga förslitningsorsaken hos konventionella glödtrådslampor är avdunstningen av volfram från glödtrådsytan (en mental bild av vad som händer kan vara tanken på ånga som stiger från en vattenyta). När glödtrådstemperaturen stiger ökar avdunstningen och förutom att glödtråden blir tunnare svärtar volframångorna ner insidan av glödlampan och ljusutbytet minskar.

3 Det har upptäckts att om en exakt mängd av de kemiska ämnen som kallas halogener tillförs lampans gasfyllning, sker stora förbättringar av livslängden och ljusmängden. (Halogener är ämnen som själva blandar sig för att bilda salter.)

4 När volfram avdunstar från glödtrådsytan fortsätter det i riktning mot glaset. Mellan glödtråden och glaset finns olika sjunkande temperaturnivåer och när temperaturen på volframatomerna sjunkit till ca. 1 450°C reagerar de med halogenet och bildar volframhalider (**Fig. 11.7**). Dessa halider rör sig sedan tillbaka mot glödtråden utan att glassvärtning uppstår.

5 När volframhaliderna närmar sig området kring glödtråden stiger temperaturen igen mot 2 000°C (yttemperaturen) och bryts vid området med 1 450°C ner till fria volfram- och halogenatomer. Halogenerna återvänder till gasområdet medan volframatomerna återvänder till glödtråden, förutom vissa som omger glödtråden och minskar avdunstningen. Eftersom avdunstningen minskar är det möjligt att ha en hetare glödtråd vilket medför bättre belysning. Eftersom glödtråden kontinuerligt fylls på med volframatomer förbättras dessutom livslängden avsevärt samtidigt som svärtningen av glaset upphör.

6 Den vanligen använda halogenen är jod och den volfram-halogen som bildas är gasformig endast vid temperaturer över 250°C. Av denna anledning måste glödlampan vara liten för att bibehålla värmen och den är också tillverkad av kvarts som tål den höga temperaturen. Eftersom kvarts är starkare än glas ökar konstruktörerna gastrycket i lampan vilket i sin tur minskar avdunstningen.

7 Ökningen av gastryck samt halogencykelns återföring av volfram till glödtråden, skapar en lampa som är mycket ljusstark och bibehåller denna styrka under nästan hela dess livslängd.

8 Två nackdelar kan påtalas:

(a) Glödlampan skall inte röras med händerna eftersom salt från kroppssvetten fläckar kvartsen. Råkar lampan beröras skall den, när den är kall, rengöras noggrant med denaturerad sprit och tillåtas torka.

(b) Livslängden minskar snabbt om kvartslampan och dess gasfyllning inte håller korrekt arbetstemperatur. En låg matningsspänning innebär inte bara en sämre belysning, utan även en allvarlig minskning av livslängden.

7 Sealed-beam lampor

1 Tidigare tillverkades huvudstrålkastarna av separata delar - glödlampor, glas, reflektor, lamphållare, o.s.v. Att placera glödtråden så att den hamnade i reflektorns fokus var en chanstagning och ljusintensiteten minskade snabbt beroende på smuts och damm på reflektorytan. Senare kom ljusenheten - frontglaset och den aluminiserade reflektorn var sammanbyggda till en enhet. Samtidigt som glödlampan var av förfokusmodell och hade mycket högre precision, letade sig smuts och fukt fortfarande fram till den reflekterande ytan. Beroende på dess relativt låga kostnad, i förhållande till helt förseglade enheter, är denna lampmodell fortfarande i allmänt bruk.

2 Den förseglade strålkastarlampa som visas i **Fig. 11.8** har två noggrant placerade glödtrådar men ingen separat glasbubbla. Linser är ingjutna i frontglaset för att skapa korrekta ljusmönster på vägen för både hel- och halvljus. De ljusbrytande prismorna kan ge varje önskad strålkonfiguration eftersom borkiselglaset är tjockt (3 till 5 mm) och därmed perfekt för prismagjutning.

Reflektorytorna i den förseglade enheten har en pågångad aluminiumbeläggning som skyddas av ädelgasfyllningen under hela livslängden. I vissa konstruktioner finns ett pilotlampefönster till reflektorns utsida vilket möjliggör att en pilotsidolampa kan lysa igenom.

3 Till skillnad från den vanliga glödlampan har enheten små problem med volframavdunstning eftersom denna sprids över en större yta. Ljusutstrålningen bibehålls till mer än 98% av originalvärdet under lampans uppskattade livslängd på fem år, jämfört med 58% för en strålkastare med separat glödlampa.

4 Trots alla tekniska fördelar har den förseglade strålkastarenheten ett par allvarliga brister som begränsat försäljningen:

(a) Den relativt höga kostnaden
(b) Omedelbart belysningsfel om linsen spricker

Många länder kräver att utländska bilar skall medföra en komplett uppsättning reservlampor, vilket medför extra kostnader och krav på utrymme - faktorer som motverkar användning av de förseglade strålkastarenheterna.

8 Klassificering av glödlampor

1 Det finns internationella överenskommelser som reglerar utformning, glödtråd, konfiguration och fäste för ett antal glödtrådslampor som används i bilar. Glödlampor som används inom EU måste vara E-märkta. Bokstaven E följs av ett nummer som anger vilket land som godkänt lampan. Ett urval av vanligt använda lampor visas i **Fig. 11.9**.

2 Glödtrådarna kan antingen vara i linje med glödlampans axel eller i rät vinkel till denna. De flesta glödlampor har en glödtråd men vissa kan ha två i samma glaskapsling. När två glödtrådar används i strålkastare är den ena placerad i reflektorns fokus för att skapa helljusstrålen och den andra är förskjuten från fokus för att ge halvljuset. I andra lampor med två glödtrådar, t.ex. 12 volts 5/21 watt (SBC Index BAY 15d), används 5 watts glödtråden till bakljuset och 21 watts glödtråden till bromsljuset. Storleken på glasbubblan för H4 (P43t) är mycket mindre än för den motsvarande konventionella glödlampan med samma eller mindre wattantal. Lägg märke till den sockellösa glödlampan i exemplet, W2x4.6d, där ledarna dras ut från glashöljet och böjs för att skapa en kontakt.

Fig. 11.9 Vanligt förekommande glödlampor

† *Halogen* # *Vänsterstyrd*
Y *Gul* ‡ *Högeffektiv*

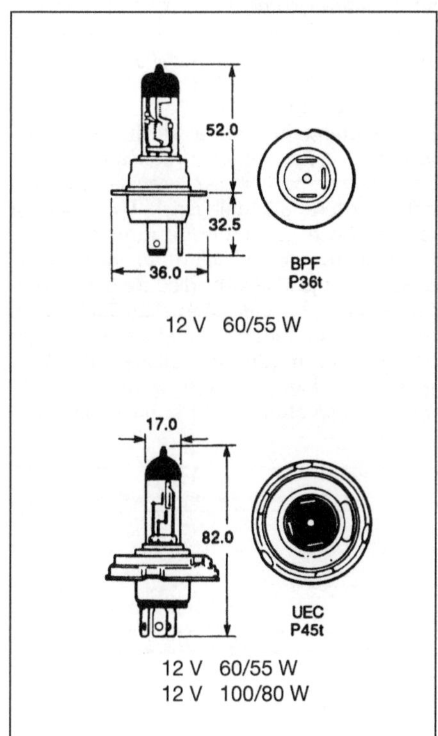

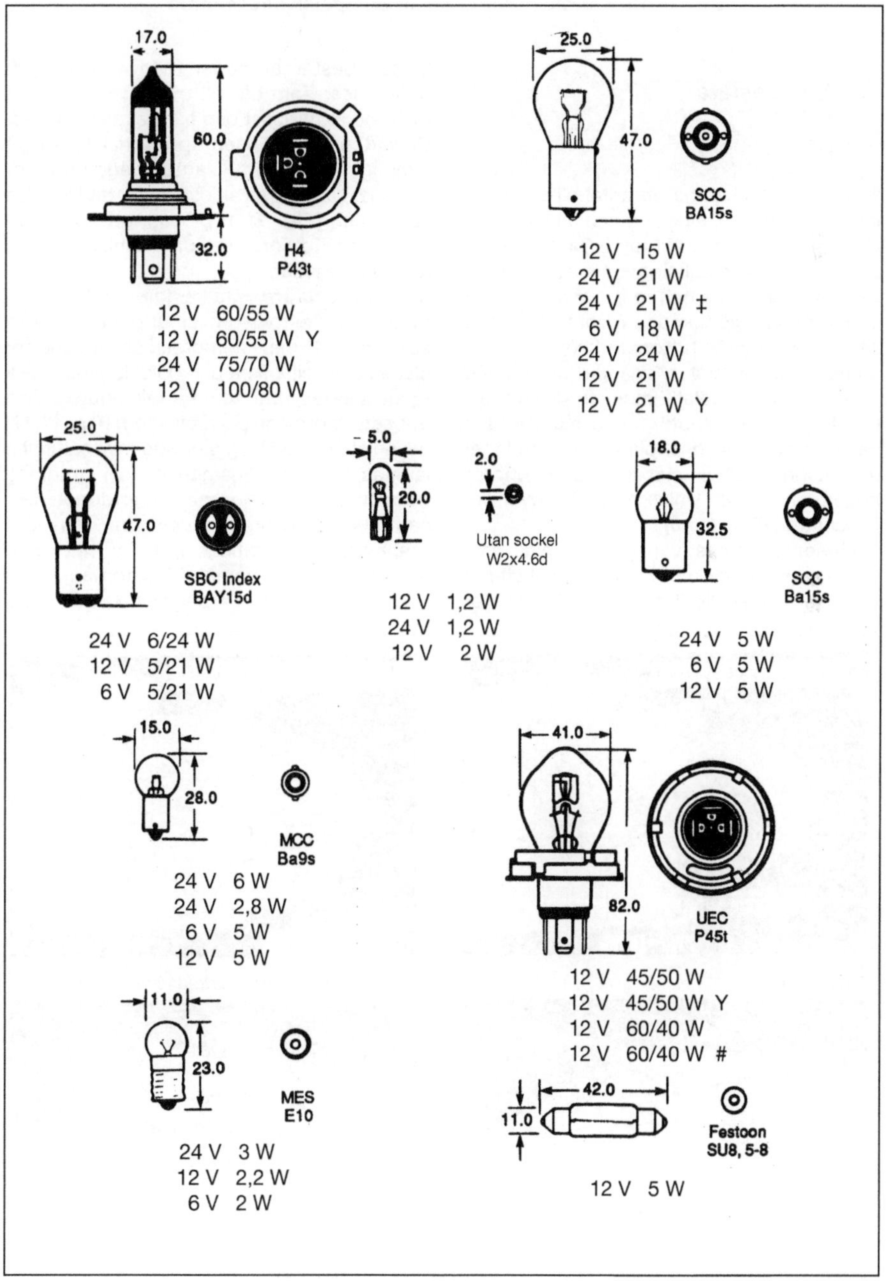

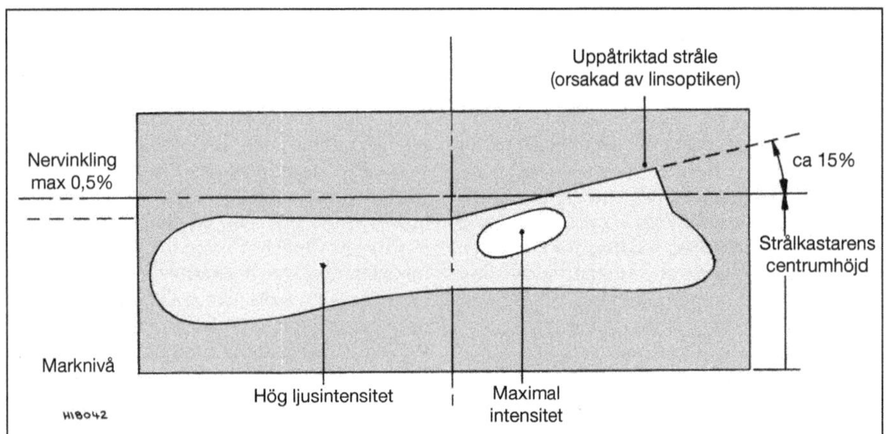

Fig. 11.10 Korrekt halvljusbild för europeisk strålkastare

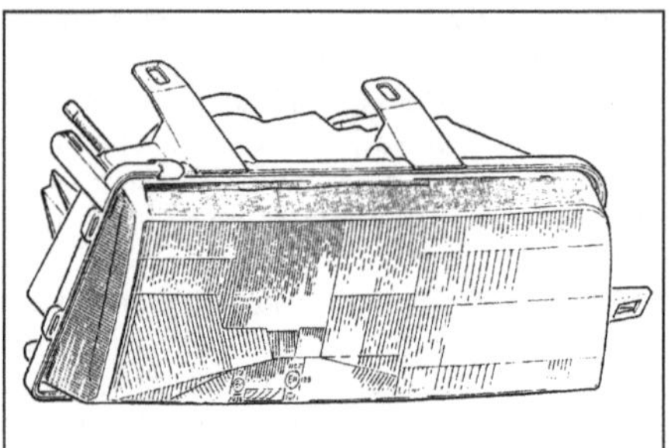

Fig. 11.11 Strålkastarlins med sidobelysningsprismor (Lucas 48FR)

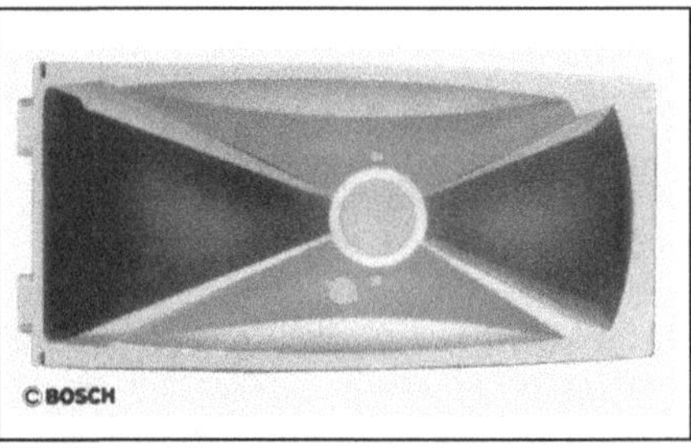

Fig. 11.12 Homofokulär reflektor som ger låg lamphöjd

9 Strålkastare

1 Strålkastare kan ha ett antal olika former, inklusive vinklade, cirkulära och rektangulära. Om siffran 2 finns ingjuten i glaset innebär detta att ljusinställningen skall ske på halvljusbilden. Lins och reflektor är oftast en enhet medan glödlampan monteras som en separat komponent. Konstruktionen ger ett område med snabbt avtagande ljus som kan vara mycket uttalat, men flexibiliteten i kapslingsformen medför att ljusmönstret kan vara utbrett i horisontalplanet. Avskärningen är horisontell till vänster och har en upprätt högergräns vid en vinkel på ca.15° över den horisontella **(Fig. 11.10)**.

2 Linser tillverkas vanligen av glas men tillverkarna arbetar mot kompletta enheter av plast som innehåller både lins och reflektor. Linsen består av serier med prismor och underlinser som har till uppgift att ge lång räckvidd åt helljuset och hålla strålen samlad. Dessutom skall linsen sprida halvljuset på lämpligt sätt för att lysa upp vägen framför fordonet samt ge en sidostråle för att lysa upp vägkanten **(Fig. 11.11)**. Trots att konstruktionen måste vara en kompromiss uppnås utmärkta resultat.

3 Homofokulära strålkastare är försedda med en reflektor som är uppdelad i olika sektioner. I den homofokulära reflektorn placeras två eller flera paraboloider, med olika fokuslängder, runt samma fokuspunkt. Den trappstegsformade plastreflektorn **(Fig. 11.12)** ger en stråle med lång räckvidd men samtidigt lämnas en stor ljusmängd för spridning framför och vid sidorna av fordonet. Det centrala reflektorsegmentet har en kort brännvidd och lämnar ljus för när- och medelavstånden samt vid sidorna. Andra segment producerar belysning med lång räckvidd och låg stråle. Med de låga motorhuvar som används för att minska luftmotståndet är denna strålkastare med dess låga höjd ett lämpligt val.

4 Polyellipsoida strålkastare har nyligen utvecklats av Bosch och dessa har en ljusöppning på endast 60 mm (area 28 cm^2). Trots detta uppnås räckvidder som tidigare bara varit möjliga med fyra gånger så stora ljusöppningar. Den lågstrålande polyellipsoida strålkastaren kombineras med en konventionell högstrålande strålkastare. Reflektorns undre del har en annan böjning än den övre delen och detta medför en större reflekterande yta **(Fig. 11.13)**.

5 Belastningsjusterade strålkastare Om fordonet lastas tungt i baksätet eller i bagageutrymmet kommer ljusstrålen att lyftas och medföra bländningsrisk för mötande fordon. De flesta fordon är utrustade med strålkastare som enkelt (från instrumentbrädan) kan justeras i höjdled för detta syfte. Ett exempel är Lucas strålkastare 55FRP som monterades i 1989 års Opel Vectra. Linsen kan bytas om de sex clipsen tas bort **(Fig. 11.14)**. **Fig. 11.15** visar lampan och höjdinställningsmotorn (f). (b) är huvudhalogenlampan.

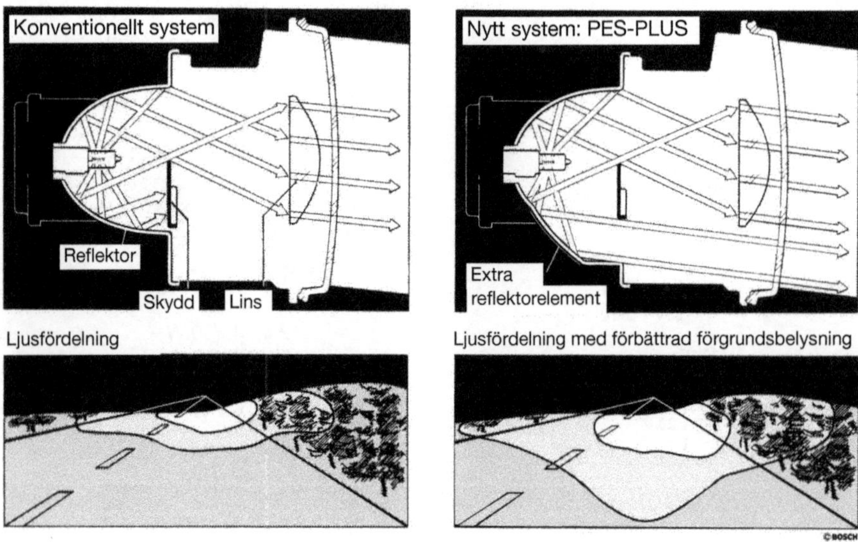

Fig. 11.13 Polyellipsoid lampkonstruktion

Pressfoto från Bosch

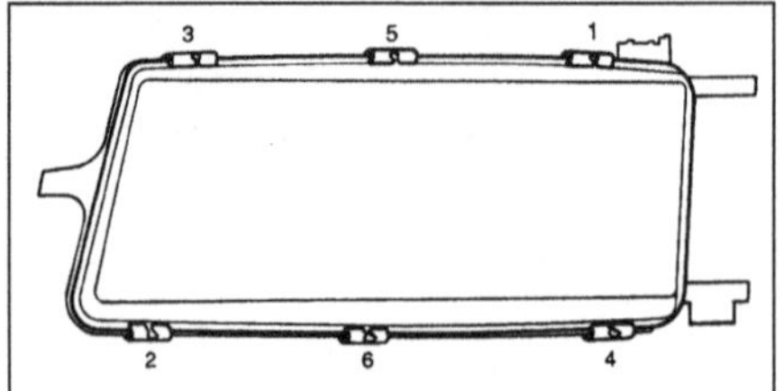

Fig. 11.14 Clips (1-6) som håller lins till lamphuset (Lucas 55FRP)

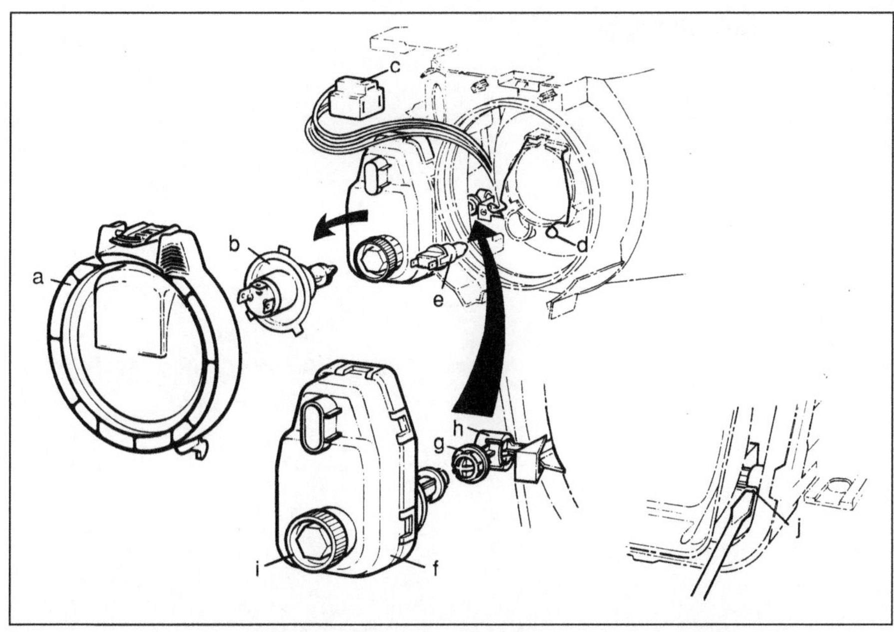

Fig. 11.15 Belastningsjusterad strålkastare (Lucas 55FRP)

a Plastkåpa
b Halogenglödlampa
c Kontaktdon
d Lamphållarfjädrar
e Pilotlampa utan sockel
f Nivåjusteringsmotor
g Låsring
h Vertikal justerstyrning
i Manuell justerare

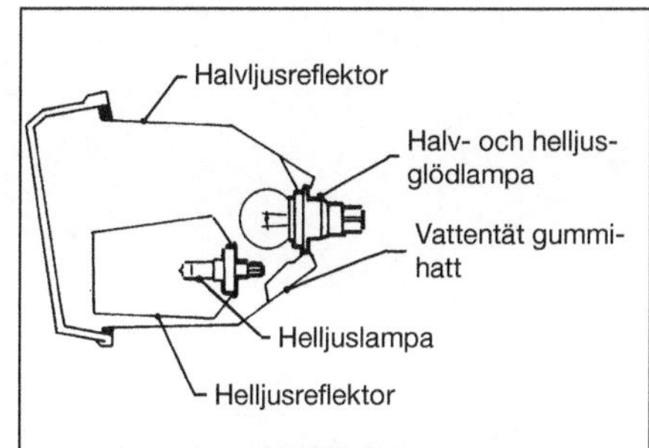

Fig. 11.16 Strålkastare med två glödlampor och reflektorer

Fig. 11.17 System med fyra strålkastare

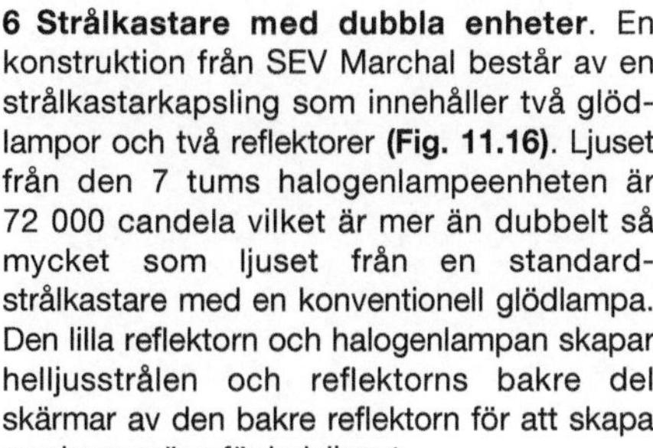

6 Strålkastare med dubbla enheter. En konstruktion från SEV Marchal består av en strålkastarkapsling som innehåller två glödlampor och två reflektorer **(Fig. 11.16)**. Ljuset från den 7 tums halogenlampeenheten är 72 000 candela vilket är mer än dubbelt så mycket som ljuset från en standardstrålkastare med en konventionell glödlampa. Den lilla reflektorn och halogenlampan skapar helljusstrålen och reflektorns bakre del skärmar av den bakre reflektorn för att skapa en skarp gräns för halvljuset.

10 System med fyra strålkastare

1 Att konstruera lampor som ger effektiv hel- och halvljusbelysning är möjligt, som tidigare visats, men innebär en viss komplexitet. Användandet av fyra strålkastare medger denna typ av belysning utan att några kompromisser måste göras **(Fig. 11.17)**.

2 Lamporna monteras antingen i en horisontell linje eller i par där den ena sitter monterad över den andra. Strålkastarna kan ha mindre diameter (146 mm) än de som monteras på fordon som använder två strålkastare (170 mm diameter)

3 De inre huvudlamporna innehåller vardera endast en glödtråd och dessa lämnar huvuddelen av ljuset till helljusstrålen. De yttre huvudlamporna har vardera en glödtråd som är placerad exakt i fokuspunkten och dessa lämnar ett bra, kompromisslöst, halvljus. Dessutom är de yttre lamporna försedda med en extra glödtråd. Denna är något förskjuten i förhållande till fokuspunkten och placerad under halvljusglödtråden. Dessa glödtrådar är aktiverade tillsammans med helljuset.

4 När helljuset är påkopplat arbetar innerlamporna därmed tillsammans med ytterlampornas undre glödtråd. Vid halvljus arbetar endast de yttre strålkastarna och de inre är avstängda.

11 Ljusinställning

1 Ljusinställningen är viktig för att inte mötande trafik skall bländas och för att fordonet skall kunna godkännas av bilprovningen. Professionell ljusinställningsutrustning ger stor noggrannhet och ett exempel visas i **Fig. 11.18**.

2 Om inte ljusinställningsutrustning finns tillgänglig är det ändå möjligt att ställa in lamporna genom att låta dem lysa på en vertikal vägg och justera in dem med justerskruvarna för vertikal och horisontal inställning. De flesta strålkastare justeras in på halvljuset eftersom det är halvljuset som kan bländа mötande trafik. Parkera fordonet i rät vinkel i förhållande till väggen, på ca 10 m avstånd. Markera var övre centrum på halvljusstrålen bör träffa och koppla på halvljuset. Täck över den ena lampan medan den andra justeras, byt sedan och justera den andra. Avståndet från den övre centrumpunkten ner till under lampans nivå beror i viss utsträckning på fordonet men bör vara ca. 14 cm. Om inte strålavståndet under strålkastaren är känt, rekommenderas att ljuset kontrolleras genom mörkerkörning.

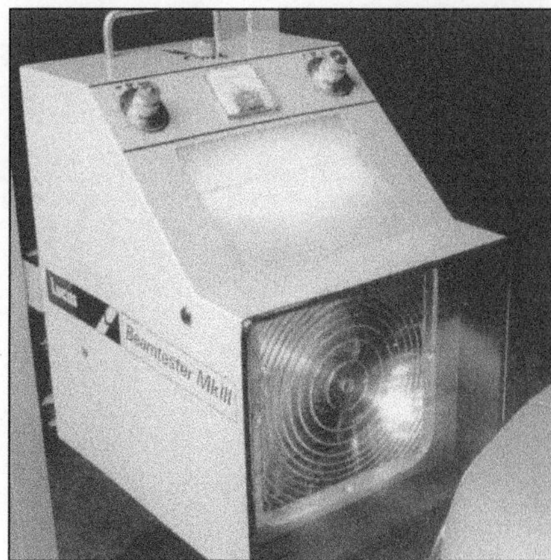

Fig. 11.18 Ljusinställningsmätare för strålkastare

Anteckningar

Kapitel 12
Elektromagnetiska störningar

Innehåll

1 Störningar

1 Störningar som påverkar radio, television och kommunikationsutrustning kan komma från apparater som ändrar eller avbryter strömflöden. Fordonsutrustningar innehåller ett antal störningsskapande komponenter, speciellt tändsystemet, startmotorn, växelströmsgeneratorn, likriktare, omkoppla-re, vindrutetorkare, spänningsregulatorer och elektriska bränslepumpar.

2 I radions barndom använde sig sändarna av högspänningsgnistor, så det är inte överraskande att tändsystemet ökar radiostrålningen - i det här fallet oönskat - och ger upphov till störningar som kan påverka närliggande mottagare. **Fig. 12.1** visar en enkel skiss av ett tändsystem. I detta finns två gnistgap (vid fördelarrotorn och vid tändstiften) som är sammankopplade med spolens och tändkablarnas induktans och strökapacitanserna i spolen, ledningarna och tändstiften.

3 Tillsammans skapar dessa komponenter en sorts radiosändare som skapar radiovågor med frekvenser från så lite som 150 kilohertz (långvågsbandet) upp till 600 megahertz. Den maximala effekten ligger dock i området 40 till 100 megahertz.

4 De kretskapacitanser som visas bär det största ansvaret för störningarna. När tändstiften tänder är spänningen, omedelbart före gnistan, flera kilovolt men sjunker snabbt till en ljusbågsspänning på bara några få hundra volt och strökapacitansernas, C_sC_w och C_p, lagrade energi urladdas under en tid av bara ca. 1 mikrosekund.

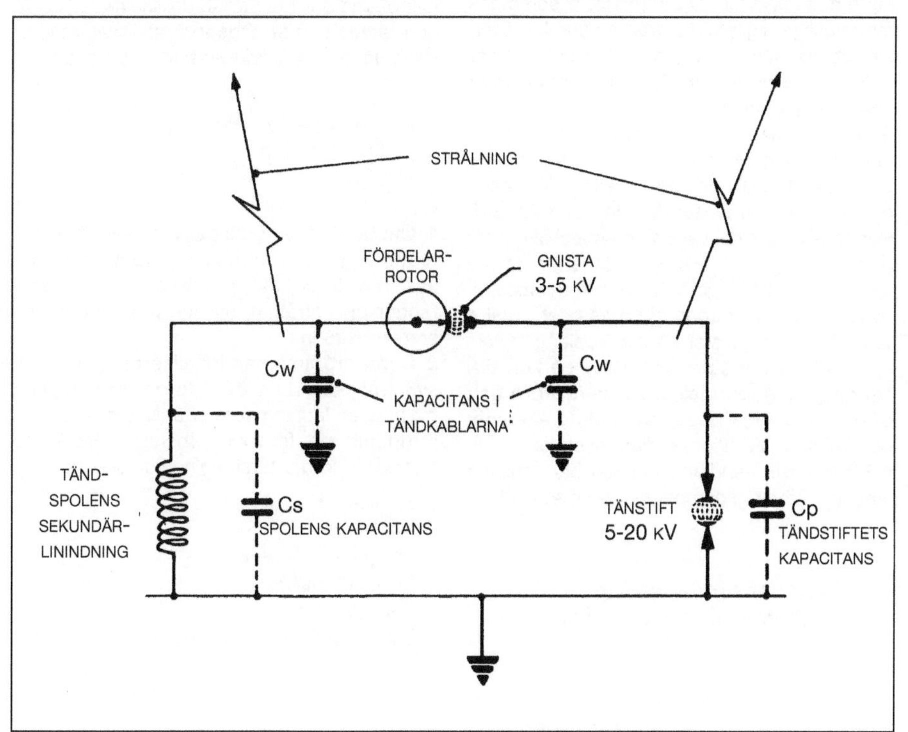

Fig. 12.1 Krets till tändningens sekundärslinga

5 Strålningen från motorrummet är till viss del dämpad av motorhuven och den omgivande metallen, men detta gäller endast om alla metalldetaljer är korrekt sammankopplade. Om så inte är fallet, kan metalldelar som är delvis eller helt isolerade och befinner sig i störningsvägen, fungerar som antenner som sänder störningarna vidare. Detta kan gälla alla detaljer i ett fordon, som t.ex. metallhyllor. För att identifiera sådana källor kan den enda möjligheten vara att pröva att jorda detaljerna med en jordledare.

6 Störningarna kan nå bilradioapparater och annan utrustning genom ledning i kablar. Ett enkelt prov som kan utföras med en radiomottagare är att dra ur dess antennkontakt. Om störningarna försvinner eller minskar märkbart så är de strålningsburna men om störningarna finns kvar når de mottagaren via ledning **(Fig. 12.2)**.

2 Lagstadgade krav på störningsdämpning

1 Alla fordon som tillverkas måste uppfylla tillverkningslandets krav på högsta tillåtna störningsnivå. EU-reglerna tillämpas nu av alla medlemsländer och även av andra europeiska länder.

2 Det är olagligt att byta ut stördämpningsutrustning på ett fordon på sådant sätt att störningsskyddet minskar under laglig nivå.

3 Resistiva tändkablar minskar inte motorns prestanda och skall inte bytas ut mot vanliga trådtändkablar.

3 Radioinstallation

1 Vid montering av en radiomottagare i ett fordon är det viktigt att uppnå bra jordanslutningar och att ledningsdragningen är så kort som möjligt. Det är mycket viktigt att få

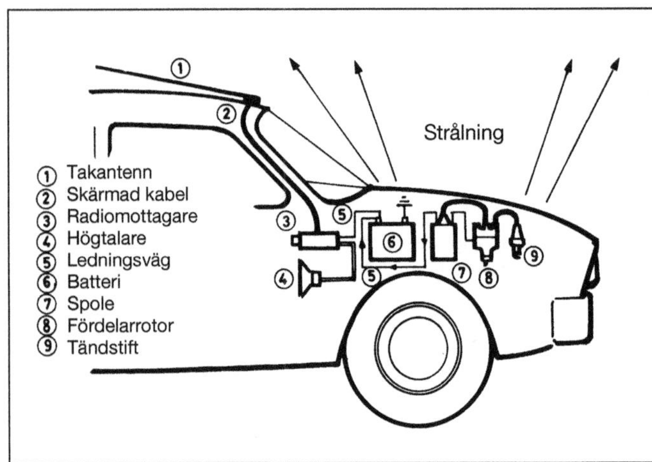

Fig. 12.2 Strålnings- och ledningsvägar för störningar

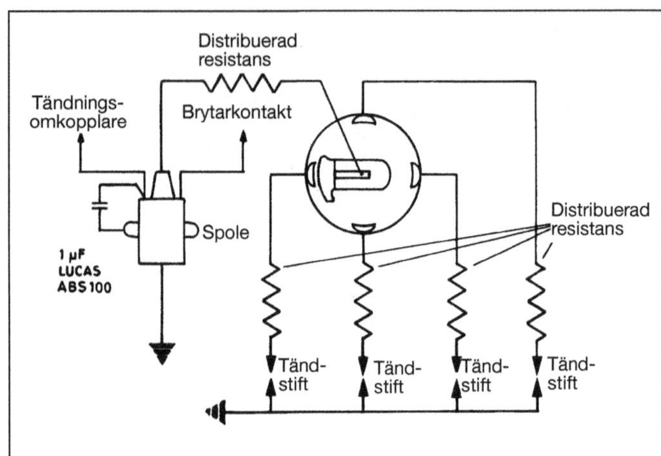

Fig. 12.3 Resistiv ledare i varje tändkabel

metall-till-metallkontakt och det duger inte att skruva fast mottagaren eller antennen mot en målad yta. Äldre fordon skall kontrolleras med avseende på rost vid jordförbindningarna om störningsproblem uppstår.

2 Radiomottagare förses med bästa möjliga signal genom att antennen monteras på ett bra ställe där den avskärmas från kaross-utsända störningar. Med tanke på detta, skall antennen vara av bra kvalitet och sådana som fästes på vindrutan skall undvikas. Takantenner är, trots att de är besvärliga att montera, bra eftersom de undkommer störfältet runt motorhuven och även hamnar ovanför fordonet där de kan uppfånga radiosignaler från alla riktningar utan att bli avskärmade av karossen.

3 Använd aldrig antennkabelns skärmstrumpa som utrustningens enda jordpunkt - spänningsmatningen skall ha en separat väljordad punkt.

4 Mottagare är försedda med en justerbar inställning för anpassning till antennen. Om tillverkarens instruktioner följs, uppnås ett avsevärt bättre förhållande mellan signaler och brus.

5 Radioleverantören lämnar noggranna instruktioner om monteringen och mycket kommer att vara beroende på fordonstyp och önskad antennplacering. I alla montage gäller dock principen: bra jordning, korta ledningslängder och bra antennplacering.

6 Fler anvisningar om installation finns i avsnitt 8 i detta kapitel. Detta avsnitt handlar om VHF och FM-mottagare.

4 Metoder för dämpning - tändning

1 Tändningsstörningar hörs normalt som ett knaster som varierar med motorvarvtalet.

2 Dämpade tändkablar levereras av fabrikanterna som orginalutrustning. Dessa klarar av de reglerade gränsvärden som behandlar yttre störningar. Resistiva tändkablar har en kärna av grafitimpregnerad vävd rayon eller silke och ett isolerskikt av PVC eller syntetiskt gummi.

3 Kablarna tillverkas i två grader, varav den ena har högre resistans per längdenhet. Tändstiftskablarna är anordnade för att ha en resistans på ca. 10 000 ohm i standardfallen **(Fig. 12.3)**. Vid svårare störningsfall, som kan inträffa t.ex. när karossen är av glasfiber utan att någon metallavskärmning finns, kan det vara nödvändigt att använda tändkablar med högre resistansvärde.

4 Emellanåt upptäcks fordon som använder fasta motstånd till varje tändstift tillsammans med vanliga lågresistiva trådtändkablar. Dessa kablars dämpning inom VHF-området är otillfredsställande och de skall bytas ut mot resistiva tändkablar.

5 Grundläggande stördämpning av tändningen sker genom att en kondensator på 1 µF (mikrofarad) ansluts mellan lågspänningsmatningen på tändspolen och till jord. Kondensatorn skall vara av en speciell typ för denna uppgift. En bra jordanslutning av kondensatorn kan göras under en av spolens fästskruvar, om färgen skrapas bort. Anslut **aldrig** en kondensator på tändspolens brytarspetssida, då förstörs spetsarna på kort tid. Ledningslängden mellan kondensatorn och dess anslutningar skall inte ändras eftersom den är kritisk vid högre radiofrekvenser.

6 Elektroniska tändningsenheter har vanligen inbyggd störningsdämpning - se avsnitt 11.

5 Metoder för dämpning - linjeburna störningar (ledning)

1 Störningar från vindrutetorkare, spolare, värmefläktar, blinkers och bromsbelysning leds vanligen till mottagaren via fordonets ledningsnät. Detta kan kontrolleras genom att ledningen till antennen tas bort och ersätts med en konstantenn som består av en polystyrenkondensator på 62 till 82 pF som ansluts till jord vid mottagarens antenningång.

2 Starta motorn och sök över våglängdsbanden efter separata störningar, samtidigt som de olika störningskällorna kopplas på, en i taget. En störskyddsåtgärd som sannolikt gör nytta, är att ansluta en drossel i mottagarens matningsledning **(Fig. 12.4)**. Om inte detta görs behöver de olika störkällorna förses med separata störningsskydd.

3 Billigare radioutrustning kan förbättras om en 16 volts elektrolytkondensator på 1000 mikrofarad ansluts mellan drosselns radiosida och radiochassiet. **Observera:** *Polariteten är viktig när elektrolytkondensatorer används.*

6 Metoder för dämpning - återstrålning

1 Om tändningsstörningar kvarstår efter den grundläggande behandling som angavs i avsnitt 4, är det möjligt att någon fordonsdel fångar upp strålningen och återsänder den som en antenn.

2 Detta problem kan lokaliseras genom att systematiskt söka över fordonet och med hjälp av en ledning som är ansluten till en bra jordpunkt på fordonet ansluta misstänkta föremål till jord. Återstrålning kan ske från:

Avgasrör
Pakethyllor
Dörrar och paneler
Motor till kaross
Framfjädring
Växelspak - speciellt franska och italienska bilar
Rattstång - speciellt franska och italienska bilar

När källan väl har lokaliserats skall den permanent jordas med en ledning.

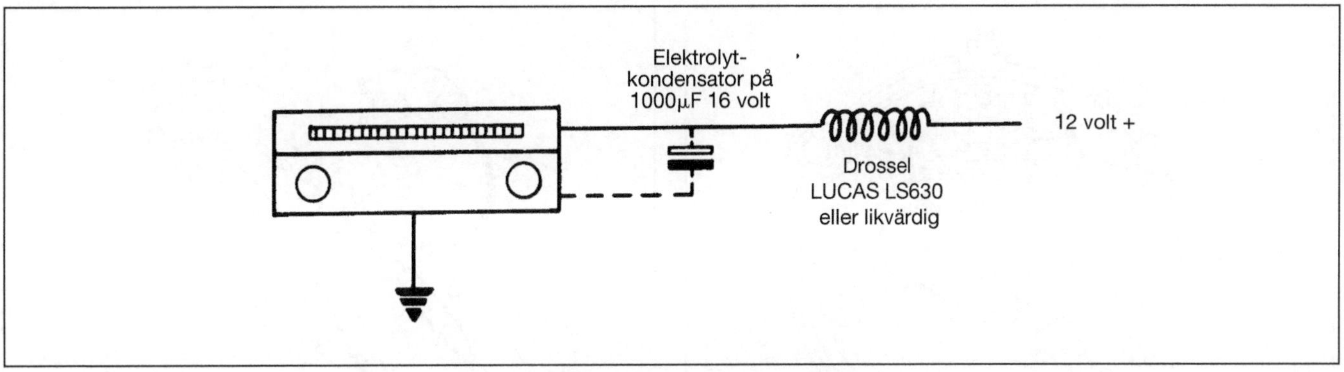

Elektrolyt-
kondensator på
1000µF 16 volt

12 volt +

Drossel
LUCAS LS630
eller likvärdig

Fig. 12.4 Dämpning av linjeburen störning

7 Metoder för dämpning - övrig utrustning

Växel- och likströmsgeneratorer

Vinande ljud som varierar med varvtalet

Likströmsgenerator: anslut en kondensator på 1 µF från anslutning D till jord. Växelströmsgenerator: anslut en kondensator på 3 µF från anslutningen för huvudutgången (tjocka kabeln) till jord **(Fig. 12.5)**.

Instrumentstabilisator

Anslut en drossel för 3 ampere i matningsledningen till anslutning B på stabilisatorn. Om nödvändigt, anslut en kondensator på 1 µF till jord på det sätt som visas i **Fig. 12.6**. Slutligen, försök med ytterligare en 3 amperes drossel i instrumentledningen.

Spänningsregulator

Vinande eller sprakande ljud som kommer när varvtalet ökar och försvinner när det minskar eller när belysningen kopplas på (förekommer vanligen inte vid tomgång)

Växelströmsgeneratorer från Lucas ACR, Delco,Bosch och Femsa:Montera en kondensator på1µF mellan anslutning (IND, D+, L eller 61) för varningslampan och jord. För likströmssystem: Montera en anslutning D på styrlådan (ledningen från generatorns utgång till lådan) och jord **(Fig. 12.7)**. Anslut aldrig kondensatorer från fältanslutningen till jord.

Torkarmotor

Sprakande ljud när motorn kopplas på (vid kontroll fukta rutan för att skydda bladen)

Anslut torkarmotorkapslingen till jord med en jordledning. För permanentmagnets- eller fältlindade motorer,använd ett montage av 7A drosslar **(Fig. 12.8)**.

Elektroniska varvräknare

Tändningsstörningar finns kvar efter normal dämpning

Om störningen försvinner när ledningen till varvräknaren tas bort, dämpa ledaren genom att montera en 3 A drossel i serie **(Fig. 12.9)** vid spolen/fördelaränden.

Signalhorn

Om signalhornet är kopplat direkt till 12 voltsmatningen, är det effektivt med en kondensator och drossel i kombination. Ett alternativ är att använda ett relä, eftersom detta minskar längden på de störningsledande ledningarna **(Fig.12.10)**.

Elektrostatiska störningar

Sprakningar i ljudet från radiomottagaren - orsakas av statisk elektricitet som byggs upp i de frirullande hjulen

Det är möjligt att montera fjäderbelastade kontakter mellan hjulen och karossen – en handlare kan ge råd om tillgången på dessa kontakter.

Sprakningar i radiomottagaren och även att personer som vidrör bilen får elektriska stötar

Det kan hjälpa med bilen däckbyte, eftersom däckens resistans kan variera. I svårare fall åtgärdar en hängande flexibel ledare som vidrör marken, problemet. Om inte detta är acceptabelt, kan det vara värt att pröva att måla däcksidorna med ledande färg.

Diverse

Inklusive klockor, vindrutespolare, fläktmotorer,elektriska bränslepumpar, körriktningsvisare och bromslampor

Försök med att ansluta en kondensator på 1 µF från matningen till jord (eller från båda ledningarna till jord för värmemotorer) Om det är nödvändigt kan drosslar med korrektströmtålighet läggas till.

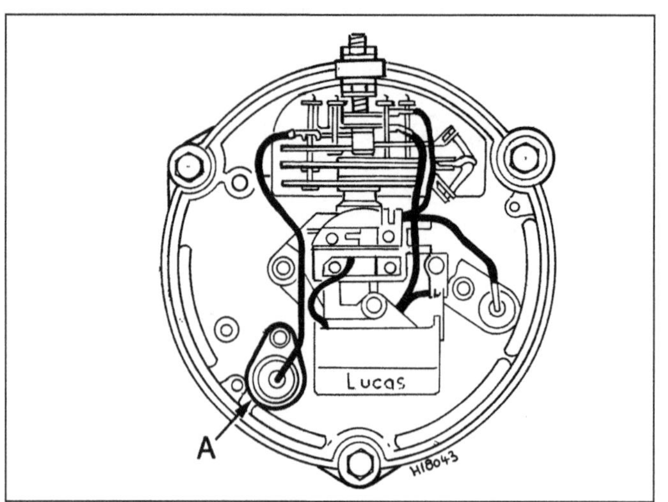

Fig. 12.5 Dämpning av störningar från generator

A Kondensator på 3 µF

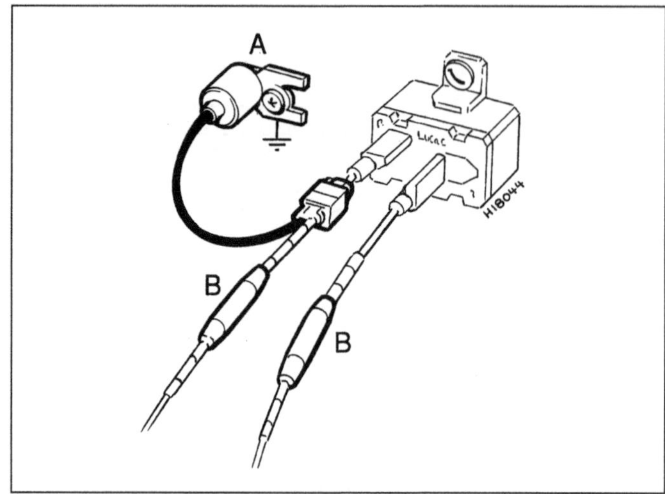

Fig. 12.6 Dämpning av störning från instrumentstabilisator

A Kondensator på 1µF *B Seriekopplade drosslar på 3A*

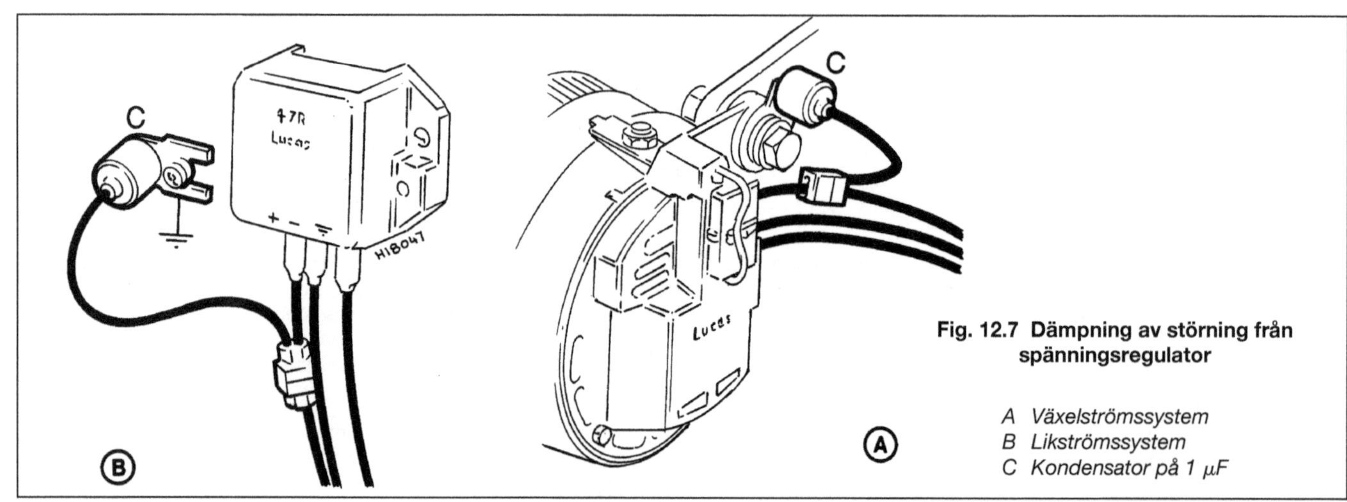

Fig. 12.7 Dämpning av störning från spänningsregulator

A Växelströmssystem
B Likströmssystem
C Kondensator på 1 µF

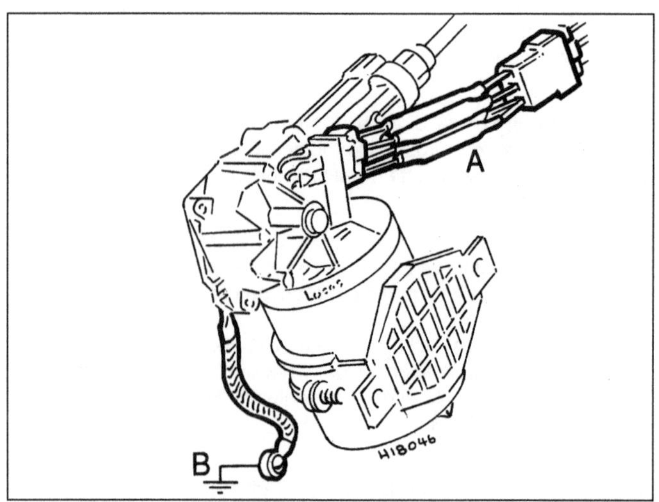

Fig. 12.8 Dämpning av störning från vindrutetorkarmotor

A Seriekopplade drosslar på 7A *B Jordledning*

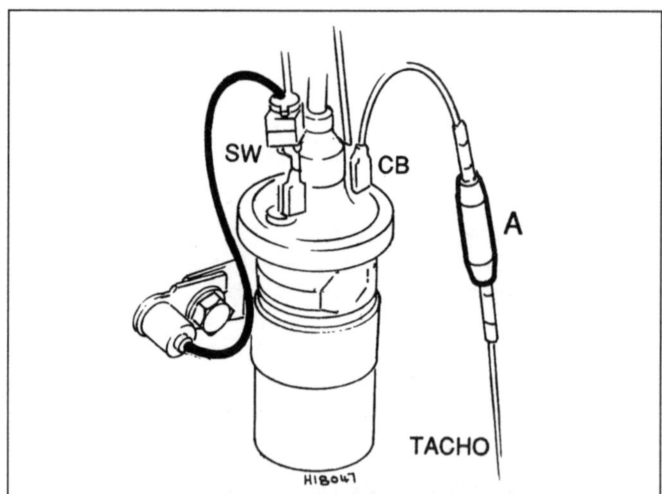

Fig. 12.9 Dämpning av störning från elektronisk varvräknare

A Seriekopplad drossel 3A

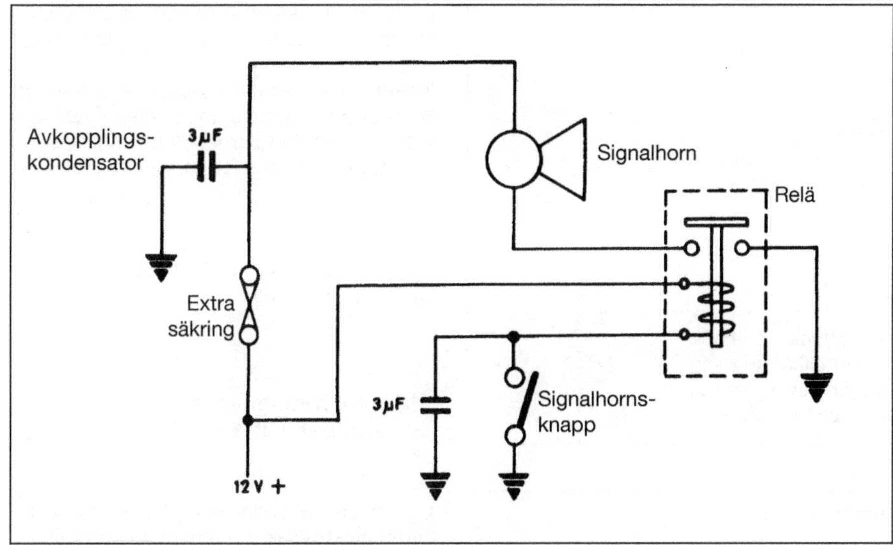

Fig. 12.10 Användning av relä för att minska signalhornsstörningar

8 VHF/FM-utsändningar

1 Mottagning av VHF/FM-banden i en bil medför större problem än avlyssning av mellan- och långvågsbanden. Sändare för mellan- och långvåg täcker mycket stora områden medan VHF-sändare endast kan sända över siktavstånd, vilket innebär avstånd mellan 15 och 80 km. Räckvidden beror också på terrängen, skärmning genom byggnader och sändarens uteffekt.

2 Genom den begränsade räckvidden blir det under en längre körning nödvändigt att justera om mottagaren. Det kan vara bättre för de som vanligen kör långa sträckor och för de som bor i områden med dålig sändartäckning, att använda en AM-radio som tar emot på mellan- och långvågsbandet.

3 De flesta störningar inträffar som amplitudförändringar, genom att den mottagna radiosignalen har en överlagrad störningspuls som får den mottagna signalen att tillfälligt bli större.

4 Sändningar i VHF-området överför information genom att variera frekvensen på sändningen, inom ett litet område, i förhållande till mikrofonsignalen och kallas för frekvensmodulerade sändningar (FM), och inte genom att variera amplituden på signalen (AM Amplitudmodulering)

5 FM-mottagare har en begränsningsenhet som håller signalens spänningsamplitud på en konstant nivå. Om en oönskad, hög signal tas emot så klipper begränsaren av den. Det är denna enda faktor som står för framgången för mottagare som arbetar inom VHF-banden (Very High Frequency) , eftersom de arbetar i de områden där störningar som kommer från tändningen når sitt maximum. Störningsskyddet för FM-mottagaren beror dock på om styrkan i den mottagna signalen når över en viss miniminivå.

6 Störningar kan visa sig vid dåliga mottagningsförhållanden och vissa av de dämpningsenheter som beskrivits i avsnitt 4 fungerar inte så bra vid mycket höga frekvenser så till vida de inte är konstruerade för VHF bandet. Tillgängliga störskyddsenheter inkluderar reaktiva tändkablar, resistiva fördelarhattar, skärmade tändstiftshattar och resistiva tändstift som t.ex. Champion RN9YC. Lyckligtvis lägger fabrikanter av originaldelar in störningsskydd i generatorer och regulatorer.

7 Nyutveckling inom mottagarteknologin för VHF/FM-banden omfattar:

(a) ***Muting (ljuddämpning).*** *Insignalens styrka mäts av en krets som tystar mottagaren när signalen försvagas av berg eller byggnader. Detta eliminerar det karakteristiska FM-brus som uppkommer när signalen försvinner. Systemet tar också bort det FM-brus som dyker upp mellan stationerna när radion ställs in.*

(b) ***Störningsabsorberande kretsar.*** *Dessa kretsar identifierar oönskade störningspulser och kopplar bort dem.*

(c) ***Stereoomkoppling*** *- Stereosignaler behöver vara tio gånger starkare vid mottagningen än monosignaler. När den mottagna stereosignalen är för svag, kopplas mottagaren automatiskt över till monomottagning och eliminerar på detta sätt onödiga störningar.*

(d) ***Automatisk stationsinställning.*** *Detta är konstruerat för noggrann inställning av program och använder en faslåst återkopplingskrets (PLL) som håller kvar mottagaren på en vald signal. Vid noggrann manuell stationsinställning kan förarens koncentration bli störd och detta system reducerar risken för detta.*

(e) ***Stereomottagningskontroll (SRC).*** *En mer förfinad variant av (c) som progressivt blandar stereosignalerna till en monosignal. Den justerar också frekvensresponsen för att minska störningar och brus tills dess att signalstyrkan når den nivå som krävs för att kunna arbeta med full stereoeffekt igen* ***(Fig. 12.11).***

8 Vid installation av VHF/FM-mottagare skall följande punkter observeras:

(a) *Det är viktigt med korrekt jordning av mottagarchassiet och antennmontaget. Använd en separat jordledning till radiomottagaren och skrapa bort färgen vid antennfästet.*

(b) *Om det är möjligt, använd en takantenn av*

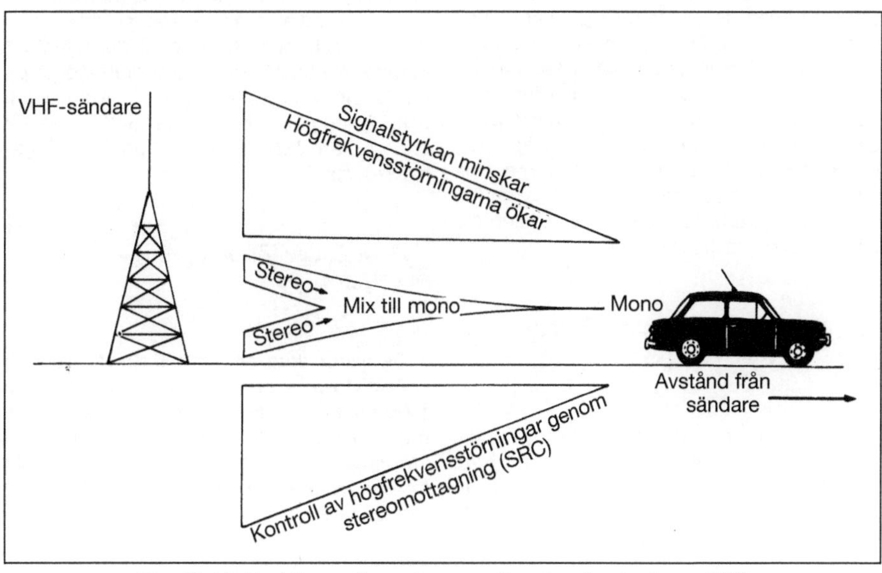

Fig. 12.11 Funktionen hos stereomottagningskontrollen - SRC

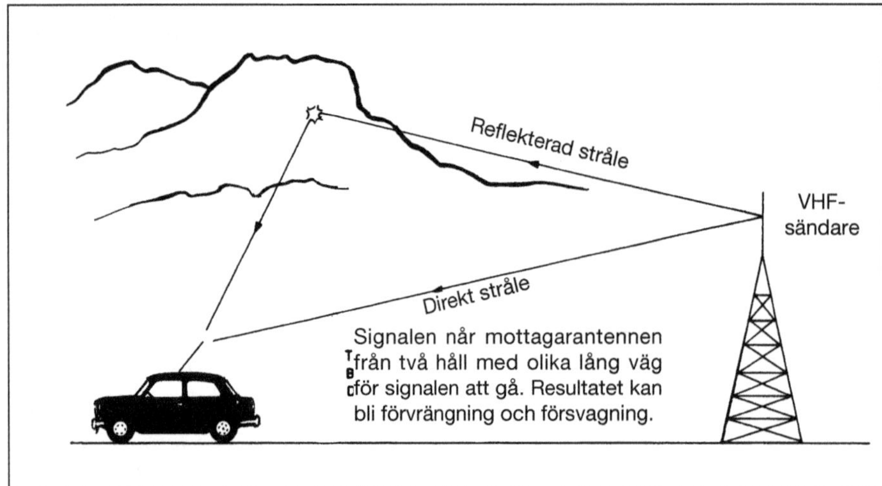

Fig. 12.12 Effekter av reflekterande signaler

god kvalitet för att uppnå maximal höjd och största möjliga avstånd från störningsgenererande utrustning i fordonet.

(c) *Det är viktigt att antennkabeln är av god kvalitet eftersom förlusterna kan vara betydande i billiga kablar.*

(d) *Polarisationen på FM-utsändningen kan vara horisontell, vertikal, cirkulär eller lutande. Med anledning av detta är den optimala montagevinkeln på takantennen 45°*

9 VHF/FM-signalerna reflekteras av hårda föremål som t.ex. berg och byggnader. Detta ökar risken för att fordonsantennen fångar upp både den direkta och den reflekterade signalen **(Fig. 12.12)**. Avståndet kommer att vara längre för den reflekterade signalen än för den direkta när de når antennen. Den resulterande signalspänningen vid antennen kan öka, minska och till och med försvinna efterhand som fordonet rör sig. Fenomenet beror på fasskillnaden mellan de två växelströmssignalerna och kännetecknas av ett poppande ljud. Sådana reflektionsfenomen uppträder också med TV-apparater (spökbilder), men deras antenner har riktverkan och kan ställas in för att minska effekterna. För fordonsburna mottagare finns alltid risken för denna effekt, eftersom de har nackdelen att bara använda en enkel antenn.

9 Fordon med glasfiberkaross

1 Dessa fordon har inte fördelen av en stördämpare i form av en metallskärm runt motorn som vanliga fordon har. Det är vanligen nödvändigt att förse motorrummet, torpedplåten och sid oplåten med metallfolie av t.ex den typ av aluminiumfolie som finns tillgänglig från byggnadsaffärer. Sammankopplingen mellan de individuella foliestyckena och anslutningen till karossen är mycket viktig för funktionen.

2 Kabelstammar kan behöva folieomslag som också skall jordas korrekt. Antennfästet och radiochassit skall kopplas till fordonschassiet med hjälp av grova metallflätor. Att dämpa VHF-radiostörningar i ett fordon med glasfiberkaross kan vara omöjligt.

3 Som tillägg till det ovanstående bär sägas att vanliga stördämpningskomponenter skall användas men speciell noggrannhet skall läggas på jordanslutningarna.

10 Metoder för dämpning - elektronisk tändning

Tillverkarna av elektroniska tändsystem bygger in komponenter för att uppnå en viss stördämpningsnivå men detta minskar inte behovet av att stördämpa tändkablarna.

2 I vissa fall, men inte alltid, är det tillåtet att koppla in stördämpningskondensatorer på tändspolens lågspänningssida. Kontrollera och följ noggrant fabrikantens instruktioner för annars kan skador inträffa på tändningshalvledarna.

11 Metoder för dämpning - lysrör

1 De lysrör som används i husvagnar och kollektivfordon kan ge upphov till radio och TV-störningar. Både lampfästen och dess matningsledningar kan ge upphov till störningar som beror på den pulserande formen på urladdningarna i lamporna samt förekomsten av harmoniska svängningar. Dessutom är omvandlaren, som gör om fordonsspänningen till den nivå som krävs av lysrören, en icke-linjär enhet som fungerar som en störningsgenerator.

2 För att minska störningsrisken och uppnå maximal signalstyrka, är antennplaceringen viktig.

3 Störningar kan försvagas genom att drosslar på 7 ampere, monteras i matningsledningen i direkt närhet till omvandlaren. I besvärliga fall kan det vara nödvändigt att placera en öppen nätavskärmning (eller en tunn kopparträd som lindats i spiral) runt röret. Skärmen skall endast jordas i ena änden och det är viktigt att även lampkapslingen jordas om den är av metall.

12 Elektromagnetisk kompatibilitet (EMC)

1 Med den ökande mängden av fordonsburen elektronisk utrustning kan störningar från yttre och inre källor ge upphov till allvarliga problem.

2 Bland de externa källorna för elektromagnetiska fält ingår navigationssystem med låg frekvens, sändare för långvåg, mellanvåg, kortvåg och VHF, mobila amatörradiosändare och radarstationer.

3 Interna magnetfältskällor är tändsystemet, generator, omkopplare, spolar, mikroprocessorer och alla kretsar som ger upphov till tillfälliga strömbrytningsfunktioner. Särskilt bör nämnas de fordonsmonterade radiosändare som används allmänt i den kommersiella trafiken.

4 Höga fältstyrkor skulle inte vara något problem om de inte orsakade fel i fordonet.

Följande fel har noterats när försök har utförts med höga fältstyrkor:

(a) **Motorstyrning** - Flerslag vid tändning
- Felaktig insprutningstidpunkt

(b) **Instrument** - Felvisning på digitala displayer
- Visning av felaktigt varvtal

(c) **Farthållare** - Felaktig trottelfunktion

(d) **Låsningsfria bromsar** - Felaktig varningsindikation
- Felaktig solenoidfunktion

(e) **Dörrlås**
- Låsning eller upplåsning av mekanismen

5 Vissa av dessa fel kan vara farliga och efterhand som elektronikutvecklingen går framåt inom styrsystemen, t.ex. aktiv fjädring och riktningsvisare, kommer problemen att öka. Redan nu vidtas mått för att bygga in olika skydd mot effekterna från mottagning och utsändning av strålning. T.ex. kan skärmning med ledningsnät av induktiva givare för tändningen nämnas. Dessa frågor kommer utan tvekan att bli av större vikt efterhand och finnas kvar så länge som elektronisk utrustning monteras i fordonen.

Kapitel 13
Ledningsdragning och mätutrustning

Innehåll

1 Kabeldragning och avslutningar

1 För att förenkla tillverkningen samlas ledningarna i grupper. Ledningsgrupperna bildar en kabelstam som kan formas genom att ledningarna tejpas samman eller genom att de läggs sida vid sida, det senare är användbart när ledningsdragningen skall ske under mattor. Kabelstammarna delas upp i sektioner som kopplas ihop med flerpoliga kontaktdon. Kontaktdonen är konstruerade för att tåla mekaniska belastningar och är oftast också vattentåliga.

2 Genom att lägga de separata ledningarna i kabelstammar ökas den mekaniska styrkan. Detta är viktigt eftersom fordonsvibrationerna annars kan orsaka ledningsbrott om styrkan i vibrationerna är tillräckligt stor. De ledningar som kommer ut från kabelstammen skärs av till korrekt längd för anslutning till önskad punkt och avslutas med någon form av kontakt; vanligen används stift- eller hylskontakter, ringkontakter, stolpanslutningar eller avisoleringskontakter **(Fig. 13.1 och 13.2)**.

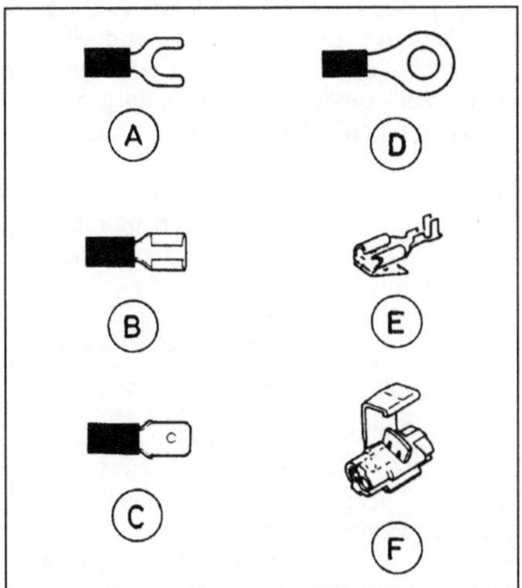

Fig. 13.1 Vanliga kontakter för elektriska biltillbehör

A Gaffel
B Kabelsko hona
C Kabelsko hane
D Ringkabelsko
E Kabelsko dubbel
F Avisolerande kontakt

A

	Beskrivning	Total diameter
	Lödanslutning	4,75 mm
	Krimpanslutning, lämplig för kabel 14/0.25 mm PT och SPT	4,75 mm
	Krimpanslutning, lämplig för kabel 14/0.30 mm PT	4,75 mm
	Krimpanslutning, lämplig för kabel 28/0.30 mm PT	4,75 mm
	Krimpanslutning, lämplig för kabel 44/0.30 mm PT	4,75 mm
	Hylsanslutning 3/16" (4.8 mm) diam.	

B

	Beskrivning
	2-vägs snabbanslutning (kan användas med 9/32" (7.1 mm) enkeltrådclips
	4-vägs snabbanslutning (gemensam kontakt)
	6-vägs snabbanslutning (isolerad)
	6-vägs snabbanslutning (gemensam kontakt)
	10-vägs snabbanslutning (isolerad)

Fig. 13.2 Snabbkontakter

A Hane *B Hona*

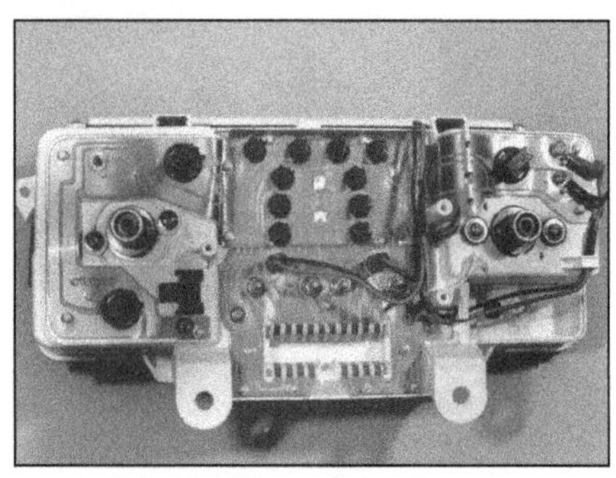

Fig. 13.3 Vanligt kretskort för instrumentpanel anslutet till bakdelen av instrumentgrupp

3 Ledningsdragningen till instrumenten sker numera vanligen med hjälp av ett kretskort (PCB). Kretskortet består av en isolerande platta som är försedd med ett tunt kopparlager på båda sidorna. Ledningsmönstret läggs på med en fotografisk metod och den oönskade kopparfolien etsas bort eller avlägsnas på annat sätt och lämnar kvar de önskade förbindelsebanorna. Detta är möjligt att förbinda punkter på kortets över- och undersida med hjälp av genomgående stift som löds fast. Specialkonstruerade kontakter används för att ge god kontakt med kretskortet och detta är en mycket billigare metod för instrumentanslutningen än kabeldragning **(Fig. 13.3)**. Eftersom kopparfolien är tunn måste försiktighet iakttas så att inte strömmen blir för hög, för då kan folien snabbt brännas sönder, som i en säkring.

4 Anslutningarna kan medföra problem, så om intermittenta fel uppträder är det en god ide att kontrollera kretskortskontakterna. Ibland används sockellösa glödlampor på kortet som indikatorlampor och för att god kontakt skall säkerställas skall deras anslutningar kontrolleras.

5 Om en kopparbana blir skadad och bruten är det möjligt att laga den med en tunn förtennad ledning och en lödpenna som är inställd på lägsta möjliga värme.

2 Kabeltjocklekar

1 Det är viktigt att kopparledningarna har tillräckligt stor genomskärningsarea för att leda strömmen utan att bli överhettade. Dessutom måste spänningsfallet i ledningen vara tillräckligt litet för att den anslutna utrustningen skall kunna arbeta. Beroende på kabelkostnaderna, kommer fabrikanten att använda den smalast möjliga ledare som uppfyller ovanstående krav.

2 Det är sällsynt att kabeln består av en enkelledare av koppar eftersom en sådan är svår att böja skarpt runt t.ex. hörn och dessutom kan brytas av vibrationer. I stället tillverkas ledningarna av flera tunna koppartrådar (ofta förtennade) som tvinnas i en långsamt stigande spiral och förses med ett hölje av extruerad isolering.

3 Beroende på tillverkningsland används både metriska och tummått i bilarna, men principerna för att välja de korrekta dimensionerna är de samma. Tillverkaren använder smalast möjliga kabel som utför det önskade arbetet (att tänka på när extrautrustning skall anslutas) och kraven är:

(a) *Vid full belastning får inte spänningsfallet vara för stort*

(b) *Kabeluppvärmningen måste vara inom de specificerade gränserna*

4 För att leda ström som motsvarar krav (a) måste tvärsnittsarean vara tillräckligt stor. Kabeluppvärmningen (b) är också beroende på arean men även på kabelns förmåga att göra sig av med värmen. En enskild kabel som exponeras för luften kan leda en mycket större ström än om den skulle vara sammanbuntat med flera andra ledningar i en kabelstam. Kablar som leder ström bara under korta ögonblick kan användas för större strömstyrkor men i detta fall är det uppkomna spänningsfallet ett viktigt övervägande.

5 Kablarna graderas genom antalet trådar och diametern på en enskild tråd, t.ex. 14/0,01 (tum) innehåller 14 trådar och varje tråd har diametern 0,01 tum. Samma metod används för metrisk angivning av ledningar, så exempelvis innebär 16/0,2 att ledningen innehåller 16 trådar och att varje tråd har diametern 0,2 mm. I resten av kapitlet används metriska mått.

3 Spänningsfall och märkström

1 I följande tabell förutsätts att strömtätheten är 8,525 ampere per kvadratmillimeter (A/mm^2) kopparledning för kablar upp till 44/0,3 6,975 A/mm^2 för grövre storlekar.

Metrisk kabel-tjocklek	**Märkström (ampere)**	**Spänningsfall (volt per meter per ampere)**
9/0,3	5,5	0,0271
14/0,3	8,75	0,01742
28/0,3	17,5	0,00871
44/0,3	25,5	0,00554
65/0,3	35,0	0,00375
84/0,3	42,0	0,00290
97/0,3	50,0	0,00251
120/0,3	60,0	0,00203

Den angivna märkströmmen kan reduceras till 60% för de ledningar som finns inuti en kabelstam och för de ledningar som kontinuerligt belastas och är av typ 28/0,3 eller högre.

2 Vanliga tjocklekar för bilkretsar visas här:

Kabel-tjocklek	**Märkström (ampere)**	**Användning**
14/0,3	8,75	Allmänna användningsområden: parkerings- och bakljus, blinkande indikatorer, radio/kassettbandspelare o.s.v.
28,03	17,5	Strålkastare,signalhorn, bakrutevärmare o.s.v.
65,03 84,03 97,03 120,03	35 42 50 60	Växelströmsgeneratorer (beroende på uteffekt)
37,09	170	Startkablar

4 Kabelkodning

1 När kablar kommer ur en kabelstam behöver de någon form av identifiering som t.ex. en färgkod eller ett nummer. Även om tillverkningslandet kan ha en nationell standard, så finns tyvärr inte några internationella överenskommelser angående färgkodning.

2 Ett exempel är den brittiska standarden BS-AU7 som bestämmer färgkoderna i ledningsnäten för bilar i Storbritannien **(Fig. 13.4)**. Lucas använder en sjufärgskod där de rena färgerna - purpur, grön, blå, röd, vit, brun och grön kompletteras med ytterligare en grupp som består av en grundfärg med en tunn färgstrimma. Så betyder:

Svart	- jordanslutning
Grön	- matning till extrautrustning som styrs av tändningsomkopplaren, t.ex. torkare, blinkers
Vit	-grundfärg för tändningskretsar
Röd	-sidobelysning (parkeringsljus) och bakre belysning
Blå med vit rand	- strålkastarens helljus
Blå med röd rand	- strålkastarens halvljus
Purpur	- extra utrustning som inte matas via tändningsomkopplaren, t.ex. signalhorn, kupébelysning
Brun	- huvudmatning från batteri

Andra färger används i överensstämmelse med utrustningens specifikation, t.ex. ljusgrön, rosa, mörkgrå.

Färg		Destination
Grund	Rand	
Brun		Batteriets huvudmatning
Brun	Blå	Styrlåda (endast kompenserad spänningsstyrning) till tändning och belysningsomkopplare (matning)
Brun	Röd	Tändningsstarthjälp med kompression till omkopplare. Huvudmatning från batteri till dubbelpolig tändningsomkopplare. (växelströmssystem)
Brun	Purpur	Matning till generatorns regulator
Brun	Grön	Likströmsgenerator "F" till styrlåda "F". Växelströmsgeneratorfält "F" till styrlåda "F"
Brun	Ljus-grön	Vindrutetorkarmotor till omkopplare
Brun	Vit	Amperemätare till styrlåda. Amperemätare till växelströmsgeneratorns huvudutgång
Brun	Gul	Likströmsgenerator "D" till styrlåda "D" och tändningsvarningslampa. Växelströmsgeneratorns neutrala punkt
Brun	Svart	Generatorns varningslampa, negativa sidan
Brun	Rosa	
Brun	Mörkgrå	
Brun	Orange	
Blå		Belysningsomkopplare (huvud) till halvljusomkopplare
Blå	Brun	
Blå	Röd	Halvljusomkopplare till strålkastarens halvljus. Säkring för strålkastarens halvljus till högra strålkastaren (vid separat säkring)
Blå	Purpur	
Blå	Grön	
Blå	Ljus-grön	Vindrutetorkarmotor till omkopplare
Blå	Vit	Halvljusomkopplare till strålkastarens helljus (sidokrets - strålkastarens blinkrelä till strålkastaren). Säkring för strålkastarens helljus till högra lampan (vid separat säkring). Säkring för strålkastarens helljus till extern strålkastare (när de externa strålkastarna är separat säkrade). Halvljusomkopplare till helljusvarningslampa
Blå	Gul	Långavståndsomkopplare till lampa
Blå	Svart	
Blå	Rosa	Säkring för strålkastarens halvljus till vänstra lampan (vid separat säkring)
Blå	Mörk-grå	Säkring för strålkastarens helljus till vänstra lampan eller inbyggda strålkastare (vid separat säkring)

Färg		Destination
Grund	Rand	
Blå	Orange	
Röd		Sido- och bakljusmatning
Röd	Brun	Variabel panelbelysning (vid användning tillsammans med normal panelbelysning)
Röd	Blå	
Röd	Purpur	Omkopplare för kartbelysning till kartljus
Röd	Grön	Belysningsomkopplare till sido- och bakljussäkring (när säkrad)
Röd	Ljus-grön	Vindrutetorkarmotor till omkopplare
Röd	Vit	Panelljusomkopplare till panelljus
Röd	Gul	Dimljusomkopplare till dimljus
Röd	Svart	Parkeringsomkopplare till vänstersidans lampa
Röd	Rosa	
Röd	Mörkgrå	
Röd	Orange	Parkeringsljusomkopplare till högersidans sidolampa
Purpur		Tillbehör säkrade direkt från batteriet
Purpur	Brun	Signalhornssäkring till signalhornsrelä (när signalhornen är separat säkrade)
Purpur	Blå	
Purpur	Röd	Omkopplare för bagagerumsbelysning till lampa
Purpur	Grön	
Purpur	Ljus-grön	
Purpur	Vit	Innerbelysning till omkopplare (sidokrets - dörrsäkerhets-belysning till omkopplare)
Purpur	Gul	Signalhorn till signalhornsrelä
Purpur	Svart	Signalhorn eller -relä till signalhornsknapp
Purpur	Rosa	
Purpur	Mörkgrå	Antennmotor till UPP-omkopplare
Purpur	Orange	Antennmotor till NER-omkopplare
Grön		Tillbehör som säkras via tändningslåset (sidokrets - säkring A4 till varningsblinkersomkopplaren (anslutning 6)
Grön	Brun	Backlampa till omkopplare
Grön	Blå	Vattentemperaturmätare till temperaturenhet
Grön	Röd	Vänstersidans körriktningslampor
Grön	Purpur	Bromslampor till omkopplare
Grön	Ljus-grön	Varningsblinkersenhet till indikeringslampa
Grön	Vit	Högersidans körriktningslampor
Grön	Gul	Värmefläktsmotor till omkopplare, en hastighet eller till "långsam" för motor med två hastigheter
Grön	Svart	Bränslemätare till givare eller överkopplingsomkopplare

Fig. 13.4 Ledningskoder för bil enligt brittisk standard (forts. nästa sida)

3 Vanligtvis är handböcker tryckta i svart/vitt, och därför identifieras färgerna med en bokstavskod, så som:

B = Svart
G = Grön
N = Brun
P = Purpur
R = Röd
S = Mörkgrå
U = Blå
W = Vit

När en ledare har en grundfärg och en spiralrand av en annan färg blir koden t.ex:

WG = Vit med grön rand

Europeiska bilar som tillämpar DIN-koden, märker kablarna på följande sätt:

BL = Blå (Blau)	GR = Grå (Grau)
BR = Brun (Braun)	GN = Grön (Grün)
GE = Amber (Gelb)	RT = Röd (Rot)
SW = Svart (Schwarz)	WS = Vit (Weiss)

Färg		Destination
Grund	Rand	
Grön	Rosa	Chokesolenoid till choke-omkopplare (när säkrad)
Grön	Mörkgrå	Värmefläktsmotor till omkopplare (eller "snabb" för motor med två hastigheter)
Grön	Orange	Varningslampa för låg bränslenivå
Ljus-grön		Instrumentspänningsstabilisator till instrument
Ljus-grön	Brun	Blinkersomkopplare till blinkersenhet "L"
Ljus-grön	Blå	Blinkersomkopplare till varnings-lampa för vänsterblinkers
Ljus-grön	Röd	Bränsletankens överkopplingsom-kopplare till högersidans tankenhet
Ljus-grön	Purpur	Blinkersenhet "F" till blinkersvarningslampa
Ljus-grön	Grön	
Ljus-grön	Vit	
Ljus-grön	Gul	Blinkersomkopplare till varnings-lampa för högerblinkers
Ljus-grön	Svart	Spolaromkopplare till spolarmotor
Ljus-grön	Rosa	Blinkersenhet "L" till nöd-omkopplare (samtidig blinkning)
Ljus-grön	Mörkgrå	Bränsletankens överkopplings-omkopplare till vänstra tankenheten
Ljus-grön	Orange	
Vit		Kontrollkrets för tändningen (ej säkrad) (tändningsomkopplare till ballastresistor)
Vit	Brun	Oljetrycksgivare till varningslampa eller mätare
Vit	Blå	Chokeomkopplare till chokesolenoid (ej säkrad). Säkring för bakre värmare till omkopplare. Elektronisk tändning, TAC-tändningsenhet till resistans
Vit	Röd	Omkopplare till startmotorsolenoiden till startmotor tryck- eller spärromkopplare
Vit	Purpur	Bränslepump nummer 1 eller högersid-ans pump till överkopplingsomkopplare
Vit	Grön	Bränslepump nummer 2 eller vänster-sidans pump till överkopplingsomkopplare
Vit	Ljus-grön	Vindrutetorkarmotor till omkopplare
Vit	Gul	Startmotorns spärromkopplare till starttryckknapp. Ballastresistor till spole. Startmotorsolenoid till spole
Vit	Svart	Anslutning CB på till fördelarens brytarkontakter. Bakrutans värmare till omkopplare eller säkring. TAC-tändning
Vit	Rosa	Radio från tändningsomkopplare
Vit	Mörkgrå	Varvräknare till tändspole
Vit	Orange	Matning till varn.blink.enhet (till omkoppl.)
Gul		Överväxel

Färg		Destination
Grund	Rand	
Gul	Brun	Överväxel
Gul	Blå	Överväxel
Gul	Röd	Överväxel
Gul	Purpur	Överväxel
Gul	Grön	Överväxel
Gul	Ljus-grön	Vindrutetorkarmotor till omkopplare
Gul	Vit	
Gul	Svart	
Gul	Rosa	
Gul	Mörkgrå	
Gul	Orange	
Svart		Alla jordanslutningar
Svart	Brun	Varvtalsgivare till varvräknare
Svart	Blå	Varvtalsgivare till varvräknare
Svart	Röd	Elektrisk hastighetsmätare
Svart	Purpur	
Svart	Grön	Vindrutetorkaromkopplare till vind-rutetorkare (en hastighet). Relä till kylfläktsmotor
Svart	Ljus-grön	Vakuumbromsomkopplare till varningslampa och/eller summer
Svart	Vit	Varningslampa för bromsvätskenivå till omkopplare och handbromsomkopplare
Svart	Gul	Elektrisk hastighetsmätare
Svart	Rosa	
Svart	Mörkgrå	
Svart	Orange	Kylfläktsmotor till termisk omkopplare
Mörkgrå		Fönsterhiss
Mörkgrå	Brun	Fönsterhiss
Mörkgrå	Blå	Fönsterhiss
Mörkgrå	Röd	Fönsterhiss
Mörkgrå	Purpur	Fönsterhiss
Mörkgrå	Grön	Fönsterhiss
Mörkgrå	Ljus-grön	Fönsterhiss
Mörkgrå	Vit	Fönsterhiss
Mörkgrå	Gul	Fönsterhiss
Mörkgrå	Svart	Fönsterhiss
Mörkgrå	Rosa	Fönsterhiss
Mörkgrå	Orange	Fönsterhiss

Fig. 13.4 Ledningskoder för bil enligt brittisk standard (forts.)

5 Kopplingsscheman

1 Bilarnas kopplingsscheman varierar betydligt i format. Vissa visar tydligt de elektriska anslutningarna (t.ex Austin Metro **Fig. 13.5**), medan schemat för Volvo 340 **(Fig. 13.6)** visar komponenternas relativa position på fordonet. Denna metod illustrerar kabelgrupper som formas till kabelstammar men som tillåter spårning av individuella ledare.

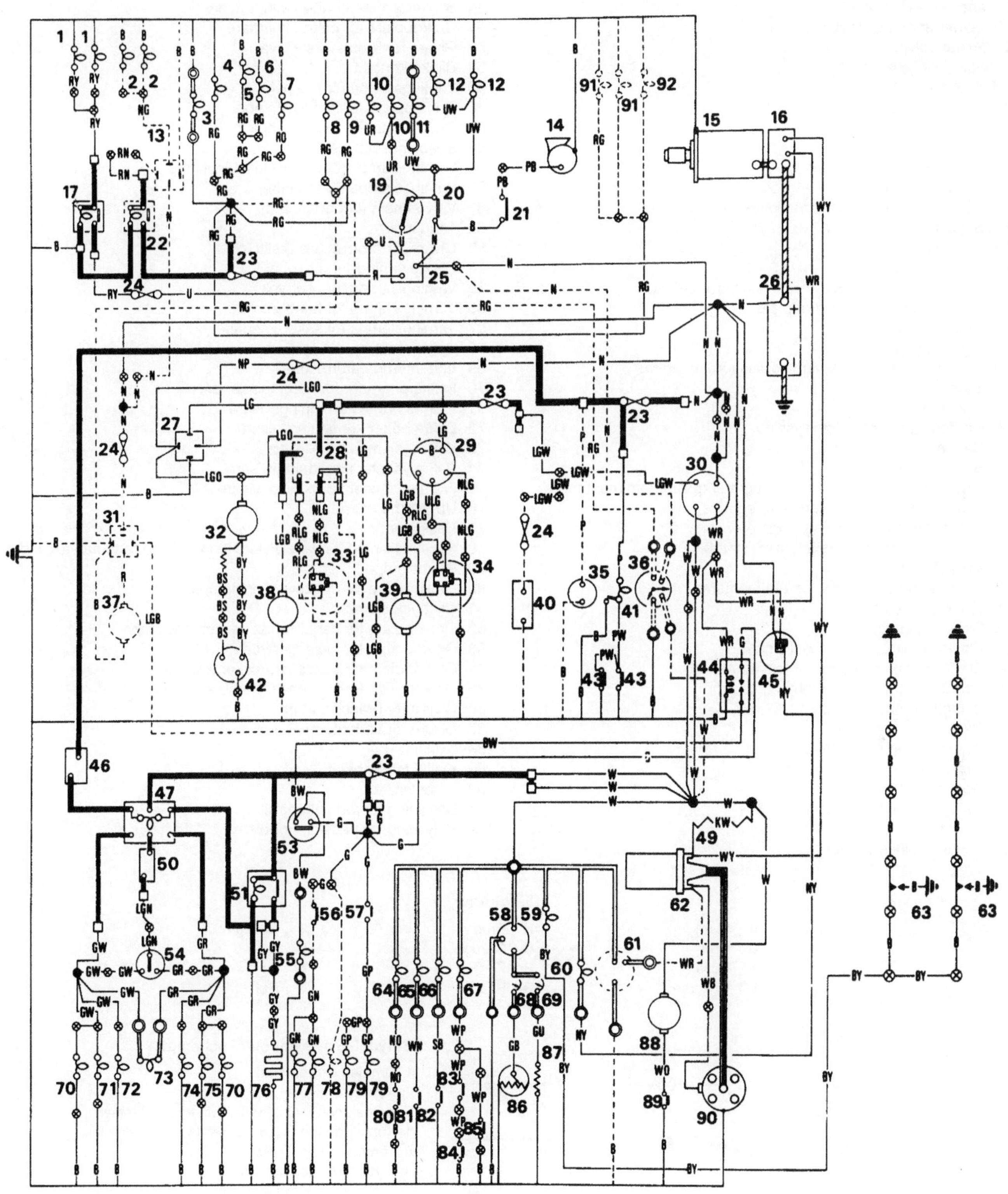

Fig. 13.5 Kopplingsschema för Austin Metro

1 Bakre dimljus
2 Främre dimljus (om monterat)
3 Panelbelysningslampa
4 Cigarrettändarbelysning
5 Vänster bakljuslampa
6 Registreringsskyltslampa
7 Höger bakljuslampa
8 Vänster sidolampa
9 Höger sidolampa
10 Strålkastare halvljus
11 Varningslampa för helljus
12 Strålkastare helljus
13 Relä till främre dimljus (om monterat)
14 Signalhorn
15 Startmotor
16 Startmotorsolenoid
17 Omkopplare för bakre dimljus och varningsljus
19 Strålkastare halvljusomkopplare
20 Strålkastare ljustuta
21 Signalhornsknapp
22 Främre dimlampa och varningsljus (om monterat)
23 Säkringar
24 Linjesäkringar
25 Omkopplare för huvudbelysning
26 Batteri
27 Relä för extrakretsar
28 Omkopplare för bakre vindrutetorkare/spolare (om monterad)
29 Omkopplare för vindrutetorkare/spolare
30 Omkopplare för tändning/startmotor
31 Strålkastarens spolarrelä (om monterat)
32 Värmefläktsmotor
33 Bakre vindrutetorkarmotor (om monterat)
34 Vindrutetorkarmotor
35 Cigarettändare
36 Klocka (digital i HLS-modellerna)
37 Strålkastarnas torkarmotor (om monterad)
38 Bakrutans spolarmotor (om monterad)
39 Vindrutans spolarmotor
40 Radio (om monterad)
41 Innerbelysning och omkopplare
42 Omkopplare för värmemotor
43 Dörromkopplare
44 Relä till varningslampa för bromsfel
45 Generator
46 Varningsblinkersenhet
47 Omkopplare för varningsblinkers och varningslampa
49 Ballastresistorkabel
50 Blinkersenhet för körriktningsvisare
51 Omkopplare för bakrutevärmare
53 Givare för bromsvätskenivå
54 Blinkerkontakt
55 Varningslampa för bromsfel
56 Omkopplare för backljuslampa
57 Omkopplare för bromslampa
58 Spänningsstabilisator
59 Varningslampa för bromsklossförslitning
60 Varningslampa för tändning
61 Varvräknare (om monterad)
62 Tändspole
63 Givare för bromsklossförslitning
64 Chokevarningslampa
65 Varningslampa för oljetryck
66 Varningslampa för handbroms
67 Varningslampa för säkerhetsbälte
68 Bränslemätare
69 Vattentemperaturmätare
70 Indikatorlampor för körriktningsvisare
71 Främre höger körriktningsvisare
72 Bakre höger körriktningsvisare
73 Varningslampa för blinkers
74 Bakre vänster körriktningsvisare
75 Främre vänster körriktningsvisare
76 Uppvärmd bakruta
77 Backlampor
78 Panelbelysning för växelväljare (endast med automatväxellåda)
79 Bromslampor
80 Omkopplare för chokevarningslampa
81 Oljetryckskontakt
82 Omkopplare för handbromsens varningslampa
83 Omkopplare för passagerarsäte
84 Omkopplare för passagerarsäkerhetsbälte
85 Omkopplare för förarens säkerhetsbälte
86 Givare för bränslemätare
87 Givare för vattentemperatur
88 Kylfläkt
89 Kylfläktstermostat
90 Fördelare
91 Belysning för värmekontroll
92 Belysning för panelomkopplare

Färgkoder

B	Svart	**N**	Brun	**S**	Mörkgrå
G	Grön	**O**	Orange	**U**	Blå
K	Rosa	**P**	Purpur	**W**	Vit
LG	Ljusgrön	**R**	Röd	**Y**	Gul

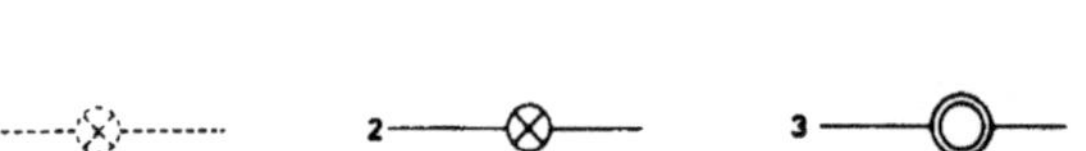

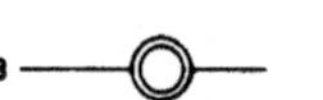

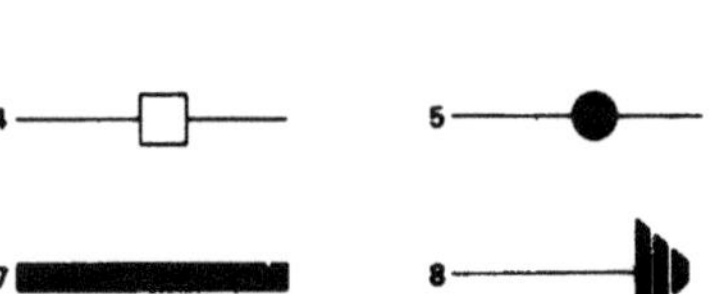

Betydelse av symboler i schemat

1 Om den är monterad
2 Kontakt
3 Kontaktdon för instrumentets tryckta kretsar
4 Kontaktdon för säkringskortets tryckta kretsar
5 Förseglad kopplingspunkt
6 Tryckt krets för instrument
7 Tryckt krets för säkringskort
8 Komponent som jordas via fästen
9 Komponent som jordas genom ledning

Komponentförteckning till kopplingsschema för Austin Metro

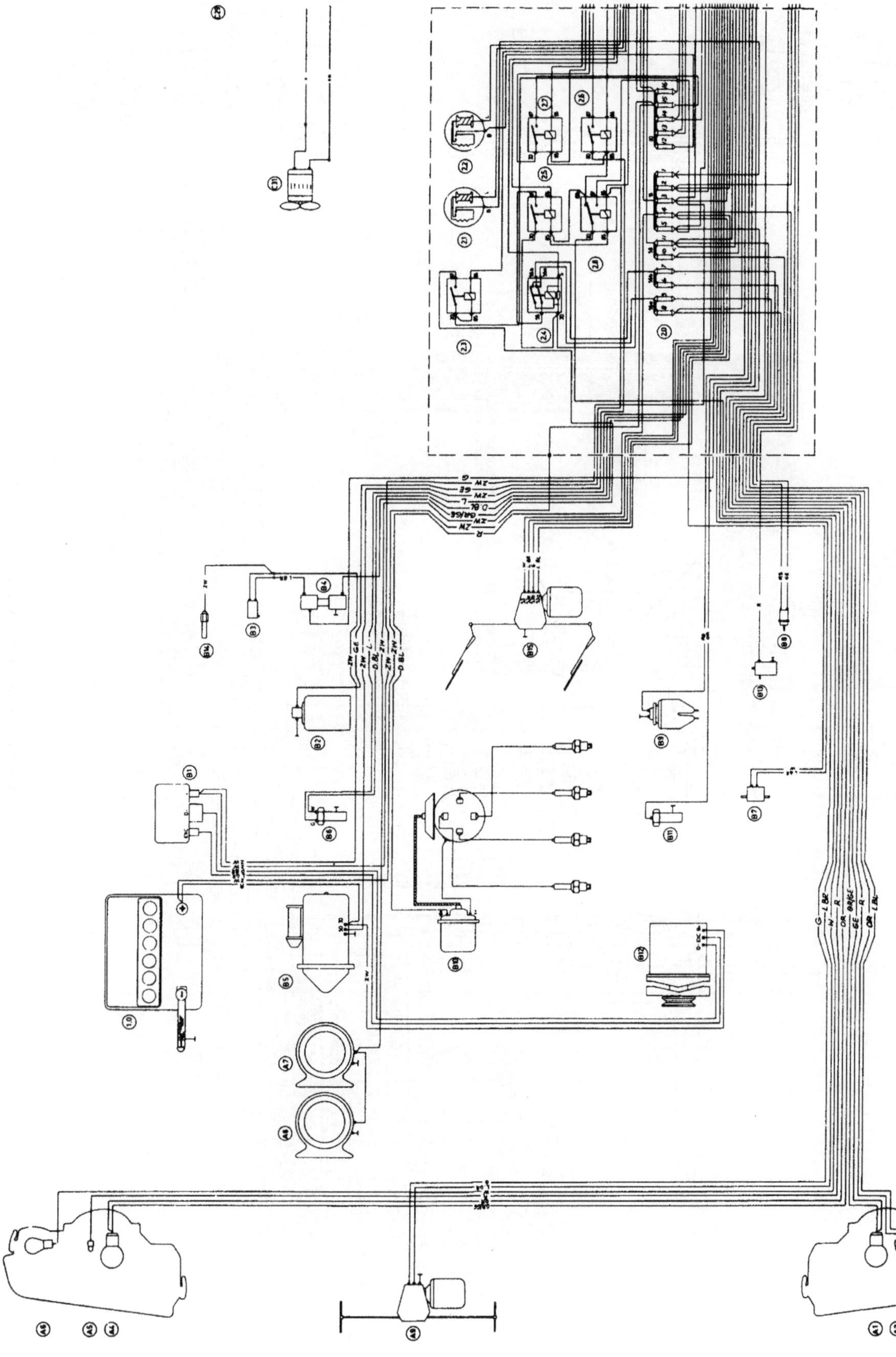

Fig. 13.6 Kopplingsschema för Volvo 340 (forts. nästa sida)

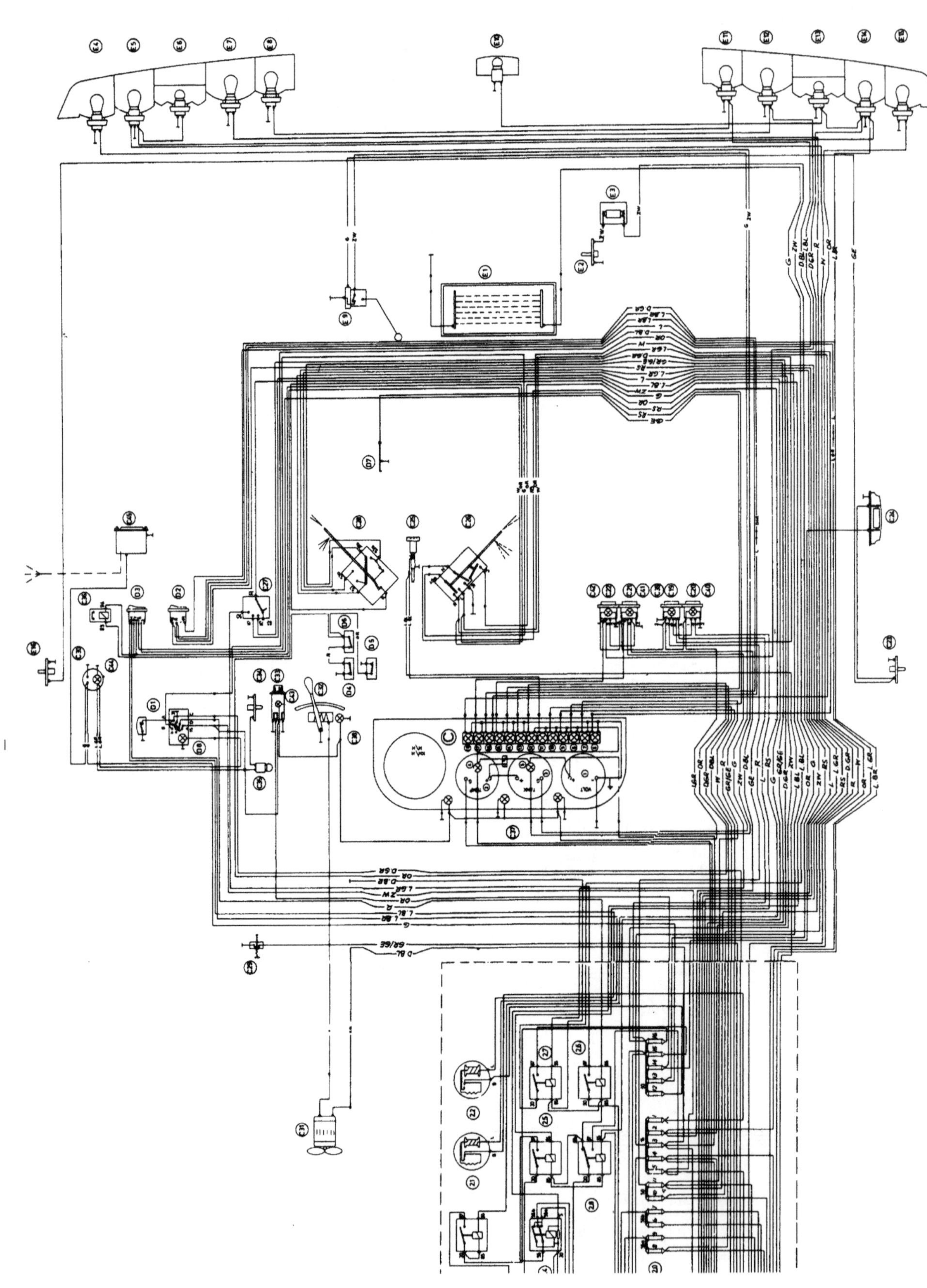

Fig. 13.6 Kopplingsschema för Volvo 340 (forts.)

A1 Strålkastare hel- /halvljus
A2 Parkeringsljus
A3 Körriktningsindikator
A4 Strålkastare hel- /halvljus
A5 Parkeringsljus
A6 Körriktningsindikator
A7 Signalhorn hög ton
A8 Signalhorn låg ton
A9 Strålkastarens torkarmotor (nordisk)
B1 Spänningsregulator
B2 Vattenpump
B3 Mikrobrytare
B4 4-vägsventil
B5 Startmotor
B6 Kylvätsketemperaturgivare / omkopplare
B7 Frikopplingsventil
B8 Bromsljusomkopplare
B9 Flottör för bromsoljenivå
B10 Tändspole
B11 Oljetrycksgivare
B12 Generator
B13 3-vägsventil (Sverige)
B14 Pilotmunstycke (Sverige)
B15 Vindrutetorkarmotor

C1 Voltmätare
C2 Temperaturmätare
C3 Bränslemätare
C4 Varningslampa för kylvätsketemperatur
C5 Indikatorlampa för bränslereserv
C6 Körriktningslampa, vänster
C7 Indikatorlampa för parkeringsljus
C8 Varningslampa för handbroms
C9 Varningslampa för oljetryck
C10 Varningslampa för oljenivå
C11 Indikatorlampa för choke
C12 Indikatorlampa för säkerhetsbälte
C13 Indikatorlampa för aktiv varningsblinkers
C14 Indikatorlampa för helljus
C15 Indikatorlampa för bakre dimljus
C16 Indikatorlampa för automatväxellåda låst på låg växel
C17 Indikatorlampa för bakrutevärmare
C18 Körriktningslampa, höger
C19 Omkopplare för hel- / halvljus
C20 Omkopplare för parkeringsbelysning
C21 Omkopplare för bakrutevärmare
C22 Omkopplare för bakre dimljus
C23 Dörromkopplare för innerbelysning, vänster
C24 Innerbelysning
C25 Choke
C26 Körriktningsomkopplare
C27 Tändningsomkopplare
C28 Omkopplare för vindrutetorkare
C29 Kickdown-kontakt
C30 Klocka
C31 Fläkt
C32 Fläktreostat
C33 Cigarettändare
C34 Omkopplare för handskfacksbelysning
C35 Lampa för handskfacket
C36 Körriktningsindikator
C37 Lampa för instrumentbelysning
C38 Lampa för belysning av värmekontroller
C39 Lampa för belysning av hel- /halvljusomkopplare
C40 Lampa för belysning av parkeringsljusomkopplaren
C41 Lampa för belysning av omkopplare för bakruteuppvärmning
C42 Lampa för belysning av omkopplare till främre dimljus
C43 Lampa för belysning av cigarettändare
C44 Lampa för belysning av klocka (DL)
C45 Radio (tillbehör)

D1 Växelväljaromkopplare
D2 Omkopplare för låsning av automatväxellåda på lågväxel
D3 Omkopplare för aktivering av varningsblinkers
D4 Kontakt för säkerhetsbälte, vänster fram
D5 Kontakt för säkerhetsbälte, höger fram
D6 Säteskontakt, baksäte
D7 Handbromsomkopplare
D8 Omkopplare för väljarskala

E1 Bakrutevärmare
E2 Omkopplare för bagagerumsbelysning
E3 Bagagerumsbelysning
E4 Körriktningsindikator
E5 Bak- /bromsljus
E6 Bakljus
E7 Bakre dimljus
E8 Backljus
E9 Flottör
E10 Nummerplåtsbelysning
E11 Backljus
E12 Bakre dimljus
E13 Bakljus
E14 Bak- /bromsljus
E15 K_rriktningsindikator
E16 Dörromkopplare för innerbelysning, höger

1.0 Batteri
2.0 Säkringsdosa
2.1 Riktningsindikator
2.2 Varning för aktiverad varningsblinkers
2.3 Signalhornsrelä
2.4 Relä för hel- /halvljus
2.5 Fordonsbelysningsrelä
2.6 Relä för startspärr
2.7 Relä för bakrutevärmare (DL)
2.8 Relä för strålkastartorkare/spolare (nordisk)

Färgkoder

W	Vit
R	Röd
OR	Orange
RS	Rosa
D BR	Mörkbrun
L BR	Ljusbrun
D BL	Mörkblå
L BL	Ljusblå
D GR	Mörkgrön
L GR	Ljusgrön
GR/GE	Grön/gul
GE	Gul
L	Lila
G	Grå
ZW	Svart

Komponentförteckning till kopplingsschema för Volvo 340

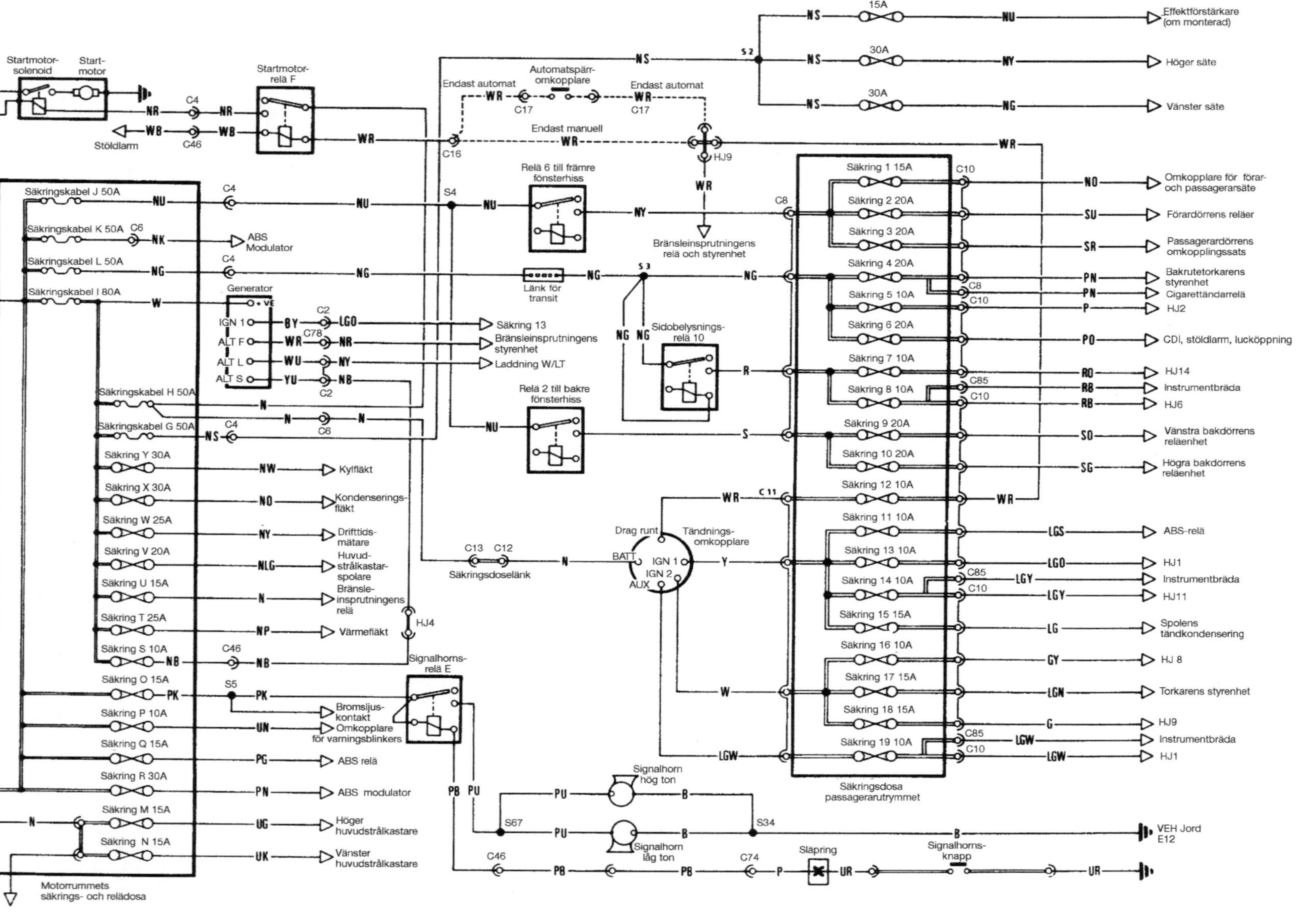

Fig. 13.7a Effektfördelningsnät för Rover 800 Fastback

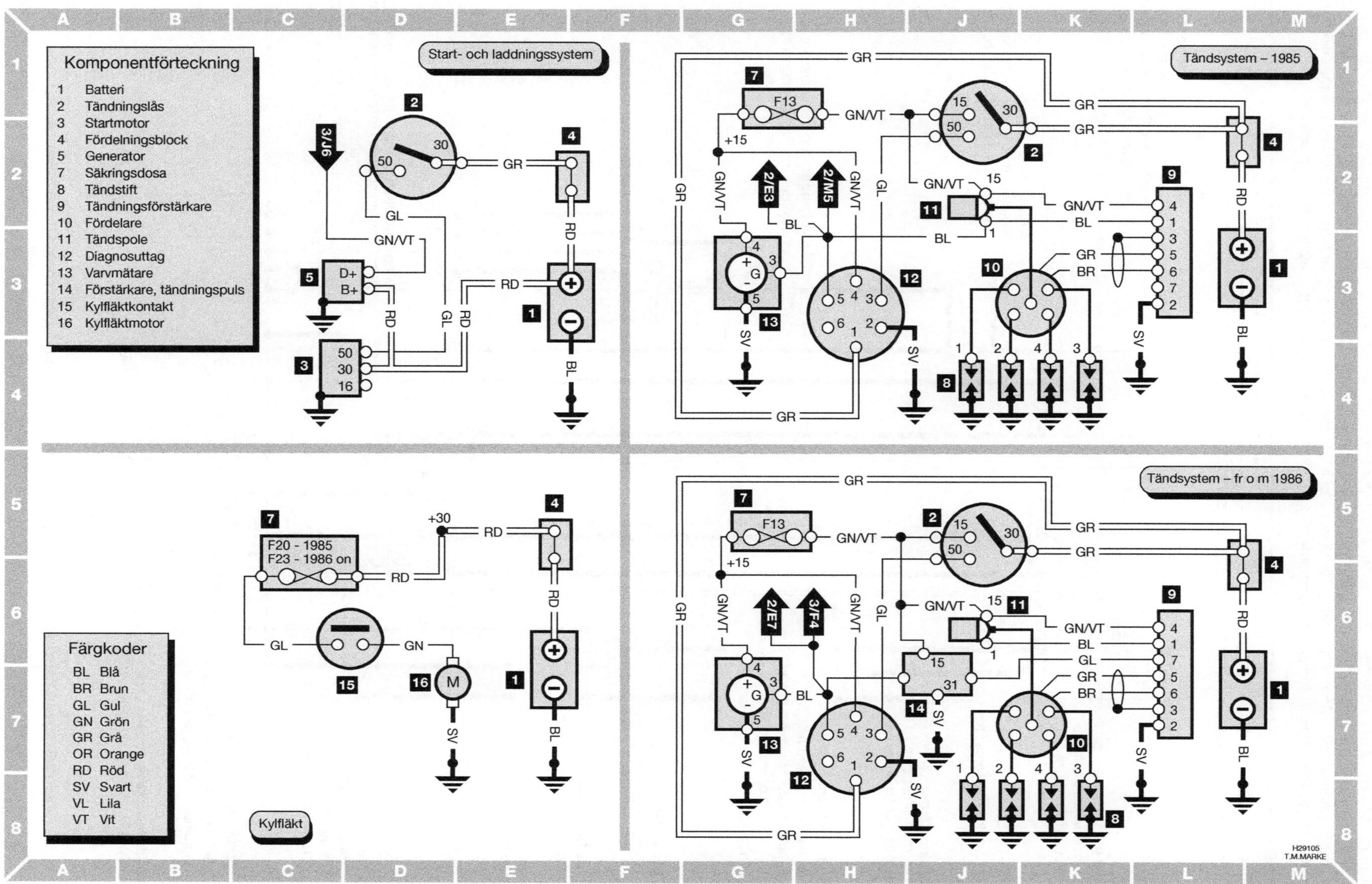

Fig. 13.7b System för start, laddning, motorns kylfläkt samt tändning – Saab 9000

2 Med den ökande komplexiteten i ledningsnäten går trenden mot separata kopplingsscheman för varje undergrupp. Som ett exempel kan nämnas handböckerna till Rover 800 serien som innehåller separata scheman för effektmatning, innerbelysning och centrallås, färddator och fordonsövervakning, instrumentering, elektriska kontroller för passagerarsätet, belysning och bränsleförsörjning. **Fig. 13.7a** på sidan 13•10 visar ett utdrag ur kretsschemat för effektfördelningssystemet i 2.7 modellen.

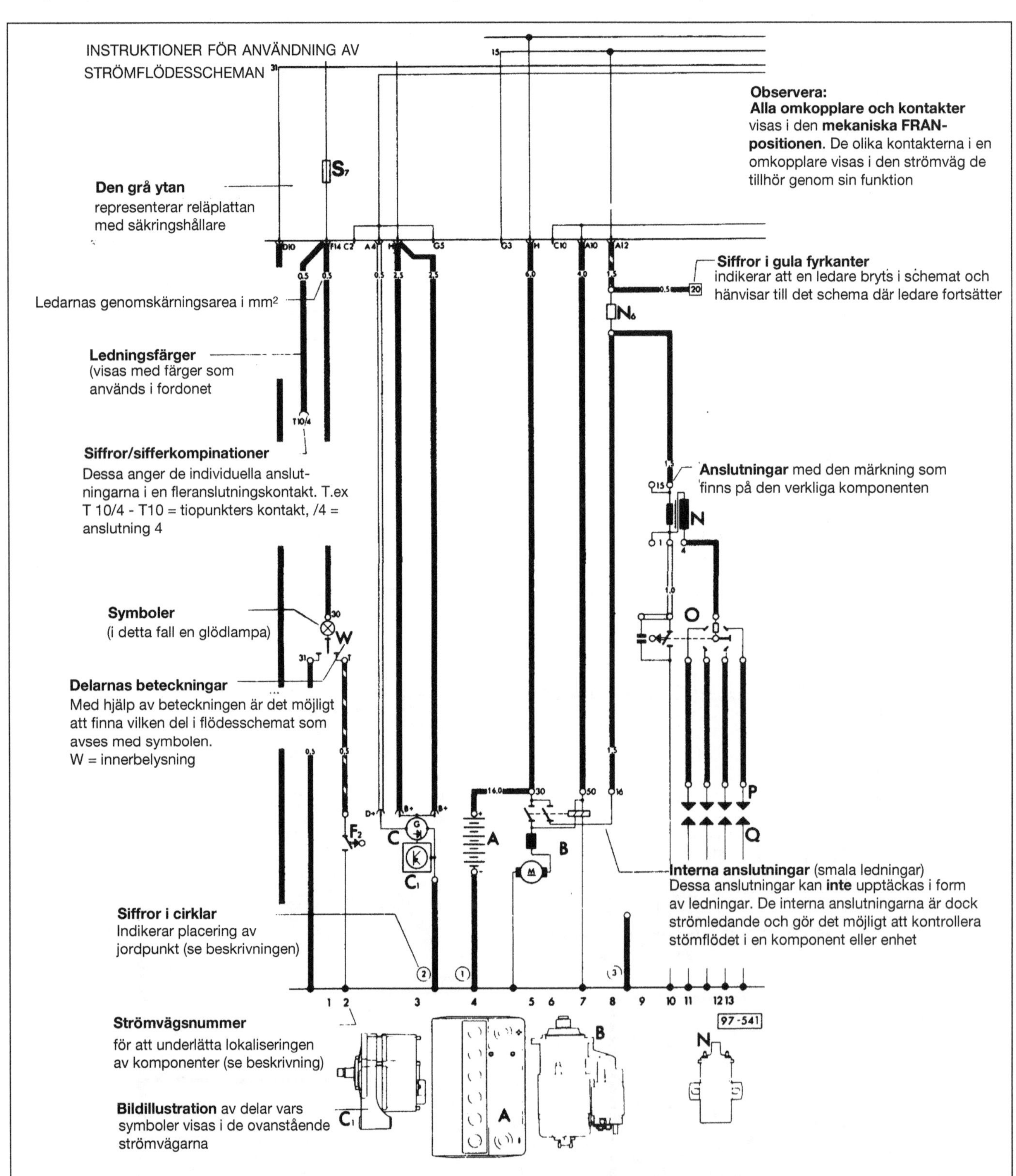

Fig. 13.8 Instruktioner för användning av Volkswagens strömflödesschema (forts. nästa sida)

Detaljbeskrivning

Samma beteckningar som används i alla strömflödesscheman

D.v.s. A används alltid till batteriet och N för tändspolen

Beteckning		**i strömväg**
A	Batteri	4
B	Startmotor	5, 6, 7, 8
C	Växelströmsgenerator	3
C1	Spänningsregulator	3
F2	Dörromkopplare	2
N	Tändspole	10, 11
N6	Serieresistor (för spole)	8
O	Fördelare	10, 11, 12, 13
P	Tändstiftsandlutning	11, 12, 13
Q	Tändstift	11, 12, 13
S7	Säkring i säkringsdosan	
T10	Kontaktdon, tiopolig, på instrumentpanelinsatsen	
W	Innerbelysning	

① – Jordanslutning, batteri/kaross

② – Jordanslutning, växelströmsgenerator/motor

③ – Jordanslutning, växellåda/-chassi

Förklaring till var en anslutning kan finnas på fordonet

Strömspårets nummer för att lokalisera komponenten i strömflödesschemat. Spårnummer anges inte för säkringar, ledninganslutningar och jordpunkter

Fig. 13.8 Instruktioner för användning av Volkswagens strömflödesschema (forts.)

Utgivarna av denna bok ger också ut en serie service- och reparationshandböcker för hemmamekaniker. Dessa böcker innehåller kopplingsscheman som är speciellt ritade för att förklara varje elektrisk krets på ett så enkelt sätt som möjligt. Ett exempel visas i **Fig. 13.7b** på sidan 13•11. På samma sätt som i kopplingsschemana för Rover (Fig. 13.7a) delas bilens elektriska system upp i enkla undergrupper. Alla ledningsdragningar hålls så korta som möjligt och beskrivningar av mycket komplicerade interna kretsar i komponenterna undviks. På detta sätt framställs varje krets så enkelt som möjligt, vilket underlättar förståelsen för läsaren.

3 Volkswagens system skiljer sig från konventionella kopplingsscheman på så sätt att deras strömflödesscheman visar individuella kretsar i det elektriska systemet för fordonen, uppdelat i strömvägar. Alla komponenter med funktionsanslutningar visas. Komponenterna illustreras av symboler med tunna linjer som indikerar interna anslutningar **(Fig. 13.8 och 13.9)**. Det visade strömflödesschemat är försett med noteringar i instruktionssyfte och efter några minuters studier framgår fördelarna med metoden tydligt. Den troligtvis största fördelen är möjligheten att enkelt följa ledningsmatningen till en komponent. Även den bildmässiga illustrationen i nederkant på strömflödesdiagrammet underlättar lokaliseringen av komponenterna i fordonet.

4 Symbolerna för de elektriska komponenter som används i fordonen varierar beroende på tillverkningsland, men varje schema innehåller en nyckel eller benämning intill symbolen, så vanligen finns ingen tveksamhet över betydelsen. Bilar som kommer från den europeiska kontinenten använder vanligen det tyska DIN-systemet för symbolerna. Ett urval av dessa symboler visas i **Fig. 13.10**.

5 De anslutningsmarkeringar som finns på utrustningen och på motsvarande kretsschema är användbart för identifiering. DIN-systemet anvisar nummer och beteckningar för utrustningens anslutningar och det lönar sig att lära de vanligaste utantill när arbete utförs på europeiska fordon. Vissa kodnummer är viktigast, t.ex. betyder alla anslutningar med märkningen 30 att den är inkopplad till matningen utan att passera någon omkopplare och därmed är lämplig för vissa tillbehör. Kod 31 representerar en jordanslutning och 31b används när en elektrisk belastning aktiveras av en omkopplare i returvägen mot jord.

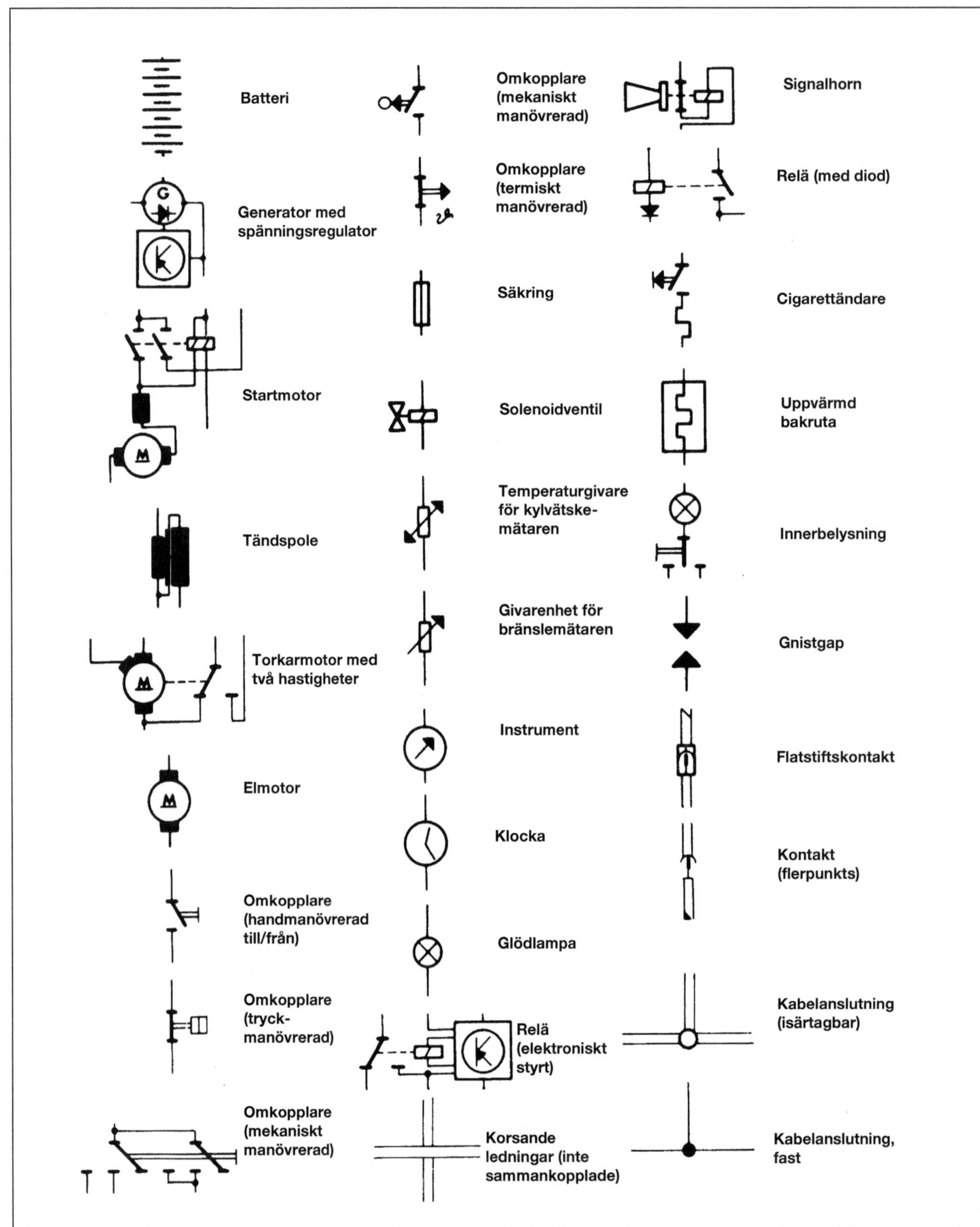

Fig. 13.9 Symboler som används i strömflödesschemat från Volkawagen

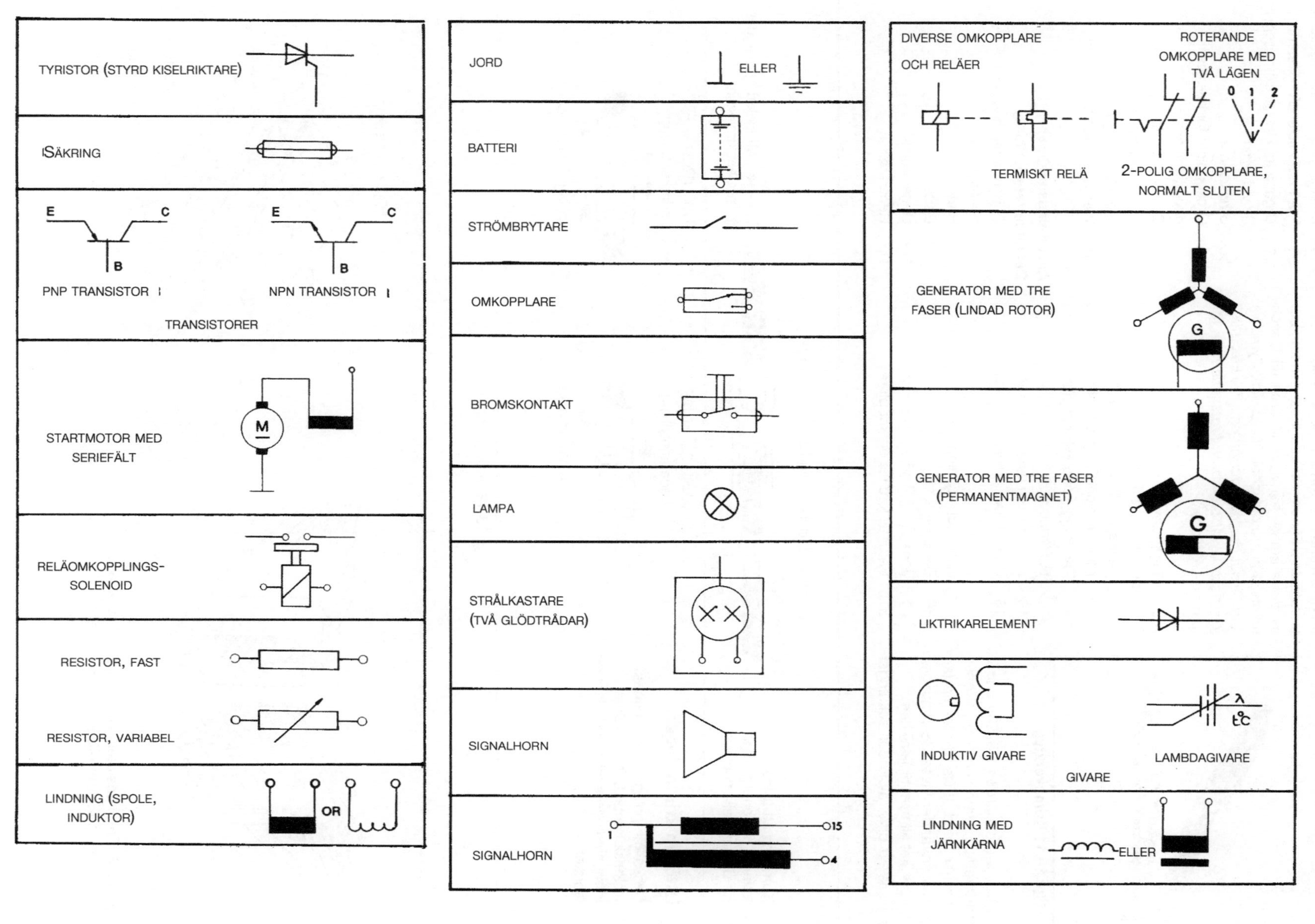

Fig. 13.10 Kretssymboler enligt DIN

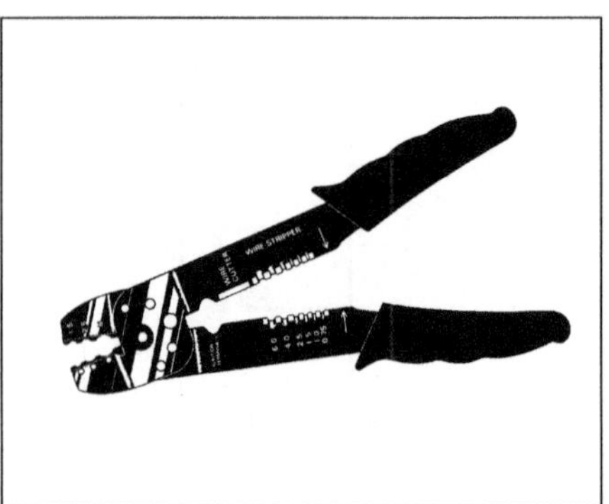

Fig. 13.11 Krimpverktyg

6 Den brittisk a standarden BS3939 anger rekommenderade symboler och dessa överensstämmer med IECs beteckningar. Fabrikanterna använder vissa BS-symboler men det finns inget allmänt bruk av dem.

7 Nedan visas ett urval av kodbeteckningar som används i fordon som följer DIN-standarden. För en mer noggrann genomgång av detta ämne, hänvisas läsaren till Bosch tekniska instruktionsbok *"Graphical Symbols and Circuit Diagrams for Automotive Electrics" (Grafiska symboler och kretsscheman för fordonselektricitet).*

Anslutningsnummer Definition/användning

1	Tändspole till brytarkontakt eller elektronisk ekvivalent
4	Tändning – högspänningsutgång till fördelare
15	Matning från tändningslåset
16	Utgång från aktiveringslåda till tändning spole och styrningsenhet
30	Batteri +
31	Jord
31b	Retur till jord via omkopplare
49	Blinkenhet från tändningslåset
50	Startmotorsolenoid till startmotor
51	Utgång från växelströmsgenerator: dc vid likriktare
56	Strålkastare
56a	Omkopplare för halvljus till huvudlampa
56b	Omkopplare för halvljus till halvljuslampa
58	Sidomarkering och bakljus
61	Varningslampa för laddning

Anslutningsnummer Definition/användning

75	Tillbehör: radio, cigarrett-tändare, o.s.v.
B +	Batteri +
B -	Batteri -
D +	Generator +
DF	Generatorfält

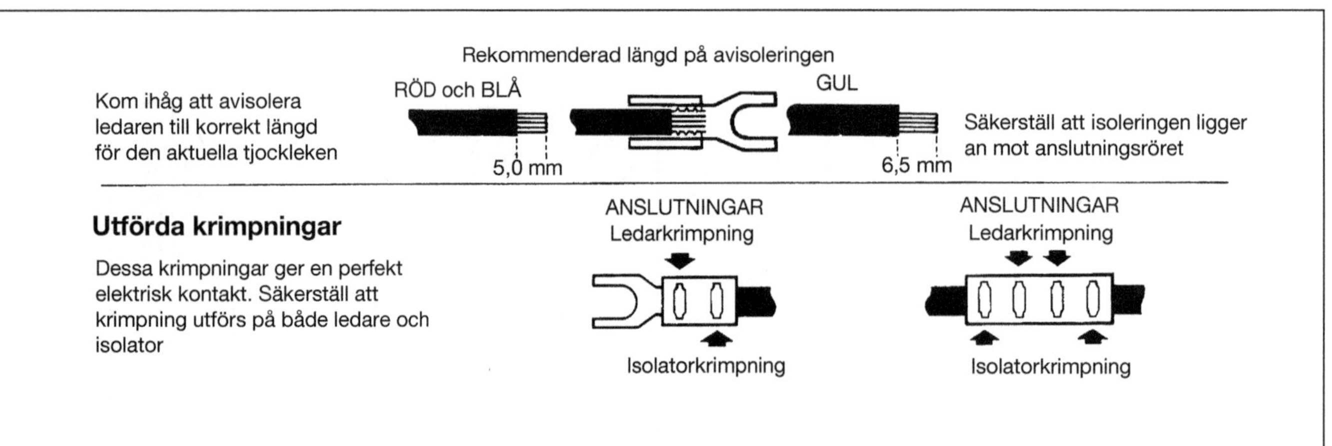

Fig. 13.12 Krimpningsråd

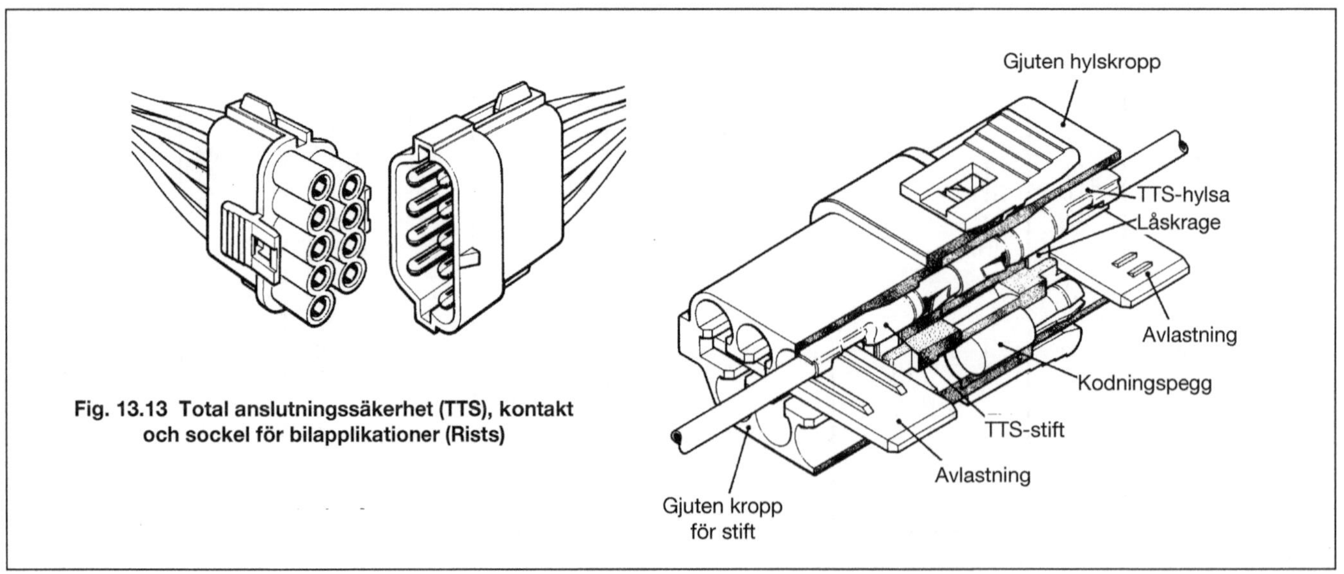

Fig. 13.13 Total anslutningssäkerhet (TTS), kontakt och sockel för bilapplikationer (Rists)

6 Anslutningar och kontakter

1 För att allt ska fungera tillfredsställande krävs rena anslutningar med god kontakt, speciellt som vissa elektriska komponenter utsätts för väderpåverkan. Det flätade bandet från batteriet till karossen leder all den ström som används i motorfordonet. Den skruvade karossanslutningen skall kontrolleras med avseende på om korrosion eller färg förekommer under jordanslutningsfästet.

2 Polskorna kan vara en källa till spänningsfall och när de i sådana fall belastas med t.ex. startmotorströmmen kan resultatet bli att det bara hörs ett klick från startmotorsolenoiden utan att något mer händer. Detta fenomen inträffar så småningom för varje bilelektriker. Klämmor och poler skall hållas rena och all vit "svampbildning" skall avlägsnas. En liten mängd vaselin på anslutningarna skyddar bra, men ändå bättre är det speciella antikorrosionsfettet som nu finns att köpa i biltillbehörsaffärer.

3 Ibland är den grova kabeln fastsatt i fästet med hjälp av mjuklödning och detta kan vara källan till avbrott som inträffar vid stora strömbelastningar. Detta kan bäst kontrolleras genom att man ansluter en voltmätare eller glödlampa till solenoidanslutningen och sedan flytta ledningen till änden på fästet. Felaktiga rörelser på voltmätarnålen, eller om glödlampan tänds och släcks, tyder på en felaktig anslutning.

4 Olika sorters kontakter används för att koppla ihop delarna i en krets; den säkraste, men svåraste att utföra, är en lödanslutning. Lödanslutningar kräver endast att ledningen och kontaktpunkten renskrapas och att endast hartsflussmedel (inte syrahaltiga flussmedel) används, beroende på risken för korrosion. Den lilla lödpenna som används till elektronik är vanligen inte lämplig till fordonselektriska anslutningar, utan här rekommenderas en lödkolv på 65 till 150 watt.

5 Krimpning av anslutningen kräver ett specialverktyg som är en tång av speciell typ. Denna har till uppgift att trycka vingarna på anslutningen mot trådens blanka yta **(Fig. 13.11 och 13.12)**. Den elektriska anslutningen kan bli mycket bra men problem kan uppstå om inte ledningen och anslutningskontakten är helt rena. Spänningsfall som beror på felaktiga krimpanslutningar är alltid en möjlighet och detta skall kontrolleras om felfunktioner uppstår.

6 Stift och socklar används i stor utsträckning i moderna bilar. De flesta lampanslutningar kopplas med kontakter som innehåller blad placerade i polyeten, gjuten polypropylen eller nylon. Rists Ltd, en gren av Lucas, tillverkar ett antal kontakter och socklar varav några visas i **Fig. 13.13**. Skydd genom ett lås och låshakearrangemang finns för att förhindra att kontakter och socklar dras isär av en olyckshändelse. Polariserade kontakter kan bara sättas i hållaren åt ett håll och används för utrustning som måste vara korrekt polvänd, t.ex. enheter som innehåller transistorer och elektrolytkondensatorer.

7 Kontakter för allmänt bruk med krimpta kontaktdon av bladform, hane och hona, visas i **Fig. 13.14**. Dessa kontakter har en strömkapacitet på 17,5A. Den generatorkontakt som visas i **Fig. 13.15** har anslutningar i olika grovlek för att tillåta olika stor belastning på utgång och fält.

7 Säkringar

1 Många elektriska kretsar är försedda med säkerhetsanordningar för att isolera batteriet om en kortslutning inträffar. Batteriet har kapacitet att driva en hög ström genom en kortslutning och detta kan vara tillräckligt för att bränna bort isoleringen från kablarna, buckla batteriplattorna eller orsaka en brand. Motorfordon använder säkringar som skydd mot sådana överbelastningar.

2 Säkringen består av en hylsa med kontakter på ändarna. Mellan dessa kontakter finns antingen ett band av mjuk metall eller en förtennad tråd. När en överbelastning inträffar, smälter bandet/tråden och bryter kretsen.

3 Säkringen kan bytas ut, men först efter det att bilelektrikern har funnit och åtgärdat felet som orsakade överbelastningen. I annat fall smälter även den nya säkringen.

4 Numera används fyra olika typer av fordonssäkringar:

(a) Glasrörssäkringar
(b) Keramiska säkringar
(c) Flatstiftssäkringar
(d) Säkringskablar

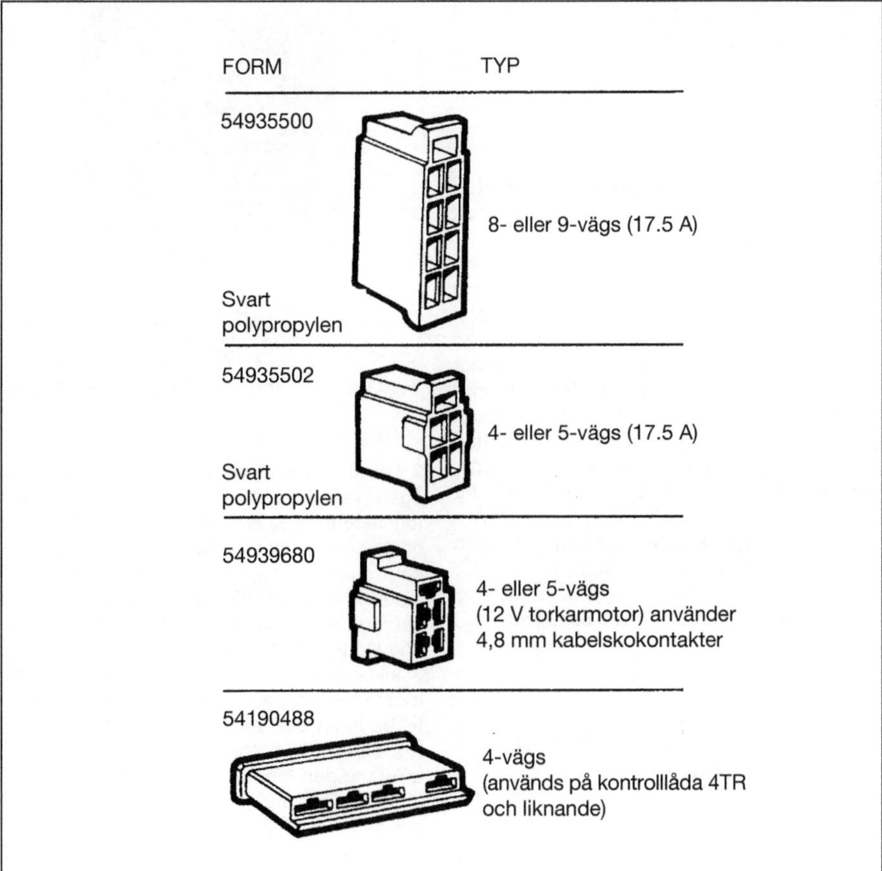

Fig. 13.14 Anslutningar för allmänt bruk

Fig. 13.15 Anslutningssats för växelströmsgenerator

SÄKRINGAR (med flatstift) SÄKRINGAR (glasrör)

Konisk ände Platt ände

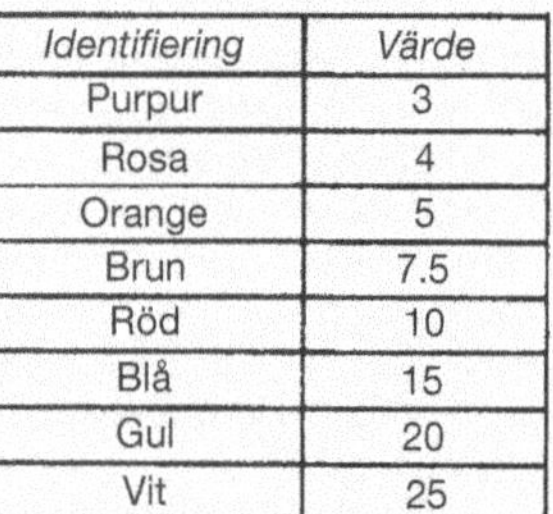

Identifiering	Värde
Purpur	3
Rosa	4
Orange	5
Brun	7.5
Röd	10
Blå	15
Gul	20
Vit	25
Grön	30

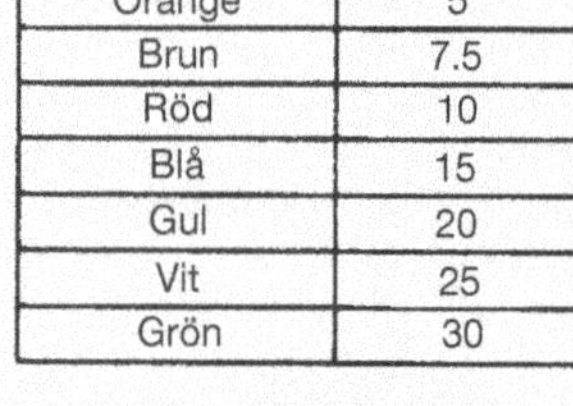

Identifiering	Lucas-värde
Längd 25,4mm	
Konisk ände	AMP
Blå	3
Gul	4,5
Nötbrun	8
Röd på grön	10
Vit	35
Längd 29,5mm	
Platt ände	
Röd på blå	2
Röd	5
Blå på grön	8
Svart på blå	10
Ljusbrun	15
Blå på gul	20
Rosa	25
Vit	35
Gul	50

SÄKRINGAR (keramisk typ)

Identifiering	BSS-värde
Längd 25mm	AMP
Gul	5
Vit	8
Röd	16
Blå	25

Fig. 13.16 Bilsäkringar och märkesströmmar

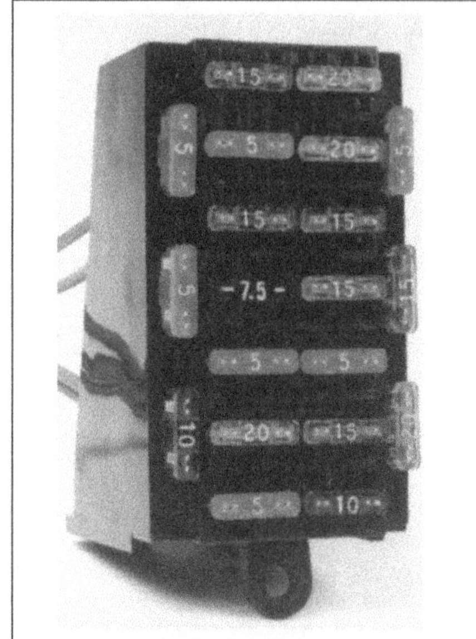

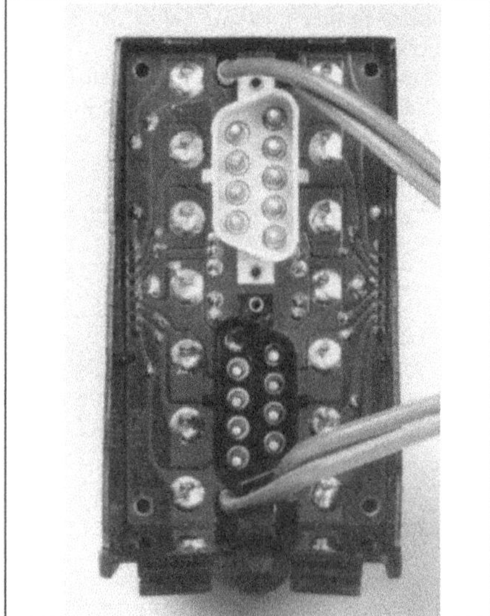

Fig. 13.17 Integrerad säkringsdosa (Rists)

Notera att glasrörssäkringar markeras med sitt smältningsvärde medan de keramiska säkringarna anger den maximala kontinuerliga ström de kan leda, vilket är hälften av smältningsvärdet.

5 Fig. 13.16 illustrerar de olika säkringarna (a), (b) och (c) samt visar kodning och märkströmmar. De visade säkringarna monteras vanligen på säkringskort i passande clips men även kabelsäkringar kan finnas, vanligen för att skydda tillbehör som inte är originalutrustning. En intressant konstruktion av en integrerad säkringsdosa visas i **Fig. 13.17** där anslutningarna är krimpta direkt till ledningskablarna. Detta minskar antalet resistiva anslutningar och därmed risken för oönskade spänningsfall.

6 Många fordonstillverkare monterar säkringskablar för att minska risken för eldsvåda vid olyckor där kablar kan bli avskurna eller klämda av förvriden metall. Länken är en säkring med högt värde som ansluts i huvudmatningskabeln nära batteriet. Denna säkring löser ut vid en massiv kortslutning i ledningsnätet. Vissa säkringskablar är lätta att ersätta medan andra skall lödas på plats.

7 Normalt inträffar få fel på säkringarna, men ibland drabbas de av korrosion på metallanslutningarna vilket medför dålig kontakt med clipsen i säkringsdosan. En åtgärd är att rengöra dem med sandpapper eller en liten stålborste och spraya dem med en elektrisk rengörings- och skyddsvätska.

8 Den termiska brytaren är av intresse eftersom den skyddar belysningskretsarna mot kortslutningar. Den består av ett bimetallband och ett kontaktpar. En onormal belastning i belysningskretsen medför att bimetallbandet värms upp och böjer sig. När detta inträffar bryts kontakten och när sedan bandet svalnar, sluts kontakterna på nytt. Därmed kopplas belysningen periodiskt till och från, varvid ledningsnätet skyddas och föraren får tillräckligt med ljus för att säkert kunna stanna fordonet. En typisk enhet som används i ett fordon från Vauxhall släpper igenom 25 ampere, men ökar strömmen till 33 ampere så bryter enheten inom 30 till 180 sekunder.

8 Anslutning av extrautrustning

Säkringarna kan vara antingen flatstifts el.glas

1 En stor mängd elektrisk extrautrustning finns att köpa och försiktighet skall iakttas för att säkerställa att anslutningarna till fordonets elsystem är lämpliga och säkra.

2 Utrustningen levereras vanligen med en egen kabel, men detta är vanligen den tunnaste ledning som klarar av att utföra den önskade funktionen. Det kan vara lämpligt att kontrollera enhetens strömförbrukning och jämföra den medföljande ledningen med kabelguiden tidigare i detta kapitel - om nödvändigt använd en tjockare ledning.

3 Inkopplingen beror på fordonstypen. Beslut måste tas om tillbehöret skall kopplas direkt till batteriet eller anslutas via tändningslåset. Koppling till batteriet medför risken att utrustningen lämnas påkopplad när föraren lämnar bilen, men å andra sidan kan extra belastningar på tändningslås eller belysningsomkopplare medföra kontakt-problem som medför att omkopplaren slutar fungera. Det blir en bedömningssak. Högströmsenheter såsom punktbelysningar, bakrutevärmare,

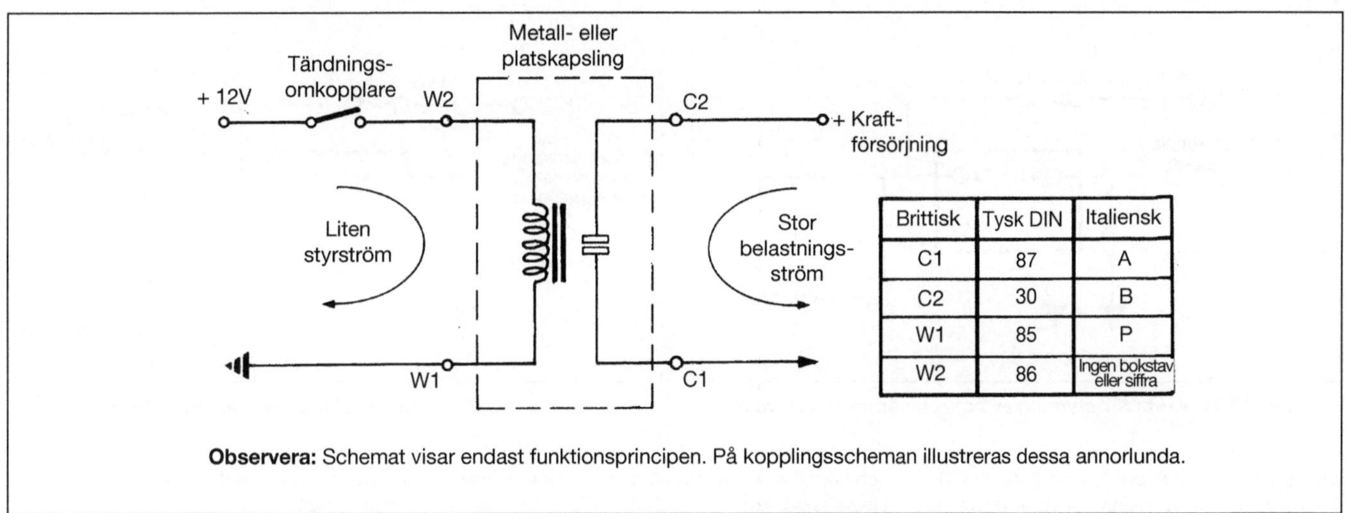

Brittisk	Tysk DIN	Italiensk
C1	87	A
C2	30	B
W1	85	P
W2	86	Ingen bokstav eller siffra

Fig. 13.18 Reläanslutningar och markeringar

dimljus och signalhorn skall kopplas via ett relä.

4 Reläet är en elektriskt manövrerad omkopplare (se kapitel 1). Reläspolen som sluter kontakterna magnetiskt, kräver en liten arbetsström och flera tillverkare marknadsför reläenheter som är lämpliga för att ansluta extrautrustning. **Fig. 13.18** visar reläets grundkrets och dess anslutningsmarkeringar. Detta överensstämmer med ett antal fabrikat.

Fig. 13.19 visar de symboler som används för att representera ett relä i ett kopplingsschema. Nedan ges exempel på reläanvändning.

5 Extraljus (fjärrljus) ansluts ofta för att förbättra helljuset och enligt lagen måste dessa kopplas in så att de släcks när ljuset kopplas om till halvljus. För detta behövs relästyrning och för att möta ovanstående bestämmelse skall matningen till reläspolen tas från helljuset **(Fig. 13.20)**. En praktisk sak som underlättar monteringen, är Hellas utbytesgrill och lampsats. Denna utrustning förenklar det tråkiga hantverket med att fästa belysningen med vinklar eller skära hål i karossen.

6 En eluppvärmd bakruta kräver ett minimum av 6 ampere och behöver ett relä. Det är att föredra att detta relä matas via tändningsomkopplaren så att man eliminerar risken för

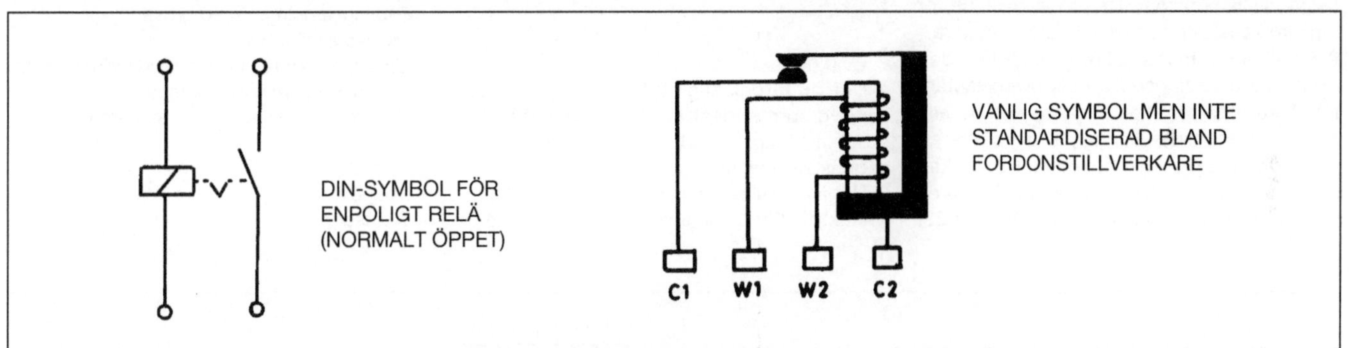

Fig. 13.19 Reläsymboler

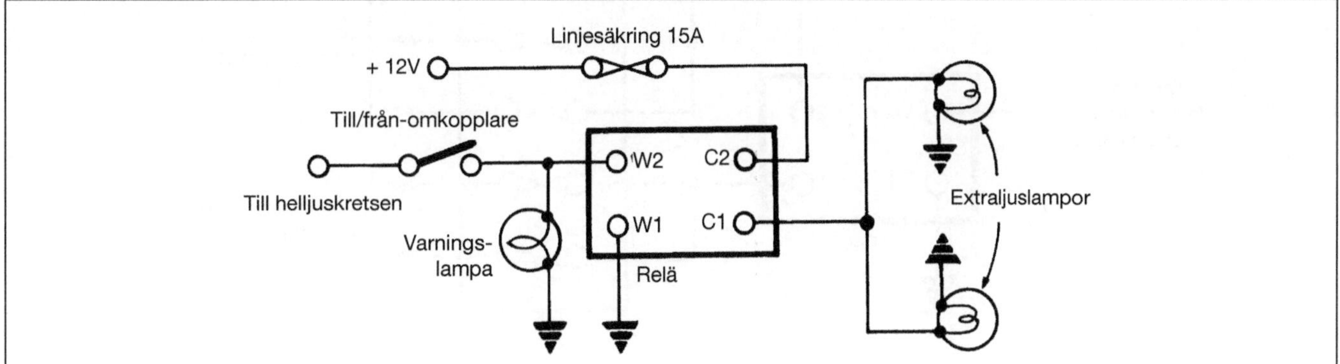

Fig. 13.20 Koppling för att styra lampor med relä

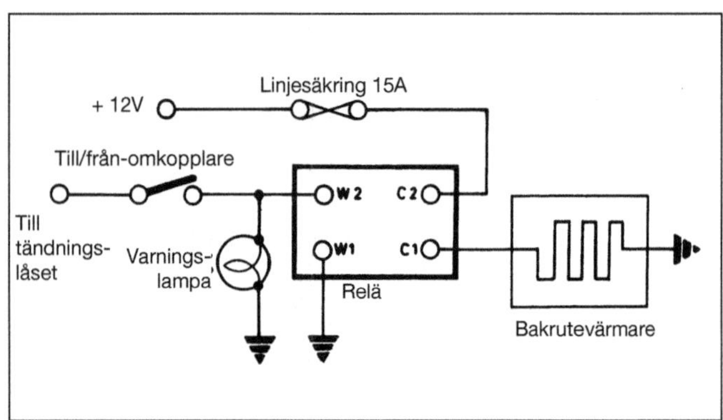

Fig. 13.21 Krets för styrning av bakrutevärmare med relä

Fig. 13.22 Krets för reläaktiverade signalhorn

att värmaren lämnas påkopplad **(Fig. 13.21)**.

7 Anslutning av ett signalhornspar kräver ett relä eftersom strömbehovet är högt. I schemat **(Fig. 13.22)** är signalhornsknappen ansluten i jordledningen. Om det existerande signalhornet matas via ett relä är det möjligt att byta ut detta signalhorn mot de nya hornen eller att mata det ordinarie reläet med ett sekundärt relä.

8 Dubbelanslutningar kan göras med inpluggningskula eller avisolerande anslutningar. Om de bekväma avisolerande anslutningarna (Scotchlok) används, kontrollera att korrekt dimension används. Av Scotchlok-typerna är den blåfärgade den korrekta för de flesta biltillämpningar. Den röda används för tunnare kabel och brun samt gul för tjockare.

9 Försiktighet måste iakttas så att inte den existerande säkringsdosan blir överbelastad. När flera tillbehör skall anslutas och de alla måste förses med säkringar, är det bättre att använda en extra säkringsdosa. Denna kan matas via ett relä som i sin tur kopplas till en tändningskontrollerad matning **(Fig. 13.23)** och som dessutom har ett antal batterimatade säkringskretsar.

10 Vid arbete med anslutning av extrautrustning ingår alltid att finna en bra jordpunkt. Detta kan innebära att färgen vid den valda placeringen skall skrapas bort till den rena metallen och det lönar sig alltid att använda en riktig anslutningskontakt. Korrosion kan börja vid en sådan jordpunkt och det en god idé att skydda anslutningen med en liten mängd av samma anti-korrosionsfett som rekommenderas till batterianslutningarna.

9 Elektrisk verktygssats

1 Det är fördelaktigt att ha en sats med verktyg som endast används vid elektriska arbeten. Oljiga verktyg får inte användas någonstans i elnätet.

2 Här är en lista som passar de flesta behov:

Fickkniv (för att skrapa anslutningar rena)
Tändstiftsnyckel med gummi insats för stifttoppen
Sats med skruvmejslar för elektriskt bruk
Krysspårmejsel (kort och 10 cm)
Kombinationstång
Tändkabelstång (valfri)
Sidoavbitare
Spetstång
Låsringstång
Slagmejsel
Justerbar avisolerare
Krimpverktyg, med låda och anslutningar
Sats med insexnycklar (tum och mm)
Skiftnycklar för tändning
Plattfil för justering av brytarkontakter
Bladmått (plast och stål)
Byglingsledningar med grova krokodilklämmor
Liten glödlampa i hållare med ledningar. Att använda som kontrollampa
Sats med isoleringshylsor av gummi
Hydrometer
Lödkolv (minst 65 watt men 150 watt kan behövas)
Tennsugpump

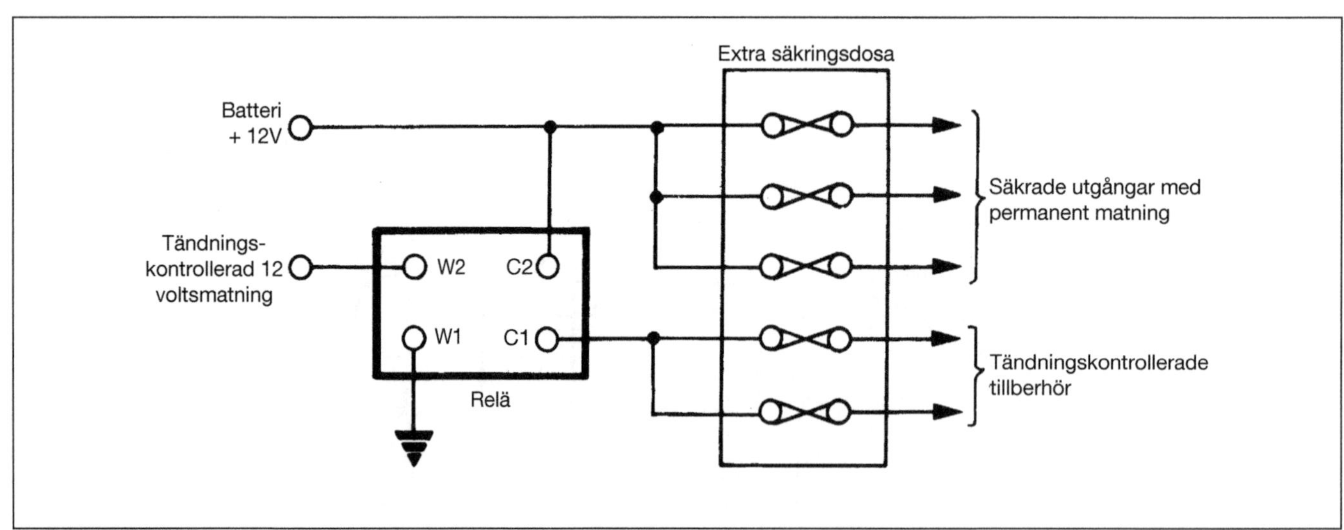

Fig. 13.23 Anslutning av extra säkringsdosa

	POCKETUNE
PRODUKTNR.	YDB100
SPECIFIKATIONER	
AVLÄSNINGS-ANORDNING	Analog mätare
SYSTEM	12V
SKALOR	Varv/min 0-1600 0-6000 Volt 0-16 Vilovinkel 30°-90° 4 cyl 20°-60° 6 cyl Ohm 0-20K Brytarspetsarnas skick: Fungerar/Fungerar inte
SKYDD MOT POLOMKASTNING	JA
SKYDD MOT STRÖMTOPPAR	JA
KABELLÄNGD	1,0 m
KONTAKTTYP	Clip
STORLEK: Höjd	162 mm
Bredd	60 mm
Djup	30 mm
VIKT	190g
BRUKSANVISNING	JA
MATERIAL	ABS-plast

Fig. 13.24 Lucas Pocketune - testmätare

10 Testinstrument och användning

Testmätare

1 Universella testmätare finns tillgängliga med skalor som speciellt lämpar sig för bilsystem. Skalorna för volt, ampere och ohm är normala men det är sällsynt att instrument direkt kan mäta startmotorströmmar. Dessutom innehåller många moderna instrument andra funktioner som exempelvis vilomätning, brytarspetskondition och motorvarvtal (varvräknare). Testinstrumenten kan visa sina mätvärden i digital eller analog form. Det är en smaksak vilken typ man föredrar att använda, men den digitala mätaren är mer komplex till sin konstruktionen och kostar även mer än den vanliga analogmätaren med visare och skala.

2 Två exempel visas i **Fig. 13.24** och **13.25**. Lucas Pocketune är en lättvikts, handhållen, elektronisk justeringsmätare med sex funktioner - varvräknare med hög och låg skala, voltmätare och motståndmätare, brytarspetskondition samt vilomätare. Skydd för omvänd polaritet är inbyggda men instrumentet saknar strömområde. Gunsons Testune mäter spänning, ström och resistans och har ett användbart område för batteriläckageström som kan avläsas ner till 0,005 A. Dessutom kan det användas som en varvräknare och för att mäta vilan. Kom ihåg att det är farligt att byta mätområde utan att först koppla bort instrumentet. Om t.ex. strömområdet kopplas på av misstag när en extern matning fortfarande är ansluten, uppstår en kortslutning och instrumentet blir förstört.

3 En användbar och billig mätare visas i **Fig. 13.26**. Detta är en voltmätare med ett genialiskt kretsarrangemang så att volt, ohm, vila,

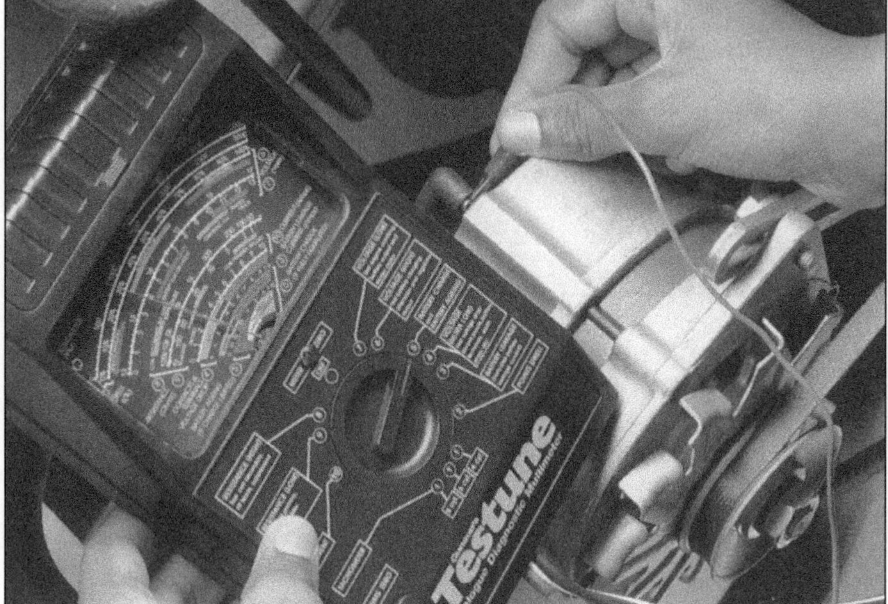

Fig. 13.25 Gunsons Testune-mätare

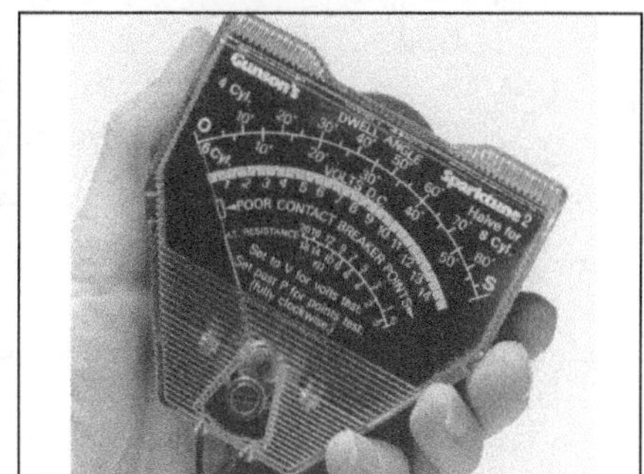

Fig. 13.26 Sparktune testmätare

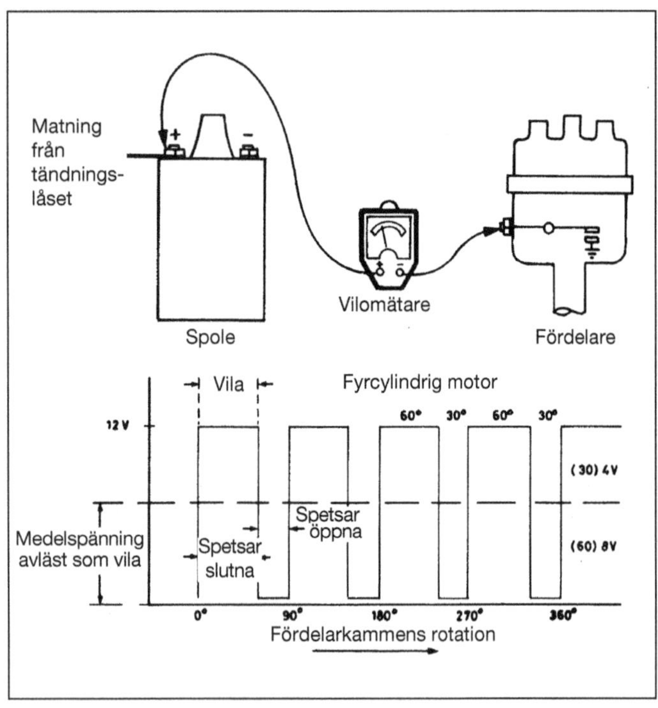

Fig. 13.27 Användning av medelspänning för mätning av vila

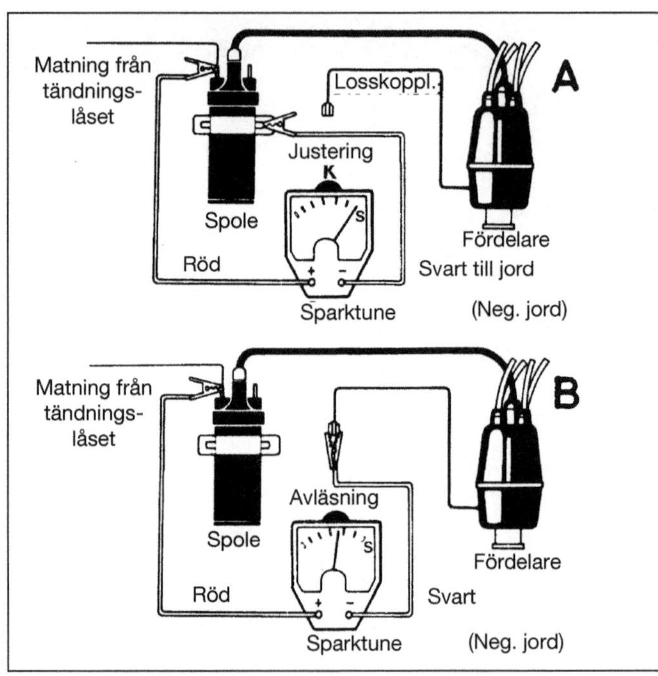

Fig. 13.28 Användning av Sparktune

A Inställning av mätaren B Läsning av vilovinkel

brytarspetskondition, motortändning och batterikondition kan mätas. Två av dessa områden förtjänar att noteras:

4 Mätning av vila med hjälp av ett kompakt instrument, baseras på medelspänningen mellan tändningens matningsledning och fördelaren när brytarkontakterna öppnar och stänger. Instrumentnålen har inte möjlighet att följa snabba variationer, utan kommer att visa medelvärdet på fyrkantpulserna som finns på ingångsanslutningarna **(Fig. 13.27)**. Skalan är graderad i vilovinkelgrader.

5 Mätaren justeras först in för att ge fullt skalutslag när den är inkopplad mellan tändspolens matningsingång och jord. Motorn dras samtidigt runt med startmotorn men utan att starta – anslutningen till brytarspetsarna är bruten **(Fig. 13.28)**. I nästa steg ansluts mätaren mellan spolens matningsingång och fördelarens brytarspetsanslutning. OBS! Det finns ingen anslutning mellan spolens brytarspetsingång och fördelaren så motorn kommer inte att tända. Motorn dras runt igen och mätvärdet anger vilovinkeln i grader.

6 Hög resistans kan mätas genom en spänningsmätning genom att instrumentet själv har en given resistans. Så om t.ex. en resistiv tändkabel ansluts i serie med instrumentet över fordonets batteri, kommer strömmen genom instrumentet att bli lägre än vad som är fallet om tändkabeln inte är ansluten, och visaren kan avläsas på en resistansskala (ohm).

7 Universalinstrumenten är mer sofistikerade, vissa innehåller den senaste kiselkretsteknologin. Gunson Testune, som beskrivs ovan, är ett bra exempel på en sådan mätare som fungerar som varvräknare och mäter vila, ström, spänning, resistans och brytarkondition. Den metod som används för att mäta vilan är sådan att det räcker med en anslutning mellan brytarspetsarna och jord. I detta fall är systemet aktivt och motorn startad och därför måste spänningstoppar avlägsnas och amplituden justeras till en konstant nivå innan spänningspulserna kan mätas. Denna process visas schematiskt i **Fig. 13.29**.

8 För att bibehålla en stabil spänning och ge vågformen en konstant amplitud, används en zenerdiod. Zenerdioden bryts ner och börjar leda i backriktningen så snart en viss spänning uppnås. Detta säkerställer att spänningsnivåerna inte överskrids

9 Att mäta vilan är egentligen bara relevant för system som använder brytarspetsar, men bortsett från den nästan fullständiga övergången till att använda elektroniska tändsystem i nya bilar, kommer miljontals äldre fordon med brytarspetsar att fortfarande behöva underhållas ett antal år.

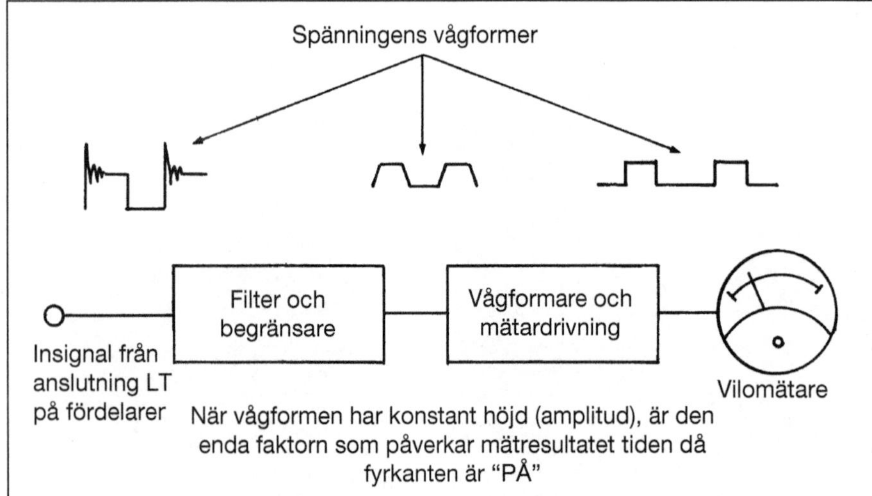

Fig. 13.29 Kiselkretsmätare för vila

Stroboskop

10 Stroboskop för tändningsinställning är högintensiva blinklampor där blinkfrekvensen

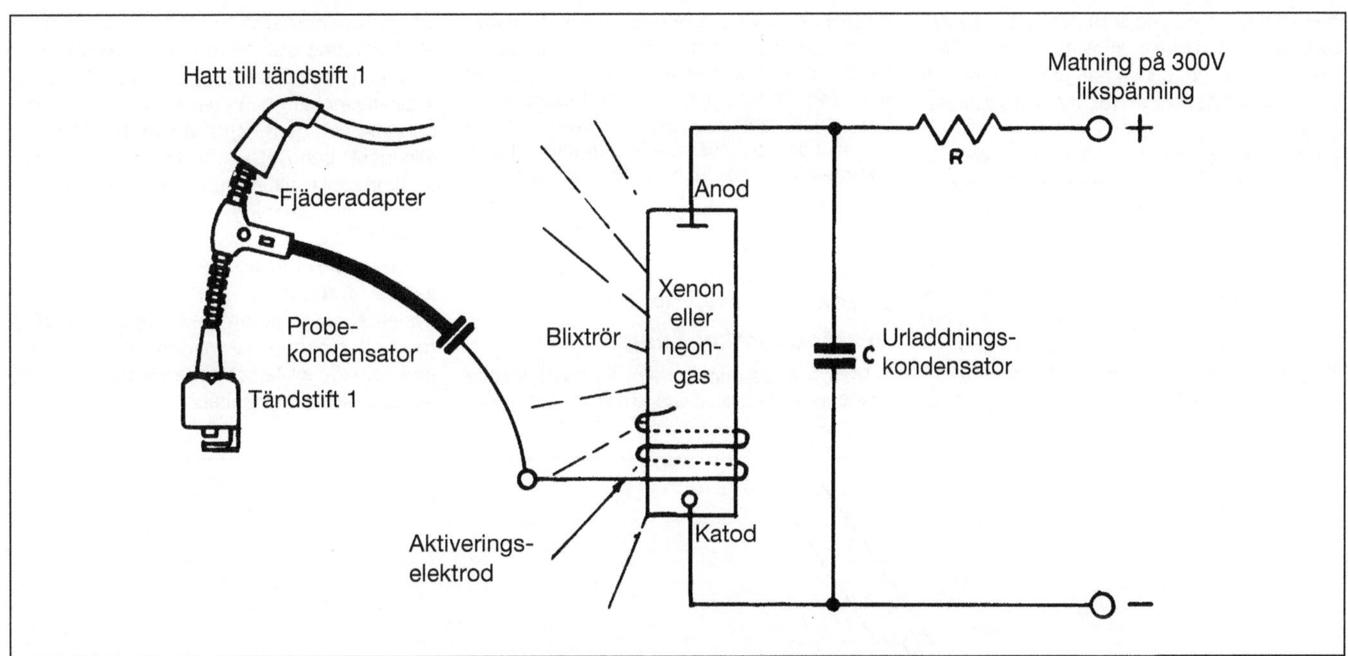

Fig. 13.30 Funktion hos stroboskop

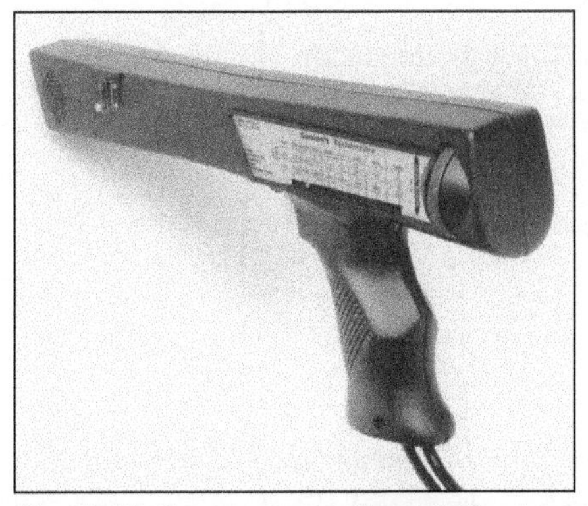

Fig. 13.31 Gunsons varvräknarstroboskop

styrs av en tändningsgnista. Med motorn startad, kan det blinkande ljuset riktas mot motorns tändlägesmarkeringar på fläktremsskivan eller svänghjulet. Effekten blir en frysning av rörelsen så att markeringarna synes vara stationära. Därefter kan fördelarhuset långsamt vridas tills dess att det roterande tändlägesmärket är i korrekt position i förhållande till det fasta märket.

11 En typ av stroboskop visas förenklat i **Fig. 13.30**. En bråkdel av spänningen till tändstift nummer 1 leds till kontrollnätet vid xenon eller neonröret via anslutningsledningen och en kondensator. Huvudurladdningselektroderna i röret matas från en kondensator som är uppladdad av en likspänningskälla med högt volttal. När gnistpulsen når kontrollnätet, är detta tillräckligt för att gasen i röret skall brytas ner och tillåta ström att passera tills dess att kondensatorn C är urladdad. Strömflödet ger upphov till en intensiv ljusblixt som varar bara några mikrosekunder. Xenon ger en vit belysning som är intensivare än det röda ljus som lämnas av neonlampor men denna fördel kostar extra pengar.

12 Underhållsdata för många fordon lämnar endast information om tändningsinställning med stroboskop och kan omfatta erfordrad förtändning vid ökande varvtal. Det är därmed grundläggande att kunna mäta varvtal och en tillverkare har kombinerat ett stroboskop med ett genialt system för att kunna mäta varvtalet. Gunson Tachostrobe visas i **Fig. 13.31**. Detta har en tråd av varierbar längd som vibrerar och vibrationsfrekvensen styrs av en tumhjulsomkopplare.

13 I sidan på stroboskoppistolen finns ett prisma som fångar upp en del av ljuset från blixtröret och även skuggan av den vibrerande tråden. När röret blinkar med samma frekvens som tändningspulsen i tändstift nummer 1, vrids tumhjulsomkopplaren tills dess att tråden vibrerar synkront. Detta visas genom att skuggan gradvis saktar in till nära stillastående. Tumhjulet har en skala som är graderad i varv per minut och vibrationerna skapas genom att det trycker på avtryckaren var tionde sekund eller liknande. Avtryckningsmekanismen slår till strängen som med en gitarr.

STOR FÖRSIKTIGHET MÅSTE IAKTTAS VID ARBETE MED STROBOSKOP I BILMOTORER. Det synliga intrycket att fläkten står still har medfört många olyckor.

11 Avancerade ledningssystem för fordon

Multiplexad omkoppling

1 Efterhand som de bilelektriska systemen blir mer komplexa, har kabelbehovet redan nått den punkt då konstruktörerna överväger möjligheterna att minska användningen av kablar och trådar. En lösning som redan har prövats, är att använda en gemensam kraftkabel till ett område i bilen och att leda av effekt där den behövs, t.ex. till en bakrutedefroster eller en elektrisk fönsterhiss, med hjälp av reläer. Reläernas kontrolledningar har liten diameter och därmed blir den totala kabelvolymen mindre.

2 Utveckling sker nu också inom multiplexade styrsystem där lösningar som används allmänt inom kommunikationstillämpningar tillämpas. Den speciella typen av system är tidsuppdelad multiplexning där den lokala styrenheten har tillgång till en viss tid när den kan hämta signalerna efter ett cirkulerande schema. Kraftkablarna leds runt fordonet till punkter där effekt behövs. Sådan kabeldragning kan ske i ett stjärnsystem som utgår från en central styrenhet, eller ett ringformat huvudsystem **(Fig. 13.32)**. Oavsett detta följer en tunn signalkabel kraftkabeln i syfte att styra den lokala aktiveringsenheten. Kraft- och signalkablar kallas för kraftbuss och databuss.

3 När föraren aktiverar en omkopplare, sänds en kodad signal av den centrala styrenheten ut på databussen. Denna signal känns endast igen av den belastning som den är ämnad för. Varje belastning (d.v.s. strålkastare, bakrutevärmare, tändning, o.s.v.) har en avkodare och en omkopplingsenhet för att styra belastningen.

4 Omkopplingsenheten är ett relä för belastningar som kräver mer än ca. 6 ampere, men vid belastningar med mindre strömbehov används en intelligent krafttransistor av fälteffektstyp (se kapitel 1). Smart FETs är effektomkopplingsenheter av halvledarteknik som har inbyggda skydd mot kortslutningar och höga temperaturer. Databussens omkopplingsströmmar är i storleksordningen 10 mA för att minska störningskänsligheten och för att tåla kontaktförsämringar. Datasignalerna sänds i två delar, det första är en adresskod för att välja ut en speciell omkopplingsenhet och den andra delen är ett belastningsfunktionskommando. Ett av detta systems problem är störningar från andra källor. Detta minimeras genom att använda en tillräckligt hög signalström och en relativt långsam överföringshastighet (Baudhastigheten). Ett alternativ kan vara att använda optisk fiber för ljussignalöverföring eftersom denna inte påverkas av elektriska störningar.

Avståndsomkoppling

5 Med likartad princip som det multiplexade systemet, utvecklas avståndsomkoppling som ett mellanalternativ. Kraftkablar dras i ring- eller stjärnmönster till fordonets belastningar och varje komponent styrs av en effektomkopplingsenhet i närheten av komponenten - och inte vid förarens instrumentpanel. Detta eliminerar behovet av att dra en stor mängd av kraftkablar till instrumentpanelens närhet och är en utökning av existerande reläteknologi. Den huvudsakliga skillnaden mellan det multiplexade och det avståndskontrollerade systemet är att det multiplexade systemet använder en enkel databussledning för flera omkopplare medan det avståndsomkopplade systemet har en separat ledning till varje belastningsenhet.

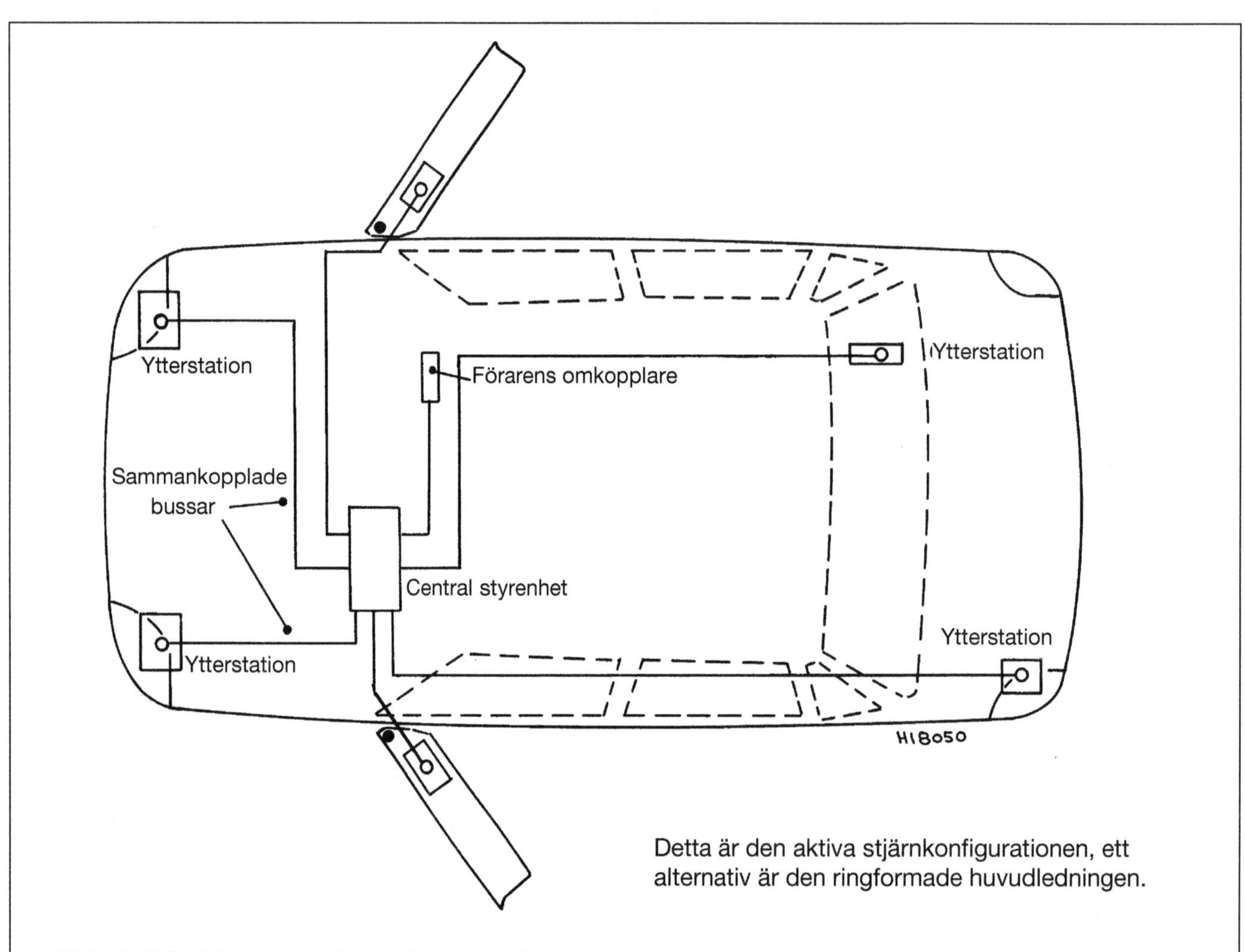

Fig. 13.32 Multiplexstyrning av effekt

Kapitel 14
Karossens elektriska utrustning och kontroller

Innehåll

1 Låsningsfria bromssystem (ABS)

1 Vid ett nödläge är förarens naturliga reaktion att bromsa så hårt som möjligt. Detta orsakar retardationskrafter som är större än däckens grepp mot vägytan och fordonet tappar därmed väggreppet.

2 När föraren upptäcker att hjulen låst sig har han samtidigt förlorat styrförmågan eftersom fungerande styrning kräver en sidokraft mellan däcken och vägbanan. Fordonet börjar sladda och risken för olyckor är stor. Dessutom är det så att även om fordonet fortsätter rakt fram blir stoppsträckan mycket längre än om bromsarna kan belastas med en kraft som ligger strax under låsningsgränsen. En ytterligare aspekt berör bilar med släpvagn eller husvagn och lastbilar med släp – om däcken låser sig inträffar en fällknivseffekt med släpvagnen med potentiellt katastrofala följder.

3 ABS (låsningsfria bromssystem) förhindrar låsning genom att reglera bromstrycket i de individuella bromscylindrarna och detta ger följande fördelar:

Högsta möjliga inbromsning uppnås
Körstabiliteten bibehålls, d.v.s. fordonet går att styra
Släpvagnen viker sig inte

En grafisk jämförelse mellan en bil med låsta hjul och en bil som är försedd med ABS visas i **Fig. 14.1**. Fordonen testades under identiska förhållanden.

Funktionsprincip för ett typiskt system

4 Hjulens varvtal mäts med tandade hjul och magnetgivare. Ett oavbrutet pulståg från varje givare anländer till den elektroniska styrenheten som sedan jämför hastigheten för de olika hjulen. Om ett hjul vid inbromsning är på gränsen till att låsa sig (d.v.s. visar tendenser till att glida) kommer utgångssignalen från dess givare att skilja sig från de övriga hjulsignalerna. Styrenheten läser denna skillnad och sänder en signal till trycksövervakningsaktiveraren att minska det hydrauliska bromstrycket, till det potentiellt glidande hjulet. När det påverkade hjulet varvar upp igen, ökas bromstrycket på nytt. På detta sätt sker en form av kontinuerlig pumpbromsning tills dess att styrenheten kan läsa av att samtliga hjul är utsatta för lika stor retardation. **Fig. 14.2** visar en grafisk bild över förloppet. Vid (1) visar hjulgivaren en snabb varvtalsminskning. Styrenheten jämnar ut bromstrycket. (2) Om hjulets varvtal fortfarande minskar så reduceras bromstrycket. (3) Hjulet accelererar på nytt och när ett gränsvärde uppnås ökas trycket igen. Cykeln upprepas med mellan 4 och 10 operationer per sekund och resultatet blir att hjulen bromsas så snabbt som möjligt utan att låsas.

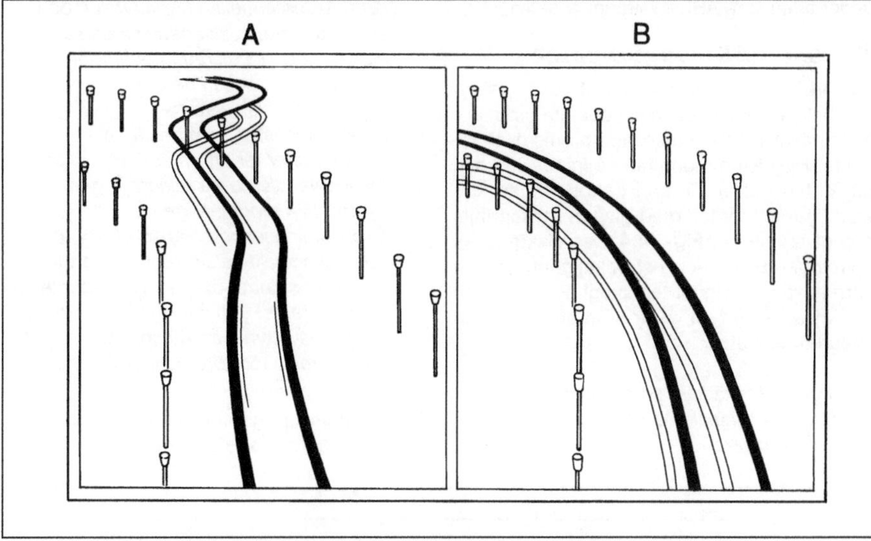

Fig. 14.1 En fördel med låsningsfria bromssystem
A Utan ABS B Med ABS

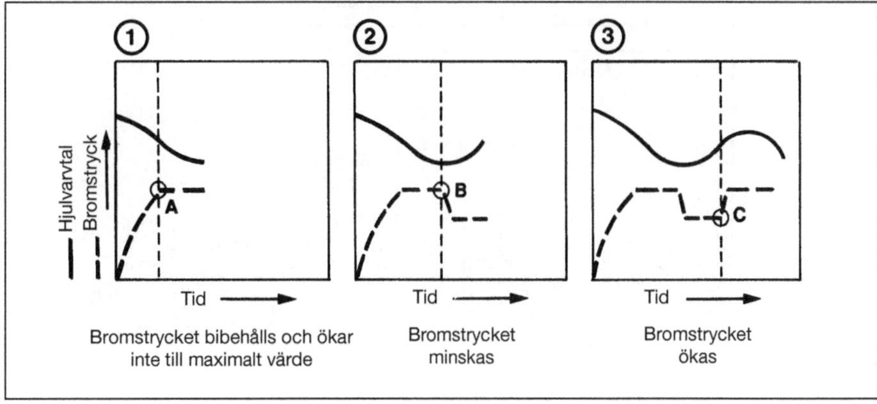

Fig. 14.2 Hjulvarvtal och bromstryck vid ABS-kontrollerad inbromsning

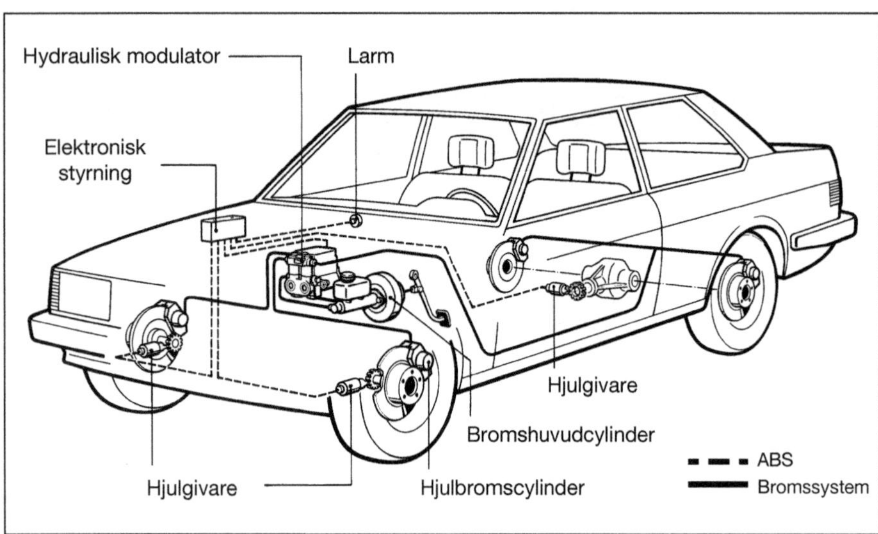

Fig. 14.3 Vanlig placering av ABS-komponenter

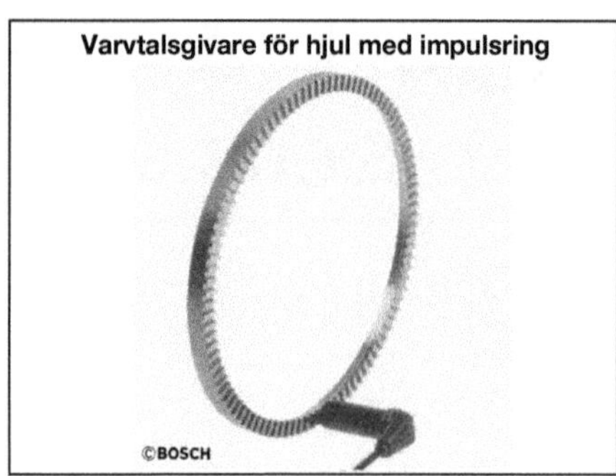

Fig. 14.4 Tandhjul och induktiv givare för mätning av drivhjulsvarvtal

En varningslampa på instrumentbrädan lyser under tiden som ABS-systemet är aktivt.

Typiska ABS-komponenter

Fig. 14.3 visar kopplingen för ett ABS-system i en bakhjulsdriven bil med separata bromsrör till framhjulen och gemensamt bromsrör till de bakre. Hjulgivare monteras på framhjulen och på differentialen. I andra kopplingar kan samtliga hjul förses med givare. Ett tandhjul och givare visas i **Fig. 14.4**. Den elektroniska styrningen baseras på storskalig integration som använder digital teknologi. Enheten kan beskrivas som fyra delar som använder sju integrerade kretsar:

(i) Ingångsförstärkare som pulsformar och förstärker signalerna från hjulens varvtalsgivare

(ii) Beräkningsenhet som utför de logiska jämförelserna mellan hjulvarvtalen och sedan de aritmetiska beräkningarna för hjulglidning, acceleration och retardation. Slutligen skapar den de erforderliga signalerna till aktiverarna

(iii) Ett styrningssteg som består av effektenheter för att driva magnetventilerna via reläer vid den hydrauliska moduleringen

(iv) Övervakningsenheten används för att upptäcka felaktiga signaler. När ett fel upptäcks stänger övervakningsenheten av ABS-systemet och informerar föraren om att ABS-systemet är frånkopplat men att den normala förarbromsningsfunktionen är aktiv.

En sekundär uppgift för övervakningsenheten är att genomföra ett självtestprogram av systemet när hjulhastigheten överstiger 6 km/tim. När systemet är kontrollerat och funnet funktionsdugligt släcks ABS-varningslampan.

Sammanfattning:

Signaler från det kontrollerade hjulet leds till styrenheten som beräknar tillåten glidning för optimal bromseffekt. Bromsoljans tryck kontrolleras av styrenheten med hjälp av magnetreglerventiler och det ingår också en självtestfunktion **(Fig. 14.5)**.

Vid resans start genomför programmet en automatisk kontroll av att alla ABS-komponenter fungerar korrekt. Under resans gång sker en kontinuerlig övervakning och om ett fel inträffar stängs systemet för låsningsfrihet av och bromssystemet fungerar som det skulle göra utan ABS-funktion.

Det hydrauliska moduleringssystemet är en aktiveringsenhet som tar emot signaler från styrenheten och utför ändringar i bromstrycket för att bibehålla, minska eller öka bromskraften. Bromsolja tillförs bromsledningarna med hjälp av magnetventiler, en för varje bromskrets. Om bromstrycket minskas skickas bromsoljeöverskottet till en ackumulator som lagrar oljan under tryck av en fjäderbelastad kolv. Oljan returneras till bromsledningen av en pump om styrenheten signalerar att trycket skall höjas.

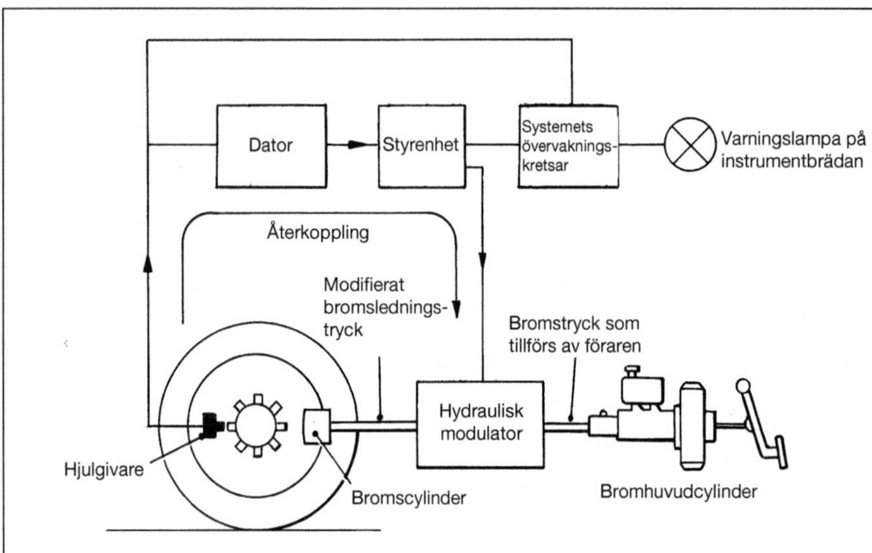

Fig. 14.5 Återkopplat styrsystem för ABS

2 Antislirsystem (ASR)

1 Hjulspinn inträffar när föraren via kraftöverföringen tillför hjulen ett vridmoment som är större än vad hjulen kan överföra till vägytan. Denna händelse kan ses som en spegeleffekt till hjulglidning på så sätt att ett låst hjul utsätts för negativ glidning och ett spinnande för positiv **(Fig. 14.6)**. Antislirstyrningen minskar motorns vridmoment oberoende av hur föraren använder gaspedalen.

2 Ett antislir- eller antiglidregulator system har volymtillverkats sedan 1987 och syftar till att förhindra hjulspinn vid start och acceleration och eliminerar på det sättet okontrollerade fordonssladdar. Beroende på likheterna

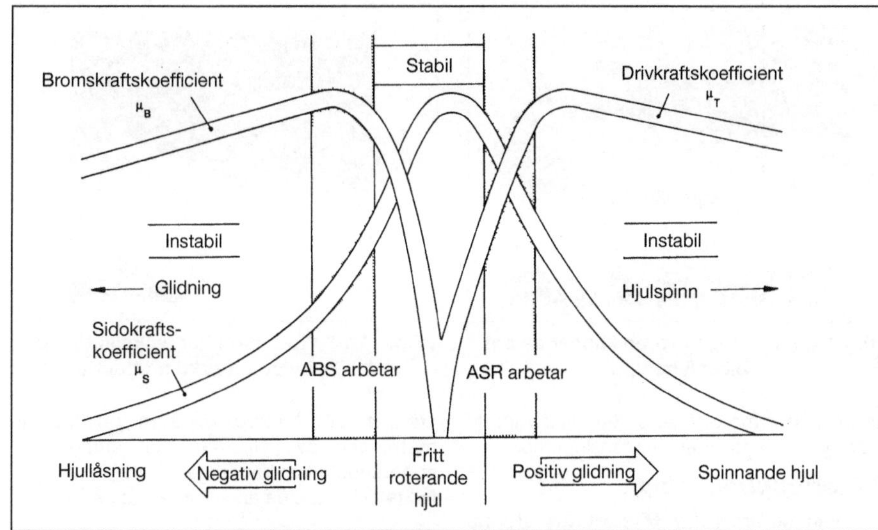

Fig. 14.6 Relationen mellan glidning och hjulspinn

mellan ABS- och antislirsystemen får tillverkarna dubbel användning av vissa komponenter eftersom de passar till båda.

Antislirsystem med användning av trottelventil och bromsar

3 Detta är en av två versioner där ABS-elektroniken utökats med antislirdetaljer. Den mekaniska länken mellan gaspedalen och trottelventilen ersätts av det elektroniska systemet. Gaspedalpositionen signaleras till styrenheten med hjälp av en spänning som kommer från en potentiometer vilken kontrolleras av pedalen (E-Gasenheten). Hjulgivare upptäcker varje tendens till slireffekt. Om drivhjulen börjar slira stängs trottelventilen gradvis av styrenheten. Om endast ett hjul börjar slira bromsas detta av systemens hydraulikstyrning samt trottelminskningen. Effekten är som från en elektroniskt kontrollerad differentialspärr och om det är nödvändigt kan båda hjulen bromsas. Denna metod kräver en extra hydraulikenhet för ABS-systemet.

Antislirsystem med användning av trottelventil/tändning/ insprutning

4 Detta alternativ omfattar inte bromsarna och hydrauliksystemet i ABS-enheten behöver inte modifieras. För att skapa snabb respons styr antislirsystemet trottelventilen genom den elektroniska gaspedalsenheten (E-gas), men backar också tändningen samt stänger av bränsleinsprutningen. Detta sägs medföra förbättrad fordonsstabilitet. Med användning av dessa principer kan en elektrohydraulisk differentialspärr på 100% läggas till, för att förbättra drivningen på vägytor med olika friktion för vänster och höger hjul. Denna kombination av antislirsystem för styrning av tändning och insprutningskontroll med tillägg av en differentialspärr är tänkt för bakhjulsdrivna bilar. **Fig. 14.7** visar ett fordonsblockschema med de ovanstående variationerna i förenklad form.

3 Fordonssäkerhet

1 Säkerhetssystem är nu vitt spridda som extrautrustning och de är sofistikerat konstruerade för att bekämpa den professionella biltjuven.

2 Larmutrustning kan vara allt från en enkel konstruktion, avsedd att endast övervaka dörr- och lucköppning, till mycket avancerade system, beroende på hur mycket fordonsägaren vill betala. I detta avsnitt beskriver vi finesserna i ett komplett system, av vilka vissa kan väljas ut och monteras separat.

3 Gemensamt för alla system är en siren som aktiveras av en eller flera givare. Sirenen avger ett genomträngande ljud på ca. 120 decibel och styrs av en mikroprocessor som är speciellt konstruerad för säkerhetssystem. Larmsystemet som beskrivs är från en tillverkare, Moss Security, till vilka många tack går för deras generösa hjälp. Larm från andra tillverkare varierar i utförande men följer samma grundprinciper.

Dörrtillträde

4 Nära hälften av alla bilstölder sker genom tillträde via en dörr. För närvarande gäller att de flesta billås endast innebär ett mindre

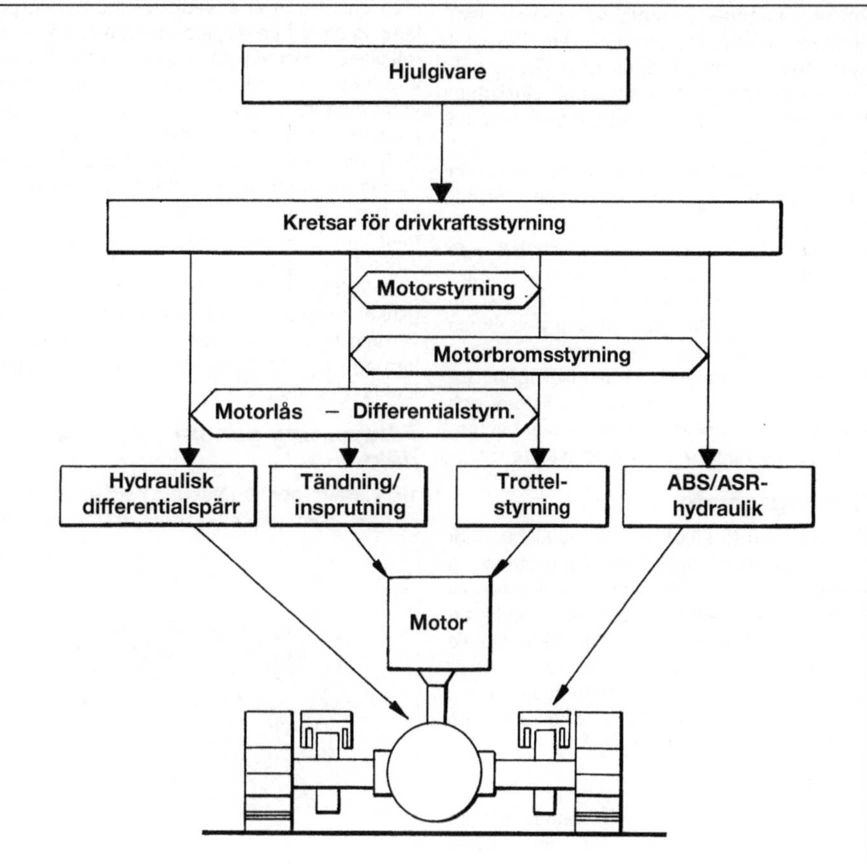

Fig. 14.7 Schematiskt kopplingsschema för antislirsystem (ASR)

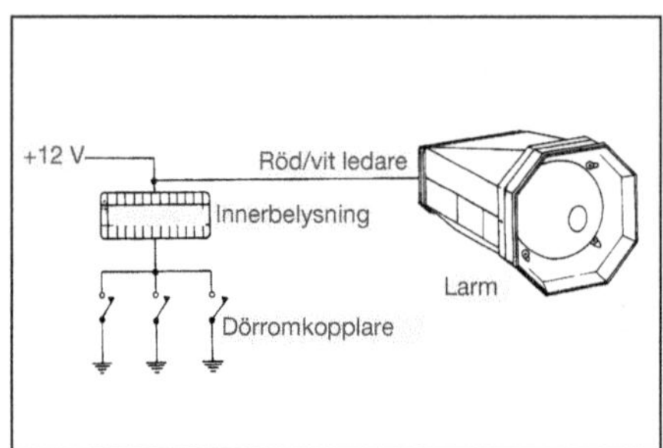

Fig. 14.8 En mikroprocessor känner av batteriets spänningsfall när dörrarna öppnas

Fig. 14.9 Lutningsgivaren känner av om bilen lyfts upp

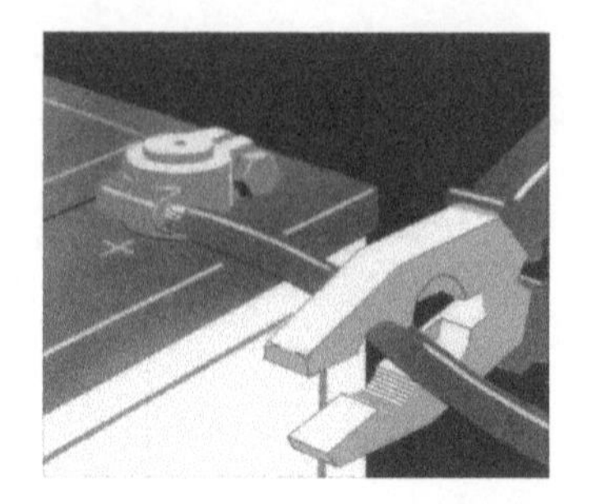

Fig. 14.10 Vissa larm har nickelkadmium batterier som skydd mot detta

problem för biltjuvarna och fabrikanterna har äntligen börjat förbättra låsen. Öppning av dörrar kan detekteras med hjälp av stiftomkopplare av samma typ som används till innerbelysningen. I de fall innerbelysningsomkopplare är monterade är det enda som behövs en anslutning till matningsledaren. När innerbelysningen aktiveras sänker detta systemspänningen tillräckligt mycket för att aktivera mikroprocessorlarmet **(Fig. 14.8)**.

Tvångstillträde

5 Stiftomkopplare kan monteras vid motorhuv, bagagelucka och dörrar för att skydda vid ickevåldsamt tillträde, men om våld används kommer en stötgivaraccelerator att aktivera larmet. Detta är en inbyggd komponent i mikroprocessorsystemet och den är justerbar med avseende på känslighet. Stötgivare var tidigare uppbyggda med en pendelkonstruktion men nuvarande typer använder en piezokristall som belastas av en vikt (massa) i två vinkelräta plan. Stötar medför att massans tröghet påverkar kristallen med krafter. Piezokristaller kan tillverkas av kvarts, Rochellesalt eller bariumtitanat och har förmågan att, när en kraft läggs på mellan två motsatta ytor, skapa en spänning över det andra ytparet. Rochellesalt används huvudsakligen för skivspelar pickuper, kvarts till oscillatorer och ljudsändare för undervattensbruk och bariumtitanat används till accelerationsmätare.

Lutningsgivare

6 Om tjuven försöker skruva av hjulen eller lasta upp bilen på ett släp för bortforsling kommer en lutningsgivare att känna av lutningen när bilen lyfts upp på en domkraft eller körs upp på en ramp **(Fig. 14.9)**. Denna givare består av en rullande kula som är placerad i en kammare. Kulan ställer in sig efter fordonets lutning när det parkeras och larmar därefter vid varje förändring.

Startspärr

7 Denna anordning kan användas för att koppla bort tändsystemet när larmet aktiveras. Tändningen kopplas på automatiskt när larmet stängs av. Tillverkarna har börjat föredra att använda en anordning som kopplar bort startmotorsolenoiden (startmotordödare) eller matningen till bränslepumpen.

Batteriuppbackning

8 Tjuven kommer att försöka att stoppa larmet genom att koppla bort batteriet **(Fig. 14.10)**, men ett uppbackningssystem med nickel-kadmiumbatterier i larmkapslingen skyddar mot detta. Batterierna har tillräckligt med effekt för att larmet skall kunna arbeta i 25 minuter och de laddas upp kontinuerligt av fordonets laddningssystem.

Ultraljudslarm

9 En ultraljudsgenerator levereras som en liten enhet och är avsedd för montering på lämplig plats i passagerarutrymmet. Vågorna reflekteras från alla ytor och resultatet blir att interiören översköljs av ett stationärt vågmönster. Intrång eller störningar kan påverka vågmönstret och aktivera larmet.

En ny konstruktion bygger på att insidan flödas av mikrovågor i stället för ultraljud. Fördelen är att systemet kan användas på bilar med sufflett eller utan tak överhuvudtaget, eller med ett öppet fönster. En modell **(Fig. 14.11)** är försedd med en serie blinkande lysdioder (LED) som tjänstgör som varning till den tänkbara tjuven att bilen är larmad. Lysdioderna fyller ingen annan funktion i systemet.

Fördröjning genom elektrisk fläkt

10 Vissa fordon är försedda med en elektrisk kylfläkt som går efter det att tändningen stängts av. Mikroprocessorn ansluts till matningen av kylfläkten och stänger av spänningsfallsavkänningen tills dess att fläkten stannar, då anordningen återställs.

Säkerhetsknapp

11 Ett system är försett med en inre "panikknapp" som aktiverar larmet för att påkalla uppmärksamhet, kalla på hjälp eller störa en angripare. Det är möjligt att använda en fjärrnyckel för att aktivera larmet om ägaren befinner sig utanför fordonet.

Gränssnitt till elektriska fönsterhissar

12 Om fordonet har elektriska fönsterhissar är ett larmsystem försett med en anordning som automatiskt stänger alla fönster när fjärrenheten kopplar till larmsystemet.

Skydd av tillbehör

13 Genom att ansluta värdefulla tillbehör, t.ex. stereoutrustning, elektriskt till kontrollenheten, medför varje försök att avlägsna utrustningen att larmet aktiveras.

Armering och desarmering av larmet

14 Vissa system armeras med en kodad tryckknappssats **(Fig. 14.12)** som ger föraren 60 sekunder att lämna fordonet och 10 sekunder att komma in, innan larmet aktiveras. Fjärrarmering/desarmering kan ske med en kodad sändare för korta avstånd (7 till 8 meter) eller med hjälp av en känsligare mottagare med antenn som monteras i

Fig. 14.11 Ultraljudssändare och mottagare

Fig. 14.12 Kodad tryckknappsats för armering/desarmering av larm

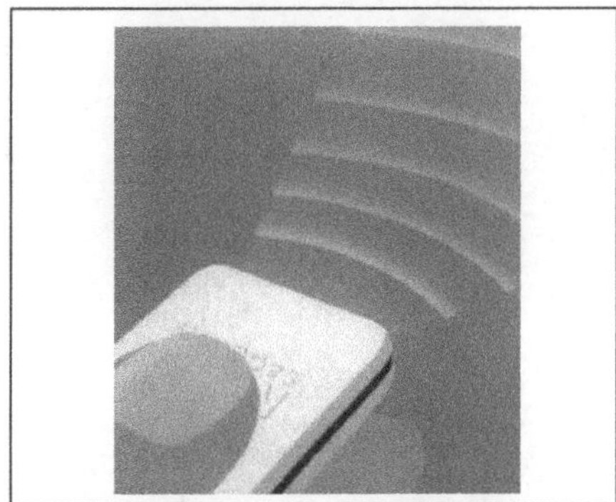

Fig. 14.13 Fjärrlarmsändare

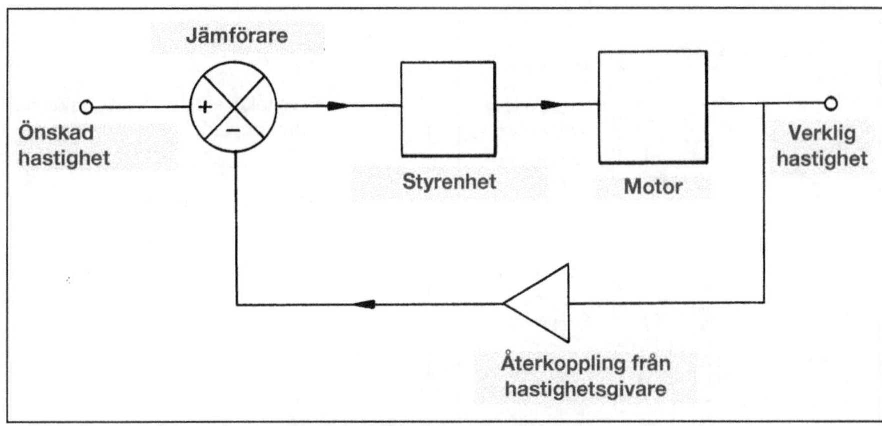

Fig. 14.14 Farthållarsystem

fordonet nära ett fönster. I detta fall kan arbetsområdet öka till ca. 50 meter, beroende på antennplaceringen **(Fig. 14.13)**.

Larmaktivering

15 När larmet aktiveras kommer sirenen att ljuda, lamporna blinka och fordonet spärras under en 60 sekunders period och därefter återställas till armerat läge efter ytterligare 5 sekunder.

4 Farthållare

1 Farthållaren är en användbar enhet vid långkörningar när det kan vara tröttsamt att hålla en jämn hastighet. Kontrollen tar över från föraren för att bibehålla en konstant hastighet, oberoende av vindmotstånd och lutningar. Ett återkopplat styrsystem håller hastigheten konstant genom att jämföra den aktuella hastigheten med den som önskas genom det inmatade värdet **(Fig. 14.14)**. När jämföraren upptäcker en skillnad mellan den önskade hastigheten (instruktion) och den verkliga, matas en skillnadssignal till styrenheten som ändrar trotteln genom en aktiverare. Instabilitet beroende på över- och underskott i förhållande till den önskade hastigheten motverkas genom ett fördröjningsnät.

2 En omkopplare på bromspedalen säkerställer att systemet omedelbart kopplas ur och vissa system har en omkopplare på kopplingspedalen för att förhindra övervarvning om växeln behöver bytas. Farthållaromkopplaren är ofta monterad på en arm **(Fig. 14.15)** och har vanligen funktioner för att sätta hastigheten och koppla på systemet, stänga av systemet och slutligen återgå eller aktivera systemet på nytt. Föraren accelererar först upp fordonet till önskad hastighet under tiden som inställningsknappen hålls intryckt. Knappen släpps för att styrsystemet skall ta över farthållningen och detta fungerar vanligen bara över en viss gränshastighet runt 50 km/tim. Om systemet har kopplats ur med broms- eller kopplingsomkopplaren, kan systemet återställas till orginalinställningen med återgångsomkopplaren på armen.

3 Styrenheten är vanligen digital men analoga system finns tillgängliga. Värdet på den önskade hastigheten lagras i minnet och den behandlade signalen från hastighetsgivaren jämförs med det lagrade värdet. Skillnaden beräknas och om det är nödvändigt startas en aktiverare.

4 Aktiveraren är vanligen en elektropneumatisk solenoidaktiverad enhet som använder insugsrörets vakuum för att dra ett membran som i sin tur är kopplat via en länk till trotteln **(Fig. 14.16)**. En solenoid kopplas till och från för att öppna och stänga en ventil mot vakuumet så att trotteln hålls på den nödvändiga platsen. En dyrare och bättre lösning är att använda en separat vakuumpump som drivs av fordonets matningsspänning.

5 Kontrollsystem för däcktryck

1 Bosch har utvecklat ett system som upptäcker om något däck har för lågt tryck. Varje hjul är försett med en tryckaktiverad omkopplare som monterats i fälgen. Kontakten är sluten om däcktrycket är lika med eller överstiger det korrekta värdet **(Fig. 14.17)**.

2 Monterad på en fast plats finns en högfrekvenssändare som magnetiskt, genom en högfrekvenstransformator, ansluter sig till tryckomkopplaren i det roterande däcket en

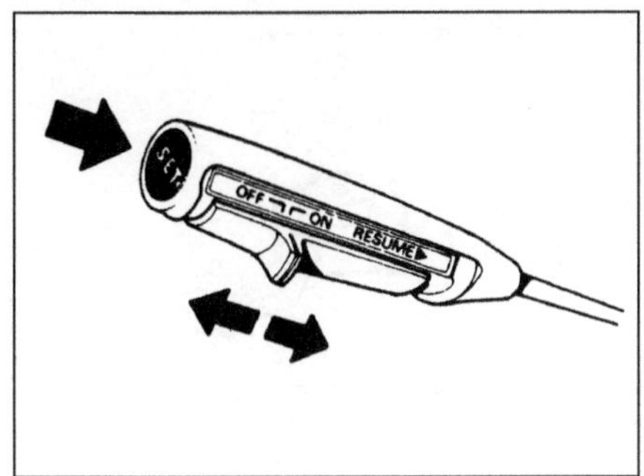

Fig. 14.15 Omkopplare för farthållare

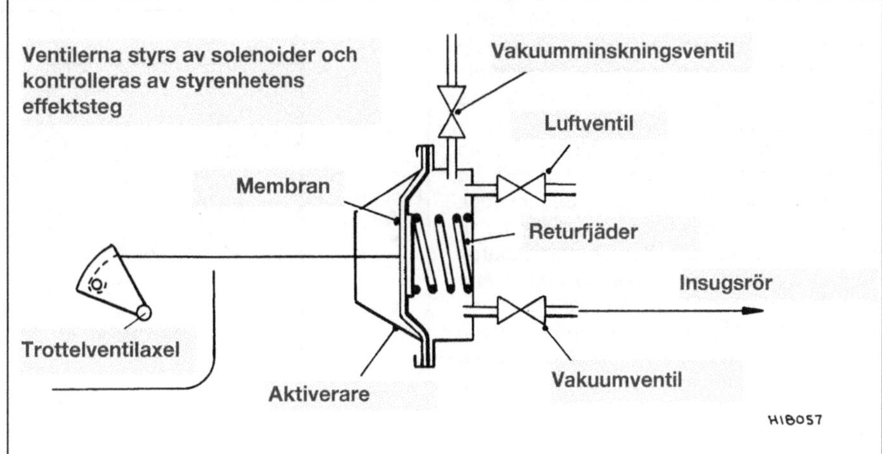

Fig. 14.16 Aktiverare för farthållare

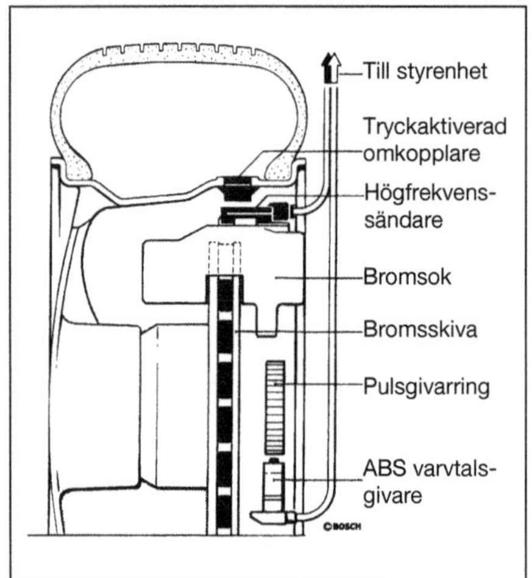

Fig. 14.17 Däcktrycksgivarsystem från Bosch

Pressfoto från Bosch

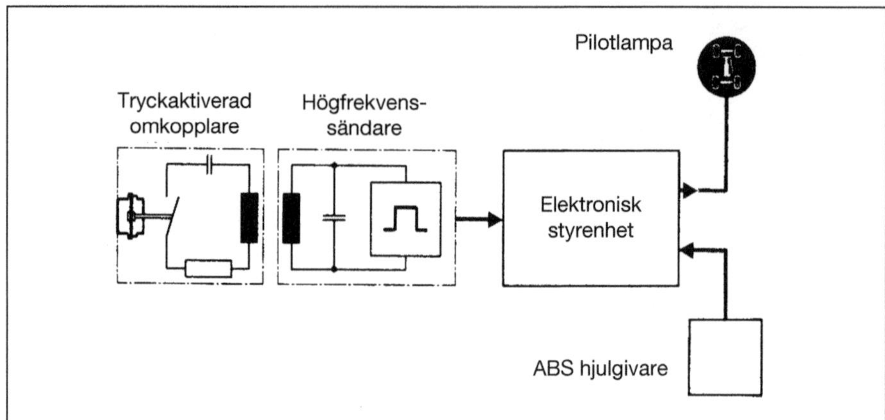

Fig. 14.18 Schematisk bild över däcktrycksgivarsystem

Pressfoto från Bosch

gång per varv **(Fig. 14.18)**. Om omkopplaren är stängd upptäcks en närvarande sekundärbelastning men om den är öppen, beroende på lågt däcktryck, kan inte sändaren detektera denna sekundärbelastning eftersom kretsen är bruten. Skillnaden mellan dessa två förhållanden är tillräcklig för att styrenheten skall aktivera en varningslampa. Det finns en lampa för varje däck. En tryckändring på ± 50 millibar är mätbar.

6 Radarsystem för frivägskontroll

1 Forskning inom området med automatisk upptäckt av hinder framför ett fordon har lett till ett system som baseras på en dopplerradar. Det skyddade fordonet är försett med en liten frekvensmodulerande radarsändare vars antenn är framåtriktad och placerad bakom grillen. Radarsignaler utsänds som en kontinuerlig vågström. Dessa vågor träffar fordon eller andra hinder som befinner sig framför bilen och en liten del av vågenergin kommer att reflekteras tillbaka och uppfångas av radarmottagaren.

2 Om nu det skyddade fordonet har en framåthastighet så kommer det att röra sig genom de reflekterade vågorna. Genom detta får vågorna en synbarligen högre frekvens än de som sändes ut eftersom mottagaren känner av flera vågor per sekund. Detta fenomen är samma som inträffar när någon lyssnar på ett tåg som först närmar sig och därefter passerar förbi. I det första fallet, adderas ljudkällans rörelse till antalet ljudvågor per sekund, men när det passerar minskar antalet ljudvågor per tidsenhet. Därmed kommer den mottagna radiofrekvensen att bero på den relativa hastigheten mellan fordonet och hindret framför.

Signalfrekvensen analyseras och jämförs med det skyddade fordonets hastighet. När kollisionsavståndet och den relativa hastigheten har blivit beräknad så kan ett servosystem utföra nödvändig inbromsning. På motsatt sätt kan systemet öppna trotteln om ett konstant avstånd till framförvarande fordon önskas.

7 Varningsenheter

1 Många varningsenheter använder en hörbar summer som är placerad i passagerarutrymmet. Summern finns tillgänglig i en bekväm form i piezosummern, med spärrdioder. Denna typ av summer arbetar med en matning mellan 6 och 24 volt och kan köpas från elektronikaffärer. Dioderna är av kiseltyp och modellerna inom IN4000 serien är lämpliga. Tillsammans med dörrens innerbelysningsomkopplare (vanligen placerad i dörrposten mellan gångjärnen) och några dioder kan summern användas till att varna för flera olika situationer.

2 Fig. 14.19 visar arbetsprincipen för en varningssignal som aktiveras om parkeringsljuset lämnas på. När föraren öppnar dörren sluter innerbelysningsomkopplaren och ansluter dioden och summern till jord. Om parkeringsljuskretsen är aktiv, d.v.s. lamporna lyser, kommer summern att ljuda. Notera syftet med dioden som leder ström i endast ena riktningen. Om inte dioden vore monterad skulle strömmen läcka genom innerbelysningen, summern och parkeringsljuset.

3 Ytterligare en applikation av denna princip är att låta kretsen varna om huvudbelysningen lämnas påslagen – schemat för detta visas i **Fig. 14.20**. Endast en summer behövs, men två spärrdioder krävs för funktionen. En annan tillämpning är att använda summern som en ljudindikation på att körriktningsvisaren arbetar. Denna koppling använder samma komponenter men de är inkopplade mellan blinkerslampornas matning och jord. I det här fallet används inte innerbelysningsomkopplaren.

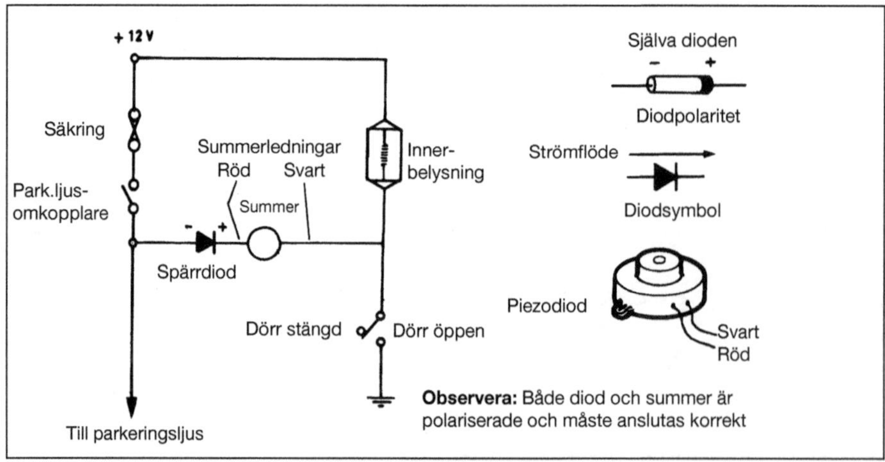

Fig. 14.19 Ljudvarningskrets för parkeringsljus

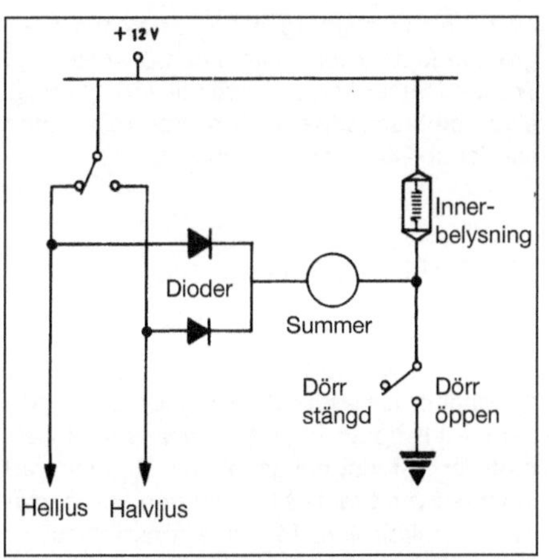

Fig. 14.20 Ljudvarningskrets för påkopplade strålkastare

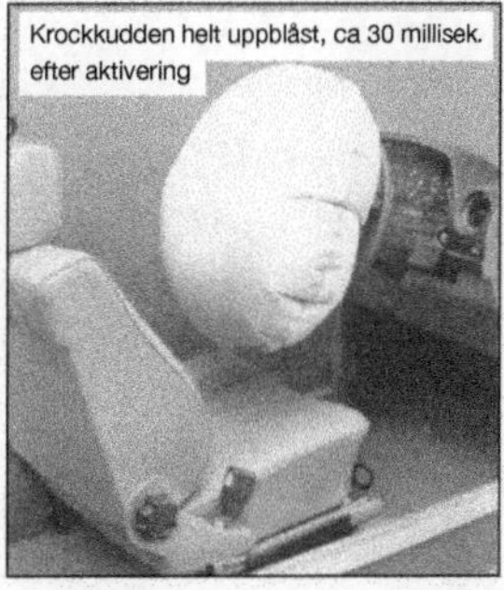

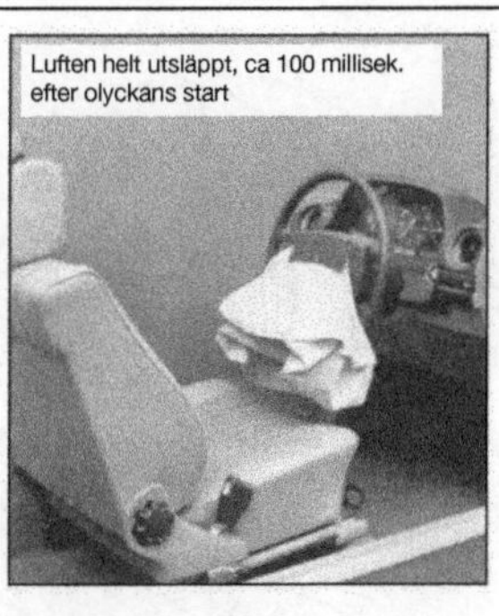

Fig. 14.21 Säkerhetsanordning med krockkudde för frontalkollisioner

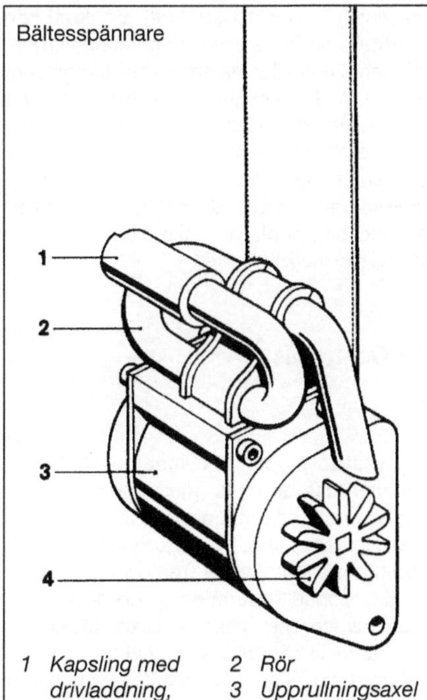

1 Kapsling med drivladdning, expansions-kammare och kolv
2 Rör
3 Upprullningsaxel
4 Turbinhjul

Drivladdningen i kapseln tänds med en elektrisk puls. Det höga tryck som skapas av detta tvingar kolven genom röret som är fyllt med vätska. Detta spräcker ett förseglingsmembran som är placerat i rörets andra ände. Vätskan, en blandning av vatten och glycerin, kastas med stor kraft mot turbinhjulen genom rörets munstycksformade ände. Turbinens rotation vrider axeln på upprullnings-mekanismen så att säkerhetsbältet sträcks upp ©BOSCH

Fig. 14.22 Elektriskt aktiverad bältesspännare som utlöses av en stötaccelerometer

8 Krockkudde och bältesspännare

1 Vid frontalkollisioner kastas passagerarna framåt och detta innebär risker för huvud-, nack- och bröstskador. Två lösningar har utvecklats för att undvika allvarliga skador. Den ena är en luftkudde som snabbt blåses upp för att skydda föraren och passageraren **(Fig. 14.21)**. Ett alternativ för framsätes-passageraren är en snabbåtdragare för säker-hetsbältet.

2 Förarens krockkudde är placerad i ratten och aktiveras av en retardation som mot-svarar en frontalkrock med ett fast objekt i 18 km/tim. När denna hastighetsminskning indikeras sänder avfyringsenheten en elektrisk puls till en tändsats som är placerad i gasgeneratorn. Drivladdningen förbränns inom några få tusendelar av en sekund och blåser upp kudden. Detta är tillräckligt snabbt för att förhindra att föraren slår i rattstången eller vindrutan.

3 För att snabbt åstadkomma en bältes-spänning används samma aktiverings-process, men i detta fall driver drivladdningen ett turbinhjul **(Fig. 14.22)**. Hjulets rotation tvingar bältets upprullningsaxel att snabbt vridas och spänna åt bältet tills dess att det ligger stramt mot användarens kropp.

4 En effektreserv krävs om batteriet förstörs vid krocken. En permanent uppladdad kondensator kommer i detta fall att urladdas genom den elektroniska styrningen, tillräckligt länge för att säkerställa kudduppblåsningen och bältesspänningsfunktionen. En spän-ningsomvandlare ingår också i systemet. Denna omvandlare säkerställer att akti-veringsenheten har tillräcklig drivspänning om batterispänningen sjunker till 4 V. System-kontroll utförs varje gång som tändningen kopplas på. När systemkontrollen utförs tänds en lampa som förblir tänd under ca. 10 sekunder. Om systemet är fungerar felfritt släcks lampan.

Funktion

5 Accelerometern består av en fjädermass-enhet **(Fig. 14.23)**. När den utsätts för en stöt

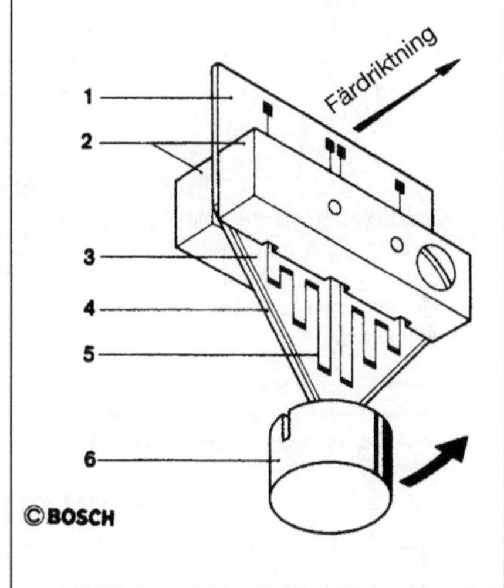

Fig. 14.23 Stötaccelerometer

1 Kontakter
2 Fäste
3 Isolering
4 Fjäder
5 Trådtöjnings-element
6 Vikt (massa)

böjer massan den platta fjädern på vilken två resistorer är monterade. Två andra resistorer är placerade på en fast yta. Tillsammans är de fyra resistorerna kopplade i en Wheatstone-brygga. De två resistorerna som är monterade på fjädern fungerar som trådtöjningsgivare. Dessa resistorer sträcks ut när fjädern böjer sig varvid resistansen ändras och detta medför att bryggan hamnar i obalans **(Fig. 14.24)**. Bryggans utspänning kommer att vara direkt proportionerlig till retardationen. En subtraktionskrets tar bort en signal-spänning som motsvarar värdet för en acceleration på 4 g, eftersom detta är ett vanligt värde vid normal körning. Genom detta förhindras aktivering genom misstag. Passagerare som använder säkerhetsbälte behöver hållas på plats tidigare, innan rörelsen framåt påbörjas. Därför ställs aktiveringsgränsen in på ett lägre värde än när krockkudde används, nämligen på krock-hastigheten 15 km/h mot ett fast föremål. Den

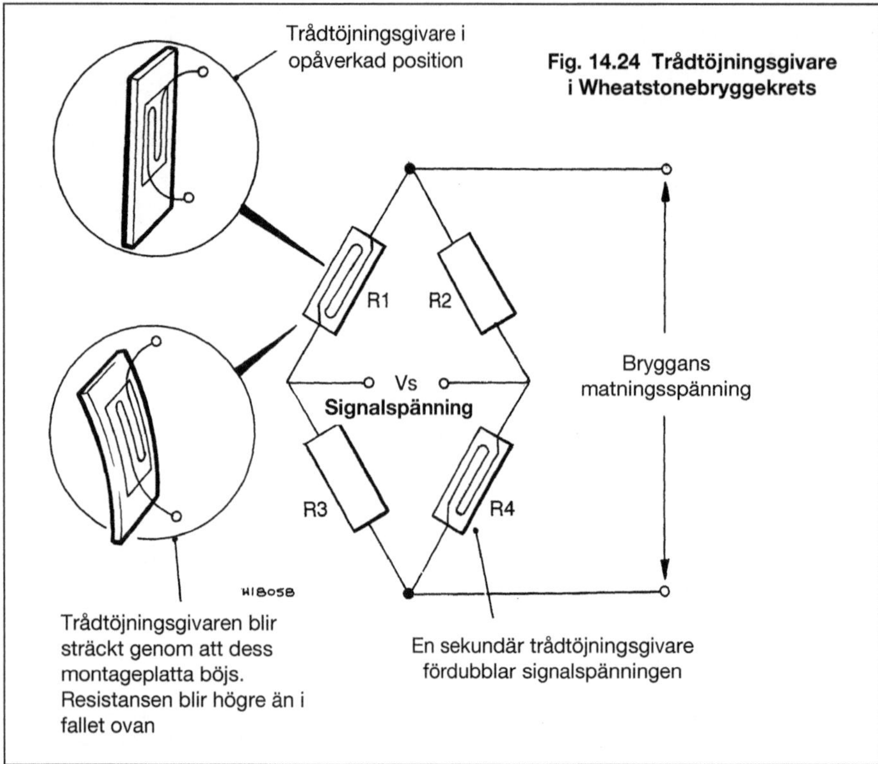

Fig. 14.24 Trådtöjningsgivare i Wheatstonebryggekrets

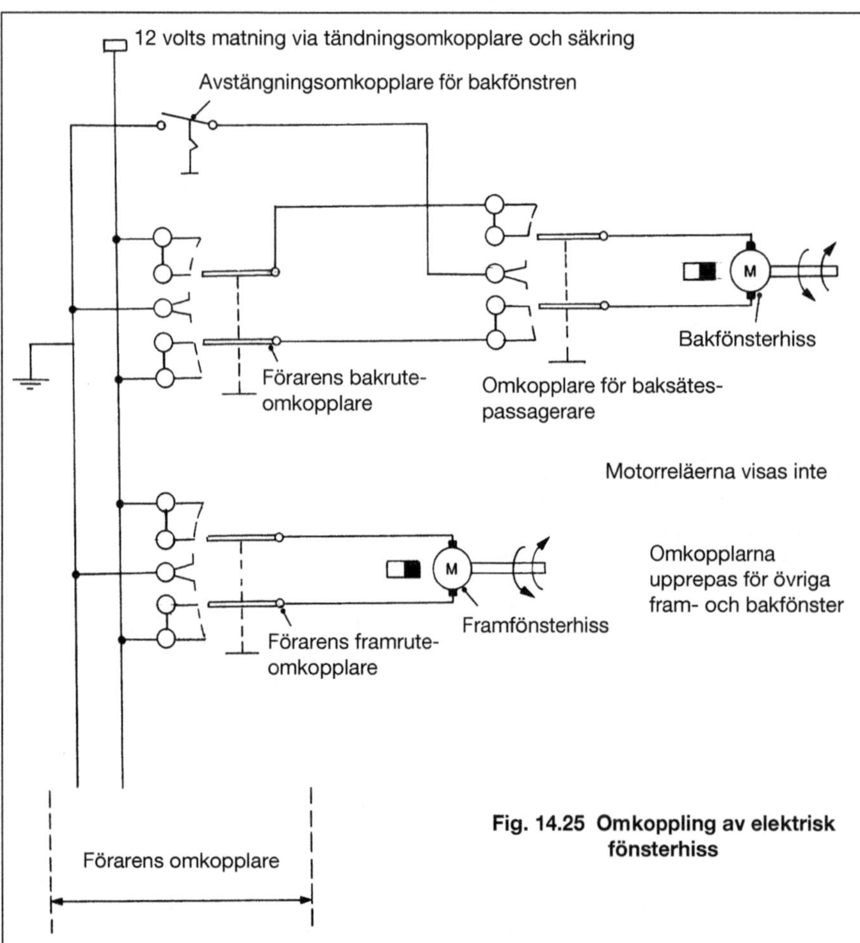

Fig. 14.25 Omkoppling av elektrisk fönsterhiss

elektroniska styrningen består av två integrerade kretsar för kontroll och övervakning. Tre tändsatser kan aktiveras till krockkuddar eller bältesspännare och kontrollkretsen sänder ut 4 ampere per tändsats.

9 Elektriska fönsterhissar

1 Tillbehör finns för att veva rutorna upp och ner med hjälp av 12 volts permanentmagnetmotorer. Omkopplingspanelen är placerad inom bekvämt räckhåll för föraren och består av en omkopplare för varje fönsterhiss. Är fordonet försett med fyra dörrar ingår även en frånkopplingsbrytare för de bakre fönsterhissarna **(Fig. 14.25)**.

2 Motorerna är nedväxlade för att lämna tillräckligt vridmoment vid upphissning, nervevning kräver mindre kraft. Drivkraft kan överföras till fönstervevningsmekanismen, antingen direkt eller via en flexibel kuggstång. Motorerna är vanligen relästyrda och det krävs två reläer för varje motor för att kunna vända rotationsriktningen. För att skydda mot överbelastningar är systemet försett med termiska frånkopplare, dessa bryter strömmen om t.ex. omkopplaren hålls aktiv när rutan nått sin rörelsegräns.

10 Centrallås

1 Centrallås medför möjligheten att kunna låsa eller låsa upp alla dörrar, bagagelucka eller baklucka, samtidigt som förarens dörr låses eller låses upp. I vissa arrangemang kan styrningen även ske via frampassagerarens dörrlås. Manuell operation av dörrlåsen från insidan av fordonet måste av säkerhetsskäl ha företräde över centrallåssystemet.

2 Majoriteten av fabrikanter använder permanentmagnetmotorer för att aktivera dörrlåsen, men noterbart är att Mercedes-Benz, Audi och Volkswagen använder linjära pneumatiska aktiverare som drivs av en pump. Pumpen är vanligen placerad i bagageutrymmet. Det finns fördelar med båda metoderna. Den elektriska motoraktiveraren arbetar snabbt (ca. 2 sekunder) medan den pneumatiska är tystare men kräver ca. 6 sekunder för operationen.

3 I **Fig. 14.26** visas en enkel elektropneumatisk krets. Förarens nyckel öppnar eller stänger låset och samtidigt påverkas en överkopplingsbrytare. Brytaren lämnar ström till pumpen för att den skall åstadkomma antingen ett tryck eller ett sug som aktiverar dörrlåsen. Det som saknas i detta diagram är en anordning som stänger av pumpen när låsoperationen har utförts. I verkligheten styrs

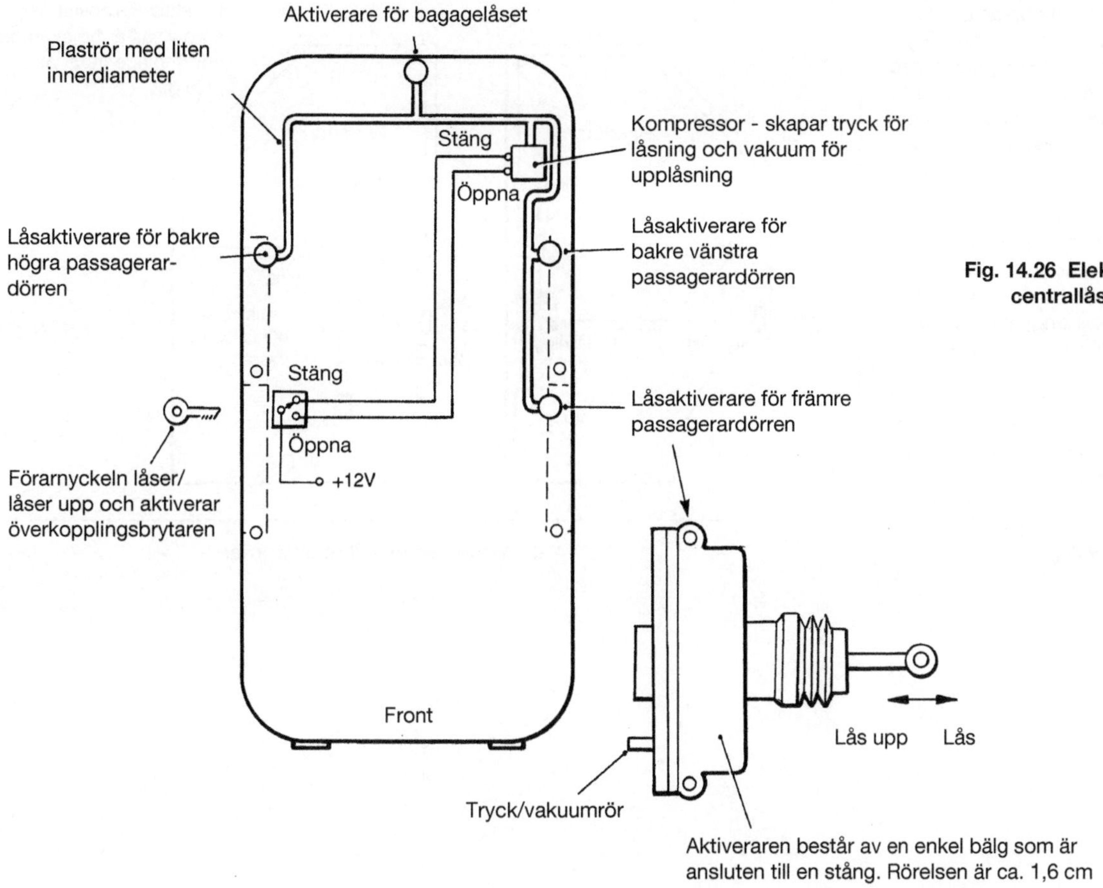

Aktiverare för bagagelåset
Plaströr med liten innerdiameter
Stäng
Öppna
Kompressor - skapar tryck för låsning och vakuum för upplåsning
Låsaktiverare för bakre högra passagerar-dörren
Låsaktiverare för bakre vänstra passagerardörren
Stäng
Låsaktiverare för främre passagerardörren
Öppna
+12V
Förarnyckeln låser/ låser upp och aktiverar överkopplingsbrytaren
Front
Lås upp
Lås
Tryck/vakuumrör
Aktiveraren består av en enkel bälg som är ansluten till en stång. Rörelsen är ca. 1,6 cm

Fig. 14.26 Elektropneumatiskt centrallås (förenklat)

Dörrupplåsning
Dörrlåsning
Reduktionsväxel
Kuggstång och pinjongdrivning
Permanentmagnetmotor för likström

Fig. 14.28 Dörrlåsaktiverare

Riktning ändras genom byte av poler på matningen

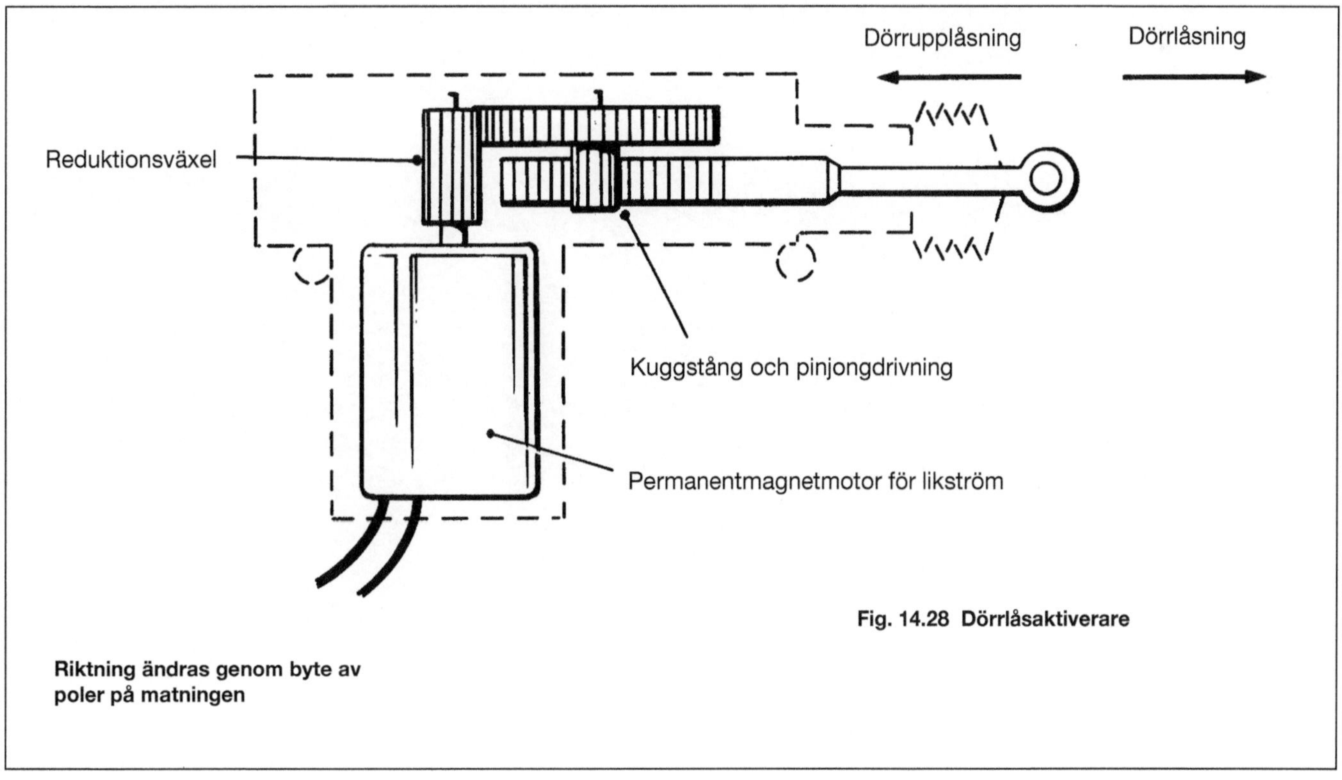

detta av en elektrisk styrenhet som stänger av matningsspänningen och kopplar om kontakterna för nästa arbetsoperation. Styrenheten kan ha två olika aktiveringstider med hänsyn till om den kontrollerar ett pneumatiskt system (lång arbetsperiod) eller ett system som drivs av elektriska motorer (kort period).

4 De elektriska aktiverarna består av 12 volts permanentmagnetmotorer som backas genom att man byter poler på matningen till motorn. Undantaget är Fords dörrlåsmotor som alltid roterar åt samma håll, men som genom ett vevaxelhjul får en fram- och återgående rörelse. Avstängning sker med hjälp av mikrobrytare som är placerade i änden på varje slag.

5 Den backningsbara elektriska motorn visas i **Fig. 14.27**. Nedväxlingen lämnar tillräckligt vridmoment för att aktivera låsmekanismen och den linjära rörelsen erhålls genom en plastkuggstång som drivs av mässingkugghjul. Aktiveraraxeln kopplas till låsen med hjälp av stänger **(Fig. 14.28)**.

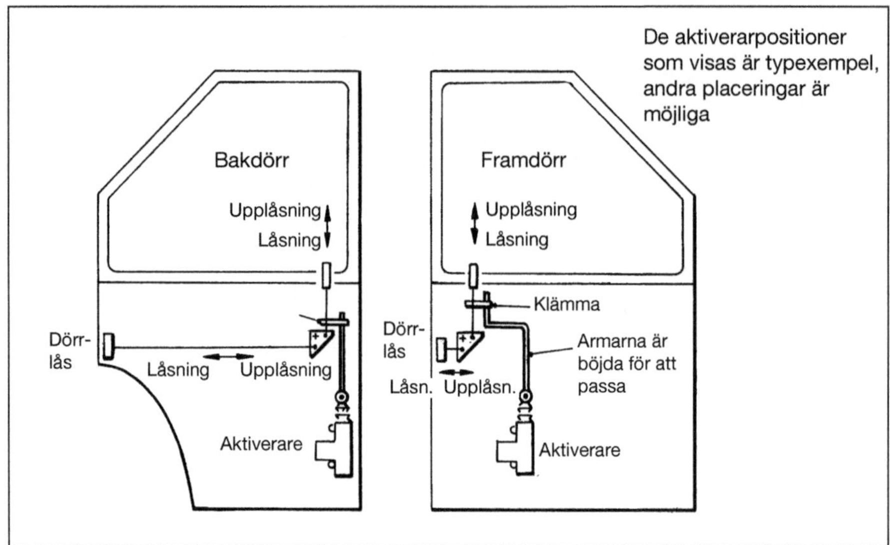

Fig. 14.28 Aktiverare anslutna till dörrlås

Kapitel 15
Felsökning

Innehåll

1 Introduktion till testutrustning

Syftet med all elektrisk diagnostik är att hitta platsen för det fel som hindrar strömmen från att flyta på normalt sätt genom kretsen.

Efterhand som tillverkarna fyller de moderna fordonen med elektrisk utrustning ökar felriskerna dramatiskt. Med anledning av komplexiteten hos dessa system och på de höga priserna för utbytesdelar, är det otillfredsställande att använda en försök-och-misstag-metod vid felsökningen. Ett organiserat och logiskt närmande till diagnostiken är grundläggande för att kunna reparera dessa elektriska kretsar på ett snabbt och kostnadseffektivt sätt.

Eftersom elektriciteten är osynlig, behövs specialiserad testutrustning för att spåra kretsar och kontrollera komponenter. En tillförlitlig metod behövs för att mäta elektriskt flöde, om felet skall kunna hittas utan att man i onödan byter delar och spiller tid.

Byglingstrådar

Byglingstrådar **(Fig. 15.1)** används huvudsakligen för att finna brutna kretsar (ingen kontakt) och delar med för hög resistens genom att man kopplar förbi en del av den existerande kretsen. De kan också användas till att kontrollera delar som inte är monterade i fordonet. Byglingstrådar kan köpas färdigmonterade eller tillverkas hemma.

Byglingstrådar kan vara försedda med olika anslutningar för olika användningsområden. De som används för att leda ström från batteriet till en komponent skall ha en inbyggd säkring för att förhindra överbelastning. Dessutom bör de ha isoleringshylsor över anslutningarna för att förhindra kortslutningar mot jord.

Varning. *Använd aldrig byglingstrådar som är tunnare (av mindre mått) än vad som finns i den krets som provas. Använd alltid säkringar med samma eller mindre värde än kretsens originalsäkring.*

Testlampor

Testlampor **(Fig. 15.2)** används för att söka efter spänning i kretsen när matning är påkopplad. Testlampor är bland de billigaste provningsutrustningar som finns tillgängligt och de bör ingå i varje verktygslåda. Även dessa kan köpas färdiga eller tillverkas hemma.

Det finns flera sorters testlampor men alla har tre saker gemensamt; en glödlampa, en

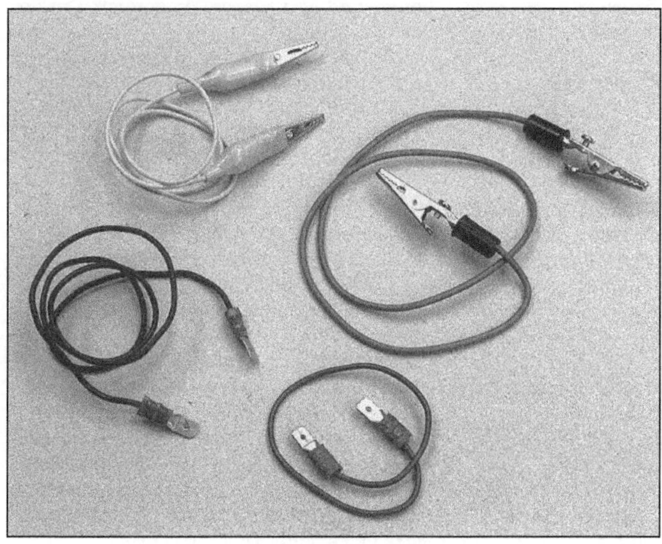

Fig. 15.1 Byglingstrådar

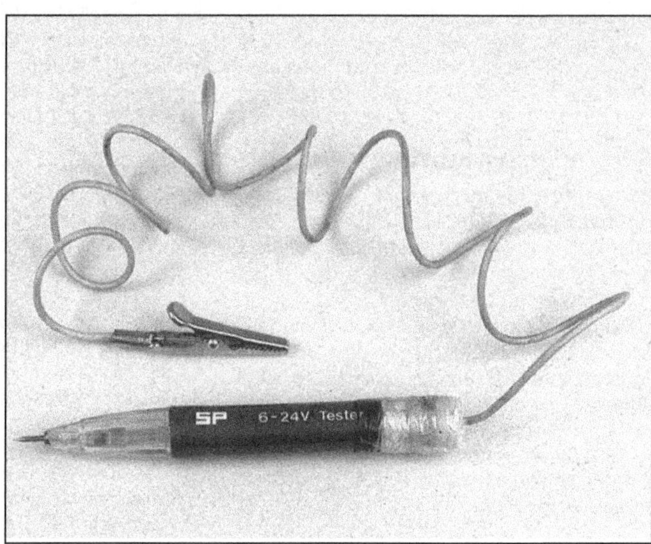

Fig. 15.2 En typisk testlampa

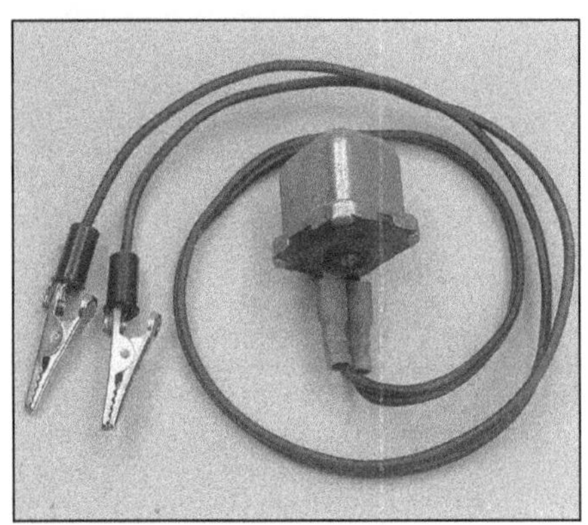

Fig. 15.3 En typisk testsummer

testsond och en ledning med jordkontakt. 6, 12 eller 24 voltssystem kan kontrolleras genom att glödlampan byts ut till en med korrekt spänning.

Trots att det inte är möjligt att genomföra noggrann spänningsmätning med en testlampa så är det möjligt att upptäcka större skillnader med hjälp av lampans ljusstyrka.

Observera: *Innan lampan används för felsökning, kontrollera att lampan lyser klart genom att koppla in den över batteriet.*

Testsummrar

En testsummer **(Fig. 15.3)** fungerar på samma sätt som en kontrollampa förutom fördelen att den även kan användas på håll. Om exempelvis en person arbetar ensam kan han kontrollera bromljuskretsen genom att trycka på bromspedalen och lyssna efter ljudet från summern som är inkopplad till hållaren för bromsljuslampan.

En testsummer kan tillverkas med hjälp av anslutningsledningar och en summer.

Testsummrar används på samma sätt som beskrivs för testlampor och kan dessutom användas för att hitta kortslutningar mot jord.

Förbindelseprovare

Förbindelseprovare (också kända som självmatande testlampor) används för att söka efter brutna eller kortslutna kretsar. De består av en kombinerad enhet med glödlampa, ett batteripaket och två ledningar.

Förbindelseprovare får bara användas i spänningslösa kretsar, annars bränner fordonsbatteriets spänning sönder provarens lågspänningslampa.

Varning: *Använd aldrig förbindelseprovaren på kretsar som innehåller halvledare eftersom dessa kan skadas.*

Testmätare

Se kapitel 13.

2 Felsökningsstrategier

Innan felsökningen av en krets påbörjas, krävs att en plan för arbetet utformas. Sök först efter enkla fel, som t.ex. trasiga säkringar, korroderade eller lösa anslutningar, utbrända eller trasiga glödlampor och kablar som är utnötta, skavda eller sönderbrända - dessa är också de vanligaste problemen.

Aktivera problemkretsen på alla möjliga sätt. Fastställ vilka komponenter, om någon, som fortfarande fungerar. Är det ett fullständigt eller partiellt fel? Vilka andra kretsar berörs? När inträffar felet? Är felet intermittent eller kontinuerligt?

Var säker på att kontrollera funktionen på fordonets alla andra elektriska komponenter. I bland är det som verkar påverka bara en komponent, ett fel som orsakar (eller orsakas av) problem i en annan krets. Om det behövs, anteckna alla de påverkade komponenterna och deras specifika symptom.

Detta hjälper dig att förstå och finna problemet efter det att kopplingsschemat har studerats och tankemöda har offrats. Tänk noggrant igenom vilka elektriska komponenter som har blivit störda och vilka som nyligen blivit bearbetade. De är huvudmisstänkta.

Problem som påverkar en enskild komponent

Om en enskild komponent i en krets är påverkad, påbörja testerna vid denna komponent och arbeta bakåt i riktning mot säkringen. Använd en logisk uteslutningsmetod för att komma närmare problemet. Om t.ex det bara är en lampa som inte fungerar så kan säkringen, omkopplaren och huvudledningsnätet uteslutas som möjliga felkällor.

Nedan följer fyra förhållanden som medför att enskilda komponenter slutar fungera och hur dessa felkällor skall sökas:

Komponenter får ingen ström. Koppla på kretsen och sök efter spänning vid komponenten. Om det inte finns någon spänning, fortsätt att söka efter spänning i kretsen och arbeta i riktning mot säkringen. När en spänningssatt punkt påträffas, ligger felet mellan denna plats och föregående testpunkt.

Komponenten är inte korrekt jordad. Detta förhållande kan kontrolleras på två sätt:

1 *Med kraft påkopplad till komponenten, kan man undersöka om ett spänningsfall inträffar mellan komponenten och jord. Spänningsfallet skall vara mindre än 0,2 till 0,3 volt.*

2 *Med komponentens krafttillförsel strypt, kan resistensen mätas mellan komponenten och jord. Resistensen skall vara noll (eller mycket nära noll).*

Komponenten är själv felaktig. Med komponenter som är konstruerade till att arbeta vid full batterispänning, kontrollera funktionen med hjälp av en säkrad byglingstråd på det sätt som beskrivs nedan. Med komponenter som arbetar med mindre än full batterispänning, mät resistensen eller sök efter ett spänningsfall.

Kopplingsnätet är felaktigt. Detta kan kontrolleras på två sätt:

1 *Utan spänning till kretsen, kontrollera förbindelsen.*

2 *Med spänning till kretsen, sök efter ett spänningsfall i ledningsnätet.*

Problem som påverkar flera komponenter

Om problemet påverkar flera komponenter, påbörja felsökningen vid den punkt där kretsen får sin matning (vanligen säkringsbrädan eller säkringskabeln). Kontrollera säkringarna, kretsbrytarna och/eller säkringskablarna. Om kretsskyddsenheterna är trasiga, sök efter en kortslutning, om de är hela, sök efter en bruten krets (ingen kontinuitet) eller ledningar från andra kretsar som är i kontakt med varandra.

Skaffa fram kretsschemat för det aktuella fordonet om det är möjligt.

Läs om de olika typerna av kretsar och lär dig känna igen vilken kretstyp du arbetar med.

Bli bekant med strömflödet i kretsen genom att följa strömvägen i kretsschemat (se kapitel 13). Fastställ var kretsen mottar ström, vad kretsskyddet är, vilka omkopplare och/eller reläer som styr strömflödet och hur komponenterna arbetar.

Identifiera varje komponent i kopplingsschemat för den krets som provas och leta reda på komponenten i fordonet.

Ibland kan flera komponenter påverkas genom att två ledningar från olika kretsar kommer i kontakt. Ta, som exempel, två enkla kretsar som vardera innehåller en glödlampa och en omkopplare. Om ledningarna mellan varje omkopplare och varje glödlampa kommer i kontakt med varandra så kommer båda lamporna att lysa om en av strömbrytarna sluts, men den ena eller båda lamporna kommer att lysa svagare än normalt. Om den andra strömbrytaren sluts, kommer den relativa lyskraften mellan lamporna att ändras.

I komplicerade kretsar kan det finnas många symptom som påverkar flera komponenter och som orsakas av ett sådant problem.

Intermittenta problem

De intermittenta elektriska felen är svårast att ställa diagnos på. Tillfälliga brytningar och kortslutningar orsakas vanligen av nötningar eller av en komponent som ändrar resistens när den värms upp eller svalnar. Vanliga orsaker till detta problem är också korroderade eller lösa anslutningar.

Lägg märke till när problemet uppstår och försök upptäcka hur symptomen skall frambringas vid diagnostiken. Om exempelvis problemet visar sig när fordonet svänger eller körs över en skakig korsning, försök med att vicka på kablarna för att hitta felet.

Om problemet visar sig först efter det att motorn är helt varm kan felet repeteras om de misstänkta delarna värms med en elektrisk hårtork. Om problemet visar sig endast vid fuktigt väder, så kan en duschflaska hjälpa till att återkalla felet.

När felet väl kan repeteras, följ de lämpliga testprocedurerna. Vilka kontroller som skall genomföras beror på symptomen.

3 Användning av testutrustning

Innan jakten på elektriska spöken kan upptas, måste kunskap inhämtas om hur testutrustningen skall användas. I detta avsnitt kommer det att förklaras hur den tidigare beskrivna utrustningen skall användas.

Observera: *De flesta testutrustningar levereras med instruktioner. Om dessa skiljer sig från de allmänna anvisningar som lämnas här så skall tillverkarens instruktioner följas.*

Varning: *Anslut aldrig halvledare till batterispänning och kontrollera dem aldrig med annan utrustning än en digitalmultimeter.*

Sökning av dålig jordförbindning

Anslut byglingstråden mellan komponenthöljet (eller jordanslutningen) och en ren metallyta på fordonets chassi. Om kretsen arbetar felfritt när byglingstråden är på plats men inte när tråden är borttagen så är jordkretsen bruten (eller har hög resistens) och kräver reparation – sök efter lösa anslutningar, korrosion och brutna jordledningar från komponenter.

Kontroll av komponent som arbetar vid batterispänning

Jorda komponenten med en byglingstråd på samma sätt som ovan och anslut en säkrad byglingstråd från batteriets pluspol till komponentens plusanslutning. Om nu komponenten fungerar normalt, avlägsna jordbyglingen. Om enheten slutar fungera så är definitivt jordanslutningen felaktig men andra sidan av kretsen kan också vara dålig.

Om kretsen fortsätter att arbeta när jordbyglingen tagits bort, sök efter ett avbrott i kretsens positiva matning. Om enheten inte arbetar när båda byglingstrådarna är på plats så är komponenten felaktig.

Kontroll av spänning

Vid användning av testlampa (eller summer) skall dess jordledning anslutas till en ren metallyta på fordonets chassi. Koppla på kretsen och anslut testsonden till den anslutning eller kontakt som skall provas. Om så behövs så kan sonden tryckas igenom isoleringen på den ledare som skall kontrolleras. Om lampan lyser så finns spänning mellan testlampan och batteriet.

Tejpa över de genomstuckna kablarna när provningen är slutförd. Testlampor är inte polariserade och detta medför att vilken ledare som helst kan anslutas till plus eller minus.

När en testmätare skall användas, börja med att välja en skala med mätarens omkopplare. Skalan skall normalt vara större än batterispänningen. Kontrollera därefter att mätledningarna är kopplade till korrekt anslutning på mätaren. Den negativa ledningen är svart och den positiva är röd.

När en del av en krets skall spänningsmätas skall mätaren anslutas parallellt med denna del. För att undvika att mätaren skadas skall alltid mätarens negativa ledning anslutas till kretsens negativa sida och den positiva ledningen skall kopplas till plussidan på kretsen.

Kontroll av förbindelse

Förbindelsekontroll kan utföras med flera olika utrustningar. Om kretsen är spänningssatt kan en voltmätare, testlampa eller testsummer användas på det sätt som beskrivs ovan. Om kretsen inte har matningsspänning inkopplad används en resistensmätare eller en självmatande förbindelseprovare **(Fig. 15.4)**.

Varning: *Använd inte en självmatande förbindelseprovare eller motståndsmätare på kretsar som har matningsspänning. Testutrustningen kommer att skadas.*

Innan förbindelseprovaren ansluts, isolera kretsen genom att koppla bort batteriet eller säkring/kretsbrytare. Välj ut två punkter som skall vara förbundna och anslut ledningarna från förbindelseprovaren till dem. Finns förbindelse kommer testlampan att lysa.

Observera: *Tillvägagångssättet är det samma om en motståndsmätare används för att prova förbindelsen. Resistensen blir ca. 0 ohm (eller mycket liten) om det finns kontakt.*

Kontroll av resistens

Resistens kontrolleras med en motståndsmätare. Välj skala för resistensområdet i förhållande till den komponent som skall mätas. Kontrollera att instrumentets testsladdar är anslutna till rätt ingång på mätaren och koppla på mätaren.

Kontrollera att instrumentet visar på oändligt motstånd innan mätningen påbörjas. Sätt därefter ihop mätsonderna och kontrollera att instrumentet visar 0 ohm. Anslut den ena testsonden till kretsens positiva anslutning och den andra sonden till minusanslutningen eller kapslingen.

Efter mätningen skall instrumentet stängas av för att spara batterierna.

Sökning efter kortslutning

Kortslutningar mot jord hittas lättast med en testsummer. Om det visar sig att kortslutningen inte finns vid någon av komponenterna (vilket innebär att felet ligger i ledningarna), kontrollera ledningsnätet och sök efter självklara tecken på en kortslutning (bränd isolering, nötning, o.s.v.).

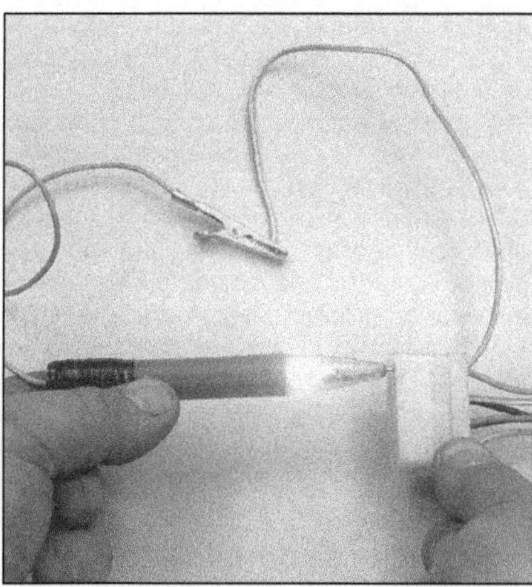

Fig. 15.4 En förbindelseprovare som används för att testa kablar och kontaktdon

Observera: *I stället för att använda en summer kan en testlampa eller spänningsmätare användas. Men i det fallet behövs en medhjälpare som kontrollerar lampan eller mätaren under tiden som komponenter kopplas bort och ledningarna flyttas.*

1 Tag bort den trasiga säkringen men lämna batteriet inkopplat.

2 Anslut summerns krokodilklämmor till säkringsanslutningarna.

3 Koppla till alla strömbrytare i den krets som skall felsökas.

4 Summern kommer att låta om kretsen fortfarande är kortsluten mot jord.

5 Arbeta i riktning mot säkringen och koppla loss varje anslutning i kretsen tills dess att summern tystnar. Vicka också på kabelnätet i utsatta områden från sida till sida.

6 När summern tystnar skall den senast bortkopplade delen (eller ledningsnätet som vickades) undersökas noggrant för att upptäcka kortslutningen. Om summern tystnade när en omkopplare, relä eller kabelkontakt, togs bort så finns kortslutningen antingen i den komponenten eller någonstans mellan den och komponenten.

7 Reparera eller byt ut komponenter eller ledning efter vad som krävs.

Kontroll av spänningsfall

Vid denna kontroll söker man efter spänningsfall längs en ledning eller vid en anslutning eller omkopplare. Detta sker under tiden som strömmen flyter (se även kapitel 9, avsnitt 12)

Observera: *När ingen ström flyter kan det inte heller uppstå spänningsfall.*

1 Anslut spänningsmätarens positiva ledning till slutet av den ledning (eller till sidan av anslutningen eller omkopplaren) som är närmast batteriet.

2 Anslut instrumentets negativa ledning till andra änden på ledningen (eller andra sidan av anslutningen eller omkopplaren).
3 Välj en spänningsskala på instrumentet som är något större än matningsspänningen.
4 Koppla på kretsen.
5 Voltmätaren kommer att visa spänningsskillnaden mellan dessa två punkter. En skillnad (eller fall) på mer än 0,2 till 0,3 volt indikerar ett problem (förutom när spänningsmätaren är kopplad över en belastning, för vid dessa tillfällen är det normalt med ett betydande spänningsfall).
6 Rengör och reparera anslutningarna på erforderligt sätt eller byt ut felaktiga komponenter.

Kontroll av strömflöde

Observera: *Amperemätare kopplas alltid i serie med den krets som skall kontrolleras (undantaget induktiva givare).*

1 För att ansluta strömmätaren till en krets, tag bort en säkring eller kontakt och koppla in mätarledningarna på de blottade anslutningarna. Kom ihåg att alltid ansluta amperemätaren i serie med kretsen.
2 Koppla på kretsen och läs av strömvärdet. Om ett negativt värde visas, byt plats på testledningarna. Om inget värde visas tyder det på en bruten (ofullständig) krets.
3 Mätvärdet skall vara mindre (men inte avsevärt mindre) än kretsens säkringsvärde. Om mätvärdet är betydligt mindre, så finns betydande resistens någonstans i kretsen. Om strömmen är högre än säkringsvärdet så existerar en kortslutning mot jord.

Kontroll av batteriurladdning

Denna kontroll visar om det finns ett konstant läckage i fordonets elektriska system. En sådan strömläcka kan medföra att batteriet laddas ur.
1 Kontrollera att inga tillbehör är påslagna. Om fordonet har en lampa monterad under motorhuven, kontrollera att den fungerar och koppla sedan bort den.
2 Koppla bort kabeln från batteriets jordanslutning och koppla in den ena ledaren från en testlampa till kabeländen. Berör med testlampans andra ledare batteriets jordanslutning. Testlampan skall inte lysa.
3 Om lampan lyser så indikerar detta att en konstant läckström flyter i systemet vilket kan ladda ur batteriet.

Observera: *Vissa fordon är försedda med utrustning som är aktiv även när tändningen är avslagen. I sådana fall är det normalt om lampan glöder svagt. Om misstanke finns att urladdningsströmmen är för stor, koppla in amperemätaren istället för testlampan. Strömmen skall inte överstiga 0,5 ampere.*

4 Huvudmisstänkta vid läckströmsproblem är lampor (under motorhuven, handskfacket, bagageutrymme, o.s.v.) som inte stängs av ordentligt. Om läckaget inte orsakas av en lampa, avlägsna säkringarna en i taget tills källan för läckaget är lokaliserad. När säkringen till den krets som orsakar problemet avlägsnas, slocknar testlampan.
5 Om det inte är möjligt att lokalisera läckaget på ovanstående sätt, ligger felet troligen i en kortsluten startmotorsolenoid eller en kortslutning i ledningarna till solenoiden. Kontrollera ledningarna och anslutningarna. Om ingen kortslutning går att finna, koppla bort ledningarna från solenoiden tills dess att testlampan slocknar.

Kontroll av reläer

Observera: *Kapitel 1, avsnitt 15 behandlar de allmänna funktionsprinciperna hos reläer och terminologin för de ingående detaljerna. Informationen som följer gäller inte polaritetsväxlande reläer som används i vissa effekttillbehör.*

Observera: *Vissa kretsar i nyare fordon använder fasta reläer (halvledarreläer). Proceduren nedan är endast tillämplig med elektromekaniska (ej halvledar-) reläer. Halvledarreläer måste kontrolleras av en försäljare eller en bilelektriker.*

1 För att finna de korrekta testpunkterna till det relä som skall undersökas, rekommenderas att kopplingsschemat till det aktuella fordonet granskas. Finns inte kopplingsschemat tillgängligt kan det vara möjligt att med följande information hitta de korrekta provplatserna.
2 På de flesta reläer med fyra anslutningar används två av dessa till reläets kontrollkrets (de ansluter till reläspolen). De två andra anslutningarna är till reläets effektkrets (de ansluter till armaturkontakten och den fasta kontakten).
3 Om fordonets kopplingsschema finns tillgängligt är det möjligt att räkna ut vilken anslutning som går till vilken detalj i reläet (se kapitel 13 för information om kopplingsscheman). Ofta är reläanslutningarna märkta som hjälp.
4 En allmän regel är att de grövre ledningarna till reläet är till effektkretsen och de tunnare är till kontrollkretsen.
5 Tag ut reläet ur fordonet och kontrollera om kontakt finns mellan reläets effektkretsanslutningar. Det skall inte vara någon förbindelse.
6 Anslut en säkrad byglingstråd mellan batteriets plusanslutning och en av reläets kontrollingångar. Anslut ytterligare en bygling mellan jord och den andra kontrollanslutningen. Reläet skall klicka när anslutningen sker. I vissa reläer kan polariteten vara viktig så om reläet inte klickar, prova att polvända trådarna till kontrollkretsen.
7 Med byglingen ansluten, kontrollera om det finns kontakt mellan anslutningarna på effektkretsen. Nu skall det finnas förbindelse.
8 Byt relä om det inte fungerar i något av de ovanstående proven.
9 Om reläet har tre anslutningar är det en bra idé att kontrollera kopplingsschemat för att bestämma vilken anslutning som går till vilken funktion i reläet. De flesta treanslutningsreläer är antingen jordade i kapslingen eller externt.
10 På de kapslingsjordade reläerna är ena anslutningen till kontrollkretsen kopplad till jord via höljet och detta eliminerar behovet av en fjärde anslutning. Denna relätyp kräver att höljet är säkert anslutet till en god chassijordning. Kontrollera denna typ av relä på samma sätt som med de fyrkontaktiga reläerna. Kom dock ihåg att höljet är ena anslutningen till kontrollkretsen.
11 På ett externjordat relä är ena reläanslutningen kopplad till en positiv matningskälla. Vi kallar denna för batteriets effektanslutning. Inuti reläet är batteriets effektanslutning kopplad både till ena anslutningen på kontrollkretsen och ena anslutningen på effektkretsen. En annan anslutning är kopplad till andra sidan på kontrollkretsen; kretsen kompletteras genom en omkopplare till jord. Den tredje anslutningen kopplas till effektkretsens andra sida, den jordas vid komponenten som kontrolleras av reläet. Denna typ av treanslutningsrelä är ibland av isättningsmodell utan kontakt mellan höljet och jord.
12 Kontrollera det externjordade reläet genom att först avlägsna det ur fordonet. Undersök sedan om någon förbindelse finns mellan reläets batterieffektanslutning och effektkretsanslutning. Det skall inte finnas någon kontakt.
13 Koppla en säkrad byglingstråd från batteriets effektanslutning på reläet och till batteriets plusanslutning. Anslut ytterligare en byglingstråd från reläets kontrollanslutning och till jord. Reläet skall klicka.

14 Med byglingstrådarna på plats, anslut en testlampa mellan effektkretsanslutningen på reläet och jord. Testlampan skall lysa. Om reläet inte fungerar under något av dessa prov skall det bytas.

4 Startmotorer

I de flesta fall beror inte startproblem på startmotorn. Problemen brukar istället kunna härledas till andra felfunktioner i startsystemet, t.ex. ett urladdat eller felaktigt batteri, en dålig batterikabelanslutning eller en svag eller defekt startmotorsolenoid.

Se kapitel 4, avsnitt 14 för råd om grundläggande felsökning. Nedan listas ytterligare procedurer som hjälper till att identifiera orsaken.

Startmotorn roterar men inte motorn

1 Tag bort startmotorn, kontrollera övervarvningskopplingen och bänktesta startmotorn för att säkerställa att drivmekanismen går ut fullt så att korrekt ingrepp uppnås med

Fig. 15.5 Anslutningarna på en typisk påmonterad startmotorsolenoid

1 Batterikabelanslutning
2 Kontrollkretsanslutning
3 Startmotoranslutning

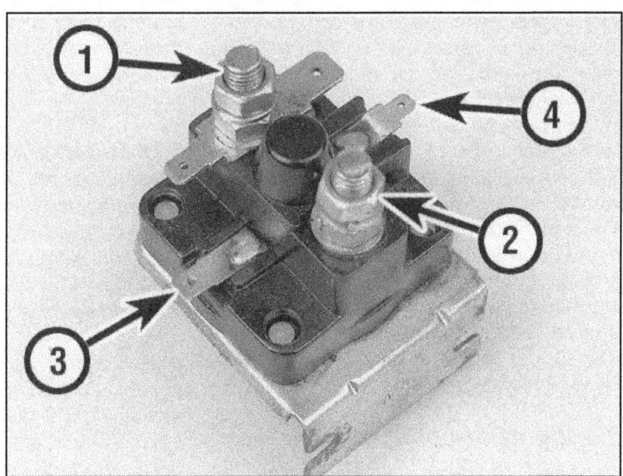

Fig. 15.6 Anslutningarna på en typisk separatmonterad startmotorsolenoid

1 Kabelanslutning (batterisida)
2 Kabelanslutning (startmotorsida)
3 Kontrollkretsanslutning
4 Förbikopplingsanslutning för tändningen

svänghjulskransen. Om så inte sker, tag isär startmotorn för att lokalisera felet.

2 Avsök svänghjulskransen efter böjda områden, saknade kuggar och andra skador. Med tändningen avstängd roteras svänghjulet för kontroll av hela kransen.

Startmotorn väsnas

1 Om det hörs ett smattrande ljud från solenoiden, kontrollera först batteriet (se kapitel 5). Om batteriet är felfritt, kontrollera kablar och anslutningar samt utför spänningsfalls- och strömdragningskontrollerna som beskrivs nedan. Om inte felet ändå inte kan lokaliseras, kontrollera solenoiden (se nedan).

2 Om ett slipande, skrällande metalljud hörs när startnyckeln vrids till startläge, sök efter lösa monteringsbultar till startmotorn. Om de är åtdragna, tag bort startmotorn och kontrollera kuggarna på pinjongen och svänghjulskransen. Sök efter saknade eller skadade kuggar.

3 Om startmotorn först låter bra när den aktiveras men sedan slutar rotera och utsänder ett pling, är troligtvis problemet en defekt startmotordrivning som inte behåller greppet mot svänghjulskransen. Byt ut eller undersök startmotorn.

4 Om startmotorn ger ifrån sig ett högfrekvent vinande eller klangande ljud under tiden som den drar runt motorn, är troligtvis frigången mellan pinjongdrevet och svänghjulskransen felaktigt. För att undersöka detta:

(a) Koppla loss batteriets jordanslutning. Tag därefter bort svänghjulskåpan och drag ut startmotordrivningen tills den kommer i ingrepp med kuggkransen.

(b) Kontrollera frigången mellan kugghjulen. Generellt skall pinjongkuggarna gripa i svänghjulskuggarna ungefär 3/4 av vägen ner från toppen av varje kugge. Kontrollera frigången på flera platser runt svänghjulets omkrets. Detta underlättar för att se om svänghjulet är skevt eller utslitet.

5 Om startmotorn lämnar ett högfrekvent vinande ljud efter det att motorn startat, när nyckeln släpps, så är returfjädern svag eller också är frigången för liten mellan pinjongkuggarna och svänghjulskransen. Kontrollera frigången som det beskrivits ovan. Om den är korrekt, byt returfjädern.

Startmotorn roterar långsamt

1 Kontrollera batteriet (se kapitel 5).

2 Om batteriet är felfritt, kontrollera att alla anslutningar (på batteriet, startmotorsolenoiden och startmotorn) är rena, korrosionsfria och åtdragna. Kontrollera även att inte kablarna är nötta eller skadade.

3 Kontrollera om batterikablarna har samma tjocklek som orginalkablarna. Många billiga reservdelskablar är försedda med en smalare kabel som är isolerad med ett tjockare hölje. De verkar ha samma diameter som originalkabeln men den smalare innerledaren klarar inte av att hantera den stora belastningsströmmen. Under sommaren när inte startmotorbelastningen är så hög så fungerar de bra, men vintertid klarar de inte av att leda hela belastningsströmmen och startmotorn arbetar långsamt. Om någon kabel är tveksam, kontrollera spänningsfallet (se nedan).

4 Kontrollera spänningsfallet vid batterianslutningarna, startmotorsolenoiden, startmotoranslutningarna (se nedan.

5 Kontrollera att startmotorn är säkert fastbultad till motorn och därmed jordas ordentligt. Kontrollera även slitaget på pinjongkuggarna och svänghjulskransen vad gäller mekaniska skador (deformerade kuggar eller andra tecken).

6 Sök efter en kortslutning mot jord.

7 Utför ett strömdragningstest (se nedan).

8 Om strömflödet är överdrivet och det inte föreligger några svåra spänningsfall i startmotorkretsen så är antingen startmotorn defekt eller också kärvar någonting i motorn. Kontrollera att tändningen är avstängd och vrid runt motorn två varv för hand. Om motorn roterar lätt och mjukt, byt ut startmotorn.

Startmotorn roterar inte alls

1 Koppla på huvudbelysningen och vrid startnyckeln till startläget. Be någon observera belysningen. Om inte huvudbelysningen blir svagare när nyckeln vrids om, sök efter ett avbrott i startsystemet (beskrivs nedan). Om belysningen blir svagare, fortsätt med denna procedur.

2 Utför prov 1 till 8 i gruppen Startmotorn roterar långsamt.

Sökning efter avbrott i startmotorkretsen

Varning: *Under de följande proven kan startmotorn aktiveras. Kontrollera därför att ingen växel är ilagd och se upp för komponenter som rör sig när motorn är startad.*

Observera: *Batteriet skall vara fulladdat och i bra kondition när nedanstående prov genomförs.*

1 Kontrollera startmotorsolenoiden (se nedan).

2 Om ingen spänning finns vid kontrollkretsledningen, kontrollera den neutrala startomkopplaren, om en sådan finns monterad (se nedan). Om omkopplaren visar sig vara felfri så finns avbrottet i tändningsomkopplaren eller i ledningarna mellan säkringen och anslutningen på solenoidens kontrollkrets.

3 Om solenoidprovet visar att solenoiden fungerar normalt, låt en medhjälpare hålla startnyckeln i startläge. Sök efter spänning längs med ledningen till startmotorn, börja vid batteriet. När en punkt utan spänning påträffas, ligger avbrottet mellan den punkten och den föregående mätplatsen.

Sökning efter spänningsfall

Varning: *Under de följande proven kan startmotorn aktiveras. Kontrollera därför att ingen växel är ilagd och se upp för komponenter som rör sig när motorn är startad.*

Observera: *Avsnitt 3 innehåller ytterligare information om sökning efter spänningsfall.*

1 De vanligaste platserna för spänningsfall i startsystemet är vid kabelanslutningarna till batteriet, solenoiden, startmotorn och längs med kablarna.

2 Koppla ur tändsystemet. På de flesta fordon går det att helt enkelt dra ur tändspolens tändkabel från fördelaren och ansluta en byglingstråd från ledningens ändanslutning till jord.

3 Låt en medhjälpare vrida nyckeln till startläget under tiden som mätningar efter spänningsfall utförs vid dessa platser. Det skall inte vara större fall än 0,1 volt vid någon anslutning eller längs någon 30 centimeterslängd av kabeln. Spänningsfallet mellan batteriet och startmotorn skall inte vara större än 0,5 volt.

Kontroll av startmotorns solenoid

Varning: *Under de följande proven kan startmotorn aktiveras. Kontrollera därför att ingen växel är ilagd och se upp för komponenter som rör sig när motorn är startad.*

Observera: *Batteriet skall vara fulladdat och i god kondition för följande prov.*

1 Koppla ur tändsystemet. På de flesta fordon går det att helt enkelt dra ur tändspolens tändkabel från fördelaren och ansluta en byglingstråd från ledningens ändanslutning till jord.

2 Låt en medhjälpare vrida tändningsnyckeln till startläget och lyssna själv efter ett klick från solenoiden. Om ett stadigt klickljud hörs, fortsätt till steg 6 eller 7, som det är lämpligt. Om klicket är svagt eller om solenoiden rasslar, fortsätt till steg 4.

3 Om klick saknas, tag bort kontrollkretsens ledning (den smala ledaren) från solenoidanslutningen. Sök efter korrosion, lösa anslutningar eller andra orsaker till dålig kontakt.

Observera: *Vissa solenoider har två anslutningar för smala ledningar. Den ena är till solenoidens kontrollkrets och den andra leder förbi ett tändningsmotstånd vid start. Den som är ansluten till kontrollkretsen är vanligen märkt med "S". Vid tvekan, kontrollera med fordonets kopplingsschema.*

4 Anslut en byglingstråd mellan batteriets positiva anslutning och solenoidens kontrollanslutning. Ett distinkt klick indikerar normal solenoidfunktion. Om klick saknas eller om det är svagt eller solenoiden rasslar, kontrollera dess fastsättning, korrosion på solenoidens fäste eller någon annan orsak till dålig jordning. Om solenoiden är ordentligt fastdragen och väljordad och trots detta inte fungerar, byt ut delen.

5 Under tiden som en medhjälpare vrider nyckeln till startläge, kontrollera med hjälp av en voltmätare om det finns någon spänning i ledaren från kontrollkretsen. Om det inte finns någon spänning föreligger ett avbrott i kretsen till solenoiden (se Sökning efter avbrott i startkretsen, här ovan). Återanslut ledningen till kontrollkretsen.

6 Vid kontroll av fordon som har solenoiden på startmotorn, låt en medhjälpare vrida tändningsnyckeln till start och sök samtidigt efter ett spänningsfall mellan batterikabelanslutningen och startmotorflätan. Spänningsfallet skall inte överstiga 0,2 volt. Om spänningsfallet är större, byt ut solenoiden.

7 På fordon som har avståndsmonterad solenoid, låt en medhjälpare vrida tändningsnyckeln till start och sök samtidigt efter ett spänningsfall över de två kabelanslutningarna på solenoiden (anslut spänningsmätarens positiva ledare till batterisidan). Spänningsfallet skall inte överstiga 0,2 volt. Om spänningsfallet är större, avlägsna kablarna, rengör anslutningarna och prova igen. Om värdet fortfarande är större än 0,2 volt, byt ut solenoiden.

8 På fordon med separat solenoid, avlägsna ledaren från kontrollkretsen och anslut en motståndsmätare mellan kontrollanslutningen och jordfästet. Mätvärdet skall inte överstiga 5 ohm. Om resistensen är högre, byt ut solenoiden.

Kontroll av startomkopplaren för neutralläge

1 En snabbkontroll av neutrallägesomkopplaren utförs så här: placera foten stadigt på bromspedalen och vrid tändningsnyckeln till startläget samtidigt som växelväljaren flyttas genom dess alla positioner. Om startmotorn är aktiv vid andra positioner än parkering och neutralläget, är neutralomkopplaren skadad eller feljusterad.

Fig. 15.7 Kontroll av strömförbrukning med en induktiv amperemätare

2 För att kontrollera omkopplaren, tag bort dess elektriska kontakt och anslut en byglingstråd mellan den anslutning på omkopplaren som tar emot batterispänningen och den anslutning som leder till startmotorsolenoiden. Om startmotorn nu fungerar normalt, justera eller byt ut omkopplaren.

Observera: *Konstruktionen på neutallägesomkopplare kan variera och många tillverkare lägger till en omkopplare för backljus. För att kontrollera omkopplaren kan det vara nödvändigt att skaffa ett kopplingsschema för fordonet. Kontrollera också i Haynes reparationshandbok för fordonet i fråga om speciella tillvägagångssätt finns föreskrivna.*

Kontroll av startmotorns strömförbrukning

Denna kontroll kommer att ge svar på hur mycket ström som dras av startmotorn, kablarna och solenoiden. För detta krävs en induktiv amperemätare **(Fig. 15.7)**.

Varning: *Kör aldrig startmotorn längre tid än 15 sekunder åt gången utan att låta den svalna under minst 2 minuter. Överhettning som orsakas av överdrivet långa körningsperioder orsakar allvarliga startmotorskador.*

1 Kontrollera att batteriet är fulladdat och i god kondition. Om inte så blir denna kontroll osäker.

2 Koppla bort fordonets tändsystem. På de flesta fordon kan detta utföras genom att tändkabeln från tändspolen tas bort vid fördelaren. Änden på denna tändkabel jordas sedan med en trådbygel.

3 Koppla därefter in amperemätaren, enligt dess instruktioner, till batteriets positiva eller negativa kabel.

4 Be en medhjälpare köra startmotorn under ca. tio sekunder samtidigt som mätarvärdet observeras. Amperevärdet skall inte överstiga 110 ampere för en fyrcylindrig motor, 200 ampere för en sexcylindrig eller liten V8 och 250 ampere för en stor V8.

5 Växel- och likströmsgeneratorer

Observera: *Steg 1-3 i denna procedur gäller även likströmsgeneratorsystem.*

1 Utgå inte automatiskt från att det är fel på generatorn om ett problem uppstår i laddningssystemet. Se kapitel 3, avsnitt 19 och utför även följande:

(a) *Kontrollera att generatorns fästbultar är åtdragna.*
(b) *Kontrollera säkringskabeln (om monterad) eller huvudsäkringen som är placerad mellan startmotorsolenoiden och generatorn. Är säkringen bränd, hitta orsaken till detta, reparera kretsen och byt ut säkringen eller säkringskabeln. (Fordonet kommer inte att starta och/eller tillbehören fungerar inte om huvudsäkringen är trasig). I vissa fall kan en säkring eller säkringskabel synas vara hel även om den är dålig. Vid tveksamhet, avlägsna säkringen och kontrollera med förbindelseprovaren att kontakt finns.*
(c) *Starta motorn och lyssna på generatorn om det förekommer onormala ljud. Skrikande eller gnällande ljud tyder på ett dåligt lager.*
(d) *Koppla loss batterikablarna (jorden först). Sök på batteripolerna och kabelklämmorna efter spår av korrosion. Rengör dem noggrant om så krävs. Återanslut kablarna (jorden sist).*
(e) *Kontrollera att tändningen är avslagen och anslut en testlampa från batteriets jordpol och till den avlägsnade jordklämman. Återanslut klämman om inte testlampan tänds. Om testlampan lyser så föreligger en kortslutning i fordonets elektriska system. Kortslutningen måste åtgärdas innan laddningssystemet kan kontrolleras. OBS! På de fordon som innehåller komponenter med ständig matning (d.v.s. när tändningen är avstängd) är det normalt att testlampan glöder svagt. Om ljuset är starkt, avlägsna generatorns ledningsnät. Slocknar lampan i detta läge så finns felet i generatorn. Om lampan fortsätter att lysa, tag bort en säkring i taget tills dess att den slocknar (detta talar om vilken komponent som är kortsluten).*

2 Starta och varva upp motorn till ca. 2 000 varv/minut och kontrollera batterispänningen. Den skall vara 14 till 15 volt.
3 Tänd strålkastarna. Fungerar laddningssystemet normalt så sjunker spänningen först för att sedan återkomma till tidigare nivå.
4 Om spänningen är högre än ca. 15 volt, kontrollera regulatorns jordanslutning (gäller fordon med separatmonterad regulator). Om jordningen är felfri finns felet antingen i regulatorn, generatorn eller ledningarna mellan dem. Om fordonet är försett med en intern regulator, byt ut generatorn. Om regulatorn är monterad separat, avlägsna den elektriska kontakten från regulatorn och upprepa steg 2. Faller spänningen när regulatorn är bortkopplad, byt ut regulatorn. Fortsätter spänningen att vara hög, föreligger en kortslutning i ledningsnätet mellan generatorn och regulatorn eller också finns en kortslutning i generatorns rotor eller stator. Kontrollera ledningsnätet; om detta är felfritt skall generatorn bytas.
5 Om spänningen är lägre än 13 volt råder ett underladdningsförhållande. Är fordonet försett med en indikatorlampa, koppla på tändningen och se om lampan tänds. Om den tänds, fortsätt till nästa steg och om den inte tänds, kontrollera kretsen för körriktningsvisarna (se avsnitt 7). I vissa fordon kan fel i kretsen medföra att generatorn inte fungerar korrekt.
6 Om kretsen till körriktningsvisarna är felfri, sök efter dålig jordning vid spänningsregulatorn. Är jordningen felfri så ligger problemet i generatorn, spänningsregulatorn eller ledningsnätet mellan dem. Om fordonet har en inbyggd spänningsregulator, byt ut generatorn. Om fordonets spänningsregulator är monterad separat, kontrollera ledningarna. Om nödvändigt, tag bort batteriets jordanslutning och kontrollera förbindelsen med hjälp av fordonets kopplingsschema. Om ledningsnätet är felfritt så återstår det att bestämma om problemet ligger i generatorn eller regulatorn.
7 Ett bra sätt att identifiera om underladdningsproblemet orsakas av generatorn eller regulatorn är att utföra en helfälts-test. Grunden till detta är att helfälts-testet förbileder regulatorn för att sända hela batterispänningen till fältlindningen (rotorn). OBS! Vid detta test sänds en hög spänning genom fordonets elsystem och denna kan skada komponenter, speciellt elektronikkomponenter. Kontrollera noggrant laddningssystemets spänning under testet för att säkerställa att den inte överstiger 16 volt. Kör inte generatorn med helfält under någon längre tid, aktivera den bara tillräckligt länge för att hinna läsa av spänningen. Om laddningsspänningen är normal när generatorn arbetar under helfält, bevisar detta att generatorn är felfri. Om spänningen fortfarande är låg, finns problemet i generatorn. Det är bäst att skaffa kopplingsschemat till fordonet för att besluta vilket som är det bästa sättet att sända batterispänningen till fältet. Nedan ges några generella riktlinjer för hur generatorns fält kan spänningsmatas:

(a) *För äldre Delcogeneratorer med separatmonterad regulator, koppla loss den elektriska kontakten från regulatorn och bygla ihop anslutningarna "BATT" och "F" på kontakten*
(b) *För Ford Motorcrafts generatorer med separatmonterad regulator, koppla loss den elektriska kontakten från regulatorn och bygla ihop anslutningarna "A" och "F" på kontakten.*
(c) *För Chryslers generatorer med separatmonterad elektronisk spänningsregulator, koppla bort regulatorkontakten och anslut en byglingstråd från kontaktens gröna ledning och till jord*

Utför anslutningarna med tändningen avstängd, upprepa därefter steg 2 ovan. Spänningsvärdet skall vara högt (mellan 15 och 16 volt), i annat fall är generatorn defekt. Om den är hög är det troligen regulatorn som är defekt.

6 Körriktningsvisare och varningsblinkers

De vanligaste problemen i kretsarna för körriktning och varningsblinkers är utbrända glödlampor, trasiga säkringar, felaktiga blinkerskretsar och korroderade eller lösa anslutningar. Det första steget i felsökningen är att visuellt kontrollera lamporna. Aktivera körriktningsvisaren eller varningsblinkersenheten och gå runt fordonet för att se vilken lampa som inte fungerar. När väl problemet identifierats, kontrollera alla de möjliga orsakerna i listan nedan.

Om symptomen kvarstår och du inte hittat något fel, kontrollera omkopplaren och ledningsnätet på det sätt som beskrivs efter symptomlistan.

Observera: *På vissa fordon är riktningsvisaromkopplaren och varningsomkopplaren kopplade separat, men ledningsnätet mellan omkopplarna och lamporna är gemensamt. Detta underlättar kontrollen av ledningsnätet mellan omkopplare och lampor. Om t.ex. indikatorerna inte fungerar på ena eller båda sidorna men fungerar när varningsblinkersen kopplas på, är lednings-nätet till stor del felfritt.*

En indikator på ena sidan fungerar inte

1 Kontrollera glödlampan.
2 Sök efter korroderade, slitna eller skadade lamphållare.
3 Sök efter dålig jordning. Använd en byglingstråd mellan glödlampans jordsida och en bra chassijord.
4 Börja vid lampan som inte fungerar och arbeta baklänges genom kretsen, sök efter en kortslutning eller ett avbrott (se avsnitt 3).

Varningsblinkers eller körriktningsvisare lyser men blinkar inte

1 Byt ut blinkenheten.

Indikatorerna lyser inte i någon riktning

1 Sök efter en trasig säkring.
2 Kontrollera lamporna.

3 Sök efter korroderade, slitna eller skadade lampsocklar.
4 Sök efter en dålig jordanslutning. Koppla en byglingstråd från lampans jordsida till en bra chassijord.
5 Byt ut blinkenheten.
6 Kontrollera körriktningsomkopplaren (se nedan).
7 Sök efter kortslutning eller avbrott (se avsnitt 3).

Fram- och bakljus fungerar inte på ena sidan

1 Kontrollera glödlamporna.
2 Sök efter korroderade, slitna eller skadade lampsocklar.
3 Sök efter en dålig jordanslutning. Koppla en byglingstråd från lampans jordsida till en bra chassijord.
4 Kontrollera körriktningsomkopplaren (se nedan).

Blinkhastigheten för snabb eller för långsam

1 Kontrollera att korrekt blinkenhet är monterad.
2 Kontrollera att korrekta glödlampor är monterade.
3 Om hastigheten är för hög, kontrollera om fordonet överladdas. Om hastigheten är för låg, kontrollera om batteriet är svagt eller om fordonet underladdar.

Indikeringslamporna på instrumentbrädan lyser inte utan glöder bara

1 Kontrollera lamporna med kretsen påslagen.
2 Om även lamporna glöder stabilt, byt ut blinkenheten.
3 Om inte lamporna lyser, kontrollera glödlampan.
4 Sök efter korroderade, slitna eller skadade lampsocklar.
5 Sök efter en dålig jordanslutning. Koppla en byglingstråd från lampans jordsida till en bra chassijord.
6 Börja vid lampan som inte fungerar och arbeta baklänges genom kretsen, sök efter en kortslutning eller ett avbrott (se avsnitt 3).

Körriktningsvisarna fungerar men inte varningsblinkersen

1 Byt ut varningsblinkersen.
2 Kontrollera om omkopplaren till varningsblinkersen är trasig.

7 Bromsljus

Alla bromsljus fungerar utom ett

1 Kontrollera glödlampan.
2 Kontrollera lampans sockel och sök efter korrosion, skador och slitna anslutningar.
3 Sök efter en dålig jordanslutning. Koppla en byglingstråd från jordsidan på lampan som inte fungerar till en bra chassijord. Om lampan nu fungerar, reparera den felaktiga jordanslutningen.
4 Börja vid lampan som inte fungerar och arbeta baklänges genom kretsen, sök efter en kortslutning eller avbrott (se avsnitt 3).

Inget bromsljus fungerar

1 Kontrollera säkringen och sök efter korrosion vid säkringsanslutningarna.
2 Kontrollera bromsljuskontakten (se nedan).
3 Sök efter en dålig jordanslutning vid bromsljuslamporna, utbrända lampor, korroderade eller lösa anslutningar.

Bromsljuslamporna brinner snabbt sönder

1 Sök efter ett överladdningsfel.

8 Signalhorn

1 Om inte signalhornet fungerar, börja med att kontrollera säkringen.

Observera: *Vissa fordon måste ha tändningen påkopplad för att signalhornet skall fungera.*

2 Om signalhornsljudet är svagt, låt en medhjälpare trycka på signalknappen och lyssna själv vid fordonets front. Lägg märke till om fordonet har flera signalhorn och kontrollera om alla fungerar genom att vidröra dem för att känna att de vibrerar.
3 Om ett signalhorn är svagt eller inte fungerar, sök efter en bristfällig jordning vid signalhornet (reläsystem) och kontrollera (med hjälp av en voltmätare) att full batterispänning når hornet.
4 Om ljudet fortfarande är dåligt, sök efter en justerskruv och justera till bästa ton.

Kretsar med relä

5 När signalhornsknappen trycks ner kopplas reläkontrollkretsen till jord vilket medför att reläet ansluter signalhornet till batteriet **(Fig. 15.8)**.
6 Signalhornet tystnar inte. Koppla bort signalhornet, kontrollera därefter om signalknappen har fastnat genom att ta bort knappen och återansluta signalhornen. Om hornet nu är tyst, sätt tillbaka signalknappen. Om signalhornet fortsätter att ljuda, koppla bort ledningen som går till signalhornsknappen från reläet. Om inte detta hjälper, byt ut reläet. Om losstagningen av ledaren tystar signalhornet, avsök ledningen från signalhornsknappen efter kortslutningar mot jord.
7 Signalhornet fungerar inte. Kontrollera säkringen. Om den är hel, kontrollera att spänning finns vid anslutningarna till hornen när signalknappen trycks in. Om spänning finns, sök efter dåliga jordanslutningar vid hornen. Om jordningen är bra, byt ut hornen.
8 Om spänning saknas vid signalhornen, kontrollera reläet (se reläprovningsproceduren i avsnitt 3). De flesta signalhornsreläer är antingen av typen med fyra anslutningar eller av treanslutningsmodell med extern jord.
9 Om reläet är felfritt, kontrollera att spänning finns vid reläets effekt- och kontrollkretsar. Om någon av kretsarna inte har spänning, undersök ledningarna mellan reläet och säkringen.
10 Om båda reläkretsarna får spänning, tryck ner signalknappen och kontrollera förbindelsen i ledningen mellan signalknappen och reläet till jord. Om det inte finns någon förbindelse, sök efter ett avbrott i ledningen. Om inget avbrott finns, byt ut signalhornsknappen.
11 Om det finns förbindelse till jord genom signalknappen, sök efter ett avbrott eller kortslutning i ledningen som går från reläet till hornen.

Kretsar utan relä

12 I signalhornskretsar utan relä ansluts spänningen direkt från säkringen till hornet. Kretsen jordas via signalknappen **(Fig. 15.9)**.
13 Signalhornet fortsätter ljuda. Koppla loss signalhornet, lossa signalknappen och återanslut signalhornet. Om hornet nu är tyst, byt ut signalknappen. Om hornet fortsätter att ljuda, sök efter en kortslutning mot jord i ledningen som går från signalhornet till signalknappen.
14 Signalhornet fungerar inte. Om de allmänna felsökningsrutinerna ovan inte identifierar

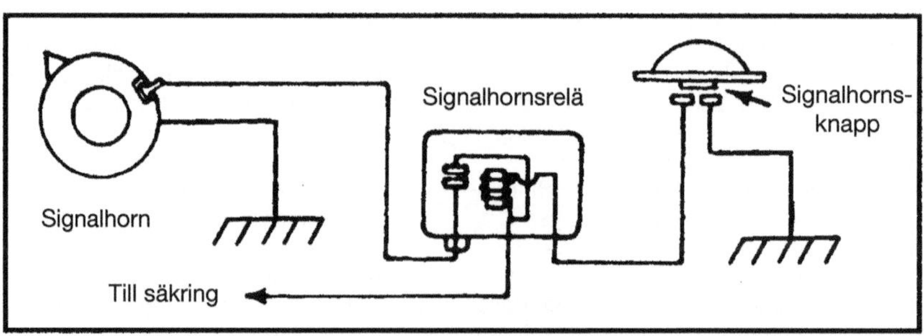

Fig. 15.8 En typisk signalhornskrets

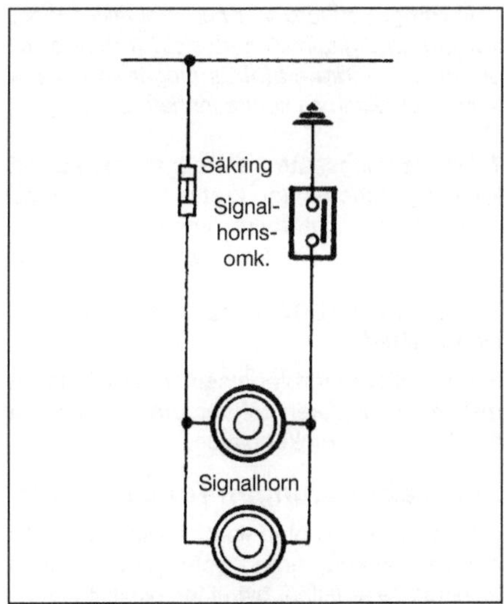

Fig. 15.9 En typisk signalhornskrets utan relä

felet, koppla loss signalhornet och spänningsmata det, med en säkrad byglingstråd, direkt från batteriet. Om signalhornet då inte fungerar, byt ut det.

15 Om hornet fungerar med byglingstråden, kontrollera om ledningen som går från säkringen till hornet leder spänning. Om ingen spänning finns så har det uppstått en kortslutning eller ett avbrott mellan säkringen och signalhornet.

16 Om spänning finns vid hornet, tryck in signalknappen och kontrollera förbindelsen mellan jord och ledningen som går från signalhornet och till knappen, med ledningen borttagen från signalhornet. Om förbindelse saknas, sök efter ett avbrott i ledningen. Om ledningen är felfri, byt ut knappen.

9 Elektriska fönsterhissar

Ingen fönsterhiss fungerar

1 Om fönsterhissarna inte fungerar alls, kontrollera säkringen eller kretsbrytaren.

2 Om endast de främre fönstren fungerar eller om fönstren bara fungerar vid styrning från huvudomkopplaren, kontrollera förbindelsen i spärromkopplaren för bakfönstren i det ospärrade läget. Byt ut omkopplaren om inte förbindelse finns.

3 Kontrollera förbindelsen i ledningen mellan omkopplarna och säkringskortet. Reparera ledningen om det är nödvändigt.

Ett fönster fungerar inte

4 Om bara ett fönster inte går att styra från huvudkontrollen, pröva den andra omkopplaren vid fönstret. OBS! Detta gäller inte förarens fönster.

5 Om ett fönster fungerar från ena omkopplaren men inte från den andra, kontrollera förbindelsen i omkopplaren.

6 Om omkopplaren visar sig vara felfri, sök efter en kortslutning eller avbrott i ledningen från den aktuella omkopplaren och till fönstermotorn.

7 Om ett fönster inte går att styra från någon av omkopplarna, avlägsna dörrpanelen från den aktuella dörren och kontrollera om det finns någon spänning vid motorn när omkopplaren aktiveras. För information om hur dörrpanelen tas bort, kontrollera med Haynes reparationshandbok för aktuellt fordon.

8 Om spänningen når motorn, avlägsna glaset från regulatorn. Drag fönstret upp och ner med handkraft och sök efter mekaniska hinder och skador. Sök också efter dessa problem vid regulatorn. Om regulatorn är oskadad och fönstret rör sig mjukt upp och ner, byt ut motorn. Om hinder eller någon skada är påvisbar, smörj, reparera eller byt ut delarna efter vad som krävs.

9 Om spänningen inte når motorn, kontrollera förbindelsen i kretsens ledningar mellan omkopplarna och motorerna. För detta arbete krävs kopplingsschemat för fordonet. Vissa fönsterkretsar är försedda med reläer. Om reläer är monterade, kontrollera att de är korrekt jordade och tar emot spänning från omkopplarna. Kontrollera också att varje relä sänder spänning till respektive motor när omkopplaren aktiveras. Om inte, byt ut reläet.

10 Kontrollera fönstren efter det att arbetet är klart för att se om resultatet är tillfredsställande.

10 Uppvärmda bakrutor

1 Kontrollera säkringen och byt om nödvändigt.

2 Med tändningen påkopplad (motorn avstängd), koppla på bakrutevärmaren med förardörren öppen. Innerbelysningen skall dämpas tydligt.

3 Om belysningen dämpas när bakrutevärmen kopplas på, sök efter skadade värmeledningar på bakfönstret (se nedan).

4 Om belysningen inte dämpas, sök efter en dålig anslutning vid bakrutans värmenät. Om anslutningarna är felfria, följ kretsen bakåt och kontrollera förbindelsen i omkopplaren och i ledningen från säkringen till omkopplaren/-reläet och från reläet till bakrutan. Reparera eller byt ut defekta detaljer, beroende på vad som krävs **(Fig 15.10)**.

5 Om förbindelse finns i kretsarna och omkopplaren, byt ut reläet.

6 Avfrostaren skall förbli påslagen under ca. 10 minuter innan tidsreläet stänger av den (kontrollera med instruktionsboken). Om avfrostaren stänger av tidigare, byt ut reläet.

Kontroll och reparation av bakrutans värmenät

Observera: *Följande tillvägagångssätt fungerar endast med värmenät som är placerade på fönsterytan. På vissa fordon är nätet placerat inuti glaset och i dessa fall måste rutan bytas ut om nätet är trasigt.*

7 Kontrollera nätkanterna visuellt och sök efter saknade eller brutna ledningar samt dåliga anslutningar.

8 Starta motorn och koppla på avfrostaren. Tillåt glaset att värmas upp under flera minuter.

9 Kontrollera funktionen genom att lägga handen på glaset i värmenätsområdet och känna efter värme eller genom att betrakta vad som händer med is eller imma på rutan (imma kan skapas på glaset genom att andas på det). Om glaset bara värms upp i vissa områden kan det finnas öppna segment i nätet.

10 Genom att notera vilka områden som inte avisas är det möjligt att bedöma vilka nätsegment som är brutna.

11 Lokalisera den öppna punkten genom att titta efter ett litet gap i ledningen. Om

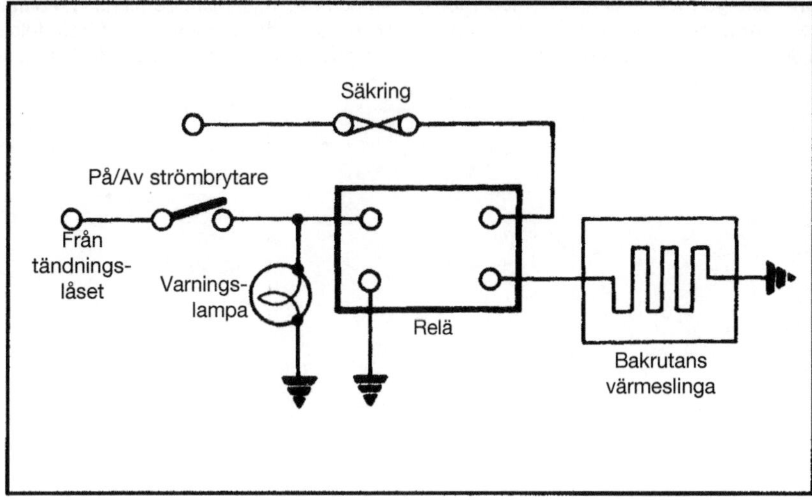

Fig. 15.10 En typisk krets för bakrutans värmeslinga

avbrottet är osynligt, använd en testlampa för att finna det. Börja vid nätets positiva sida och placera testlampans ledning mot nätledningarna på olika punkter längs spåret. När lampan slutar lysa, finns avbrottet mellan denna punkt och den föregående testpunkten.

12 Markera den skadade punkten med en krita eller tejpbit på utsidan av rutan. Nätledningarna kan repareras med en speciell utrustningssats som finns att köpa från försäljare eller biltillbehörsaffärer. Följ instruktionerna som medföljer. OBS! Större avbrott i nätet kräver byte av bakrutan.

11 Vindrutespolare

1 Kontrollera spolarvätskenivån. Om nivån är korrekt, koppla på tändningen men inte motorn och aktivera spolarpumpen. Lyssna efter ljud från pumpen, ett surrande ljud skall höras.

2 Om pumpen kan höras arbeta men spolarvätska sprutar inte ut från spolarmunstyckena, följ slangarna och rören mellan pumpen och munstyckena för att säkerställa att det inte finns veck, skador eller att någon del är urkopplad.

3 Om slangar och rör är felfria, koppla loss en slang så nära ett munstycke som möjligt och aktivera pumpen på nytt. Kommer en kraftig stråle med spolarvätska ur slangen så är troligtvis munstycket igensatt. Vanligen kan munstycken rengöras genom att ett pappersgem eller ett tunt stift sätts in i munstyckets öppning. Om inte munstycket går att göra rent på det sättet, byt ut det.

4 Om ingen vätska kommer ur slangen, följ slangen tillbaka till pumpen och koppla loss den där. Aktivera spolaren på nytt. Om en kraftig stråle kommer från pumpen så finns ett stopp i slangen mellan pumpen och munstycket. Kommer ingen vätska ur pumpen men den verkar arbeta, byt ut pumpen.

5 Om inget ljud kommer från pumpen när den aktiveras, låt en medhjälpare trycka på spolarknappen (tändningen påslagen) och undersök samtidigt om pumpen har spänning och jord. Om spänning finns och jordanslutningen är felfri men pumpen inte arbetar, byt ut spolarpumpen.

6 Om spänningen inte når pumpen, kontrollera förbindelsen i omkopplaren och i ledningarna, reparera felen på lämpligt sätt.

12 Vindrutetorkare

Se även kapitel 10.

Torkarna arbetar långsamt

1 Kontrollera att batteriet är välladdat och i god kondition.

2 Avlägsna torkarmotorn och vrid torkararmarna med handkraft. Sök efter mekaniska hinder och upphöjningar. Smörj eller reparera länkaget eller svängtapparna, efter vad som krävs.

Torkarna fungerar inte alls

3 Kontrollera säkringen eller kretsbrytaren.

4 Om säkring eller kretsbrytare är felfria, anslut en byglingstråd mellan torkarmotorn och jord och provkör den igen. Reparera jordanslutningen om motorn fungerar nu.

5 Om torkarna fortfarande inte fungerar, koppla på torkarna och mät spänningen vid motorn. Om spänning finns, tag bort motorn och kontrollera den utanför fordonet med hjälp av en säkrad byglingstråd från batteriet. Fungerar motorn nu, sök efter ett mekaniskt hinder i länksystemet (se steg 2 här ovan). Byt ut motorn om den fortfarande inte fungerar.

6 Finns ingen spänning vid motorn, sök efter spänning vid omkopplaren. Om ingen spänning finns vid omkopplaren heller, kontrollera förbindelsen i ledningarna mellan omkopplaren och säkringen. Om det finns en spänning vid omkopplaren, kontrollera förbindelsen i ledningarna mellan motorn och omkopplaren.

Varning: *Om fordonet har intervalltorkning, använd en digitalmultimeter vid förbindelseprovning - andra mätutrustningar kan skada halvledarkretsarna i kontrollenheten.*

7 Om ledningsnätet är felfritt, skaffa ett kopplingsschema för kretsen och använd detta för att kontrollera omkopplarens förbindelser. Byt ut omkopplaren om det behövs.

Torkarna arbetar bara med en hastighet

8 Kontrollera förbindelsen i ledningarna mellan omkopplaren och motorn. Om ledarna är felfria, byt ut omkopplaren.

Intervalltorkningen fungerar inte

9 Kontrollera förbindelsen i alla ledningar mellan omkopplaren och motorn. Om ledningarna är felfria, byt ut intervallenheten.

Torkarna parkeras inte

10 Sök efter spänning vid torkarmotorn när torkaromkopplaren är avstängd men tändningen är på. Finns spänning vid motorn så är motorns gränslägesbrytare felaktig. Byt ut torkarmotorn. Saknas spänning, lokalisera och reparera det fel som finns i ledningarna till gränslägesbrytaren mellan säkringskortet och torkarmotorn.

Torkarna stannar endast när tändningen stängs av

11 Koppla loss ledningarna från torkarens kontrollomkopplare. Om torkarna stannar, byt ut omkopplaren. Fortsätter torkarna så finns felet i en defekt gränslägesbrytare i motorn. Byt ut torkarmotorn.

Torkarna parkeras inte under huvnivån (om tillämpligt)

12 Sök efter mekaniska hinder i torkarnas länkarmsystem eller vid fordonskarossen som kan hindra torkarna att dras tillbaka.

13 Om inga hinder kan påträffas, kontrollera förbindelsen i ledningarna mellan omkopplaren och motorn. Om ledningarna är felfria, byt torkarmotor.

Register

A

B

C

D

E

F

G

H

I

J

K

L

U

V

Z

Å